D1723104

Meine Bibel

Meinem Schulkollegen
Hans Rygælik

Gewidmet mit
den besten Wünschen

Karl Woda

4. 8. 2014 Kirchberg/Wagram

Karl Woda

Meine Bibel

Erzählungen – Gedanken – Realität

Druckwerk Krems

ISBN: 978-3-9503541-0-2
1.Auflage 2006: 10 Exemplare, handgeschrieben
2. Auflage 2012: 300 Exemplare
Alle Rechte vorbehalten
© Verlag Druckwerk Krems, 2012
Druck und Bindung: Druckwerk Krems
A-3504 Krems-Stein
Karl-Eybl-Gasse 1
Tel.: 02732/85 422-71

Widmung

Das Buch ist meiner lieben Mutter gewidmet. Weil ich so dumm war, meiner Mutter, als sie schon sehr alt war, kaum mehr hören konnte und sich nur mehr beschwerlich bewegte, die Bibel zum Lesen zu geben. Vor allem aber, weil meine Mutter, die Witwe war, trotz widriger Umstände mich mühselig allein großzog und mich auch noch studieren ließ.

Er lenkt uns

Wir brauchen Gott
      Er gibt uns Halt
                    Orientierung
                    Hilfe, wenn wir nicht mehr weiter können
                    Leben
                    Liebe
                    Hoffnung
      Er lässt uns nicht allein

Und ich?
Ein kleines Rädchen, ein Ritzel im göttlichen Getriebe.

Mein Gebet

Herr, gib mir die Kraft
    meine Aufgaben
    zu bewältigen,
    lass mich gütig sein,
    lass mich geduldig sein,
    meine Schmerzen zu ertragen,
    wie du sie ertragen hast,
    komm und steh mir bei
    bis zum Ende und danach

INHALTSVERZEICHNIS
„ALTES TESTAMENT"

VORWORT

Um Mose, Jesus u.a. zu verstehen, ist nicht nur das Studium des Lebens und der Aussagen nach Zeugenberichten notwendig, sondern auch des Umfeldes und der Zeit in der sie gelebt und gewirkt haben. Und der Glaube als Basis! In diesem Sinne bin ich an alle biblischen Gestalten heran gegangen. Und dann habe ich versucht sie als Ganzes erstehen zu lassen.

Begonnen hat alles 2003 in Kallithea, auf Kassandra, im „heiligen Bezirk".Draußen stürmische See, kein Schwimmen möglich, also am Balkon sitzen oder im Bett liegen, den Meeresblick genießen oder meist lesen.

Im Nachtkästchen die Gideon-Bibel. Das Buch, das mir immer Freude gemacht hat, wenn ich es in den Hotels im Nachtkästchen vorfand. Diesmal las ich in den Apostelbriefen und es interessierte mich, erstens weil ich sie noch nie gelesen hatte und zweitens weil ich viele Wahrheiten fand, die auch auf die heutige Zeit passen. Also „verschlang" ich den Text und machte Auszüge. Das war der Beginn meines Bibelstudiums.

„Heiliger Bezirk" deshalb, weil in Kallithea, Griechenland, die Ruinen eines Ammon-Zeus (Gott Ammon) Tempels direkt am Meer zu sehen sind. Der barmherzige altägyptische Staatsgott hatte im 4. Jhd. vor Christus hier einen Tempel, die Gläubigen sind wahrscheinlich mit Alexander dem Großen hierher gekommen. Unweit davon wurde im 13.Jhd. von Athosmönchen, auch am Meer, ein Kloster und eine Kirche errichtet.

Da das Kloster verfallen war, wurde auf den Fundamenten 1972 ein Hotel gebaut. Die Kirche (Kirchlein) ist intakt. Und in diesem Hotel logierten wir, also wahrlich in einem „heiligen Bezirk". Viele Male waren wir dort, meine liebe Frau und ich.

In dieser wunderbaren Atmosphäre hat alles begonnen und ich setzte in Kirchberg am Wagram (das ist der Alterssitz meiner Frau und von mir) fort – auch ein „heiliger Ort", weil hier seit 330 Jahren Wallfahrer zur „Maria Trost" pilgern.

Wie bin ich zum „Bibelschreiben" gekommen? Weil ich glaubte, dass meine Enkelsöhne, ähnlich wie ich als Kind, zu wenig von der christlichen Religion wüssten, obwohl zwei von ihnen schon Religionsunterricht hatten. Sie waren damals elf, sieben, vier und drei Jahre alt. Da mich meine Enkelsöhne immer baten, Geschichten zu erzählen, habe ich ihnen die Grundlage unseres Glaubens mit Geschichten erläutert und aufgeschrieben.

Das waren die zehn Gebote, die sieben Todsünden, die Säulen des Christentums und die Sakramente, als Abschluss das Gebet. Alles handgeschrieben (Bilder S.16 und 17). Danach begann ich ihnen die Bibel zu erzählen und zu schreiben, über die Zeit Jesu und über seine Person hatte ich viel studiert und gelesen. Aber das Alte Testament musste ich mir erst erarbeiten. Um meinen Arbeitsstil kennen zu lernen, lege ich zu den zehn Geboten meine Ansicht dar.

So wurde aus Erzählungen für Kinder ein Buch für Erwachsene, für Suchende: ein Buch aus dem Leben für das Leben: Meine Bibel! Die erste Auflage des Buches war handgeschrieben 2006 fertiggestellt. Die zehn Exemplare erhielten ausgewählte Personen, hauptsächlich Familienangehörige. Darin enthalten waren auch sehr viele persönliche Daten und Ereignisse, die in der vorliegenden Version fehlen. Ebenso herausgenommen habe ich die Chronik der einzelnen Apostel. Dankenswerter Weise haben sich Personen gefunden, die das handgeschriebene Manuskript in „Word" übertragen haben.

Die 10 Gebote

Gott gab Mose auf der Spitze des Berges Sinai, während eines gewaltigen Gewitters mit Blitz und Donner, den Dekalog.

Dekalog heißt 10 Worte, das sind unsere 10 Gebote:

1. Ich bin der Herr, dein Gott.
   Du sollst keine anderen Götter neben mir haben und kein Gottes bild machen

2. Du sollst den Namen des Herrn, deines Gottes, nicht mißbrauchen

3. Du sollst den Tag des Herrn heiligen

Mose schrieb diese ersten 3 Gebote auf eine Steintafel

4. Ehre deinen Vater und deine Mutter damit du lange lebst und es dir wohl ergeht

5. Du sollst nicht töten

6. Du sollst nicht Ehe brechen

7. Du sollst nicht stehlen

8. Du sollst kein falsches Zeugnis gegen deinen Nächsten geben

9. Du sollst nicht begehren deines Nächsten Frau

10. Du sollst nicht begehren deines Nächsten Haus, nicht seinen Knecht und seine Magd und nicht seinen Besitz

Diese 7 Gebote schrieb Mose auf die 2. Tafel

Bild: Die 10 Gebote, wie ich sie meinen Enkelsöhnen darstellte

Die 7 Todsünden

Völlerei
Wollust
Zorn
Hochmut
Habsucht
Neid
Trägheit

Die Säulen (göttlichen Tugenden) des Glaubens

Glaube, Hoffnung und Liebe

Die 7 Sakramente der kath. Kirche

Taufe
Reue und Buße
Kommunion (Eucharistie)
Firmung
Ehe
Weihe
Krankensalbung

Bild: Darstellung für Enkelsöhne

Die zehn Gebote heute

Das Wort Mose ist der Stamm und die Äste sind Jesu Wort. Das kleine Astwerk, die Blätter, die Blüten und Früchte sind unser Wort: deines, wie meines! Leider wird oft das Wort vergewaltigt für Lüge und Ausreden, für Vertuschung und Betrug. Oft regiert die Unehrlichkeit. Es geht nicht um den Menschen, sondern um Eitelkeit und wirtschaftlichen Erfolg.

Wir beten: Vater unser ...

        dein Reich komme ...

Wie können wir dazu beitragen?

Indem wir christlich denken und handeln, dass Jesus Christus in uns ist. So führt er uns zum „Himmelreich" hier auf dieser Welt, trotz allem Negativen. Immer aber sind die zehn Gebote die Grundlage dafür, dass keiner und keine „auf der Strecke bleibt"!

Vor 3.000 Jahren hat uns Mose die zehn Gebote gebracht, Gottes Gesetz, Gottes Worte. Und vor 2.000 Jahren hat sie Jesus Christus „vermenschlicht", d.h. für uns Menschen verständlich gemacht. Wie sagte doch Benedikt XVI. , als Prof. Joseph Ratzinger in Regensburg, vor vielen Jahren: „Die Maßstäbe der Gerechtigkeit sind von der vom Christentum verwahrten Botschaft ausgegangen, auch wenn sie immer wieder bestürzend versagt hat." Sie prägt unser Sozial- und Rechtssystem, auch heute noch, trotz oftmaliger Missachtung.

Nun zum Dekalog (10 Gebote):

Im ersten Gebot wird postuliert, nur einen Gott zu haben, kein Bild von ihm zu machen! Was spricht dafür? Es ist im „Gesetz" das das erste Gebot, denn Gott gibt uns das Leben nach seinen Grundsätzen, das Fundament der menschlichen Ethik einer Sittengesellschaft. Manche aber sagen, das ist unnötig wir sind gesetzestreu und damit hat es sich. Sie haben andere Götter (Götzen), rennen dem Geld nach, dem Besitz oder der Macht, dem Sex oder der steten Änderung bzw. Veränderung. Es stört sie nicht, dass am Rand ihres Weges „Wracks" herumliegen. Opfer ihres Weges: Kinder und Mitmenschen.

Wie sagte doch Christus: liebe deinen Nächsten wie dich selbst.

Das zweite Gebot, den Namen des Herrn nicht zu missbrauchen, wird schändlich verletzt, ja man führt sogar Kriege in seinem Namen.

Das dritte Gebot, den Tag des Herrn, den Sonntag, zu heiligen ist wichtig nach sechs Tagen Werken, Hetzen und Schaffen. Die Ruhe, das Nachdenken zu pflegen, unseren Glauben zu festigen, die Eucharistie zu feiern. Mansche sagen, nein, da wird erst richtig Sport gemacht und erst recht gehetzt.

Wo bleiben die Kinder, wo die Besinnung, wo der Glaube?

Das vierte Gebot, Vater und Mutter ehren, damit es uns wohl ergehe. Wohl bedacht, dass Ältere und Gebrechliche geschützt werden. Wen kümmert das wirklich?

Das fünfte Gebot, nicht zu morden, nicht zu töten, bedeutet, dass menschliches Leben vorrangig zu schützen ist und ihm zu helfen ist.

Zum sechsten Gebot, des Verbots des Ehebruches, glauben viele sie können tun was ihnen gefällt, sie sehen nicht die Leichen am Rande ihres Weges, denn ihr Herz ist aus Stein.

Das siebente Gebot dient dem Schutz des Eigentums, deshalb sollen wir nicht stehlen. Wie ist das aber, wenn einer seinen Besitz unrecht erworben hat, durch Übervorteilung der anderen, durch Ausnützen der Notlage anderer? Oder, wenn im Urwald an großen

Strömen, wo ungesetzlich Regenwald gerodet wird, und die Ureinwohner als, billige Arbeitskräfte ausgenützt werden?

Du sollst nicht stehlen! Heißt das nicht auch, du sollst das Leben des Bruders, der Schwester nicht stehlen, nicht ausbeuten? Noch ärger wird es bei der Kinderarbeit!

Im achten Gebot wird verlangt, kein falsches Zeugnis gegen den Nächsten zu geben, ihn nicht zu verleumden oder schlecht zu machen. Wie viel Intrigen werden täglich gesponnen?

Das neunte Gebot wird oft missachtet, da sollen wir nicht begehren unseres Nächsten Frau (Mann). Denn daraus resultiert oft Ehebruch!

Und im zehnten Gebot, sollen wir nicht begehren des Nächsten Haus, nicht sein Gesinde und nicht seine Habe!

Wie schaut es denn heute (2011) aus?

Viele Scheidungen, wo die Frau mit den Kindern übrig bleibt: er hat sich abgesetzt! Auch umgekehrt, wenn auch seltener. Junge Menschen ohne Arbeit: kein Bedarf! Ältere Menschen verlieren ihre Arbeit: zu teuer, ein Jüngerer leistet mehr etc. Viele zittern um ihren Arbeitsplatz: wir verlagern in ein „billigeres" Land. Die Menschen sind verunsichert, überall wird globalisiert, innoviert, rationalisiert und „gespart"! Nichts hält, nichts ist stabil und auf niemand ist Verlass. Kein Wunder, dass die Menschen psychisch krank werden. Die Jungen sagen: wir kriegen ja keine Pension mehr! Und die Alten sagen: in irgendeinem Altersheim werden wir unterkommen? Die Kinder sind überfordert, da bleibt für Alte keine Zeit!

Zu allem Übel noch: täglich Meldungen, niedergeschlagener Aufstände in Nordafrika, überall Terrortote. Dann die vielen Umweltkatastrophen: Überschwemmungen, Wirbelstürme, Hurrikans, Erdbeben und auch noch der Super-Gau im brennenden Atomkraftwerk Fukushima. Uns fehlt die Ruhe, die Stille, die Besinnung und die Zeit uns zu finden.

Als Trost kopiere ich hier einen Zettel, den ich hergebe, wenn jemand traurig ist über unsere Zeit. Da sieht man, wie es vor 3.000 Jahren war, dass Jesus vor 2.000 Jahren nicht trostlos starb als er sein letztes Gebet, Psalm 22, sprach und danach der Evangelist Lukas empfiehlt, das Reich Gottes zu verwirklichen:

Psalm Davids 12: Hilf Herr! Die Heiligen haben abgenommen, und gläubig sind wenige unter den Menschenkindern. Einer redet mit dem andern Lug und Trug, sie heucheln und reden aus zwiespältigem Herzen ...
Psalm Davids 22: Mein Gott, mein Gott warum hast du mich verlassen? ... Hilf mir! ... du hast mich erhört! ...
Lukas 17,21: Das Reich Gottes kommt nicht mit äußerlichen Gebärden ... sehet das Reich Gottes ist inwendig in euch.

Das Buch hat mich verändert, zum Besseren.
Ich wünsche das allen, die es lesen!

Die Übersetzungen der Bibel

Die erste germanische Bibelübersetzung des westgotischen Bischofs Ulfila stammt aus dem Jahre 380. Er übersetzte nur das Neue Testament aus dem Griechischen ins Gotische, und zwar nur die vier Evangelien.

Hieronymus hatte ab 386 als Klostervorsteher von Bethlehem das Alte Testament aus dem Hebräischen und Aramäischen, in der Vulgata, ins Lateinische übersetzt. Eine der bedeutendsten Gelehrtenleistungen der Antike.

Erst die von Martin Luther (1483-1546) in Deutsch verfasste Bibelübersetzung war nicht nur für das Christentum, sondern auch für die Entstehung der einheitlichen deutschen Schriftsprache wesentlich. Luther war als Flüchtling unter dem Namen Junker Jörg auf der Wartburg. Im kleinen Turmzimmer hoch oben mit Blick ins weite Hügelland übersetzte er vom 3. Mai 1521 bis 1. März 1522 das Neue Testament aus der griechischen Bibelausgabe von Erasmus (Basel 1516/17) in die sächsische Amtssprache. Wegen der „vom Volk abgeschauten" kraftvollen Ausdrucksweise und der bildhaften Anschaulichkeit verbreitete sich das Druckwerk rasch und war ein erster Schritt zur deutschen Hochsprache, der von Goethe vollendet wurde. Luthers „Kampfgefährte" Philipp Melanchthon hatte das übersetzte Werk gewissenhaft redigiert.

Nun zurück zum Alten Testament: Luther arbeitete zehn Jahre lang, mit Unterbrechungen, daran. Er übersetzte es aus dem hebräischen Masora-Kanon = Richtschnur, Regel. 1523/24 war Hiob, Psalmen und Salomo in Deutsch übersetzt. 1534 war das Alte Testament fertig und die Gesamt-Bibel brachte der Wittenberger Drucker Hans Lufft heraus. Die erste deutschsprachige Bibel! Bis 1570 wurden 100.000 Bibeln verkauft. Das Familienbuch war da!

Die Juden verwendeten die erst 1780 erschienene deutsche Übersetzung von Moses Mendelson und später die 1925 entstandene Übersetzung von Martin Buber und Franz Rosenzweig, u. zw. des Alten Testamentes.

Die Lutherbibel ist für den evangelischen Bereich unumstritten.

Im katholischen Bereich war die Bibel von J. F. v. Allioli (1830-37 übersetzt) maßgebend und jetzt die Einheitsübersetzung von 1980.

Es muss auch erwähnt werden, dass vom Mönch Cyrillos im 9. Jhd. die Bibel ins Kirchenslawisch übersetzt wurde und dass damit gleichzeitig das cyrillische Alphabet geschaffen wurde.

Die Zürcher Bibel vom calvinistischen Reformator Ulrich Zwingli fand weite Verbreitung. Er übersetzte das Werk 1529.

Die offizielle anglikanische Bibel ist die King James-Version (1611), revidiert 1881-1885.

Die Bibel ist das meist verbreitete Buch der Welt und hoffentlich auch das meist gelesene? Die Gesamt-Bibel ist in mehr als 400 Sprachen übersetzt und Teile daraus in 2.400 Sprachen. Es gibt derzeit etwa 980 Millionen Bibeln auf der ganzen Welt. Die Zahl ist stark steigend, vor allem in Lateinamerika.

Meine Bibel
Das Alte Testament

Mose

Er war der Baumeister unseres Glaubens
Er brachte Gottes Wort in Stein gemeißelt zu uns
Er hat uns die Grundfeste errichtet und das Haus gebaut, in dem wir leben
Ohne Mose wäre unsere Welt kalt

1. BUCH MOSE: GENESIS = AM ANFANG

Die Schöpfung

Gott erschuf in 6 „göttlichen" Tagen den Himmel, die Gestirne und die Erde, mit $1/3$ Land und $2/3$ Wasser – Flüsse und Meere. Mit Pflanzen, Bäumen und Tieren. Auch die ersten Menschen erschuf er. Am siebenten Tag ruhte und freute er sich! Er heiligte den Tag.

Die Geschichte von Adam und Eva

Gott wollte ein Ebenbild von sich erschaffen. Den ersten Menschen, dem sich Tiere und Pflanzen unterordnen sollten. Er formte aus Lehm und Wasser Adam = Mensch. Er hauchte ihm einen Geist, Vernunft und Denkfähigkeit ein. Er gab ihm eine Seele und die Sprache. Damit belebte er den Körper.

Gott hatte als Lebensraum für den ersten Menschen den Garten Eden (= Wonne) angelegt, das heißt, das Paradies vorbereitet. Im Paradies war alles friedlich, es herrschte Ruhe und es gab genug Wasser, Pflanzen und Bäume mit herrlichen Früchten. Die Lage zwischen Euphrat und Tigris, knapp vor der Mündung in den persischen Golf, war ideal für Mensch und Umwelt.

Adam erwachte und sah sich um. Es gab alles, was er benötigte: Eine schöne Lichtung, eine Quelle und eine kleine Felshöhle am Fuße eines Hügels als Unterstand und Schlafplatz. In den Bäumen, am Rande der Lichtung, tummelten sich Affen. Adam empfand sein Erwachen als Wunder. Er sah die grünen Bäume und die Wiese mit bunten Blumen. Als er den Blick erhob, sah er den blauen Himmel und die rasch dahin ziehenden Wolken. Die Tiere beäugten den neu Hinzugekommenen.

Adam nützte seine Sprache: Wer bin ich?

Gott sagte: Du bist Adam!

Und was soll ich, wozu bin ich hier?

Du bist mein Sohn, mein Ebenbild hier auf Erden und der erste Mensch. Du bist über alle Tiere und Pflanzen gesetzt und ein 20-jähriger Mann! Du hast eine Seele!

Was heißt das: Seele haben?

Das heißt, du sollst keinem anderen Lebewesen schaden und was du tust, soll Freude bereiten und dann ist auch deine Seele zufrieden. Deiner Seele Wirken soll so sein, dass alle denken: Das ist Adam, ein guter Mensch. Kurz gesagt: Du musst gut sein, ein Ebenbild von mir! Adam sagte: Ich werde versuchen, dir Freude zu machen.

Adam brach Palmblätter ab und baute ein Zeltdach vor seiner Höhle und das schützte ihn vor Regen. Wenn er in der Früh erwachte und die aufgehende Sonne sah, freute er sich auf den neuen Tag. Er sagte: Herr, mein Vater, lass mich so sein, dass meine Seele und auch deine sich freuen. Am Abend aß er am liebsten Beeren, tagsüber waren Bananen seine Lieblingsspeise. Wenn er Durst hatte, trank er von der Quelle köstliches Wasser.

Eine Begebenheit beeindruckte Adam stark. Als ein Affenjunges von einem Baum fiel und jämmerlich schrie, spürte Adam seine Seele: Er hatte Mitleid, rannte zu dem Affenkind und presste es an seine Brust. Der kleine Affe hörte sofort zu schreien auf, umklammerte Adam und fing an, an seiner Brustwarze zu saugen. Da keine Milch kam, biss das Äffchen zu. Adam schrie: Au! und ließ das Affenkind fallen. Jetzt kam die Affenmutter und zerrte ihr Kleines weg. Jeden Abend vor dem Einschlafen ließ Adam den Tag an seinem Geist vorüberziehen und dankte Gott, dass der Tag schön war. Heute, dachte er, hätte ich das Affenkind vielleicht doch nicht fallen lassen sollen, obwohl es mich gebissen hat. Aber seine Seele sagte: Es war gut so, denn das Kind gehört zu seiner Mutter! Er schlief ein und träumte, er hätte auch eine Mutter, die er so lieben könnte wie seinen Erzeuger, wie Gott. Am nächsten Tag stieg er auf den Hügel über seiner Höhle und sah in die Ferne über die grünen Wälder. Er hatte Sehnsucht, wonach wusste er nicht, denn ihm fehlte nichts.

Gott erkannte sein Sehnen und versetzte Adam in einen tiefen Schlaf. Er entnahm ihm eine Rippe und formte daraus Eva (= Mutter aller Lebendigen).

Als Adam erwachte und Eva sah, sagte Gott: Ich habe dir eine Gehilfin, eine Gefährtin gemacht, damit du nicht mehr allein bist. Sie ist dir ähnlich, aus dir gemacht und soll dich ergänzen und dir beistehen. Adam sah Eva an. Sie war zarter als er, aber sie würde ihm helfen und er konnte ihr seine Freude, aber auch den Schmerz mitteilen. Adam dankte Gott für diese Gabe und erstmals lachte und strahlte er. Auch Eva begann zu lachen. Gott war zufrieden und sagt: Helft einander und seid gut zu zueinander!

Die Tage waren jetzt schöner, wenn ein Gewitter kam, dann brachen sie gemeinsam stärkere Äste ab und stellten sie als Schutz vor der Höhle auf. In der Früh lachten sie einander zu und gingen Bananen und Äpfel pflücken. Alles trugen sie zur Höhle und aßen davon in der Morgensonne. Ähnlich war es zu Mittag im Laubschatten und am Abend in der untergehenden Sonne.

Eines Tages sagte Eva: Mir gefällt der Platz vor der Höhle nicht, denn hier verschwindet die Sonne so bald hinter den Bäumen. Ich will, dass wir den Schlafplatz unter dem großen Baum am Hügel aufschlagen. Dort, wo wir schon öfter die untergehende Sonne beobachtet haben. Adam hatte keine Freude, er hatte den Platz in der Höhle mit getrockneten Blättern ausgelegt und davor den schrägen Regenschutz gebaut. Eva beharrte auf ihrem Wunsch und Adam war in großer Not.

Gott hörte das und griff ein: Ich habe euch gesagt, seid friedlich und gut zueinander. Denn ich habe euch für einander und nicht gegen einander geschaffen. Da ihr streitet, werdet ihr heute auf dem von Eva gewünschten Platz schlafen. In der Nacht kam ein Gewitter, der Platz war ohne Schutz. Sie kehrten zur Höhle zurück. Am nächsten Tag fragte sie Gott: Wie wollt ihr das in Zukunft machen?

Wir werden überlegen und darüber sprechen und dann das tun, was für uns beide das Beste ist! Gott sagte: Das ist gut für euer weiteres Zusammenleben! Aber ich muss euch noch etwas sagen: Alles hier im Garten Eden, gehört euch, nur meinen Baum der Erkenntnis von Gut und Böse, den müsst ihr in Frieden lassen. Esst nicht seine Früchte, sonst müsst ihr sterben!

Adam und Eva zogen sich vom Baum der Erkenntnis zurück zur Höhle. Adam sagte: Wir müssen unsere Seelen fragen, ob wir das oder etwas anderes tun wollen. Sind wir der gleichen Meinung, so werden wir es tun. Wir wollen nicht mehr streiten. Das trübt nur unser Zusammensein.

Es begann zu regnen und sie hatten Hunger. Adam hatte einige Kokosnüsse in der Höhle. Vor Tagen hatte er sie mühselig von der Palme herunter geholt. Zuerst hatte er sie immer mit einem großen Stein zerbrochen und da war die gute Kokosmilch davon geronnen. Jetzt aber bohrte er mit einem spitzen Stein ein Loch und trank die kühle, leicht süße Milch, erst dann zerbrach er die Hülle, auch Eva trank und aß. Sie war begeistert. Dann sprachen sie darüber, dass der Vater ihnen verboten hatte vom Baum des Erkennens zu essen. Er hatte von „meinem Baum" gesprochen.

Sündenfall

Vielleicht sollen wir etwas nicht erkennen, was nur er wissen will. Aber warum? Der denkende Mensch ist neugierig. Sie sagten sich: Wenn es so schüttet und wir holen uns einige der Früchte und laufen gleich zur Höhle zurück, wird er das nicht sehen. Sie liefen zu dem Baum und pflückten einige Früchte. Es blitzte und donnerte. Nass kehrte sie zur Höhle zurück und trockneten sich ab. Sie setzten sich und begannen eine der Früchte zu essen. Es war die beste Frucht, die sie bis jetzt gegessen hatten. In der Bibel steht, dass die Schlange Eva überredet hatte, die Früchte zu essen und Eva hatte dann Adam zum Essen verführt. Und alle wurden bestraft. Vor allem die Schlange ließ Gott nur mehr kriechen, Eva sollte unter großen Schmerzen gebären und Adam mit Schweiß sein Brot verdienen! Und jetzt ereignete sich mit Adam und Eva etwas Seltsames. Der Regen hatte aufgehört und die untergehende Sonne erleuchtete ihren Lagerplatz nur mehr schwach. Und als Adam in die Augen von Eva blickte, empfand er eine unglaubliche Zuneigung. Ein Gefühl, das er bis jetzt nicht gekannt hatte: Liebe! Er sagte es Eva und dass er glücklich sei, sie bei sich zu haben. Eva erwiderte, dass auch sie große Zuneigung und Glück in seiner Nähe empfinde. Die Dämmerung war heraufgestiegen und der gewaltige Sternenhimmel wurde sichtbar. Sie sahen im tiefen Staunen versunken die Schönheit des Sternenzeltes: Sie waren des Erkennens fähig geworden! Solche Himmelszelte, wo die Sterne zum Greifen nahe sind, können wir erleben am Meer, in einsamen Felswänden und am Dach der Welt in 5.000m Höhe in Tibet.

Eva fröstelte, es war nicht kalt, aber ihr Staunen und ihre Freude verlangten nach Nähe. Das gleiche Gefühl hatte auch Adam. Er zog Eva zu sich und sie hielten sich umschlungen, bis sie eins wurden. Sie träumten den schönsten Traum ihres Lebens. Der Morgen war strahlender als alle Tage zuvor, sie waren spät wach geworden.

Die Sonne war schon hoch, als sie einander anschauten und glücklich lachten. Sie gingen erneut zum Baum der Erkenntnis, da sagte Gott, der Vater: Ihr habt vom Baum gegessen! Ihr habt mein Gebot nicht beachtet. Ihr habt die erste Sünde (= Erbsünde) begangen. Es freut mich, dass ihr euch liebt und auch eins wurdet: Ihr habt euch „erkannt" als Mann und Frau! Ihr werdet euch vermehren, das ist gut!

Da ihr aber mein Gebot missachtet habt, müsst ihr das Paradies verlassen, sonst esst ihr auch noch vom Baum des Lebens, um ewig zu leben! Er ließ die Kerubim mit dem Flammenschwert den Lebensbaum bewachen. Zu Adam und Eva sagte er: Ihr werdet jenseits des Euphrats in Ur siedeln. Ihr sollt euch vermehren. Ihr werdet Kinder haben, für die ihr sorgen müsst. Eva muss die Schmerzen des Gebärens ertragen. Und du, Adam, musst für sie sorgen. Du wirst im Schweiße deines Angesichts den Boden bearbeiten, dass er Frucht trägt und du wirst Herden von Vieh hüten und sie vermehren. Du wirst mich verehren als Gott, und Opfer bringen – wie auch deine Nachkommen, damit ich meinen Segen über euch walten lasse.

Ihr werdet Verantwortung tragen für eure Nachkommen und euch weiterhin lieben. Mein Segen ist mit euch, ihr seid verantwortlich für euer Tun, so dass ihr keinem Menschen schadet denn er ist mein Ebenbild. Sie zogen, nachdem sie den Euphrat bei einer Furt überquert hatten, sieben Tage nach Ur. Den Weg vom Garten Eden nach Ur können wir auf der Karte, Seite 32 verfolgen. Eva hatte eine schwere Geburt und sie brachte den 1. Sohn Kain (=Schmied) zur Welt. Ein Jahr später kam der 2. Sohn Abel (= Hauch) zur Welt.

Kains Brudermord

Die Jahre vergingen im Fluge. Kain wurde Ackerbauer und Abel Schafhirte. Beide waren erfolgreich. Nach einigen Jahren mühevoller Arbeit wollten sie nach der Erntezeit Gott ein Dankesopfer darbringen, ein Speiseopfer. Kain hatte dafür in der Ebene seines Wirkens, einen schönen Steinaltar errichtet. Darauf hatte er Produkte des Ackers, ein Bündel Gerstenkorn, Maiskolben, Gurken und Obst gelegt. Abel wiederum hatte in einer Steinmulde am Berg zwei frisch geworfene Lämmleins gebraten und mit Kräutern gewürzt dargeboten.

Gott bevorzugte das Opfer von Abel und aß davon, aber den schön geschmückten Altar im Tal sah er nicht. Kain schrie: Das ganze Jahr schindet man sich und meine schönsten Gaben werden nicht beachtet! Seine Eifersucht wuchs, er rief Abel: Sieh meinen Altar! Zu mir kommt er nicht! Abel wollte ihn trösten und sagen: Erst hat er den Altar am Berg besucht und morgen wird er zu dir kommen!

Aber Kain in seinem Zorn dachte, er wolle ihn verspotten und er nahm einen Stein und schlug Abel damit auf den Kopf. Der 14-jährige Abel fiel um und war sofort tot! Jetzt wurde Kain bewusst, was er getan hatte. Er rannte davon.

Gott sah ihn: Kain, du hast deinen Bruder erschlagen! Du hast mein Ebenbild, einen Menschen getötet, deinen Bruder. Kain: Mein Zorn war es! Gott antwortete: Verflucht bist du, flüchtig sollst du sein und die Erde, die das Blut deines Bruders aufgenommen hat, wird dir keine Früchte geben. Kain bat: Ich werde sühnen und nach Sonnenaufgang ziehen. Man wird mich töten?

Gott sagte: Zieh fort, ich werde dir ein Zeichen auf die Stirn machen, so wird dir nichts geschehen. Er tätowierte ihm das Kainszeichen auf die Stirn. Wie gesagt, zog Kain ostwärts, über Euphrat und weiter über den Tigris nach Nod. Er brauchte für die 240 km etwa zehn Tage.

Den Weg sehen wir in der Karte Seite 32. Als Kain auszog, war er 15 Jahre alt und seine Eltern 36 Jahre. Für Adam und Eva war es eine schwere Zeit. Tief trauernd hatten sie ihren ersten Toten in einem Steingrab eingescharrt. Sie hatten den 14-jährigen sehr geliebt! Sehr traurig waren sie auch über den Brudermord. Sie fragten sich, haben wir ihnen den Willen Gottes, unseres Vaters, zu wenig erklärt?

Warum haben wir nicht vor Zorn gewarnt? Ihnen nicht gesagt, dass menschliches Leben heilig ist, weil Gott in ihm ist? Neben der Trauer der Eltern kam noch die Sorge, wie denn der Ackerbau und die Herdenzucht weitergehen sollen. Zu ihrem Glück hatte Eva noch drei Töchter nach den zwei Knaben geboren. Sie waren als der 14-jährige Abel, wie ein „Hauch" verging, gerade 13, 12 und 11 Jahre alt. Sie waren interessiert und halfen den Eltern, so gut es ging.

Kain blieb in der Gegend Nod und als er 20 Jahre alt war, wünschte er sich eine Frau. Er hatte mühselig Felder bestellt, Bäume gepflanzt und Schafe vermehrt. Er ging nach Ur, fünf Jahre nach dem Brudermord, und sagte den Eltern, dass er schwer gebüßt habe und sie mögen ihm verzeihen. Er erzählte, dass er allein in Nod, alles wie hier zu Hause aufgebaut hat. Ohne Hilfe ist er auch ohne Freude, und deshalb ist er den langen Weg hierher gegangen. Er hatte drei Wochen gebraucht für 240 km. Aber nicht allein ist er gekommen, er hat von seiner Herde die schönsten weißen Schafe genommen, sieben Stück, als Gabe für die Eltern und auch hervorragendes Saatgut hatte er mitgebracht. Und er wünschte sich eine Frau, die mit ihm das Leben teilt und ihm Hilfe ist. In der Einsamkeit in Nod erinnerte er sich an eine Schwester. Sie war erst 13 Jahre alt, als er verbannt wurde und jetzt ist sie 18 Jahre alt. Sie hatte ihn schon damals unterstützt.

Er bat die Eltern, wenn das Mädchen es wolle, sie ihm als seine Frau zu geben und mit ihm ziehen zu lassen. Das Mädchen hatte das Gespräch gehört. Sie hatte bei der Erzählung Kains genickt, denn sie war damals schon gern in seiner Nähe. Sie hatte auch Gefallen an der Arbeit am Feld und war jetzt, neben ihren Schwestern, die jetzt 17 und 16 waren, eine wesentliche Stütze der Eltern.

Adam sprach mit Eva und er antwortete Kain: Sie ist uns eine große Stütze, ohne sie müssen wir zu viert alles schaffen. Aber du bist unser Sohn, du hast bereut, du hast gebüßt und du sollst nicht allein sein! Da sie will, zieh mit ihr fort, meinen und unseren Segen habt ihr!

Schweren Herzens trennten sich die Eltern und die Geschwister von dem Paar. Die Eheleute kehrten glücklich nach Nod zurück. Nach einem Jahr wurde ihnen der Sohn Henoch geboren. Nach ihm wurde die später von Kain gegründete Stadt benannt. Da das Geschlecht sich stark vermehrte, wurde Kain der Urvater der Keniter!

Der Tod der ersten Menschen

Lang lag die Zeit von Eden zurück und als Adam und Eva 130 Jahre alt waren geschah ein „Wunder"! Die Bibel schreibt, dass Adam in diesem hohen Alter seine Frau „noch einmal erkannte" und sie schwanger wurde. Eva gebar den Sohn Seth (= Ersatz). Die Eltern waren glücklich, dass für den geliebten Abel ein Ersatz gekommen war. Seth lebte 912 Jahre und zeugte viele Töchter und Söhne. Von ihm stammt auch Noah ab. Adam und Eva bekamen noch weitere Söhne und Töchter. Adam lebte nach der Geburt von Seth noch 800 Jahre und starb im Alter von 930 Jahren.

Noch einige Worte zum Ende der ersten Menschen: Als Eva nach einem langen und schweren Leben im Sterben lag, war Adam bei ihr. Eva fragte ihn: Was wird mit meiner Seele, wenn ich sterbe? Wir haben doch immer auf unsere Seelen gehört und ein erfülltes und schönes Leben gehabt?

Adam nahm sie in seine Arme und drückte sie an sich, wie er es immer getan hatte, wenn es im Gewitter blitzte und donnerte: In mir, liebe Eva, lebt deine Seele weiter, in unseren Kindern und in allem was wir getan haben. Und nicht zuletzt in unserem Vater, in Gott! Man wird von uns und vom Paradies erzählen und von Gott dem Vater, der uns erschaffen hat! Jetzt noch, nach tausenden Jahren, lesen Millionen Menschen ihre Geschichte in der Bibel. Eva starb hochbetagt in Adams Armen. Er lebte dann nur noch kurze Zeit, denn er hat Gott gebeten, ihn sterben zu lassen: Ohne Eva ist mein Leben leer! Und so geschah es. Seth begrub mit der zahlreichen Nachkommenschaft den ersten Menschen Adam im Grab, wo auch Eva begraben war.

Die Arche Noah und die Sintflut

Viele Generationen nach Adams Sohn Seth lebte in der Gegend von Ur ein Nachkomme mit Namen Noah. Im Alter von 500 Jahren schenkte ihm seine Frau drei Söhne nacheinander. Sie betrieben Holzwirtschaft, d.h. sie schlägerten Bäume und verarbeiteten das Holz für Häuser, aber auch für Schiffe. Wenn jemand den Euphrat hinabschiffen wollte, ließ er sich von Noah und seinen Söhnen ein Floß bauen. Noah verwendete Fichtenholz und war geschickt im Fällen und Entasten der Baumstämme. Er hatte ein Lager Bauholz angelegt. Weiters erzeugte er Holzkohle, so dass er immer genügend Pech zum Dichten von Fugen hatte.

Im „gesetzten" Alter, mit 90 Jahren, hatten die Söhne geheiratet und gleich eine dreifache Hochzeit gefeiert.

Gott aber war mit der Menschheit sehr unzufrieden. Seit Adam und Eva hatte sie sich stark vermehrt, er sagte zu Noah: Die Erde ist mit ungerechten Menschen erfüllt. Sie sind nicht mehr mein Ebenbild. Mein Fleisch gewordener Geist ist böse, ich ließ sie zu lange leben. Nun aber will ich mein misslungenes Werk – den Menschen – durch eine große Flut = Sintflut vernichten.

Du aber und deine Familie, die ihr gerecht und gottesfürchtig seid, euch will ich schonen. Baut in sieben Tagen ein großes Schiff (= Arche) mit 150 m Länge, 25 m Breite und 15 m Höhe. Verwendet dazu Fichtenstämme, die du lagerst, auch Schilf und Pech zum Dichten. Drei Stockwerke übereinander, so dass ihr, du und deine Frau, deine Söhne, deine Schwiegertöchter, dein Gesinde und von jeder Tierart ein Paar, ein Männchen und ein Weibchen, hineingeht. Am 8. Tag kommt die große Flut, die alles überschwemmt und tötet. Sie dauert 40 Tage lang. Vergesst nicht Proviant und Wasser mitzunehmen!

Noah und seine Leute bauten am trockenen Sand diese Arche. Die Basis war ein Floß der obigen Größe. Mit Holzpfosten wurden drei Etagen aufgebaut, außen mit Holz verkleidet und gedichet. Am 7. Tag begannen sie die Tiere, Essen und Wasser einzuladen. Als es zu regnen begann, gingen Noah und seine Leute an Bord und schlossen die Öffnungen. Es kam ein Sturm auf und es stürzten Wassermassen vom Himmel. Der Euphrat überschwemmte alles und hob die Arche, die nordwärts getrieben wurde (siehe Karte, Seite 32). Zu berichten ist noch, dass alle Leute der Umgebung, die „Noahs" auslachten, als sie am trockenen Land ein Schiff von gigantischem Ausmaß bauten. Diese Leute kämpften dann um ihr Leben und flüchteten vor der Flut landeinwärts, d.h. nach Westen.

Dass diese große Flut stattgefunden hat, ist erwiesen: man hat bei Ur bei Grabungen eine 3 m starke Lehmschicht aus dem Jahre 4000 v. Chr. gefunden. Im altbabylonischen Gilgamesch-Epos wird von der großen Flut berichtet, die eine dicke Lehmschicht von 3m bildete, die wie ein Leichentuch alles zudeckte.

Durch den großen Südsturm wurde das Boot nach Norden getrieben und landete nach 40 Tagen und einer Strecke von 1.000 km auf dem Gebirge Ararat. Der höchste Gipfel ist 5.200 m hoch (Bildteil S. 395) und heute mit Schnee bedeckt. Im Schnitt wurde das Schiff pro Tag 25 km getrieben. Noah war zu diesem Zeitpunkt 600 Jahre alt. Die Söhne waren ungefähr 100 Jahre alt.

Als das Wasser gesunken war, redete Gott zu Noah: Verlasset die Arche und nehmt Besitz vom Land! Noah baute einen Altar aus Steinen und opferte Vögel und Tiere ohne Fell und verbrannte sie ganz. Der liebliche Geruch stimmte Gott so gutmütig, dass er sagte: Nichts Lebendes, nicht Saat und Ernte, nicht Kälte und Hitze, Sommer und Winter, Tag und Nacht sollen aufhören zu bestehen!

Gott segnete Noah und seine Söhne: Wachset und vermehrt euch. Ihr seid über alle Tiere und Pflanzen. Ihr sollt Fische und Tierfleisch ohne Blut essen und alle Pflanzen. Wer Menschenblut vergießt, dessen Blut soll auch vergossen werden, denn der Mensch ist mein Ebenbild. Schreitet über die Erde und erfüllt sie.

Ich schließe mit euch einen Bund, auch mit euren Nachkommen und mit jeder lebenden Seele, die bei euch ist, auch mit den Tieren: Ich lasse keine solche Flut mehr kommen, die alles tötet. Zum Zeichen dieses Bundes setze ich einen Bogen zwischen Wolken (=Regenbogen). Der Bogen wird erscheinen, wenn ich im Himmel umherziehe und an unseren Bund denke.

Noah pflanzte nach der Flut einen Weingarten, den ersten überhaupt, an einem Südhang und genoss den Wein. Noah wurde 950 Jahre alt. Seine drei Söhne hatten eine große Nachkommenschaft. Sie siedelten an den großen Flüssen bis Babel und Ur und am Jordan bis Sodom. Grünland gab es genug, man sprach vom „grünen Halbmond", das war die Gegend vom Jordan, Toten Meer, See Genezareth, über Haran zu den Flüssen Euphrat und Tigris (siehe Karte, Seite 32).

Turmbau zu Babel und die Sprachverwirrung

In der Gegend von Babylon beabsichtigten die Menschen einen Turm zu bauen bis in den Himmel hinein. Mit Ziegeln aus Lehm, die man brannte, und mit flüssigem Lehm und Pech als Mörtel. Zur Befestigung des Rundbaues wurden Schilfseile verwendet.

Sie holten Arbeiter aus der Umgebung. Viele kamen, weil sich rasch herumgesprochen hatte, dass es einen Krug (= 2,2l) warmen Gerstenbrei mit Schaffleischstücken als Eintopf mittags und das gleiche, jedoch kalt, zum Mitnehmen, als Lohn am Abend gab. Damit konnten die Leute ihre Familien ernähren. Der Bau stieg, nachdem die ersten Stockwerke gut hielten. Gott sah und dachte: Die werden noch größenwahnsinnig. Als der Bau immer höher wurde und es von Menschen nur so wimmelte, verwirrte er bis zur Unverständlichkeit ihre Sprache. Viele Dialekte aus umliegenden Gegenden waren der Arbeit abträglich und außerdem war die Grundmauerdicke zu schwach bemessen und die tragenden Schilftaue rissen.

Der Turm stürzte beim 3. Stockwerkbau zusammen. Es gab viele Tote, die Menschen schrieen und verließen die Unglücksstätte. Gott zerstreute sie in alle Länder. Viele Generationen nach Sem, dem ältesten Sohn von Noah, finden wir in Ur in Kaldäa einen direkten Nachkommen Sems: Terach, den Vater Abrahams.

Terach zieht von Ur nach Haran

Terach war ein gerechter Mann, wohlhabend, weil er nicht nur Viehherden besaß und Viehzucht betrieb, sondern auch Floßbau am Euphrat. Er hatte 1922 v. Chr. mit 70 Jahren noch einen Sohn bekommen, er nannte ihn Abram, weiters mit 71 Nahor und mit 72 Haran. Gott nannte Abram später beim Bundesschluss Abraham (= Vater vieler Völker) und seine Frau Sarai nannte er Sarah.

Der Fischer Haran war noch sehr jung, als er sich mit 18 Jahren eine Frau nahm. Sie war die ideale Frau für Haran, sie liebte den Fluss und die Floßfahrt. Als Haran 20 war, wurde ihm der Sohn Lot geboren, der, wie Vater und Mutter, Wasser, Fische und Boote liebte und eifrig mithalf bei der Arbeit.

Lot hatte ein Hobby: aus Erzählungen wusste er von Noah, dem ersten Weinbauer, und auch er begann Reben zu setzen und erzielte kleine Mengen Wein.

Das Unglück kam 1884 v. Chr., als im Frühjahr der Euphrat Hochwasser führte. Haran hatte Angst, dass sein Floß abgetrieben würde. Es war mit Seilen am Ufer befestigt und diente zum Fischen. Die Strömung war sehr stark, Haran und seine Frau wollten das Floß ungefähr einen Kilometer unterhalb in eine ruhige Bucht steuern und dort festmachen. Sie benützten zum Steuern Stöcke. Knapp vor dem Ziel prallten sie mit einem schwimmenden Baum zusammen. Das Floß zerbrach an der Wucht des Zusammenstoßes und man glaubte, dass beide Eltern von Lot ertrunken seien, denn man fand später die Trümmer des Floßes.

Die Familie – die drei Kinder Harans, der 16-jährige Lot, die 15-jährige Schwester Milka, die 14-jährige Schwester Jiska, ihr Großvater Terach und die Onkeln Abraham und Nahor – war tief erschüttert. Als Nomaden waren sie gewohnt mit den Herden zu Weideplätzen zu ziehen und in großen Lederzelten zu wohnen. Nur wenige wie auch Terach, bauten sich Hütten aus Lehmziegeln mit schilfgedeckten Dächern. Aber diese boten nicht allzu viel Platz.

Terach nahm die drei Kinder Harans zu sich und Abraham und Nahor wohnten in Zelten. Wenn die Weiden weiter entfernt waren, zog auch Lot mit ins Zelt.

Ein Jahr später gab es eine Doppelhochzeit: Abraham, 39-jährig, heiratete die schöne und geistvolle 29-jährige Halbschwester Sarah. Sein Bruder Nahor wollte mit seinen 38 Jahren auch einen Hausstand gründen und nahm seine 16-jährige Nichte, das Waisenkind Milka, zur Frau. Sie hatte sich seit dem Tod der Eltern, ihm bei der Arbeit genähert, vielleicht als Vaterersatz? Nahor hatte diese Hilfe und menschliche Wärme sehr geschätzt und bei seinem Vater Terach um ihre Hand gebeten.

Damals waren solche Verbindungen in einer Familie üblich. Wir haben das schon bei Kain gehört. Es ging immer um die Vergrößerung der Familie: jeder „neue Hirte" war willkommen und vor allem gebärfreudige Frauen.

Zurück zu Terach und Abraham. Die Familien Abrahams und Nahors sowie auch Lot arbeiteten gemeinsam bei Terach an der Vermehrung des Besitzes. Terach hatte schon die Teilung, vor allem der Herden und der Weiden, überlegt. 26 Jahre waren seit der Verheiratung der Söhne vergangen und 27 Jahre seit Haran und seine Frau verunglückt waren, als ein neuer Schlag den 135-jährigen traf. Seine Frau starb an Herz- und Kreislaufversagen in kürzester Zeit, sie lebte gerade solange, dass er sie noch ins Haus bringen konnte. Sie hatten viele Schicksalsschläge und Freudentage miteinander erlebt.

Terach überlegte, nachdem er die Frau in einem Steingrab beigesetzt hatte, wie es weitergehen sollte. Mit den Söhnen kam er überein, die Herde und die Zelte auf vier Teile aufzuteilen. Terach, Abraham, Nahor und Lot erhalten je ¼. Das Haus von Terach übernimmt

Nahor und auch die Verpflichtung für seine Schwägerin Jiska zu sorgen, bis sie heiratet. Er behält alle Weiden, einschließlich des Weingartens und des Weines.

Terach wird von Ur in Kaldäa wegziehen und Abraham und Sarah und Lot mitnehmen. Sie zogen 1857 v. Chr. tatsächlich mit ihren Herden und Zelten nordwestwärts in die fruchtbare Ebene Haran. Statt nach Kanaan zu ziehen, wie ursprünglich geplant, blieben sie hier (Karte S. 32). Zum fruchtbaren „grünen Halbmond" gehörte auch das Balichtal. Haran wurde der Ort genannt, wo sie sich niederließen.

Terach sagte: Zum Gedenken an meinen lieben Sohn Haran. Für die 1000 km brauchten sie drei Monate, d.h. pro Tag hatten sie 11-12 km zurückgelegt. Fast ohne Verluste kamen die Herden an. Für die Lasten hatten sie Eseln und zum Reiten Kamele genommen. Das Tal und die Ebene waren grün und fruchtbar, viel versprechende Weiden boten sich an. Terach war 135 Jahre alt, Abraham 65, Sarah 55 und Lot 43. Sie betrieben die Wirtschaft gemeinsam mit Helfern. Abraham war traurig, dass ihm seine Frau keine Kinder schenkte. Als Ersatz betrachtete er Lot. Dieser hatte wieder einen Weinberg gepflanzt – mit Erfolg.

Nach zehn Jahren in Haran, wo sie mit Wohlstand gesegnet waren, sprach Gott, der Herr, zu Abraham: Nimm die Deinen und das Gesinde, deine Habe und zieh nach Kanaan. Ich will dich segnen und zu einem großen Volk machen.

Abrahams Zug nach Kanaan

Die Gespräche mit Gott dürfen wir uns nicht so vorstellen, dass ein alter Herr vom Himmel kommt und zu einem spricht. Es ist hier sehr wahrscheinlich, dass sich im Denken, dieses Fortziehen in ein gelobtes Land, so fixiert, manifestiert, dass es von Gott verlangt erscheint. Die Träume verstärken diesen Wunsch und Gottes Wille erfüllt man eben. Er muss mit uns sein, das ist dann Gottvertrauen!

Abraham tat, wie ihm geheißen, er war 75 und Sarah 65. Auch Lot nahm er mit, weiters einen Teil des Gesindes und der Herden. Lot war auch schon 53 Jahre alt und der Vater Terach 145 Jahre. Da Terach nicht mitzog hinterließ Abraham seinem Vater mehr als ein Drittel der Herden und vor allem die besten und treuesten Helfer.

Wir sind in einer Zeit, die viertausend Jahre zurückliegt: Im Jahr 1847 v. Chr. zogen Abraham und die Seinen den Balich hinunter (siehe Karte, S.32) bis zur Mündung in den Euphrat und dann nicht, wie oft angenommen wird, weiter nach Süden direkt zu der Oase Tadmor (Palmyra) in der Wüste. Das ging nicht, weil hohe Berge dazwischen liegen. Sondern: sie überquerten den Euphrat und zogen hinunter bis nach Dayr az Zawr, wo der viel benützte Karawanenweg vom Euphrat zur Oase Tadmor (Palmyra) beginnt und weiterführt nach Damaskus und Kanaan.

Der Weg war lang und beschwerlich, besonders durch die Wüste, weil das Tränken der Herdentiere Sorgen machte. Gott sei Dank hatten sie viel Wasser den Kamelen aufgeladen und den Vorrat in Tadmor ergänzt. Die Hälfte des Weges hatten sie hinter sich gebracht: Damaskus! Die Stadt liegt in einer fruchtbaren und im Frühling blühenden Ebene, aus der der 2800 m hohe Hermon empor ragt. In diesem Gebirge entspringen auch die Quellen des Jordans. Sie füllten Wasser in die Schläuche, kauften Essen und zogen weiter nach Südwesten Richtung Kanaan. Sie überquerten den Jordan und kamen nach Sichem in der Nähe des Berges Garizim. 900 km waren sie gezogen.

Abraham baute einen Altar auf und sie dankten dem Herrn. Die Gegend war dünn besiedelt: Am Mittelmeer lebten die aus Kreta stammenden Philister mit ihren Stadtfestungen, weiter östlich die kampfesfreudigen Hethiter, die indogermanisch sprachen, und vom Norden aus der Türkei, als Reitervolk, eingewandert waren und zum Toten Meer zu die Amoriter. Diese waren weitschichtig mit ihnen verwandt, sie stammten von Ham, dem jüngsten Sohn Noahs ab. Von den Kanaanitern wurden die Einwanderer um Abraham „Hebräer" (= Fremde) genannt: Sie waren Nomaden mit großen Herden.

Abraham zog mit seinen Leuten 40 km weiter nach Süden nach Bethel und von dort östlich ins Gebirge. Wieder opferte er dem Herrn. Seine Dankgespräche waren immer gleich: er schildert dem Herrn die Vorgangsweise und vergißt nicht dazustellen, wie er Gottgewolltes auch bei Widerständen durchsetzt. Und der Dank ist für die Kraft und Hilfe des Herrn für das positive Ende seiner Handlungen. Im Vordergrund steht Gott!

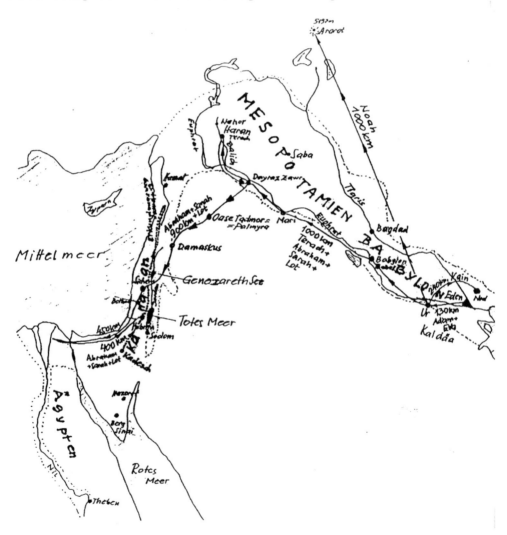

Karte: Der grüne Halbmond ist das fruchtbare Land, in der Karte punktiert umgrenzt

Und heute (2012)? Da gibt es viele die helfen und heilen, mental und physisch. Sie bringen Opfer für Mitmenschen! Andere wieder feiern in der Messe das Opfer. Oder singen und musizieren dem Herrn. Fasten ist auch „in". Weiters, einige malen „heilige Bilder" oder schnitzen Kruzifixe. Ganz wenige schreiben, trotz aller Widerstände, eine Bibel. Und andere wiederrum schauen „gütig" weg und denken: diese Narren! Letzlich stellt sich die Frage: Ist nicht alle Pracht Eitelkeit? Scheinheiligkeit?

Abraham zieht nach Ägypten

Als das Schicksal schon im ersten Jahr eine große Dürre brachte, zog Abraham mit allen Seinen weiter südlich und dann nach Westen bis ins 450 km entfernte Ägypten, dort waren sie „Sandbewohner". Nach einem Jahr kehrten Abraham, Sarah und Lot, mit Gesinde und Vieh, zurück nach Kanaan und siedelten in Bethel. In Ägypten waren sie reich geworden. Allerdings waren die Herden von Abraham und Lot schon getrennt. Lot hatte in Ägypten geheiratet und eine Tochter bekommen. Abraham war 76 Jahre alt, Sarah 66, Lot war 54, als sie zurückkamen nach Bethel. Lot hatte eine Tochter und die zweite war unterwegs.

Abraham und Lot trennen sich

Als die zweite Tochter zur Welt kam und die Hirten von Abraham und Lot um die Weiden stritten, schlug Lot Abraham vor, sich zu trennen. Abraham ließ seinem „Bruder" die Wahl. Der wollte die fruchtbaren Wiesen, u.zw. das Land am Jordan östlich bis hinab nach Sodom. Und Abraham blieb in Kanaan und zog nach Hebron. Der Herr hatte ihm gesagt: Soweit dein Auge reicht gehört das Land dir.

Nahor zieht zu Terach (1842)

Ich möchte noch einmal zurück nach Haran, wo Abraham seinen Vater zurückgelassen hatte. Der Vater war einsam, trotz der Leute, die ihm zur Seite standen. Als er mit einigen Vorbeiziehenden sprach, die den Euphrat hinunter wollten zum Persischen Golf und durch Ur wandern würden, ließ er seinem Sohn ausrichten: er möge mit der ganzen Familie kommen, alles Vieh mitnehmen. Denn, so konnten sich die Reisenden überzeugen, gäbe die Natur alles was der Mensch braucht, hier im grünen Haran.

Monate vergingen und eines Tages im Herbst zum 150. Geburtstag von Terach kam die Karawane von Nahor an. Er hatte sieben Kamele und große Herden von Schafen und einige Eseln. Mit Nahor kamen an, seine Frau Milka, sie war 57 Jahre alt, ihre Schwester Jiska und seine 8 Söhne, der Älteste Uz war 39 Jahre, Betuel, der Jüngste, war 32 Jahre alt und zwei Töchter, welche jünger waren. Nahor war 79 Jahre alt. Er und die vielen Helfer gründeten flussaufwärts den Ort Nahor. Terach war überglücklich die Familie so nahe zu haben. Er lebte dann noch 55 Jahre in Haran und starb 205-jährig.

Die Magd Hagar gebiert Abraham den Sohn Ismael (1836)

Da Sarah keine Kinder bekam, gab sie ihrem Mann ihre ägyptische Magd Hagar, wie damals üblich, sollte diese ein Kind gebären und es ihrer Herrin geben. Hagar wurde schwanger, aber Sarah war eifersüchtig. Sie demütigte ihre Magd und diese flüchtete weit weg in die Wüste Schur. Als sie dorthin kam, erfrischte sich die hochschwangere Frau an einer Quelle. Der Herr befragte sie und versprach ihr danach: Du wirst einen Sohn haben, nenn ihn Ismael = der Herr hört uns. Er wird wild sein und viele Feinde haben, aber er wird Vater vieler Nachkommen werden. Jetzt geh zurück und diene deiner Herrin! Hagar benannte die Stelle „Brunnen des Lebendigen, der mich sieht" und kehrte zurück.

Gott schließt Bund mit Abraham (1823)

Abraham war 99, Sarah 89 und Gott sagte zu Abraham: Ich schließe einen Bund mit dir, Sarah wird dir einen Sohn gebären, nenne ihn Isaak! Deinen Nachkommen gebe ich das Land vom Nil bis zum Euphrat. Dafür werdet ihr alle Männer beschneiden und Knaben am achten Tag nach ihrer Geburt. Es geschah wie Gott verlangte.

Nur, das Land, das Gott Abraham zusprach, war schon dünn besiedelt. Abraham verstand es mit den Menschen zu sprechen und da er keinen Besitz verlangte, nur Weideplätze und Brunnenbenützung, war er, „der mit Gott spricht", gern gesehen. Er hatte gute Schafe und Ziegen und bot auch Produkte aus deren Milch an. Kanaan war damals berühmt wegen des begehrten Produktes Purpurrot, welches aus Meerschnecken gewonnen wurde.

Sodom und Gomorra

Zurück zu Lot: wir wissen nicht den Namen seiner Frau, ich nehme an es war eine Ägypterin. Auch Sarah nahm die Dienerin Hagar aus Ägypten mit. Lot und Familie lebten in Sodom, am südlichen Ende des Toten Meeres.

Lot hatte sich auf Weinbau und Verkauf spezialisiert, er verlangte für 10 Kannen = 22 l einen Schekel = Silberstück = ein Silberlot = 50 €. Ein Widder kostete zwei Schekel, für eine Braut musste der Werber 50 Schekel = 2.500 € bezahlen.

Der Herr wollte Sodom und Gomorra zerstören, weil sie dort schwere Sünden begangen hatten, da aber auch Lot dort war, informierte er Abraham. Als dieser von Gott erfuhr, dass die Städte mit allen Einwohnern zerstört würden, bat er, Lot retten zu dürfen. Die Stadt Sodom wurde, kurz nachdem Abraham Lot und dessen Familie gerettet hatte, verwüstet und verbrannt. Wahrscheinlich war es ein Erdbeben mit folgendem Brand. Lot entkam mit seiner Frau und den zwei Töchtern.

Die Frau des Lot erstarrte zu einer „Salzsäule" weil sie sich, trotz Verbotes, umgedreht hatte, um die Verwüstungen zu sehen.

Lot zog ins Gebirge bei Zoar, in eine erdbebenfeste Höhle. Als Lot 77 Jahre alt war, die Töchter 24 und 23, hatten diese Angst, dass das Geschlecht Lots aussterben würde, denn die Männer der Töchter waren bei dem Erdbeben in Sodom umgekommen.

Sie machten eines Abends Lot betrunken und zuerst schlief die ältere Tochter mit ihm und am nächsten Tag wiederholte die Jüngere das gleiche. Vom Sohn der älteren Tochter entstammt das Geschlecht der Moabiter und von der Jüngeren das der Ammoniter.

Lot zog aus der Höhle im Gebirge wieder in die Gegend der Weinberge und betrieb wieder erfolgreich Weinbau und -verkauf. Wobei ihm seine Nachkommen hilfreich zur Seite standen. Bei all diesen sonderbaren Verflechtungen unter Verwandten, war immer die Überlebensfrage im Vordergrund. Viele Kinder waren erwünscht. Die Gesetze kamen erst mit Mose!

Abraham und Sarah bei Abimelech

Abraham durchzog das Land, wie ihm der Herr befohlen hatte. Nomaden ziehen eben mit den Herden zu Weideplätzen und Wasserquellen. Er kam ins Südland nach Gerar im Land der Philister. Abraham sagte die gleichen Worte, wie damals vor 24 Jahren, als sie nach Ägypten gekommen waren: Sarah du bist schön, sie werden dich begehren und werden mich umbringen, weil ich dein Mann bin. Wir sagen, du bist meine Schwester, so bleibe ich dir zuliebe am Leben und es ergeht mir wohl. Das ist für mich ungeheuerlich! Tatsächlich war Sarah damals beim Pharao und Abraham bekam Schafe, Rinder, Esel, Kamele und Personal geschenkt. Diesmal sandte der König von Gerar, Abimelech, um Sarah. Und er nahm die schon 89-jährige zu sich!
Dem Pharao schickte damals Gott Plagen, weil er Abrahams Frau bei sich hatte. Diesmal sprach Gott im Traum zu Abimelech, du sollst sterben weil du die Frau Abrahams liebst. Abimelech berührte Sarah nicht und gab sie Abraham zurück, er verlangte Rechenschaft. Abraham sagte: Wir sind fremd hier und ich hatte Angst um mein Leben und sie ist nicht nur meine Frau, sondern auch meine Schwester, weil wir den gleichen Vater Terach haben, aber verschiedene Mütter. Abraham wurde, wie auch Sarah, reich beschenkt, mit Silbermünzen ausgestattet, weggeschickt. Genau wie in Ägypten.
Dieser „Frauenverleih" ist verwunderlich, offensichtlich waren Frauen damals mit allem einverstanden. Abimelech hatte erkannt, dass Gott mit Abraham war. Auch der Feldherr Abimelechs empfahl einen Friedensvertrag. Dieser wurde beschworen, dass Abraham keinen Krieg gegen Abimelech und umgekehrt führen werde. Dafür wurde der Brunnen bei Beerscheba, um den gestritten wurde, Abraham zugesprochen: er hatte ihn gegraben!

Geburt Isaaks

Mit 90 Jahren brachte Sarah den Sohn Isaak zur Welt. Abraham war 100 und Ismael 14 Jahre alt! Abraham ist der Urvater = Erzvater = Patriarch aus dem die 12 Stämme Israels hervorgingen. Zur Geburtsfeier, auf der Gott gedankt wurde, dass Abraham und Sarah, trotz ihres Alters, Isaak bekommen hatten, kam auch Lot mit Familie. Sie brachten viel Wein mit, für die Feier. Danach erfolgte die

Vertreibung Hagars und Ismaels

Sarah verlangte, dass ihre Magd weggeschickt wird. Eine sehr traurige Geschichte: eine junge Mutter und ihr 14-jähriges Kind müssen in die Wüste. Abraham hatte sie wohl versorgt, aber wohin sollte sie? So zog sie in die Wüste Schur, wie seinerzeit. Der 14-jährige Sohn tröstete die Mutter als sie kein Wasser mehr hatten. Gott erbarmte sich und ließ eine Quelle fließen und das Land herum fruchtbar werden. Überaus schnell entwickelte sich der Junge und war der Mutter eine echte Hilfe. Gott segnete Ismael mit reicher Nachkommenschaft. Es waren die 12 Fürsten ihrer Stämme in der Gegend der Wüsten Schur = Negev und Paran. Die Araber bezeichnen Ismael als ihren Stammvater in Mekka. Die Mutter hatte früh Ismael eine Ägypterin zur Frau gegeben. Mit ihr begründete Ismael den reichen Geschlechtersegen. Er starb 137-jährig im fremden Land.

Prüfung Abrahams

Mich hat diese Geschichte schon als Kind abgestoßen! Gott verlangt, dass Abraham seinen geliebten Sohn Isaak (Erstling) als Brandopfer an einem nahen Berg darbringt. Das Kind will noch wissen, warum Holz aufgeschichtet wird? Um Gott ein Brandopfer darzubringen! Es ist doch kein Schaf da? Abraham sagte: Gott wird sich das Opfer wählen. Und als er mit dem Messer Isaak töten wollte, hielt Gott seine Hand fest und sagte: Ich erkenne, dass du Gott fürchtest und Isaak nicht geschont hast, nimm den Widder, der sich hinter dir verfangen hat und opfere ihn. Ich möchte nichts dazu sagen!

Und wieder sagt der Herr: Ich segne dich und werde deinen Samen mehren, wie die Sterne am Himmel und Sand im Meer. Dein Same soll die Feinde besiegen und durch dein Geschlecht werden die Völker auf Erden gesegnet. Immer wieder hören wir diese Beschwörung, daraus entstand – vielleicht gewünscht bei der Niederschrift der Bücher in Babylon – der Glaube, dass die Juden das auserwählte Volk Gottes sind.

Sarahs Tod und Grab

Sarah starb in Hebron im Alter von 127 Jahren. Nomaden begruben zu dieser Zeit ihre Toten in der Wüste in einem mit Steinen bedeckten Grab, die Wüste bedeckte kurz danach die Stelle mit Sand.

Abraham wollte eine feste Grabstelle, eine Höhle mit Acker davor. Eigentlich einen Hain mit Bäumen. Er verhandelte mit den Hethitern und kaufte die Grabstelle um vierhundert Schekel = Silberlot = 20.000 € in sein Eigentum. Nun besaß er die Grabstelle und den Brunnen bei Beerscheba.

Danach begrub Abraham 1785 seine Frau Sarah auf dem „Friedhof", dem Totenhain in Machpela bei Hebron. Abraham hatte 98 Jahre mit Sarah gelebt und in allem auf und ab war sie ihm zur Seite gestanden. Für den 137 Jahre alten Mann kam eine schwere Zeit.

Aber Isaak; der 37 Jahre alt war, half seinem Vater und arbeitete wie sein Vorbild Abraham. Da Abraham eine Familie um sich wollte, holte er seinen, ihm am längsten dienenden, Knecht Elieser, den er in Damaskus zu sich genommen hatte. Elieser war damals 35 Jahre alt, er war ortskundig und kannte auch Kanaan. Er war sprachkundig und diente Abraham als Führer nach Hebron und war als Dolmetsch behilflich. Letztlich führte er die Wirtschaft als oberster Knecht.

Rebekka wird Isaaks Frau

Elieser war Isaak ein väterlicher Freund, er führte ihn in die notwendigen Arbeiten mit den Tieren und beim Zeltbauen ein. Abraham beauftragte Elieser, er solle für seinen Sohn eine Frau werben. Aber es darf keine hiesige Kanaaniterin sein, sondern eine Frau aus dem Land seines Vaters Terach und seines Bruders Nahor. Gott wird ihn begleiten, er solle nach Mesopotamien, den Balich hinauf nach Haran ziehen.

Wir kennen den beschwerlichen Weg, Karte S. 32, jetzt in der Gegenrichtung die Abraham gezogen war. Der Knecht war 100 Jahre alt, er schwor Abraham, für den 40-jährigen Isaak eine Frau zu suchen. Mit 10 Kamelen, beladen mit Proviant und Geschenken sowie einem Knecht zog er fort: über Damaskus, Tadmor, den Euphrat hinauf, dann ans andere

Ufer und den Balich hinauf bis nach Haran. Terach, der Vater Abrahams und Nahors war vor fünf Jahren gestorben. Nahor hatte seinem jüngsten Sohn Betuël die Betreuung der Schafherden in Haran überlassen, weiters das Hauswesen.

Elieser und sein Helfer näherten sich Haran. Die Nacht bevor Elieser sein Ziel erreichte, hatte er den Herrn gebeten ihm zu sagen, welche Jungfrau er für Isaak wählen sollte? Er träumte: jene, die nicht nur ihm Wasser reichen würde, sondern auch seinen Kamelen. Sie hatten 1000 km hinter sich, am Brunnen von Haran wollten sie sich erfrischen und die Tiere tränken. Als eine zierliche und schöne Jungfrau mit einem Krug um Wasser kam, diesen füllte und nach Hause wollte, erfüllte sich Eliesers Traum: er bat um Wasser, sie gab ihm den Krug zum Trinken. Aber nicht nur das, sie begann die Kamele zu tränken: sie füllte Wasser in die Tränkerinne bis die Tiere genug hatten. Auf seine Frage wer sie sei, sagte sie ihm: die 27-jährige Rebekka und dass sie die Tochter Betuëls sei und ihr Groß-vater Nahor war. Sie lud ihn ein bei ihrem Vater zu nächtigen, auch für die Tiere sei Platz genug.

Er sagte ihr, dass sein Herr, der Bruder Nahors ist und er für Isaak hier sei, um ihm eine Frau zu werben. Er schmückte Rebekka mit wertvollem Gold. Er sagte: Als Dank für die erwiesene Güte! Rebekka rannte nach Hause und berichtete. Ihr Bruder Laban holte Elie-ser zu sich nach Hause. Elieser erzählte genau warum ihn Abraham geschickt hatte und dass er, mit Gottes Hilfe, die richtige Frau für Isaak gefunden habe. Man bewirtete Elieser und war erfreut über die Entscheidung. Elieser teilte Geschenke aus.

Am nächsten Tag wollten sie ein großes Fest feiern. Elieser aber wollte schon am nächsten Tag aufbrechen: um möglichst bald dem Herrn seine frohe Botschaft und die Braut zu bringen und damit er die weite Wanderung beende, die Aufgabe hinter sich bringe. Rebekka war sofort einverstanden ohne Fest aufzubrechen! In aller Früh brachen sie auf. Rebekka nahm ihre Schwester und die Amme mit. Man rechnete, dass man für die 1200 km der Rückwanderung etwa 60 Tage brauchen werde (Karte S. 38). Isaak hatte, als Elieser auszog, die Weiden um Hebron verlassen und war nach Süden gezogen.

Felix Baumgartners Weltrekorde

So 14. 10. 2012 um 11:00 Uhr mexikanischer Ortszeit (20:00 Uhr MEZ) erreicht der Heliumballon mit der Kapsel, in der Baumgartner schon stundenlang auf den Absprung wartete, 39 km Höhe (Stratosphäre). Das ist der höchste Ballonflug der Welt. Der Ballon hatte einen Durchmesser von 100m. Dem Absprung waren sieben Jahre Vorbereitung durch ein Expertenteam und Baumgartners vorausgegangen.

Aus 39 km Höhe springt er im freien Fall zur Erde. Er durchbricht als erster Mensch im Raumanzug die Schallmauer und erreicht eine Geschwindigkeit von 1.340 km pro Stunde, er ist somit auch der schnellste Mensch auf Erden.

Diese Weltrekorde beendete der Österreicher gesund mit der Fallschirmlandung in der Wüste Mexikos.

Im Bildteil auf S. 420 ist Baumgartner vor seinem Absprung 1999 auf der rechten Hand Christi am Corcovadoberg bei Rio de Janeiro zu sehen.

Zurück in der Bibel zu Isaak!

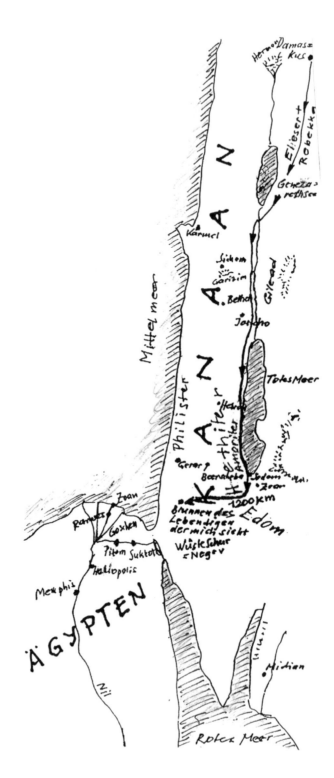

Karte: Rebekkas Zug zu Isaak

Er war mit seinem Teil der Herden ca. 170 km zum Brunnen „des Lebendigen, der mich sieht" gezogen. Jene Oase in die Hagar, die Dienerin Sarahs, hochschwanger, vor der Herrin geflüchtet war. Ich nehme an, dass Isaak von Abraham weg wollte, um seine Eigenständigkeit zu beweisen und dann wollte er die Braut allein empfangen. Natürlich hatte er sein Gesinde und seine Habe mitgenommen. Es war besprochen, dass Elieser in etwa 18-19 Wochen hier zu Isaak stoßen würde. Jeden Tag am Abend, nach der Arbeit, wie damals üblich, erwartete er die „Heimkehrer".

Am 122. Tag kamen sie: sie hatten den Weg durchs Jordantal genommen und waren dann am Westufer des Toten Meeres nach Süden gezogen. Siehe Karte S. 38. Als sie nahe zur Oase „des Lebendigen, der mich sieht" kamen, fragte Rebekka: Wer ist der Mann im „Sonnenuntergang"? Elieser sagte: Mein Herr, erwartet uns! Rebekka ließ sich schmücken und nahm den Schleier. Elieser eilte Isaak entgegen und berichtete alles.

Isaak begrüßte die Braut mit großer Freude. Er führte sie in das Zelt seiner Mutter, er hatte es eigens mitgenommen und aufgebaut. Rebekka wurde Isaaks Frau, sie liebten einander und Isaak vergaß den Schmerz über den Tod seiner Mutter. Gott segnete Isaak und seine Frau. Isaak wird der zweite Patriarch!

Abrahams zweite Ehe und sein Tod

Zwei Jahre später, 1780, mit 142 Jahren nahm sich Abraham wieder eine Frau, namens Ketura. Ich konnte nicht herausfinden woher sie kam. Mit ihr zeugte er sechs Söhne. Als der Jüngste 24 Jahre alt war und der vierte Sohn Midian 26 und der Älteste 29, wollte Abraham, dass Isaak alles übernehmen sollte, was ihm gehörte.

Und jetzt macht er wieder etwas Unschönes, eigentlich Böses. Wie er Hagar mit Ismael, dem 14-jährigen wegschickte und Gott überließ, so schickte er 1750 Ketura weg mit ihren sechs Söhnen: Bevor ich sterbe möchte ich alles in Ordnung bringen. Euch werde ich reichlich Vieh und Geld geben und ihr sollt ostwärts ziehen ins Morgenland. Dieses Land hier werde ich, auf Gottes Weisung, Isaak geben. Es geschah wie er es wollte. Isaak erhielt Abrahams gesamte Habe. Dem mittleren Sohn Midian von Ketura werden wir bei Mose noch „begegnen", u. zw. im Ortsnamen Midian, östlich des Golfes von Akaba.

Abraham lebte noch drei Jahre und sein erfülltes Leben endete mit 175 Jahren. Isaak und Ismael begruben 1747 ihren Vater bei Sarah in der Höhle von Machpela. Obwohl Isaak alles vom Vater in Hebron erhalten hatte, teilte er den gesamten Besitz Abrahams in zwei Teile. Jeder Bruder, Ismael und Isaak, zog mit der Hälfte der Herden und Zelte nach Hause.

Esaus und Jakobs Geburt

Zurück zu Isaak: Gott hatte Isaak und Rebekka gesegnet, aber die schöne Frau war leider unfruchtbar. In der damaligen Zeit eine Katastrophe. Im Jahre 1763 baute daher Isaak dem Herrn einen Altar und brachte ein Opfer dar. Er rief den Herrn an und klagte: Du hattest mich als Brandopfer verlangt, warum? – Weil ich deinen Vater prüfen wollte, ob er mir treu ist – Ich hatte Todesangst und um ein Haar und ich wäre getötet worden, nur weil du „prüfen" wolltest. Hast du nicht zu Noah gesagt: Das Blut eines Menschen darf nicht vergossen werden, denn er ist mein Ebenbild. Auch sagtest du: Mord muss mit Mord gerächt werden. Und du hast meinen Vater versucht: Er sollte aus Gehorsam die schwerste Sünde begehen? – Meine Wege kannst du nicht verstehen – Meinen Vater hast du warten lassen, bis er 100 war und meine Mutter 90, bis ich kam, und dann deine „Prüfung".

Ich bin schon 59 und warte schon 19 Jahre auf ein Kind, muss auch ich bis 100 warten? Rebekka ist 46. Es kam keine Antwort. Jedoch, Rebekka wurde schwanger und gebar mit 47 Jahren Zwillinge. Zuerst kam Esau, er war rötlich, seine Haut wie ein Fell und dann kam Jakob. Das war 1762 v. Chr.. Die Eltern waren glücklich, aber erstaunt über die ungleichen Kinder. Esau war wild und wurde ein großer Jäger. Sein Bruder Jakob war stiller und war auch gern im Zelt. Er konnte sogar kochen. Eines Tages kochte er Linsen mit einigen gerösteten Fleischstücken, dazu sollte es frisches Fladenbrot geben.

Esau kam müde von der Jagd und roch und sah den Topf: Gib mir von dem „Roten" da, ich bin hungrig und müde. Und nun beginnt der erste Betrug, den Jakob an seinem Bruder Esau beging: Ja, du kannst alles essen, aber eine Bitte habe ich – wir sind doch Zwillinge – du bist ein paar Sekunden früher gekommen und ich danach. Du bist der Erstgeborene. Der durstige Esau hatte schon das angebotene Glas Wein getrunken. Jakob setzte fort: Tausche mit mir, „gib" mir deine Erstgeburt und ich bewirte dich mit diesen guten Speisen. Esau fragte sich laut: Was soll es, die Erstgeburt hat mir nichts gebracht, nimm sie, mir gibt sie nichts! Sie bekräftigten den Handel.

Esau wusste nicht, dass nur Erstgeborene ein Anrecht auf den Besitz des Vaters hatten. Das „rote Essen" mundete Esau sehr gut und da auch sein Haar rot war, erhielt er den Namen „Edom = Rot". Das Geschlecht siedelte später südlich am Toten Meer.

Als eine Hungersnot kam, war Gottes Wunsch, nicht nach Ägypten sollte Isaak gehen, sondern im Land sollte er bleiben. Er ging nach Gerar, ins Land der Philister. Er war dort ein Fremder, aber reich. Er hatte unter den Philistern viele Neider. Wieder gab es einen Brunnenstreit in Beerscheba, wie bei Abraham. Der König schloss, wie mit Abraham, auch mit Isaak, „mit dem Gott war", einen Friedensvertrag und sagte, dass der Brunnen Isaak gehört, weil sein Vater ihn gegraben hat! Isaak wohnte fortan in Beerscheba.

Esau heiratet

Als Esau 40 Jahre alt war nahm er sich zwei Hethiterinnen als Frauen. Ich möchte gleich hinzufügen, als Jakob später flüchtet vor Esaus Rache, und Esau sah wie Jakob seinen Eltern gehorchte und sich eine Frau aus Haran holen wollte, zog er zu seinem Onkel Ismael und nahm dessen Tochter Mahalat zur dritten Frau. Vorher ist folgendes passiert:

Jakob gewinnt mit List den ersten Geburtssegen und flieht

Ein zweites Mal betrog Jakob seinen Bruder durch Täuschung um die Erstgeburt, indem er sich als Esau ausgab und vom blinden Vater gesegnet wurde: Du sollst der Herr sein über deinen Bruder und die Völker, die der Herr uns versprochen hat. Als Esau das erfuhr, wollte er seinen Bruder töten.

Rebekka sagte zu Jakob: Flieh zu Laban meinem Bruder in Haran, wenn Esaus Zorn vergeht, hole ich dich. Rebekka war sehr traurig wegen Esaus Hethiterfrauen. Dass gerade er, Isaaks älterer Sohn, sich Frauen von hier genommen hatte und nicht aus „dem Land der Väter", aus Haran – Nahor, und sie sagte: Sollte sich Jakob auch ein Weib nehmen aus diesem Land, dann möchte ich nimmer leben!

Isaak sagte zu Jakob: Nimm kein Weib aus Kanaan, geh nach Mesopotamien und nimm ein Weib von den Töchtern Labans.

Jakob schaut die Himmelsleiter

Als Jakob nach Haran zog, sagte im Traum Gott zu ihm: Dieses Land, wo du jetzt schläfst, will ich dir und deinem Samen geben, er soll sich ausbreiten. Vor sich sah er eine Himmelsleiter mit Engeln. Jakob goss Öl auf den Stein, der sein Haupt stützte, und gelobte: Wenn ich wieder in das Haus meines Vaters komme, so soll dieser Stein „Bethel = Haus Gottes" genannt werden und von allem, was du mir gibst, will ich den Zehnten opfern.
1720 im Frühling beginnt für ihn ein neuer Abschnitt. Er kam nach Haran zu Laban und lernte am Brunnen Rachel, die die Schafe ihres Vaters hütete, kennen und lieben!

Jakob dient um Rachel und Lea und heiratet beide

Jakob wollte Rachel heiraten und bot ihrem Vater Laban an dafür sieben Jahre zu arbeiten. Laban sagte ja. Laban hatte noch eine Tochter, die älter war als Rachel und hässlich aussah, sie hieß Lea. Nach sieben Jahren wurde die Hochzeit zwischen Jakob und der Braut gefeiert. Am Morgen, nach der Hochzeitsnacht, mit der verschleierten Braut, musste Jakob erkennen, dass er mit Lea geschlafen hatte. Er beschwerte sich bei Laban, seinem Onkel, der sagte, es sei Brauch, dass die ältere Tochter zuerst heiratet.
Aber er könne, wenn er weitere sieben Jahre arbeite, in einer Woche auch die geliebte Rachel jetzt schon heiraten. Jakob stimmte zu. Vielleicht fasste er Labans Betrug als Sühne dafür auf, dass er seinen Bruder Esau um das Recht der Erstgeburt betrogen hatte? Nach Leviticus 18.18 wäre diese zweite Heirat nicht mehr möglich gewesen: Solange deine Frau lebt, sollst du nicht ihre Schwester als Nebenfrau nehmen! Aber das kommt erst später.

Jakobs Kinder und Reichtum

Obwohl Jakob Rachel mehr liebte als Lea, gebar ihm Lea die Söhne Ruben, Simeon, Levi und Juda. Da Rachel nicht gebären konnte, gab sie Jakob ihre Magd Bilha, als Ersatz zur Nebenfrau. Diese gebar Dan und Naphtali. Da Lea nicht weiter gebar, gab sie Jakob die Magd Silpa, diese gebar Gad und Asser. Lea gebar nochmals ihren fünften Sohn Issachar und den sechsten Sebulon, zuletzt eine Tochter Dina. Auch Rachel gebar, weil Gott sie erhörte, wie er es mit Lea getan hatte, sie nannte den Sohn Josef.
1706 ging Jakob zu Laban und sagte: Lass mich wegziehen mit Frauen und Kindern du bist reich geworden die Jahre hindurch, wo ich dir diente. Laban sagte, was willst du? Gib mir von deinen Herden die gefleckten, gesprenkelten und schwarzen Ziegen und Schafe und dafür will ich deine Herde weiter hüten. Wenn du mich entlässt, gehört nur mir was gefleckt und gesprenkelt ist. Durch geschickte Zucht vermehrte Jakob seinen Anteil in sechs Jahren stark, nur ein kleiner Teil der Herde verblieb Laban.

Jakobs Flucht und Vertrag mit Laban

Es gab Unstimmigkeiten mit Laban. Der Herr, Gott, sagte zu Jakob: Kehre heim nach Kanaan! Jakob zog mit Frauen, Kindern und großen Herden fort von Mesopotamien, wo er 20 Jahre gelebt hatte. Er nahm den Weg den wir von Abraham her kennen und lagerte im Gebirge Gilead. Sein Schwiegervater, als er von der Flucht erfuhr, fühlte sich betrogen und verfolgte Jakob. Im Gebirge Gilead machte Laban Jakob Vorwürfe: Nichts hast du mit mir geteilt, meine Töchter hast du mir gestohlen! Jakob antwortet: 14 Jahre habe ich dir gedient, um deine Töchter und noch sechs Jahre um diese Herde. Am Tag verzehrte mich die Hitze und in der Nacht die Kälte, deine Herde wurde immer größer. Wenn nicht meines Vaters Gott mit mir gewesen wäre, hättest du mich ohne Lohn weggeschickt.

Sie schlossen einen Vertrag, dazu errichteten sie einen Steinaltar und der sollte Zeuge sein. Laban sagte: Der Herr soll Wache halten zwischen dir und mir – er sei die Grenze – und wenn du meine Töchter schlecht behandelst und zu ihnen noch andere Frauen nimmst, dann ist zwar kein Mensch bei uns, aber Gott ist Zeuge zwischen mir und dir. Dein Gott Abrahams und der Gott meines Vaters Nahor, deines Onkels, sei Richter für uns, dass wir diesen Gedenkstein nie in böser Absicht überschreiten. Auch Jakob schwor bei seinem Vater. Sie brachten ein Opfer dar und hielten ein Mahl ab. Am nächsten Tag stand Laban am frühen Morgen auf, küsste seine Enkelkinder und Töchter, segnete sie und kehrte nach Haran-Nahor heim.

Jakobs Furcht vor Esau und sein Kampf mit Gott

Jakob aber zog vom Berg Gilead (ungefähr 20 km östlich vom Jordan in der Höhe von Tel Aviv) zum Jordan und schickte Boten zu Esau, welcher im Gebiet Edom wohnte. Sie sollten zu Esau sagen: Dein Knecht Jakob ist nach 20 Jahren Knechtschaft, reich, zurückgekehrt und bittet um Gnade. Die Boten kehrten zurück: Dein Bruder kommt dir mit 400 Mann entgegen!

Jakob hatte Angst, teilte seine Herde und Habe in zwei Teile und brachte sie an verschiedene Orte. Seine Frauen und Kinder brachte er über den Jordan. Er blieb allein zurück und sagte zu Gott: Du hast mir gesagt, kehre heim. Errette mich aus der Hand Esaus. Du hast mir Gutes versprochen und eine Nachkommenschaft wie Sand im Meer. Ich fürchte, dass Esau mich erschlägt und die Mütter samt Kindern. Er schickte seinem Bruder viele Geschenke voraus und blieb die Nacht über allein.

Ein Mann kam und fing mit ihm zu raufen an und als er Jakob nicht besiegen konnte, obwohl schon die Morgenröte aufstieg, renkte er Jakob ein Hüftgelenk aus und sagte: Lass mich los! Der Mann fragte: Wie heißt du? „Jakob!". Der Fremde sagte: Nicht Jakob heißt du, sondern Israel = der mit Gott raufte und er segnete ihn. Jakob nannte den Ort Penuel = Gottes Angesicht, denn der Fremde hatte zu ihm gesagt: Mit Gott und den Menschen hast du gestritten und den Sieg erfochten! Jakob = Israel hinkte ab dieser Zeit.

Jakobs Versöhnung mit Esau

Jakob wurde von seinem Bruder in Liebe aufgenommen und Esau kehrte mit seinen Leuten wieder nach Seir zurück. Jakob kaufte vom Fürsten von Sichem ein Feld um 100 Goldschekel. Dort schlugen sie ihre Zelte auf, den Berg Garizim vor Augen.

Die Schändung der Dina und das Blutbad zu Sichem

Der Sohn des Fürsten sah einige Zeit danach Dina, die Tochter des Jakobs, sie gefiel ihm und er vergewaltigte sie. Als das bekannt wurde, gab es Streit zwischen den Leuten

Jakobs, den Israeliten, und den Sichemern. Man einigte sich und wollte Frieden und die Fremden sollten hier leben dürfen. Die Israeliten verlangten dafür, dass sich die Männer von Sichem beschneiden ließen. Dies geschah!

Dann aber kam der tödliche Betrug der Söhne Jakobs: Simeon und Levi erschlugen in der Nacht, die im Wundfieber liegenden Männer und plünderten ihre Habe. Ein Ärgernis für ihren Vater. Jakob sagte: Ihr bringt mich ins Unglück, alle Landeseinwohner sind gegen uns Fremde, sie werden uns erschlagen.

Gott segnet Jakob in Bethel

Gott sagte zu Jakob: Zieh weg und errichte deinen Altar, wie du versprochen hast als du auf der Flucht vor Esau warst. Er tat wie ihm geheißen und nannte den Ort Bethel = Haus Gottes. Der Ort liegt nördlich unweit von Jerusalem. Gott erschien Jakob neuerlich und nannte ihn wieder „Israel". Er werde ihn vermehren und ihm und seinen Nachkommen das Land geben, dass er Abraham und Isaak versprochen hatte.

Rachel stirbt bei Geburt von Benjamin

Jakob = Israel blieb mit seiner Familie in Bethel. Im Jahr 1699 starb Rachel bei der Geburt von Benjamin. Tief erschüttert zog der 63-jährige Israel weiter nach Hebron und im Grab von Machpela begrub er Rachel im Beisein seiner Kinder. Dann zog er nach Hebron zu seinem Vater Isaak.

Jakobs Heimkehr nach Hebron

Isaak war glücklich als Jakob heimkehrte, denn er war wie auch Abraham ein Fremdling im Land. Jetzt hatte er eine große Familie um sich.

Jakobs 12 Söhne

Auch Jakob=Israel war ein „Fremder" in Kanaan, wie sein Vater. Von seinen 12 Söhnen liebte er Josef am meisten, weil er von der geliebten Rachel war und noch dazu ein fröhliches Gemüt hatte und gut aussah. Er, Israel, schenkte ihm einen besonders schönen bunten Rock. Die Brüder Josefs waren eifersüchtig. Die normalen Kleidungstücke waren für Hebräer: Hemden und Umhänge bis zu den Knien und Sandalen. Die Frauen trugen Umhänge bis zu den Knöcheln, ihre Haare waren lang und fielen über die Schultern. Die Männer hatten Kurzhaar, einen Backen- und spitzen Kinnbart. Nur in seltenen Fällen waren die Kleidungstücke färbig.

Josefs Träume

Die Eifersucht auf Josef steigerte sich als Josef einen Traum erzählte, wo sie Garben gebunden hatten und sich seine Garbe aufrichtete und die seiner Brüder sich vor ihr verneigten. Sie fragten: Aha, du wirst unser König? Noch größer wurde der Neid, als er erzählte: Ich träumte, dass sich Sonne, Mond und 11 Sterne vor mir zur Erde neigten. Sein Vater schalt ihn: Was soll das? Sollen sich deine Brüder und ich vor dir verneigen? Eines Tages schickte Jakob = Israel Josef nach Sichem, das 80 km von Hebron entfernt ist. Dort weideten Josefs Brüder die Herden. Israel wollte wissen, ob alles in Ordnung ist. Um schneller zu sein, ritt Josef auf einem Kamel zu den Brüdern.

Josef wird nach Ägypten verkauft

Als sie ihn kommen sahen, fassten sie einen Entschluss: da Josef ihnen so verhasst war, wollten sie ihn umbringen und dem Vater sagen, ein wildes Tier hat ihn gefressen. Der älteste Bruder Ruben, 23 Jahre alt, sagte: Tötet ihn nicht, es soll kein Blut fließen. Werft ihn in diese Grube in der Wüste, es war ein ausgetrockneter Brunnen, und ihr habt reine Hände. Ruben wollte so Josefs Leben retten. Sie zogen Josef den bunten Rock aus und warfen ihren Bruder in das Loch.

Als jedoch eine ismaelische Karawane, von Gilead kommend, vorbei zog, die Kamele mit Gewürzen, Harz und Myrrhensaft für Ägypten beladen, verkauften sie ihren Bruder Josef, der gerade 17 Jahre alt war, als Sklaven für Ägypten. Da sie nur 20 Schekel = 1.000 € verlangten, war der Handel rasch beschlossen und die Karawane zog weiter.

Nun schlachteten die Brüder eine Ziege und tauchten den Rock Josefs in das Blut. Dann schickten sie Bruder Simeon mit dem blutigen Rock zu Jakob. Er ritt auf dem Kamel nach Hebron. Als Jakob = Israel hörte, dass Josef von einem wilden Tier aufgefressen worden war und nur mehr das Kleidungsstück gefunden wurde, war er tief betrübt und wollte sterben.

Josef in Potiphars Haus

Der 17-jährige Josef wurde in Ägypten im Jahre 1689 an Potiphar, den Obersten der Leibwache des Königs verkauft. Potiphar war ein „Beschnittener", wie Josef. Josef wurde der Diener Potiphars und dieser erkannte bald, dass der Herr mit Josef war, weil alles was Josef tat gelang. So setzte er Josef als Oberen über das Haus ein, heute würde man sagen: als Verwalter. Das Gut Potiphars wuchs und mehrte sich in Haus und Feld.

Josef im Gefängnis

Josef hatte eine schöne Gestalt und ein edles Gesicht. Die Frau des Potiphar wollte, dass Josef sie liebe. Er lehnte ab, weil er Potiphar nicht hintergehen wollte. Sie war zornig, weil er sie abgewiesen hatte und verleumdete Josef bei ihrem Mann: er hätte sie belästigt. Potiphar warf Josef ins königliche Gefängnis. Wegen guter Führung erhielt er nach vielen Jahren die Aufsicht über die Gefangenen. Im Jahre 1650 wurden zwei Beschnittene, die beim König in Ungnade gefallen waren, eingeliefert. Der eine war der oberste Mundschenk und der andere der oberste Bäcker. Sie hatten sich abfällig über den König geäußert. Ich muss kurz berichten was 1650 v. Chr. passierte. Aus Armenien war das Volk der

Hyksos = Fremdherrscher

gekommen. Ein nomadisches Reitervolk mit zweirädrigen Streitwagen. Sie hatten blitzschnell das friedliche Ägypten überfallen. Ohne Widerstand eroberten sie das Land, zerstörten Städte und Tempel, legten Brände, erschlugen die Männer und nahmen Frauen und Kinder gefangen. Die Pharaone wurden als tributpflichtige Vizekönige belassen. Die Hyksos eroberten Memphis und bauten ihre Hauptstadt am östlichen Nildelta in Auaris.

Der erste Hyksoskönig hieß Chian, er übernahm die ägyptische Verwaltung und die Beamten. Im Gegensatz zu den Ägyptern hatte er keine Berührungsängste gegenüber den nomadischen Hebräern. So waren auch Potiphar und die königlichen Bediensteten bei König Chian geblieben. Nur Intrigen gegen sich, duldete er nicht. Und deshalb waren der königliche Mundschenk und der Bäcker im Gefängnis gelandet.

Josef deutet Träume der Gefangenen

Nach einiger Zeit träumten die neuen Insassen: der eine sah einen Weinstock mit drei Trauben, sie reiften, er presste sie aus und reicht dem König den Becher. Josef deutete den Traum so: In drei Tagen wirst du wieder der oberste Mundschenk sein. Vergiss dann nicht auf mich! Der zweite Traum: Ich trug drei Körbe mit Backwerk, vom obersten Korb fraßen die Vögel. Josef sagte: Die drei Körbe bedeuten auch wieder drei Tage, aber am dritten Tag wirst du nicht wieder der oberste Bäcker sein, sondern der König wird dich ans Kreuz hängen und Vögel werden dein Fleisch fressen. Am dritten Tag feierte der König seinen 50. Geburtstag und es geschah was Josef vorausgesagt hatte. Der Oberschenke jedoch vergaß Josef.

Josef deutet dem König die Träume

Doch nach kurzer Zeit träumte der König, dass er am Flussufer stand. Aus dem Fluss kamen sieben schöne und fette Kühe und weideten am Ufer. Dann kamen sieben abgemagerte und hässliche Kühe und weideten auch hier. Dann fraßen sie die sieben schönen und fetten Kühe auf. Erschrocken erwachte der König und als er wieder einschlief träumte er, dass auf einem Halm sieben volle und schöne Ähren sprossen und nachher wuchsen sieben dünne, verdorrte Ähren nach und verschlangen die schönen und vollen. Niemand konnte den Traum deuten.

Der Oberschenke erinnerte sich an Josef. Man holte Josef vor den König. Nachdem Josef aufmerksam zugehört hatte, antwortete er: Gott hat mit diesem Traum dem König gesagt, was er tun soll: Die sieben vollen Kühe und die sieben vollen Ähren bedeuten sieben fruchtbare Jahre und die sieben dünnen, schwachen Kühe und die verdorrten Ähren bedeuten, dass sieben Jahre der Hungersnot im Land Ägypten folgen werden.

Dass du den Traum zwei mal sahst, heißt: Du sollst Gottes Willen rasch erfüllen! Der König setze einen weisen und tatkräftigen Mann über das Land. Der soll in den Jahren des Überflusses ein Fünftel aller Früchte und der Ernte vom Volk dem König abführen, der es aufbewahrt und lagert, um einen Vorrat für die sieben Hungerjahre zu haben. Damit das Land überlebt!

Josefs Würde und Vorsorge

Der Pharao setzte Josef 1650 als seinen Vertreter mit allen Vollmachten ein. Josef war 56 Jahre alt und der König gab ihm die Tochter des Priesters von Heliopolis zur Frau.

In den sieben fetten Jahren von 1650-1644 war der Nil überschwemmt, die Ufer mit üppigem Schlamm bedeckt. In dem fruchtbaren Boden gediehen Getreide und andere Früchte. Josef hatte nicht nur Speicher aus Lehm bauen lassen. Für Getreide am Land in den Dörfern und für Obst in den Städten. Durch Dörren der Früchte erreichten Josef und seine Helfer die lange Haltbarkeit. Aber auch durch geschickte Durchlüftung der Speicher. In weiser Voraussicht wurden die Bewässerungskanäle umfangreich erweitert. In diesen schönen Jahren gebar Josefs Frau Asenath ihm zwei Söhne. Im ersten Jahr nach der Heirat Manasse und im zweiten Jahr Ephraim. Josef war glücklich. Er ließ vom großen Ernteertrag den Bauern ein Fünftel des Ertrages für den Vorrat abliefern. Und er kaufte für den König weitere zwei Fünftel des Ertrages zu den Vorräten dazu. Wenn notwendig, damit nichts verdirbt, wurden Vorräte entnommen und durch frische Produkte ersetzt.

Als dann die Trockenheit kam, weil der Nil nicht mehr überschwemmte und 1643 die Hungerjahre begannen, erhielten die Bauern ihr Fünftel jährlich zurück und kauften, wenn notwendig, noch weitere gespeicherte Ware aus dem königlichen Besitz. Vor allem fehlte es an Getreide und Brot. Nicht nur in Ägypten auch in Kanaan.

Jakobs Söhne kommen zu Josef

Jakob = Israel schickte 10 der Brüder Josefs nach Ägypten, dass sie vom Statthalter des Pharaos (das war Josef) Getreide kaufen sollten. Wir wissen von Abraham, dass Ägypten etwa 500 km entfernt war. Der jüngste Sohn Jakobs sollte nicht mitziehen. Weil er jetzt das Lieblingskind war, denn Rachel war bei der Geburt Benjamins gestorben. Und Josef das Kind seiner Lieblingsfrau Rachel hielt Jakob = Israel für tot.

So kamen die 10 Brüder zu Josef. Er erkannte sie. Sie erkannten ihn, den prächtig Gekleideten, nicht. Josef sagte: Ihr seid verdächtig, wahrscheinlich seid ihr Spione. Sie beteuern von weit her zu kommen, der alte Vater warte mit dem Jüngsten, Benjamin, auf die Lebensmittel, die sie mitbringen sollten. Sie sind 11 Brüder, einer sei schon umgekommen. Er sagte, er traue ihren Worten nicht und behalte einen von ihnen als Pfand bei sich, bis sie mit dem Jüngsten kämen. Simeon blieb.

Den anderen ließ Josef die Säcke füllen, auf die Eseln packen und davon ziehen. Er hatte ihnen, das Geld das sie bezahlt hatten, in jeden Sack dazupacken lassen. War es Angst? Die Brüder waren bestürzt, als sie das Geld in den Säcken fanden, womöglich verfolgen sie uns? Wir haben uns an unserem Bruder Josef versündigt, nicht auf seine Seelenangst geachtet, nun kommt das Übel über uns? Als ihr Vater die Geschichte erfuhr, war er entsetzt! Nein, auf diesen „gefährlichen" Weg wollte er Benjamin nicht mitschicken.

Als jedoch der Hunger zu groß wurde, schickte er alle seine Kinder nach Ägypten. Mit dem Geld, das wahrscheinlich irrtümlich in die Säcke gekommen war, und mit dem Geld für den neuerlichen Kauf von Lebensmittel. Der Wunsch war: Kommt gesund wieder und bringt mir Benjamin wieder, ansonsten sterbe ich!

Josef gibt sich zu erkennen

In Ägypten, nach einer beschwerlichen langen Reise und einigen Irrtümern und Unannehmlichkeiten, gab sich Josef zu erkennen. Die Brüder waren sehr erschrocken. Aber Josef sagte: Ihr habt mich nach Ägypten verkauft, ein Jahr schon hungert dieses Land und auch ihr. Und es wird noch sechs Jahre dauern, aber Gott hat mich hierher gesandt, dass ich Vorräte schaffen konnte, um Ägypten und auch euch versorgen zu können. Nicht durch euch bin ich hierher gekommen und Fürst geworden, sondern durch Gottes Rat.

Geht zurück zum Vater und kommt alle nach Ägypten und ich will für euch sorgen und schöne Weiden in Gosen = Goschen für eure Herden zur Verfügung stellen. Sie antworteten: Wir danken, wir werden es dem Vater ausrichten. Doch jetzt können wir nicht kommen, weil der Vater unserem 179 Jahre alten Großvater Isaak beistehen muss.

Josef bot den Brüdern an: Der Vater und ihr, kommt wann ihr es für richtig haltet, satte und grüne Weiden stehen für euch bereit. Er küsste sie und sie kehrten reich beschenkt nach Hebron zum Vater zurück.

Isaaks Tod

Nach einem Jahr, Anfang 1642 starb Isaak, er war 180 Jahre alt. Seine Söhne Jakob = Israel und Esau waren bei ihm, auch die Enkelkinder. Sie begruben Isaak in Machpela im Familienhain. Jakob = Israel schlug Esau vor, die Herden und sonstigen beweglichen Güter wie Wagen und Zelte und Geräte zu teilen. Jakob würde hier bleiben, so die Weiden für die verkleinerte Herde reichen, ansonsten er nach Ägypten ziehen müsste. Esau war zufrieden und zog wieder nach Edom.

Jakob und die Seinen ziehen nach Ägypten

Die Situation in Kanaan war schlecht Jakob = Israel war auch schon 120 Jahre alt. Mit seinen Söhnen kam er überein, das vor einem Jahr ausgesprochene Angebot von Josef anzunehmen. Eine vorbeiziehende Karawane brachte Josef die Nachricht. Er antwortete: Ich freue mich, dass sie kommen!

Vor dem Abmarsch opferte Jakob dem Herrn, der ihm sagte: Zu einem großen Volk will ich dich machen. Die „Israeliten" brachen „die Zelte" ab. Bepackten Wagen und Tiere und setzten sich Richtung Gosen = Goschen in Ägypten in Bewegung. Mit Gesinde waren es 70 Personen, die 1642 in Ägypten eintrafen. Als die 70 Israeliten aus Kanaan in Ägypten ankamen, wurde Jakob = Israel vom König empfangen und der ließ sich auch von Jakob segnen.

Sa 26.02.05: Ich plage mich beim dritten Durchgang meiner Aufzeichnungen mit den Daten herum. Diese zu erstellen und sie in den Text einzufügen ist sehr schwer und kostete mich manche Nachtstunde. Es gilt die Jahresangaben und Altershinweise, auch Todesdaten der Bibel in Einklang mit den historischen Daten der Archäologen und der ägyptischen Geschichte zu bringen. Wobei vor allem bei Josef zu beachten ist, dass er in der Periode der Hyksos Vizekönig war.

Das Alter Jakobs

In der Bibel, steht als der König das Alter von Jakob wissen will, sagt der ihm: 130 Jahre! Das kann aber nicht stimmen, es passt mit den anderen Daten nicht zusammen. Der 1762 geborene Jakob war 1642 gerade einmal 120 Jahre alt!

Die Israeliten in Ägypten

Die Ankunft war 1642 und nach 430 Jahren Aufenthalt in Ägypten ziehen die Israeliten 1212 v. Chr. unter der Führung des 80jährigen Moses aus und nach einem 40jährigen Wüstenaufenthalt, nach Kanaan. Sie müssen es erst erobern. Aber das später!

Zurück zum Hyksos-König Chian, ins Jahr 1642. Er war einverstanden, dass sie abseits der Ägypter, von denen sie als „Sandwanderer" verachtet wurden, in der Provinz Gosen = Goschen lebten. Sie sollten die dort befindlichen königlichen Herden, mit den eigenen zusammen, betreuen.

Josef hatte großes Ansehen beim König. Er hatte in den Hungerjahren Getreide und Saatgut an die Bauern verkauft. Als sie dann kein Geld mehr für Brot hatten nahm er auch Schafe, Esel, Rinder und Pferde statt Geld. Und letztlich bezahlten sie mit ihrem Land und wurden Leibeigene. Sie mussten ein Fünftel der Ernte abliefern und erhielten dafür Samen. So wurde in den Hungerjahren die erste Steuer in Ägypten eingeführt. Ausgenommen waren die Priester. Der König hatte für die abgeführte Steuer Sorge zu tragen, dass die Bauern Samen und wenn notwendig Brot bekamen! Die Israeliten vermehrten sich sehr stark, zur Freude Josefs. Als Josef 88 Jahre alt war, im Jahre 1618, starb König Chian 82-jährig.

Sein Nachfolger war Apophis, auch er schätzte Josef sehr und teilte ihm dies bei der Thronbesteigung mit. Alle Rechte von Josef und die der Israeliten blieben aufrecht.

Jakob = Israel stirbt

Im Jahre 1589 im hohen Alter von 173 Jahren hatte Jakob = Israel nach seinen Nachfolgern gerufen: Er spüre das Ende kommen und er segnete alle Söhne, die Stammväter, und dazu werden noch, als künftige Stammväter, die Enkelsöhne

Manasse und Ephraim adoptiert

sie treten an die Stelle Josefs! Kurz darauf stirbt Jakob = Israel. Josef war auch schon 117 Jahre alt. Der Wunsch seines Vaters wurde von Josef erfüllt, Jakob wurde mit einem prächtigen Gespann nach Hebron gebracht und im Hain Machpela beigesetzt. Josef wurde 136 Jahre alt, im Jahre 1570 starb er. Bevor er starb sagte er zu seinen Brüdern: Ich habe euch verziehen und euch genährt. Ihr sannet Böses gegen mich, aber Gott wandelte es zum Guten. Damit habe ich vielen Gutes getan. Auch euch tat ich Gutes, aber Gott wird euch heimsuchen, führt meine Leiche heim nach Sichem. Die Brüder ließen den Körper von Josef einbalsamieren und in einen Sarg legen.

Diesen Sarg, wie wir später hören werden, nehmen die Israeliten 1212 beim Exodus = Auswanderung mit nach Kanaan. Auch die Brüder Josefs starben.

Als ein neuer Pharao kam, der Josef und seine Leistungen nicht kannte, begannen die Leiden der Israeliten. Tatsache ist, dass die Ägypter keine Aufzeichnungen über die Herrschaft der verhassten Hyksos machten und auch ihre Helfer z. B. Josef hassten. Diese Periode schoben sie weg, aber umso mehr mussten die Israeliten später leiden, die „Hebräer".

Vorher hatte von Theben aus der Befreiungskampf der Ägypter begonnen, der Feldherr Kamose belagerte Auaris und sein Bruder

Amosis I. vertreibt die Hyksos

aus der Stadt und aus dem Land, endgültig im Jahr 1551 v. Chr.: Das Neue Reich in Ägypten war geboren!

Die Israeliten hatten eine schwere Zeit, so gut es ihnen unter Chian und Apophis in der 15. und 16. Dynastie der „Pharaone", der Hyksos, gegangen war, wo sie Dank Josef gute Posten hatten, so schlecht ging es ihnen jetzt. Denn sie hatten mit den Hyksos kollaboriert. Sie waren, wie diese, nicht aufgenommen in den ägyptischen Tafeln – vergessen! Auch Josef und seine Taten. Amosis I. sagte: Die Israelis werden immer mehr und stärker, die könnten sich mit unseren Feinden verbinden. Mit Arbeit werden sie gezügelt. So wurden sie fronpflichtig! Als der berühmte Pharao

Ramses II.

1290 Herrscher wird, baut er viel, nicht nur Denkmäler wie Abu Simbel und Luxor, für seine Schlacht von Kadesch 1285. Die er eher verlor als gewann, die „unentschieden" gegen die Hethiter endete. Die ihm fast das Leben gekostet hätte, die ließ er von seinen Historikern zu einem Sieg umfälschen. Er baute auch die Stadt Ramses am Nildelta und er erreichte einen Friedensvertrag mit den Hethitern 1285 und heiratete eine hethitische Prinzessin. Von den Hyksos hatte er auch die Streitwagen übernommen für seine Armee. Die

Israeliten leisteten Frondienst

und brannten Ziegeln, Lehmteig mit Schilfgras verstärkt, in der Sonne. Sie bauten Hütten und Häuser für die Stadt Ramses und Piton. Gosen liegt zwischen Ramses im Norden und Piton im Süden.

Stämme der Israeliten

Ich zähle jetzt die Stämme der Israeliten auf und werde nach der Volkszählung durch Mose und Aaron noch die Zahl der wehrfähigen Männer dazu schreiben. Weiters gebe ich das Alter der Stammesfürsten an, und zwar 1589 als Jakob = Israel starb:

		Jahre	
1.	Ruben	(123):	46.500
2.	Simeon	(122):	59.300
3.	Dan	(122):	62.700
4.	Naphtali	(121):	53.400
5.	Juda	(120):	74.600
6.	Gad	(119):	45.650
7.	Issachar	(119):	54.400
8.	Asser	(118):	41.500
9.	Sebulon	(118):	57.400
10.	Manasse	(60):	32.200 } anstelle von
11.	Ephraim	(59):	40.500 } Josef (117)
12.	Benjamin	(110):	35.400
13.	Levi	(121):	Priesterdienst, Altardienst + Zelte + Transport
	Summe		603.550 (1210 v. Chr.)

der wehrfähigen Männer ab 20-60, nicht enthalten Frauen, Kinder und Greise. Nicht enthalten der Stamm Levi (Priester ab 30 bis 50 Jahre, auch die Priesterhelfer, andere für Transport und Versorgung, sie dienen dem Gesetz und beschützen es).

2. BUCH MOSE: EXODUS = AUSZUG

Ich werde versuchen hinein zu schauen in Moses Leben, in sein Umfeld, seine Gedanken und Taten. In den Werdegang und in das Leben bei seiner Ziehmutter Tutnan (der Name kommt in der Bibel nicht vor) am Pharaonenhof. Aber auch die Zwiesprachen mit Gott, seine Zweifeln, sind interessant und werden beschrieben. Mose wurde 1292 v. Chr. in eine böse Welt hineingeboren. Die Israeliten waren schwer unterdrückt vom Pharao Sethos I., der Kriege verloren hatte, aber gegen die Israeliten hart und grausam vorging. Moses Vater Amram stammte von Levi, dem Sohn von Jakob, ab. Man sprach vom Stamm Levi.

Fronarbeit für Ägypten

Die Fronarbeiter waren Männer ab 20 Jahren bis 50 in Arbeitsgruppen unter einem Aufseher = Fronvogt, der staatlich beauftragt, die Arbeit anordnete und der auch strafen konnte. Er war rot gekleidet und hatte eine Peitsche als Züchtigungsinstrument stets bereit. So wurden müde Arbeiter als „faul" bezeichnet und angetrieben.

Im Morgengrauen wurde begonnen, zu Mittag eine Rast von zwei Stunden. Sie bekamen Hirse oder Gerstenbrei mit Fleisch- oder Fischstücken und Trinkwasser. Zum Schutz gegen die Sonne gab es schräge „Schilf-Schilder". Das Essen war eine ½ Kanne = 1,1 l Brei und ½ Kanne Wasser und manchmal Bier. Beim Exodus sagten die Alten in der Wüste, wenn sie Durst und Hunger hatten: „Wären wir in Gosen geblieben, so hätten wir nicht so darben müssen." Und wenn die Sonne sich neigte, war Arbeitsschluss.

Jetzt bekam jeder die gleiche Ration wie zu Mittag, zum nach Hause nehmen. So ging es sechs Tage von Sonntag bis Freitag. Am Sabath = Samstag war Ruhetag. Als karge Entlohnung gab es Freitag Abend für sechs Tage Schwerarbeit ½ Schekel = ½ Silberlot = 25 €.

Die Aufgaben der israelitischen Fronarbeiter, die in 10er Gruppen unter einem Vogt arbeiteten, waren: Lehmklumpen am Nilufer ausstechen, mit Sumpfgras verstärken, auf die Größe 1 Spanne x ½ Spanne x ¼ Spanne schlagen, auf ein Transportbett legen. Die nächste Gruppe führte den Transport vom „Sumpf" zur „Brennstelle", eine sandige Fläche = Sonnenspiegel, durch – wo die Tragplatte mit zwei Griffen vorne und zwei hinten abgestellt wurde und durch die pralle Sonne, 12 Stunden lang, die Trocknung erfolgte. Dort war eine Gruppe damit beschäftigt, die oben getrockneten Ziegel umzudrehen.

Eine weitere Gruppe hatte den Transport vom „Sonnenspiegel", auf den Tragen, zur Baustelle durchzuführen. Die Gruppen waren so „getaktet", dass immer die geleerten Tragplatten zum „Stechen" zurückkamen und keiner sich „leer" bewegte. Weitere Gruppen waren mit dem Bau der Häuser beschäftigt. Was hat das mit Amram, Moses Vater, zu tun? Nun zu

Moses Vater Amram

Er war Zimmermann, er machte aus Bambus ganze Dächer mit Schilfdeckung, vor allem aber Flachdächer auf Holztramen. Er hatte viel zu tun, denn mit dem Zuwachs der Israeliten bauten auch sie Hütten, neben den Häusern der Ägypter. Die meisten aber wohnten auf der Weide in Zelten aus Ziegenfell bei den Herden.

Da bei der Fronarbeit für die Ägypter Fachleute für Bau gesucht waren, war Amram mit seinen Helfern als „Dachdecker" tätig.

Der Pharao Sethos I. regierte von 1306 bis 1290. Am Hof lebte eine Prinzessin Tutnan, sie war die jüngste Tochter Sethos und 16 Jahre alt. Sie war ein liebes Mädchen, hatte Mitleid mit Menschen, vor allem mit den Bediensteten des Palastes, die ausgenützt wurden. Sie sollte die Ziehmutter Moses werden!

Die Geschichte von Mose

Jetzt komme ich zu Mose, ich weiß nicht, ob es mir gelingt diesem Menschen gerecht zu werden? Er ist wohl vor und neben Jesus Christus der größte, der bedeutendste Mensch! Er hat uns, im Auftrag Gottes den EINGOTT-Glauben gebracht, die Gebote und Gesetze Gottes. Heute glauben 55,3 % der Weltbevölkerung 7 Mia., an einen Gott, also 3.8 71 Mio. Menschen. Davon sind

2.289 Mio. Christen = 32,7 % der Weltbevölkerung

1.568 Mio. Muslime = 22,4 %

14 Mio. Juden = 0,2 %

Moses Geburt und wunderbare Errettung

Sethos, der König, kam auf eine ganz böse Idee, er ordnete den Hebammen der „Hebräer" an: Solltet ihr ein Knäblein bei der Geburt in Händen haben tötet es, Mädchen lasst leben. Da sie dem Befehl nicht Folge leisteten, rief sie der König. Sie sagten: die Hebräerinnen entbinden selbst. Nach einiger Zeit befahl der König, alle männlichen Neugeborenen in den Nil zu werfen!

Amram hatte eine kluge Frau: Jochebed. Die ihm 1292 den zweiten Sohn gebar. Sie überlegte, wie sie dieses schöne Kind vor dem Ertränken schützen könnte. Zuerst verbarg sie das Kind und säugte es heimlich. Sehr behilflich war ihr dabei die achtjährige Schwester des Neugeborenen, Mirjam. Dann hatte die Familie noch einen Knaben Aaron=Aron. Er war vier Jahre alt und konnte schon klug sprechen und alles beobachten. Und so beobachteten die Kinder, und teilten dies der Mutter mit, dass die Prinzessin mit Gespielinnen jeden Tag an einer flachen Uferstelle im Nil badete.

Um das Kind am Leben zu erhalten, dachte Jochebed, werde ich diesen schönen Knaben in ein gut gedichtetes Körbchen setzen und oberhalb der Badestelle ins Wasser geben, so „schwimmt" er zur Königstochter. Die hat sicher schöne Puppen, aber wenn sie so ein süßes Kind sieht, wird sie es haben wollen.

Tatsächlich kam das Baby an die Badestelle und ward „königlich" empfangen. Das Kindlein weinte zwar wegen der vielen Mädchen. Aber die beruhigten es bald. Als man ihm ein, in Milch getauchtes, Seidentuch zum Lutschen gab war es ruhig. Nach genauer Betrachtung, erkannten die Mädchen, nicht nur an der helleren Hautfarbe, dass es ein hebräisches Kind war.

Die Tochter des Königs sagte: Ich nehme das Baby an Kindes statt und erspare mir eine schmerzhafte Geburt. Aber wir brauchen eine hebräische Amme, die das Kind säugt. Eine Dienerin lief weg um eine Amme zu suchen. Mose war drei Monate alt, den Namen gab ihm erst seine Ziehmutter als sie das Kind der Amme übergab: Er heißt Mose

(= Sohn). Die Schwester von Mose hatte das Geschehen beobachtet. Sie sagte zu der Dienerin: Ich kann dir helfen, ich kenne eine Hebräerin, die gerade abgestillt hat.

So kam die leibliche Mutter zur Prinzessin. Und diese bat die Hebräerin: Mein Ziehsohn Mose braucht eine Amme, du sollst das sein! Ich werde dich reichlich belohnen. Zu mir kommt er erst, wenn er trocken ist und spricht.

Der Vater von Mose Amram hatte eine schöne Aufgabe. Er besorgte auch Holz für Überlagen für Fenster und Tore an der Vorderfront, wie auch für die Decken der begehbaren Dächer. Mit zwei Helfern führte er dann die Arbeit rasch und sorgfältig durch. Da er auch Ägyptisch konnte, war er von den ägyptischen Architekten sehr geschätzt.

Mose und die Geschwister lernten so, von frühester Jugend an, vom Vater ägyptische Worte, neben der hebräischen Muttersprache.

Tutnan, die Ziehmutter kümmerte sich liebevoll um Mose und brachte bei ihren Besuchen viel Obst und Leckereien, so dass die ganze Familie genug hatte. Auch finanziell war sie großzügig.

Mose gedieh prächtig, nach gut einem Jahr sprach er schon einige Sätze israelisch und einige Worte ägyptisch, ebenso versuchte er die ersten Schritte. Nach einem weiteren Jahr war er trocken.

Als er zweieinhalb Jahre alt war, sagte sein „Lehrer" Aaron zu Tutnan: Mose fragt schon in Ägyptisch: Wann kommt Mama? Tutnan war beeindruckt als Mose in ägyptischer Sprache: Die liebe Mama ist da! sagte. Sie wollte, dass er noch bei Amram und Jochebed bleiben soll und wöchentlich ein bis zwei Tage nehme sie ihn in den Palast mit, damit er sich an die Umgebung gewöhne. Dann werde sie ihn ganz zu sich nehmen: bis er sich verständigen kann.

Der Privat-Lehrer von Tutnan war mit dem neuen Schüler sehr zufrieden. Obwohl Mose nicht gern viel sprach, lernte er die Sprache überraschend schnell und nach sechs Monaten sagte der Lehrer: Er ist ebenso weit, wie alle Königskinder in diesem Alter.

Tutnan nahm den Knaben zu sich. Das Kind war den anderen körperlich voraus. Aber er wurde als Hebräer am Hof etwas abgesondert z. B. bei den Mahlzeiten saß er abseits von der Pharaonentafel. Ein Vorteil dabei: er hatte eine eigene Bedienung und erhielt oft die besten Bissen und zusätzlichen „Sprachunterricht". Sein Platz war unweit seiner „Mutter" Tutnan, die am Ende der Tafel saß. Er erhielt weiters Unterricht von seinem ersten Lehrer und ab seinem fünften Lebensjahr wurde er mit den anderen Kindern in der Königlichen Schule in Rechnen, Geometrie, Recht und Religion unterrichtet. Die Lehrer waren Weise und Priester. So erfuhr Mose, dass der

Oberster Staatsgott
Amon = Amun = Ammon

war. Dieser große ägyptische Gott, der unabhängig vom Glauben, vor allem den Armen half, wenn sie im Gebet um seine Hilfe flehten, beeindruckte Mose sehr.

In Griechenland gibt es in Kallithea auf Kassandra, wie schon erzählt, einen Amon-Zeus = Gott-Amon Tempel, wahrscheinlich von der Eroberung Ägyptens durch Alexander d. Gr., herrührend.

Später lernte Mose den ganzen ägyptischen Götterhimmel, die große Anzahl der Gottheiten, kennen. Verwirrend, aber faszinierend! Er dachte: wie einfach und klar ist doch unser Glaube, wir haben einen Gott, der uns führt und schützt, der uns immer hilft! Die Mutter hatte Mose folgende Regel, mit auf den Weg in die königliche Familie, gegeben: Dräng dich nicht vor, du bist ein Fremder, ein Hebräer, aber wenn sie dich fragen und brauchen, antworte und hilf. So wurde aus ihm ein hilfreicher, beliebter junger Mann. Für ihn war die Ausbildung für den hohen Beamtendienst vorgesehen. Er sah aber auch, wie sich „seine Brüder" im Frondienst mühten, wenn er mit Tutnan, am Weg zur Amme, am Sonnenspiegel vorbei kam. Sie bauten im Frondienst, an den Rändern von Gosen Städte auf, im Norden Ramses und im Süden Piton. Auch die Ziegeln dazu schlugen und brannten sie, wie wir wissen. Die übrigen Familienmitglieder, die nicht im Frondienst waren, kümmerten sich um die Kinder und die Herden.

Mose lernte auch das Recht

anderer Staaten im Unterricht kennen. Sehr beeindruckt war er vom Kodex Hammurabi, der vom König von Babylon, 440 Jahre vor Mose, erstellt wurde. Es handelt sich um die wichtigste Rechtssammlung des Alten Orients. Es waren sehr strenge Rechtsvorschriften des großen Königs.

Ein Beispiel: wenn die Decke eines Hauses einstürzt und den Sohn des Hausbesitzers erschlägt, ist auch der Sohn des Baumeisters zu erschlagen. Mose war damals 17 Jahre alt und seine zehn Mitschüler auch. Der Lehrer stellt die Frage: Ist das Gesetz gut und richtig? Einhellig sagten die zehn Mitschüler: Ja!

Der Lehrer fragt: Mose du hast nichts gesagt, wie ist deine Meinung? Mose erwidert: Ich konnte nicht ja sagen, weil ich mir die Frage stelle: wenn der Baumeister schuld ist, dass die Decke eingestürzt ist und das Kind getötet wurde, warum muss das Kind des Baumeisters, getötet werden? Hat das Kind den Fehler gemacht? Wenn unser Vater einen tödlichen Fehler macht, würden wir „ja" sagen: Bring uns um?

Aber was ist wenn der Baumeister, nicht schuld ist, wenn z. B. der Hausbesitzer in die Decke ein Loch geschnitten hat, für einen Rauchabzug. Die tragenden Holzbalken sind dann gebrochen. Hier hat der Baumeister keine Schuld? Der Lehrer war beeindruckt: Mose du bist ein scharfer Denker, fast ein „Rechtsgelehrter". Wir haben daraus gelernt: nicht alles was streng ist, ist gut! So endete die Unterrichtsstunde.

Jetzt kennen wir die positiven Seiten von Mose. Aber er hatte auch Schattenseiten. Wegen seines ausgeprägten Rechtsempfindens, konnte er, wenn er selbst oder ein anderer ungerecht behandelt oder gequält wurde, so in Zorn geraten, dass er mit seiner großen Körperkraft rasch Ordnung machte. Deshalb war er auch gefürchtet!

Moses religiöse Entwicklung

Die religiöse Erziehung von Mose hatte schon im elterlichen Haus, als Kleinkind, begonnen. Vater und Mutter waren tief gläubig und verehrten den Gott der Väter, Abrahams, Isaaks und Jakobs. Sie hatten die Überlieferungen gepflegt und den Kindern weitergegeben. Besonders interessiert war der ältere Bruder von Mose, Aaron, er wollte neben seinem Beruf als „Dachbauer", Priester werden: Gott dienen und gehorchen war sein Motto! Bis zu den Jüngern und Jesus selbst war es üblich, dass „Gottesdiener" auch einen handwerklichen Beruf erlernten. Aber nicht durchgehend hatte das Gültigkeit.

Mose glaubte an den einen Gott, der mit den Vätern den Bund geschlossen hatte. Aber er kannte auch die Götter Ägyptens und den

Naturgott Baal

in Kanaan, mit seinem Symboltier dem Stier. Mit seinen Fruchtbarkeitsdienerinnen in den Tempeln. Trotzdem glaubte er nur an den einen Gott der Israeliten! Er hatte auch die Hieroglyphen = Buchstaben der ägyptischen Schrift erlernt und war überrascht, dass er genauestens alle ägyptischen Herrscher aufgezeichnet fand mit Taten und Werken. Aber die von Josef, seinem Verwandten, hat er nicht gefunden. So hat er herausgefunden, dass nichts von den verhassten Hyksos geblieben war, auch von ihren Helfern, z. B. Josef, war nichts zu lesen: totgeschwiegen!
Mose war glatt rasiert und seine Kleidung war ägyptisch. Da er groß war, konnte man ihn nicht übersehen.

Mose erschlägt Vogt und flüchtet

Wenn Mose konnte, besuchte er seine Eltern und Geschwister, ein mal pro Woche, wenn möglich am Sabbat = Samstag. Das war der siebende Tag, der Ruhetag, den Gott bei der Schöpfung der Welt gehalten hatte. Auch die Fronarbeiter ruhten, man hielt Einkehr, erzählte von der Entstehung der Israeliten und dem Bund mit Gott. Diesmal kam Mose nicht am Sabbat, sondern an einem Arbeitstag. Zuerst ging er am Markt einkaufen und brachte den Eltern kleine Geschenke, Leckerbissen für alle.
Am Rückweg ging er zum „Sonnenspiegel", jenen Platz wo die geformten Lehmziegeln" gebrannt = getrocknet wurden und dann für den Abtransport bereit waren. Ein rotge-kleideter Fronvogt = staatlicher Aufpasser schlug einen älteren Israeliten: Du faules Schwein steh auf und arbeite! Mose sagt zu ihm: Lass ihn, er hat einen Sonnenstich, er gehört in den Schatten! Der Vogt darauf: Faul ist er, ich werd ihn lebendig machen. Und er schlägt zu. Mose ist in einem Zustand, wo der Zorn nicht mehr zu zähmen ist. Er sagt kurz: Lass ihn!! Der Vogt schlägt weiter auf den Schwachen ein. Mose entreißt dem Vogt die Peitsche und schlägt mit der Griffseite auf den „Roten" ein. Der fällt von den Schlägen am Kopf getroffen um und ist tot. Mose schaut sich um: weit und breit ist nie-mand zu sehen, der geschlagene Israelit war geflüchtet. Mose schleift den Toten weg und verscharrt ihn im Sand. Am Heimweg, macht er einen kleinen Umweg über den Markt, er will das Vorgefallene vergessen.
Bevor er zum Palast kommt, rennt ihn seine Mutter Tutnan förmlich um: Ich such dich verzweifelt, weil für dich eine große Gefahr besteht! Der Pharao will dich töten lassen, weil du einen Königsbeauftragten, seinen Beamten, umgebracht hast und nicht ein-mal Ägypter bist. Du musst sofort fliehen, alle die dich beneiden, haben den König aufgehetzt.
Mose erklärt seiner Mutter, was passiert ist und dass das Unrecht zum Himmel schrie. Die Mutter sagt nur: Ich versteh dich, aber flieh sofort, den Weg am Meer nach Kanaan kannst du nicht nehmen, dort sind ägyptische Festungen, da würden sie dich festnehmen. Flieh hinaus nach Sinai über die Salzseen, weit weg!
Ich habe dir eine Brusttasche gebracht und alle meine Goldmünzen hineingetan, damit hast du genügend Reserve und kannst alles für die Reise kaufen, gleich am Markt,

und kaufe unauffällige Kleidung. Eine Creme habe ich dir auch gebracht, damit dich deine helle Haut nicht verrät, bis du außerhalb Ägyptens Einfluss bist.

Kauf kein Kamel, damit du nicht als reich erscheinst, sondern als arm. Also kauf einen Esel! Vergiss nicht auf Wasser und Proviant.

Mose dankte seiner Mutter und umarmte sie: Du warst eine gute Mutter, du hast mir die Welt geöffnet und alles lernen lassen. Wie meine „Amme", die mir mein Volk und meinen Gott gezeigt hat, hast du mich die höchste Stufe weltlich erklimmen lassen.

Du wirst, wie meine „Amme", in meinem Herzen leben, bis der Herr mir die Augen schließt. Ich werde nach Midian ziehen, dort sind Verwandte und Ägypten hat keinen Zugriff. Tutnan, voller Tränen: Dein Gott wird dich schützen und ich werde deiner Amme den Dank sagen. Du warst mir der beste Sohn, den ich mir wünschen konnte, du warst mein Leben und hast mir viel Freude gemacht!

Mose eilt auf den Markt. Dort kannte er einen alten Mann, der mit Wasserschläuchen und Zelten handelte. Mose wollte sieben Wasserschläuche und ein kleines Zelt aus Ziegenfell und Proviant. Damit sollte ein Esel beladen werden, dazu zwei Decken aus Kamelhaar für den Esel und ihn. Zwei Esel besaß der Mann, einer jung und unruhig, der zweite stand ruhig und mit Schläuchen beladen in der prallen Sonne und hielt still.

Mose meinte: Dieser Esel in der Sonne wäre der richtige, denn er ist genügsam. Der Mann sagte: Ja gut, aber ich bin kein Eselhändler und außerdem, das ist eine dreijährige Eselin, sehr ausdauernd, aber für dich wäre ein großer, feuriger Hengst besser. Mose meinte: Für die Wüste ist Ausdauer wichtig. Und er kaufte die Eselin, ohne zu handeln. Mose bat ihn die Schläuche auf dem Esel zu füllen. Es waren acht: Auch gut und das leichteste und kleinste Zelt dazu. Und wenn du mir noch rasch einen Sack Futter dazu besorgst und für mich Fladenbrot, Dörrfleisch und -obst dann zahl ich doppelt dafür.

Der Mann holte in kürzester Zeit das Gewünschte: Du gehst in die Wüste, es ist schon spät am Tag? Mose: Ja, ich besuche Verwandte und vielen Dank für alles. Und er zog los.

Ein neuer Lebensabschnitt begann. In der Bibel steht nur: am Tag nach dem Totschlag ging Mose wieder zu den Hebräern und sah, dass zwei junge Israeliten rauften, einer schon blutig. Mose sagte zum Stärkeren: Warum schlägst du deinen Bruder? Bist du unser Richter? Willst du mich auch umbringen wie den Aufseher? Mose wusste nun, dass seine Tat bekannt war, dass der Pharao ihn töten würde. Er floh sofort nach Midian!

Was war da für menschliches Leid, der Totschlag, die Trennung von Mutter und Familie. Das Leid, das Tutnan, die Ziehmutter erdulden musste: Vorwürfe, über Vorwürfe! Die lange Flucht 600km bis Midian zu den weitschichtigen Verwandten u.s.f.

Die Flucht nach Midian und Heirat

Mose war jetzt 25 Jahre alt, seine Ausbildung war fast beendet. Er konnte nicht nur perfekt ägyptisch sprechen, sondern auch schreiben. Er kannte die Gesetze und Bräuche Ägyptens und der umliegenden Länder, vor allem Hammurabis (Reg. 1728-1686) unerbittliche Gesetzgebung. Weiters die geografische Lage der Völker. Sowie deren Religionen. Er kannte auch die Festungen an den Karawanenstraßen und in Kanaan, die die Ägypter zur Befriedung angelegt hatten. Zur Befriedung heißt, dass man die dort lebenden Völker unter Kontrolle hatte.

Sein Glaube war, dass Gott, der Herr, sein Volk schützt. Mose sollte hoher Beamter werden, denn die Ägypter, vor allem die Königskinder, schätzten seine Zurückhaltung und Intelligenz. Auch das Personal liebte ihn, weil er hilfsbereit war. Seine leibliche Mutter hatte ihm eingeschärft: Nicht vordrängen, sondern helfen mit deinem Wissen.

Ein hoher Lehrer hatte zu Tutnan gesagt: Er wird seinen Weg gehen und zwar nach oben. Und jetzt 1267 war er „Freiwild", ein gesuchter Flüchtender, ein mit dem Tod Bedrohter, der einen langen Weg, durch Wüste und über Berge, vor sich hatte: 600 km (Karte S. 57). Bevor es dämmerte war er schon außerhalb der Stadt und schlug sein Zelt im Ödland auf. Er war südlich gezogen und wollte Sukkot erreichen um Wasser und notwendige Einkäufe zu besorgen. Er würde die Fronstadt Piton meiden. Jetzt aber war er müde und auch der schwer bepackte Esel. Er nannte die Eselin Eli und das Tier hatte sich an den Schritt von Mose rasch gewöhnt und folgte ihm schon ohne dass er die Leine straff ziehen musste. Er schlief im kleinen Zelt, der Esel, der auch eine Decke erhielt, an einem Stock angebunden im Freien. Sehr früh wurden sie wach und ihre Flucht wurde fortgesetzt. Am nächsten Abend erreichten sie Sukkot. Mose kaufte für sich Fladenbrot und Futter für Eli. Zwei leere Schläuche füllte er mit Wasser. Sie hatten eine große Strecke bewältigt, aber Mose drängte es aus der Stadt, Richtung Salzsee. Obwohl es März war brannte die Sonne unerbittlich auf die Beiden nieder, so dass sie sich freuten am Abend ihre Ruhe zu finden.

Am nächsten Tag erreichten sie den Salzsee. Mose hatte sich erkundigt, ja, manche hatten ihn durchwatet, aber normal ist er zu tief. Was heißt das? Bald waren sie am Ufer angelangt, aber Mose stellte rasch fest – keine Chance zu waten: viel zu tief. Mose dachte laut: Wir bleiben hier und machen Rast. Er hatte gesehen, dass Eli mit der Last kämpfte. Daher nahm er die Zeltstangen und legte sie geordnet weg. Er würde ab sofort das Zelt als Schlafsack benützen und er konnte in der kommenden Nacht Himmel und Sterne sehen. Und so geschah es, aber er konnte auch beobachten, dass der Esel an der Leine zog. So machte er ihn frei und das Tier lief nicht davon, sondern blieb in seiner Nähe, wie ein Hund.

Mose hatte folgenden Plan: er wollte den See überqueren, das gelang, als ein starker Wind das Wasser wegtrieb, jetzt war er außer Gefahr! Weiters wollte er am Rand der Wüste südlich ziehen, entlang des Golfes von Suez. Wohin? Zu einem Nachkommen von Abraham, dem Erzvater, der im Alter, wie wir wissen noch Ketura heiratete und sie 1750 mit sechs Söhnen nach Osten schickte. Der vierte Sohn, damals 26 Jahre alt, gründete östlich des Golfes von Akaba die nach ihm benannte Ortschaft Midian. Das war vor 483 Jahren.

Sie waren schon drei Wochen unterwegs, das Tier trottete ohne Saumzeug hinter Mose her. Wenn er „Eli" rief, kam das Tier und bekam Futter und Wasser. Ja, Wasser! Die Schläuche waren leer, die Berge türmten sich vor ihnen auf, aber kein Bächlein war zu sehen, nur trockene Felshänge. Eli konnte nicht mehr und legte sich hin. Mose stützte sich auf seinen knorrigen Zirbenstock, ein schöner starker Ast eines Zirbenbaums. Stark wie Mose. Er überlegte, das ausgeschundene Tier brauchte Wasser, auch er.

Er war müde und verzweifelt. In der Not rief er den Herrn an: Sollen wir verrecken in dieser öden Gegend, nirgends Wasser, hilf uns Herr! Er begann zu denken: Mose, du bist doch stark und du weißt dir doch zu helfen. Sein Blick fällt auf den rechten

Felsabbruch, dort sah er einen grünen Moospolster. Als er hin griff war er feucht – davon kann man nicht trinken! Und weiter dachte er, du hast doch den Vogt mit ein paar Schlägen getötet. Auf einmal kam ihm der Gedanke – oder gab ihm Gott den Rat – hau doch dem Berg eine runter! Er nahm den Stock, dreht ihn um, die starke Seite oben, wie damals beim Aufseher die Peitsche, und schlug mit aller Wucht auf die feuchte Stelle: einmal, zweimal und dreimal, dann sah er, wie eine Fels- Erdkruste sich löste und herunter fiel. Ermuntert schlug er noch stärker zu und es löste sich eine Felsplatte. Mose riss sie weg und darunter öffnete sich eine Quelle! Er dankte dem Herrn auf Knien, wusch das Gesicht und trank.

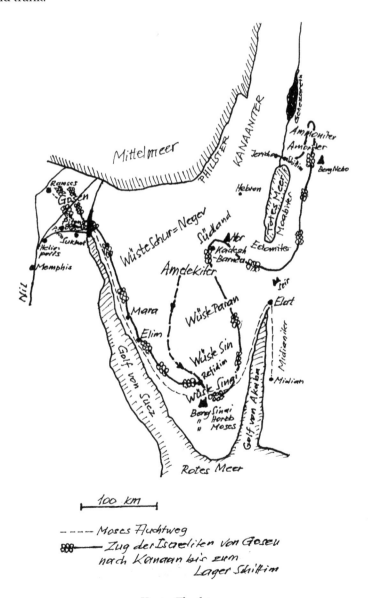

Karte: Fluchtwege

Er nahm den Eimer, füllte ihn und schüttete dem halbtoten Tier das Wasser darüber und rief: Eli! Und dann sah er wie es die Ohren bewegte und die Augen öffnete. Schnell füllte er den Eimer nochmals und der Esel trank alles aus. Als Mose die Schläuche gefüllt hatte zogen sie weiter. Ohne Saumzeug folgte der Esel. Mose wusste, er hatte das richtige Tier gewählt: genügsam und zäh, wie er selber.

Herr, ich danke dir, sagte Mose am Abend, wir waren am Ende. Nach den Bergen zogen sie nordöstlich um den Golf von Akaba und dann südlich nach Midian. Die Ebene war begrünt, zur Freude des Esels, der sich sehr oft mit Disteln begnügen musste.

Mose hatte sich äußerlich verändert, er trug einen Bart und sah nicht mehr wie ein gepflegter Ägypter, sondern wie ein Israelit aus. Das Gesicht verbrannt, die wuchtige Gestalt abgemagert, das markante Gesicht noch prägnanter. Er war nach dem „Wasserereignis" voller Mut, denn: Gott hat mich nicht verlassen!

Während dieser entbehrungsreichen Wanderung war auch die Nahrung ausgegangen. Aber am nächsten Morgen hatte er das erste Mal das Brot vom Himmel kennengelernt:

Manna

Was ist Manna? Das sind die Blätter der Tamariskenstaude, welche von einem Pilz befallen, sich vom Zweig lösen und beim feinsten Windstoß vertragen werden und zu Tausenden auf den Boden fallen, süß schmecken und klebrig sind. Man kann sich von ihnen ernähren, was auch Wüstenbewohner dort schätzen. Auch Ameisen leben davon. Die Israeliten haben in ihrer 40-jährigen Wanderung durch Sinai davon gelebt – nicht nur, denn sie hatten ja große Herden dabei. Das kommt später zur Sprache!

So kamen sie nach sieben Wochen in die Gegend von Midian. Sie hatten Sandstürme und gewaltige Gewitter erlebt: immer hat Mose zuerst den Esel abgedeckt und ist dann erst mit umgeschlagener Decke in den „Schlafsack" gekrochen. Durst und Hitze, Kälte in der Nacht. Einmal hatte der Esel in der Nacht am ganzen Leib gezittert. Mose hat seine Decke dem Tier darüber gelegt. Die karge Gegend hatte sie Manna lieben gelehrt. Mose wendete viel Zeit für Manna sammeln auf, denn mit Sonnenaufgang fraßen die Ameisen sehr schnell die Blätter auf. Mose kannte jetzt Sinai, war er doch am Fuße des Berges Sinai entlang gezogen.

Sie kamen am Nachmittag zum Brunnen von Midian, der am Rande der Ortschaft lag. Er füllte die Tränkrinne, damit Eli genug zum Trinken hatte, dann trank er und legte sich in den Schatten. Der Esel musste nicht angebunden werden, denn er blieb immer in seiner Nähe.

Später kamen sieben Mädchen, die jüngste etwa 12 und die älteste 20 Jahre alt. Die Mädchen füllten die Tränkrinne für ihre Schafherde. Da kamen Hirten und verdrängten die Mädchen mit den Worten: Zuerst kommen wir.

Mose stand auf, er fühlte seinen „gerechten Zorn" hoch kommen. In voller Größe stand er vor den Hirten: So geht das nicht! Die Mädchen waren vor euch da und haben die Rinne gefüllt, also wartet! Das genügte, sie zogen sich murrend zurück. Mose half beim neuerlichen Füllen der Tränkrinne – sogar der Esel kam und trank schon wieder. Nach getaner Arbeit zogen die Mädchen dankend ab.

Der Vater der Mädchen, der Priester Jetro = Jitro, forderte, als er den Bericht der Mädchen gehört hatte, die älteste Tochter Zippora, das heißt Vögelchen, auf den Helfer einzuladen. Zippora war ein fröhliches Mädchen und holte nicht ungern Mose zu sich nach Hause.

Mose konnte sich in Ruhe waschen und pflegen und so erschien er zum Abendessen. Nicht ohne vorher Eli im Unterstand besucht zu haben. Der Eselin ist es schon lange nicht so gut gegangen. Beim Abendessen erzählte Mose auf Wunsch von Jetro = Jitro sein Leben. Wie es weitergehen soll wisse er noch nicht. Jetro erzählt, dass seine Frau vor zwei Jahren gestorben ist und er sich freuen würde, wenn Mose einige Zeit bliebe, denn wir brauchen männliche Hilfe, wie wir gesehen haben!

Über die Religion der Jetro anhing, weiß ich nichts. Aber aus der späteren Geschichte und Kämpfen gegen die Midianiter ist anzunehmen, dass es nicht der Gott Moses war. Mose dankte für die gastliche Aufnahme und sagte, dass er gerne einige Zeit hier leben und mitarbeiten wolle. Er machte schon am nächsten Tag mit den Mädchen Hirtendienst. Ungewöhnlich war, dass ihn nicht ein Hund begleitete, sondern Eli, die Eselin.

Mose liebte die Weite der Landschaft. Auf der einen Seite das Meer und im Osten Berge. Dazu kam die Freundlichkeit der Mädchen, vor allem aber war Zippora ihm zugetan, und er erwiderte ihre Zuneigung.

Nach einiger Zeit stellte Jetro die Frage: Du bist uns eine große Hilfe und für meine Töchter ein Schutz. Willst du nicht ganz bei uns bleiben? Mose sagte ohne Zögern: Danke, ich bleibe gern! Als der Herbst ins Land kam sagte Mose: Ihr habt mich aufgenommen ohne mich zu kennen und jetzt bin ich bei euch zu Hause. Ich möchte etwas zur Wirtschaft beitragen. Meine Mutter hat mir viel Geld mitgegeben und da jetzt Schafe günstig angeboten werden, möchte ich die Herde verdoppeln. Und es geschah wie Mose vorgeschlagen hatte.

Der Vater hatte schon seit einiger Zeit die Liebe von Mose und Zippora bemerkt. Eines Abends bei einem herrlichen Mahl sagte Jetro: Mose du bist mir wie ein Sohn geworden und auch meine Töchter mögen dich sehr. Wenn ich richtig urteile, so liebt dich Zippora und du liebst sie?

Beide wurden rot und nickten. Jetro setzt fort: So frage ich dich, willst du Zippora zur Frau und willst du mein Schwiegersohn werden? Zippora nahm Mose an den Händen, sie sagten: Ja! Und umarmten sich. So wurden der 25jährige Mose und die 20jährige Zippora ein Ehepaar und nach der Trauung gab es ein Fest. Schon ein Jahr nach der Verheiratung kam der Sohn Gerschom und dann Elieser.

Mose wurde in Midian sesshaft und blieb von seinem 25. bis zu seinem 79. Lebensjahr hier. Aufgrund seiner Kenntnisse von Sinai unternahm Mose oft weite Wanderungen mit den Herden, sogar im Norden um den Golf herum. Wie früher belud er Eli und nahm auch sein Zelt = Schlafsack mit.

Er besuchte Weiden, die er von seinem Weg hierher kannte. Als später, Eli nicht mehr konnte, war er allein mit der Herde unterwegs. Als er am Ende seines 79. Lebensjahres, in der Nähe des Berges Sinai war und sich erinnerte, dass er und Eli, damals vor 54 Jahren nahe am Verdursten waren, dankte er nochmals Gott für die Errettung.

Moses Berufung (1213)

Eine Stimme kam auf ihn zu und rief: Mose! Er sah sich um, am Berghang brannte ein Dornenbusch, von dorther kam die Stimme: Mose? Ja, da bin ich, antwortet er. Die

Stimme: Mein Volk, dein Volk, leidet unter der ägyptischen Fron und ruft mich um Hilfe. Du, Mose, sollst sie retten. Du sollst sie in ein Land führen wo Milch und Honig fließt. Hier am Berg Sinai sollt ihr mir dann opfern für eure Errettung!

Mose sagt nur: Ich bin alt, ich bin müde, jetzt schon übernehmen meine Söhne die Hauptarbeit.

Er fragt: Wer bist du? Und die Stimme antwortet: Ich bin, der ich bin und ewig! Mose nannte ihn fortan: Gott = der Herr! Die Israeliten sagten: Jahwe = er ist er, er erweist sich! Damit meinten sie: er lenkt unser Schicksal.

Gott sagt weiter zu Mose: Du, Mose, sollst in die Stadt Ramses zum Pharao gehen und ihm sagen: Mein Gott, mein Herr, verlangt von dir, dass du die Israeliten wegziehen lässt in ein Land, das der Herr ihnen zeigen wird. Wenn du sie nicht ziehen lässt, werden große Plagen über dich und dein Volk kommen! Mose erwiderte: Der Pharao wird mich wegen Totschlagens eines Fronvogtes töten lassen. Außerdem bin ich nicht stark in der Rede. Gott dagegen: Der Pharao Ramses II. ist vor 11 Jahren verstorben, du wirst mit Meneptah = Merenptah seinem Nachfolger, einem schwachen, aber gegen dein Volk unerbittlichen Herrscher, verhandeln.

Du hast die Kraft von mir und wegen deiner Rede, nimm deinen Bruder Aaron mit, er ist Priester und kann gut reden. Er sei dein Sprachrohr, weiters seid ihr zu zweit stärker. Und wenn du Sorge hast, ob dir die Israeliten folgen, sag, du kommst in meinem Auftrag.

Zu dem brennenden Dornbusch ein paar Worte: auf Sinai gibt eine Tamariskenart, bei der bei großer Hitze und Windstille Gas ausströmt, das bei Gluthitze abbrennt, ohne den Busch zu schädigen – eine kurze „Explosion".

Mose war in Gedanken verloren: Ist das Gott, der zu Abraham sprach? Auch, so denkt er, habe er in den langen Hirtenjahren erkannt, dass sein Volk sich vom Gott Abrahams abgewendet hat und so hatte er weiter gefolgert, wenn es durch fremden Einfluss so weiter macht, ohne Ethos und Gesetz, wird es untergehen! Mose brachte die Herde nach Hause und bereitete alles für die Reise vor.

Moses Reise nach Ramses

Mit ihm waren seine Frau und die zwei Söhne, weiters eine Magd von Zippora. Es war ein tränenreicher Abschied. Sie ritten auf Eseln nach Gosen. Mose kannte den Weg.

Wir sehen uns an, wie es in Gosen der Familie von Mose inzwischen ergangen ist. Die Mutter Jochebet war 89-jährig verstorben und sechs Jahre danach starb auch Tutnan im 77. Lebensjahr. Der Vater Amram war vier Jahre nach seiner Frau 95-jährig im Jahr 1233 verstorben. Moses Bruder Aaron, 63 Jahre alt, hatte so verlangten das die Ägypter, die „Dachherstellung" samt den Holzzukauf übernommen. So blieb ihm nicht mehr viel Zeit für seine priesterliche Arbeit.

Die Bäume für die Tramen wurden hauptsächlich aus dem Libanon bezogen und geliefert. Für diese Beschaffung war ein junger Mann namens Hoschea = Josua zuständig.Die Arbeits- und Beschaffungsgruppe war gut eingearbeitet: das Tramholz wurde im oberen Stock aufgelegt mit Schilf belegt und mit Lehm gedichtet. Darüber kam eine Lehm-Sandschicht. Aarons Ägyptisch war ausgezeichnet, da er dauernd die Pläne mit den Architekten abgleichen musste. Er zog oft Josua heran, auch bei den Besprechungen und wenn Schwierigkeiten, mit Holzlieferungen auftraten. Ansonsten wurden die Fronarbeiter ausgeschunden. Als Mose mit Frau, Söhnen und Helfern in Ramses bei Aaron und Mirjam ankam, war die Überraschung gar nicht so groß. Aaron hatte schon geträumt, dass Mose „als Retter" wiederkommen würde.

Als Mose vom Auftrag des Herren erzählte und dass Aaron sein „Sprachrohr" und Berater sein sollte, war Aaron sofort überzeugt von dem Auftrag. Er glaubte und hoffte, dass Gott sein Volk erlösen würde, weil sie ihn gebeten hatten – viele Male. Und wenn Meneptah = Merenptah uns nicht ziehen lässt?

Der Herr aber sagte: Dann werde ich ihm Plagen schicken und letztlich seinen Thronfolger töten, bis er euch ziehen lässt. Dann sag ihm, du bist Gott und Aaron ist dein Prophet, die Kraft dazu, bekommt ihr von mir! Mose und seine Familie hatten die sechs Wochen der Reise gut überstanden. Mit dem Wissen von der Hinreise, vor 54 Jahren, hatten sie an der Ostseite des Salzsees = Bittersees gewartet und tatsächlich kam nach einigen Tagen abends ein starker Nordwestwind auf und der See wurde trocken – die Wellen wurden weggespült nach Süden.

In der Karte S. 57 habe ich das Schwarz eingezeichnet. Mose ließ sich, nachdem er seinen „Auftrag" dargelegt hatte, von Mirjam und Aaron, alles was in den vielen Jahren geschehen war, berichten. Auch, wie schlecht es jetzt den Israeliten ging. Ihr Plan war: die Stammesoberen informieren um ihre Zustimmung zum Auftrag Moses für die Befreiung zu erhalten. Dann sollte umgehend die „Zustimmung" des Pharaos erwirkt werden, mit Hilfe Gottes. Die Stammesoberen = Fürsten wurden von Aaron und Mose überzeugt und gaben ihre Zustimmung, dass Mose mit Hilfe Aarons die Verhandlungen mit dem Pharao führen soll und den Auszug ins gelobte Land leiten wird. Allerdings bezweifelten sie, dass Meneptah = Merenptah zu überzeugen ist.

Ablehnung und stärkere Bedrückung

Die Audienz im Palast des Königs in Ramses fällt anders aus als gewünscht. Mose redete kein Wort ägyptisch, sondern Aaron musste das was Mose in Hebräisch sagte ins Ägyptische übersetzen. Aaron hatte eine kräftige Stimme und wirkte sehr überzeugend. Mose wunderte sich wie diplomatisch Aaron oft seine kernigen Sätze ausdrückte. Mose verstand alle Nebenbemerkungen des Königs zu seinen Beratern.

Der Inhalt der Bitte war: Mein Herr und mein Gott, schickt mich zu dir, damit sein Wille erfüllt werde: wir, die Israeliten, sein auserwähltes Volk, von Vätern her, sind in Kürze 430 Jahren in Gosen und leisten seit 339 Jahren Frondienst, unwürdige Behandlung war unser Los und wir haben euch die Städte Ramses und Piton aufgebaut. In Hitze und Glut Ziegel gestochen, geschlagen und gebrannt, Häuser und Dächer errichtet für zwei Städte und kaum Geld dafür bekommen, ein Almosen war es.

Und jetzt sagt Gott: Es ist genug, er soll euch ziehen lassen! Mose hört wie ein Minister leise zum Pharao sagt: Wünschen kann er ja, aber es wird ein Wunsch bleiben. Der König antwortet: Es mag stimmen was ihr sagt, aber der Wille eures Gottes ist für mich nicht bindend. Wer denn sonst, als ihr, soll die schwere Arbeit machen? Ihr könnt nicht wegziehen! Ist es euch nicht sehr gut gegangen, als unsere Feinde, die Hyksos, herrschten.

Wir haben euch vor 430 Jahren nicht ins Land geholt! Mose lässt Aaron übersetzen: Ich habe keine Abgeltung für die Knechtschaft verlangt, aber unser Gott sagt: Jetzt ist es genug! Dann müsst ihr halt selbst arbeiten, wie es die Bauern tun. Sagt nicht euer Staatsgott Amon, dass man Armen und Geschundenen helfen muss, das gilt auch für uns und nichts anderes verlangt unser Gott. Noch dazu, wo wir seine Kinder sind. Er hat doch in Geduld die 339 Jahre der Schinderei gesehen.

Wenn ihr aber kein Einsehen habt, wird unser Gott euch strafen mit Plagen und Seuchen. Und Pharao bedenke, dass du einen Sohn hast! Unser Vater will seine Kinder retten, so rette auch du deinen Sohn, bevor unser Gott erzürnt und ihn tötet! Der Pharao sagt: Stark habt ihr gedroht, ich aber sage: Nein!

Die zehn Plagen für Ägypten

Die erste Plage kommt kurz danach, der Nil verfärbt sich rot, das rote Brunnenwasser ist nicht mehr trinkbar. Die Brunnen der Israeliten bleiben rein. Was macht der Pharao? Er lässt den Israeliten das Wasser aus den Brunnen wegnehmen. Warum war der Nil rot? Bei Hochwasser kommt aus den Ablagerungen in den Seen Äthiopiens der rote Farbstoff *vermischt mit toxischen Algen* in den Nil. Aber äußerst selten! Gott schickt Mose und Aaron zum Pharao: Seid einsichtig und lasst uns ziehen, damit nicht weitere Plagen kommen. Meneptah: Ich lasse mich nicht erpressen! Es kam eine Frösche- und Kröteninvasion. Sie fraßen alles und waren überall, vor allem, wo es feucht war, auch in den Bädern des Königs.

Der Pharao holt Mose und Aaron: In Amons Namen zieh weg, wenn die Plage beendet wird! Die Frösche krochen wieder zurück in den Nil, aber der Pharao lässt die Israeliten nicht ziehen! Die Frösche und Kröten waren an Land geschwemmt worden und dann zum Laichen ins Wasser zurück gekehrt. Nach kurzer Zeit kam die dritte Plage, gerade als Hochwasser und Kröten weg waren, kamen viele Moskitos und viertens Stechfliegen: Kaum war die Dämmerung da, überfielen sie die Menschen und drangen in Nasenlöcher und Ohren und verursachen erhebliche Schmerzen. Der Pharao reagierte mit Verschlechterung der Verpflegung der Frondienstler: aus Hirse oder Erbsensuppe wurde das Fleisch gestrichen. Die fünfte Plage war die Maul- und Klauenseuche bei den Huftieren wie Rinder, Schafe, Kamele und Eseln. Dann kamen die Pocken und als siebente Plage wurde die Ernte durch Hagel schwer beschädigt, das war äußerst selten!

Der Pharao sagt, dann werden die verschont gebliebenen Hebräer die Ernte mit uns teilen. Und immer wieder verspricht er, sie „dann" ziehen zu lassen, aber er hält sein Versprechen nicht. Und was vom Hagel übrig geblieben war, das fraßen Heuschreckenschwärme, aber auch diese achte Plage wirkte nicht, der König blieb verstockt. So dass eine drei Tage dauernde Finsternis über Ägypten kam. Der Pharao sagte: Zieht, aber die Herden bleiben hier! Mose verlangte: Nur mit unserem Vieh ziehen wir, auch wegen der Opferungen. Der Pharao: Verschwinde und komme mir nicht mehr in den Palast, sonst bist du des Todes!

Mose schickte seine Familie zurück nach Midian, denn es wird Krieg geben! Der Herr sprach zu Mose: Das ist die zehnte Plage, dass jede Erstgeburt der Ägypter sterben soll, auch der Thronfolger, Mensch und Tier.

Dann lässt er euch ziehen. Versucht Gold und Silber zu erwerben. Aber eure Erstgeburt gehört (weiht ihr) mir! Mose versammelte alle: Macht ein Blutzeichen auf eure Häuser, damit wir verschont werden, wenn die „Rächer Gottes" die Erstgeburten töten. Wir sollen Gold und Silber horten, denn in dieser Nacht wird der König weinen! Wann ist das? 14 Tage ist Zeit, uns vorzubereiten, verkauft alles und haltet euch bereit wir ziehen weg mit allem was beweglich ist vor allem mit den Herden. Vorher wird viel Blut fließen! Sie gingen vorher zum Pharao und der sagte: Nein! Verschwindet aus meinen Augen!

Ein nächtliches Blutbad der Erstlinge der Ägypter war die umgehende Folge, auch der Kronprinz wurde getötet! Für mich unverständlich, welche Rächer oder Scharen Gottes führten diesen Massenmord durch? Unverständlich, dass Engel . so etwas vollführten?

Passafest = Pessachfest

Die Israeliten hatten mit dem Blut der geschlachteten Lämmer die Türpfosten und Überlagen bezeichnet, um verschont zu werden. Das „Passa" wurde mit gebratenem Lamm und Brot gefeiert – bereit zum Auszug!

In der Nacht noch ruft der Pharao Mose und Aaron: Zieht hinweg. Verlasst unser Land – ihr bringt Verderben! Die Israeliten waren auf diesen Augenblick vorbereitet. Alles was möglich war, verkauft, Esel . gekauft, die waren die idealen Tragtiere.

Die Israeliten hatten in dieser nächtlichen Flucht am 14. Tag des Nisan keinen Sauerteig mit genommen, so entstand die Notwendigkeit der ungesäuerten Brote.

Mose hatte ihnen eingeschärft: Dieser 14. Tag des 1. Monats der neuen Zeitrechnung (14. Nisan = 29.3.) soll der Gedenktag für euch sein und alle eure Nachkommen: ein Fest für mich und den Herrn! So wollte es Gott, der Herr: Der 15. Tag beginne mit dem Essen von ungesäuertem Brot sieben Tage lang bis zum 21. Tag gedenkt mein und dem Auszug. Da dürft ihr nicht arbeiten und nur Speisen bereiten und euch an die Errettung aus der Knechtschaft erinnern! Aus dem Passafest entwickelte sich über Jesus das christliche Abendmahl und das Osterfest!

Auszug = Exodus

Eine nicht zu unterschätzende Menschenmenge setzte sich in Bewegung: 600.000 wehrfähige Männer (von 20 bis 60 Jahre) und wenn man Frauen und Kinder sowie Greise dazu zählt mehr als eine Million Menschen, die auf das Zeichen, welches mündlich in dieser Nacht weitergegeben wurde, auf: „Auszug", sich südlich in Bewegung setzte. Mit Lasten und Menschen, aber auch mit den Herden. Der gigantische Menschenstrom wälzt sich 1212 v. Chr. in Richtung Sukkot. Geführt werden sie von dem 80-jährigen Mose und seinem um vier Jahre älteren Bruder Aaron.

Die Reihung ist so, dass jeweils zwei Stämme nebeneinander und drei hintereinander zogen. Von Piton beginnend begannen die ersten zwei Stämme bis die letzten zwei Stämme aus Ramses den Abschluss machten. Sie zogen südwärts, wir kennen den Weg von der Flucht Mose vor 55 Jahren. Jetzt habe ich wegen der Breite des Menschenstromes diesen mit ❀❀ gezeichnet und so den Weg angegeben S.57.

Diese gewaltige Menge mit Schaf-, Rinder- und Eselherden, mit zweirädrigen Karren, hatte eine Breite von zwei km und eine Länge von sechs km. Nach drei Tagen waren sie in Sukkot, von dort zogen sie nach Osten um den Salz-/Bittersee zu überschreiten. Mose hatte es zwei Mal erlebt, nach langem Warten, dass Nordwestwinde die Wasserfläche wegtrieben und einen festen Sandgrund zum Überqueren boten.

Am Abend, nach inständigem Bitten von Mose, kam der Sturm. Mose hob die Hände, auch zum Dank. Die Menge begann auf sein Zeichen die Überquerung des Bittersees. Und das in großer Breite, die ganze Nacht hindurch. Was ist in diesen Tagen in Ägypten passiert? Die Angst vor dem israelitischen Gott, ist einem Hass gegen die Hebräer gewichen.

Die Aufforderung sie sollten Gold und Silber mitnehmen, hat dazu geführt, dass die Geknechteten im Durcheinander der Nacht, wo die ägyptischen Erstgeburten starben, sich schadlos halten wollten und die ägyptischen Tempel von Gold und Silber befreiten! Weiters: Wer sollte die Städte in Zukunft aufbauen? Ägypten? So kam man überein, die gesunden Männer, als Sklaven zurück zu holen. In aller Eile mobilisierte, vom Hass getrieben, Meneptah, 600 Streitwagen mit je drei Mann Besatzung zum Verfolgen der Ausgewanderten. Im Morgengrauen erreichten sie den

Bittersee,

die Spuren des großen Zuges waren deutlich erkennbar. Mose hatte mit Aaron bis zu den letzten Stämmen gewartet. Voller Sorge, denn er merkte, dass der Sturm nachließ. Trotzdem, hätten die Ägypter die schon auf Sichtweite entfernten Hebräer erreicht, war dafür eine bewaffnete Nachhut von je 100 jungen Männern, aus jedem der 12 Stämme, also insgesamt 1.200 Kämpfer mit Prügeln, Stangen, Steinschleudern und nur wenigen Schwertern, bereit.

Mose rief Gott an: Lass den Sturm nicht länger wirken, sonst sind wir verloren! Er hob die Hände: das Wasser kam schneller als erwartet. Die Ägypter wollten verzweifelt umkehren, sie stießen mit den Nachkommenden zusammen und ertranken. Tausend, samt Wagen, wurden von den Fluten verschlungen. Die Ägypter waren vernichtend geschlagen. Mose wurde gefeiert! Und nun das Interessante: Josua betrieb ohne es zu wissen

Qualitätssicherung

Er analysiert die Verfolgung durch geschulte ägyptische Kämpfer, welche – Gott sei Dank – ertranken. Was wäre gewesen, wenn das Wasser nicht gekommen wäre? Seine „Prügel-Kämpfer" hätten den Pfeilen der Ägypter nicht stand gehalten, sie wären materialmäßig unterlegen beim Frontkampf. Nun betreibt er unbewusst Qualitätssicherung. Er sucht die Schwachstellen bei der Bekämpfung der Verfolger:

a) Material

b) Schulung der Kämpfer

c) Organisation

und daraus ergibt sich die Verbesserung („aus Fehlern lernen"). Josua besorgt Kurzschwerter und kleine Schilder für die Nachhutkämpfer (a), weiters schult er die Kämpfer: Ausweichen vor der Übermacht, „zurück" gehen und von den Flanken her, den siegestrunkenen Gegner angreifen (b), anstelle des Wassers! Dazu hatte Josua den genialen Plan entworfen; die „U"-Form der Aufstellung (c). Strategie für den Ablauf: der Gegner greift frontal an, vom „U" weicht der untere Teil zurück. Der Gegner stürmt nach (er ist im ⟨↓⟩) und jetzt kommen die Schwertkämpfer von beiden Seiten des ⟨→ ←⟩ zum Einsatz, für die Feinde unerwartet, die werden von drei Seiten gleichzeitig aufgerieben.

Qualitätssicherung ist:

Gute Planung („U"-Form), dann folgt Lenkung, hier sind Korrekturen vorgesehen, wenn der Plan nicht erfüllt wird, wegen Abweichungen (z.B. Gegner erkennt gefährdete Flanken und das „U" muss geschlossen werden zum , also eine Korrektur des Plans. Als letztes erfordert die Qualitätssicherung die Ergebnis- und die Endprüfung.

Das wendet Josua dann auch bei der Landnahme an. Auch die Umwelt ist zu beachten z. B. Nacht- oder Dämmerung nützen. Schon beim Angriff der Amelekiter kann er die Erkenntnisse umsetzen. Und in weiterer Folge, allerdings variiert, bei Ai. Hier musste er erkennen, dass Kundschafter oft sträflich irren können. Denn Menschen entwickeln gigantische Kräfte, wenn es ums Überleben geht. Also Voraussetzungen prüfen.

In diesen Zeiten fanden sich „fliegende Händler" auf Kamelen, die aus Midian die Kurzschwerter und Schilde lieferten (in Midian gab es Erzminen). Diese „Waffenlieferanten" wussten wer Waffen benötigt und Josua machte reichlich davon Gebrauch. Der mitgeführte Schmuck, Gold und Silber aus Ägypten waren ein bevorzugtes Zahlungsmittel. Kurz und bündig: Josua betreibt unbewusst Qualitätsmanagement und Qualitätssicherung und verbessert dadurch ständig seine Kriegsführung und -strategie. Sir Karl Popper hätte Freude gehabt, denn er sagte immer: aus Fehlern lernen. D. h. Nicht vertuschen, sondern analysieren und verbessern. Einen Fehler darf man nur einmal machen und dann nicht mehr wiederholen!

Immer wieder stelle ich mir die Frage, wie hat denn die Nachrichten Übermittlung für eine Million Menschen auf der Flucht funktioniert? Die Israeliten hatten von Mose weg, Meldezentralen bei den Stammesoberen eingerichtet. Da wurden die Melder der Stämme erwartet, mit den Befehlen von Mose. Junge Männer, die gut laufen konnten, hatten sich aus allen Stämmen für diese Aufgabe gemeldet. Und jeder Abmarsch wurde durch eine hohe Rauchsäule angezeigt.

Der Sieg der Israeliten über die Ägypter machte den Fürsten von Edom, Moab und von Kanaan Angst, sogar den Philistern. Die Israeliten zogen weiter durch die Wüste Schur nach Mara, tagelang schon waren sie unterwegs, in Mara gab es Brunnen. Nach dem großen Dursten, schöpften sie Wasser, aber es war bitter, es war nicht trinkbar. Sie nannten daher den Ort: Mara = Bitternis! Um nicht zu verdursten mussten sie weiterziehen nach Elim. Gott sei Dank gab es dort viele Brunnen mit herrlichem Wasser. Auf dem Weg hierher hatten sie schon gemurrt: Von den ägyptischen Fleischtöpfen haben sie uns weggelockt und jetzt dursten und hungern wir. Mose war schon 80, Aron 84 und Mirjam 88, auch sie litten.

Ich kann mich sehr wohl in Mose hineinversetzen, werde ich doch am ersten November 2012 86 Jahre alt. Im Alter ist die Kraft Neues zu schaffen schon geringer, auch körperlich ist man öfter müde! Trotzdem hat Mose den Auftrag Gottes erfüllt: eine gigantische Menschenmasse aus der Gefangenschaft geführt. Sie hatten ihm Lieder nach der Durchquerung des Bittersees und dem Sieg über die Ägypter gesungen! Mirjam hatte sogar einen Festgesang mit Text gedichtet, worin Gott und Mose gepriesen wurden.

Eigentlich drücke ich mich vor der Route, die die Israeliten nahmen, von Elim nach dem Berg Sinai durch die Wüste Sin. Ich weiß wie es bei Sandstürmen und Hitze zugeht und das bei Hunger und Durst. Mir genügte ein Sandsturm in Tibet, auf einem Pass in 5.000m Höhe! Seit meiner Jugend halte ich mich an die Lebensregeln von Ralph Emerson, des großen amerikanischen Philosophen und Dichters, der von 1803-1892 lebte, die kurz gesagt heißt: wenn du vor etwas Angst hast, schieb die Erledigung nicht hinaus, sondern mach es sofort! Also mache ich weiter.

Nachdem sie weg zogen von Elim kamen die israelitischen Massen in die Wüste Sin. Sie waren schon den zweiten Monat unterwegs und hatten Hunger. Mose sagte ihnen auf ihr Aufbegehren, der Herr gibt uns Nahrung! Es kamen Schwärme von

Wachteln

die auf ihrem Zug nach Norden beim Flug über das Rote Meer ermüdet und schlaff zu Boden fielen, genügend um diese Masse Menschen mit einem Abendmahl zu versorgen. Und am nächsten Morgen lag Manna zum Auflesen am Boden, wir haben über das „Himmelsbrot" schon gesprochen. Mose kannte es: Nur verschlossen in Krügen aufbewahren und nicht über Nacht! So lautete seine Anweisung. Manna war in den langen Jahren auf Sinai ihre Grundnahrung. Aber Wasser fehlte. Mose rief den Herrn an, der sagte: Du weißt was du tun musst. Schlag mit dem knorrigen Stab den Berg! Es geschah, dass sich die Quelle öffnete. Sie glaubten wieder, dass der Herr mit ihnen ist.

Josuas Sieg über die Amelekiter

Jetzt kam die nächste Probe, aber vorher möchte ich noch über Josua erzählen, auch warum er mich so interessiert hat.

Josua und ich

Vor Jahren beim Donaufestival lernte ich Justus Neumann, kennen. Er spielte dort in einer aufgelassenen Fabrikshalle in Krems allein: „Die letzten Tage der Menschheit" von Karl Kraus. Er beeindruckte meine Frau und mich durch seine großen schauspielerischen Fähigkeiten. Er ist Österreicher und lebt in Australien und ein Mal pro Jahr kommt er nach Österreich und spielt hier. Ein paar Jahre später lese ich im Kurier, dass er im Wiener Prater im Lusthaus, das „Alte Testament" spielt und zwar unter dem Namen: „Die Hochzeit in Kana". Premiere heute Abend!

Meine Frau und ich fahren nach Wien in den Prater zum Lusthaus und kommen dort am späten Nachmittag an. Alle Karten sind weg. Ich versuchte Neumann zu finden. Leider war er bei der letzten Probe, aber es ließ sich etwas machen, wenn wir bereit wären an der Tafel bei der Hochzeit zu sitzen und zu speisen. Es sind dort nur geladene Gäste. Ich war hocherfreut. Um 20:00 Uhr oder 20:30 Uhr, so etwa, ging es los. Neumann spielte den Kellner und bediente: eine Allegorie auf Jesus. Jesus, der alle Patriarchen und Großen des Alten Testaments zu Gast geladen hat. Gott spielte damals eine junge Australierin, ich nahm an, Neumanns Freundin. Er begrüßte viele an der Tafel, mich auch: Auch du Josua bist da! Meine etwas verwirrte Antwort war: Ja, gesegnet sei dein Tun! Unterrichtsministerin Gehrer saß auch an der Tafel, wie er sie begrüßte, weiß ich nicht mehr. Er konnte die wichtigsten Verse der Bücher Mose auswendig. Es spielten nur er und das Mädchen, die Kellner waren Laien, wie wir. Am meisten freute mich, wie er beim Mahl das Wasser in Wein wandelte und zwar in einen guten Wein. Dabei stand er oben am Tisch ohne Geschirr zu zerbrechen.

Jetzt interessierte mich die Gestalt, der Mensch Josua. Er war der Diener Moses und als Mose starb, übernahm er die Führung der Israeliten bei der Eroberung des von Gott versprochenen Landes. Er führte die Kämpfe im Auftrag Gottes durch, viele! Dabei wurden die Feinde oft erbarmungslos niedergemetzelt, geschont wurden nur die Jungfrauen. Diese wurden als Beute mitgenommen. Gott sei Dank, bestätigen die Archäologen manche Brandschatzung von Städten nicht!

Josua = Jahwe ist Erlösung

diesen Namen erhielt er von Mose. Sein ursprünglicher Name war Hoschea = Jahwe hat geholfen, er stammt von Ephraim, dem zweiten Sohn Josefs ab. Sein Vater hieß Nun. Josua war 65 Jahre alt als die Flucht begann. Mose kannte Josua, weil dieser mit Moses Familie ägyptischen Fron leistete. Mose hatte seine organisatorischen Fähigkeiten erkannt, aber auch die Durchschlagskraft dieses Menschen. Nicht zuletzt aber, dass er ein gläubiger Mann war. So erhielt Josua den Auftrag die Nachhut zu bilden gegen die ägyptischen Verfolger. Er hatte gründlich den „Sieg" analysiert. Er wusste, wenn das Wasser nicht gekommen wäre, hätte der Verlauf anders ausgesehen. Und er kam zu dem Ergebnis: Bewaffnung, Aufstellung und Taktik zu ändern, um gefeit zu sein für eventuelle Kämpfe. Statt des rettenden Wassers: Flankenangriff. Wir haben schon darüber gesprochen. Die neue Aufstellung war:

$$\text{Feind} \longrightarrow \frac{\overset{\displaystyle 300}{}}{300}\,] \; 600 \longrightarrow \text{Israeliten}$$

Den Vorteil dieser Aufstellung werden wir bald erkennen. Ihr Lager war in Refidim, am Rand der Wüste und mit der Quelle am Berg. Die gesuchtesten Produkte und Handwerker waren Zelte und Zeltmacher. Aber auch Wasserschläuche waren ein Handelsprodukt.

Da Frühling war, fanden die Herden ihr Fressen, wenn nur Wasser da war. Eines hatten sie aber nicht befürchtet, dass sie wieder angegriffen würden. In der Wüste gab es Wohn-Siedlungen mit Brunnen, aber seit sie die Ägypter „geschlagen" hatten, keine Feinde? Die Wirklichkeit war anders!

Die Gefahr kam von den Amelekitern, die von Esau abstammten, also Verwandte waren. Die Angst vor der großen Masse der Israeliten war groß. Die Sorge, dass deren Herden die „Wüste leerfressen" noch größer. Sie waren Nomaden und betrachteten die Sinaigebiete der Wüsten Paran und Sin als ihr Gebiet. Sie sammelten sich und zogen in großer Zahl südlich durch die Wüste Sin auf Refidim zu, wo die Israeliten lagerten, um sie zu schlagen. Josua hatte kluger Weise um den Zug herum immer Späher, die jede Bewegung und Staubentwicklung beobachteten. So wurde Josua und Mose das Herannahen der Amelekiter gemeldet.

Mose beauftragte Josua wieder mit dem Abwehrkampf. Jetzt bewährte sich die „U"-Aufstellung: 600 direkt vor dem Feind geben nach und die Flankenschützer greifen später die feindlichen Truppen an: 300 stoßen weit an der linken Flanke hinein und 300 an der rechten. Dann hatte Josua eine zweite Welle von Kämpfern bereit, sollten die Schwertkämpfer besiegt oder verdrängt werden. Die zweite Welle wieder von den Stämmen je 100 gestellt waren mit Schlagwerkzeugen, wie Prügeln und Hauen und Peitschen bewaffnet. Und sie sollten falls, die Schwertkämpfer ermüdet sind oder den Feind verdrängt haben, mit ihren Prügeln nachstoßen. Und das Wichtigste wurde durch gegeben: auf einem Hügel steht Mose, wie der Herr uns Essen und Wasser gegeben hat, werden wir siegen weil Gott uns hilft. Wir erkennen das, weil Mose die Hände zum Herrn erhebt!

Mose hatte die Bereitstellung in der Nacht angeordnet, im Morgengrauen begann der Angriff der Amelekiter. Was diese nicht erwartet hatten: sie konnten mit der Spitze vorstoßen ohne Widerstand, vor Freude brüllten sie. Das was hier vor sich ging, war die unter „Qualitätssicherung" geschilderte Taktik von Josua und Mose. Jetzt erst hob Mose die Hände, er stand auf einem Hügel. Die Amelekiter waren verwirrt, weil sie, im „U" von drei Seiten bedroht wurden. Die Israeliten kämpften wie damals Jakob = Israel und es fielen auf beiden Seiten tapfere Kämpfer. Als Mose müde wurde auf seinem Hügel, stützten seine Arme Aaron und der Helfer Hur aus dem Stamm Juda. Der Tag ging zur Neige und der Sieg war bei den Israeliten. Die Schwertkämpfer hatten der zweiten Reihe mit den Prügeln Platz gemacht. Da begannen die Amelekiter zu flüchten. Viele Tote lagen auf dem Schlachtfeld und unvergessen wird diese Schlacht immer wieder Krieg zwischen Israeliten und Amelekitern ergeben.

Mose, Josua, Aaron und Hur sowie alle Israeliten opfern Gott und danken! Jetro, der Schwiegervater aus Midian kommt zu Moses und sagt: Dein Gott ist stärker als alle anderen, wir wollen ihm gemeinsam opfern. Was sie tun und sie feiern ein Mahl bevor Jetro heimzieht.

Dem Rat seines Schwiegervaters folgend, richtet Mose nicht mehr allein, sondern setzt Richter ein, über 1.000 je ein Richter. Auch nimmt er Josua auf in die Schar um sich. In der Bibel steht: als Diener, der Ausdruck Assistent oder Adjutant wäre besser.

Sie kamen zum Berg Sinai = Berg Horeb = Berg Moses (2.100m).

Mose erhält am Berg Sinai die 10 Gebote

Gott rief Mose, allein, auf den Berg! Der Herr sagte: Ihr wisst was ich für euch getan habe, wenn ihr mir gehorcht und den Bund mit mir haltet, dann werdet ihr Israeliten mein Eigentum, vor allen Völkern: Ein heiliges Volk von Priestern. Alle stimmten zu und Mose überbrachte es dem Herrn. Am dritten Tag danach rief der Herr vom Berg unter Donner und Blitz Mose mit Aaron zu sich und gab ihm die 10 Gebote:

1. Ich bin der Herr, dein Gott, ich habe dich aus Ägypten, aus der Knechtschaft geführt. Du sollst keine anderen Götter neben mir haben und kein Gottesbild machen.
2. Du sollst den Namen des Herrn, deines Gottes nicht missbrauchen.

3. Du sollst den Tag des Herrn, den Sabbattag, heiligen. Sechs Tage sollst du arbeiten, am siebenten Tag sollst du keine Arbeit tun, nicht deine Kinder, nicht dein Knecht, nicht deine Magd, auch nicht dein Vieh und auch nicht der Fremde, der in deiner Stadt lebt. Sechs Tage lang hat der Herr Himmel, Erde und Meer gemacht, am siebenten Tag ruhte er. Darum ist der siebente Tag von ihm geheiligt.
4. Ehre deinen Vater und deine Mutter damit du lange lebst und es dir wohl ergeht, in dem Lande, das der Herr dir geben wird.
5. Du sollst nicht töten.
6. Du sollst nicht Ehe brechen.
7. Du sollst nicht stehlen.
8. Du sollst kein falsches Zeugnis gegen deinen Nächsten geben.
9. Du sollst nicht begehren deines Nächsten Frau.
10. Du sollst nicht begehren (Dtn 5,21) deines Nächsten Haus, nicht seinen Knecht und seine Magd und nicht seinen Besitz.

Mose meißelte diese Gebote auf zwei Steintafeln und sie stiegen damit ins Tal zu den Israeliten. Diese hatten sich gefürchtet vor dem Donnergrollen des Berges und hatten das Verbot, den Berg zu besteigen, beachtet. Mose sagte ihnen Gottes Wort, ihr habt gehört, dass der Herr gesprochen hat, darum sollt ihr keine anderen Götter haben, weder goldene noch silberne! Er zeigte ihnen die Tafeln mit den Geboten und sie machten einen Altar aus Erde und brachten ein Brandopfer von Schafen dar. Er hatte nicht vergessen zu sagen, dass der Herr ein Vergehen gegen die drei ersten Gebote mit Rache bis ins dritte und vierte Glied verfolgen würde. Also noch die Enkel- und Urenkel darunter zu leiden hätten. Mose hat diesen strengen Eingott-Glauben einer Million Menschen nahegebracht, im Auftrag Gottes! Heute sind es, wie schon erwähnt, 3,88 Milliarden.
So entstand der Monotheistische = Ein-Gott Glaube in seinen Fundamenten. Beim Überbringen der Gebote als Grundlage für den vollkommen neuen Glauben, in einer Welt rundherum mit Vielgötterei, stand Mose Aaron, der Beredte, zur Seite, aber auch sein „Diener" Josua, eigentlich seine „rechte Hand".
Die Israeliten, die Stammesfürsten und Priester hatten Angst, direkt mit dem Herrn zu sprechen. Mose sollte „Gottes Sprachrohr" sein. Gott selbst duldete die anderen nur am Fuß des Berges, zur Spitze berief er nur Mose und Josua. Diese stiegen zum Gipfel um noch die Gesetze zu empfangen. Die 10 Gebote hatten die Israeliten vollständig angenommen, als Grundlage der neuen Religion, die sich nun in der Kargheit der Wüste und den Bergen bewähren musste – es sollten 40 Jahre werden! Mose ist Gottes Vorkämpfer, Josua an seiner Seite unterstützt ihn in diesem Kampf. Josua nimmt auch Mose die körperlichen Strapazen ab und schleppt das Gepäck. Diesmal ist es eine lange Zeit, die die beiden in Gottes Nähe verbringen. Sie erhalten die Gesetzestafeln, die Steintafeln. 40 Tage verbringen sie in der rauen Bergeinsamkeit.

Rechtsordnung für den Umgang mit Menschen, Gottesfurcht, Gerechtigkeit und Nächstenliebe, Sabbat und Feste

Rechte für Sklaven und deren Familie: Freilassung im siebenten Jahr! Mörder sind zu töten, es sei denn es war unbeabsichtigter Totschlag, dann dürfen sie an einen bestimmten Ort fliehen (Freistädte). Zu töten sind auch jene, die Vater oder Mutter schlagen oder ihnen fluchen. Wenn Streit unter Nächsten zu dauerndem Schaden führt, dann gilt: Auge um Auge, Zahn um Zahn, Hand um Hand, Fuß um Fuß. Aber auch Brandmal um Brandmal, Wunde um Wunde. D. h. dem Täter wird das gleiche zugefügt wie dem Geschädigten! Dann wird beschrieben welche Ersatzleitungen bei Schäden an Tieren oder Sachen zu leisten sind.

Wird ein Dieb geschlagen, dass er dabei stirbt, liegt keine Blutschuld vor. Wenn einer am Acker eines anderen Schaden anrichtet soll er es mit dem Besten von seinem Acker ersetzen. Wenn jemand mit einer Jungfrau, die noch nicht verlobt ist, schläft, soll er dem Vater den Brautpreis zahlen. Wenn sie aber der Vater ihm nicht gibt, soll er trotzdem den Brautpreis zahlen. Sex mit Tieren ist mit Tod zu bestrafen. Bedrängt nicht Fremde, denn ihr ward auch Fremde = Hebräer in Ägypten. Wer Göttern opfert und nicht dem Herrn allein, soll verbannt werden. Witwen und Waise sollt ihr nicht betrügen, sie stehen unter meinem Schutz! Nimm, wenn du Geld verleihst, von keinem meines Volkes Zins. Nimm keinen Mantel als Pfand, wenn er dem Schutz in der Nacht dient.

Gott sollst du nicht lästern, aber auch nicht einen Obersten oder Fürsten in deinem Volk. Halte den Überfluss deines Feldes oder Weinberges nicht zurück! Deinen ersten Sohn sollst du mir geben. Bei Isaak haben wir gesehen, dass Abraham tatsächlich seinen Sohn auf Geheiß Gottes opfern wollte. Hier ist mit „geben" wahrscheinlich „weihen" gemeint, das ist z. B. als Priester oder im Dienste Gottes! Auch jede Erstgeburt deines Viehs gibst du mir am siebenten Tag! Ihr sollt mir heilige Männer sein, esst kein Fleisch von gerissenen Tieren. Für jeden gilt: Verbreite kein falsches Gerücht, leiste einem Schuldigen keinen Beistand und sei kein falscher Zeuge. Folge nicht der Menge im Bösen. Gib deinem Feind Verlorenes zurück und hilf ihm in der Not. Halte dich fern von Lügen und töte nicht Unschuldige. Lass dich durch Geschenke nicht bestechen, denn Geschenke machen blind für die Gerechtigkeit.

Sechs Jahre sollst du dein Land bestellen, im siebenten lass es ruhen und was darauf ist für die Armen zum Essen. Das gilt für Feld und Weinberg, aber auch für Ölbäume. Du selbst und die Deinen sollen nach sechs Tagen Arbeit ruhen und feiern. Auch Rind und Esel lass ruhen sowie deine Sklaven, deine Knechte und Mägde. Dein Gast soll auch mit dir feiern. Drei mal im Jahr feiert ihr für mich ein Fest: Das Passafest, wo ihr zu Beginn des Frühlings am 14. Tag des ersten Monats (Nisan, 29.3.) des Auszuges aus Ägypten gedenkt. Als ihr ein Lamm geschlachtet und mit dem Blut die Türpfosten gekennzeichnet habt. Dann vom 15. Tag bis zum 21. Tag ungesäuertes Brot gegessen habt. Ihr sollt mir opfern und die Brotvorschrift einhalten! Dieses Fest entspricht dem christlichen Ostern. Nach sieben Wochen, das Erntedank = zweites Fest, wo ihr die Erstlinge eurer Ernte oder der Früchte habt, dieses Fest entspricht Pfingsten. Das dritte Fest, wenn ihr alle Ernte eingesammelt und gelest habt. Dieses Fest ist das Laubhüttenfest der Juden, wo sie vom 15. Tag bis zum 21. Tag des siebenten Monats Tischri, 30.09. - 6.10. in Laubhütten wohnen, zum Gedenken, dass sie beim Auszug aus Ägypten teilweise in Laubhütten genächtigt hatten. Der Herr hat angeordnet jedes Jahr diese Feste zu feiern. Alle Männer sollen da vor dem Herrn erscheinen um zu danken und das Beste von Ernte und Herde zu opfern.

Rechtsordnung für Opfer, Bundeslade, Stiftshütte, Altar, Priester, Steuer für das Heiligtum, das goldene Kalb

Der Herr redete weiter mit Mose. Inzwischen hatte die vierte Woche auf dem heiligen Berg begonnen. Mose und Josua waren schon ziemlich abgemagert, aber bei ihrem Vertrauen in Gott war die Ernährung sekundär. Der Herr sagte: Die Israeliten sollen mir eine Opfergabe geben, aber nur freiwillig! Das soll sein: Gold, Silber, Kupfer, Purpur, feine Leinwand und Ziegenhaar. Dann rotgefärbte Widderfelle, Dachsfelle und Akazienholz. Öl für Lampen, Salböl und Weihrauch. Onyxsteine, gefasste Steine für den Priesterschurz.

Sie sollen mir ein Heiligtum machen, dass ich unter ihnen wohne. Ich werde dir dafür Anweisungen geben, wie das Stiftszelt = Stiftshütte aussehen soll. Sie ist für die Stiftung unseres Bundes, dass ihr meine Gebote und Gesetzte haltet und euer „Vater" eure Feinde vernichten werde und es euch wohl ergeht.

Macht eine Lade = Bundeslade = Truhe aus Akazienholz sie soll 113 cm lang und 68 cm breit und hoch sein. Mit Gold überzogen soll sie außen und innen werden. Ringsherum soll ein goldener Kranz sein. An den Ecken vier starke gegossene Goldringe. Da sollen zwei vergoldete Akazienstangen zum Tragen durch gezogen werden. In der Lade sind die Tafeln mit den Geboten und den Gesetzen aufzubewahren.

Darauf kommt ein Thron, aus Gold, 113 cm lang und 68 cm breit, an den Enden zwei Kerubim, aus Gold gegossen, die sich anblicken und mit den Flügeln den Gnaden- thron schützen. Der Thron steht auf der Bundeslade und du wirst auf dem Thron sitzen, ich, dein Gott werde sagen, was du den Israeliten mitteilen sollst. Die Kerubim sind Zeugen dafür!

Was sind Kerubim? Sie sind Himmelswesen mit Menschenantlitz und mit Flü- geln. Nach der Vertreibung aus dem Paradies bewachten sie den Garten Eden, damit Adam und Eva nicht zurück konnten. Und jetzt sind sie Bewacher des Allerheiligsten, der Bundeslade mit Geboten und Gesetzen. Und Gott will, dass sie Zeugen und Beschützer Moses sind.

Zurück auf den Berg Sinai: Es wurden genaue Anweisungen gegeben für den Tisch für die Schaubrote aus Akazienholz: 90 cm lang, 45 cm breit und 68 cm hoch. Er soll mit Gold überzogen und einem golden Kranz herum verziert werden. Wieder vier Ringe zum Tragen. Auf den Tisch kommen Schüsseln und Schalen, Kannen und Becher für die Trankopfer. Und Schaubrote sollen allzeit darauf liegen.

Die goldenen siebenarmigen Leuchter wurden ebenso festgelegt, wie die Stiftshütte, Gottes Wohnung, selbst. Sie soll 18m lang und 12,6m breit sein, ausgelegt mit zehn Teppichen 12,6m x 1,8m und je fünf werden zusammen gefügt und ergeben zwei Flächen je 12,6m x 9m.

Das Zelt darüber soll aus Ziegenhaar hergestellt werden. Die Wände aus Akazienbret- tern. Das Zelt soll aus dem Vorraum = dem Heiligen und dem Allerheiligsten mit der Bun- deslade und dem Thron bestehen. Das Allerheiligste ist durch einen Vorhang, gewoben aus allerfeinstem Leinwandgarn in blau-rot, ebenso wie der Bodenteppich, vom Vor- raum getrennt. Vor dem Vorhang steht der Tisch aus vergoldetem Akazienholz mit den Schaubroten darauf. In diesem „Heiligen" soll ein Leuchter von der Dämmerung bis zum Morgen brennen. Das Öl und Entzünden besorgen Aaron und seine Söhne.

Der Brandopferaltar im Vorhof ist quadratisch, die Seiten 2,3 Meter und die Höhe 1,4 Meter. An den Ecken Hörner, der Tisch wird mit Kupfer überzogen. Aus Kupfer sind auch die Geräte: Töpfe, Gabeln, Kohlepfannen, Schaufeln, Becken u.s.f. An den Ecken Ringe für Stangen zum Tragen. Mit Kupfer-säulen soll der Vorhof, von der Größe: Süd- und Nordseite 45m, nach Westen und Osten 22,5m, begrenzt werden und dazwischen sind Behänge mit Leinwand anzubringen. Die Höhe der seitlichen Behänge 2,3 Meter.

Aaron und seine vier Söhne sollen meine Priester sein, du weihst sie in meinen Namen, sagte Gott zu Mose. Zur Weihe lasse ihnen Priesterkleider machen. Unter- und Obergewand. Mit feiner Leinwand blau und rot, der Priesterschurz aus Gold, blauem und rotem Purpur. Leichte Beinkleider sind zu tragen von den Hüften bis zum Schenkel. Auf einem Stirnblatt steht: Heilig, dem Herrn! Nachdem du sie eingekleidet hast, salbe ihre Hände und weihe sie als meine Priester! Setze ihnen hohe Mützen auf, damit sie das Priestertum haben, nach ewiger Ordnung.

Dann sollen sie ihre Hände auf den Kopf eines jungen Stiers legen. Den du, Mose, im Vorhof schlachten wirst. Du bestreichst mit deinem Finger, mit dem Blut den Altar, das restliche Blut schütte an den Fuß des Altares. Das Fett der Innereien verbrenne, am Altar im Rauch. Der Rest wird vor dem Lager als Sündopfer verbrannt.

Das gleiche geschieht mit einem Widder, als Feueropfer für den Herrn. Dann esst davon samt Brot, vor der Stiftshütte, den Rest verbrennt.

Sieben Tage fülle so ihre Hände und so vollzieht ihr die Sühnung vor dem Altar und er wird zum Hochheiligtum.

Danach sollt ihr täglich ein einjähriges Schaf am Morgen, dazu eine Kanne feinstes Mehl vermengt mit Olivenöl und eine ¼ Kanne Wein, opfern und das gleiche am Abend.

Das tägliche Feueropfer mit dem lieblichen Geruch und das Trankopfer soll auch von euren Nachkommen, am Eingang der Stiftshütte, dargebracht werden, dort werde ich euch begegnen und mit dir reden. Ich werde dann die Stiftshütte und den Altar, weiter Aaron und seine Söhne, weihen, dass sie meine Priester sind. Und ich will unter Israeliten wohnen und ihr Gott sein. Sie sollen erkennen, dass ich der Herr bin, ihr Gott, der sie aus Ägypten geführt hat, damit ich unter ihnen wohne.

Weiters sagte der Herr: Wenn du die Israeliten zählst, so soll ein jeder, von 20 an, dem Herrn ein Sühnegeld geben, um sein Leben einzulösen, damit ihnen keine Plage widerfahre. Jeder der gezählt wird soll einen halben Schekel geben, als Opfer für den Herrn. Keiner soll mehr oder weniger geben. Du, Mose, nimmst dieses Sühnegeld zum Dienst an der Stiftshütte. Bau ein Waschbecken aus Kupfer für Wasser, damit sich die Priester waschen bevor sie am Altar dienen und Feueropfer bringen.

Es wird noch von Salböl gesprochen, mit Myrrhe und Zimt. Damit werden Hütte, Lade, Tisch und Geräte gesalbt. Auch der Brandopferaltar mit Gerät. Wer sie anrührt ist dem Heiligtum verfallen.

Mose, du salbst dann Aaron und Söhne und weihst sie mir zu Priestern! Dieses Salböl darf sonst niemand herstellen, als du und die Priester, denn es ist heilig! Wer diese Gebote nicht hält wird ausgerottet! Dann stelle Räucherwerk her mit Weihrauch und Balsam sowie weitere Zutaten, stoße es zu Pulver. Heiligt es dem Herrn als Räucheropfer. Nochmals sagt der Herr: Haltet meinen Sabbat, er ist ein Zeichen, dass ich der Herr bin, der euch heiligt. Das gilt auch für die kommenden Geschlechter. Wer den Sabbat entheiligt = arbeitet ist des Todes! Jetzt hatte Mose die Gesetze.

Wochen waren vergangen. Mose hatte jetzt zwei dicht beschriebene Gesetzesplatten von Gott erhalten, sie waren beidseitig mit Schrift versehen. Gott sei Dank, Josua war bei ihm, denn Steintafeln sind schwer.

Wir wollen uns jetzt ansehen was in den 40 langen Tagen im Lager am Fuß des Berges passiert ist.

Als Mose und Josua schon längere Zeit weg waren, wurde das Volk unruhig: Jetzt ist er schon vier Wochen weg, wer weiß was geschehen ist? Man brauchte ihn! Andererseits gab es welche, die sagten, wieso entscheidet er allein, sie stellten seine Autorität in Frage. Ähnliche Fragen werden sich vielleicht auch Aaron und Mirjam gestellt haben? Manche sagten offen: Er und Josua kommen nicht mehr. Andere sagten leiser: Gott ist mit ihm, er kommt wieder.

Aber die „Murrer" und Aufmüpfigen gehen zu Aaron: Was geschieht weiter? Aaron sagt ihnen, sich zu gedulden, aber so meint er: Wenn wir Gold opfern, wird Mose sicher kommen! Alles Gold wird gesammelt, aber dann sagen die „Aufständischen": Er kommt doch nicht, fünf Wochen ist er schon weg, wir könnten doch vom Gold einen kleinen Stier oder ein Kalb gießen und sagen: Dieses goldene Kalb ist die Erinnerung an den Auszug.

Sie stellen mit Zustimmung von Aaron und Mirjam eine Sandform her. Ein ägyptischer Apis Stier, ein kleines Kalb, soll es werden. Gold wird geschmolzen und in die Sandform gegossen, das Oberteil abgenommen, zerschlagen und aus dem unteren Teil der Form kommt ein schön geformtes Kalb. Nach dem Polieren glänzt es herrlich.

Sie sagen: Das Gold waren unsere Tränen und unser Schweiß. Sie begannen zu feiern, zu tanzen und singen. Wir werden es vor uns hertragen als Banner. Sie fühlten sich frei, nicht mehr der Zucht Moses und den Geboten unterworfen. Es wurde auch gesagt: Wozu brauchen wir einen, der uns immer einengt und anschafft?

Aber Mose kam mit Josua zurück, er zerbrach die Tafeln am Boden, sein Zorn kannte keine Grenzen. Er stürzte sich auf das goldene Kalb und wollte es zerstören, es gelang nicht, sofort ordnete er das Einschmelzen an.

Aaron entschuldigte sich mit den Worten: Wir wussten nicht was mit euch los ist und so wollten sie vom Schmuck ein Kalb gießen, zur Erinnerung an den Auszug. Du Aaron hättest das nicht zulassen sollen, Gott wird uns das nicht verzeihen!

Mose rief ins Volk: Wer da nicht mitgemacht hat und dem Herrn, unserem Gott, angehört, komme zu mir. Der ganze Stamm Levi kam. Mose sagte: Nehmet die Schwerter und tötet alle die den „Aufstand" wollten! 3.000 Mann wurden getötet, in dieser Nacht. Die Angehörigen des Stammes Levi wurden später Priester und Diener für Gott.

Am nächsten Tag sprach Mose, nicht Aaron. Mose konnte jetzt eindringlich sprechen und aus ihm sprach Gott: Ihr habt eine große Sünde begangen, ihr habt einen Gott aus Gold gemacht. Ich werde vor Gott bekennen und um Vergebung bitten, wenn nicht, soll er mich aus seinem Buch entfernen. Gott gab ihm zur Antwort: Ich will dich nicht aus meinem Buch tilgen, aber die an mir gesündigt haben. Geh hin und führe das Volk ins gelobte Land, später werde ich ihre Sünden heimsuchen. Ihr seid ein halsstarriges Volk, ich zieh nicht mit euch, ein Engel wird mit euch sein. Deinen, euren Nachkommen gebe ich das Land, das ihr noch erobern müsst.

Nun legt zur Reue euren Schmuck ab. Am Berg Horeb legten die Israeliten ihren Schmuck ab. Mose verlegte sein Zelt außerhalb des Lagers. Wenn er darin war, kam eine Wolkensäule über das Zelt, denn der Herr redete mit Mose.

Mose wollte, weil Gott ihm gnädig war, das Angesicht des Herrn sehen. Der antwortet: Keiner kann meine Herrlichkeit sehen, sonst wird er nicht mehr leben. Gott sagte weiter: Wem ich gnädig bin, dem bin ich gnädig und wessen ich mich erbarme, dessen erbarme ich mich.

So sage ich dir: Komm auf den Berg und hol dir die Tafeln nochmals. Mose stieg auf den Berg Sinai und der Herr stellte ihn in eine Nische: Wenn ich an dir vorübergehe halte ich die Hand über dich bis ich vorbei bin! Dann sah Mose den „Schatten" in einer Wolke vergehen. Mose rief dem Herrn in der Wolke zu: Du bist barmherzig und gnädig, geduldig und treu. Missetat, Übertretung und Sünde aber bleibt nicht ungestraft. Des Vaters Missetat verfolgst du bei Kind und Kindeskind.

Gott sagt: So schließe ich mit euch einen neuen Bund und werde Wunder tun, die ihr noch nicht gesehen habt. Ihr müsst halten was ich gebiete, so werdet ihr besiegen die Amoriter, Kanaaniter, Hethiter, Perisiter, Hiwiter und Jebusiter.

Schließt keinen Bund mit den Bewohnern des Landes in das ihr kommt, damit sie euch nicht zu Fallstricken werden. Zerstört ihre Altäre, haltet meine Gebote und Gesetze.

Du, Mose schreib alles auf über unseren Bund und die zwei Gesetztafeln gebe ich dir wieder, als unvergängliches Zeichen dem besten Freund.

Nach 40 Tagen am Berg kam Mose ins Lager zurück, gestärkt mit Zuversicht durch Gottes Worte und mit den Tafeln. Er strahlte als Ganzes, besonders sein Gesicht war ein Glanz! Man musste eine Decke vor sein Gesicht halten, denn die Strahlen hielten die Menschen nicht aus.

Mose gebot den Israeliten alles, was ihm der Herr gesagt und auf die Tafeln geschrieben hatte. Sie gingen und die es gerne taten brachten Opfergaben zur Errichtung der Stiftshütte, für die darin dienten und die Kleider. Viele brachten Gold und Schmuck, als Gabe für den Herrn. Frauen, die es konnten, spannen Tuch und Teppich aus Ziegenhaar und Zwirn.

Die Stammesfürsten brachten Onyxsteine und gefasste Edelsteine für die Priesterkleidung.

Die Stiftshütte, das Allerheiligste und das Heilige wurde, von Künstlern errichtet. Die besten Handwerker waren tätig! Mose weihte, wie angeordnet, das Stiftszelt, die Einrichtung und das Gerät, und er weihte Priester. Seinen Bruder Aaron, dessen Söhne und für den dauernden Dienst auch die Männer vom Stamm Levi.

Es war Sabbat, alle waren zu dieser Feier gekommen, die Stammesfürsten, die Richter und viele andere. Sie dankten dem Herrn und bereuten den Götzendienst am goldenen Kalb. Dieses war eingeschmolzen worden und zu Blech verarbeitet zierte es die Bundeslade.

Mose wächst über sich selbst hinaus. Seine Stimme ist laut und tragend. Er spricht ganz langsam und deutlich. Menschen aus jedem Stamm waren neben den Oberen gekommen. Was Mose sagte wurde satzweise von Reihe zu Reihe durchgeschrieen. Er sagte: Wir brauchen keine anderen Götter: keinen Osiris, keinen Baal und auch kein goldenes Kalb.

Wir haben einen Bund mit unserem alleinigen Gott, der stärker ist als alle. Wir haben seine 10 Gebote angenommen und haben seine Gesetze erhalten, die wir einhalten müssen! Er hat uns aus Ägypten geführt und unsere Feinde getötet, daher werden wir die Gebote und auch die Anordnungen für Leben und Gottesdienst, wie in den Gesetzen verlangt, halten. Und Mose sagte ihnen die Gesetze und eine Wolke, in der der Herr war, stand über dem Zelt. Alles, was der Herr ihm gegeben hatte und was er ihm gesagt hatte, teilte Wort für Wort Mose den Israeliten mit.

3. BUCH MOSE: LEVITIKUS = GESETZE

Warum beschreibe ich das so eingehend? Weil die Gesetze später als schwerer äußerlicher Ballast empfunden werden (Jesus, Paulus u. a.)!
Mose erläuterte den Menschen die weiteren Auflagen.

Weitere Gesetze

Welche Opfer gibt es und wie sind sie darzubringen? Als

Brandopfer

wird ein ganzes Tier verbrannt (Ganzopfer). Das sind fehlerlose männliche Rinder, Schafe und Ziegen und Vögel. Der Opfernde lege vor der Stiftstür seine Hand auf den Kopf des Opfertieres, das es ihn wohlgefällig mache und für ihn Sühne schaffe. Der Priester schlachte das Tier, versprenge sein Blut um den Altar. Dann wird das Fell abgezogen und die Eingeweide und das Fell im Rauch verbrannt, als lieblicher Geruch für den Herrn. Und dann wird das zerteilte Tier, mit Holz, am Altar verbrannt. Das erfolgt im Vorhof am Eingang zum Zelt. Als

Speiseopfer

wird feinstes Mehl mit Öl und Weihrauch dem Priester gegeben, er läßt es am Altar in Rauch aufgehen. Als lieblicher Geruch für den Herrn. Oder Erstlingsgaben von pflanzlichen Produkten, Ähren und Früchte. Ein Teil davon wird zerstoßen und mit Öl und Weihrauch verbrannt, für den Herrn. Der Rest ist für die Priester. Weitere Opfer sind Fladenbrote und Kuchen, dazu kommt Wein als

Trankopfer

hier, wie auch beim Speiseopfer, ehrt der Mensch beim Verzehr Gott als Geber der Gabe. Als

Dankopfer

werden makellose Tiere verbrannt, der Ablauf ist wie beim Brandopfer, jedoch werden für den Herrn, die Eingeweide und das Fell verbrannt, die anderen Teile werden, an der heiligen Stätte, von den Opfernden verzehrt. Ein Symbol der Einheit untereinander und mit Gott. Zu beachten ist, dass kein Blut oder Fett gegessen wird!

Sündopfer:

Wenn jemand gegen die Gebote gehandelt hat, bringt der Priester für ihn ein Brandopfer dar, so wird er entsühnt und das Heiligtum gereinigt. Wenn eine Person sich eine „Verunreinigung" zugezogen hat, wird das Blut des Opfertieres an die vier Hörner des Brandopferaltars im Vorhof gestrichen. Sündigte die ganze Gemeinde oder der gesalbte Priester, so findet die Opferung im Heiligtum am inneren Altar statt. Vorsätzliche Sünden des Einzelnen oder der Gruppe werden am Versöhnungstag entsühnt: zum Brandopfer wird Blut am Vorhang versprengt und an die Hörner des Altars im Allerheiligsten gestrichen.

Schuldopfer

Unabsichtliches Vergreifen an dem was dem Herrn gehört wird durch Opferung eines Widders gesühnt. Der Priester vollzieht die Sühnung. Weiters Betrug, dem ein falscher Eid folgt, erfordert vollen Ersatz und $1/5$ mehr und ein Widder!

Hochheilige Gaben

sind Gaben an die Priester und für Männer der Familie der Priester, also ein Speiseopfer ohne des Teiles der verbrannt wird. Weiters das Trankopfer.

Heilige Gaben

sind Erstlinge, also erste reife Frucht, und Wein. Dann Geld für die Auslösung der menschlichen Erstgeburt, die der Herr für sich verlangt hat!

Opfergesetze

Die Opfergesetze sind wichtig, aber die Hauptaufgabe der Priester ist dabei, zu unterscheiden was ist heilig und was ist unheilig, was rein – was unrein? Es gilt: das Heiligtum nicht, durch Vergehen des Volkes oder körperlicher Unreinheit, zu entweihen, es muss rein bleiben! Allerdings sagte Gott: die Liebe, nicht das Opfer ist wichtig! D. h. Der Gehorsam und gerechtes Handeln ist die Voraussetzung für die Opferung.

Nach den Gesetzen die Mose bringt, wird vom Opfernden das Tier dem Priester vor der Stiftshütte gezeigt. Der Opfernde legt beide Hände an den Kopf des Tieres und überträgt die Sünden auf das Tier. Im Vorhof schlachtet der Priester das Tier und lässt das Blut auslaufen und besprengt den Altar. Er zerlegt das Tier und opfert es auf dem Altar, ein Teil wird verbrannt, der Rest gegessen.

Altar ist ein Opferungstisch, vor allem Tiere wurden geopfert. Er war aber auch ein Ort des Gebetes und der Verkündung von Gottes Worten. Und nicht zuletzt war er Zufluchtsort. Wer sich an ein an der Ecke befindliches Horn klammerte fand Schutz. Jeder konnte bisher einen Altar errichten und Gott opfern. Das ist jetzt verboten! Sühne Suchende lassen Priester opfern und nur die besten Tiere. Die Opferaltäre für Tiere waren mit Kupferplatten belegt. Die kleineren für Räucheropfer mit Gold.

Was mir schwer verständlich ist, dass der Priester das Blut des Opfertieres auf den Altar spritzt und den Rest an den Füßen des Altars ausschüttet! Das muss doch bestialisch gestunken haben, in der großen Hitze?

Die Art der Opferung, die Aufgabe der Priester, erläutert Mose dem Volk. Weiters die Essensvorschriften: gegessen darf nur werden, was wiederkäut und gespaltene Hufe hat, nicht aber Schwein und Kamel, kein Hase usw. Vögel, außer Eulen, dürfen alle gegessen werden.

Besonders Tauben. Aus dem Wasser nur Fische mit Flossen und Schuppen. Weiters von den Kleintieren nur die, die oberhalb der Füße, Schenkel haben, z. B. Heuschrecken. Die Tiere die ihr essen dürft sind rein, die anderen nennen wir unrein.

Wenn eine Frau einen Knaben gebiert, ist sie sieben Tage unrein, als hätte sie ihre Tage = Menstruation = Monatsblutung.

Am achten Tag wird ein Junge beschnitten. Die Frau soll noch 33 Tage zu Hause bleiben und nichts Heiliges, bis die Zeit um ist, berühren. Gebiert sie ein Mädchen ist sie zwei Wochen unrein als hätte sie ihre Tage und erst nach 66 Tage ist sie gereinigt und darf vor die Stiftshütte. Wo sie ein Brand- und ein Sündopfer z. B. Ein junges Schaf und eine Taube dem Priester zur Opferung übergibt, als Dank an Gott!

Für Blutschande, gleichgeschlechtlichen Verkehr und Verkehr mit Tieren gilt die Todesstrafe.

Weiters werden die Gebote nochmals besprochen und dass man den Nächsten lieben soll wie sich selbst! Vor einem grauen Haupt steht auf, ehret die Alten und fürchtet euch vor eurem Gott! Schwere Sünden werden mit dem Tod bestraft! Die Gesetze gehen ins Detail, sogar für Aussatz und Ausfluss aus Geschlechtsteilen (Tripper) gibt es Gesetze! Weitere

Gesetze für die Priester, Aaron und seine Söhne

Sie sollen sich nicht unrein machen an Toten, außer bei ganz nahen Verwandten. Unrein gelten im Gesetz: Götzendienst, der Vorgang der Geburt, der Aussatz, Menstruation = Regel der Frau, Ausflüsse aus dem Geschlechtsteil, Berührung eines Leichnams, Genuss unreiner Tiere d. h. ein Tier das nicht ausgeblutet ist oder ein verbotenes Tier. Die Priester dürfen sich keine Glatze scheren noch ihren Bart stutzen. Die Priester sollen Gott heilig sein, denn sie bringen ihrem Herrn Feueropfer. Sie sollen nur eine Jungfrau heiraten, denn die ist Gott heilig!

Hoherpriester ist Aaron, der gesalbt und priesterlich gekleidet ist, das Haar gekämmt hat, der darf zu keinem Toten gehen, auch nicht zu Vater und Mutter. Auch die Söhne und Nachkommen Aarons dürfen, wenn sie einen Fehler haben (krank sind) nicht opfern am Altar. Aber essen dürfen sie vom Opfer. Dann wird die Fehlerfreiheit der Opfer verlangt und dass das Tier männlich ist. Alle Opfer sollen freiwillig sein. Die Sabbatgesetze und die jährlichen Feste werden festgelegt. Gesetze für den Altar, dass in der Stiftshütte goldene Ölleuchter brennen müssen, um dem Herrn zu leuchten. Brote aus feinstem Mehl sind zu backen, zwei Zehntel Efa = acht Liter schwer ein jedes. Ausgelegt am goldenen Tisch in zwei Reihen zu je sechs und Weihrauch darauf als Gedenk-Feueropfer für den Herrn. Jeden Sabbat sollen sie gewechselt werden. Und ewig sollen sie von Aaron und seinen Söhnen am Altar gegessen werden. Die neuen Schaubrote werden wieder eine Woche liegen und so fort.

Strafen

Wer Gott flucht, ist zu steinigen. Wer dem Nächsten etwas antut, dem soll das gleiche angetan werden. Wer einen erschlägt, wird auch erschlagen. Wer ein Vieh erschlägt muss es ersetzen. Wer einen verletzt, dem soll man tun, wie er getan. Das gilt auch für die Fremden unter uns: Schaden um Schaden, Auge um Auge und Zahn um Zahn! Denn ich bin der Herr, euer Gott. So wurde den Israeliten das Gesetz Gottes durch Mose überbracht. Und weiters

Sabbatjahr

Sechs Jahre kannst du säen und ernten, Wein beschneiden und lesen! Im siebenten Jahr sollst du auf Feld und Weinberg nichts tun, nicht ernten und lesen! Was da während eines

Sabbats = Ruhejahres Früchte trägt, obwohl nicht gesät und geschnitten wurde, diene dir und den Deinen als Nahrung und den Armen sowie deinem Vieh. Nach sieben mal sieben Sabbatjahre sollt ihr im 50. Jahr, im heiligen Jahr, die Posaunen blasen, ihr sollt alle frei lassen, auf dass auch euch die Sünden erlassen sind. Das Jahr heißt

Erlassjahr

Ein Jubeljahr in dem ein jeder frei wird, sein Besitztum zurück erhält und ein jeder soll zur Familie zurückkehren. Dieser Schuldenerlass war eine große soziale Tat und vermied eine immer stärker werdende Verschuldung. Und Sklaven sollten die Freiheit erlangen. Die es notwendig hatten, konnten sich Nahrung holen und der Boden konnte sich durch brachliegen erholen. Allerdings, so liest man, wurde das Erlassjahr tatsächlich nicht gehalten. Der Herr sagte noch: Wenn dein Bruder neben dir verarmt, sollst du ihn nicht als Sklaven dienen lassen, sondern als Taglöhner bis zum Erlassjahr.

Weitere Gesetze

Wenn dein Bruder verarmt und etwas verkaufen muss, so soll sein nächster Verwandter es einlösen, d. h. zurückkaufen indem er den damaligen Verkaufspreis zurück zahlt. Denn alles Land ist von Gott geschenkt. Findet sich kein Löser, so soll er selbst, die Gewinne aus dem Acker vom damaligen Kaufpreis abziehen und den Rest zurückzahlen und so den Besitz einlösen: rückkaufen! Hat er aber das Geld nicht, muss er bis zum Erlassjahr warten! In den Städten können Leviten = Stamm der Priester ihnen gehörende Häuser jederzeit einlösen, den die Häuser in den Städten gehören den Leviten. Wenn sie nicht einlösen können, fällt das Haus im Erlassjahr an den Leviten zurück. Auch das Weideland um die Städte ist Eigentum der Leviten. Für alle anderen gilt hier nur das Einlösen innerhalb eines Jahres nach dem Verkauf.

Gelübde und Zehnte

Ein Gelübde kann durch Geld abgelöst werden, wenn Menschen oder Tiere dem Herrn verschrieben sind. Doch jede Erstgeburt vom Vieh gehört dem Herrn und kann nicht abgelöst werden, außer es ist ein unreines Tier, so wird es geschätzt, dann ein Fünftel dazu und damit abgelöst. Alle Zehnte vom Ertrag des Landes und den Früchten gehören dem Herrn und sind heilig. Diese können abgelöst werden, mit dem Schätzwert und ein Fünftel dazu. Nicht abgelöst können die Zehnten von Rindern und Schafen werden. Jedes 10. soll dem Herrn heilig sein.

Segen und Fluch

Der Herr spricht: Macht keine Götzenaltäre oder Bilder um sie anzubeten. Haltet die Gesetze und Gebote. Ich, euer Herr, gebe euch Land und Regen, reiche Früchte und Ernte. Friede will ich für euch, kein Schwert soll euch bedrohen. Ihr werdet mit meiner Hilfe, mit dem Schwert, die Feinde verjagen: fünf von euch 100 und 100 von euch Zehntausende. Ich will euch mehren und meinen Bund mit euch halten und unter euch wohnen, ihr seid mein Volk. Ich, euer Gott, habe euch aus Ägypten, aus der Knechtschaft, geführt. Gehorcht ihr aber nicht, haltet die Gebote nicht und verachtet meine Rechte, so brecht ihr meinen Bund! So werden euch

Schrecken und Auszehrung, ihr werdet von den Feinden geschlagen und müsst fliehen.

Euer Vieh und Land verliert ihr. Und werdet ihr noch immer nicht bekehrt und handelt weiter mir zuwider, so schicke ich euch die Pest und übergebe euch euren Feinden als Sklaven und ihr werdet hungern. Gehorcht ihr trotzdem nicht, so lasse ich das Land zur Wüste werden und euch unter die Völker zerstreuen. Das Land wird Sabbatruhe haben. Wenn ihr dann eure Sündenschuld büßt und meines Bundes, mit Abraham, Isaak und Jakob geschlossen, gedenket, werde ich euch nicht mehr verwerfen und euch meinen Schutz wieder gewähren! Das waren die Satzungen und Rechte, die der Herr durch Mose am Sinai den Israeliten gab.

Johannes Paul II. ist tot

Sa 02.04.05: Unser Heiliger Vater, Papst Johannes Paul der II. liegt seit gestern Abend im Sterben. Er ist zeitweise ohne Bewusstsein. Um 21:37 Uhr ist er heute in der Nacht verstorben: ein großer Papst, der den Osten öffnete, unbedingt für Frieden und Leben war. Heute Fr 08.04.05 wurde Papst Johannes Paul II., Karol Wojtyla, beigesetzt. Die Totenmesse wurde im Fernsehen übertragen und dauerte von 09:00 bis 13:00 Uhr. Die Messe las Kardinal Ratzinger. Es waren drei Millionen Menschen gekommen, vor allem Jugendliche und 200 Spitzenpolitiker. Man sagt die größte Menschenansammlung, die es je gab. In seinem Pontifikat hat er 400 Mio. Menschen in der Begegnung angesprochen! Es war die größte Begegnung der Weltreligionen und fast aller bedeutenden Politiker.

Alle 190 Kardinäle waren da und ebenso die höchsten Repräsentanten der anderen Religionen. Als noch der eiserne Vorhang stand, sagte er: Ich beuge mein Knie vor Gott, aber nie vor dem Kommunismus. Anlässlich des Irak-Krieges sagte er: Nie wieder Krieg, als Einleitung seines Angelus Gebetes. Sein Credo war: Nur durch Gerechtigkeit und nicht durch Waffen wird Friede geschaffen. Auch sorgte er sich um die Menschen, dass sie sozial nicht ausgenützt werden: zwei Systeme hasse ich, das ist der Kommunismus und der Kapitalismus. Die Jugend kam und stellte sich 12 Stunden an, um vom Aufgebahrten Abschied zu nehmen!

Manche sagten: Es war das größte Weltjugendfest! Eine Mio. Menschen waren aus Polen gekommen. Kein Papst hatte vorher so viele Menschen, vor allem Jugendliche in der Welt, angesprochen. Manche machen ihm den Vorwurf er sei zu „konservativ" gewesen. Weil er z. B. am 15.08.2004 in Lourdes sagte: Das Leben muss von der Empfängnis bis zu seinem natürlichen Ende respektiert werden! Auch in seinem letzten Buch vergleicht er Abtreibung mit der Judenvernichtung. Er ist auch gegen Homoehe und gegen Priesterheirat gewesen.

So 24.04.05: Neuer Papst

siehe S. 102

4. BUCH MOSE: NUMERI = VOLKSZÄHLUNG

Zählung der wehrfähigen Männer

Eine weitere Aufgabe, die der Herr Mose gebot, war mit Aaron und den Stammesfürsten die wehrfähigen Männer ab 20 Jahren bis 60 zu zählen: Stamm für Stamm, Kopf für Kopf. Die Leviten, also vom Stamm Levi, werden nicht gezählt. Sie verrichten heiligen Dienst an und im Stiftszelt. So waren noch 12 Stämme zu zählen, auf S. 49 habe ich das Ergebnis aufgeschrieben, es waren ohne Leviten 603.550 Männer von 20 bis 60 Jahren. Insgesamt mit Frauen, Kindern und Greisen über eine Million Menschen. Der größte Menschenzug den es in Sinai je gegeben hat. Mose hat ihnen die strengen Gesetze gegeben, in Gottes Auftrag.

Lager- und Marschordnung

So redete der Herr zu Mose und Aaron: Sie sollen sich um das Stiftszelt lagern: das Heer Juda mit dem Stamm Juda 74.600 Mann daneben Stamm Issachar mit 54.400 Mann und neben ihm Stamm Sebulon mit 57.400, so macht das 186.400 aus. Im Süden das Heer Ruben: Stamm Ruben 46.500, Simeon 59.300 und Gad 45.650, das ergibt 151.450 Mann. In der Mitte ist die Stiftshütte und das Lager der Leviten. Im Westen das Heer Ephraim: Stamm Ephraim 40.500, Stamm Manasse 32.200, Benjamin 35.400. Das sind 108.100 Mann für Ephraim. Im Norden das Heer Dan zusammengesetzt aus Dan 62.700, Asser 41.500, Naphtali 53.400 ergibt zusammen 157.600. Die Marschordnung beim Abmarsch: Zuerst Heer Juda, dann Ruben, dann Stiftszelt mit Leviten, weiters Ephraim und zuletzt der Heerzug Dan.

Ablöse der Erstgeburten

Gott ließ Mose auch die Erstgeburten ab einem Monat Alter zählen, sofern sie männlich waren, denn sie gehören Gott. Und zwar seit der Tötung aller ägyptischen Erstgeburten und Schonung der Israeliten. Weiters alle Leviten über einen Monat alt und männlich, werden Gott verschrieben, es waren 22.000. Damit die Ablöse der männlichen Erstgeburten der Israeliten ohne Leviten erfolgen konnte, zählte Mose die männlichen Erstgeburten der Stämme, es waren 22.273.

Das Lösegeld für den Überschuss der Erstgeburten der Israeliten von 273, war fünf heilige Silberlot = 100g Silber pro Kopf. So hatten die Israeliten für die Erstgeborenen 273 x 100g = 27.300g Silber zu zahlen. Das Geld sollen Aaron und seine Söhne erhalten, entsprechend dem Befehl Gottes. Zum Dienst aber für die Stiftshütte sollen Leviten vom 30. bis zum 50. Jahr herangezogen werden. Dann werden die Dienstobliegenheiten festgelegt für den Aufbruch und den Transport. Mose hatte, wie ihm der Herr befohlen, Aaron und die Söhne Eleasar, Itamar sowie Nadab, Abihu zu Priestern gesalbt und geweiht. Jedoch die Söhne Nadab und Abihu hatten ein nicht gebotenes Opfer in der Wüste dargebracht und waren dabei verbrannt.

So verblieb Aaron mit den Söhnen Eleasar und Itamar um fortan an der Seite Mose zu amtieren, das Priesteramt auszuüben. Ihr priesterlicher Segen hatte folgender Maßen zu lauten:

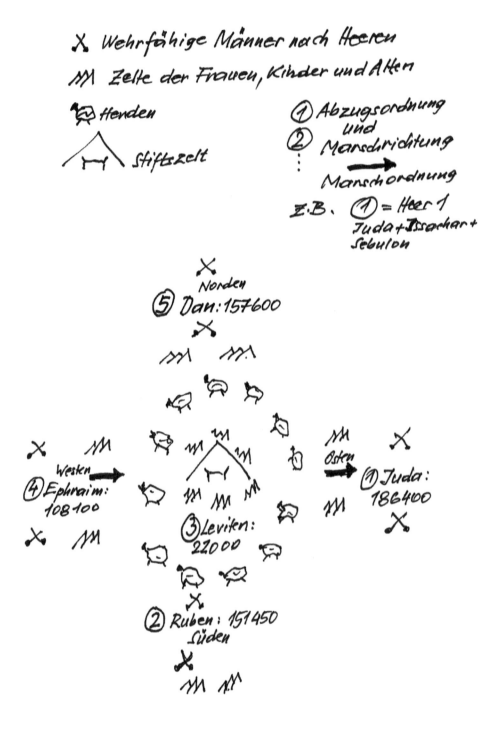

Plan: Lager- und Marschordnung

Der Herr segne dich
und behüte dich;
der Herr lasse sein
Angesicht leuchten
über dir und sei dir gnädig;
der Herr hebe sein
Angesicht über dich
und gebe dir Frieden

Altarweihe

Mose hatte die Priester eingesetzt, er hat das Haus, den Altar und das Gerät gesalbt und geheiligt.

Und der Herr sagte Mose, dass die folgenden Tage der Altarweihe, die 12 Stammesfürsten ihre Opfer darbringen sollten. Einer den ersten Tag, der zweite am nächsten Tag und so fort! Sie brachten ein jeder eine Schüssel mit 130 hl. Lot Gewicht und eine Schale mit 70 Lot, beide aus Silber, zusammen vier kg Silber, gefüllt mit feinstem Mehl mit Öl vermischt zum Speiseopfer, dazu ein goldener Löffel mit Räucherwerk. Einen jungen Stier, einen Widder und ein einjähriges Schaf als Brandopfer.

Weiters brachte ein jeder für das Sündopfer 1 Ziegenbock und für das Dankopfer 2 Rinder, 5 Widder, 5 Böcke und 5 einjährige Schafe. So wurde in einem großen Fest der Altar gesalbt und jeden Tag geopfert und gefeiert.

Als zuletzt Mose in das Allerheiligste zum Thron kam, sagte der Herr: Zünde den Leuchter an, nimm die Leviten reinige sie, besprenge sie dazu mit Wasser, schneide ihnen die Haare ab und lasse sie die Kleider reinigen. Nimm zwei junge Stiere, einen als Speiseopfer den anderen als Sündopfer. Bring dann die Leviten vor das Stiftszelt und die Israeliten sollen ihnen ihre Hände auflegen und die Leviten sollen ihre Hände auf den Kopf der Stiere legen. Welche dem Herrn als Sünd- und Brandopfer dargebracht werden, als Sühne der Leviten.

Stelle die Leviten vor Aaron und seine Söhne, sie werden mir „geopfert", sie gehören mir, deinem Gott. Sie werden ihr Amt an und in der Stiftshütte ausüben. Ich habe sie aus der Mitte der Israeliten genommen, statt der Erstgeburt der Israeliten. Sie sind mir geheiligt = gegeben!

Sie sind die Gabe von mir an Aaron und seine Söhne, dass sie das Amt ausüben für die Israeliten und für sie Sühne schaffen und damit sie keine Plagen erleiden müssen. Wie der Herr geboten, so geschah es und er legte nochmals für den Dienst das Alter mit 30 bis 50 Jahre fest. Über 50 sind sie frei und brauchen nicht mehr dienen.

Auszug vom Lager am Sinai

Als von der Stiftshütte eine Wolke aufstieg, eine Rauchsäule erkennbar wurde, brachen sie auf. Sie waren schon mehr als zwei Jahre und zwei Monate auf Wanderschaft. Sie zogen zuerst nach Osten, die Marschordnung war, wie im Plan S.82 dargestellt: zuerst Juda, dann Ruben, dann die Leviten mit dem Stiftszelt, das Allerheiligste wurde an zwei Stangen getragen, an jedem Ende zwei Männer, im Gesamten acht Träger, dann kam Ephraim und zuletzt Dan. Die Wanderung dauerte meist einige Tage und dann wieder

Lagerung. Lautes Trompeten bedeutete Abmarsch, wenn nur eine Trompete bläst sollen Fürsten und Häupter kommen. Die Fürsten waren über den 12 Stämmen, die Häupter über den 1.000-er Schaften. Aaron über den Leviten.

Mose gab Gottes Befehle weiter und trug die ganze Verantwortung: Blaset laut wenn ihr Feinde bekämpft, damit Gott euch hört und beisteht! Die geplante Route war nach Osten, dann nordöstlich und weiter vorbei am Golf von Akaba.

Nach drei Tagen hielten sie Rast und klagten: Es geht uns schlecht, wer gibt uns Fleisch, hatten wir nicht in Ägypten genug davon? Unsere Seele ist matt, wir sehen nur immer Manna! Mose war verdrossen, er sagte zu Gott: Warum legst du die ganze Last eines Volkes auf meine Schultern? Sind sie meine Kinder, woher soll ich Fleisch und Brot nehmen? Der Herr sagte: Nimm 70 von den Ältesten und Anerkannten, bringe sie vor das Stiftszelt und stelle dich vor sie hin. Ich werde kommen, mit dir reden und von deinem Geist nehmen und auf sie legen, damit du nicht allein die Last zu tragen hast! Sag zum Volk: Heiligt euch für morgen, ihr sollt Fleisch essen, denn ihr habt gesagt: In Ägypten hatten wir genug! 5, 10, 20 Tage und noch mehr, einen Monat lang, werdet ihr Fleisch essen – bis euch ekelt – weil ihr den Herrn verworfen habt und weil ihr geweint habt und sagtet: Warum sind wir aus Ägypten gegangen? Mose fragte: Wie geht das, 600.000 Männer, woher das Fleisch? Der Herr sagt: Glaube mir, du wirst sehen!

Mose tat wie befohlen: der Geist legte sich auf die 70 und sie waren verzückt, wie Propheten, die Gott hören! Und es erhob sich ein Wind und ließ vom Meer her Wachteln kommen. Die waren vom Flug her über das Meer so ermüdet, dass sie abstürzten und von den Israeliten nur aufzulesen waren. Alle Körbe waren voll, sie aßen soviel sie konnten.

Der Zorn des Herrn aber schlug sie mit einer großen Plage, wie wir sehen werden! Sie zogen weiter nach Hazerot und dort blieben sie. Es gab Quellen = Brunnen und Weideflächen. Mirjam und Aaron kritisierten Mose, weil er eine kuschitische = äthiopische Frau genommen hatte. Sie sagten: Redet der Herr allein durch Mose? Redet er nicht auch durch uns, sind wir nicht auch seine Propheten? Hat er allein die Führung? Mose ließ es geschehen.

Der Herr rief die Drei in das Stiftszelt: Wenn einer von euch, mein Prophet ist, so sage ich ihm das durch Gesichte = durch Anblick von Gesicht zu Gesicht und in Träumen! Mose ist mein Haus, das Stiftszelt ihm anvertraut, wie konntet ihr gegen ihn auftreten?

Der Zorn des Herrn richtete sich vor allem gegen Mirjam, weil sie das angezettelt hatte. Sie wurde weiß von Aussatz = Hautkrankheit, sie musste als „unrein" außerhalb des Lagers wohnen. Und Aaron brachte ein Sündopfer dar. Mose bat den Herrn inständig Mirjam zu heilen, so kam sie sieben Tage später zurück ins Lager. Der Aufbruch wurde begonnen und sie zogen in die Wüste Paran.

Kundschafter nach Kanaan

Von Hazerot waren sie nordwärts durch die Wüste Paran gezogen und lagerten in Kadesch. Die Wüste war mehr Steppe, also auch Büsche und Gras waren für die Tiere vorhanden. In Kadesch waren genügend Brunnen und Quellen. Bestens für solch eine Menschenmasse. Von hier sandte Mose Kundschafter aus. Sie sollten das Land, das der Herr ihnen geschenkt hatte erkunden.

Es waren gestandene, tüchtige Männer, aus jedem Stamm einer, also 11 Männer und Josua, der die Erkundung anführen soll, für Ephraim und Leviten. Mose sagte ihnen: Zieht zuerst ins Südland, steigt auf die Berge und schaut euch Kanaan von oben an. Erkundet, ob das Land fruchtbar ist, der Boden, ob die Bäume Früchte tragen, der Wein gedeiht. Seht euch die Städte an, die Befestigungen. Wie die Menschen sind, wie sie leben und wohnen. Es war gerade Erntezeit, aber die Aufgabe war nicht leicht zu erfüllen.

Ich nehme an, dass sie wohl versorgt für diese gefährliche Aufgabe, waren: Geld und Proviant, Zelte und Wasser. Ich nehme an, dass sie mit 20 Kamelen, besser ein-höckerigen Dromedaren, loszogen: 12 davon als Reittiere und acht trugen die Lasten, auch Waffen!

Immer wieder stiegen sie auf Berge um das Land einzusehen, vom Südland über Hebron ging es durch ganz Kanaan bis sie nördlich von Damaskus, das sie nicht berührten, ins Tal nach Hamat kamen.

Sie kehrten nach 450 km, mit vielen Erfahrungen, wieder um. Auf Fragen, waren sie Händler die Mandeln nach Ägypten brachten, auch getrocknete Feigen nach Ramses. Am Rückweg schnitten sie von einem Weinstock im Tal Eschkol = Traubental, eine Weintraube ab, so groß, dass sie zwei Männer mit einer Stange tragen mussten. Den Namen hatten dem Tal die Erkunder gegeben. Sie brachten große Früchte vom Granatapfel- und Pfirsichbaum, Feigen und Mandeln.

Auf der Karte S. 32 habe ich den Erkundungsweg der Späher von Kadesch aus punktiert eingezeichnet. Als sie nach 40 Tagen zurückkamen hatten sie einen Weg von 900 km hinter sich. Sie schwärmten von dem fruchtbaren Land. Mit den Früchten, vor allem aber mit der Traube, riefen sie Jubel hervor.

Ihr Bericht lautet kurz: Die Weiden sind saftig, das Land fruchtbar, Weinstöcke und Bienenkörbe übervoll. Die Bäume und Felder geben viel Ertrag. Aber auch viele starke und große Männer waren ihnen begegnet, wahrscheinlich waren das die Philister, deren Städte besonders stark befestigt waren. Sehr wehrfähig sind die Männer: im Süden Amelekiter, die wir ja kennen, dann in Kanaan die Hethiter und Amoriter auf den Bergen und die Kanaaniter am Meer und am Jordan.

Es waren viele Riesen dort, die werden uns „Ameisen" fertig machen! Angst kam unter den Israeliten auf, vor dem „gelobten Land".

Die Israeliten murrten gegen Mose und Aaron: Warum sollen wir durchs Schwert fallen und unsere Kinder und Frauen ein Raub werden, lasst uns einen Hauptmann wählen und nach Ägypten ziehen?

Mose und Aaron beschworen die Leute: Was Gott uns schenkt, das müssen wir erobern. Josua und Kaleb, aus dem Stamm Juda, als einzige der 12 sagen: Das Land ist gut, darin fließt Milch und Honig, fallt nicht ab vom Herrn, er ist mit uns und nicht mit unseren Feinden, wir brauchen uns nicht zu fürchten! Gott spricht vom Vernichten des Volkes und hört doch auf Mose und lässt Barmherzigkeit walten: Aber keiner von denen soll das Land sehen, das ich euch versprochen habe, aber meinen Knechten Kaleb und Josua will ich es geben.

Die da gemurrt haben sollen in der Wüste sterben, bevor das Land euch gehört. Ihr sollt noch 37 Jahre in der Wüste bleiben, dass ihr rein und reif für die Eroberung seid! Von den 12 die erkundet hatten, starben vor der Zeit alle außer Kaleb und Josua, denn der Herr hatte nicht vergessen wer den Menschen Angst gemacht hatte.

Aber auch die Leviten murren: Wir sind die Helfer, wir machen die Drecksarbeit und die Priester haben die Ehre und schaffen an. Was ist mit dem gelobten Land – nichts – wir sitzen und darben, da hätten wir auch in Ägypten bleiben können. Und einer,

Korach

war ihr Sprecher. Er brachte 250 Leute zusammen. Und diese Leute sagten zu Mose: Die ganze Gemeinde der Leviten ist heilig, der Herr ist unter uns, warum erhebt ihr euch über uns? Mose fällt auf sein Angesicht: Morgen wird der Herr sagen wen er erwählt hat sich ihm zu nähern! Hört Söhne Levis: Ist es euch zu wenig, dass der Herr euch ausgesondert hat, sich ihm nahen zu lassen? Wollt ihr nun auch Priester sein? Das ist ein Aufruhr gegen den Herrn. Es ist nicht Aaron gegen den ihr murrt! Mose sagte zu Korach: Komm mit den 250 morgen mit Pfanne und Räucherwerk und auch Aaron kommt.

Mose flehte zum Herrn: Wende dich nicht zu ihrem Opfer, ich habe von keinem etwas genommen: keinen Esel und ich habe keinem ein Leid getan. Am nächsten Tag traten sie und Mose und Aaron vor das Stiftszelt. Der Herr sprach mit Mose und Aaron, vor der ganzen Gemeinde. Scheidet euch von dieser Gemeinde, ich werde sie vertilgen! Mose und Aaron baten den Herrn abzulassen, weil ein einziger gesündigt hatte. Der Herr hatte Erbarmen und sagte: Weicht von Korachs und seinen zwei Helfern Wohnung!

Bei einem Erdbeben wurden die drei in einem Riss verschlungen. Alles rannte davon und in dem Feuer ringsherum kamen auch die anderen der Korach-Gemeinde um.

Empörung der Israeliten! Sie murrten gegen Mose und Aaron. Der Herr sagte: Geht weg, ich will sie vertilgen! Mose schickte Aaron, er soll zur Sühne für die ganze Gemeinde ein Räucheropfer bringen! Er ging unter die Leute und brachte das Räucheropfer. Es wurden 14.700 bei dem folgenden Erdbeben getötet. Ohne Opfer wären alle tot gewesen!

Mose rief die 12 Fürsten, auf Geheiß Gottes, jeder soll einen Stab als Zepter mitbringen, der Macht darstellen soll, und er ritzt den jeweiligen Namen hinein. Auch den Stab Aarons für Levi. Bringt die 13 Stäbe ins Stiftszelt und morgen am Sabbat entnehme ich sie und gebe sie den Besitzern, dessen Stab ergrünt, der ist erwählt. Mose überreicht am Sabbat die Stäbe mit den Worten: Von Gottes Gnaden stehst du deinem Stamm vor und hörst auf das Wort deines Gottes! Als er zuletzt Aarons Stab herausnahm, dem obersten Leviten, hatte der Stab grüne Blätter, Blüten und gleichzeitig als Früchte Mandeln darauf. Alle waren von diesem Wunder beeindruckt: Kein Murren wird mehr aufkommen.

Der Herr beauftragte Aaron nochmals mit dem Priesterdienst am Allerheiligsten und die Leviten zu Helfern! Und er sagte zu Aaron: Das Priesteramt gebe ich dir und deinen Söhnen als ewiges Anrecht! Ein Fremder der hinter den Vorhang geht soll sterben. Du sollst die Opfergaben darbringen, von allem gebe ich dir einen Anteil: alle nicht verbrannten Gaben gehören dir und deinen Söhnen. Am hochheiligen Ort dürft ihr essen. Dort sollt ihr essen vom Wein und Korn und die Erstlinge von allem gehören euch. Wer rein ist in eurem Haus darf davon essen.

Die Erstgeburt eines Menschen oder die Erstgeburt eines unreinen Tieres lasst ablösen um fünf Silberstücke zu 20g, das sind 100g Silber! Du, Aaron und deine Söhne sollt kein Erbgut an Land besitzen, auch keinen Anteil daran, denn ich, dein Gott, bin Erbteil und Anteil. Den Söhnen Levi gebührt das Zehnte von allem der Ernte der Israeliten zum Besitz und für ihren Unterhalt, weil sie dem Stiftszelt dienen. Auch sie sollen kein Erbgut haben unter den Israeliten. Sie sollen mir dienen und die Sünden des Volkes auf sich nehmen. Sie dürfen die Israeliten nicht ins Stiftszelt lassen, damit sie keine Sünde auf sich laden und sterben.

Von der Einnahme des Zehnten sollen die Leviten, für mich, wieder das Zehnte davon dir Aaron geben, als Hebeopfer, das ist „abgehoben" und steht dir zu. Den verbleibenden Teil können die Leviten und ihre Familie verzehren wo sie wollen, es ist der Lohn für ihren Dienst am Stiftszelt.

Mirjams Tod

Nach achtjährigem Wanderleben mit allem Auf und Ab stirbt Mirjam in Kadesch, sie wurde 96 Jahre alt. Das war 1204 v. Chr. Sie war es, die nach der Vernichtung des ägyptischen Heeres die Lobhymne auf Mose verfasste. Sie hatte sich um das Hauswesen Moses gekümmert und den Transport durch die Leviten organisiert.

Langjähriger Aufenthalt in der Wüste: Mose schlägt „Haderwasser"

Und wieder murrte das Volk: Warum müssen wir wandern und dursten? Hungern und darben, wozu das Ganze? Und wieder hilft der Herr: Mose nahm den Stab und schlug Wasser aus dem Fels. Sie dankten dem Herrn nicht! Der Herr sagte: Ihr heiligt mich nicht, dein Volk will ich nicht ins gelobte Land bringen, bis die Jungen kommen, die an mich glauben und an mein Wort. Weil es ein „Haderwasser" war, ein Wasser dessen wegen der Herr über Mose und Aaron einen Fluch verhängte, dürfen sie nicht ins heilige Land.

Er sagte: Ihr habt mit mir gehadert und ich habe euch geheiligt. Und als später ihr Ende nahte sagte Gott zu Aaron und Mose: Weil ihr am „Haderwasser", so wurde der Ort forthin genannt, mir gegenüber ungehorsam wart, als die Gemeinde gegen mich haderte und ihr mich nicht geheiligt habt, kommt ihr nicht nach Kanaan.

Edomiter verweigern den Durchzug

Mose lässt bitten, dass sie geordnet nach Norden durchziehen dürfen: Ihr seid ja unsere Brüder! Die Israeliten wollten auf kurzem Weg zur Südspitze des Toten Meeres und von dort das Land in Besitz nehmen. Obwohl die Edomiter Nachkommen von Esau sind, antwortete ihr König: Nein, ihr dürft nicht durch unser Land, sonst gibt es Krieg! Darauf will es Mose nicht ankommen lassen, er erkennt in voller Verantwortung für mehr als eine Million Menschen, dass es zu früh ist, diese Generation ist zu schwach für die Kämpfe. Sie sehnen sich nach den ägyptischen Fleischtöpfen, nach dem Bier und der Fronarbeit, die Knechtschaft haben sie vergessen. Wie der Herr gesagt hatte: Die werden das Land, nicht sehen, erst die nächsten. Sie werden noch viele Jahre hier leben bis die Zeit reif ist!

Viele Jahre gingen dahin! Was man bei den Kämpfen mit den Amelekitern gelernt hatte wurde verbessert und mit den einzelnen Stämmen geübt: die wehrfähigen Jungen wurden im Gebrauch der Waffen unterwiesen. Alle Möglichkeiten des Handels wurden wahrgenommen, auch mit den Midianitern, den Keniten, um zu Waffen zu kommen. Ihre Kurzschwerter waren leicht und sehr scharf, ebenso waren die Lanzen bestens gegen Reiter zu gebrauchen. Mit den Pfeilen hatten die Israeliten Schwierigkeiten – es fehlte der Bezug und die Übung.

Nun kam zunehmend bei der Jugend die Steinschleuder in Mode. Steine waren in der Steppe im Übermaß vorhanden und man konnte auf Vögel zielen und damit Nahrung beschaffen. Ein besonderer Spaß war, damit Schlangen zu töten. Weil diese sehr schnell verschwanden, musste man sehr geschickt sein, um sie zu treffen. Diese einfache und billige Waffe war auch bei der Bewachung der Herde von Vorteil. Die neue Generation war bereit Entbehrungen zu ertragen und dem Willen Gottes zu entsprechen.

Auszug und Aarons Tod

Sie zogen von Kadesch weg und lagerten am Berg Hor, an der Grenze Kanaan und Edom, nordöstlich von Kadesch. Auf diesem Berg, sagte der Herr zu Mose: Wenn Aaron stirbt, zieh seine Kleider seinem Sohn Eleasar an, damit er der Oberpriester wird. Aaron = Aron wurde 123 Jahre alt und starb im Jahr 1173.

Nach 30 Tagen Trauer zog man weiter, mit den Söhnen Eleasar und Itamar. Sie zogen um Edom herum, an der südlichen Grenze, ein großer Umweg. Nun sind sie schon 39 Jahre in der Wüste und sie sind das raue, karge Leben gewöhnt. Und wieder begannen sie zu murren: Kaum Wasser, kein Brot, uns ekelt vor dem Manna! Da schickte der Herr Schlangen und die bissen die Israeliten, so dass viele starben. Mose wurde um Hilfe gebeten. Gott sagte: Mose mache eine kupferne Schlange und stell sie auf, wer gebissen wird und sie berührt wird gesund – so geschah es. Nachdem sie Edom umrundet hatten, lagerten sie östlich des Gebietes der Moabiter und Amoriter bei Beer. Der Herr zeigte ihnen den Platz und sie gruben einen Brunnen der reichlich Wasser gab.

Wie war das Leben? Kurz: schlecht! Es gab wenig zu essen, Manna war die Hauptnahrung, am Sabbat Fleisch von den Herden, auch diese waren weniger, wegen des allgemeinen Mangels. Aber jetzt hatten sie keine Sorge wegen des Wassers. Viele Alte waren während der Wanderung gestorben und viel mehr wurden geboren. Der Priester sagte ihnen: Jedes neugeborene Kind ist ein Geschenk Gottes, das größte Geschenk! Wenn zwei junge Menschen heirateten, sagte er ihnen: Lebt gottgefällig und bekommt viele Kinder, wie auch immer, auch wenn ihr den Hunger vergessen wollt! Auf dem Weg nach Beer hatten sie mehrmals östlich der Moabiter gelagert.

Sieg über die Amoriter und andere

Als Mose die Amoriter bat durchziehen zu dürfen verweigerten sie es. Ihr Heer zog gegen die Israeliten. Sie wurden „vernichtet durch das Schwert" der Israeliten. Diese wohnten dann in den Städten der Amoriter. Bis zum Arnon hinunter, das Land hatten die Amoriter den Moabitern vorher abgewonnen. Dann zogen die Israeliten gegen Baschan und nahmen das Land ein. Die Moabiter hatten Angst und verbanden sich mit Midianitern gegen die Israeliten, die im Jordantal lagerten gegenüber von Jericho, in Schittim. Die Kämpfe hatten sie hergenommen – sie brauchten Ruhe!

Naturgott Baal

Die ursprünglichen Kanaanischen Hauptgötter waren El (Sonnengott) und seine Frau Aschera (Fruchtbarkeitsgöttin). Von ihnen stammen alle anderen „Götter" ab. Sie wurden von ihrem Sohn Baal abgelöst, dem Gott des Sturmes und des Wetters. Er war auch der Gott der Fruchtbarkeit, seine Schwester Anat galt als seine Frau. Jedes Jahr stirbt Baal in der Trockenheit des Sommers und er kommt im Frühling wieder zur Welt. Die Baal-Religion war ein Fruchtbarkeitskult, was durch Priesterinnen und Tempeldienerinnen unterstrichen wurde. Sein Symbol war der goldene Stier auf dem er stand. Manchmal wurde der Stier auch dargestellt, wie er eine Kuh bereitet. Die Israeliten versuchten mehrmals diesem Kult zu frönen, z. B. als Mose 40 Tage am Berg Sinai verbrachte. Oder später, zur Zeit der Richter, wo die Israeliten dafür von Gott schwer bestraft werden, Unterdrückung oder Tributpflicht ertragen mussten!

Götzendienst für Baal-Peor

Hier wird Baal als Herr des Erdbebens am Berg der Moabiter Peor verehrt. Als Gott der Fruchtbarkeit hat er Tempeldienerinnen, die durch Prostitution der Fruchtbarkeit Ausdruck gaben. Die jungen Israeliten waren gern dabei, als Moabiter sie zu ihrem Gott zum Opfern einluden. Sie beteten, aßen zusammen und hurten mit den Moabiter-Töchtern, aber auch mit den Töchtern der Midianiter, die mit den Moabitern verbündet waren.

Der Herr sprach im Zorn zu Mose: Nimm die Oberen der Stämme die da mitmachen und hänge sie auf für ihren Götzendienst! Töte die Leute die daran teilgenommen haben. Und schlagt die Midianiter tot! Die Israeliten führen im Auftrag Gottes die Strafexpedition durch. Alle Männer töteten sie und brachten Frauen und Kinder sowie Vieh und Gut als Beute mit. Mose und Eleasar, der Priester, empfingen die Rückkehrer: Wieso habt ihr die mitgebracht, die unsere Leute beim Götzendienst verführt haben. Tötet alle bis auf die Jungfrauen, die schont. Und so geschah dieses furchtbare Blutbad in Gottes Namen!?

Verteilung der Beute von Midian

Eleasar, der Priester, sprach zu den Israeliten: Dies ist das Gesetz, das Gott dem Mose gab: Entsündigt euch vor dem Lager, weil ihr getötet und erschlagen habt. Reinigt auch die Jungfrauen, die ihr mitgenommen habt. Alle eure Kleider und euch reinigt mit Wasser. Und was Feuer verträgt Gold, Silber, Kupfer reinigt darin. Kehrt ins Lager zurück, aber alle Beute an Menschen, Vieh sollen zur Hälfte die Kämpfer nehmen und die zweite Hälfte bekommt die Gemeinde. Von den Kämpfern ihrer Hälfte geht als Steuer für den Herrn, von 500 je ein Tier an Eleasar und von der Gemeinde ihrer Hälfte eines von 50 Rindern, Schafen und Eseln an die Leviten für ihren Altardienst. Die Beute waren Tausende von allem.

Wir sollten bei aller Ehrfurcht nicht vergessen, dass vor 430 + 39 =469 Jahren Jakob mit seinen Leuten nach Ägypten zu Josef zog, sie waren 70, weil es ihnen in Kanaan schlecht ging. Das Land gab zu wenig, die Weiden waren schlecht. Und jetzt meldeten die Kundschafter: Ein bestbestelltes Land, wo alles gedeiht, Mensch und Tier! Wo gute Ernten eingebracht werden und Wein gut gedeiht. Das Land ist besiedelt, wenn auch dünn und vor allem in Tälern und Städten wohnen zufriedene Menschen, die sehr viel gearbeitet hatten.

Und jetzt kommen die Israeliten und wollen „ihr" Land in Besitz nehmen, weil es ihnen ihr Gott geschenkt hat!! Und Gott hat ihnen das Recht gegeben die Ansässigen zu verdrängen und zu töten, weil sie Baal dienen! Einen „erlaubten" und befohlenen Massenmord durchzuführen. Er schenkt ihnen die Häuser der Kanaaniter, ihre Habe, die Herden, die Ernte und alles. Der „eifernde" Gott sagt: Lasst keinen überleben, damit ihr keinen Stachel im Fleisch habt. Tötet alle „Götzendiener", denn ich bin der einzige Gott, euer Herr, denn ich habe euch erwählt.

Es ist, ohne Umschweife, eigentlich Raub und Mord! Vielleicht wird es nicht so arg? Die „Aktion", das Vorgehen gegen die Midianiter war arg! Bis auf die Jungfrauen alles getötet. Eine gigantische Beute! Man muss sich in die Lage der Betroffenen versetzen, den Hass verstehen! In Midian wusste man von Erzählungen her, sehr wohl die Geschichte von Moses Aufnahme hier, auch dass er lange Zeit hier lebte.

2. Volkszählung

Im Auftrag Gottes zählten Mose und Eleasar im Jordantal der Moabiter die Stämme. Sie lagerten gegenüber der Stadt Jericho. Ein neues Geschlecht war herangewachsen, geeicht, auch die Eingangspforte nach Kanaan, die gut befestigte Stadt Jericho, zu bezwingen. Noch dazu hatten sie beste Schwerter aus Midian erbeutet! Die Zählung ergab 1172 v. Chr. (im Vergleich dazu die Zählung vor 38 Jahren 1210 v. Chr. S. 49)

1.	Ruben:	43.730	(46.500)
2.	Simeon:	22.200	(59.300)
3.	Gad:	40.500	(45.650)
4.	Juda:	76.500	(74.600)
5.	Issachar:	64.300	(54.400)
6.	Sebulon:	60.500	(57.400)
7.	Manasse:	52.700	(32.200)
8.	Ephraim:	32.500	(40.500)
9.	Benjamin:	45.600	(35.400)
10.	Dan:	64.400	(62.700)
11.	Asser:	53.400	(41.500)
12.	Naphtali:	45.400	(53.400)
	Summe:	601.730	(603.550)
		1172 v. Chr.	(1210 v. Chr.)

Wieder waren es die wehrfähigen Männer von 20 – 60 Jahren. Nicht enthalten ist der Stamm Levi, die Gott gehören! Den Stämmen soll das Land gehören, sagte der Herr und weiters: teilt das Land auf nach dem Los und der Stammesgröße. Die männlichen Leviten (30 – 50 Jahre) sind 23.000 (vor 38 Jahren waren es 22.000).

Es steht geschrieben, es lebte keiner mehr, die in Sinai vor 38 Jahren gezählt wurden, außer Kaleb, Josua und Mose, wie es der Herr wollte, waren die anderen in der Wüste gestorben!

Schwer zu verstehen, denn vor 40 Jahren waren viele erst 20 und wären jetzt 60 Jahre alt, warum sollten die tot sein? Die 11 außer Kaleb und Josua waren erfahren und älter bei der Erkundung des Landes und da ist es verständlich, dass sie schon tot sind! Weiters wundert mich, dass der Stamm Simeon von 59.300 auf 22.200 geschrumpft ist, wieso?

Erbrecht der Töchter

Da traten vor Mose und Eleasar Töchter, die den Tod ihres Vaters beklagten, der nicht in der Rotte von Korach war: Wegen seiner eigenen Sünde ist er gestorben. Er hatte keine Söhne, warum können wir nicht sein Erbgut erhalten? Mose brachte es vor den Herrn: Sie sollen erben anstelle ihrer Brüder und hat er keine Töchter, erben seine Brüder oder die nächsten Verwandten!

Bestellung Josuas

Der Herr sagte zu Mose: Steig auf den Berg Nebo (802m) im Abarimgebirge und schau das Land, das ich den Israeliten geben werde. Vorher nimm Josua, in ihm ist der Geist, tritt mit ihm und Eleasar vor die ganze Gemeinde: Lege deine Hände auf ihn, bestelle ihn, der dir treu gedient hat, zum Anführer über die ganze Gemeinde der Israeliten, dass sie ihm gehorchen. Eleasar, soll dann für ihn Gott befragen und danach soll er handeln. Alles geschah nach Gottes Willen: Alle waren einverstanden!

Ostjordanland für Ruben und Gad

Der Stamm Ruben und Gad wollten nicht über den Jordan und für das gelobte Land kämpfen. Mose sagte ihnen: Ihr kämpft mit den anderen, dann könnt ihr zurückkehren! Mose gebot Josua und Eleasar: Sie sollen mit euch ziehen und das Land erobern, dann dürfen sie zurückkehren. Frauen, Alte, Kinder und Herden sollen sie hier lassen. So geschah es!

Mose sieht das Land Kanaan

Es steigt Mose mit Josua den Berg Nebo hinauf und sieht über das Tote Meer und den Jordan hinweg das Gelobte Land. Ein grüner Teppich ist es in den Tälern, die Berge und Hügeln sind bewaldet. Sie sehen auch befestigte Städte und die Pforte hinüber durch eine Jordanfurt. Eine Senke im Fluss, nicht tief und geeignet zum Durchwaten. Beide denken an die Aufteilung an die Stämme. Wobei das Los dann eine Rolle spielen soll. Nur Ruben und Gad außerhalb des Gelobten Landes, außerhalb Kanaan, östlich davon! Aber die Eroberung musste zuerst erfolgen!

Bevor Mose seinen letzten Weg geht, um zu Aaron, Mirjam und seinen Vätern versammelt zu werden = zu sterben, tritt er nochmals vor die Israeliten und schärft ihnen ein: Wenn ihr den Jordan überquert habt, müsst ihr euer Eigentum erobern, alle Bewohner vertreiben und ihre Götzenbilder zerstören! Die Opferstätten entfernen und in dem Land, das der Herr euch gegeben hat, wohnen. Durch Los wird das Land verteilt. Wenn ihr die Einwohner nicht vertreibt und welche bleiben, werden sie euch zu Dornen und Stacheln in euren Augen! Wenn ihr das Land aufteilt, sollt ihr die Fremden unter euch, wie die Israeliten behandeln. Nur der Stamm Ruben und Gad werden nach der Eroberung zurück über den Jordan ziehen und das Land im Osten einnehmen!

Die Aufteilung werden nach Gottes Weisung Eleasar, Josua und die Stammesfürsten vornehmen. Als Abgeltung gebt den Leviten 48 Städte als Wohnsitz. Die Zahl richtet sich nach der Größe des Stammes. Rings um die Stadtmauern kommt eine 1 km breite Weidefläche für ihre Herden dazu. Von den Städten sind sechs Freistädte, d.h. dass Totschläger dorthin flüchten können, um nicht der Blutrache zu unterliegen. Wer aber absichtlich tötet, ist ein Mörder, der soll des Todes sein! Die Gemeinde soll richten. Ein Mörder kann von einem Bluträcher getötet werden. Eine Blutschuld schändet das Land, das nur entsühnt wird, wenn der Schänder getötet wird.

Wenn Töchter erben, sollen sie in das Geschlecht = Stamm ihres Vaters heiraten, damit das Erbgut nicht in einen anderen Stamm kommt. Mose wiederholte die 10 Gebote, weicht nicht vom Weg Gottes ab. So sprach er weiter: Aber nicht nur ihr habt diese Verpflichtung, auch eure Kinder und Kindeskinder. Du sollst den Herrn, deinen Gott lieben vom ganzen Herzen, von ganzer Seele und mit all deiner Kraft! Vergesst nicht den Herrn, der euch in ein Land bringt, wie er es Abraham, Isaak und Jakob geschworen hat, in ein gesegnetes Land. In große Städte, die ihr nicht gebaut habt, in Häuser voller Güter, zu Brunnen, die ihr nicht gehauen habt, zu Wein- und Ölbergen, die ihr nicht gepflanzt habt. Wenn ihr nun esst und satt werdet, vergesst nicht den Herrn, der euch in Ägypten aus der Knechtschaft führte. Diene Gott, fürchte ihn, und schwöre bei seinem Namen: Es gibt nur einen Gott und keine Götzen, sonst verbrennt dich der Zorn des Herrn.

Tust du den Willen des Herrn nach seinen Geboten und Ermahnungen, so hilft er euch die Feinde zu verjagen. Und sag das auch deinem Sohn: dass unsere Gerechtigkeit ist, die Gebote zu halten! Schließt keinen Bund mit den Völkern, die ihr besiegt habt, vollstreckt den Bann, tötet sie! Nehmt keine Frauen oder Männer von ihnen, denn sie werden euch abtrünnig! Dieser Bann = das Töten aller wurde dann nicht eingehalten!

Ihr seid das kleinste Volk, aber weil euch der Herr liebt, hat er euch auserwählt. Deshalb hat er den Bund der Barmherzigkeit mit euch geschlossen. Er wird euch lieben und segnen und vermehren. Die Frucht deines Leibes, der Ertrag deines Ackers, dein Getreide, Wein und Öl, das Jungvieh, die Kühe und Schafe in dem Land, das er euch geben wird, wie euren Vätern versprochen, ist von ihm!

Er wird die Krankheit von euch nehmen und keine Seuchen über euch bringen, wie er es den Ägyptern getan hat. Sind die Völker größer, wie die Ägypter, habt keine Angst, er hilft euch! Verbrennt ihre Götzenbilder, nehmt nicht das Gold und Silber davon, damit ihr euch nicht verstrickt, denn das ist ein Gräuel eurem Herrn. Haltet die Gebote und wenn ihr im gelobten „gesegneten" Land seid, wo Brot genug ist, wo Steine Kupfer und Eisen geben und du es aus den Bergen haust. Wo Honig, Weizen, Gerste, Weinstöcke, Feigen – und Ölbäume, Granatäpfel und anderes Obst dich nährt. Dann lobe deinen Herrn und danke ihm für das gute Land. Hüte dich, dass sich dann dein Herz nicht überhebt und du Gott, deinen Herrn vergisst, dem du alles verdankst.

So sagt Gott: Ihr habt euch mehrmals aufgelehnt seit dem Auszug aus Ägypten und trotzdem hab ich euch ernährt und verziehen, denn ihr seid mein Volk! Seid nicht halsstarrig, und wandert meine Wege! Ihr habt meine großen Werke gesehen. Ich gebe euch Regen und lasse wachsen, nehmt diese Worte in eure Herzen und in eure Seele! Niemand wird euch widerstehen, auch die „Riesen" nicht, ich werde Furcht und Schrecken vor euch über sie kommen lassen. Sprechet den Segen, wenn ich euch in das Land kommen lasse, auf dem Berg Garizim. So geht über den Jordan, in das Land, das ich euch versprochen habe!

5. BUCH MOSE: DEUTERONOMIUM = WIEDERHOLUNG

Hier wird der ganze Zug durch die Wüsten-Steppe nochmals besprochen. Mose ermahnt die Israeliten Gottes Gebote zu halten: Nichts dazugeben, aber auch nichts wegnehmen! Den Bund, der auf den Steintafeln steht, zu halten. Macht euch kein Bild von unserem Gott. Tut ihr aber nicht wie gesagt, so wird euch der Herr zerstreuen über alle Völker. Er hatte die 10 Gebote wiederholt und erläutert. Die Gottesliebe verlangt. Vor den Heiden gewarnt: sich nicht mit ihnen zu verschwägern. Und wieder, der Herr hat euch angenommen, obwohl ihr das Kleinste unter den Völkern seid, weil er euch liebt.

Ihr habt seinen Segen! Betet: Höre Israel, der Herr ist unser Gott, der Herr allein. Und du sollst den Herrn, deinen Gott, liebhaben von ganzem Herzen, von ganzer Seele und mit all deiner Kraft! Er hielt ihnen auch die mehrmalige Untreue vor. Er erinnerte die Israeliten, dass die Leviten die Lade tragen und dem Herrn dienen müssen: denn sie haben weder Anteil und Erbe mit ihren Brüdern, denn der Herr ist ihr Erbteil!

Segen des Gehorsams – Fluch des Ungehorsams

Wenn ihr gehorcht lebt ihr lange im Land, darin Milch und Honig fließt, er gibt euch Regen und gute Ernte und Weideplätze für das Vieh. Fallt ihr ab und dient anderen Göttern, dann wird Gott zornig und ihr verdorrt samt Vieh!

Opferstätten

Zerstört die heiligen Stätten der Heiden, alle! Opfert dem Herrn gemäß dem Gesetz!

Falsche Propheten

Wollen solche euch verführen, vom Herrn und seinen Geboten abzufallen, tötet sie! Es werden reine und unreine Speisen und Tiere nochmals genannt. Ebenso das siebenjährige Erlassjahr wird genannt und die Freilassung hebräischer Sklaven! Weiters die Heiligung der Erstgeburt dem Herrn, sofern sie makellos ist, sie essen an dem Heiligtum. Achtet die jährlichen Feste: Passafest, Erntedank und Laubhüttenfest! In den Städten errichtet für Gerechtigkeit Gerichte mit Richtern und Amtleuten.

Diese sollen keine Geschenke nehmen, sonst werden sie blind für die Sache der Gerechten. Sie fangen zu verdrehen an. Wenn eine Sache dort zu schwer wird, Blutschuld oder Gewalttat zum Beispiel, wendet euch an das Obergericht bei den Leviten, wo ein Priester und ein Richter das endgültige Urteil sprechen!

Königsgesetz

Wenn ihr das Land habt, das euch der Herr geben wird und ihr wollt einen König über euch haben, wie andere Völker. Dann wird Gott euren König erwählen. Er soll einer eurer Brüder sein, kein Ausländer. Er soll nicht zu viele Rosse halten und ja nicht nach Ägypten ziehen, aus Gier oder einem anderen Grund. Er soll nicht viele Frauen nehmen, dass sein Herz nicht abgewandt werde, auch Gold und Silber soll er nicht sammeln. Er muss Gott fürchten und dessen Gesetze und Rechte halten. Sein Herz soll sich nicht über seine Brüder erheben und nicht weichen vom Gebot, so dass er lange Tage in Israel bleibe. Vom Recht der Priester und Leviten und ihrem Dienst, wie uns bekannt, wird wieder gesprochen! Nochmals werden die Freistädte und deren Aufgabe als Asyl hier besprochen. Aber auch die Achtung der Grenze zum Nachbarn. Das Zeugnis gegen einen anderen soll nicht falsch sein. Und für Schuld gilt, wie wir schon wissen: Leben um Leben, Zahn um Zahn und Hand um Hand und Fuß um Fuß. Damit die anderen aufhorchen und sich fürchten und keine bösen Taten setzen!

Kriegsgesetze

Fürchte dich nicht, wenn Feind, Rosse und Wagen größer sind als du: Denke um wie viel waren die Ägypter stärker. Vor dem Kampf spricht der Priester zu euch, um euch Kraft – meine Unterstützung – zu geben! Die Amtleute sollen sagen: Wer ein neues Haus gebaut hat und es einweihen will, soll nicht in den Krieg ziehen, damit es nicht ein anderer weihe, weil er gestorben ist! Wenn er einen Weinberg gepflanzt hat und noch keine Früchte davon genossen hat, der kehre heim denn wenn er stirbt, genießt ein anderer die Früchte.

Wer mit einem Mädchen verlobt ist und es noch nicht heimgeholt hat, kehre heim, damit wenn er sterbe, es nicht ein anderer hole! Wenn einer jung verheiratet ist soll er nicht in den Krieg ziehen, sondern ein Jahr bei seiner Frau bleiben, um sie zu lieben! Das gleiche gilt für Verlobte. Vergewaltigung außerhalb der Stadt, wo keine Hilfe ist, bedeutet für den Vergewaltiger Steinigung! Das Kriegslager ist rein zu halten, auch durch Männer, deine Notdurft verrichte außerhalb des Lagers und nehme eine Schaufel mit.

Gebote für das Leben

Gebe einem Flüchtigen Unterschlupf vor seinem Herrn. Die Amtleute sollen dem Heer sagen: Wer sich fürchtet oder ein verzagtes Herz hat, kehre heim, sonst wird auch noch der Bruder feig! Und die Amtleute sollen den Heeresführern sagen: Wenn ihr vor einer Stadt steht und wollt kämpfen, so bietet zuerst Frieden an. Sind sie friedlich und öffnen die Tore, sollen sie fronpflichtig sein und euch dienen. Wollen sie das nicht, belagert sie und wenn sie Gott in eure Hände gibt, erschlagt alles männliche mit dem Schwert. Aber Frauen, Kinder und Vieh und alles sonst, teilt unter euch auf. Das gilt für fernerliegende Städte. Aber in Städten die der Herr euch gegeben hat als Erbe, tötet alles was lebt!!!

Ehe mit kriegsgefangenen Frauen und weitere Gesetze

Siehst du unter den Gefangenen ein schönes Mädchen und du liebst sie und willst sie zur Frau. Führe sie in dein Haus, lass ihr Haar und Nägel schneiden und ihre Kleider ablegen. Lass sie in deinem Haus einen Monat Vater und Mutter beweinen. Danach geh zu ihr und nimm sie zur Ehefrau. Wenn du keinen Gefallen mehr an ihr hast, lass sie gehen wohin sie will! Verkaufen darfst du sie nicht. Allgemein gilt: Auf Ehebruch steht der Tod der Frau und des Ehebrechers. Das gleiche gilt bei einer verlobten Frau! Dulde keine Tempeldirnen unter israelitischen Töchtern. Aber auch keine Tempelhurer unter den Söhnen. Wenn ein Mann einen Scheidebrief seiner Frau gibt, dann darf er sie nicht mehr zurücknehmen, denn sie ist unrein geworden!

Wer von seinem Bruder, einem Israeliten, einen Menschen raubt, ihn gewalttätig behandelt oder verkauft, der soll sterben, dass das Böse aus deiner Mitte kommt! Wenn du deinem Nächsten etwas borgst, geh nicht in sein Haus und nimm ein Pfand. Für die

Aufnahme in die Gemeinde der Israeliten gilt: Keine Fremden und Mischlinge bis ins 10. Glied, auch nicht Ammoniter und Moabiter! Jedoch der Edomiter ist dein Bruder. Auch den Ägypter verabscheue nicht, denn ihr wart Fremdlinge in ihrem Land! Kinder aus dem dritten Glied von ihnen dürfen zu euch kommen! Halte dem Taglöhner, auch dem Fremdling, den Lohn nicht zurück, bezahle ihn noch vor Sonnenuntergang. Wenn ein Mann ohne Söhne stirbt, so soll die Witwe dem Bruder in Schwagerehe angetraut werden, damit das Erbe nicht an eine andere Sippe fällt. Wenn der Mann nicht will, so soll er von den Ältesten geächtet werden!

Wenn ihr aber über den Jordan geht, errichtet einen Altar, ohne Eisen, dem Herrn! Bringt ein Dankopfer dar! Der Altar soll auf dem Berg Garizim stehen: Segnet jene die über den Jordan gegangen sind, und verflucht Götzendiener, sie sind dem Herrn ein Gräuel! Das Volk soll den Leviten antworten: Amen = so sei es! Verflucht sei: Wer Vater oder Mutter verunehrt! … Wer des Nächsten Grenze verrückt! … Wer einen Blinden irreführt! … Wer das Recht der Waisen, der Witwen oder Fremden beugt! … Wer bei der Frau seines Vaters liegt, wer ihn entblößt! … Wer bei einem Tier liegt! … Wer bei seiner Schwester liegt, die seines Vaters oder Mutter Tochter ist! … Wer bei seiner Schwiegermutter liegt! … Verflucht sei wer seinen Nächsten heimlich erschlägt! … Der, für Geschenke unschuldiges Blut vergießt!

… Das waren die 12 Fluchworte, haltet ihr sie, so wird der Herr seinen Segen über euch halten. Wenn ihr aber nicht gehorcht dem Herrn, werden seine Flüche euch treffen: Missernten, Trockenheit, Krankheit für Mensch und Tier. Unruhe, Unglück und Unfrieden bis zur Pest und Fieber kommt über euch! Erntebrände statt Regen. Ihr werdet zum Spott aller Völker. Ihr würdet Knechte wieder in Ägypten!

Das ganze Alte Testament zeigt, dass alles Übel und Krankheit und auch Tod eine Strafe Gottes ist. Entgegen dem Neuen Testament, gibt es kein Fortleben nach dem Tod. Der Herr rächt hier auf Erden! Und belohnt Gehorsam! Alles was den Juden Übles widerfahren ist, im Alten Testament, führen sie auf Ungehorsam zurück und waren nach ihrer Umkehr und Schuldbekenntnis wieder von Gott geheiligt! Wir werden bei „Hiob" diese Sichtweise nochmals erörtern.

Mose hatte die Gesetze in ein Buch geschrieben und den Leviten geboten es in die Bundeslade zu legen. Waren sie jetzt schon ungehorsam, was wird nach meinem Tode sein? So fragte er sich. Weiters sprach er: Sammelt die Ältesten der Stämme und die Amtsleute für den Abschied!

Das Lied Moses

Er trug ihnen folgendes Lied vor:
Merkt auf ihr Himmel
und die Erde höre
die Rede meines Mundes.
Meine Lehre rinne wie Regen
und riesle wie Tau,
wie Regen auf Gras
wie Tropfen auf Kraut.

Denn ich preise den Herrn
Gebt Gott allein die Ehre!
Ein Fels ist er,
vollkommen seine Werke,
alles was er tut ist recht.
Treu ist Gott kein Böses an ihm,
gerecht und wahrhaftig ist er.
Das verkehrte und böse
Geschlecht
hat gesündigt wider ihn;
sie sind Schandflecken
und nicht seine Kinder.
Dankst du so dem Herrn,
deinem Gott, du tolles
und törichtes Volk?
Ist er nicht dein Vater
und dein Herr?
Ist' s nicht er allein, der dich
gemacht und bereitet hat?

Er erzählt von den Vorfahren, vom Bund mit Gott, von Jakob = Israel. Als aber Jeschurun = Israels Volk fett und dick war, wurde es übermütig und opferte Götzen, der Herr wurde zornig und wollte Unheil über sie häufen: Wenn man Israels Volk nicht mehr raten kann und kein Verstand in ihnen wohnt, sie wissen nicht was ihnen nachher begegnen wird! Was über sie kommen soll, das Unglück eilt herbei. Aber er sieht, dass ihre Macht dahin ist und erbarmt sich ihrer. Er wird sagen: Wo sind ihre Götzen denen sie trauten? Seht ihr nun, dass ich' s allein bin und kein Gott neben mir! Ich kann erretten, töten und heilen. So kann ich mich rächen an euren Feinden.

Moses letzte Mahnung an sein Volk:

Nehmt euch zu Herzen alle meine Worte. Das Gesetz ist kein leeres Wort an euch, sondern es ist euer Leben!

Mose segnet die Stämme

Und er segnet sie, die Stämme, einzeln! Zum Schluss sagt er: Wohl dir Israel, du empfängst Heil durch den Herrn, er ist Schild und Schwert deines Sieges!

Moses Tod

Dass so ein Mann sterben muss ist schwer zu verstehen. Moses Offenbarungen sind die Basis unserer Religion. 2,3 Milliarden Menschen, 33 % der Weltbevölkerung, Christen und Juden, glauben daran was „Gottes Mund" Mose sagte. Vor 3.000 Jahren hatte er die Weisheit von Gott, um eine Mio. Israeliten religiös und weltlich so zu begeistern, dass sie 40 Jahre ihm anhangen, aus Ägypten flüchteten, um in das „gesegnete Land" zu kommen. Das sie aber erst erobern mussten. Welch großartiges Organisationstalent besaß doch Mose. Er hatte zum Abschied noch einmal Rückschau gehalten, die Gebote und Gesetze wiederholt. Letztlich verwies er darauf: Ohne Gottes Hilfe gelingt nichts! Josua als Nachfolger war mit Gottes Willen bestellt. Mose segnete alle und starb 120-jährig am Berg Nebo. 30 Tage wurde der größte Religionsgründer, vor Jesus Christus, betrauert! Sein Grab wurde nie gefunden. Eine große Zeit ging 1172 v. Chr. vorüber mit dem Tod von Mose und ein neuer großer Abschnitt der Landnahme beginnt mit dem 105 Jahre alten Josua. Er hatte die Kundschafter angeführt! Er war ein Kriegsstratege. Nur er und Kaleb sagten: Kanaan ist eroberbar! So wurde er auch Nachfolger Moses und Anführer bei der Eroberung!

BUCH JOSUA

Nach der Trauer um Mose sprach der Herr zu Josua: Mein Knecht Mose ist gestorben; so mach dich nun auf und zieh über den Jordan, mit dem ganzen Volk, in das Land, das ich euch Israeliten gegeben habe, erobere es! Von der Wüste bis zum Libanon und vom Euphrat bis zum großen Meer = Mittelmeer, das ganze Land soll euch gehören! Wie ich mit Mose war, so bin ich mit dir und werde dich nicht verlassen, noch von dir weichen. Das neue Jahr beginne also unverzagt, denn du sollst das Land austeilen, das ihr Erbe wird, wie ich es den Vätern geschworen habe! Weiche nicht vom Gesetz, das ich Mose gab! Entsetze dich nicht, denn dein Gott ist mit dir, bei allem was du tust!

Geh zum Volk und sag ihnen: Schafft Vorrat, in drei Tagen ziehen wir in das Land das uns Gott gegeben hat. Zu den Rubenitern und Gaditern sag: Ihr zieht mit, Frauen, Alte und Kinder bleiben hier, wie Mose gesagt hat. Wenn das Land jenseits des Jordan erobert ist und alle Land haben, kehrt heim! Alle antworteten Josua: Wir werden das tun, was du geboten hast und dir folgen, wie wir Mose gehorsam waren. Wer dir nicht gehorcht soll sterben!

Überqueren des Jordans

Die Volksmassen übersetzen den Jordan. Danach verlangte der Herr, dass alle Männer und Knaben die während der Wüstenwanderung nicht beschnitten wurden, jetzt beschnitten werden. Das geschah und in Gigal blieben sie im Lager bis sie genesen waren.

Zerstörung von Jericho

Der Herr sagte: Lass sechs Tage lang alle Kriegsleute ein Mal um die Festung marschieren jeden Tag und hinter ihnen sieben Priester, Posaune blasend, dann kommt das Volk. Aber am siebenden Tag zieht sieben Mal um die Festung Jericho und lasst die Posaunen blasen und dann soll das ganze Kriegsvolk brüllen so stark es kann! Josua fragt. Wozu? Die Antwort ist: Die Schallwelle, der Druck wird die Mauern zum Einsturz bringen. Jericho war das erste große Bollwerk von Kanaan.

Die Stadt wurde Palmenstadt genannt und war von zwei starken konzentrischen, kreisförmigen Mauern im Abstand von drei Metern umgeben. Beide Mauern waren acht Meter hoch, die äußere zwei Meter dick und die innere dreieinhalb Meter! Wir schreiben das Jahr 1171 v. Chr.: am Morgen des ersten Tages marschieren die Kriegsleute schweigend voraus gefolgt von sieben Priestern, die Posaunen bliesen und zum Schluss das Volk auch schweigend.

Auch am zweiten Tag marschierte man so um die Stadt. Die Menschen in der Festung hatten Angst: was soll das, was wollen die? Und: So viele Menschen! So ging das sechs Tage, aber am siebenten Tag sagte ihnen Josua in der Morgendämmerung: Wenn jetzt die Posaunen zum Blasen anfangen, dreht euch zur Mauer und brüllt, so stark ihr könnt euer Kriegsgeschrei, bis die Mauer zum Abbröseln anfängt. Der Herr will es! Gesagt, getan, sie brüllten aus vollem Leib: zuerst begann das Tor zu bröseln und stürzte ein, dann die Mauern. Die Krieger brüllten noch mehr und stürmten die Festung. Was weiter geschah schildere ich nicht, aber Jericho war gefallen!

Der Ordnung halber muss gesagt werden, vorher hat man das Angebot des freien Abzuges gemacht, was abgelehnt wurde. Joshuas Leute nahmen Jericho ein und es war dem „Bann" verfallen, die Stadt wurde verbrannt mit allem was darin war. Nur Silber und Gold sowie kupfernes und eisernes Gerät nahmen sie mit zum Schatz im „Haus des Herrn = Stiftszelt"! Vom anderen, dem „Gebannten" = ist Unreines, dürfen sie nichts mitnehmen, um nicht Unglück über die Israeliten zu bringen! Jedoch einer vergriff sich am Gold, nahm es für sich und versteckte es.

Kampf um die Stadt Ai

Botschafter sagten: Es genügen 3.000 Mann, es sind nur wenige die Ai verteidigen. Josua schickte die Krieger! Die Aier erschlugen 36 Männer vor dem Stadttor im Steinbruch, die anderen flohen vor den Kriegern von Ai. Josua war verzweifelt: Oh Herr, du führst uns hierher und lässt uns umbringen. Warum nur sind wir über den Jordan gegangen? Josua hatte seine Kleider zerrissen, mit den Ältesten der Stämme lag er im Staub vor der Lade des Herrn. Der Herr sagte: Steht auf, ihr habt gesündigt in Jericho, habt gebanntes Gut gestohlen und zu Eigenem gemacht, deshalb besteht ihr nicht vor den Feinden, heiligt euch und tut das Gebannte weg!

Alle Stämme wurden untersucht und Achan aus dem Stamm Juda gestand: Ich habe einen kostbaren babylonischen Mantel, Gold und Silber genommen und in der Erde im Zelt verscharrt. Mit allem wurde Achan ins Tal Achor geführt: Weil du den Herrn betrübt hast, betrübe auch dich der Herr. Und er wurde gesteinigt! Der Mantel, Gold und Silber wurden verbrannt. Seine Kinder und die Herde wurden getötet. Und über alles ein Steinhaufen errichtet im Tal Achor = Unglückstal.

Der Herr sagte zu Josua: Mache wie du es mit Jericho und seinem König getan hast, diesmal teil die Beute auf und geh klug vor, locke sie in einen Hinterhalt. Josua betrieb wieder Qualitätssicherung, indem er die Erfahrung mit den Ägyptern und Amelekitern, anwendete. Die U-Form etwas variiert! Er sandte 30.000 Streiter voraus: Ihr seid hinter der Stadt, sie sollen euch nicht sehen und wartet in Bereitschaft. Ich rücke im Morgengrauen mit 5.000 Mann und Trompeten an, sie werden gegen uns ziehen. Wir tun als wollten wir flüchten. Sie werden alle aus der Stadt herbeiholen um uns zu verfolgen. Ihr kommt von hinten und zündet die Stadt an – sie werden umkehren – und wir werden sie gemeinsam schlagen!

Die Eroberung von Ai

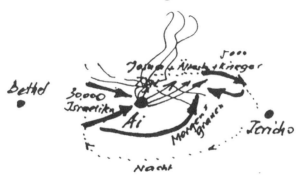

So wurden sie von der Stadt weggelockt, alle 12.000 kamen um die fliehenden Israeliten zu verfolgen, im und über das Tal rannten sie. Und als sie ihre Stadt brennen sahen waren sie verwirrt: Umkehren oder verfolgen? Jetzt kamen vom Süden schon viele von den 30.000 in die Flanken der Ais und Josua und die Seinen fielen vom Osten über die Ais her. Keiner blieb über und die Stadt verbrannte. Das Vieh und die Beute aus der Stadt teilten sie, gemäß dem Herrn, auf. Der Ordnung halber ist zu berichten, dass Ausgrabungen der Wohnstätten von Ai ergaben, dass es um die Zeit 3000 v. Chr. entstanden und 2400 v. Chr. zerstört wurde und bis ins 13.-12. Jhd. v. Chr. eine Ruine blieb. Die Eroberung von der die Bibel berichtet hat 1171 v. Chr. stattgefunden. Ich denke, dass die Stadt schon wieder neu aufgebaut war?

Dank an den Herrn, Altarbau und Verkündigung der Gesetze

Sie brachten ein Brand- und Dankopfer dar, dazu waren sie zum Berg Garizim (881m) gezogen, wie der Herr befohlen, und hatten den Altar aus unbehauenen Steinen, ohne Eisen, errichtet und gedankt. Dann waren sie weiter zum gegenüberliegenden Berg Ebal (940m) gezogen und Josua ließ von den Leviten die Gesetzesbücher Moses nehmen und vorlesen und das Volk segnen. Alles was von Mose niedergeschrieben war, wurde der ganzen Gemeinde der Israeliten und den Fremden vorgelesen: Wort für Wort, auch den Segen und den Fluch! Und sie schlossen einen neuen Bund mit Gott und schworen ihm zu dienen! Josua wollte immer „seinem" Volk vermitteln, dass Gott sein Volk führt, wenn es die Gesetze beachtet. Wenn es sich aber abwendet, werden sie fremder Herrschaft unterworfen! Man nimmt als Verfasser dieses Buches, Josua selbst an, allerdings hatten es die Deuteromisten später umgeschrieben.

Völker im Land Kanaan

Die Kanaaniter bestanden aus folgenden Völkern: den Amoritern, sie wurden von den Ägyptern als Pufferstaat gegen die Hethiter benützt, bis die Hethiter die Amoriter bei Kadesch in einer Schlacht 1297 v. Chr. besiegten. Fünf Könige entstammten dem Geschlecht der Amoriter: die Könige von Jerusalem, Hebron, Jarmut, Lachisch und Eglon! Die Amoriter waren also den Hethitern tributpflichtig. Ihr Siedlungsgebiet war westlich und östlich des Jordans am Toten Meer. Über die Hethiter haben wir schon gesprochen, sie lebten in den Bergen! Die Perisiter gehören auch zu den ansässigen Stämmen, wie auch die Hiwiter und andere. Das Siedlungsgebiet der Kanaaniter war von Sichem, Gibeon, Kefira, Beerot und Kirjat-Jearim bis in den Libanon und dem Berg Hermon hinauf und nach Süden bis nach Kadesch. Die Jebusiter wohnten in Jerusalem, waren Nachkommen von Kanaan dem Sohn Hams, Noahs zweiten Sohn. Josua gelang es nicht Jerusalem einzunehmen.

Dann waren schon immer die Philister mit ihren Festungen da, die nicht in diesem Feldzug zu erobern waren. Über die kanaanischen Völker hatte Gott den Bann = die Ausrottung verhängt. Bei diesen Grausamkeiten und der gnadenlosen Vorgangsweise kommt einem das Schaudern an. Die Theologen sagen: Aber Gott hat sein Wort gehalten! Aber es ist trotzdem Völkermord und Menschenrechtsverletzung und ich kann mich nur schwer damit abfinden, wenn sie sagen: Menschenrecht ist für Gott nicht maßgebend, denn Menschenrecht ist dem Recht Gottes unter zuordnen? Auch bei Hiob erkennen wir diese Sicht und werden uns dort damit auseinandersetzen!

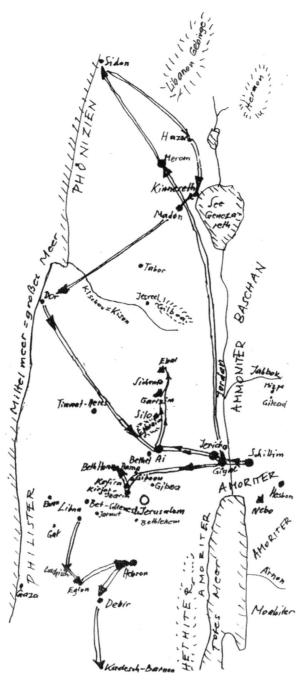

Karte: Eroberung von Kanaan

Habemus Papam

= wir haben einen Papst, ertönte es Di 19.04.05 aus dem Vatikan in Rom. 115 Kardinäle haben schon am zweiten Tag des Konklaves = Versammlung der Kardinäle zur Papstwahl, im vierten Wahlgang mit mehr als der notwendigen ²/₃, den Kardinal Joseph Ratzinger, den Präfekten der Glaubenskongregation, zum Papst gewählt! Er nennt sich Benedikt XVI. und ist 78 Jahre alt. Er war die rechte Hand von Papst Johannes Paul II.

Neuer Papst

Heute So 24.04.05 von 10:00 – 13:00 Uhr war im Petersdom und davor, in Rom, die Inauguration = Einsetzung des Papstes Benedikt XVI. In Form einer großartigen Messe vor Tausenden Menschen, darunter sehr viele Deutsche und viele Diplomaten, Könige und Präsidenten sowie Würdenträger der anderen Religionsgemeinschaften. Der Papst bat Gott sich der Armen und Unterdrückten anzunehmen.

Hoffentlich schafft der Papst weltoffen die neuen Herausforderungen. Als er noch Professor für Dogmatik in Regensburg war, sagte Joseph Razinger 1971: Warum bin ich noch in der Kirche? Nach dem großen Aufbruch zur Einheit kam, nach dem Konzil, der Verfall. Durch die konkrete Arbeit an der Kirche, ging die Wahrnehmung des Ganzen verloren. Wir sehen vor lauter Bäume den Wald nicht mehr! Der Blick auf die Kirche wird durch Machbarkeit bestimmt, die Reform hat alles andere verdrängt, weil der Einzelne es effizienter für seine Zwecke will.

Die Reform steht im Vordergrund. Alles wird in Frage gestellt. Ist er auferstanden? Ist die Kirche zweckmäßig für meine Zwecke? Viele derlei Wünsche kommen von Menschen, die der Kirche nicht nahestehen. Die gar nicht an Jesus Christus glauben. Die Kirche gibt uns Halt und einen Maßstab, denn sie lässt Jesus anwesend sein. In der Kirche findet man die Gegenwart Christi. Sie trägt die Vollmacht Jahrtausende hindurch bis heute nach seinem Auftrag. Ich bleibe in der Kirche, sagte Josef Ratzinger, weil nur in ihr der Glaube für den Menschen verwahrt wird. Die Philosophie sucht die Erlösung von Leid, Krankheit und Not in der Welt. Aber der Glaube gibt mehr als das, die Befreiung aus Egoismus und die Erlösung durch das Kreuz und die Befreiung durch Liebe in der Nachfolge unseres Herrn. Er sagte abschließend, wir sollen nicht nur das Negative in der Geschichte der Kirche sehen, sondern auch die Schönheit der Kathedralen, der sakralen Musik und in der Liturgie. Diese wahren und schönen Worte sind für mich die Hoffnung, dass er der richtige Papst für unsere Zeit wird.

Grausamkeiten bei der Einnahme der Stadt Ai

Das spielte sich vor 3.000 Jahren ab. Die Eroberung und der Mord an 12.000 Einwohnern durch die starken Israeliten. Es war keine Kunst mit dieser Übermacht zu siegen, alle Einwohner entsprechend dem „Bann", den der Herr ausgesprochen und angeordnet hatte, zu ermorden. Den König aufzuhängen und die Stadt zu plündern und dann zu verbrennen.

Ich kann die Bibel nicht weiter bearbeiten, denn mir ekelt, mir graut wenn ich das nachvollziehen soll! Ich werde unsicher im Glauben, dass Josua von Gott den Auftrag erhalten hat, alles Land in Kanaan zu erobern und die Einwohner der eroberten Gebiete zu töten. Das war grausamer Landdiebstahl. Gnadenloser Völkermord, einer für die Einwohner „des gelobten Landes" unvorstellbaren Anzahl von 600.000 Kämpfern, einer Kriegswalze von mordlüsternen Männer, unter Josuas Führung. Und dieser Landraub soll Gottes Wille sein? Wo Gott doch die Menschen erschaffen hat!

Wir müssen uns vorstellen die Menschen in Kanaan: in lose besiedelten Tälern und auf Bergen betrieben sie Landwirtschaft, Obstbau und Viehzucht, sie hatten das Land urbar gemacht und waren friedlich. Auch die Städte waren schön und klein, der Handel blühte. Und jetzt kommen eine Million Menschen und behaupten, ihr Gott hat ihnen dieses Land geschenkt und sie hätten ein Recht es in Besitz zu nehmen. Wer Widerstand leistet wird getötet! Ich kann dem nicht folgen und auch die Vorgangsweise Josuas nicht verstehen!

Am 30.04.05 habe ich den „Schock über die Bluttat von Ai" überwunden und folge weiter der Bibel. Nach dem Fall von Ai lagerten die Israeliten in Gigal. Die Könige von Kanaan wussten was Israeliten getan hatten und was sie vor hatten. Sie wollten vereint gegen Josua vorgehen!

Die List der Gibeoniter

Die Gibeoniter aber erdachten für sich eine List. Sie schickten ärmlich gekleidete Männer, welche nur hartes Brot im Ranzen hatten, ins Lager Gigal zu Josua: Wir kommen von einem fernen Land und wollen einen Bund mit euch eingehen und eure Knechte werden, im Glauben an euren Gott, weil er für euch in Ägypten Unglaubliches getan hat. Wir wollen Frieden mit euch schließen! Die Obersten hörten und sahen, aber Gott fragten sie nicht. So machte Josua Frieden mit ihnen und „niemand von ihnen soll getötet" werden, auch die Obersten schworen.

Die Israeliten kamen bei der weiteren „Landnahme nach drei Tagen nach Gibeon, Kefira, Kirjat-Jearim und Beth Horon und niemand wurde getötet wegen des Schwures! Josua sagte: Lasst sie leben, sie werden Holz für uns hauen und Wasser schöpfen. Den Gibeoniten warf er vor: Ihr sagtet, dass ihr von ferne kommt, wo ihr doch hier seid? Ich verfluche euch, ihr werdet unsere Knechte sein und für das Haus des Herrn Holz hauen und Wasser bringen. Sie antworten: Da Gott Mose geboten hat, unser Land zu nehmen und dass ihr alle darin töten solltet, hatten wir Angst um unser Leben. Wir sind in euren Händen und werden tun was du gesagt hast.

Sieg bei Gibeon und Eroberung des südlichen Kanaans

Der König von Jerusalem fürchtete sich und mit den anderen Königen wollten sie die Gibeoniter schlagen, weil sie Frieden mit den Israeliten gemacht hatten. Sie belagerten Gibeon. Diese riefen Josua um Hilfe. Er zog von Gigal mit seiner Streitkraft los auf die Angreifer. Sie schlugen das vereinte Heer der Könige. Die Königsheere flüchteten als der Herr auch noch große Hagelsteine vom Himmel auf sie niederwarf. Die Israeliten jagten ihnen nach bis Beth Horon (Karte S.101). Hier bat Josua den Herrn, Sonne und Mond still stehen zu lassen, um die Könige und den Rest der Kämpfer verfolgen und töten zu können. Nur wenige entkamen in die Städte, dann erst ging die Sonne unter! Auch hier ist wieder anzunehmen, dass Josuas Kämpfer vier mal so viel waren als die der Könige. Denn eigentlich waren die Könige nur größere Stammesfürsten oder Stadtvorsteher. Das Jahr 1171 war inzwischen unter der Führung von Josua vergangen.

Im Jahr 1170 als das Frühjahr mit saftigem Grün und einem Blütenmeer das Auge erfreute, folgte Josua „dem Ruf des Herrn" er griff die Stadt Libna an und nahm sie fast ohne Gegenwehr ein und erfüllte „den Bann" d. h. wiederum töteten seine „Kämpfer" alles und plünderten. Im Siegesrausch, eigentlich „Blutrausch", nahmen sie Lachisch, Eglon und die große Stadt Hebron ein und zuletzt Debir. So hatte Josua das ganze Land im Süden auf den Hügeln und Abhängen eingenommen, auch die Niederungen. Niemand war ihm entkommen, seinem Blutrausch = Bann. Alle waren tot: „Gott hat es befohlen!" Er kämpfte noch alles, was sich wehrte, bei Kadesch – Barnea, nieder. Alles Land von Gibeon bis Gaza und bis Kadesch und Goschen gehörte den Israeliten. Sie zogen heim ins Lager Gigal, als Besitzer von Südkanaan, ausgenommen das Land der Philister.

Und dann wiederholt sich was im Süden passiert ist, im Norden: man organisiert sich aus lauter Angst vor den „Blutrünstigen". Aber die Organisation, die Aufrufe zum Widerstand zur Verteidigung, werden nur zögernd angenommen. Das Land ist dünn besiedelt, die Menschen sind Viehzüchter, Ackerbauern und Händler, auch Handwerker. Aber keine Krieger, keine Kriegsstrategen. Da sind ihnen die Israeliten, auch zahlenmäßig, überlegen, sie kennen die Eroberungszüge aus der Praxis und mit dem Angreifen, Niederschlagen und Töten haben sie eine furchterregende Erfahrung. Schon das Anrücken einer „Walze" von brüllenden Angreifern, bestens gerüstet, lässt viele die Flucht ergreifen. Es geht darum, sein Leben zu retten!

Sieg über die Königsheere am Wasser von Merom und Eroberung des nördlichen Kanaans

So überlegt der König von Hazor im Norden: Wenn wir uns nicht wehren, müssen wir sterben, also ruft er die anderen Könige, von Madon, vom Norden aus dem Gebirge, aus der Steppe von Kinnereth, dem Hügelland von Dor, die Kanaaniter, die Hethiter und Amoriter und andere. Er ruft sie: Wehren wir uns gemeinsam, bevor sie uns umbringen. Vernichten wir sie!

Es kommt 1169 zu einer entscheidenden Schlacht an den Wassern von Merom. Der Herr hatte zu Josua am Abend vorher gesagt: Morgen liegen sie erschlagen vor euch, die Rosse gelähmt, die Streitwagen verbrannt! Das ganze Heer der Israeliten überfiel im Morgengrauen das Heer der Könige, erschlug die Kämpfer, lähmte die Rosse, verbrannte die Wagen. Die Flüchtenden wurden bis Sidon verfolgt und alles getötet, dann ging er zurück nach Hazor, um alles zu töten, samt Königen, und die Stadt zu verbrennen. Die anderen Städte auf den Hügeln wurden nicht verbrannt, jedoch geplündert. Die Herden wurden ebenfalls als Beute mitgenommen. Alle Menschen dort getötet. Es wurde getan, wie der Herr schon Mose befohlen hatte.

Die Besetzung des Landes

So nahm Josua mit den Israeliten das ganze Land in Besitz: das Gebirge, das Südland, die Ebenen, die Jordansenke, mit der letzten Eroberung! So gehörte auch das Nordland ihnen, mit dem Bergland.

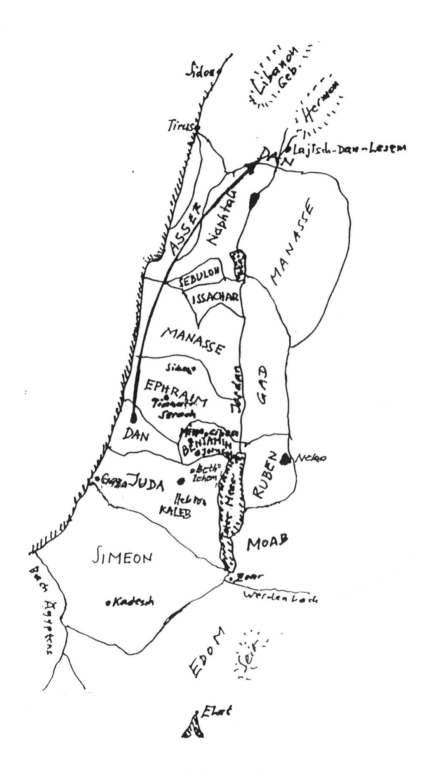

Karte: Aufteilung von Kanaan

Alle Städte hatte Josua erkämpft und die Könige samt Volk getötet vom Libanon im Norden bis nach Seir im Süden. Viel Land westlich des Jordans war in Josuas Hand und große Teile des Ostjordanlandes, diese hatte schon Mose vor Jahren erobert!

Verteilung des Landes (1169 v. Chr.)

Josua war 108 Jahre alt und schon müde. Der Herr sprach zu ihm: Du bist alt und hochbetagt, viel Land ist noch zu erobern! Diese Gebiete sind noch in Besitz zu nehmen: das Gebiet der Philister, Teile der Kanaaniter, Libanon und Hermon. Du hast Großes geleistet. Verteile das Land als Erbbesitz an die Stämme und den halben Manassestamm. Mit dem anderen halben Manassestamm haben die Rubeniten und Gaditen schon ihr Erbe von Mose, ostseits des Jordans, empfangen. Das war das Amoniterreich und das von Baschan. Die Israeliten vertrieben sie nicht und lebten mit ihnen zusammen. Nur die Leviten hatten keinen Erbbesitz, ihnen sind die Feueropfer des Herrn Erbbesitz.

So verteilte Josua mit dem Priester Eleasar das Land nach dem Los! Die Leviten erhielten keinen Landanteil, sondern nur Städte zum Wohnen mit den dazugehörigen Weideplätzen für ihre Tiere. Die Aufteilung sieht wie auf der Karte S. 105 dargestellt aus. Kaleb erhielt Hebron! Josef aus Ägypten wurde in Sichem begraben. Seine Leiche hatte in einem Sarg, zusammen mit der Lade, alle Kämpfe mitgemacht und jetzt erst, dem Wunsch entsprechend, neben Jakob = Israel die letzte Ruhe gefunden!

Josuas Testament und Tod

Josua = Joschua = Gott ist Erlösung entstammte dem Stamm Ephraim, er war der Sohn von Nun und wurde 1277 geboren. Josua ist derselbe Name wie Jesus. Er war der Anführer in Refidim im Jahre 1212 und schlug die Amelekiter. Josua führte vier große Eroberungsfeldzüge und er hielt am Gottesglauben Moses fest und an den Gesetzen. Gegen den sinnengefälligen Götzenkult Baals kämpfte er. Die Eroberungsabschnitte waren:

1. Jericho + Ai
2. Hiwiter um Gibeon: Vertrag mit Josua durch Betrug
3. Stadt Libna, Lachisch, Hebron und Debir der Süden des Landes wird unter teilweise furchtbaren Umständen erobert.
4. Der Norden durch Sieg bei Merom

Josua lebte im Stamm Ephraim, in der Stadt Timnat-Serach = Timnat- Heres, wo er 1167 mit 110 Jahren starb und hochgeehrt im Gebirge Ephraim begraben wurde. Seine großartige militärische und geistliche Führung bleibt unvergessen! Er hatte die Anfälligkeit der Israeliten für fremde Götter erkannt im Testament sagte er: Unser Gott oder fremde Götter, sonst nichts! Das galt vor allem für jene die mit Einheimischen zusammenlebten und da wieder für jene östlich des Jordans. In Sichem legte er nochmals die Gesetze dar. Alle sagten: JA!

Ein neuer Bund mit Gott. Hoffentlich hält er, dachte Josua! Er hatte aus den Israeliten, durch die vielen Kämpfe, harte Männer gemacht. Sie waren nicht nur wegen ihrer großen Zahl gefürchtet, auch wegen ihrer Unerbitterlichkeit. Jetzt aber hieß es: Land in Besitz nehmen und Ackerbau und Viehzucht betreiben. Und sie nahmen die Herausforderung an! Im Lande waren noch:

die Kanaaniter
die Hethiter
die Amoriter
die Perisiter
die Hiwiter
die Jebusiter
die Philister

Außer mit den Philistern lebten die Israeliten mitten unter ihnen. Sie heirateten und waren fremden Göttern ausgesetzt. Das hat Josua gewusst und auf die Gefahren hingewiesen! Als Prophet hat er seine Warnungen kundgetan, wohl wissend, dass das geruhsame Leben gefährlich ist.

BUCH DER RICHTER

Nachdem Josua beigesetzt war, stirbt auch Aarons Sohn Eleasar. Die Israeliten sind ohne charismatische Leitung. Sie haben das Land aufgeteilt und sind sesshaft geworden! Aber wie geht es weiter? Das Wohlleben und der fremde Einfluss wirken, das bekommt den „neuen Herrn" nicht gut. Dazu die fremden Götter: Baal, lebensbetont, und Astarte, die Göttin der Sinneslust und der Fruchtbarkeit, die Liebesdienerinnen in den Tempeln. Das gefällt den jungen Männern der Israeliten gut. Gott zieht seine schützende Hand ab!

Trotz der „Richter" die jetzt das Ruder in der Hand haben und auf die man nicht gerne hört! Was sind Richter? Das sind gottgefällige Männer, die Gottes Gesetze und Gebote beachten und auch die anderen dazu bewegen und eben gerechte Richter sind. Die Schwäche erkennen die unterdrückten Völker. Der König der Moabiter zusammen mit den Ammonitern und Amelekitern schlagen bei Jericho die Israeliten und zwingen sie für viele Jahre in die Knechtschaft und machen sie tributpflichtig. Der Herr erhört ihr Klagen. Er gibt ihnen aus dem Stamm Benjamin einen Retter, einen Richter, namens

Ehud

Dieser ermordet, trotzdem er nur eine Hand hat, bei der Tributübergabe in Gigal den König Eglon der Moabiter. Er hatte ein Vieraugengespräch mit dem König verlangt. Er flüchtet durch einen Nebenausgang und mobilisiert alle mit dem Slogan: Der König ist tot, sie sind führungslos. Wir können uns jetzt befreien! Und im allgemeinen Durcheinander werden bei dem Überraschungsaufstand 10.000 Moabiter getötet und das Land wird den Israeliten untertan. Die Richter waren also „Retter", auch „Helden", charismatische Führer.

Als Richter Ehud gestorben war und sich die Jungen wieder vom Herrn abwandten, ergeht es ihnen wieder schlecht. Sie werden vom kanaanitischen König Jabin von Hazor Jahre lang unterdrückt, vor allem von seinem Heerführer Sisera. Zu dieser Zeit stand eine

Richterin namens Debora

den Israeliten vor. Als das Flehen des Volkes den Herrn erweichte, gab er Debora die Worte! Die Richterin sprach auf dem Gebirge Ephraim zwischen Rama und Bethel für das Volk das Recht.

Sie schickte zu Barak, einem tüchtigen Naphthaliner, und sagte ihm: Gott will, dass du 10.000 Mann von den Stämmen Naphthali und Sebulon nimmst. Sisera, der 900 eiserne Streitwagen besitzt, dieser Heerführer wird darauf mit den Streitwagen und dem Fußvolk zu dir am Bach Kison stoßen, um euch zu schlagen.

Der Herr wird dich siegen lassen, geh mit den 10.000 auf den Berg Tabor, von dort greife an! Wenn du mitgehst, dann werde ich kämpfen, war die Antwort von Barak.

Debora zog mit. Als man Sisera meldete, dass Barak ein Heer zusammen sammelt, zieht er los mit den Kampfwagen an der Spitze, mit den besten Pfeilschützen. An den Flanken und im Zentrum die Schwertkämpfer für die „grobe" Arbeit des Tötens. Sie zogen zum Bach Kison in der Morgendämmerung.

In der Nacht hatte Barak 2.000 Mann in die Ebene Kison geschickt, ausgestattet mit vielen Trompeten und als Siseras Armee nahte machten sie ungeheuren Lärm. Die Sicht war schlecht, Sisera verbreitet die Kampffront. Nächtlich versteckt, hatte Barak 8.000 Mann in Deckung. Wieder die Taktik (U): der Gegner stürzt den Trompeten nach (Siegestaumel!) und wird jetzt von der Flanke „aufgerollt". Als Siseras Armee die lärmenden Israeliten verfolgt, stürzten die israelischen Kämpfer vom Berg Tabor auf Siseras Flanke und rollen sie auf, die Kämpfer begannen zu flüchten – dorthin woher sie gekommen waren und ihnen nach die 2.000 aus der Ebene und die 8.000 vom Berg. Viele wurden getötet.

Sisera fand bei einer Frau in ihrem Zelt Unterschlupf. Diese pfählte ihn mit einem Zeltstock, so starb er nicht im Kampf, sondern von einer Frau umgebracht im Schlaf. So verlor König Jabin von Hazor seine Macht. Nun sind die Israeliten viele Jahre frei, sie leben aber nicht Gesetzes- = Gottestreu und es kommt eine neue Plage. Die

Midianiter demütigen die Israeliten

Sie unterwarfen sie einige Jahre. Die Plage war arg. Sie nahmen ihnen das Vieh und die Ernte weg. Nur durch Verstecken in Höhlen blieb ihnen das Lebensnotwendige.

Ich muss einmal kurz über das gottgefällige, das gerechte Leben der Israeliten reden. Gottgewollt ist, dass nur an einen Gott = Jahwe = Herr geglaubt wird, weiters dass Moses Gebote und Gesetze Gottes Worte sind und als dritte Säule muss man fest daran glauben und festhalten, dass Gott gerecht ist. Daraus ergibt sich wer anderen Göttern = Götzen huldigt oder/und die Gebote und Gesetze nicht hält oder/und nicht glaubt, dass Gott nur gerecht ist, was immer auch passiert, der ist nicht gottgefällig und der wird bestraft.

So schließt sich der Kreis: die Israeliten oder einzelne Stämme schließen sich, durch das Miteinanderleben mit einheimischen Urvölkern, der fremden Kultur oder den religiösen Kulten an. Vielleicht aus Neugierde oder sexuellem Verlangen. Das sesshafte Wohlleben spielt dabei auch eine Rolle und Gott schickt eine Plage, eine Strafe, für den Ungehorsam und man akzeptiert das. Es wird angenommen, bis es zu viel wird, dann bereut man und bittet den Herrn um Hilfe.

Der Glaube ist noch kein Jenseitsglaube. Es wird geglaubt, dass alles Übel im Leben hier bestraft wird.

Jahre waren vergangen und jährlich kamen aus dem Osten die Midianiter und auch die verhassten Amalekiter als Verstärkung und beraubten die Israeliten! Den Hilferuf der Gequälten erhörte der Herr endlich und bei der Eiche von Ophira sagte der Herr zum streitbaren

Gideon

der gerade Weizen drosch: Du musst die Israeliten aus dem Joch befreien! Die Antwort war: Ich bin der Jüngste meines Vaters und wir sind die schwächste Sippe im Stamm Manasse, warum gerade ich? Die Stimme: Ich bin mit dir, du wirst die Unterdrücker schlagen! Gideon tat wie ihm der Herr geheißen. Er rief die Stämme Manasse, Aser und Naphtali auf ihm zu folgen, im Namen des Herrn. So kamen 30.000 zu Gideon für den Befreiungskampf. Sie opferten dem Herrn in Ophira.

Gideon hatte die Gabe, diese Wehrwilligen in Gottes Namen zu begeistern! Er, der Sohn Joas, zerstörte alle Baalstatuen. Das erfuhren die Midianiter und kamen mit den Amelekitern um das Heer Gideons zu zerschlagen. Sie lagerten in der Ebene von Jesreel.

Der Herr sagte zu Gideon, der mit einen Kämpfern oberhalb der Ebene lagerte: Ihr seid zu viel, da braucht ihr keine Hilfe, die Feinde zu schlagen und ihr werdet sagen: Nur wir haben gesiegt. Daher schickt die weg, die ängstlich und verzagt sind.

Gideon behielt noch 10.000, die anderen 20.000 wurden heimgeschickt. Der Herr sagte, führe sie zum Bach und sondere die aus die wie Hunde, ohne Hände trinken. Diese „Wilden" nimm für den nächtlichen Sturm. Gideon behielt für den Kampf 300 Mann, der Rest die 9.700 waren in Wartestellung. Diese 300 waren mit Schwertern, Posaunen und Tonkrügen, zum verbergen der Brandfackeln, ausgerüstet. Der Herr sagte: In der Nacht führt den Überfall auf das Lager durch! Nützt die Verwirrung, schleicht euch von drei Seiten ein und lasst die Wachen fliehen – ohne Lärm, dann erst blast die Posaunen und entfacht den Brand der Zelte! Gideon teilte die 300 in drei Gruppen: Wenn wir als erste Gruppe das Lager erreichen, werden wir die Wachen überlisten und vertreiben und wenn wir in die Posaunen blasen greift auch ihr an und blaset und brüllt und zündet alle Zelte an. Brüllt aus Leibeskräften!

Um Mitternacht schleichen sie ins Tal. Gideon belauscht Wachen, als er hört, dass sie Angst haben, stößt er vor: Wir sind in der Übermacht und Gott ist mit uns! Wir werden alle töten. Flieht mit den anderen Wachen, wir schonen euch – sofort beginnt! Sie rannten fort. Dann blies die Gruppe Gideons die Posaunen, fing an zu brüllen und brandschatzen, von zwei anderen Seiten das Gleiche. Im allgemeinen Tumult krochen die Midianiter und Amelekiter aus den Zelten und wurden gleich erschlagen. Es setzte eine ungeordnete Flucht ein, weil sie Freund und Feind nicht mehr unterscheiden konnten. Sie werden in der Dämmerung nicht nur von den Vorkämpfern sondern auch von den 9.700 Wartenden verfolgt. Die töten auch die Generäle Oreb = Rabe und Seeb = Wolf.

Gideon ist Sieger

Gideon wird gefeiert und sollte König werden, was er aber ablehnt: Nur Gott ist der König! So lange Gideon noch lebte – 40 Jahre lang – hatte das Land Ruhe. Gideon hatte viele Frauen die gebaren ihm 70 Söhne. In Sichem hatte er eine Nebenfrau, die gebar ihm Abimelech. Als Gideon im hohen Alter in Ophira starb, folgt ihm dieser.

Abimelech bezahlt Mörder

um König zu werden. Sie sollen seine 70 Brüder töten. Nur der Jüngste seiner Halbbrüder entkommt, er hatte sich in einem Heuhaufen versteckt. Die Sichemer wollten den „einzigen" Sohn von Gideon zum König salben.

Aber der jüngste Halbbruder Jotham hielt eine Brandrede vor dem Volk: Einen 70-fachen Mörder wollt ihr krönen, nur weil ich fliehen konnte, waren es nur 69, die er töten ließ, um König zu werden. Dieser Mörder soll oberster Richter, ja König soll er werden?

Als er trotzdem gekrönt wurde, verfluchte Jotham Abimelech und Sichem und floh nach Beerscheba. Drei Jahre herrschte Abimelech, nicht zum Wohl von Sichem. Er starb als ihm eine Frau von der Stadtmauer eine Steinmühle an den Kopf warf.

In der weiteren Folge wandten sich die Israeliten wieder den Göttern der Ammoniter und Philister zu. Der Herr machte sie den Ammonitern, bei Gilead jenseits des Jordans, auf viele Jahre untertan. Dann aber kamen die Ammoniter über den Jordan auf Juda, Benjamin und Ephraim zu. Sie waren die erste Armee, die mit Kamelen angeritten kamen, plünderten und rasch wieder entflohen.

Die Israeliten schrien zu Gott: Wir bereuen, hilf uns! Sie waren jetzt schon sesshaft geworden. Sie rodeten Wälder und machten Weiden daraus. Sie bauten Lehmhütten, das Zelt war im Schwinden, sie waren diesen Überfällen nicht mehr gewachsen. In Gilead lebte ein unehelich geborener Mann, er war sehr streitbar, weil er von zu Hause verstoßen wurde. Er hieß

Jephtha

und war Hauptmann von verbitterten Männern, die Räuber waren. Die Ältesten von Gilead forderten die Erbitterten auf für Israel zu kämpfen. Jephtha antwortet: Zuerst verstoßt ihr uns und jetzt braucht ihr uns? Die Antwort war eindeutig: Hilf uns, du sollst über ganz Gilead herrschen! Jephtha schwor Gott: Gibst du uns die Ammoniter, so geb ich dir, was mir an der Schwelle meines Hauses nach dem Sieg entgegenkommt. Jephtha schlug die Ammoniter. Als er nach Mizpa kam, trat ihm seine Tochter im Tanz entgegen. Sie war seine einzige Tochter, er rief: Liebe Tochter, wie traurig ich bin, wegen eines Gelübdes, das ich nicht wieder abwenden kann. Seine Tochter antwortet: Vater erfülle dein Gelübde, Gott hat dir den Sieg über die Ammoniter gegeben.

Sie bat: Gib mir zwei Monate, damit ich mit meinen Freundinnen auf den Bergen meine Jungfrauenschaft beweinen kann. Nach zwei Monaten vollzog Jephtha das Opfer. In Israel gedenken und beweinen die Töchter jährlich einmal das Opfer der Tochter Jephthas.

Der Gileaditer Jephta kämpfte noch erfolgreich gegen die Ephraimer, die das Land wollten und starb in Gilead.

Immer wieder „verführen" die Kanaaniter die Israelis und diese fallen vom Herrn ab, der Herr gibt sie in die Hände der Verführer. Sie schreien dann zu Gott: gib uns einen Retter = Richter, der die Unterdrücker vertreibt. Nach Jephtha kamen als Richter Ibzan aus Bethlehem, weiters Elon aus Sebulon und Abdon aus dem Stamm Ephraim, sie waren unbedeutend.

Samson = Simson

Erst als die Israeliten wieder vom Herrn abfielen, kamen sie viele Jahre lang in die Hände der Philister. Und jetzt trat auf das Flehen ein Retter = Richter auf, der keine Streitmacht hatte, sondern von Gott übermenschliche Kräfte bekam. Seine Geschichte ist so: Der Daniter Manoach und seine Frau bekamen keine Kinder. Ein Engel sprach zur Frau: Du wirst einen Sohn gebären, er wird ein Gottgeweihter sein und Israel aus den Händen der Philister retten. Hüte dich in der Schwangerschaft Wein zu trinken oder Unreines zu essen. Lasse ihm die Haare wachsen, wie es sich für Gottgeweihte gehört. Alles geschah wie Gott wollte, im Stamme Dan wuchs Samson heran, er hatte große Körperkraft!

Als er in die Jahre kam wollte er ein Mädchen, eine Tochter der Philister, zur Frau. Die Eltern waren unglücklich. Sie wussten nicht, dass der Herr wollte, dass Samson wegen einer Enttäuschung durch die Philister, diese vernichtet wird. So zog Samson mit Eltern nach Timna, welches an der Grenze von Dan – Juda im Philisterland lag, um zu werben und Hochzeit zu halten. In den Weinbergen kam ihnen ein junger Löwe entgegen und stürzte sich brüllend auf Samson. Mit dem Geist des Herrn tötete Samson das Tier.

Samson liebte das Mädchen und wollte rasch heiraten. Vorher jedoch veranstaltete er für sieben Tage ein Verlobungsfest. 30 junge Männer sandten die Philister zum Gelage. Samson sagte zu ihnen: Ich geb euch ein Rätsel, löst ihr es in diesen sieben Tagen erhaltet ihr alle 30 jeder ein Festgewand für die Hochzeit, könnt ihr es nicht lösen, so müsst ihr mir 30 Festgewänder geben, wollt ihr? Ja, sie wollten! Ich muss dazu noch etwas erzählen. Was geschah mit dem toten Löwen? Über das Aas hatten sich Bienen hergemacht und in ihrem Stock fand Samson Honig. Er brachte seinen Eltern den Honig und der mundete sehr. Er sagte nicht woher der Honig war. Und jetzt gab er den Männern das Rätsel auf: Vom Fresser kommt die Speise, vom Starken die Süßigkeit? Wer ist das?

Als die 30 keine Lösung fanden überredeten sie Samsons „Verlobte", sie sollte ihm das Rätsel entlocken. Er wollte nicht: Nicht einmal meinen Eltern habe ich es gesagt! Aber jeden Tag weinte sie vor ihm und am siebenten Tag sagte er ihr die Lösung. Sie sagte es den Männern ihres Volkes und diese sagten Samson die Lösung des Rätsels: Was ist süßer als Honig? Was ist stärker als der Löwe? Er sagte: Hättet ihr nicht mit „meinem Kalb" gepflügt, wüsstet ihr die Lösung nicht!

Er ging nach Aschkelon, der Hauptstadt der Philister, 16 km nördlich von Gaza, dort erschlug er 30 junge Männer, nahm ihre Gewänder und gab sie den 30 Philistern. Im Zorn ging er mit den Eltern zurück nach Dan. Samsons Verlobte wurde ihrem Brautführer vermählt.

Samsons Streit mit den Philistern

Nach der Weizenernte wollte Samson „seine Verlobte" besuchen, er brachte ein Ziegenböcklein. Ihr Vater sagte: Ich dachte, du wolltest sie nicht und hab sie einem anderen zur Frau gegeben. Nimm ihre jüngere Schwester. Samsons Antwort: Jetzt bin ich schuldlos, wenn ich Böses an den Philistern tue.

Er fing 300 Füchse band Fackeln an die Schwänze und ließ sie in die Felder zu den Garben der Philister laufen. Es war ein gigantisches Feuer. Die Philister fragten wer hat das getan? Samson, weil man ihm die Frau genommen. Darauf brachten die Philister Samsons „Frau" und deren Vater um. Samson sagte ihnen Rache zu. Er erschlug viele und flüchtete dann in eine Felsenkluft von Etam unweit von Bethlehem im Stamm Juda.

Als darauf die Philister gegen Juda zogen, hatten diese Angst. Sie gingen zu Samson, es waren 3.000 Mann: Warum tust du uns das an, die Philister herrschen über uns? Er sagte: Was sie mir taten, tat ich ihnen! Die aus Juda: Wir binden dich und bringen dich zu den Philistern. Samson: Wenn ihr mir schwört, mir nichts zu tun, geh ich mit. Es geschah, der gebundene Samson, wurde den Philistern übergeben. Jetzt kam der Geist des Herrn über ihn, er zerriss die Fesseln, er fand einen Eselskiefer, mit dem erschlug er 1.000 Philister. Dann regierte er viele Jahre in Dan.

Er ging eines Tages nach Gaza zu einem leichten Mädchen. Offensichtlich bevorzugte Samson Philisterinnen. Nach Berichten waren die Philister schöne großgewachsene Menschen. Die Leute in Gaza wollten ihn am Morgen, nachdem sie die ganze Nacht auf ihn gelauert hatten, am Stadttor töten. Um Mitternacht erschien er und riss beide Torflügeln samt Pfosten aus und schleuderte sie gegen die Angreifer.

Samsons Fall und Rache

Später liebte er ein Mädchen, sie hieß Delila und lebte im Tal des Flusses Sorek an der Nordgrenze von Dan im Philisterland. Sie bewunderte und liebte auch ihn. Als die Philister das erfuhren, beschlossen die Fürsten von Aschkelon, von Gaza, Gat, Aschdod und Ekron Delila zu bestechen. Wenn sie ihnen sagt, worin die Kraft Samsons besteht und sie ihn bezwingen und fesseln können, so soll sie von jedem Fürsten 1.100 Silberstücke erhalten, also insgesamt 5.500 Silberlot.

In einer Liebesnacht fragte sie Samson: Worin liegt deine Kraft, wie musst du gebunden werden, um aufzugeben? Samson sagte: Binde mich mit sieben Seilen ungetrocknetem Basts und ich wäre schwach, wie jeder andere, versuchs. Am nächsten Abend, die Philister hatten ihr frischen Bast gegeben: Nun, Samson werde ich aus dir einen Schwachen, gebundenen Mann machen. Und sie fesselte ihn und tatsächlich er war ihr ausgeliefert. Die Philister hatten gelauert und wollten die Kammer stürmen.

Delila schreit: Achtung die Philister kommen über dich! In einem Satz war er auf, zerriss die Seile und verjagte die Lauscher. Delila: Du hast mich belogen, sag doch womit man dich binden kann? Die Liebe Samsons musste groß sein, denn es kam kein Vorwurf von ihm, dass die Philister gelauert hatten. Scheinbar war es für ihn ein Scherz. Die Antwort: Mit neuen Stricken, im Erstgebrauch, dann wäre ich schwach. Wieder versuchte sie es und die Philister kamen. Sie schrie: Samson, die Philister, und er zerriss die Stricke. Du belügst und täuscht mich, sage doch womit man dich binden kann? Flechte sieben Locken meines Hauptes und schlag sie mit einem Pflock in die Erde. Sie liebten einander und er schlief den Schlaf des Gerechten. Sie tat wie er gesagt und sie rief: Die Philister! Er wachte auf und riss den Pflock mit Locken seines Kopfes heraus und vertrieb die Lauscher.

Sie aber: Du sagst, du liebst mich und täuscht mich schon drei mal. Als sie ihm dauernd Tag und Nacht zusetzte und in ihn drang, wurde seine Seele sterbensmatt. Er tat sein ganzes Herz auf: Noch nie ist ein Schermesser auf mein Haupt gekommen, weil ich ein Geweihter Gottes von Mutterleib an bin. Die Kraft liegt im Haar. Würde ich geschoren, wäre ich schwach wie alle. Nun rief sie die Philister und als er eingeschlafen war in ihrem Schoß, rief sie einen, der ihn schor. Als die Philister kamen, schrie Delila wieder: Samson, die Philister! Er sprang auf, aber seine Kraft war gewichen. Sie erhielt das Geld. Die Philister blendeten ihn, d. h. sie stachen ihm die Augen aus: Samson, der Starke, war hilflos.

Sie brachten ihn nach Gaza, legten ihn in Ketten und er musste ein Mühlrad drehen. Wochen vergingen und Samsons Haar wuchs schneller als erwartet. Angekettet hatte er immer wieder gefleht: Herr lass mich nicht im Stich, gib mir mein Haar, gib mir die Kraft wieder. Die Fürsten feierten ein großes Opfer- und Freudenfest, wohlvorbereitet und gestaltet, mit der Bevölkerung. Denn Gott Dagon, der Hauptgott, hatte ihnen ihren größten Feind Samson in die Hände gegeben. Und sie dankten. Der Fürst wollte seine Macht zeigen und sagte großspurig: Führt ihn vor, dass ihn alle sehen, die Angst vor ihm hatten. Und sie hatten ihre Späße mit dem Blinden. Zwischen zwei Mittelsäulen des herrlichen Kuppelbaues hatten sie ihn gestellt. Die Halle war voll mit Menschen, voran in der ersten Reihe die Fürsten. Samson sagte zu dem Knaben: Lass mich an die Mittelsäulen lehnen und halten – ich bin müde. Zum Herrn sprach er: Gib mir, Herr, meine Kraft wieder, dass ich mich räche an den Philistern, die mir die Augen raubten. Er stemmte sich gegen die zwei tragenden Mittelsäulen zwischen denen er stand: Ich will mit ihnen sterben! Mit aller Kraft brach er die Säulen, das Dach stürzte ein und erschlug alles darunter. Es starben Fürsten und Volk durch seinen Tod, mehr als zu seinen Lebzeiten von ihm getötet wurden. Samson war der erste Selbstmordattentäter!

Sein Vater und seine Bruder holten den Leichnam aus dem Schutt und brachten ihn nach Eschtaol, seinem Geburtsort, wo er lebte und jetzt begraben wurde. Eschtaol lag 22 km westlich von Jerusalem im Stamm Dan. Zu erwähnen ist noch, dass Delila eine Philisterin war, daher war sie auch leicht zu bestechen von den Fürsten ihres Landes. Samson musste seine Liebe bitter bezahlen, noch größer war für ihn die Enttäuschung, dass er durch seine Geliebte verraten wurde.

Als Blinder sann er auf Rache und war glücklich, dass Gott ihm wieder die Kraft gab den Dagon – Tempel zu zerstören: 3.000 Menschen wurden getötet. Es gab Widerstände, ihn in die heiligen Bücher als Richter aufzunehmen, wegen der Frauenaffären und wegen des „Selbstmordes", aber dann überwog, dass er ein „Zeugnis Gottes" war!

Was konnte Samson bewirken? Viele Tote, er selbst wurde verstümmelt und starb. Seine Liebe wurde zerstört und er enttäuscht. Aber was bewirkte sein „Opfer" am Schluss? Die Philister verstärkten die Restriktionen und die Aussicht, dass Dan die Philister zerstört war auf Null gesunken. Eine Erweiterung des Gebietes des Stammes Dan musste auf andere Weise stattfinden?

Der Stamm Dan zieht nach Norden

Sie wollten das Küstengebiet, das ihnen bei der Aufteilung zugesprochen war. Diese Gegend hatten aber die Philister und Kanaaniter. So zogen die Daniter nach Norden und nahmen den Sidonitern mit Schwert und Feuer die Stadt Lajisch = Lesem, später Dan, weg. Und siedelten dann dort in der fruchtbaren Ebene am Fuße des Hermons: 45.600 Mann.

Wieder wurde ein friedliches Volk, die Sidomiter, überfallen und mit List überwältigt. Und unrechtmäßig töteten die Daniter alle und nahmen deren Besitz in Beschlag. Die List war, dass sie einen Leviten fanden, der vor Jahren in einem Haus eines Sidoniters freundliche Aufnahme fand und hier als Gast und Priester lebte. Dem sagten die Daniter: Du betreust einen, du kannst Priester für einen ganzen Stamm sein.

Der stimmte zu und verriet den Danitern alles und so erreichten sie den Sieg. Undankbarkeit und Betrug stehen hier im Vordergrund und das sollte Gottes Wille sein: Vertreibt friedliche Menschen, nehmt was ihr wollt, tötet und sagt: Gottes Wille?

Schandtat zu Gibea in Benjamin

Eine traurige und widerliche Geschichte: ein Levit lebte im Gebirge Ephraim, er hatte eine Nebenfrau aus Bethlehem in Juda. Er war nicht immer gut zu ihr und sie rannte ihm davon, nach Hause. Nach längerer Zeit hatte er Sehnsucht nach ihr und wanderte mit zwei Eseln mit Geschenken, einem Knecht und Proviant nach Bethlehem, der Schwiegervater begrüßte ihn herzlich und bewirtete ihn einige Tage. Am dritten Tag aber entschloss sich der Levit schon nach dem Mittagessen, mit Nebenfrau und Knecht heimwärts zu ziehen. Als es Abend wurde wollte er nicht in Jebus = Jerusalem übernachten, weil es „Fremde" seien, sie zogen weiter nach Gibea, aber niemand wollte ihnen ein Nachtquartier geben. Ein alter Mann, der von der Feldarbeit kam, auch er war kein Benjaminiter, fragte warum sie am Marktplatz lagern.

Als er den Grund erfuhr, lud er sie ein zum Essen und Nächtigen. Nach dem Mahl pochte ein Rudel von Männern an das Tor: Gib ihn heraus, deinen Gast, wir wollen uns über ihn hermachen und ihn missbrauchen. Der Alte sagte: Das könnt ihr nicht, er ist mein Gast. Aber damit ihr eure Gelüste stillen könnt, geb ich euch meine jungfräuliche Tochter und die Nebenfrau des Gastes. Macht doch keine Schandtat! Sie ließen nicht ab, so brachte der Levit seine Nebenfrau für die Schandtat. Sie fielen über sie her, die ganze Nacht. Als er am Morgen aufbrechen wollte, sah der Levit, dass sie tot war. Er lud sie auf einen Esel und sie zogen heim ins Ephraim-Gebirge.

Der Mann zerstückelte die Frau in 12 Teile und sandte je ein Stück jedem Stamm. „Das passiert Israeliten in Benjamin!" lautete das Begleitschreiben. Das Entsetzen war groß: Noch nie war solches in Israel geschehen! Die Israeliten versammelten sich. Wie ist diese Schandtat passiert? Der Levit sagte: Ich kam nach Gibea mit meiner Nebenfrau um zu nächtigen, die Bürger von Gibea umstellten das Haus, mich wollten sie töten, meine Nebenfrau haben sie geschändet, die ganze Nacht bis sie tot war. Ich zerstückelte sie und sandte die Stücke in die Erbbesitze Israels. Damit das Verbrechen, weil nie eine solche Schandtat verübt wurde, gerächt wird. Da seid ihr Israeliten, beschließt was zu tun ist. Alle sagten wir ziehen gegen Gibea und vergelten die Schandtat. Sie forderten, die Männer von Gibea herauszugeben, damit sie sterben. Die Benjamiter lehnten ab.

Strafgericht am Stamm Benjamin

Die Israeliten hatten alle Stämme verpflichtet Kämpfer zu schicken. Man versammelte 400.000 Mann in Bethel und zog gegen Gibea. Die Benjaminiter hatten 27.000 Mann zusammengebracht, in der Stadt. Sie fielen über die ersten Israeliten aus Juda her und töteten 38.000 Mann. Erst als die Israeliten die Benjaminiter in einen Hinterhalt lockten, töteten sie 25.000 Männer aus Benjamin, sie setzten Gibea in Brand und erschlugen die Restlichen auf der Flucht. 600 Mann gelang die Flucht in die Berge.

Frauen für die Benjaminiter

In Mizpa hatten die Israeliten geschworen, niemand gibt eine Tochter einem Benjaminiter zur Frau. Jetzt hatten sie alle getötet und verbrannt und als sie den Sieg mit einem Brand- und Dankopfer feierten, fragten sie den Herrn, jetzt sind wir um einen Stamm weniger? Wenn wir uns zurückerinnern bei der zweiten Zählung 1172 waren es 45.600 Benjamiter.

Es wurde festgestellt, dass die Gileader nicht beim Kampf waren. Entgegen der Abmachung führten sie eine Volkszählung durch. Man schlug alle tot und 400 Jungfrauen nahm man als Beute mit. Diese gab man den 600 Benjaminitern, die in die Berge geflüchtet waren, so sollte der Stamm Benjamin weiter bestehen. Die anderen sollten beim Reihentanz im Frühjahr bei Silos Frauen rauben.

BUCH RUTH

Das ist eine schöne Geschichte, mir gefällt sie sehr. Sie handelt in der auslaufenden „Richterzeit". In Bethlehem = Efrat in Juda lebte Elimelech und seine Frau Noomi = Noemi = Liebliche mit ihren zwei Söhnen. Sie hatten eine kleine Landwirtschaft und eine Gerberei. Als eine längere Hungersnot kam, waren sie in Schwierigkeiten und mussten alles zwangsverkaufen.

Sie wanderten von Juda aus nach Moab. Dieses Land lag am gegenüberliegenden Ufer des Toten Meeres gegen Osten zu, sie hätten einen langen Weg um den See herum gehabt. So entschieden sie sich, die teure Reise über das Meer mit dem Schiff zu machen. Warum nach Moab? Man hatte ihnen von dem Land erzählt. Sie wussten auch von wem die Einwohner von Moab abstammten, nämlich von Lot und seiner älteren Tochter Sohn Moab. Und weiters, dass sie nicht nur weitschichtige Verwandte waren, sondern, dass gute Handwerker gesucht wurden!

Nun hatte Elimelech mit seinen Söhnen nicht nur eine kleine Feldwirtschaft und Viehzucht betrieben, sondern die Söhne hatten sich mit Gerben der Felle erfolgreich betätigt. Wie auch immer, zu Hause in Bethlehem waren sie in Not. Sie begannen in Moab mit dem Restkapital eine Gerberei.

Da durch das Land die Königsstrasse = Königsweg = Karawanenweg führte, wo Waren aus dem Norden östlich des Sees Genezareth und östlich des Toten Meeres durch Moab bis nach Elat zur Verschiffung an den Golf von Akaba gebracht wurden, hatten sie genug Arbeit, Felle zu gerben und zu verkaufen. Ihr Vater war auch schon im vorgeschrittenem Alter, er starb 73-jährig an einem Schlaganfall und hinterließ Noomi mit zwei Söhnen, 26 und 23 Jahre alt.

Der Vater hatte immer wieder zurück nach Juda gewollt: Sobald wir das notwendige Geld beisammen haben! Nun waren sie schon drei Jahre hier und das Geschäft ging gut. Die beiden Söhne heirateten die Moabiterinnen Orpa und Ruth.

Jahre später passierte etwas Furchtbares, ihre Werkstätte zum Gerben eingerichtet, fing eines Nachts Feuer und brannte lichterloh. Die Brüder wollten Einrichtungsgegenstände retten und löschen. Während sie im Inneren des Raumes mit dem Löschen und Bergen beschäftigt waren, stürzte die Decke ein und erschlug die zwei Männer. Sie waren jetzt gerade 10 Jahre hier in Moab und sieben Jahre verheiratet.

Noomi wollte heimkehren, sie sagte zu den Schwiegertöchtern: Geht heim zu eurer Mutter und heiratet wieder! Die aber wollten mit der Schwiegermutter nach Bethlehem. Sie sagte: Mein Los ist bitter, bleibt hier.

Orpa kehrte heim, Ruth aber sagte: Wo du hingehst, geh auch ich; Wo du bleibst, bleib auch ich; Dein Volk, ist mein Volk, und dein Gott ist mein Gott! Wo du stirbst, will auch ich begraben sein... Der Herr tue dies und das, nur der Tod wird uns scheiden! Noomi umarmte Ruth und sie kehrten „heim" nach Bethlehem. Schön ist eine solche Zuneigung. Alle sagten: Noomi ist heimgekehrt. Sie sagte nennt mich nicht mehr Noomi = Liebliche, sondern Mara = Bitter, denn der Herr hat mir viel Bitteres angetan.

Ruth liest Ähren vom Feld Boas

Es war üblich, das Arme ein geerntetes Feld nachlesen = nochmal durchgehen durften, um übersehene Ähren der Gerste oder anderen Getreides oder im Weingarten vergessene Trauben nachzuernten.

Ruth sagte zu Noomi: Ich gehe nachernten! Wo soll ich hin? Da erinnerte sich Noomi eines Verwandten ihres Mannes, ein reicher Mann namens Boas = Booz, der gerade erntete. Ruth ging „nachernten", als Boas nachschauen kam, fragte er: Wer ist das Mädchen? Man sagte ihm alles! Boas sagte zu ihr: Höre meine Tochter, du hast den ganzen Tag fleißig gearbeitet, geh auf kein anderes Feld, halte dich an meine Mägde, esse und trinke mit ihnen und was du geerntet hast, gehört dir! Sie bedankte sich überschwenglich. Er antwortete: Ich kenn dein Schicksal, dass du dein Land verlassen hast, Vater und Mutter, und zu uns gezogen bist, die du uns nicht kennst. Er lud sie ein mit ihm und den Schnittern zu essen! Am Abend brachte sie ein Efa = ein Scheffel Gerste nach Hause, 40 l. Sie erzählte der Schwiegermutter alles. Die antwortet: Gesegnet sei er vom Herrn für seine Barmherzigkeit. Der Mann ist mit uns verwandt und „Löser" für uns. Das heißt ein Mann, der das Eigentum der Sippe „auslöst", das bedeutet „rückkauft". Wir haben in der Not, als wir auswanderten, alles verkauft. Löser bedeutet aber auch ein Verwandter, der eine Witwe von der Kinderlosigkeit „erlöst", also heiratet! Aber auch einer der einen Mord rächt durch Tötung des Mörders.

Nach einiger Zeit rät Noomi ihrer Schwiegertochter: Unser Verwandter wird diese Nacht dreschen auf der Tenne. Bade und salbe dich, zieh dein Brautkleid an, gib dich nicht zu erkennen. Wenn er gegessen und getrunken hat am Abend, legt er sich nieder und schläft, decke ihn zu und leg dich zu seinen Füßen! Ruth tat wie ihre Schwiegermutter sie geheißen.

Schön war sie im Blumenkleid, aber schöner oder besser die „schönste Blume" war Ruth – sie strahlte wie die aufgehende Sonne. Als Boas gegessen hatte und getrunken, war sein Herz voller Freude, denn seine Ernte war einbracht, die Scheune voll. Irgendwas fehlte ihm? Als er sich niedergelegt hatte, dachte er an Ruth: Schade, dass sie gerade heute nicht gekommen war. Er hatte sie nicht extra eingeladen. Als er um Mitternacht aufwachte, sah er oder spürte er, dass etwas zu seinen Füßen lag? Er fragte wer bist du? Ich bin Ruth, deine Magd, breite den Zipfel deines Gewandes über mich, denn du bist der Löser. Er sagte freudig: Gesegnet seist du, meine Tochter! Du hast deine Liebe besser gezeigt als alle anderen, du bist nicht jungen Männern nachgegangen, weder armen noch reichen. Ja, ich bin dein Löser, denn du bist ein tugendsames Weib!

Boas heiratet Ruth, die spätere Stamm-Mutter Davids

Als Ruth und Boas heirateten, waren alle in Bethlehem Zeugen. Sie wurde schwanger und gebar einen Sohn. Sie nannte ihn Obed, er wurde der Großvater von David und von dem stammt auch Jesus ab. Die Frauen sagten: Noomi, dir ist ein Sohn geboren, sein Name wird gerühmt werden in Israel. Er wird dich erquicken und im Alter versorgen. Denn deine Schwiegertochter, die dich liebt, hat ihn geboren. Noomi hatte viel Freude mit dem Kind und hat es mit Ruth großgezogen.

2 BÜCHER SAMUELS UND 2 DER KÖNIGE

Samuel

In Rama lebte ein Mann namens Elkana. Er hatte zwei Frauen, von denen eine viele Kinder hatte, aber Hanna, die andere konnte keine Kinder bekommen. Der Mann tröstete sie, aber sie war traurig und weinte. Jährlich zogen sie einmal nach Silo, zu dem großen Heiligtum, wo im Tempel die Bundeslade aufbewahrt wurde, um zu opfern. Jeder brachte ein Stück Fleisch als Opfer, die Frau mit den vielen Kindern brachte viele Stücke an den Altar. Hanna nur ein Stück.

Dann kniete sie und flehte leise und mit Tränen in den Augen den Herrn an: Gib mir einen Sohn, ich leide so, weil mein Körper verschlossen ist. Dir, Herr will ich ihn weihen, erhöre mich!

Eli der Priester sah sie und sagte: Bist du betrunken von Wein? Sie antwortete: Nein, nein, Herr, ich habe Gott gebeten mir einen Wunsch zu erfüllen. Der Priester antwortet: Geh hin in Frieden, unser Gott, der Herr wird dir deinen Wunsch erfüllen!

Sie zogen heim nach Rama und es geschah, wie der Priester sagte, der Herr ließ sie schwanger werden, zum großen Glück von Hanna und Elkana. Sie gebar einen Jungen. Und entsprechend dem Gelübde wurde er ein Gottgeweihter.

Wir haben schon bei Samson über Gottgeweihte gesprochen, sie durften sich nicht die Haare schneiden, keinen Wein trinken und nur Gott dienen. Sie waren von seinem Geist durchdrungen. Bei der Schwangerschaft der Mutter Samsons = Simsons hatte ein Engel des Herrn sogar Speisevorschriften der Mutter gegeben: Du wirst schwanger werden, obwohl du glaubst unfruchtbar zu sein, hüte dich Wein oder ein starkes Getränk zu trinken und Unreines zu essen. Lasse kein Schermesser auf sein Haupt kommen. Er wird ein Gottgeweihter und Israel aus der Hand der Philister befreien!

Zurück nach Rama zu Hanna und Elkana: sie brachte einen Sohn zur Welt und nannte ihn Samuel = erhört von Gott. Sie stillte ihn und als er entwöhnt war, zogen sie mit Opfergaben, einem dreijährigen Stier, einem Scheffel Mehl und einem Krug Wein nach Silo und übergaben den Knaben dem Priester Eli: Als ich bei dir betete hat mich der Herr erhört, darum gebe ich ihn dem Herrn wieder, sein Leben lang. Und sie beteten alle, Elkana und Hanna zogen ohne Samuel heim nach Rama.

So wuchs Samuel beim Priester Eli in Silo heran. Der Priester Eli hatte zwei Söhne, die waren böse. Wenn die Menschen zum Heiligtum pilgerten und Fleisch für Brandopfer brachten, wollten sie die Sühne, das Fleisch, zum Braten. Die Leute sagten: Lasst erst das Fett in Rauch aufgehen und nehmt dann vom Rest. Aber sie nahmen das Frischfleisch den Pilgern weg.

Das bedrückte Eli sehr, im Gegensatz dazu wuchs Samuel gläubig auf und diente Gott, mit leinernem Schurz brachte er die Opfer vor den Herrn. Der Priester rügte die Söhne: Ihr versündigt euch gegen den Herrn, ihr nehmt sein Opfer. Ihr schlaft bei den Frauen die vor dem Tempel dienen. Eli wurde alt. Der Herr hatte gedroht, wegen der Söhne: Dein Geschlecht wird sterben! Samuel wuchs heran, er war geachtet und geschätzt und Gott begann mit Samuel zu reden. Israel erkannte, dass Samuel ein Prophet des Herrn wurde.

Die Philister stehlen die Bundeslade und Eli stirbt

Die Philister kämpften gegen Israel und töteten in der Schlacht bei Afek fast 4.000 Israeliten und entwendeten in Silo die Bundeslade. Im Kampf starben die Söhne Elis. Als dies alles Eli erfuhr, starb auch er! Die Bundeslade wurde nach Aschdod gebracht, ins Haus des Gottes Dagon. Am nächsten Morgen war die Statue umgestürzt und das Haupt abgebrochen. Die Einwohner bekamen Pestbeulen. Sie brachten die Lade nach Gat, auch hier bekamen die Leute Beulen. So ging es weiter!

Die Bundeslade kommt zurück

So brachten die Philister die Lade nach Bet-Schemesch in Juda mit Geschenken aus Gold: damit Gott gut gestimmt wird! Von dort wurde sie nach Kirat-Jearim gebracht.

Samuel wird Richter = Retter

Da die Israeliten nicht von Baal und Astarte ließen, versammelte Samuel die Israeliten in Mizpa zum Gebet. Da kamen die Philister um Sie zu schlagen! Samuel feierte ein Brandopfer als Ganzopfer und schrie zum Herrn: Hilf Israel! Sie schlugen die Philister, der Herr half mit gewaltigen Donnern. Die Städte Ekron und Gat wurden zurück erobert. In Rama wohnte Samuel bei seiner Familie und richtete lange.

Israel will einen König, Saul wird der 1. König

Samuel warnt das Volk vor einem König: Er wird über euch herrschen! Trotzdem wollen die Israeliten einen König. Samuel ernennt 1012 Saul zum ersten König. Saul war tüchtig und einen Kopf größer als die anderen. Wie zu erwarten gibt es Krieg. Saul siegt über die Ammoniter, als diese die Gileader bedrohten. Nach diesem Feldzug legt Samuel sein Richteramt zurück: Ihr habt jetzt einen König, dienet nicht den Götzen, sondern unserem Herrn, denn er hat große Dinge an euch getan. Tut ihr Unrecht so seid ihr und euer König verloren! Viele Gefechte führte Saul gegen seine Feinde ringsum, die Moabiter, Edomiter, Moabiter und immer wieder die Philister. Nach zwei Jahren Königsherrschaft, kämpfte er mit seinem Sohn Jonathan, als zweiten Feldherrn, bei Michmas gegen die Philister. Hier begann Jonathan den Angriff und die vereinten Kräfte schlugen die Philister in die Flucht. Diese kehrten in ihr Land zurück.

Der Herr verwirft Saul

Samuel sagte zu Saul: Der Herr hat mich beauftragt, dir zu sagen, er hat dich zum König über alle bestellt, jetzt sollst du die Amelekiter, die euch den Fluchtweg verstellten, die sollst du schlagen und den Bann über König, Menschen und Vieh ausüben. Saul schlug sie wohl, aber den Bann übte er nur am Volk aus. Den König ließ er leben und das Vieh nahm er als Beute. Der Herr zog wegen des Ungehorsams seine Hand von Saul. Zu Samuel sprach der Herr: Zieh nach Bethlehem zu Isai, der hat acht Söhne, der Jüngste wird Saul nachfolgen.

Es war David, der Junge war brünett, von edler Gestalt und gutem Gemüt. Er hatte ausdrucksvolle schöne Augen. Aber trotz seiner zarten Gestalt, war er sehr mutig. Beim Hüten der Herden seines Vaters tötete er fast alle wilden Tiere, welche seine Herde angriffen. Wobei ihm seine Fertigkeiten mit der Steinschleuder sehr hilfreich waren. Außerdem war er musisch begabt, spielte Zither und sang dazu. So salbte Samuel den jüngsten Sohn von Isai. Ab diesem Zeitpunkt war Gottes Geist über David.

David kommt an den Hof Sauls

Nachdem die Hand des Herrn nicht mehr über Saul war, ängstigte ihn ein böser Geist. Saul wurde depressiv. Seine Ratgeber sagten: Es muss ein Saitenspieler gefunden werden, der auch singen kann, um den König aufzumuntern. Drei der Brüder Davids waren als Kämpfer bei Saul, sie meldeten: Unser Bruder David ist eine edle Frohnatur, er spielt Zither und singt dazu, der Richtige um den König aufzuheitern. Sie sagten nicht, dass er ein mutiger Junge war und ohne Angst wilde Tiere tötete. So kam David an den Hof und vertrieb dem König die Traurigkeit. Ja, er freundete sich mit Jonathan, dem Sohn des Königs an. Letztlich, wenn Saul ins Feld zog, im Kampf, war David der Waffenträger des Königs.

David und Goliath

Wieder hatten sich die Philister gegen die Israeliten formiert und lagerten zwischen Socho und Aseka, etwa 10 km östlich von Gat. Saul mit seinem Heer war auf der anderen Seite des Tales. Als sich die Kämpfer der Israeliten und die Reihe der Philister gegenüber standen wurden die Israelis vom Riesen Goliath, der vor die Reihe der Philister getreten war, aufgefordert einen Kämpfer zum Zweikampf zu stellen. So könnte man das Blutvergießen vermeiden: Wenn mich jemand schlägt von euch, so habt ihr gewonnen. Alle hatten Angst vor dem bestgerüsteten Riesen.

David schlägt Goliath

Goliath zeigt auf die Israeliten: Wer wagt es von euch mit mir zu kämpfen? Goliath sah prächtig aus, ein Prachtkerl fast 2,2 m groß, die Rüstung strahlte geradezu. Der Schwert- und Speerträger sah wie ein Kind neben Goliath aus. Goliath setzte fort: Oder seid ihr zu feig? Stille, beängstigende Stille!

Und jetzt tritt David, der Sohn Isais, der Urenkelsohn von Ruth vor die Reihe von Sauls Kämpfern. Mit nur einem Fell bekleidet steht er da und spricht: Wer getraut sich das Heer Gottes zu beleidigen, ohne gestraft zu werden? Ich werde kämpfen gegen dich, ich werde dich schlagen, denn der Herr ist mit mir und gegen dich! Goliath begann zu lachen und konnte nicht aufhören: Du blonder Zwerg, rüste dich und wachse, bevor ich dich zum Fraß für die Vögel mache!

Die Israeliten sagten zu David, das kannst du nicht! Saul sagt: Aber David, mit diesem erfahrenen Kriegsmann, mit diesem bestgerüsteten Riesen, kannst du nicht kämpfen, der zermalmt dich. David darauf: Ich habe Löwen und Bären getötet, wenn sie der Herde nahe kamen. Und dieses Riesenschwein muss ich töten, denn es beleidigt unseren Herrn und uns!

So werde ich dich rüsten lassen, antwortet der König. David bedankt sich: Nein, keine Rüstung, die behindert mich, die Rüstung braucht das „Großmaul", mit mir ist der Herr, er wird wenn notwendig, mich vor diesem Ungetüm erretten. König Saul: So geh, der Herr sei mit dir!

So unbedarft, nur mit dem Fell bekleidet und mit Schleuder und Steinen im Beutel, tritt er vor die Reihe und steht Goliath gegenüber. Als der Riese diesen „Kämpfer" sah, lachte er wieder und sagte laut: Na, endlich erhalten die Geier einen kleinen Bissen! Zum Schwertträger gewandt setzte er fort: Nimm Helm und Visier sie stören mich, der Kleine erreicht meinen Kopf sowieso nicht. Bevor er vorstürmt sagte er: Und was willst du noch sagen? David: Jetzt wird der Herr dich in meine Hand geben, dass ich dir den Kopf abschlage!

David hatte noch nicht den Satz vollendet, da war Goliath vorgestürmt und hatte den Speer auf David geschleudert. Der war geschickt ausgewichen und vorgesprungen. Als sich Goliath vom Schwertträger sein Schwert geben ließ, hatte ihn schon ein Stein, von Davids Schleuder, an der Schläfe getroffen und er war umgefallen.

Mit Goliaths Schwert enthauptet David den Riesen! Die Israeliten brüllten vor Freude und lobten Gott. In der Panik ergriffen die Philister die Flucht. Sauls Männer verfolgten sie bis nach Gat und Ekron und töteten viele von ihnen. Ich habe zu wenig die Geschicklichkeit Davids mit der Steinschleuder und seine körperliche Wendigkeit hervorgehoben, denn jetzt war das entscheidend.

Man sang im Reigen bei der Siegesfeier: Saul hat tausend erschlagen, aber David zehntausend! Saul wurde eifersüchtig, weil das Volk David mehr liebte, vor allem die Frauen, so kam der böse Geist wieder über ihn und er dachte: Der wird noch König?

Trotz allem, er gab David seine älteste Tochter Merab zur Frau. Aber auch der Sohn Sauls Jonathan freundet sich mit David so an, dass sie Blutsbrüder wurden. Jonathan rettete sogar David vor den Anschlägen seines Vaters.

David wird bei allen Kämpfen an die vorderste Front geschickt und das im Auftrag von Saul. Als für David die Situation unerträglich wird, flieht er mit 600 Mann und seiner Familie zu den Philistern nach Gat. Als die Philister wieder gegen Asul ziehen, bleibt David und seine Mannen zurück. Die Amelekiter nützten diese Zeit, sie überfallen das Philisterland und rauben und plündern. Sie nehmen Frauen mit, unter anderem Davids Frauen und Söhne.

Als sie ein Freudenfest feiern, verfolgte sie David, Gott hat ihm gesagt: „Vernichte sie!". So kämpfte David mit seinen Mannen die Amelekiter nieder nahm ihnen das Raubgut ab und tötete alle. Als er vom Kampf und Sieg heim kehrte, wurde ihm gemeldet, dass Saul und seine drei Söhne im Kampf gegen die Philister gefallen sind. David beweinte den Tod von Saul und vor allem von „seinem wahren" Freund Jonathan. Er sang ein Klagelied.

David wird König

Der Herr sagte: Zieh nach Hebron! Dort salbten die Männer Judas ihn 1004 zum König. David schickte Boten zum Heer von Saul: Gesegnet seid ihr, weil ihr Saul treu dientet, mich hat das Haus Juda zum König gesalbt, auch ich will euch danken für eure Treue zu Saul und dafür Gutes tun, kommt zu mir.

Aber die Israeliten machten den Sohn Sauls Ischbaal zum König über Gilead, Asser, Jesreel, Ephraim und Benjamin und ganz Israel. Bis 998 war David König über Juda.

Nach Kämpfen gegen Israel und Siegen salbten die Ältesten von Israel David, den 30-jährigen, zum König über Israel und Juda. Das war 997 v. Chr.. Er war König über ganz Israel und regierte noch 33 Jahre lang bis 965.

Er eroberte Jerusalem. Er wohnte auf der Burg und nannte die Stadt „Stadt Davids". Er hatte viele Frauen und viele Söhne. Die Philister konnten die Macht Davids nicht ertragen und zogen gegen ihn. Aber der Herr war mit ihm. Zwei Mal schlug er die Philister!

David holt die Bundeslade nach Jerusalem

Er holte trotz großer Widrigkeiten die Lade von Baala in Juda nach Jerusalem. Beim Einzug in „seine Stadt" Jerusalem tanzte und sang er verzückt ein Loblied dem Herrn. Er brachte die Bundeslade in die Mitte des Zeltes, das er aufgestellt hatte und brachte ein Brand- und Dankopfer dar. Dem anwesenden Volk ließ er Brot, Fleisch und Kuchen austeilen.

Am Abend sagte seine Frau: Hast getanzt, den Clown vor den Mägden gespielt, du König? Er erwidert: Was soll das, nur einer ist wirklich König – unser Herr. Da er jetzt bei uns ist, bin ich ein Nichts, denn er hat mich erwählt!

Nach seinem Opfer vorm Zelt des Herrn, segnete er das Volk im Namen des Herrn Zebaoth = Gott der himmlischen Scharen. Da Samuel schon vor Jahren verstorben war, sprach der Herr zum Propheten Nathan. Geh zu David und sag ihm: der Herr hat euch aus Ägypten geführt, seine Wohnung war ein Zelt, nie habe ich einen Propheten, einen Richter gesagt, dass sie mir ein Haus aus Zedern bauen sollen. Jetzt aber sagt der Herr: Ich hab dich vom Schafhirten zum Fürsten über mein Volk gemacht. Ich hab deine Feinde ausgerottet und werde dich weiter groß machen auf Erden. Ich will meinem Volk Israel eine Stätte geben, wo es kein Feind bedroht. Dir werde ich ein Haus bauen. Und wenn du dich zu deinen Vätern versammelst, werde ich deinem Sohn das Königtum bestätigen. Er soll meinem Namen ein Haus bauen. Ich werde sein Vater sein, wenn er sündigt, soll er wie ein Mensch bestraft werden, aber meine Gnade soll nicht von ihm weichen, wie bei Saul. Euer Königtum soll ewig bestehen!

Als Nathan David Gottes Wort gesagt hat, antwortet dieser: Wer bin ich, Herr, was ist mein Haus, dass du mich bis hierher gebracht hast? Du machst Zusagen, noch mehr als du bisher tatest, Herr... Du kennst mich, deinen Knecht, Herr... Du hast dein Volk bereitet, ließest es große und furchtbare Dinge tun, damit du Völker und ihre Götter vertriebest vor deinem Volk, das du aus Ägypten erlöstest. Du hast das Ohr deines Knechtes geöffnet und gesagt: Ich will dir ein Haus bauen. So bete ich: Herr, segne das Haus, damit es ewig vor dir sei! David der König über ganz Israel schaffte Recht und Gerechtigkeit. Als die Ammoniter David provozierten, schickte er sein Heer gegen sie.

Davids Ehebruch und Blutschuld

David zog nicht mit gegen die Ammoniter, sein Feldherr Joab führte die Kämpfer. David war eines Abends am Dach des Hauses und genoss die Kühle. Als im Nebenhaus sich eine Frau wusch. Sie war nackt wie der Herr sie geschaffen hatte. David war von ihrer Anmut und Schönheit hingerissen. Er ließ nachfragen wer die Frau ist? Es war Batseba, die Frau Urias, eines Hethiters, eines tapferen Kriegers im Heer von David. Der war an der Front. David lud die Frau zu sich ein, bewirtete sie. Er gestand ihr seine Liebe und erreichte, dass sie mit ihm schlief. Das war die erste Schandtat, dass er einem treuen Kämpfer, die Frau wegnahm. Aber es geht noch weiter! Die Frau kehrte nach der Liebesnacht in ihr Haus zurück. Nach einiger Zeit ließ Batseba David mitteilen, dass sie schwanger sei! David schrieb Joab und befal dem Feldherrn: Uria ist dort einzusetzen, wo der Kampf am härtesten ist, und wörtlich heißt es weiter, dass er erschlagen werde und sterbe! Es ist ungeheuerlich, dass ein „so frommer" Mann einen Mord befiehlt. Wo warst du Herr? Wieso hast du ihn nicht zerdrückt? Und Uria fiel, für seinen König, der Feldherr wurde belobt. David sagte: Kränkt euch nicht, dass er gefallen ist, kämpft weiter bis zum Sieg. So gewannen die Männer Davids über die Ammoniter.

Es ist ungeheuerlich, dass der Herr nicht zuschlug auf David, denn wer tötet, soll auch getötet werden! Urias Frau hielt die Totenklage, als die Trauer beendet war, ließ sie David in sein Haus holen und nahm sie zur Frau... Zu den vielen die er schon hatte. Sie gebar ihm einen Sohn.

Nathans Strafrede, Davids Schuldbekenntnis und Vergebung durch Nathan

Dem Herrn missfiel Davids Tat. Er sandte Nathan zu David. Nathan begann zu erzählen: Es waren zwei Männer in einer Stadt, einer reich der andere arm. Der Reiche hatte viele Schafe und Rinder, der Arme hatte nur ein kleines Schäflein, er nährte es mühselig mit seinen Kindern, als wär es auch eines. Als ein Gast zum Reichen kam und er ihn bewirten musste, er aber seine Herde nicht dezimieren wollte, nahm er das Schäflein des armen Mannes und bereitete damit das Mahl des Gastes. Vergessen hat Nathan noch dazu zu sagen: Und der Gipfel des Verbrechens war, dass er den Armen töten ließ.

Als David das hörte, wurde er zornig: So wahr der Herr lebt, der Mann verdient den Tod! Nathan sieht David lange an: Du bist der Mann! So spricht der Herr, der Gott Israels: Ich habe dich zum König gesalbt über Israel, dich errettet aus der Hand Sauls, dir deines Herrn Haus gegeben, seine Frauen, und das Haus Israel und Juda. Ist das zu wenig, so will ich noch mehr tun? Warum hast du das Wort des Herrn verachtet, warum hast du das getan, gegen ihn? Uria erschlagen durch das Schwert, seine Frau hast du dir als Frau genommen. So spricht der Herr: Nun wird von deinem Haus das Schwert nimmer mehr lassen, weil du mich verachtet hast und Urias Frau genommen hast, will ich Unheil über dich kommen lassen, deine Frauen nehmen und dem Nächsten geben, dass er mit ihnen schläft am helllichten Tag.

Denn du hast es heimlich getan, ich will es ganz Israel zeigen. David sagt zu Nathan: Ja, ich habe schwer gesündigt gegen den Herrn und werde büßen! Nathan erwidert: So hat der Herr deine Sünde weggenommen, aber nicht vergessen, du wirst nicht sterben dafür. Aber weil du den Feinden des Herrn, Munition gegen ihn gegeben hast, wird dein Sohn, den dir Batseba gebiert, sterben.

Wir erinnern uns an Mose, der sagte: Warum soll der Sohn des Baumeisters sterben, wenn sein Vater einen Fehler gemacht hat und dadurch ein Kind gestorben ist!!!

Nach der Geburt des Knaben, wurde dieser schwer krank. David bat Gott dem Kind zu helfen. Er fastete, schlief am Boden. Er zog sich zurück, war nicht mehr bei der Tafel. Am siebenten Tag nach der Geburt starb der Knabe.

David wusste, dass der Herr ihn zu sich gerufen hatte. David hatte gebüßt und begann wieder ein normales Leben. Er tröstete auch Batseba und liebte sie noch mehr. Sie gebar ihm den zweiten Sohn. David nannte ihn Salomo. Der Herr liebte das Kind und bat

Nathan, er sollte ihn geistlich betreuen und ihn Jedidja = Liebling des Herrn nennen. David war musisch und immer wieder schreibt er Psalmen, Loblieder auf den Herrn, die zum Saitenspiel vorgetragen werden. David hatte mehrere Söhne und ein Sohn machte einen Aufstand gegen seinen Vater und weil dieser Sohn Absalom, von Anhängern zum König erhoben wurde, musste David mit seinen Getreuen, voran der Heerführer Joab, Jerusalem verlassen. Sie kehrten zurück nachdem Absalom im Kampf gefallen war. Trotzdem trauerte David um ihn. Aber nicht genug der Schicksalsschläge, es kam eine Hungersnot über das Land, drei Jahre lang. Als sich die Philister wieder gegen David formierten, erschlug bei Gat ein Neffe Davids mit Namen Jonatan einen Riesen, der die Männer Davids höhnte, und führte dadurch das Heer der Israeliten zum Sieg. David dankte dem Herrn mit dem Lied:

> Der Herr ist mein Fels und meine Burg und
> mein Erretter.
> Gott ist mein Hort, auf den ich traue,
> mein Schild und Berg meines Heils,
> mein Schutz und meine Zuflucht,
> mein Heiland, der du mir hilfst vor Gewalt u.s.f.

Davids Dankesworte

Es spricht David, Sohn Isais, der hoch erhoben wurde, der Gesalbte, der Liebling Israels:

> Der Geist des Herrn hat durch mich geredet,
> und sein Wort ist auf meiner Zunge.
> Wer gerecht herrscht unter den Menschen,
> wer herrscht in der Furcht Gottes,
> der ist wie das Licht des Morgens,
> wenn die Sonne aufgeht,
> am Morgen ohne Wolken.
> Und wie das Gras nach dem Regen
> aus der Erde bricht,
> So ist mein Haus fest bei Gott,
> denn er hat mir einen ewigen Bund gesetzt,
> in allem wohl geordnet und gesichert.
> All mein Heil und all mein Begehren
> wird er gedeihen lassen.
> Aber die nichtswürdigen Leute sind allesamt
> wie verwehte Disteln, die man nicht
> mit der Hand fassen kann;
> sie werden mit dem Feuer verbrannt.

Gott lässt David den Tempelplatz finden

Doch der Zorn des Herrn war nicht vergessen, denn der Herr schickte seinen Seher Gad zu David: Sag was willst du lieber drei Jahre Hungersnot oder drei Monate vor Verfolgern fliehen oder drei Tage Pest? David antwortet: Die Hand des Herrn soll walten.

Die Pest kam über das Land, Tausende starben. David flehte den Herrn an. Ich weiß, dass ich gefehlt habe, ich habe schwer gesündigt, aber was können meine Leute dafür, nimm deinen Fluch von mir und meinem Haus weg!

Der Seher Gad führt David zur Tenne des Jebusiters Araunas: Errichte hier einen Altar und opfere. David und seine Oberen taten wie geheißen. David kaufte die Tenne und die Opfertiere und brachte am aufgebauten Altar ein Brand- und Dankopfer dar. Alle lagen mit dem Angesicht zur Erde und riefen den Herrn an. Und der Herr war gnädig, die Plage wich vom Land. Nun wusste David wo der Herr ein Haus wollte.

Salomo wird König

Als David hochbetagt war und kränklich darnieder lag, wollte sich ein Sohn, der zweitälteste von David, mit Namen Adonija, zum König krönen lassen und hatte schon Getreue um sich. Der Prophet Nathan meldete die Vorgänge David. Der sagte zu Batseba: So wahr der Herr lebt und mich erlöste aus aller Not, so soll sein, was ich geschworen habe, dein Sohn soll nach mir König sein. So geschah es, Salomo, der jüngste Sohn Davids, wurde im Jahre 965, zum König gesalbt. Sein Bruder Andonija unterwarf sich, Salomo verzieh ihm, ließ ihn aber später töten und die mit ihm waren absetzen.

Davids letzter Wille und sein Tod

Vor seinem Sterben sprach David zu Salomo: Ich gehe den Weg zu meinen Vätern, sei getrost mein Sohn. Sei ein Mann, diene Gott auf all deinen Wegen. Halte als König Gebote, Satzungen, Recht und Ordnung, wie geschrieben steht auf Moses Tafeln. Er starb 63jährig in seiner Stadt und wurde festlich von Salomo begraben.

Salomo als König

Salomo herrschte ab 965 bis 926 als König über Nord- und Südreich. Er ließ Menschen, auch Priester, absetzen und andere dafür einsetzen.

Salomo wurde trotzdem ein weiser Herrscher. Er baute von 962 bis 955 den Tempel, den sein Vater, wegen der Kriege, nicht bauen konnte. Es steht in der Bibel: Im 480. Jahr nach dem Auszug Israels aus Ägypten und im vierten Jahr der Herrschaft Salomos über Israel wurde das Haus dem Herrn gebaut · Das war 962 v. Chr., aber der Auszug war im Jahr 1212 v. Chr. also nicht 480 sondern 250 Jahre vor Beginn des Tempelbaues. Das vierte Jahr stimmt. Der Tempel war 27 m lang, 9 m breit und 13,5 m hoch und dazu die Vorhalle die ganze Breite des Tempels, also 9 m, und der Vorbau 4,5 m. Im Tempel war das Allerheiligste. Rundherum ein Umgang.

Gott sagt: So will ich wohnen darin! Salomo baute auch seinen Palast. Diese großartigen Bauten waren das Aushängeschild von Jerusalem. Salomo hatte am Beginn seiner Herrschaft gedankt, dass Gott so gütig zu David war. Gott belohnte Salomo für seine Bescheidenheit mit Weisheit. Nach Beendigung der Bauarbeiten führte Salomo die Tochter des Pharaos als Frau heim. Auch die Königin von Saba besuchte Salomo, wegen seiner Weisheit. Sie brachte ihm Gold und anderes. Salomon hatte viele Nebenfrauen aus den umliegenden Ländern. Der Herr hatte ihn gerügt, weil Salomo mit den Frauen anderen Göttern opferte.

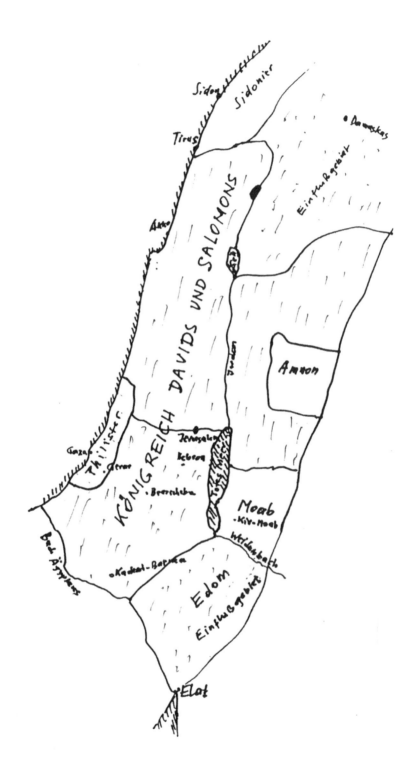

Das Reich Davids und Salomos

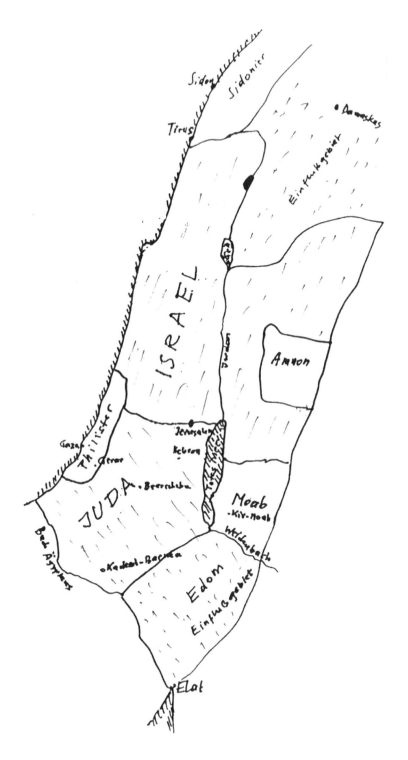

Teilung des Reiches

Jerobeam, der Statthalter Salomos im Norden des Landes plante wegen der hohen Steuer- und Fronlasten und der Unterdrückung einen Aufstand.

Er musste nach Ägypten fliehen. Als nach 40 Jahren Herrschaft in Jerusalem das Königtum 926 an Salomos Sohn Rehabeam überging, machte Jerobeam einen erfolgreichen Aufstand und Salomos Sohn Rehabeam blieb nur mehr Juda, mit dem Tempel, das „Südreich" von 926-910. Und die anderen Stämme fallen Jerobeam I „nach Gottes Willen" zu, also das „Nordreich = Israel" von 926-907. Es kamen noch viele Könige, Krieg und Hungersnot. Zum Schluss kamen die Babylonier belagerten und zerstörten. Jerusalem mit Tempel und Königspalast. Die Chaldäer waren die Verbündeten der Angreifer. Die Menschen wurden in Gefangenschaft gebracht, außer es waren Bauern oder Winzer. 587 v. Chr. ist damit das Reich Israel untergegangen!

2 BÜCHER DER CHRONIK

Enthält die Geschlechtsregister von Adam bis David und seinen Nachkommen. Aber auch der anderen Stämme. David plante den Tempelbau und Salomo, sein Sohn, begann damit. Er vollendete den Bau des Tempels. Die Einweihung und das Festopfer erfreut den Herrn. Gott erhört das Gebet Salomos und erwählt den Tempel als Opferhaus. Besuch der Königin von Saba und ihre Hochachtung vor der Weisheit Salomos. Die Chronik der Könige nach Salomo bis zur babylonischen Gefangenschaft von 587 bis 538 v. Chr. Befreiung durch Kyros II. aus Persien. Er entlässt die Juden in ihre Heimat und fördert die Planung des Tempelaufbaus, im Auftrag des Herrn. Das war kurz gefasst der Inhalt der beiden Bücher.

BUCH ESRA

Die Rückkehr aus Babylon im Jahre 538 v. Chr. Weiters wird im Buch die Liste der Heimkehrer angegeben. Dann wird über die Schwierigkeiten der Heimkehrer mit den Hiergebliebenen wegen des Wiederaufbaus des Tempels berichtet. Und dass erst unter König Darius mit dem Bau begonnen wird. 515 v. Chr. wird der Tempel geweiht. Der Perserkönig Artaxerxes I. schickt 458 den Schriftgelehrten Esra ins Land. Er bringt den Israeliten die Gesetze Moses nahe. Er ist Oberpriester und Richter in Jerusalem. Er verurteilt die Heirat mit „fremden" Frauen!

BUCH NEHEMIA

Nehemia war Mundschenk bei König Artaxerxes I. (464-424). Er bittet den König: Lasst mich zurück damit ich die Stadt und die Gräber meiner Väter wieder aufbauen kann! Mit Vollmachten ausgerüstet, baute er in Jerusalem die Stadtmauern und die Tore auf. 445 v. Chr. war er damit fertig. Alle hatten geholfen: Priester, Leviten und das Volk. Nehemia ernennt sich zum Statthalter. Der Schriftgelehrte Esra liest das Gesetz Moses und die Leviten erläutern es. Nehemia verspricht alle Gesetze zu halten, und keine fremden Frauen zu nehmen, zu opfern, das Erstlingstier und die Ersternte den Priestern zu bringen und 1/10 der Ernte den Leviten für die Vorratskammern zu geben. Nehemia schafft den Wucherzins ab, aber er führt Steuern ein.

BUCH ESTER

Der Persische König Xerxes I (485-465 v. Chr.) feierte in seiner Residenz in Susan (360 km östlich von Babylon und 200 km nördlich von Abadan) ein großes Fest. Alles gab es im Überfluss. Er hatte alle Großen und Fürsten von Indien bis Äthiopien und auch das Volk in den königlichen Garten und den Pavillon geladen. Die Königin Vasthi hatte die Damen in den Palast geladen.

Am siebenten Tag war der König vom übermäßigen Weingenuss sehr fröhlich und wollte den hohen Gästen seine schöne Frau zeigen. Er rief sie, aber sie ließ antworten: Ich komme nicht! Der König forderte sie nochmals auf zu kommen, aber sie weigerte sich. Mit seinen Beratern stellte er fest: Verweigert die Königin den Gehorsam, werden auch die anderen Frauen nicht mehr den Befehlen der Männer gehorchen. Außerdem hat sie alle Fürsten brüskiert.

Der König entzog der Königin alle Würden und die Krone. Ein Erlass an alle Untertanen hieß: Jeder Mann ist der Gebieter in seinem Haus. Man suchte eine bessere Frau als neue Königin.

Aus vielen wurde Ester ausgewählt. Sie war schön, gut gewachsen und hatte ein einnehmendes Wesen. Ester war Jüdin, ihre Eltern waren, wie viele andere in die Babylonische Gefangenschaft gekommen und leider in dieser Zeit gestorben. Ein älterer Cousin von Ester hatte keine Kinder und nahm sie als Ziehtochter zu sich. Als der Perserkönig Kyros 538 v. Chr. die Babylonier schlug und die Juden heimschickte nach Jerusalem wanderte Mordechai mit seiner Ziehtochter nach Susan. Susan war die Residenz der persischen Könige.

Mordechai war nicht sehr religiös und er wollte mit den Eiferern nicht zurück. Er hatte von einem Landverwalter ein Angebot als Landvermesser.

Ester wurde Königin. Auf Rat des Stiefvaters hatte sie dem König nicht ihre Herkunft gesagt. Ein königlicher Berater namens Aman wollte die Juden vernichten. Er sagte dem König, sie beachten die Gesetze, die wir haben, nicht! Also müssen wir sie vernichten und ihr Gold und Silber geht in den königlichen Schatz über. Der König stimmte zu und ließ für Aman Vollmachten ausstellen. Unter den Israeliten war große Sorge. Als Mordechai das erfuhr wandte er sich an Ester. Ester offenbarte sich dem König und deckte auch eine Intrige gegen ihren Gemahl auf. Aman wurde hingerichtet und die vorgesehenen Restriktionen gegen Israeliten wurden zurückgenommen.

BUCH HIOB = IJOB = JOB

Di. 23.11.04: Jetzt liege ich schon über eine Woche mit schwerem Husten im Bett. Trotz Medikamenten wird es kaum besser. Ich bin schon ganz fertig, da ist es richtig „Hiob" zu lesen. Alles was einen Menschen Übles treffen kann, Hiob muss es erleiden. Er, der gerechte und gottesfürchtige Mensch. Der niemand ausgenützt oder betrogen hat. Er, der ein Herz für Arme hatte.

Vielleicht erzähle ich alles von Beginn des Buches an: Hiob lebte in Uz, östlich vom Toten Meer, er war wie erwähnt gottesfürchtig, fromm und gerecht. Er hatte sieben Söhne und drei Töchter, besaß tausende Schafe, hunderte Rinder und Eseln und hatte damals viele Helfer, Gesinde. Er war ein sehr reicher Mann, wenn seine Kinder zu viel feierten brachte er dem Herrn ein Brandopfer dar!

Hiobs schwere Prüfung

Der Herr sagte zum Satan, du wirst auf der Erde keinen finden der so rechtschaffen wie Hiob ist. Der Satan erwidert, dass er Gott nur fürchtet, weil der Herr ihn gesegnet hat und ihm alles im Land gegeben hat. Ohne deine Hand fällt er ab von dir. Gott antwortet: Nimm alles was er hat, es sei in deiner Hand, aber sein Leben lass ihm und dann werden wir sehen!

Zu Hiob kam am selben Tag ein Bote: Alle deine Herden wurden geraubt, die Knechte erschlagen, nur ich konnte fliehen. Ein anderer kam und sagte: Auch die Kamele wurden geraubt. Die nächste unerwartete Botschaft war: Deine Söhne und Töchter, die mit Freunden feierten wurden von einer Zimmerdecke erschlagen, als sie ein Wüstensturm zertrümmerte. Die Botschaften trafen ihn hintereinander, wie eine Keule. Heute noch nach 2.500 Jahren sagen wir zu einer Unglücksbotschaft: Hiobsbotschaft!

Er zerriss seine Kleider und kniete auf der Erde: Nackt bin ich von meiner Mutter Leib gekommen, nackt werde ich gehen. Der Herr hat' s gegeben, der Herr hat' s genommen; der Name des Herrn sei gelobt! Wir kennen die Formel von der Grablegung.

Hiobs neuerliche schwere Prüfung

Auf Gottes Frage antwortet Satan: Ja, aber seinen Körper habe ich nicht angetastet. Der Herr antwortet: Tu es, aber sein Leben schone. Sein Körper wurde mit bösen Hautgeschwüren befallen, sogar seine Frau ekelte sich vor den stinkenden Wunden. Sie sagte: Warum bist du noch fromm, lass ab von Gott und stirb. Er antwortet: Haben wir Gutes von ihm genommen, so sollten wir auch Böses von ihm annehmen.

Drei Freunde kommen zu Hiob

Sie kamen aus verschiedenen Gegenden zu Besuch und teilten seinen Schmerz, eine Woche lang!

Hiobs Klage

Verflucht und ausgelöscht sei der Tag da ich geboren wurde. Gott soll den Tag auslöschen, Finsternis über ihn breiten. Warum bin ich nicht gestorben bei der Geburt, ich läge nicht da um zu leiden, ich schliefe und hätte Ruhe mit Ratsherren, Fürsten und Königen, deren

Häuser voll Gold und Silber waren und die sich Grüfte bauen. Dort haben die Gottlosen aufgehört zu toben, die viel Mühe hatten ruhen ebenfalls dort. Gefangene hören nicht mehr die Stimme des Treibers. Groß und Klein sind gleich und der Knecht ist frei vom Herrn. Warum gibt Gott das Licht dem Mühseligen und das Leben dem Betrübten – der auf den Tod wartet?

Hiobs Gespräche mit den Freunden

Sie sagten du wirst nicht gerne hören was wir dir sagen, aber wir fühlen uns verpflichtet unsere Meinung dir zu sagen. Du hast vielen geholfen, auch mit deinem Zuspruch hast du sie gestärkt und jetzt, weil es dich trifft erschreckst du. Ist nicht Gottesfurcht dein Trost, deine Gerechtigkeit Hoffnung? Wo ist ein Unschuldiger umgekommen, wo wurden Gerechte je vertilgt? Wohl aber wurden, die Unheil säten verdammt, von Gott vertilgt. Zuletzt sagt Elifas von Teman: Selig ist der Mensch, den Gott zurechtweist, widersetze dich nicht der Zucht des Allmächtigen! Denn er verletzt und heilt!

Hiob antwortet Elifas von Teman

Mein Kummer und Leiden ist schwer, die Pfeile der Allmächtigen stecken in mir, mein Geist muss ihr Gift trinken und die Schrecknisse Gottes sind auf mich gerichtet. Soll er mich erschlagen und meinen Lebensfaden abschneiden. Ich habe nicht mehr die Kraft auf ein ungewisses Ende zu warten! Ich habe keine Hilfe mehr und es gibt keinen Rat für mich. Wer Barmherzigkeit seinem Nächsten verweigert, gibt die Furcht vor dem Allmächtigen auf. So seid ihr jetzt für mich geworden! Hab ich gesagt: Schenkt mir was von eurem Vermögen, rettet mich aus Feindes Hand? Belehrt mich, so will ich schweigen und worin ich geirrt habe, darin unterweist mich.

Muss nicht der Mensch Tag für Tag seinen Dienst auf Erden tun, wie ein Taglöhner. Mein Fleisch ist verfault, die Haut verschrumpft und voller Eiter. Die Tage sind vergangen ohne Hoffnung. Mein Leben ist ein Hauch, meine Augen werden nie wieder Gutes sehen. Die Wolke vergeht und fährt dahin, so kommt nicht wieder, wer zu den Toten hinunter fährt. Darum rede ich in der Angst des Herzens und klage in der Betrübnis der Seele. Wenn ich hoffte mein Bett soll mich trösten und den Jammer erleichtern, so schrecktest du mich mit grauenvollen Träumen, so dass ich wünschte erwürgt zu werden, statt meine Schmerzen zu erleiden.

Ich vergehe, leb doch nicht ewig? Lass ab von mir, meine Tage sind doch nur ein Hauch. Jeden Morgen suchst du mich heim und prüfst mich alle Stunden. Herr, blick weg und lass mir einen Atemzug Ruhe! Hab ich gesündigt, was tue ich dir damit an, du Menschenhüter? Warum machst du mich zu deinem Ziel, dass ich mir selbst eine Last bin? Und warum vergibst du mir meine Sünde nicht oder lässt meine Schuld sein? Bald liege ich in der Erde, und wenn du mich suchst, werde ich nicht mehr da sein.

Bildad von Schuach redet

Wie du so redest, meinst du Gott richtet unrecht? Haben deine Söhne gesündigt, so hat der Herr sie verstoßen um ihrer Sünde willen. Wenn du aber rein und fromm bist und zum Allmächtigen flehst, wird er aufwachen und deine Wohnung wieder aufrichten, wie es dir zusteht.

Hiob antwortet Bildad

Ja, ich weiß, dass ein Mensch gegen Gott nicht recht behalten kann. Er ist weise und mächtig, er versetzt Berge, er lässt die Erde zittern. Er lenkt Sonne, Mond und Gestirne. Er lenkt Gewässer und tut große Dinge und Wunder! An mir geht er vorüber. Wenn ich ihn anrufe, so hört er meine Stimme nicht. Er antwortet nicht und schlägt mir viele Wunden. Ich bin unschuldig! Ich möchte nicht mehr leben, ich verachte mein Leben. Er ist nicht Mensch wie ich, so dass wir miteinander vor Gericht gehen könnten.

Dass der Richter, seine Hand auf uns legte und die Rute von mir nehme und ich mich nicht mehr ängstigte. So wollte ich reden, ohne mich vor ihm zu fürchten, denn ich bin mir keiner Schuld bewusst. Mich ekelt mein Leben und ich will zu ihm sagen: Verdamme mich nicht! Lass mich wissen, warum du mich vor Gericht ziehst? Bedenke doch, du hast mich aus Erde gemacht, lass mich wieder zum Staub zurückkehren.

Zofar von Naama redet

Müssen Männer zu deinem leeren Gerede schweigen, du spottest und niemand soll dich beschämen? Weißt du was Gott weiß, kannst du alles so vollkommen treffen wie der Allmächtige? Du solltest den Frevel aufgeben und dein Herz auf ihn richten, du würdest dich trösten und Hoffnung sehen.

Hiob antwortet Zofar

Ihr seid Leute, mit denen wird die Weisheit sterben! Ich habe keinen geringeren Verstand als ihr. Dem Unglück gebührt Verachtung. Aber die Hütten derer, die gegen Gott sind, stehen sicher und haben Ruhe. Alles hat der Herr gemacht. Bei ihm ist Weisheit und Gewalt, Rat und Verstand. Er führt Ratsherren gefangen, macht Richter zu Toren, macht frei von Banden der Könige, entzieht die Sprache den Verlässlichen, nimmt den Verstand den Alten. Alles das wisst ihr und ich. Doch ich wollte gern zu dem Allmächtigen reden und wollte rechten mit Gott. Ihr seid Übertüncher von Lügen und Schwächlinge die heilen wollen. Besser ihr hättet geschwiegen, wollt ihr Gott verteidigen mit Unrecht und Trug!

Hört und lasst mich sprechen Er wird mich doch umbringen und ich habe nichts zu hoffen, doch werd ich meine Wege vor ihm verantworten: Ich bin zum Rechtsstreit gerüstet, lass deine Hand fern von mir sein, den Schrecken erschreckt mich nicht. Rufe und ich will dir antworten und ich will reden, dann antworte du! Wie groß ist meine Schuld und Sünde? Was sind meine Übertretungen? Warum verbirgst du dein Antlitz und hältst mich für deinen Feind? Willst du einen Sterbenden verfolgen, dass du so Bitteres über mich verhängst? Der Mensch, vom Weibe geboren, lebt kurze Zeit und ist voll Unruhe, geht auf wie eine Blume und fällt ab, flieht wie ein Schatten und bleibt nicht. Stirbt ein Mann, so ist er dahin; Kommt ein Mensch um – wo ist er? Dass du mich im Totenreich verwahren wolltest, bis dein Zorn weg ist, und mir ein Ziel setzen und dann an mich denken wolltest? Meinst du, ein toter Mensch wird wieder leben? Alle Tage meines Dienstes wollte ich harren, bis ich abgelöst werde!

Mir fehlt der Aufschrei!

Mo 08.08.11: Ich kann nicht weiter redigieren, obwohl Hiob viel gesagt hat. Der Aufschrei, dass es möglich ist, zuzusehen, wenn Millionen Menschen auf der Flucht sind, um Hunger und Durst zu entfliehen. Um von Somalia nach Kenia ins Flüchtlingslager Dadaab zu kommen. Dorthin, wo Wasser ist und etwas zu essen, um nicht zu verhungern. Frauen mit Kindern und Alten sind unterwegs. Da wird gemeldet eine Mutter mit sieben Kindern ist allein angekommen, alle Kinder sind am Weg gestorben. Solche Meldungen sind an der Tagesordnung. Gestern in der Kirche hat der Pfarrer das Evangelium gelesen, wo Jesus über das Wasser geht und Petrus ihm entgegen geht, aber versinkt.

Die rettenden Hände Jesus bergen ihn. Der Pfarrer predigt: Wir müssen Vertrauen haben zu Jesus, er streckt uns die Arme entgegen, wir müssen sie nehmen. Die Frauen auf der Flucht strecken ihm die Arme entgegen: Hilf, meine Kinder verrecken!! Und keine Hilfe ist da!! Wir müssten helfen, zum Mond fliegen wir, wenn notwendig, bombardieren wir. Aber Wasser und Brot abwerfen können wir nicht! Pfui!!

Elifa antwortet

Deine Schuld gibt dir eine listige Zunge. Gelten dir Gottes Tröstungen so wenig, dass sich darin Mut gegen Gott richtet. Der Gottlose lebt sein Leben lang, dem Tyrannen ist die Zahl seiner Jahre verborgen. Angst und Not schlagen ihn, denn er hat Gott getrotzt. Seine Wohnung wird zerstört und sein Gut wird nicht bestehen. Er wird unfruchtbar bleiben und Mühsal und Unglück gebären.

Die Antwort Hiobs

Ich war in Frieden, aber er hat mich zunichte gemacht. Die Krankheit hat mich zerstört. Meine Freunde verspotten mich, unter Tränen blickt mein Auge zu Gott, dass er mir Recht verschaffe, dem Menschen vor seinem Freund. Nur wenige Jahre noch und ich gehe den Weg, von dem ich nicht wiederkommen werde. Mein Geist ist gebrochen, meine Tage zu Ende, das Grab ist da.

Bildads 2. Rede

Soll um deinetwillen die Erde veröden. Das Licht der Gottlosen wird verlöschen, ihr Andenken vergehen. Sie werden keine Kinder haben und vom Erdboden verstoßen sein.

Hiobs Erwiderung

Ihr plagt meine Seele und peinigt mich mit Worten. Habe ich mich geirrt, so trage ich die Folgen. Merkt doch endlich, dass Gott mir unrecht getan hat. Ich schreie „Gewalt", niemand hört mich, ich rufe, aber kein Recht ist da. Er hat mich zerbrochen, sein Zorn ist über mich entbrannt, er achtet mich seinen Feinden gleich. Alle haben mich verlassen, auch ihr meine Freunde. Aber ich weiß, dass mein Erlöser lebt und als der Letzte wird er sich über den Staub erheben. Und ist auch meine Haut zerfressen und mein Fleisch dahingeschwunden, so werde ich doch Gott sehen. Meine Augen werden ihn schauen und kein Fremder. Danach sehnt sich mein Herz. Er wird das letzte Wort haben. Fürchtet euch, die ihr mich anklagt vor seinem Gericht. Warum bleiben die Gottlosen am Leben, werden alt und haben viele Nachkommen, sie jauchzen und sind fröhlich. Sie werden alt und liegen gestorben zusammen in der Erde mit denen, die nie das Glück gekostet haben. Die Gottlosen sagen: Warum sollen wir dem Allmächtigen dienen, was nützt er uns, wenn wir ihn anrufen? Doch ihr Glück ist nicht in ihren Händen und der Rat der Gottlosen ist fern von mir. Wie oft geschieht es, dass Unglück über sie kommt oder auf ihre Kinder und Kindeskinder? Ihr habt mich mit Nichtigkeiten getröstet liebe Freunde.

Elifas letzte Rede

Kann ein Mann Gott etwas nützen? Ein Kluger nützt nur sich selbst! Was hat Gott davon, dass du gerecht bist? Was hilft ihm das? Glaubst du er wird wegen deiner Gottesfurcht mit dir ins Gericht gehen? Hast du nicht genug Missetaten? Soll er durch die Wolken hindurch richten? Vertrage dich mit Gott und mache Frieden, demütige dich und tue Unrecht weg von dir, daraus wird dir viel Gutes kommen!

Hiob sagt:

So wahr Gott lebt, der mir mein Recht verweigert, und der Allmächtige meine Seele betrübt, so wahr redet mein Mund nichts Unrechtes und keinen Betrug. An meiner Gerechtigkeit halte ich fest und lasse sie nicht, mein Gewissen ist ruhig.

Das Lied von der Weisheit Gottes

Woher kommt die Weisheit? Und wo ist die Stätte der Einsicht? Sie ist verhüllt vor den Augen aller Lebendigen. Der Abgrund und der Tod sprechen: Wir haben mit unseren Ohren nur ein Gerücht von ihr gehört. Gott weiß den Weg zu ihr, er allein kennt ihre Stätte. Denn er sieht die Enden der Erde und schaut alles was unter dem Himmel ist. Als er dem Wind, dem Wasser, dem Regen ein Gesetz gegeben hat und dem Blitz und Donner den Weg. Er sah sie, verkündete und bereitete sie, er ergründete sie und sprach zum Menschen: Siehe, die Furcht vorm Herrn das ist Weisheit und meiden das Böse, das ist Einsicht.

Hiobs Glück und jetziges Unglück

Oh wäre ich in den Tagen da Gott mich behütete, als Gottes Freundschaft über meiner Hütte war. Er war mit mir und meine Kinder um mich her als ich meinen Platz am Markt einnahm. Die Alten standen vor mir auf, die Jungen, verbargen sich scheu. Die Oberen und Fürsten hörten auf mich. Sie hörten und rühmten mich, denn ich errettete den Armen, der schrie und die Waise, die keinen Helfer hatte. Der Segen der Verlassenen kam über mich und ich erfreute das Herz der Witwe. Gerechtigkeit war mein Kleid und Recht, war mein Mantel, den ich trug. Ich war Vater der Armen und der Sache des Unbekannten nahm ich mich an. Ich zerbrach das Kinn des Ungerechten und entriss ihm den Raub. Ich dachte meine Tage werden zahlreich und meine Ehre bleibe frisch und ich stark. Man hörte und folgte meinem Rat. Und wenn ich ihnen zulachte fassten sie Vertrauen und mein Angesicht tröstete Trauernde. Wenn ich zu ihnen kam saß ich oben an, wie ein König! Jetzt aber verlachen sie mich, die jünger sind als ich und deren Vater ein Nichtsnutz war. Gottloses Volk, Leute ohne Namen, die man weggejagt hatte, spucken vor mir aus. Sie reißen meine Zäune weg und niemand gebietet ihnen Einhalt. Jetzt zerfließt meine Seele und Elend ist mit mir, die Schmerzen lassen mich nicht schlafen. Du hast mich verwandelt in einen Grausamen und streitest mit deiner Stärke gegen mich. Ich weiß du wirst mich zum Tod gehen lassen, man wird mich nicht beweinen. Ich weinte, wartete auf das Gute aber das Böse kam, auf Licht hoffte ich und Finsternis kam!

Hiobs Reinigungseid und der Appell an Gott

Wäre mein Leiden nicht das Verderben für den Ungerechten und das Unglück für den Übeltäter? War ich falsch, habe ich betrogen? Gott, wäge mich auf der Waage, du wirst erkennen meine Unschuld. Bin ich gewichen vom rechten Weg, dann will ich säen und ein anderer soll essen. Hab ich mich an des Nächsten Weib gemacht, soll mein Weib einem anderen dienen. Denn Schandtaten und Schuld gehören vor einen Richter. Ich habe nicht missachtet das Recht meines Knechtes oder meiner Magd, wenn sie eine Sache wider mich hatten, denn Gott hat auch sie im Mutterleib geschaffen und der Eine hat uns im Mutterleib bereitet! Habe ich nicht den Bedürftigen ihr Begehren erfüllt und den Witwen geholfen? Ich habe mich nicht gefreut, wenn es dem Feind übel ging im Unglück. Dann müsste ich Gottes Strafe fürchten, hätte ich nicht so gehandelt! Kein Fremder blieb vor meiner Tür, sie war offen für ihn. Wer hört mich? Der Allmächtige gebe mir Antwort: Wofür bin ich angeklagt? Ich wollte wahrlich die Anklageschrift wie eine Krone tragen.

Elihus Erwiderung

Ich möchte Elihus nur kurz wiedergeben, er ist jung und ein Freund der drei Freunde Hiobs. Wenn das Buch Hiob etwa 400 v. Chr. geschrieben wurde, so wird angenommen, dass Elihus Reden später eingefügt wurden – sie sind äußerst scharf! Zurück zur Bibel. Nachdem die drei Freunde Hiob nicht mehr antworteten, weil er sich für gerecht hielt und Gott für eine richterliche Entscheidung auffordert. Antwortet Elihus zornig: Ich bin jung und ihr seid alt, ihr konntet nicht antworten, ich muss es, ohne zu schmeicheln, ohne Ansehen der Person: vor Gott bin ich wie du, Hiob, aus Erde auch ich gemacht, rüste dich gegen mich! Du sagtest: Ich bin rein, ohne Missetat, unschuldig, ohne Sünde. Gott erfindet Vorwürfe gegen mich, sieht mich als Feind.

Du hast nicht recht, Gott ist mehr als ein Mensch, darum antwortet er nicht auf Menschen Worte. Gott redet anders: Im Traum, im Nachtgesicht im Schlaf des Menschen. Er warnt den Menschen, dass er sich abwende von seinem Vorhaben und die Hoffart tilge. Aber auch durch Schmerzen und Krämpfe warnt Gott. Wenn der Mensch sich der Grube und den Toten nähert kommt ein Engel, als Mittler von Gott, zu ihm und sagt ihm was recht ist. Tut er es, so wird der Engel Gott bitten Gnade zu erweisen und der Mensch kehrt zurück ins Leben, in die Gerechtigkeit. Er wird lobsingen: Ich hatte gesündigt und das Recht verkehrt, aber es ist mir nicht vergolten worden. Gott hat mich erlöst! Hiob, du hast gesagt: Ich bin gerecht, doch Gott verweigert mir mein Recht. Höre mir zu: Gott handelt nicht „gottlos", er trifft einen jeden nach seinem Tun. Denn Gott tut niemals Unrecht, und der Allmächtige beugt das Recht nicht! Wenn sie in Ketten liegen, hält er ihnen ihre Sünden vor und dass sie sich überhoben haben, er öffnet ihr Ohr, dass sie sich vom Unrecht bekehren sollen. Gehorchen sie, so werden sie alt und glücklich werden. Tun sie es, nicht, werden sie dahin fahren! Wenn du aber richtest wie ein Gottloser, so halten dich Gericht und Recht fest, denn dich verleitet dein Zorn. Du lehnst dich gegen Gott auf, wer bist du? Wer bist du gegen Gott, nimm dein Leiden an und bereue! Wir müssen wissen, dass die Veranlassung für Hiobs Leiden der Satan war, weil er wollte, dass Gott Hiob auf die Probe stellen soll! Wie menschlich eigentlich Gott auf die „Wette" eingeht? Gut, dass Hiob das nicht weiß und auch die anderen nicht. Ich habe mich schon über die Probe bei der „Opferung" Isaaks gewundert und das verabscheut!

Die Rede des Herrn aus dem Gewittersturm und Hiobs Antwort

Wer ist' s der mein Tun kritisiert, mit Worten ohne Verstand? Wo warst du als ich die Erde schuf? Die Wasser trennte, die Gezeiten schuf, die Gestirne, das feste Land mit Pflanzen und Menschen. Und alles funktioniert mit Licht und Finsternis. Die Fruchtbarkeit der Erde und Menschen. Die ganze Schöpfung, kannst du das fassen und du willst mit mir rechten und mir vorschreiben mein Tun?
Ich bin zu gering, sagt Hiob darauf, ich will meinen Mund halten! Gott spricht weiter aus dem Sturm: Willst du mein Urteil zunichte machen, mich schuldig sprechen, damit du recht behältst? Hast du einen Arm wie Gott und kannst du mit gleicher Stimme donnern? Er zeigt Hiob, seine Ohnmacht gegenüber Gottes Werk und Weisheit. Es ist nicht fair, den Menschen mit den Wundern der Welt und des Alls zu erdrücken!

Hiobs letzte Antwort an den Herrn

Ich erkenne, dass du alles vermagst, nichts ist dir zu schwer! Du hast gesagt: Wer ist der, der den Ratschluss mit Worten ohne Verstand verhüllt. Ich habe unweise geredet über etwas, das mir zu hoch ist und das ich nicht verstehe! Nun habe ich dich gesehen lehre mich. Aus allem spreche ich mich schuldig und tue Buße in Staub und Asche.
Eines muss ich dazu sagen der Vergleich Gott – Hiob ist müßig, aber immer noch keine Rechtfertigung für seine Krankheit und Armut trotz seiner Gerechtigkeit.
Denn der „weise" Vorgang, der „Ratschluss" war eigentlich nur ein teuflisches Ansinnen, Gottes Zustimmung nicht richtig! Denn ein Mensch in seiner Not wehrt sich, aber er muß nicht gottähnlich sein. Wo ist der Ratschluss, wenn unschuldige Menschen und Kinder leiden? Das viele Unrecht, das wir täglich erleben und im Krieg erlebt haben?

Gott rechtfertigt Hiob gegenüber seinen Freunden

Der Herr sprach zu Elifas: Mein Zorn ist entbrannt über dich und deine Freunde, denn ihr habt nicht recht von mir geredet, wie mein Knecht Hiob. Geht zu Hiob mit sieben jungen Stieren und sieben Widdern und opfert ein Brandopfer und mein Knecht Hiob soll für euch fürbitten und ich werde ihn erhören! Sie taten wie der Herr gesagt hatte. Gott erhörte Hiob!

Hiobs gesegnetes Ende

Der Herr wendete das Schicksal Hiobs und gab ihm doppelt so viel als er gehabt hatte. Alle Bekannten und Verwandten kamen, trösteten ihn über das Unglück, das er erlitten hatte, weil es der Herr wollte. Sie beschenkten ihn reich. Hiob war gesegnet seine Herden waren auf das Doppelte größer geworden. Er bekam sieben Söhne und drei Töchter. Die Söhne waren sehr tüchtig die Töchter sehr schön. Er lebte noch 140 Jahre und sah Kinder und Kindeskinder bis ins vierte Glied und starb zufrieden und glücklich.

PSALMEN

Psalm 9. 10 (vorzusingen): Der Herr ist Schutz

Der Herr ist des Armen Schutz, / ein Schutz in Zeiten der Not. (Von David)

Psalm 9. 18 (vorzusingen): Die Gottlosen

Die Gottlosen sollen zu den Toten fahren, / alle Heiden, die Gott vergessen! (Von David)

Psalm Davids 12 (vorzusingen):
Klage über die Macht des Bösen

Hilf Herr! Die Heiligen sind weniger geworden, / und gläubig sind nur einige unter den Menschenkindern. Einer redet mit dem andern Lug und Trug, / sie heucheln und reden aus zwiespältigem Herzen. Der Herr soll ausrotten alle Heuchelei / und die Zunge, die hoffärtig redet, die da sagen: Durch unsere Zunge sind wir mächtig, / uns gebührt zu reden! Wer ist unser Herr? „Weil die Elenden Gewalt leiden / und die Armen seufzen, will ich jetzt aufstehen", spricht der Herr, / „Ich will Hilfe schaffen dem, der sich danach sehnt." Die Worte des Herrn sind lauter wie Silber, / im Tiegel geschmolzen, geläutert sieben mal. Du, Herr, wollest sie bewahren / und uns behüten vor diesem Geschlecht ewiglich! Denn Gottlose gehen allenthalben einher, / weil Gemeinheit herrscht unter den Menschenkindern.

Psalm 14 (vorzusingen):
Die Torheit der Gottlosen

Die Toren sprechen in ihrem Herzen: / „Es ist kein Gott." Sie taugen nichts, ihr Treiben ist ein Gräuel, / da ist keiner der Gutes tut. Sie sind abgewichen und allesamt verdorben; / da ist keiner, der Gutes tut, auch nicht einer. Will denn das keiner der Übeltäter begreifen, die mein Volk fressen, dass sie sich nähren, / aber den Herrn rufen sie nicht an? Da erschrecken sie sehr; / denn Gott ist bei dem Geschlecht der Gerechten. Euer Anschlag wider die Armen wird zu Schanden werden; / denn der Herr ist seine Zuversicht. (Von David).

Psalm Davids 19 (vorzusingen):
Gottes Herrlichkeit in seiner Schöpfung und in seinem Gesetz

Die Himmel erzählen die Ehre Gottes / und die Feste verkündigt seiner Hände Werk. Ein Tag sagt' s dem andern, / und eine Nacht tut' s kund der andern, ohne Sprache und ohne Worte; / unhörbar ist ihre Stimme. Ihr Schall geht aus in alle Lande / und ihr Reden bis an die Enden der Welt. Er hat der Sonne ein Zelt am Himmel gemacht; sie geht heraus wie ein Bräutigam aus seiner Kammer / und freut sich wie ein Held, zu laufen ihre Bahn. Sie geht auf an einem Ende des Himmels und läuft um bis wieder an sein Ende, / und nichts bleibt vor ihrer Glut verborgen. Das Gesetz des Herrn ist gerecht / und erquickt die Seele. Das Zeugnis des Herrn ist gewiss / und macht die Unverständigen weise. Die Befehle des Herrn sind richtig / und erfreuen das Herz. Die Gebote des Herrn sind lauter / und erleuchten die Augen. Die Furcht des Herrn ist rein und bleibt ewiglich. / Die Rechte des Herrn sind Wahrheit, allesamt gerecht.

Sie sind köstlicher als Gold und viel feines Gold, / sie sind süßer als Honig und Honigsein. Auch lässt dein Knecht sich durch sie warnen, / und wer sie hält, der hat großen Lohn. Wer kann merken, wie oft er fehlet? / Verzeihe mir die verborgenen Sünden! Bewahre auch deinen Knecht vor den Stolzen, / dass sie nicht über mich herrschen; so werde ich ohne Tadel sein / und rein bleiben von großer Missetat. Lass dir wohlgefallen die Rede meines Mundes und das Gespräch meines Herzens vor dir, / Herr, mein Fels und mein Erlöser.

Psalm Davids 22:
Das letzte Gebet Jesu (S. 248)

Ein Psalm Davids 23:
Der gute Hirt

Der Herr ist mein Hirte, / mir wird nichts mangeln. Er weidet mich auf einer grünen Aue / und führet mich zum frischen Wasser. Er erquickt meine Seele. / Er führet mich auf rechter Straße um seinen Namens willen. Und wenn ich wanderte ins finstern Tal, / fürchte ich kein Unglück, denn du bist bei mir, / dein Stecken und Stab trösten mich. Du bereitest vor mir einen Tisch / im Angesicht meiner Feinde. Du salbest mein Haupt mit Öl / und schenkest mir voll ein. Gutes und Barmherzigkeit werden mir folgen mein Leben lang, / und ich werde bleiben im Hause des Herrn immer dar.

Psalm Davids 31 (vorzusingen):
In Gottes Händen geborgen

Herr, ich traue auf dich, lass mich nimmermehr zuschanden werden, / errette mich durch deine Gerechtigkeit! In deine Hände befehle ich meinen Geist; / du hast mich erlöst, Herr, du treuer Gott.

Psalm Davids 40 (vorzusingen):
Dank und Bitte

Deinen Willen, mein Gott, tue ich gern, / und dein Gesetz hab ich in meinem Herzen.

Psalm 46:
Eine feste Burg ist unser Gott (Lied der Söhne Korach)

Gott ist unsere Zuversicht und Stärke, / eine Hilfe in den großen Nöten, die uns getroffen haben. Darum fürchten wir uns nicht, wenngleich die Welt unterginge / und die Berge mitten ins Meer sänken, wenngleich das Meer wütete und wallte / und von seinem Ungestüm die Berge einfielen. Dennoch soll die Stadt Gottes fein lustig bleiben / mit ihren Brünnlein, da die heiligen Wohnungen des Höchsten sind. Gott ist bei ihr drinnen, darum wird sie fest bleiben; / Gott hilft ihr früh am Morgen. Die Heiden müssen verzagen und die Königreiche fallen, / das Erdreich muss vergehen, wenn er sich hören lässt. Der Herr ist mit uns und unser Schutz.

Psalm 49 der Söhne Korach (vorzusingen):
Die Herrlichkeit der Reichen ist Trug und Schein

Warum sollte ich mich fürchten in bösen Tagen, / wenn mich die Missetat meiner Widersacher umgibt, die sich verlassen auf Hab und Gut / und pochen auf ihren großen Reichtum? Kann doch keiner einen anderen auslösen / oder für ihn an Gott ein Sühnegeld geben – denn es kostet zu viel, ihr Leben auszulösen; / er muss davon abstehen ewiglich –, damit er immer weiterlebe / und die Grube nicht sehe. Nein, er wird sehen: Auch die Weisen sterben, so wie die Toren und Narren umkommen; / sie müssen ihr Gut anderen lassen. Gräber sind ihr Haus immerdar, ihre Wohnung für und für, / und doch haben sie große Ehre auf Erden.

Ein Mensch in seiner Herrlichkeit kann nicht bleiben, sondern muss davon wie das Vieh.Sie liegen bei den Toten wie Schafe, der Tod weidet sie; / aber die Frommen werden bald herrschen über sie, und ihr Trotz muss vergehen; / bei den Toten müssen sie bleiben. Aber Gott wird mich erlösen aus des Todes Gewalt; / denn er nimmt mich auf. Lass es dich nicht anfechten, wenn einer reich wird, / wenn die Herrlichkeit seines Hauses groß wird. Denn er wird nichts bei seinem Sterben mitnehmen, / und seine Herrlichkeit wird ihm nicht nachfahren. Er freut sich des guten Lebens, / und doch fahren sie ihren Vätern nach und sehen das Licht nimmermehr.

Ein Psalmlied Davids 68:
Der Sieg Gottes

Gott steht auf, so werden seine Feinde zerstreut, / und die ihn hassen fliehen. Wie Rauch werden sie verweht, / wie Wachs zerschmilzt vor Feuer, so kommen sie um vor Gott! Die Gerechten aber freuen sich und sind fröhlich vor Gott / und erheben ihre Herzen. Singet Gott, lobsinget seinen Namen! Machet frei die Bahn dem Herrn. Ein Vater der Waisen und Helfer der Witwen / ist Gott im Himmel. Er bringt den Einsamen nach Hause, macht Gefangne frei, / aber den Abtrünnigen lässt er im dürren Land verkommen. Gott, du gingst deinem Volk vor in der Wüste. Es bebte die Erde und der Himmel neigte sich vor dir – am Sinai –, / vor dem Gott Israels. Du gabst gnädigen Regen, / und dein Erbe, wenn es dürr war, erquicktest du, so konnte deine Herde darin wohnen, / du labst die Elenden in deiner Güte. Der Allmächtige zerstreute die Könige, / die feindlichen Heere, da fiel Schnee am Gottesberg im Baschangebirge, / wo der Herr thront vom Sinai her. Du führtest Gefangene mit, / und empfingst Geschenke von Menschen, / auch die sich sträubten, beugen sich vor dir. Gelobt sei der Herr täglich. / Gott legt uns eine Last auf, aber er hilft uns. Er ist unsere Hilfe und errettet uns vom Tod. Ja, Gott zerschmettert den Kopf unserer Feinde / und denen die gottlos sind.

Du ziehst ein in dein Heiligtum, / mein Gott und König. Zieh ein mit großem Gefolge. / Alle Stämme Israels. Entbiete Gott, deine Macht, die du bewiesen hast, von deinem Tempel her, um Jerusalems willen / werden dir Könige Geschenke bringen. Ihr Königreiche auf Erden, singet Gott, / lobsinget dem Herrn. Rühmt Gottes Macht! Seine Herrlichkeit ist über Israel / und seine Macht in den Wolken. Er ist Israels Gott. / Er wird dem Volke Macht und Kraft geben. Gelobt sei Gott!

Psalm 69 von David (vorzusingen):
In Anfechtung und Schmach

Gott hilf mir! / Denn Wasser geht mir bis an die Kehle. Ich versinke in tiefem Schlamm, / wo kein Grund ist; ich bin im tiefen Wasser, / die Flut will mich ersäufen. Die Augen sind trüb / und ich warte auf meinen Gott. Ich habe nach dir geschrien, / mein Hals ist heiser. Die mich hassen sind viele, die mich zu unrecht hassen, sind mächtig. / Ich soll zurückgeben, was ich nicht geraubt habe. Gott, du kennst meine Torheit, / meine Schuld kennst du. Lass mich nicht zu Schande werden, / ich harre deiner! Um deinetwillen trage ich Schmach, /mein Angesicht ist voller Schande. Der Eifer um dein Haus hat mich gefressen, / die Schmähungen für dich sind auf mich gefallen.

Du kennst meine Schmach, meine Schande und Scham; / meine Widersacher kennst du. Erhöre mich, lass mich nicht alleine, wende dich mir zu! Ich warte, niemand hat Mitleid. Sie geben mir Galle zu essen, / Essig zu trinken. Dein Zorn vernichte sie, / tilge sie aus dem Buch des Lebens, / dass sie nicht bei den Gerechten stehen. Ich aber bin elend voller Schmerzen. / Gott deine Hilfe schütze mich! Ich will dich loben und ehren mit Dank. / Dich loben mit einem Lied. Das wird dem Herrn besser gefallen / als ein Stier, der Hörner und Klauen hat. Denn der Herr hört die Armen und verachtet seine Gefangenen nicht. Es lobe ihn Himmel und Erde, / die Meere mit allem, was sich darin regt. Er wird Zion helfen und die Städte Judas bauen, / dass man dort wohne und sie besitze. Und die Kinder seiner Knechte werden sie erben, / und die dich lieben, werden darin bleiben.

Psalm 72 von Salomo:
Der Friedensfürst und sein Reich

Gott, gib dein Gericht dem König, und deine Gerechtigkeit dem Königssohn, daß er dein Volk richte mit Gerechtigkeit. Und deine Elenden rette… Siehe Neues Testament S. 161

Psalm 103 von David:
Das Hohelied von der Barmherzigkeit Gottes

Lobe den Herrn, meine Seele, / und was in mir ist, seinen heiligen Namen! Lobe den Herrn, meine Seele und vergiss nicht, was er dir Gutes getan hat: der dir alle deine Sünden vergibt / und heilet alle deine Gebrechen, der dein Leben vom Verderben erlöst, / der dich krönet mit Gnade und Barmherzigkeit, der deinen Mund fröhlich macht und du wieder jung wirst wie ein Adler. Der Herr schafft Gerechtigkeit und Recht / allen die Unrecht leiden.

Er hat seine Wege Mose wissen lassen, / die Kinder Israels sein Tun. Barmherzig und gnädig ist der Herr, / geduldig und von großer Güte. Er wird nicht für immer hadern / noch ewig zornig bleiben. Er handelt nicht mit uns nach unseren Sünden / und vergilt uns nicht nach unserer Missetat. Denn so hoch der Himmel über der Erde ist, / lässt er seine Gnade walten über denen, die ihn fürchten. Wie ein Vater über Kinder sich erbarmt, / so erbarmt sich der Herr über die, die ihn fürchten.

Psalm 119:
Die Herrlichkeit des Wortes Gottes (Das güldene ABC)

Wohl denen, die ohne Tadel leben, / die im Gesetz des Herrn wandeln! Wohl denen, die sich an seine Mahnungen halten, / die ihn von ganzem Herzen suchen, die auf seinen Wegen wandeln / und kein Unrecht tun. Du hast geboten, fleißig zu halten / deine Befehle. O dass mein Leben deine Gebote / mit allem Ernst hielte. Ich freue mich über den Weg, den deine Mahnungen zeigen, / wie über großen Reichtum. Wenn ich schaue allein auf deine Gebote, / so werde ich nicht zuschanden. Ich danke dir mit aufrichtigem Herzen, / dass du mich lehrst die Ordnungen deiner Gerechtigkeit. Deine Gebote will ich halten, verlass mich nimmer mehr! Wie wird ein junger Mann seinen Weg unsträflich gehen? / Wenn er sich hält an deine Worte. Öffne mir die Augen, dass ich sehe die Wunder an deinem Gesetz. Ich bin ein Gast auf Erden, verbirg deine Gebote nicht vor mir.

Ich suche deine Gunst von ganzem Herzen, / sei mir gnädig nach deinem Wort. Ich bedenke meine Wege und lenke meine Füße zu deinen Mahnungen. Der Gottlosen Stricke umschlingen mich, / aber dein Gesetz vergesse ich nicht. Ehe ich gedemütigt wurde, irrte ich; / nun aber halte ich dein Wort. Wenn dein Gesetz nicht mein Trost gewesen wäre, / so wäre ich vergangen in meinem Elend. Dein Wort ist meines Fußes Leuchte / und ein Licht auf meinen Weg. Du verwirfst alle, die von deinen Geboten abirren; / denn ihr Tun ist Lug und Trug. Ich übe Recht und Gerechtigkeit; / übergib mich nicht denen, die mir Gewalt antun wollen. Lass meine Seele leben, dass sie dich lobe, / und dein Recht mir helfe. Ich bin wie ein verirrtes und verlorenes Schaf; / suche deinen Knecht, denn ich vergesse deine Gebote nicht.

Psalm 121 (Wallfahrtslied):
Der treue Menschenhüter

Ich hebe meine Augen auf zu den Bergen. / Woher kommt mir Hilfe? Meine Hilfe kommt vom Herrn, / der Himmel und Erde gemacht hat. Er wird deinen Fuß nicht gleiten lassen, / und der dich behütet, schläft nicht. Der Herr behütet dich, / der Herr ist dein Schatten über deiner Hand, dass die Sonne nicht sticht, noch der Mond in der Nacht. Er behütet dich auf all deinen Wegen jetzt und in Ewigkeit.

Psalm 137: *Klage der Gefangenen zu Babel*

An den Wassern zu Babel saßen wir und weinten, / wenn wir an Zion gedachten. Wie könnten wir des Herrn Lied singen / in fremdem Lande? Vergesse ich dich, Jerusalem, / so verdorre meine Rechte.

Religionen

Sie können verbinden, weil in ihrem Mittelpunkt das Wohl des Einzelnen, die Nächstenliebe und das Gemeinsame steht. Die Kenntnis unterschiedlicher Grundsätze und Wege zum Heil fördert das gegenseitige Verstehen.

Die heiligen Schriften aller Religionen sind zu achten, sonst entsteht Ausgrenzung, Hass, Verfolgung, Krieg und Terror.

Wir wissen aus der Geschichte und Gegenwart wie Machthaber und Ideologen die Religion für ihre Zwecke missbrauchen. Daher müssen wir andere Religionen respektieren, Verständigung suchen und Missbräuche, als solche, erkennen!

Was alle Religionen sagen ist: Rechtes = gerechtes = richtiges Denken, Rechtes Reden und Rechtes Handeln.

So könnten alle Menschen auf dieser Welt friedlich miteinander leben!

Buddha sagt: Leben ist Leiden!

Daher tötet die Gier, sie ist das Übels Ursache!

Bei uns steht oft das Ich im Mittelpunkt und das Motto ist: Lug und Betrug!

Jesus sagt: Was du willst das man dir tut, das tue den anderen!

Um einen Überblick zu erhalten habe ich die Tafeln „Religionen der Welt" auf S. 144 und „Religion in Österreich" auf S. 145 erstellt.

Religionen der Welt (2011)

Christen 32,7 %: 2.289 Mio.

davon

52,3	% Katholiken	17,1	%:	1.197	Mio.
16,8	% Protestanten	5,5	%:	385	
11,9	% Orthodoxe	3,9	%:	273	
4,0	% Anglikaner	1,3	%:	91	
15,0	% Sonstige Christen	4,9	%:	343	
100,0	%	32,7	%:	2.289	

Muslime 22,4 %: 1.568 Mio.

davon

87,5	% Sunniten	19,6	%:	1.372	Mio.
12,5	% Schiiten	2,8	%:	196	
100,0	%	22,4	%:	1.568	

Eingottglaube = Monotheismus 3.857 Mio. = 55,1 % der Weltbevölkerung

Juden**	0,2	%:	14 Mio.
Hindus	12,9	%:	903 Mio.
Taoisten	5,6	%:	392 Mio.
Buddhisten	5,5	%:	385 Mio.*
Andere Religionen	6,2	%:	434 Mio.
Nicht Gläubige	12,2	%:	854 Mio.
Atheisten	2,3	%:	161 Mio.
Summe	100,0	%:	7.000 Mio.
Weltbevölkerung			7 Mia.

Mehrgottglaube 2.128 Mio. = 30,4 % der Weltbevölkerung

Ohne Glauben 1.015 Mio. = 14,5 % der Weltbev.

Röm. Katholisch:

Europa	40,0	% der Bevölkerung
Nordamerika	24,6	%
Mittel- und Südamerika	72	%
Afrika	18,1	%
Asien	3,1	%
Ozeanien	26,5	%

* kein Mehrgottglaube, sondern aus dem Kreislauf des Leidens heraus
  ins Nirwana

Einige Daten geschätzt

Quelle: Presseangaben

** gehören selbstverständlich zum Eingottglauben

Religionen in Österreich (2011)

Katholiken	64,1 %:	5.405.800 EW	
Muslime	5,0 %:	422.000	
Evangelische (A.B./H.B.)	4,7 %:	396.000	
Griech.-orth.	2,3 %:	194.000	Eingottglaube
Zeugen Jehovas	0,3 %:	25.300	6.481.400
Altkatholische	0,2 %:	16.900	= 76,9 %
Juden	0,1 %:	8.400	
Altorientalische	0,1 %:	5.000	
Neuapostolische	0,1 %:	4.300	
Mormonen		2.300	
Methodisten		1.400	
Buddhisten	0,1 %:	12.000	Aus dem Kreislauf des Leidens heraus ins Nirwana
Ohne Glauben	23,0 %:	1.937.600	ohne Gott
	100,0 %	8.431.000 EW	Bevölkerung Österreichs

Tschechien:	Katholiken	25,0 %	2,6 Mio.	10,5 Mio. EW
	Ohne Glauben	70,0 %	7,4 Mio.	
Deutschland:	Katholiken	30,1 %	24,7 Mio.	
	Protestanten	29,9 %	24,5 Mio.	82 Mio. EW
	Ohne Gauben	35,7 %	29,3 Mio.	
	Muslime	4,3 %	3,5 Mio.	
Spanien:	Katholiken	75 %	34,5 Mio.	46 Mio. EW

Einige Daten geschätzt
Quelle: Kathpress-Tagesdienst Nr. 009, 10. Jänner 2012: Kirchenstatistik

Meine Bibel
Das Neue Testament

INHALTSVERZEICHNIS
„NEUES TESTAMENT"

154

Jesus Christus

Sie sagten: Er fordert uns nicht zum Kampf auf, im Gegenteil, er ist mild und hat nur Worte.

Oder: Er hat Worte, die können nur von Gott sein, denn er weiß alles, was in den Büchern steht.

Er kämpft nicht gegen die Besatzung, jedoch gegen das Böse.

Er heilt und wirkt Wunder und ist barmherzig.

Er hält die Gesetze, er vermenschlicht sie.

Später sagten sie: Er hat sich selbst als Opfer für unsere Ablehnung von Gottes Wort und unsere Sünden am Kreuz dargebracht. Und Gott hat ihn von den Toten auferstehen lassen!

Und wir sagen: Das ist unser Glaube. Er ist Christus, der Sohn Gottes. Wir sind seine Jünger und Jüngerinnen, er ist in uns und wirkt durch uns!

Er lenkt uns und steht uns immer bei!

EINFÜHRUNG

Das Neue Testament besteht aus den Evangelien = frohe Botschaft von Jesu Christi, berichtet von den Evangelisten Matthäus, Markus, Lukas und Johannes. Weiters ist darin die Apostelgeschichte, die hauptsächlich von Petrus und Paulus handelt und die Briefe von Paulus, Petrus, Jakobus und Judas u. a.. Abschließend ist in dem Buch die Offenbarung des Johannes.

Die ersten drei Evangelien von Matthäus, Markus und Lukas sind ähnlich, auch in der Gliederung, sie sind „synoptisch". Und die Autoren werden als „Synoptiker" bezeichnet. Anders ist das später entstandene Evangelium von Johannes. Er berichtet die selbst erlebten Geschehnisse, spricht von Zeichen = Wundern, die geschrieben sind „damit ihr glaubt, dass Jesus der Christus ist, der Sohn Gottes, und ihr durch ihn den Glauben, das Leben in seinem Namen habt." Er schreibt anders als die Synoptiker, wenn er sagt: Das Gesetz ist durch Mose geschrieben, aber die Gnade und Wahrheit durch Jesus Christus. Oder: Jesus sagt: Ich bin der Weg und die Wahrheit. Das ist die Theologie, die großen Einfluss auf unsere Kirche hatte.

Später entstanden nicht kanonisierte = nicht anerkannte (kirchlich) apokryphe = verborgene Schriften.

Matthäus

Levi war Zöllner, er wurde von Jesu zum Apostel berufen. Er schrieb oft abends die „Worte" = Reden von Jesus in hebräischer Sprache auf.

Als er später missionierte, baute er ab 80 n. Chr. diese „Worte" in sein Evangelium ein. Für ihn war Jesus der „Messias für Israel".

Matthäus missionierte die Juden, worauf auch die häufige Bezugnahme auf das Alte Testament hinweist. Später auch andere Völker. Sein Evangelium wurde ins Griechische übersetzt und so uns überliefert. Er starb den Märtyrertod. Sein Symbol ist der Mensch, auch als Engel dargestellt.

Johannes Markus = Markus

war der Sohn von Maria, in deren Haus sich die Christen trafen. Er war eine Zeit lang Reisebegleiter von Paulus und Barnabas.

Mit Petrus war er in Rom, wo er vermutlich ab 70 n. Chr. das Markusevangelium in Griechisch schrieb. Es war für die römischen Christen gedacht. Für Markus war Jesus der Sohn und der „Mund" Gottes. Es wird angenommen, dass Markus mit dem jungen Augenzeugen, der bei der Gefangennahme Jesu nackt davonrannte, sich selbst meinte. Sein Evangelium gilt als das älteste und war für Matthäus und Lukas die Vorlage. Markus' Symbol ist der Löwe.

Lukas

der dritte Evangelist von den Vieren, hatte Paulus auf der 2. und 3. Missionsreise begleitet. Lukas war Arzt und stand dem inhaftierten Paulus bis nach Rom und bis zum Tod bei. Für ihn waren die Heilungen durch Jesus wichtig, weiters der Heilige Geist, durch den Gottes Wille und Worte auf Jesus kamen und dass er der Messias ist.

Lukas wollte das Evangelium allen Völkern bringen. Diese großartige Persönlichkeit war Paulus eine wichtige Stütze. Nach Paulus' Tod hielt er sich im Mittelgriechenland auf und starb dort 80-jährig in Theben. Er war ein sorgfältiger Chronist und schreibt zu Beginn seines Evangeliums:

Viele haben es schon unternommen Bericht zu geben von den Geschichten, die unter uns geschehen sind. Wie uns das überliefert wurde, von denen die es von Anfang an selbst gesehen haben und Diener des Wortes gewesen sind. So habe ich es unternommen nach sorgfältiger Erkundung, alles aufzuschreiben, als sicheren Grund unserer christlichen Lehre: für dich Theophilus!

Als Zeugen kamen für Lukas die ersten Christen, die er in Jerusalem kennenlernte, in Betracht. Er schrieb das Evangelium und die Apostelgeschichte bis 80 n. Chr.. Lukas stammt aus Antiochia in Syrien und war Heidenchrist. Sein Symbol ist der Stier.

Johannes

Sohn des Zebedäus, war Augenzeuge des Wirkens von Jesu Christi. Er war der Apostel, den Jesus „lieb hatte". Sein Bruder Jakobus war auch Apostel von Jesus. Johannes schrieb das Evangelium im hohen Alter, nach seiner Rückkehr von der Insel Patmos in Ephesus, in den Jahren 85-98. Er will in erster Linie Glauben wecken, vor allem in einer Situation, in der andere Heilsangebote und Verfolgung die Gemeinde gefährden, stellt er die Wunder als „Zeichen" dar.

Aber auch die Reden Jesu, als Ausdruck der Königsherrschaft Jesu Christi: Jesus ist der verheißene Messias, der Sohn Gottes. Mit ihm bricht die Heilszeit an! Er gibt sich selbst und ist Auferstehung und Leben! Johannes sagt: Er ist ganz Mensch und ganz Gott! Durch ihn redet der Vater. Er bringt den Menschen Gnade und Rettung.

Bevor er das Evangelium schrieb, war er vom Kaiser Domitian auf die Insel Patmos verbannt worden. 81-84 schrieb er dort das Buch der Offenbarung.

Wir, meine Frau und ich, haben uns die Wohn-Höhle, hoch über dem Meer angesehen. An den Wänden sieht man noch die Worte die er schrieb. Sein Symbol: der Adler!

Johannes starb im hohen Alter in Ephesus 100 n. Chr.. Er hatte sein Evangelium und die Briefe in Ephesus verfasst. In den Briefen kämpft er gegen häretische Gruppen. Deren Irrlehre sagt: Es ist nicht richtig, dass „Jesus tatsächlich ins Fleisch gekommen sei", denn das Materiell-körperliche ist böse! Johannes sagt: Wer die wahre Menschheit Christi leugnet, ist vom Geist des Antichristen! Und er setzt fort: Christus ist das Licht der Welt. Er hat uns gesagt: Ich bin der Weg und die Wahrheit; niemand kommt zum Vater als durch mich!

Ich erzähle in diesem Buch das Leben und Wirken Jesu Christi. Nicht in den vier Betrachtungsweisen der Evangelien, sondern als „Einheit". Er wird als Mensch und zugleich als Gott dargestellt. Ich kann nicht umhin, hier an dieser Stelle den Psalm 72 von König Salomo einzufügen. Denn darin kommt schon das künftige Geschehen durch, weil Christus der sehnlichste Wunsch des Volkes war.

Interessant, was darin schon vorausgesagt wird. Und auch im Deuteronomium 18, 15/18!

Salomons Psalm 72:
Der Friedensfürst und sein Reich

Vorher noch einige Worte zu „König". Allmächtige Gottkönige gab es in Israel nicht, denn Gott allein ist Herr und König, der wahre König. Ein irdischer israelitischer König kann daher nur Knecht und Diener Gottes sein. Daher muss man die Bitte Salomos an Gott, um den wahren König, um die Gerechtigkeit des Königssohnes, des Messias = Christus = Heilands, dahin gehend verstehen, dass das Gottesreich auf Erden entstehen soll. Eine Voraushoffung aus Jesus den Christus!

Und nun der Psalm 72:

> Gott gib dein Gericht dem König und deine Gerechtigkeit dem Königssohn, dass er dein Volk richte mit Gerechtigkeit. Und seine Elenden rette. Er soll den Elenden im Volk Recht schaffen und den Armen helfen und die Bedränger zermalmen. Er soll leben solange die Sonne scheint und solange der Mond währt von Geschlecht zu Geschlecht. Er soll herabfahren wie der Regen auf die Aue, wie die Tropfen, die das Land feuchten. Zu seinen Zeiten soll blühen die Gerechtigkeit und großer Friede sein, bis der Mond nicht mehr ist. Er soll herrschen von einem Meer bis ans andere und vom Euphrat bis zu den Enden der Erde. Vor ihm sollen sich neigen die Söhne der Wüste und seine Feinde sollen Staub lecken. Die Könige von Tarsis, Saba und Nubien, sollen Geschenke bringen. Alle Könige sollen vor ihm niederfallen und alle Völker ihm dienen. Denn er wird den Armen erretten, der um Hilfe schreit und den Elenden der keinen Helfer hat. Er wird gnädig sein den Geringen und den Armen wird er helfen. Er wird sie aus Bedrückung und Frevel erlösen. Man soll immerdar für ihn beten und ihn täglich segnen. Voll stehe das Getreide bis oben auf den Bergen, wie am Libanon rausche seine Frucht. In den Städten soll es grünen wie das Gras auf Erden. Sein Name bleibe ewiglich, solange die Sonne währt, blühe sein Name. Und durch ihn sollen gesegnet sein alle Völker und sie werden ihn preisen. Gelobt sei Gott der Herr, und der Gott Israels, der allein Wunder tut. Gelobt sei sein herrlicher Name ewiglich und alle Lande sollen seiner Ehre voll werden! Amen! Amen!

Diesen Psalm schrieb Salomo 925 Jahre vor Christi Geburt.

Im Buch Deuteronomium 18, 15/18 sagt Gott zu Mose:

> Einen Propheten, wie du bist, will ich aus deinen Brüdern erwecken und meine Worte in seinen Mund gegen. Der soll alles zu ihnen reden, was ich ihm gebieten werde, und ihr sollt ihm gehorchen!

Das war 1212 vor Christi.

DAS LEBEN UND WIRKEN VON JESUS CHRISTUS NACH DEN EVANGELIEN

Meine Erzählungen umfassen auch die Eltern und das Umfeld, sodass die Entwicklung des Kindes und sein späteres Wirken verständlich wird.

Die Eltern von Jesus

Vielleicht beginne ich mit Josef, seinem Vater. Dieser stammte von König David ab, deshalb musste er auch später nach Betlehem, „der Stadt Davids", ziehen! Er war Zimmermann und Tischler, mit einer schönen, d.h. auch relativ großen Werkstätte, in Nazareth. Mit 29 Jahren musste Josef das Geschäft allein weiterführen, denn sein Vater war von einem Gerüst gestürzt und an Genickbruch gestorben.

Josef hatte die Aufgabe ernst genommen und für seine Mutter und für seine zwei unverheirateten Schwestern gesorgt. Nach einigen Jahren heiratete die ältere und ein Jahr darauf die zweite Schwester, Josef hatte für Hausbauten und Reparaturen Helfer aus Nazareth, die er angelernt hatte. Die Tischlerarbeiten, meist waren es Regale, Tische und Sessel, auch Truhen, besorgte er allein! Von seinem Vater hatte er nicht nur eine gute handwerkliche Ausbildung erhalten, sondern auch Religionsunterricht. Schon wegen der Abstammung her. Josef war beliebt und angesehen. Da er viel allein zu bewältigen suchte, war er am Sabbat müde und bedurfte wahrlich der Ruhe.

Seine Mutter versorgte ihn bestens und als sie nach zehn Jahren Witwelebens starb, war Josef 39 Jahre alt. Er hatte große Mühe mit den täglichen Dingen zu Rande zu kommen. Vor einiger Zeit hatte er für eine Nachbarin, vier Häuser weit entfernt, Regale gemacht und in der Küche aufgehängt. Weil sie so zufrieden war, wollte sie noch eine Eckbank und einen Tisch von Josef. Dieser klagte, dass er viel Arbeit habe und auch noch den Haushalt führe. Anna, so hieß die Frau, sie war Witwe und hatte eine 15-jährige Tochter, die Maria hieß. Sie sollte die Mutter Gottes werden!

Maria wurde   21 v. Chr. in Jerusalem geboren. Ihre Eltern waren sehr religiös. Der Vater Joachim war ein großer Viehzüchter und belieferte auch den Tempel mit Opfertieren. Er stammte von David ab, als die Tochter zur Welt kam, war er schon sehr alt. Joachim und seine Frau vermittelten ihre Thorakenntnisse sehr früh schon der Tochter.

Als Joachim starb, übersiedelte die Witwe Anna mit ihrer Tochter Maria nach Nazareth – sie zogen aufs Land!

Zurück zu Josef, als er klagte, allein alles bewältigen zu müssen, machte Anna den Vorschlag, dass sie für ihn mit kochen würde und ihn am Abend mit Essen versorgen könnte. Josef stimmte dem Vorschlag freudig zu. Und so kam es, dass ein freundschaftliches Band entstand. Er war oft tageweise unterwegs, um Holz zu besorgen und war froh über diese Unterstützung.

Nach einem Jahr hatte sich eingeführt, dass Josef am Freitag Abends, vor dem Sabbat, bei Anna und Tochter das große Mahl genoss. Das freundschaftliche Verhältnis wurde enger und so kam am Abend oft nicht Anna und brachte Essen, sondern sie schickte ihre 16-jährige Tochter zu dem inzwischen 40-jährigen Josef.

Rückblick

Fr 1.11.2013 : Bald wird es ein Jahr, dass "Meine Bibel" veröffentlicht wurde (Weihnachten 12).
"Das Echo ist gut!

Von Seiten der Kirche wünschte man mir: Gottes Segen und weiterhin den Heiligen Geist sowie die Verbreitung des Buches, damit es für viele eine Hilfe wird. Denn das Buch verbindet Glaube und Leben. Es gibt die Inhalte der Bibel verständlich, lebendig und ansprechend wieder, mit Bezug auf Heute.

Von den Päpsten erhielt ich Zuspruch und den Apostolischen Segen für mich und meine Familie. Große Freude hatte ich mit einer Audienz bei Bischof Küng.

Das Buch wurde auch von den Kirchbergern, vor allem von der Kirchengemeinde, begrüßt, auch weil ich die barocke Wallfahrtskirche Maria Trost und den Ort entsprechend gewürdigt hatte.

Ich liebe dieses Buch, weil es alle Lebensbereiche umfasst und Katastrophen unvergessen macht.

Von den 150 Stück, die ich hatte, sind 131 weg, verschenkt und einige verkauft, die Einnahmen für Syrien gespendet, 19 behalte ich.

Manch ein Leser hat sogar zu Jesus zurückgefunden!

Aber es gab auch Ablehnung: das Buch ist zu religiös, zu wenig multikulturell, wir haben schon eine Bibel und sie ist "zu schwer"! (94,99)

Abschließend noch etwas Positives:

Dem verehrten Herrn Landeshauptmann könnte ich mit dem Buch Freude bereiten!

Zum Schluss noch : Christsein heißt Jesus in sich haben. Und zu denken, zu reden und zu handeln wie ER es getan hätte. So können wir Gottes Reich vorbereiten!

Die Wissenschaft ist das Gerippe, aber das Blut und das Leben gibt der Glaube!

Was wir brauchen (87,84) ist Ruhe und Frieden!

In den Gesprächen erkannten Josef und Annas Tochter Maria, wie gleichgesinnt sie waren. Auch, dass sie religiös zueinander passten. Die Mutter war hocherfreut und die Verlobung fand statt.

Jesu Geburt

Wir haben bei Josef, dem Vater von Jesus gesagt, er stamme von König David ab. Genau ist, dass Abraham und Sarah den Sohn Isaak zeugten. Von Isaak und Rebecca stammt Jakob ab. Jakob zeugte mit Lea den Sohn Juda. Von ihm stammen einige Generationen später Boas ab und dessen Sohn Obed zeugte mit Ruth den Sohn Isai. Der Sohn Isais war der spätere König David. David hatte mit der Frau seines Feldherrn Uria (Hethiter), den er in eine tödliche Schlacht schickte, den Sohn Salomo. Dann setzten sich die Geschlechter über die babylonische Gefangenschaft bis Jakob fort, dessen Sohn Josef der Vater Jesu war.

Nun zurück zu Maria, der späteren Mutter Jesu, sie hatte eine Cousine, die war mit Zacharias, einem Priester aus dem Geschlecht Aarons, verheiratet. Beide waren hochbetagt und sehr traurig, dass sie kinderlos waren. Da kam der Engel Gabriel zu Zacharias, teilte ihm im Traum mit, dass sie einen Sohn bekommen würden und ihn Johannes nennen sollten, er wird Israel bekehren. Der Engel sagte: Zacharias, bleib stumm bis dein Sohn zur Welt kommt! Zacharias tat, wie ihm geheißen und er glaubte an die Erfüllung seines sehnlichsten Wunsches.

Zu der Zeit als seine Frau Elisabeth schwanger war, kam in Nazareth der Engel Gabriel zu Maria, die mit Josef verlobt war. Er sagte: Sei gegrüßt, du Begnadete, der Herr sei mit dir! Du wirst schwanger werden und einen Sohn gebären. Nenn ihn Jesus = Gott rettet. Er wird der Sohn des Höchsten genannt werden und den Thron Davids erhalten. Maria antwortete: Wie soll das geschehen, da ich keinen Mann erkannte? Der Engel: Auch deine Cousine Elisabeth ist im sechsten Monat schwanger, obwohl sie unfruchtbar war! Bei Gott ist alles möglich.

Maria sagte: Mir geschehe, wie du gesagt hast!

Als Josef erfuhr, dass sie vom heiligen Geist schwanger war, dachte er, „da er fromm war" und sie nicht in Schande bringen wollte, sie heimlich zu verlassen. Das ist mir unverständlich: ohne Scheidebrief, sie zu verlassen, hätte doch bedeutet, dass sie das Kind von einem anderen hat, und für Ehebruch, aber auch für Verlobungsbruch war Steinigen die Strafe?

Jedoch der Engel sagte Josef im Traum: Sohn Davids, fürchte dich nicht, nimm sie zur Frau, was sie empfangen hat, ist vom heiligen Geist! Sie wird dir einen Sohn gebären. Nenn ihn Jesus, denn er wird dein Volk retten von seinen Sünden!

Der Prophet Jesaja hat gesagt: Siehe eine Jungfrau wird schwanger und wird einen Sohn gebären, der wird Immanuel = Gott mit uns genannt werden. Josef (40) heiratete, wie geheißen, Maria (16) und berührte sie nicht bis zur Geburt des Kindes. Maria machte sich bald danach auf den Weg zu Elisabeth. „Das Kind in Elisabeths Leib hüpfte vor Freude", als Maria mit Jesus im Leib zu ihr kam.

Elisabeth rief: Gesegnet bist du vor allen Frauen und gesegnet ist die Frucht deines Leibes. Maria antwortete: Meine Seele preist den Herrn, mein Geist jubelt über Gott, er hat meine Niedrigkeit geschaut. Von nun an werden mich selig preisen alle Geschlechter.

Denn er hat Großes an mir getan, geheiligt werde sein Name.

Das Gebet Marias ist das „Magnifikat"!

Maria blieb drei Monate bei Elisabeth und half ihr bis Johannes am 24.06.28 zur Welt kam. Er war Gott geweiht! Maria kehrte heim nach Nazareth zu Josef, ihrem Mann.

Volkszählung

Auf Anforderung des römischen Kaisers Augustus fanden in römisch besetzten Gebieten Volkszählungen zwecks Steuererhebung statt. So auch in Israel. Jeder musste sich in seiner Vaterstadt registrieren lassen. Für Josef bedeutete das, dass er mit Maria, die hochschwanger war, in die Stadt Davids ziehen musste, gut 150 km weit entfernt nach Bethlehem. Sie hatten einen relativ kräftigen Esel, der vom Holztragen trainiert war. Josef rechnete, dass sie in 14 Tagen ihr Ziel erreichen würden. Er wollte nicht den direkten Weg durch die Berge nehmen, sondern über Nain durch Skythopolis, dann im Jordantal südlich nach Jericho weiter nach Jerusalem und dann nach Bethlehem. Ein bewährter Weg, den auch Karawanen nahmen. Sein Haus übergab er der Schwiegermutter Anna. Sie nahmen nur das unbedingt Notwendige mit.

Ein Eselsritt über eine so weite Strecke ist für eine Hochschwangere hart. Aber sie waren fest entschlossen, zusammen zu bleiben, und das war gut, wie wir später sehen werden. Ein Pferd zu reiten ist ein Genuss gegenüber einem Eselsritt. Am schönsten ist es auf einem Kamel = Dromedar zu reiten. Ich habe das genossen bei einem Ritt zu den Pyramiden, auch im schnellen Tempo wiegt man sich auf dem „Wüstenschiff"– eine Freude.

Ihr Weg war anstrengend, aber wenn sie keine Herberge fanden, so nächtigten sie im Freien! Bei ihrer Ankunft in Bethlehem nach 13 Tagen, bekamen sie kein Quartier. Ein Herbergsbesitzer war gnädig und bot Josef eine Höhle an: In der sonst Kälber zur Welt kommen!. Stroh ist genug vorhanden. Ein Hausmädchen bringt euch dort hin und hilft euch!

Vor Jahren haben wir die Geburtshöhle besichtigt: es ist eine sehr enge Höhle!

Josef ging am nächsten Tag zu der Zählung und bat das Mädchen, sie möge bei Maria bleiben. Sie half Maria und besorgte, was sie benötigte. Sie blieb dann zwei Tage bei Maria und Josef bis die Geburtswehe begann. Das Mädchen hatte auch ihrer Mutter schon bei einer Geburt beigestanden. Maria ertrug den Schmerz der Geburt ohne zu schreien und zu jammern. Jesus war ein gesundes und großes Kind. Nach dem Waschen wurde er in Leinen gehüllt und in eine Futterkrippe gelegt. Josef war um Mutter und Kind sehr bemüht und dem Mädchen dankbar für die Hilfe. Zu dieser Zeit herrschte in Judäa König Herodes, er starb einige Monate nach Jesu Geburt.

Jesus wurde am 24.12.05 v. Chr. um Mitternacht geboren.

Das Geburtsjahr 5 v.Chr. ergibt sich aus dem Todesjahr von Herodes 4 v. Chr. Und den Geburtstag 24.12. hat die Kirche festgelegt. Wir wollen diesen Freudentag den Menschen nicht nehmen. Wir singen: „Stille Nacht, heilige Nacht…"

Weiteres darüber im Kapitel „Historische Daten".

Auf der ganzen Welt feiern viele Christen am 24.12. den Heiligen Abend, Christi Geburt!

Der Höhepunkt des Heiligen Abends ist die Christmette um Mitternacht.

Wie ging es nach Jesu Geburt in Bethlehem weiter?

Hirten, die in der Nähe der Geburtshöhle ihre Herden hüteten, erschien ein Engel. Er sagte: Habt keine Angst, ich sage euch viel Freude, heute ist der Heiland, ist Christus geboren, hier in der Nähe in der Krippe liegt er. Ehre sei Gott, Christus wird den Menschen ein Wohlgefallen sein!

Sie eilten zu Maria und Josef und dem Kind in der Krippe. Die Hirten sagten ihnen die Worte, die der Engel gesagt hatte.

Jesu Darstellung im Tempel, Simeon und Hanna

Nach acht Tagen ließen sie ihn beschneiden, er wurde Jesus genannt. Weiters, nach 40 Tagen seit der Geburt, nach der Reinigungszeit Marias, brachten sie Jesus nach Jerusalem, um ihn dem Herrn „darzustellen", denn die Erstgeburt sollte dem Herrn „geheiligt" werden. Nach dem Gesetz betrug die Ablöse zwei Turteltauben, sie hätten auch zwei junge Tauben opfern können. Einem alten Jerusalemer war vom Herrn versprochen worden, er würde trotz seines Alters nicht sterben, bevor er nicht den Messias = Christus gesehen hat. Simeon jubelte: Jetzt hat der Herr sein Versprechen eingelöst! Er nahm das Kind und sagte: Jetzt habe ich den Heiland gesehen, das Licht der Welt, und kann in Ruhe sterben!

Welches Licht fragen wir? Das Licht, das durch Jesus kam ist Liebe, Güte und Barmherzigkeit, weiters Mitleid mit allen Menschen und Lebewesen. Nicht mehr das Gesetz Moses: Zahn um Zahn, Aug um Aug! Die Härte ist der Vergebung gewichen. Gottes Wort wurde durch Jesus vermenschlicht.

Simeon und Hanna meinten mit dem Heiland und dem Licht, dass Messias, der Erlöser Israels von der Knechtschaft der Römer, gekommen sei. Im Tempel diente sie, die 84-jährige Prophetin Hanna, sie pries Gott, dass mit Jesus nun Jerusalem erlöst werde.

Die drei Weisen aus dem Morgenland

Die drei Weisen waren wahrscheinlich Sterndeuter, später wurden sie erhöht und „Könige" genannt. Sie waren einem „Stern" gefolgt und fragten: Wo ist der neugeborene König der Juden, wir wollen ihn anbeten. Als Herodes das erfuhr, lud er die Weisen zu sich. Vorher hatte er seine Hohepriester und Schriftgelehrten befragt und erfahren, dass der Prophet Micha gesagt hat: Betlehem in Juda, du bist nicht die kleinste unter den Städten, denn aus, dir wird der Fürst kommen, der Israel weidet!

Die Weisen sollten nach Bethlehem ziehen und wenn sie das Kindlein gefunden haben, ihm das melden, damit auch er es anbeten könne. Damals hat eine Supernova den Himmel über Betlehem hell erleuchtet. Den „Stern" vor sich, kamen sie nach Bethlehem und zur Höhle. Sie brachten ihre Geschenke dar: Gold, Myrrhe und Weihrauch.

Sie hatten gesagt, langt das Kind nach Gold, so wird es ein König. Wenn es Myrrhe will, wird es heilen und bei Weihrauch wird es segnen. Das Kind griff nach allem. Und sie beteten Jesus an.

Gott sagte ihnen: Zieht nach Hause, nicht zu Herodes, der will das Kind töten!

Sie zogen heim, führten ein gottgefälliges Leben und starben, hochbetagt in Sewa (= Saveh, Nordiran).

Die Flucht nach Ägypten

Ein Engel sagte im Traum zu Josef: Flieh nach Ägypten bis Herodes tot ist, denn er will das Kind töten. Tatsächlich ließ Herodes alle Knaben im Alter bis zu zwei Jahren töten. Josef weckte seine Frau und sie bepackten den Esel und für Maria und das Jesuskind bereitete Josef einen „bequemen" Sattel.

Im Morgengrauen zogen sie Richtung Südwest und waren nach drei Tagen ungefähr 40 km gezogen und in Betogabri angekommen (Karte S. 171). Der Weg ging noch vier Tage und sie waren in Gaza, 90 km von Bethlehem entfernt. Auf der Küstenroute, die schon die Vorfahren gezogen waren, erreichten sie nach etwa 300 km und vier Wochen Marsch Ägypten. Josef fand Arbeit als Zimmermann, Ägypten benötigte für die rege Bautätigkeit tüchtige Leute.

Nach einiger Zeit starb Herodes und der Engel sprach zu Josef: Kehre heim, Herodes ist tot!

Rückkehr aus Ägypten

Josef tat wie ihm geheißen und kehrte zurück, bis Nazareth waren es ungefähr 500 km. Sie brauchten für den Heimweg etwas mehr als sechs Wochen. Anna war glücklich endlich den kleinen Jesus in die Arme schließen zu können. Sie dankten Gott für ihren Sohn und die Rückkehr und feierten das Nachhause-Kommen.

Die Entwicklung des Kindes Jesus, Elternhaus

Das Kind gedieh prächtig, wuchs und wurde stark. Auch geistig und religiös war es sehr interessiert und erweiterte rasch sein Wissen. Das Elternhaus war geradezu geschaffen, diese Entwicklung zu fördern. Voran seine Mutter Maria, die ihm ihren tiefen Glauben vermittelte. Vater Josef war, wie wir schon wissen, nicht nur ein guter Zimmermann und Tischler, sondern auch ein gläubiger Mensch und kannte die Bücher Mose. Er sprach, wie üblich, Aramäisch, wie auch Maria. Sie verstanden aber Hebräisch. Aramäisch ist ein vereinfachtes Hebräisch.

Hebräisch wurde nur mehr von den Schriftgelehrten und Priestern gesprochen, die auch Griechisch, wie viele Gebildete und Händler, sprachen. Josef konnte auch etwas Griechisch, da er doch mit vielen Menschen beruflich zu tun hatte und Holz selbst einkaufte. Wobei ihm der Esel wertvolle Hilfe war. Maria, die großartige Mutter, die viele hunderte km auf dem Esel zurückgelegt hatte, zur Volkszählung dann nach Ägypten mit dem Baby und nach Hause, war auch schriftkundig! Für ein Mädchen der damaligen Zeit war das ungewöhnlich, das hatte sie Anna, ihrer Mutter, zu verdanken, die viel Zeit für die Erziehung ihrer Tochter aufwendete. Aber, solange er lebte, auch Joachim. Jesus lernte aus dem praktischen Leben schon in frühester Kindheit, durch das Vorbild der Eltern, dass täglich gebetet wurde, vor dem Abendessen, und Gott für den Tag gedankt wurde. Vor allem wurde beim großen Mahl am Freitag-Abend über das gesprochen, was vorher in der Synagoge = Bethaus gelesen worden war. Und am Sabbatmorgen waren sie wieder im Bethaus, dann ruhten sie, wie es der Herr verlangte. Jesus wusste schon, sobald er sprechen konnte, auswendig das Gebet: Du sollst deinen Gott lieben, mit deinem ganzen Herzen und deiner ganzen Seele und deiner ganzen Kraft.

Oft wurden am Abend die Geschichten der Alten erzählt. Von Adam und Eva beginnend erfuhr er, für Kindesohren zugeschnitten, den Inhalt der Mosesbücher. Mit fünf Jahren konnte er schon Gebete und Psalmen auswendig. Alle Feste wurden gläubig gefeiert! Man schlug von jedem Fest die geistige Brücke zur Geschichte des Volkes Israel und zu den von Mose verkündeten Gesetzen. Gott kommt ihm näher durch Gebet und Erzählungen, als spräche er selbst zu ihm.

Ab seinem 6. Jahr half er seinem Vater bei Tischlerarbeiten und wurde zu einem genauen und geschickten Handwerker erzogen. Als Jesus sechs war, kamen sein erster Bruder zur Welt und ein Jahr später der zweite und wieder war die Mutter schwanger. Ab seinem 8. Lebensjahr half er seiner Mutter so gut er konnte, denn er sah, wie sie sich mit den Kindern abmühte. Er nahm ihr die harte Arbeit des Wassertragens ab. Seinen Vater bat er, ihm dafür einen zweirädrigen Wagenkarren zu bauen, worin er drei Tonkrüge holprig beförderte und Wasser nach Hause zur geliebten Mutter brachte.

Der Brunnen von Nazareth war bekannt für gutes Wasser und für seine Ergiebigkeit. Daher machten auch Karawanen, die von Phönizien nach Jerusalem zogen, den Abstecher zum Brunnen von Nazareth. Zur Rast unter Palmen und zum Tränken der Tiere, Kamele und Esel, in der langen Trinkrinne. Die Frauen von Nazareth trugen den Krug am Kopf und gingen mehrmals, meist vor dem Abendessen, wenn es schon kühler war, um Wasser. Es waren fast ausschließlich Frauen, die den Haushalt mit Wasser versorgten.

Ungewöhnlich war Jesus mit seinem „Wasserkarren", aber niemand spottete.

Einmal ereignete sich etwas, das ich unbedingt erzählen muss. Jesus fuhr zum Brunnen um Wasser zu holen, einige hundert Meter. Oft brachte er auch seiner Großmutter Anna Wasser, weil sie schon altersmüde war und er helfen wollte. Er wurde nicht gehänselt, vielleicht auch, weil er sehr kräftig war. Wie Jesus sich dem Brunnen näherte, sah er einen Jungen mit einem Krug am Kopf Wasser tragen! Ein ungewöhnliche Anblick, dass ein Junge das beherrschte. Er hielt den Krug mit beiden Händen, da kam ein großer Bub von hinten nachgelaufen und rief lachend: Seht das „Weib", das da Wasser trägt, aber nicht mehr lange! Er gibt dem „kleinen Wasserträger" einen Stoß und der Krug fällt zu Boden und zerbricht in viele Scherben. Der Bösewicht lachte: Seht, wie er heult!

Rasch vergeht ihm sein Lachen, denn Jesus nimmt ihn an den Schultern, später werden wir hören, wie er Besessene an den Schultern packt und beutelt. Jesu rüttelte ihn: Was hast du dir gedacht, als du ihn gestoßen hast und sein Krug zerbrochen ist…? Seine Mutter wurde von ihrem Mann verlassen und jetzt steht sie alleine da und ist auch noch krank! Ihr Sohn ist kein Waschlappen, sondern ein guter Mensch, denn er hilft seiner Mutter!

Der Bösewicht war verlegen: Das habe ich nicht gewusst!

Jesus sagt: Du handelst vorschnell, du verurteilst, um deinen Spaß zu haben. Aber ich weiß, du wirst das gut machen! Nimm die Scherben, geh nach Hause und bring einen Krug, gib ihn dem Jungen und sag: Es tut mir leid! Dann füll den Krug mit Wasser und ihr beide bringt ihn der kranken Mutter.

Der böse Junge war aus reichem Haus, sein Vater war Tuchhändler und Färber. Er brachte den Krug, füllte ihn und der Kleine ging mit ihm nach Hause zur Mutter.

Später wird Jesus gefragt werden: Woher hast du die Vollmacht?

Jesus lernte aus diesen Erfahrungen und aus dem Arbeiten auswärts in Galiläa, wo ihn sein Vater ab dem 10. Jahr mitnahm. Sie bauten Decken, Dachstühle und Holzvorbauten, nicht nur in Nazareth, auch in Kana, Magdala und Karfarnaum, in Tiberius und Nain. So lernte Jesus Galiläa kennen und lieben. Sie hatten für Werkzeug und Schlafutensilien als Träger den Esel dabei. Jesus wurde ein tüchtiger Tischler und zunehmend auch Zimmermann.

Religiös war er bestens informiert, er kannte die alttestamentarischen Geschichten und auch Psalmen auswendig!

Eines Tages, Jesus war 11 Jahre alt, war er mit anderen Jungen des Ortes am Brunnen. Wieder einmal, fast alle zwei Wochen, kamen Karawanen aus Phönizien von Jerusalem zurück. Sie hatten ihre Waren, wie Gewürze, wertvolle Holzarbeiten, Öle, auch zum Salben, Farben und Papyrus aus Byblos, sowie beschriebene Papyrusrollen nach Jerusalem geliefert und verkauft. Vieles auf Bestellung, aber nicht immer wurde alles verkauft. Da die Tränkrinne vom Platz her nur beschränkt Kamele und Esel zuließ, waren die Jungen aus dem Dorf behilflich und brachten Eimer mit Wasser zu den lagernden Tieren und Besitzern. Oder sie füllten Wasserschläuche, aber auch kleine Einkäufe an Proviant besorgten sie! Denn der Rückweg über Ptolemais, Tyrus, Sarepta nach Sidon und Byblos betrug etwa 140-200 km, ein schönes Stück Weges.

Jesus half einem älteren Mann und holte Wasser für das eine Kamel, die anderen Jungen halfen den jüngeren Händlern, weil sie dafür Süßigkeiten bekamen. Der Händler, den Jesus unterstützte, fragte: Warum hilft du gerade mir, wo ich doch nur ein Kamel zu versorgen habe, und die anderen haben zwei oder mehr Kamele?

Die Antwort von Jesus kam überraschend für den Mann: Ich habe gesehen dass du dich plagst beim Wasserholen und Befüllen der Wasserschläuche, die mit mehr Kamelen haben meist einen Helfer dabei. Der Mann sagte: Du beobachtest aber sehr genau, natürlich bin ich froh, dass du gerade mir hilfst!

Jesus: Ich helfe auch meinem Vater und der Mutter, wo ich kann. Meine Mutter ist schwanger, mein Vater schon 51 Jahre alt und er leidet an Gelenksschmerzen und Veränderung der Gelenke (wahrscheinlich fortgeschrittene Arthrose).

Der Mann wollte, nachdem er sich bedankt hatte, Jesus eine Süßigkeit = Honigzuckerl geben. Nein, danke, ich brauche das nicht. war Jesu Antwort. Der Mann war etwas enttäuscht. Er überlegte: Vielleicht willst du eine beschrieben Papyrusrolle, das 1. Buch Mose?

Jesus antwortet: Das ist viel zu wertvoll für mich, das gehört in ein Bethaus!

Der Mann erläutert: Die Rolle ist beschädigt und nicht verkäuflich, weil mir eine Flasche Salböl undicht wurde und das Öl über die Rolle rann. Gott sei Dank ist nur der Anfang der Rolle durch Öl unlesbar! Kennst du den Inhalt? – Ja! – Umso besser, so wird dir die Rolle Freude machen, wenn du sie liest, Wort für Wort. Aber sie ist in Griechisch geschrieben!

Jesus antwortet: Ich kann nicht Griechisch.

Der Mann gibt ihm den Rat: Dann geh zum Rabbi ins Bethaus, er soll dir daraus vorlesen, Wort für Wort, und übersetzten. Du merkst dir die Stelle und lernst Griechisch.

Rabbi bedeutet so viel wie Religionslehrer oder Meister, Jesus wird später oft so angesprochen.

Jesus nahm die Rolle, dankte hocherfreut und rollte den Anfang auf: „Ölpapier", auf dem die Schrift verschwunden war. Jesus hielt das Papier ins Licht, die Schrift wurde sichtbar: Man kann den Anfang doch lesen, willst du die Rolle zurückhaben?

Nein, die Rolle gehört dir! Lebewohl!

Er wollte aufsteigen, trotzdem das Kamel = Dromedar in die Knie gegangen war, konnte er nur mühselig hinauf. Jesus sagte zu ihm: Ich bring dir eine Aufstieghilfe. Und er läuft schon nach Hause. Vor längerer Zeit hatte er einen Steigschemel gebaut, weil er die Regale der Mutter nicht erreichte und ihr helfen wollte. Sein Vater war ihm dabei ein bisschen an die Hand gegangen.

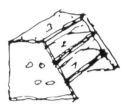

Der alte Herr, der Händler, war hocherfreut als Jesus keuchend kam und den Schemel hinstellte und sagte: Bitte aufsteigen!

Der Mann stieg leicht auf. Jesus: Nimm den Schemel mit! – Wie aber kommt der Schemel herauf? – Jesus: Nichts leichter als das, gib mir eine Schnur!

Jesus fädelte sie unter der obersten Stufe durch, knüpfte die Enden zusammen und sagte: Hinaufziehen! - Wunderbar, aber der Schemel gehört doch dir? Das macht nichts, ich schenke ihn dir, ich mache mir wieder einen, du hast mir doch das 1. Buch Mose geschenkt.

Nun war der Mann neugierig geworden: Wie lang hast du denn daran gearbeitet? Rund anderthalb Wochen!

Nun überlegte der Händler: Da bekommst du von mir das nächste Mal wenn wir hier durchkommen das zweite Buch Mose für einen zweiten Schemel.

Jesus nochmals: Ich kann nicht Griechisch, wie lang brauchst du zum Schreiben eines solchen Buches? Eine Woche.

Ich brauche das Buch aber in Aramäisch!

Ja, wir werden es dir in Aramäisch schreiben.

Jesus fragte: Ich gebe dir dann noch einen Schemel für andere dazu und du schreibst für mich den griechischen unter den aramäischen Text – so lerne ich auch Griechisch gleichzeitig. Ich brauche keine so schöne Schrift.

Ja, einverstanden!

Nach einem Monat kam die Karawane auf dem Weg nach Jerusalem nach Nazareth zur Rast und „Wasserung". Jesus rannte mit den zwei Schemeln hin, übergab sie und empfing das 2. Buch Mose, u. zw. zweisprachig. Der Mann lobte Jesus: Dieser Trittschemel hat mir große Freude bereitet, auch meinen Freunden. Bist du mit dem „Buch" zufrieden, denn es hat ein Schreiblehrling geschrieben, daher sind die Buchstaben nicht so schön?

Jesus: Für mich ist jeder Buchstabe schön!

Der Händler: Willst du alle 5 Bücher Mose?

Jesus: Ja, ja!

Dann folgender Vorschlag: In drei Monaten komme ich wieder und bring dir die restlichen drei Bände = Bücher = Rollen in Griechisch und Aramäisch, wie diesen zweiten Band, und du gibst mir dafür drei weitere Schemel, ohne Schnur.

Das Geschäft war abgeschlossen und Jesus hatte in drei Monaten die vollständige Thora, die fünf Bücher Mose, zuhause. In einer Schlafecke hatte er ein Regal für die Aufbewahrung gemacht und dort auch ein kleines Lesepult abgestellt.

Er wurde vom Rabbi bei der ersten Rolle so unterstützt, dass er auch gleichzeitig Griechisch lesen lernte. Er bekam auch Fragen beantwortet. Jesus verschlang förmlich die Worte Gottes! Und noch bevor das Jahr zu Ende ging, bekam Jesus noch ein Brüderchen. Jetzt also hatte Jesus vier Brüder und zwei Schwestern. In der zeitlichen Reihenfolge: Jakobus, Jose, Simon, Mirjam, Salome und Juda.

Der 12-jährige Jesus im Tempel

Die Familie wanderte nach Jerusalem zum Passafest. Wir wissen, das sind etwa 130 km, sie nehmen den gleichen Weg wie vor 12 Jahren. Die Geschwister Jesu blieben bei der Großmutter Anna. Nach zehn Tagen erreichten sie Jerusalem. Sie opferten, nahmen an Gottesdiensten teil und feierten das Passafest mit den anderen. Als sie nach Hause ziehen wollten, als die Festtage vorüber waren, fanden sie Jesus nicht. Sie suchten auch im Tempel und Jesus war bei den Schriftgelehrten, im Gespräch vertieft. Diese und die Zuhörer wunderten sich über seine Kenntnisse der Schrift und seine Fragen.

So hatte er die bedeutende Frage gestellt: Wieso kann ein Mann seiner Frau einen Scheidebrief geben ohne Begründung? Was macht die Frau? Sie muss gehen, wohin? Wovon lebt sie? Ist das gerecht? Zur Antwort, dass Gott weiß, was gerecht ist, sagt Jesus: Ist des Mannes Wille gerecht, wieso entscheidet hier nicht der Priester?

Er stellt auch die Frage wegen de Opferung Isaaks: Warum verlangt Gott, dass ein Kind geopfert wird? Wo doch Töten verboten ist!

Diese Art des Hinterfragens war man nicht gewohnt, denn alles, was die Schrift sagt, ist Gottes Wort! Die Eltern machten Jesus Vorwürfe und sagten ihm, in welch großer Sorge sie waren. Er antwortete: Ich war nur in meines Vaters Haus!

Sie verstanden ihn nicht, „aber Jesus war zu Hause in Nazareth und gehorchte ihnen". In den folgenden Jahren lehrte er die vier Brüder und zwei Schwestern und wuchs in seiner Rolle als Religionslehrer.

Sein Vater war zunehmend schwächer geworden und beauftragte Jesus mit den auswärtigen Arbeiten und der alleinigen religiösen Erziehung seiner Geschwister. Inzwischen waren Jakob, der älteste Bruder, 19 und der jüngste, Juda, 14 Jahre alt. Der Vater kränkelte an der Lunge. Vielleicht war sie vom vielen Staub beim Sägen und von der Witterung im Freien beeinträchtigt. Jesus verstand es den Kindern Gott näher zu bringen und bei den Buben freute ihn, dass sie ihm bei der Arbeit halfen.

Die große Änderung kam! Die Lungenentzündung hatte den Vater ans Bett gefesselt und er erholte sich nicht. Jesus und seine Mutter halfen dem Schwerkranken in seinem hohen Fieber und sie sagten ihm, dass Gott ihm beistünde und er auf ihn vertrauen könne. Den Wunsch, dass Jesus das Geschäft weiterführt, erfüllte Jesus.

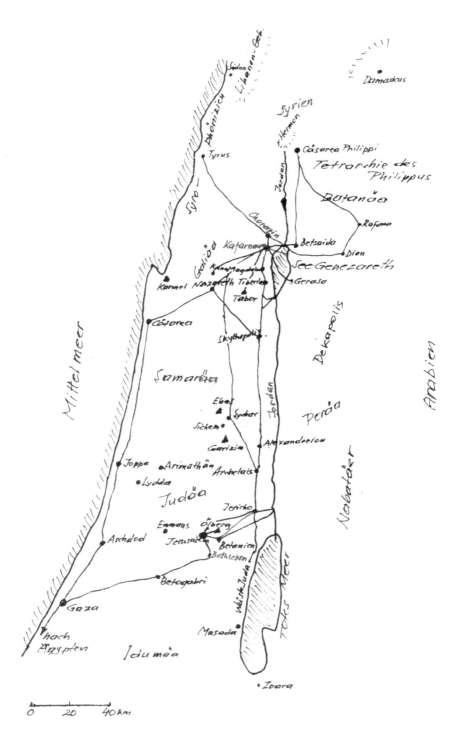

Karte: Die Wege Jesu

Der Vater war mit 65 Jahren gestorben, die Mutter war 41 und Jesus 25. Die Schwestern waren verlobt, trotzdem war es zu früh, um den Vater zu verlieren. Jesus hatte jetzt eine große Aufgabe! Aber mit den fleißigen Brüdern und seiner Erfahrung waren sie gesuchte Handwerker. Als seine Schwestern heirateten, war Jesus erleichtert.

Die Situation in Israel war explosiv. Seit seiner Geburt war in Galiläa die Partei der Zeloten = Revolutionäre tätig. Sie wurden aktiv, als die Volkszählung zur Erhebung der Steuern stattfand. Sie sagten: Man soll dem Kaiser keine Steuern zahlen, neben Gott könne man nicht noch dem Kaiser dienen.

Viele Zeloten wurden gekreuzigt.

Jesus war kein Zelot, denn er sagte: Zahlt dem Kaiser mit der Münze, die sein Bild trägt. Aber gebt Gott, was Gottes ist, denn wir sind Gottes Ebenbild.

Wie gibt man Gott? Nächstenliebe, die neben der Gottesliebe steht. Israel erwartete den Messias, der es vom weltlichen Joch erlösen sollte. Der Endzeitgedanke war gegenwärtig: das Gottesreich soll kommen und die Gerechten belohnt werden. Ohne Fremdherrschaft und Unterdrückung.

Johannes der Täufer

Wie war die Welt im Jahre 28? Der Kaiser in Rom war Tiberius, sein Statthalter in Judäa hieß Pontius Pilatus. Herodes Antipas war der Landesfürst von Galiläa und Peräa. Hohepriester in Judäa waren Hannas und sein Schwiegersohn Kaiphas. Johannes war der Sohn von Zacharias und Elisabeth, er war ein Gottgeweihter. Der Name Gott ist gnädig = Johannes stammt vom Engel Gabriel. Er enthielt sich von Wein und starken Getränken, ließ sein Haar wachsen und wuchs in der judäischen Wüste auf. Er war mit einem Gewand aus Kamelhaar bekleidet, aß Heuschrecken und wilden Honig. Er war 31 Jahre alt, wie Jesus, und taufte am Jordan. Dort, wo die Stämme der Israeliten in einer Furt den Jordan überschritten hatten. Er taufte mit Jordanwasser, beim Eintauchen legt der Mensch sein altes Ich ab, mit allen Sünden, und bereut. Er wird ein „neuer Mensch", indem er Buße tut und sein Leben ändert. Johannes der Täufer predigte: Tut Buße, denn das Himmelreich ist nahe! Tut Buße zur Vergebung der Sünden: Gebt, wenn ihr zwei Hemden habt, eines dem Armen, der keines hat, und ebenso tut das mit dem Essen.

Johannes sagt: Ich taufe euch, ertränkt den alten Menschen und werdet neu! Euch Zöllnern sage ich: Fordert nicht mehr als vorgeschrieben ist, und euch Soldaten sage ich: Tut keine Gewalt oder Unrecht, habt genüge an eurem Sold.

Viele kamen aus Judäa, vor allem von Jerusalem. Auch aus anderen Ländern am Jordan und ließen sich taufen und bekannten ihre Sünden. Sie fragten ihn: Bist du Christus = der Messias = der Erlöser?

Er aber sagte: Ich taufe mit Wasser, aber es kommt einer, der stärker ist als ich und ich bin nicht wert, ihm die Schuhriemen zu lösen, er wird mit dem heiligen Geist und dem Feuer taufen. Er wird die Spreu mit unauslöschlichem Feuer verbrennen! Er ist das wahre Licht, das alle Menschen erleuchtet, aber die Welt wird das nicht erkennen!

Johannes sagte: Ich bin nur der Wegbereiter für Christus! Das Gesetz ist durch Mose gegeben, aber die Wahrheit kommt erst durch ihn.

Jesus in Nazareth hatte vom Täufer am Jordan gehört, er ist so alt wie er: 31. Der Rabbi hatte zu Jesus gesagt: Du weißt alles, was die Alten sagten, der Geist Gottes ist über dir, bald wird er in dir sein! Geh zu Johannes, deinem Verwandten am Jordan und lass dich taufen! Deine Familie braucht dich nicht mehr. Deine Schwestern sind verheiratet, deine Brüder führen das Geschäft, deine Mutter ist versorgt. Verkünde du Gott!

Jesu Taufe (11.01.28)

So zog Jesus zu Johannes, um sich taufen zu lassen. Dieser sagte: Du solltest mich taufen, nicht ich dich, denn du bist gesandt!

Jesus sagt: Johannes, bitte taufe mich! Und so geschah es.

Als er danach betete, kommt in diesem Augenblick der Heilige Geist in Form einer Taube vom Himmel herab und eine Stimme von oben sagt: Du bist mein lieber Sohn, an dir habe ich Wohlgefallen!

Am nächsten Tag kam Jesus zu Johannes, der mit zwei Jüngern taufte. Er sprach mit dem Täufer. Der sagte zum Abschied: Seht das Lamm Gottes! Wir werden uns nicht wiedersehen!

Daraufhin folgten zwei Jünger Jesus. Er wollte wissen, warum.

Sie sagten: Zeig uns, wo du wohnst.

Er nahm sie mit, einen Tag blieben sie bei ihm. Einer der beiden war Andreas, der Bruder von Petrus. Er wurde später ein Apostel von Jesus. Jesus ging dann auf Geheiß des Heiligen Geistes 40 Tage in die Wüste Juda um mit dem Herrn zu sprechen.

Während Jesus in der Wüste war, ließ der Landesfürst Herodes Antipas Johannes gefangen nehmen und einsperren. Herodes Antipas war der Sohn des Herodes, der die kleinen Kinder von Nazareth ermorden ließ.

Herodes Antipas hatte sich im Jahre 28 n. Chr. Herodia, der Frau seines Halbbruders Herodes Philippus, zugewandt. Er hatte schon eine Frau, die er verließ, um Herodia zu heiraten. Diese hatte eine Tochter namens Salome von Herodes Philippus. Herodia trennte sich von Philippus und wurde die Frau von Herodes Antipas. Johannes der Täufer hatte den Fürsten und seine Frau Herodia aufs schärfste öffentlich gerügt.

Jesus in der Wüste

40 Tage war er in der Wüste Juda um zu fasten und mit dem Herrn zu reden. Der Teufel versuchte Jesus drei Mal: Ich gebe dir die Macht der Welt, wozu kasteist du ich, lebe gut und herrsche. Du siehst, der Herr hat Johannes nicht geholfen. Jesus erahnte, dass man Johannes eingekerkert hatte. Seine Antwort an den Teufel war eindeutig: Versuche mich nicht, mein Alles ist Gottes Wort und auch mein Leben. Er ist der Einzige, ihn sollst du anbeten und ihm allein sollst du dienen!

Der Versucher verschwand, denn Jesu Glaube war zu stark.

Jesus suchte eine Antwort auf die Frage: Bin ich es wirklich, der Johannes nachfolgen soll? Er gibt nicht auf, er will Gottes Antwort. Auf seinen Wüstenwegen und Nächtigungen unter freiem Himmel. Bei argen Sandstürmen, wo nichts zu sehen war und die Augen voll Staub waren, in diesen Situationen bat er innig um Antwort. Sie kam: Wie ich dir bei der Taufe sagte, bist du es, der mein Wort bringen wird.

Jesu Rückkehr nach Galiläa

Jesus blieb nach seinem Wüstenaufenthalt nicht in Juda, nicht in Jerusalem, sondern kehrt nach Galiläa, in seine Heimat, zurück. Galiläa galt damals als Land der Heiden. Das war die Wirkungsstätte für Messias = Christus. Er ging an die dunklen Seiten, an die Nicht-Religiösen, heran. An die verachteten Zöllner, Dirnen und Sünder. Denen predigte er: Tuet Buße und beginnt ein neues Leben! Er predigte das Evangelium Gottes nicht nur in Bethäusern, sondern auch, wenn er auf die Menschen zuging, wo auch immer. Dort, wo er Ungerechtigkeit sah oder spürte.

Und er spürte den Heiligen Geist in sich, Gott selbst gab ihm die Worte und die Kraft. Sein Ruf verbreitete sich im Land, so auch in Nazareth, wo er aufgewachsen war.

Jesu Predigt in Nazareth

Er begann im Bethaus mit: Tut Buße, denn das Himmelreich steht vor der Türe! Haltet das Recht und tut Gerechtigkeit, denn mein Heil ist nahe, dass es komme und meine Gerechtigkeit, dass sie offenbar werde!

Die Leute sagten zueinander: Wie er spricht!

Man reichte ihm das Buch, er schlug es willkürlich auf. Es war der Prophet Jesaja und Jesus las: Der Geist des Herrn ist auf mir, weil er mich gesalbt hat, zu verkündigen das Evangelium den Armen, er hat mich gesandt, zu predigen den Gefangenen, dass sie frei sein sollen, und den Blinden, dass sie sehen können und den Zerschlagenen, dass sie frei und ledig sein sollen, zu verkünden das Gnadenjahr des Herrn!

Er schlug das Buch zu und predigte: Heute ist dieses Wort der Schrift erfüllt worden, vor euren Ohren!

Sie waren beeindruckt von seinen Worten: Das ist doch Josefs Sohn!

Er setzte fort: Ihr werdet sagen, sind nicht große Dinge geschehen im Land durch ihn, so soll er sie auch in seiner Vaterstadt tun. Aber ich sage euch: Kein Prophet gilt etwas in seinem Vaterland! Gab es zurzeit Elia nicht viele Witwen, die hungerten, und zu keiner wurde Elia gesandt, als allein zu einer Witwe in Sidon? Waren nicht viele Aussätzige zurzeit Elisa, aber keiner wurde rein bis auf einen in Syrien? Die Zuhörer in der Synagoge wurden zornig, als sie das hörten und sie vertrieben Jesus aus der Stadt.

Jesus in Kafarnaum

Jesus übersiedelte in das 30 km weit entfernte Kafarnaum am See Genezareth. Er kannte die Stadt von früheren Besuchen, mit seinem Vater hatte er dort gearbeitet. Er predigte am Sabbat. Seine Lehre war überzeugend, der Kern war: Buße und Sinneswandlung. Gottes Recht einhalten und seine Gerechtigkeit tun. Weiters: Er ist der wahre Hirte Israels, der verlorene Schafe sucht, die Schwachen stärkt und die Kranken heilt. Jesus sprach die notleidenden Menschen, die Außenseiter an. Er stärkte sie und versprach ihnen das nahende Himmelreich. Er wusste, dass die Kranken einen Arzt brauchten und nicht die Gesunden. Im Gegensatz zu den Endzeit überzeugten Essenern, zu den Pharisäern und auch zu Johannes dem Täufer, der sich kasteite, nichts aß und trank, verkündete Jesus die Frohbotschaft Gottes. Warum sollten die Menschen darüber nicht froh sein? Als seine Predigt beendet war, bedrohte ein Mann Jesus. Mit rauer Stimme, ganz tief und unangenehm, spricht er zu Jesus: Was willst du von uns, Jesus aus Nazareth, willst du uns vernichten, du Heiliger Gottes?

Jesus ging auf ihn zu, fasste ihn an den Schultern und rüttelte ihn: Böser Geist, fahre aus ihm!

Der Mann fiel um und als er aufstand war er rein und hatte eine normale Stimme: Wahrlich, du hast mich vom bösen Geist rein gemacht!

Alle sagten: Wieso kann er bösen Geistern gebieten?

Sein Wirken war schon bekannt. Aber das sprach sich herum. So kamen jetzt Kranke und er heilte.

Berufung der ersten Apostel

Jesus ging am galiläischen Meer entlang und am nördlichen Ende des Sees traf er Fischer beim Auswerfen der Netze. Einen von ihnen kannte er: Andreas, den ehemaligen Jünger Johannes', des Täufers. Andreas sagte zu seinem Bruder Simon: Das ist der Messias, der Gesalbte Gottes! Andreas und Petrus waren die Söhne des Johannes aus Betsaida. Jesus sagte zu ihnen: Folgt mir, ich mache euch zu Menschenfischern! Andreas kennt mich vom Jordan von der Taufe her und du, Simon sollst auch mit mir ziehen, ich habe schon von dir gehört.

Jesus nannte ihn später den Fels, das Fundament, auf dem er seine Gemeinde bauen werde.

Jesus sagte noch: Wir werden das Evangelium Gottes predigen. Ihr in meinem Auftrag!

Der Fischfang des Petrus

Es hatten sich Menschen angesammelt und sie wollten Jesus hören. Der sagte: Simon, fahr mich ein Stück hinaus, damit sie mich hören. Er predigte zu den Menschen am Ufer. Als er geendigt hatte, sagte er: Jetzt fahr weiter hinaus, du sollst noch einmal dein Netz nach Fischen auswerfen.

Simon meinte: Das hat wenig Sinn, die ganze Nacht haben wir nichts gefangen! Aber er tat wie gewünscht und es war der größte Fang, den er je gemacht hatte. Die Leute sagten: So viele Fische auf einen Fang! Petrus verteilte die Fische.

Auch die Brüder Jakobus und Johannes verließen ihr Boot und ihren Vater Zebedäus und folgten Jesus, als er sie dazu aufforderte.

Jünger und Apostel

Sie sind keine Schüler, wie sie ein Rabbi hat, sondern sie glauben an Jesus und seine Lehre. Jünger und Jüngerinnen begleiten oft Jesus, hören seine Predigten sooft wie möglich. Und geben ihren Glauben weiter. Die Bindung ist lose. Eine Vollmacht durch Jesus haben sie nicht. Sie sind keine „Lerngemeinschaft", wie auch die Apostel nicht. Apostel werden von Jesus berufen, wie Andreas, Petrus, Jakobus und Johannes und acht weitere. Sie wohnen mit Jesus zusammen. Sie begleiten ihn und werden von ihm bevollmächtigt zu predigen, zu taufen und letztlich auch zu heilen. Sie hatten eine lebenslange Gemeinschaft mit dem Meister Jesus und seine Nachfolge war ihnen zugesichert. Sie sagten „Ja" zu ihm, bis hin zum Leiden am Kreuz. Neben der Vollmacht, Sünden zu vergeben, wirkten sie später auch Wunder. Die Apostel waren seine engsten Mitarbeiter und Vertreter. Sie waren eine Gemeinde und missionierten auch. Sie wohnten in Karfarnaum.

Ein Ölhändler, der sein Geschäft nach Cäsarea Philippi verlegt hatte, war Verehrer und Anhänger von Jesus. Er hatte Jesus und seinen Jüngern, Aposteln und Jüngerinnen seine Lagerhalle als Wohnbaracke überlassen. Das war ein langgestreckter Bau, davor ein Brunnen auf einem Platz, der ideal für Predigten geeignet war, Aber nicht nur das, er unterstützte auch materiell die „Heiligen", wie er sagte, sehr großzügig.

Wenn in der Bibel von „Jüngern" gesprochen wird, sind Apostel, Jünger und Jüngerinnen, also Anhänger von Jesus, gemeint.

Heilung der Schwiegermutter des Petrus

In seiner Predigt vom Boot aus hatte Jesus wieder einmal verkündigt: Ihr habt gesehen, was ich tat, gehört, was ich rede, und seid mir gefolgt. Um wie viel größer ist unser Herr, der mir die Kraft dazu gibt!

Am Abend zogen sie nach Betsaida, von dort waren Andreas, Petrus, aber auch Jakobus und Johannes. Als sie in das Haus des Petrus kamen, hatte seine Schwiegermutter schweres, besser: hohes Fieber. Jesus nahm ihren Kopf in seine Hände: Der Vater gäbe, dass dein Fieber aufhört.

Seine Bitte wurde erhört! Sie blieben über Nacht in Petrus' Haus.

Heilung eines Aussätzigen

Am nächsten Tag kamen die Mutter von Jesus und seine Geschwister. Sie hatten für alle eine Einladung zu einer Hochzeit in Kana. Kurz nach Betsaida mussten sie den Jordan durchwaten. Vor Kafarnaum wartete ein Aussätziger auf Jesus. Er kniete nieder und sagte: Mache mich rein, du hast die Macht.

Jesus nahm die kranken Hände und dann umfasste er den Kopf des Kranken. Er sagte: Du glaubst, so sei es!

Der Mensch war von seinen Geschwüren befreit. Jubelnd umschlang er Jesu Füße und küsste seine Hände. Jesus sagt ihm: Behalte es für dich, aber opfere dem Priester für deine Reinigung nach dem Gesetz Moses.

Die Hochzeit zu Kana

Zu dieser Hochzeit habe ich eine besondere Beziehung, weil wir in einem Theaterstück dieses Namens als „Mitspieler" anwesend waren. (Siehe Altes Testament: Josua.)

Jesus mit Anhang erreichte Kana nach drei Tagen, am Nachmittag kamen sie an. Sie machten sich frisch und freuten sich auf das Fest. Jesus kannte das Haus und die Bewohner. Vor Jahren war er hier mit seinem Vater zwei Wochen lang um das Dach und die Decke im Festsaal zu errichten.

Am Abend wurde unter prachtvollem Himmel gefeiert und stark dem Wein zugesprochen! Als man Jesus einmal vorhielt: Die Jünger vom Täufer haben gefastet und sich des Weins enthalten und ihr feiert fröhlich, antwortete Jesus: Sie hören von mir die Frohbotschaft eines erfüllten Lebens, warum sollen die Gäste nicht fröhlich sein bei der Hochzeit, solange der Bräutigam noch bei ihnen ist?

Auch gegen das rituelle Händewaschen beim Mahl ist er: denn das ist Menschensatzung – nichts, was von außen in den Menschen kommt, macht ihn unrein! Er sucht geradezu unreine Menschen, Sünder usw. um sie zur Buße zu bringen. Der Wein war gut, mit starkem Bouquetgeschmack. Es wurde viel getrunken und die ganze Gesellschaft genoss die Speisen und den guten Wein. Da kam zu fortgeschrittener Stunde Maria, seine Mutter, zu ihm: Sie haben keinen Wein mehr, er geht zu Ende, hilf ihnen!

Jesus sagte: Was geht das mich an, meine Stunde ist noch nicht gekommen.

Die Mutter bat ihn nochmals und erhielt keine Antwort. Sie ging zum Mundschenk und sagte ihm: Tut, was er sagt, er wird euch helfen!

Jesus verlangte: Bringt alle Weinkrüge!

Der Mundschenk gibt zu bedenken: Im letzten, dem sechsten, ist noch etwas Wein, aber wenn du alle Weinkrüge willst, bringe ich auch den! Jesus sagte: Ja, und einen Kostbecher dazu.

Sie brachten sechs große Krüge. Jesus kostete den Rest des Weines. Er verlangte, dass dieser Krug mit Wasser aufgefüllt werde. Das geschieht. Jesu Gedanken gehen zurück in die Wüste, wo in einem Sandsturm der Herr zu ihm gesagt hatte: Mose hat das Gesetz gebracht, Johannes hat es gepredigt, aber du wirst es den Leuten verständlich machen. Und du wirst es vorleben und meine Güte und Kraft wird durch dich auf die Menschen kommen. Du bist durch den Heiligen Geist mein Sohn. Durch mich hast du die Kraft!

Jetzt dachte Jesus: Herr ich brauche deine Kraft um die Hoffnung meiner Mutter und der Leute nicht zu enttäuschen.

Jesus war über den Krug gebeugt, er nahm den Kostbecher und trank. Der Wein war gut. Seine Anweisung war: Teilt den Inhalt auf alle sechs Krüge auf.

Als das geschehen war, ordnete er an: Und jetzt füllt alle sechs Krüge randvoll mit Wasser. Dann nahm Jesus den Kostbecher und kostete bei jedem Krug. Der Wein war bestens. Jesus sagte: Schenkt ihn aus!

Von überall kam Lob über den guten Wein. Zu dem guten „Kana-Wein" wurde dann noch als Abschluss ein warmer Strudel gereicht. Auch dieser „Kana-Strudel" war vorzüglich. Zur Verabschiedung sagte Jesus noch einige Worte: Bevor wir gehen, möchte ich Gott danken für dieses schöne Fest und seine Hilfe beim Gelingen und den Gastgebern für ihre Mühe. Den Eheleuten wünschen, dass sie sich lieben und gesunde Kinder bekommen. Sie sollen zueinander stehen, denn unser Vater will, dass sie beisammenbleiben und sich ehren bis der Tod sie scheidet. Gottes Segen soll auf ihnen ruhen und auf uns. Ich wünsche euch meinen Frieden, bringt auch ihr Frieden!

Prost und guten Appetit

Ich will, dass auch die Leser entfernt die Highlights des Abends, den Kana-Wein und den Kana-Strudel kennenlernen. Nach langem Suchen fand ich, was ich suchte, einen Wein, der uns eine Ahnung vom Kana-Wein vermittelt . Ich fand ihn bei den Winzern Krems, Sandgrube 13. Es ist der „gelbe Muskateller" 2011, ein „Opernballwein"! Beim Kana-Strudel habe ich versucht, ihn wiedererstehen zu lassen.

Das Rezept lautet heute wie folgt:
  30 dkg glattes Mehl,
  15 dkg Wasser
   6 dkg Öl
   1 TL Salz

In einer Schüssel kneten, bis sich der Teig vom Rand löst. Laibchen formen, dann oben mit Öl bestreichen und die Schüssel darüberstülpen. 1,5 Stunden rasten lassen. Dann Laibchen mit Küchentuch abtupfen. Ein Tuch ausbreiten, Mehl darüber streuen und Laibchen mit Mehl bestreuen und auswalken und am Schluss händisch ausziehen auf 55 x 85 cm. Darauf kalte, braun geröstete Brösel ausbreiten, dann ca. $^1/_2$ – 1 cm hoch Apfelspalten darauf; Zimt, Kristallzucker und 1 geriebene Zitronenschale darüber, sowie Rosinen. Mit dem Tuch den Teig einrollen und U-förmig auf ein mit Backpapier belegtes Backblech geben. Mit Öl bestreichen und 60 Min. mit Heißluft bei 170 Grad backen. Den Apfelstrudel mit dem Wein servieren. Wohl bekomm´s!

Ich konnte meinen Lesern diese Gaumenfreude nicht vorenthalten! Zurück zu Jesus:

Heilung eines Gelähmten

Jesus lehrte und hatte viele Zuhörer in seinem Haus in Kafarnaum. Es waren auch Schriftgelehrte und Pharisäer unter den Besuchern. Die Neugierde hatte sie zu Jesus gebracht. Viele andere glaubten, dass er mit Gottes Kraft Wunder wirken könne. Da brachten vier Männer einen alten Mann auf einer Bahre. Der Mann litt unter schwerer Gicht und war daher bewegungsunfähig. Weil viele Menschen den Verwandten des Kranken den Eintritt in das Zimmer verstellten, stiegen sie aufs Dach, deckten es geschickt ab und ließen an Seilen die Trage hinunter zu Jesus. Jesus ging zu dem Kranken: Was willst du, was fehlt dir? Herr, ich kann mich nicht bewegen, du kannst mir helfen. Jesus nimmt seine Hände: Deine Sünden sind dir vergeben! Die Schriftgelehrten und Pharisäer sprachen zueinander: Wer ist er, dass er Sünden vergibt? Dass kann nur Gott!

Jesus sagte: Was denkt ihr in euren Herzen? Was ist leichter, zu sagen: Deine Sünden sind dir vergeben oder: Steh auf und geh nach Hause? Damit ihr wisst, dass der Menschensohn Vollmacht hat, auf Erden Sünden zu vergeben, spreche ich zu dem Kranken!

Er nahm die Hände des Gelähmten: Ich sage dir, steh auf, nimm dein Bett und geh nach Hause.

Die Menschen wichen zurück. Der Kranke stand auf und pries Gott, dankte Jesus, nahm die Trage und ging! Viele wurden von Furcht ergriffen, priesen Gott und sagten: Wahrlich, wir haben Wunderbares gesehen. Sie gingen weg und waren von Jesu Sendung überzeugt.

Die Berufung des Matthäus = Levi

Zöllner waren damals nicht beliebt, denn sie trieben für die Römer Steuern und Zölle ein. In Häfen, an Landesgrenzen und Stadttoren. Sehr zum Ärger der Bevölkerung, weil sie sich einer Willkür ausgesetzt fühlte. Wie sagte Johannes bei der Taufe am Jordan zu einem Zöllner: Fordere nicht mehr, als vorgeschrieben ist!

Denn oft bereicherten sich die Zöllner gerade durch Ungerechtigkeit. Die Zöllner hatten ein Häuschen am Stadttor von Kafarnaum und Jesus beobachtete einen Zöllner namens Levi, als ein Mann mit einem Sack in die Stadt wollte, er hatte in dem Sack zollpflichtige Ölfrüchte (Oliven). Der andere Zöllner sagte zu Levi: Geh und nimm ihn gehörig aus! Dazu ist zu sagen, geringe Mengen Speisen, also Wegzehrung, waren zollfrei, nicht aber ein prall gefüllter Sack.

Levi war gütig und sagte (schmunzelnd) bevor der Mann noch den Sack öffnete: Du hast da sicher ein gutes Abendessen für heute gepackt- geh weiter!

Der Mann dankte vielmals und rannte durchs Tor. Der andere Zöllner sagte: Wieso hat er nicht bezahlt? Weil er nur Kohlköpfe für den Abend darin hatte!

Jesus sprach Levi an, ob er nicht zu ihm kommen wolle als sein Apostel- denn diese gute Tat zeige, was für ein guter Mensch er sei! Levi hatte schon von Jesus gehört und war von der Lehre beeindruckt. Jesus setzte fort: Ich bitte dich, folge mir und den anderen, die wir an das Gottesreich glauben. Levi lud Jesus ein zu seinem Abschiedsfest, weil er ihm folgen würde. Am Abend saßen viele Zöllner und Freunde mit Levi und Jesus bei einem großen Mahl beisammen.

Die kritischen Schriftgelehrten und Pharisäer sagten: Jetzt trinkt und isst er noch mit Zöllnern und Sündern!

Jesus antwortete: Die Gesunden brauchen keinen Arzt, aber die Kranken. Ich bin gekommen, die Sünder zur Buße zu rufen und nicht die Gerechten!

Die Berufung der Zwölf

Immer mehr Menschen folgten Jesus aus Galiläa, Judäa und Jerusalem, sogar aus Idumäa. Von jenseits des Jordans, den zehn Städten, von Tyrus und Sidon. Sie hatten von ihm gehört, von seinen Taten. Von den Geheilten, die gedankt hatten und vor ihm niedergekniet waren mit dem Worten: Du bist Gottes Sohn! Da ging Jesus auf einen Berg (Hügel). Er blieb die Nacht allein und am nächsten Tag setzte er 12 Männer als seine Apostel ein. Es waren:

1. Simon, den Jesus Petrus = Kephas nannte, weiters
2. Andreas, der Bruder Petrus', der sich schon bei dem Täufer Jesus angeschlossen hatte.

Die nächsten zwei Apostel nannte Jesus die „Donnersöhne", wegen ihres gerechten Zornes:

3. Jakobus, der Große (Mayor) und
4. Johannes, die Söhne von Zebedäus und Salome; die nächsten sind
5. Philippus und
6. Bartholomäus = Nathanael,
7. Matthäus = Levi, der Zöllner, und
8. Thomas, der Ungläubige,
9. Jakobus, der Sohn des Alphäus, von Jesus zur Unterscheidung der Kleine (Minor) genannt, und
10. Judas Thaddäus,
11. Simon Kananäus, genannt der „Zelot" und zum Schluss
12. Judas Iskariot, der ihn verriet (nach seinem Tod wählten die Apostel Matthias als 12.)

Später, nach Jesu Tod, nannte sich Paulus auch Apostel und bezieht sich auf seine Berufung in Damaskus, wo ihm Jesus erschienen war. Neben Petrus war Paulus wohl

„der" größte Missionar, vor allem für die Heiden! Die Apostel waren für Jesus die wichtigsten Beauftragten. Sie begleiteten ihn, er hatte ihnen die Kraft übertragen = geweiht, um Krankheiten heilen zu können und böse Geister auszutreiben. So holte Jesus seine Apostel zu sich auf den Hügel und begann mit dem Kern seiner Lehre, der Bergpredigt.

Sie enthält, was wir vom Glauben wissen müssen und befolgen sollten! Sie ist die Magna Charta des Evangeliums Jesu. Auf dieser Basis und durch Jesu Leiden, Tod und Auferstehung entstand unser Christentum.

Die Bergpredigt

ist die Weisung des neuen Bundes. Jesus lehrte die

Seligpreisungen

Selig sind,

>die vor Gott arm sind, den ihrer ist das Himmelreich;
>die da Leid tragen, denn sie sollen getröstet werden;
>die Sanftmütigen, denn sie werden das Erdreich besitzen;
>die da hungern und dürsten nach Gerechtigkeit, denn sie sollen satt werden;
>die Barmherzigen, denn sie werden Barmherzigkeit erlangen;
>die reinen Herzens sind, denn sie werden Gott schauen;
>die Friedfertigen, denn sie werden Gottes Kinder heißen;
>die um der Gerechtigkeit willen verfolgt werden, denn ihrer ist das Himmelreich.

Selig seid ihr, wenn euch die Menschen um meinetwillen schmähen und verfolgen und Übles euch tun. Ihr werdet im Himmel belohnt, denn auch die Propheten vor euch wurden verfolgt.

Er lehrte auch die

Weherufe

Wehe euch,

>ihr Reichen! Denn ihr habt euren Trost schon gehabt;
>die ihr jetzt satt seid! Denn ihr werdet hungern;
>die ihr jetzt lacht! Denn ihr werdet weinen und klagen;
>wenn euch jedermann wohlredet! Denn das Gleiche haben
>ihre Väter falschen Propheten getan.

Feindesliebe

Liebt eure Feinde, auch wenn sie euch hassen! Segnet, die euch verfluchen, bittet für die, die euch beleidigen! Leiht dort, wo ihr nichts dafür erwartet! So wird euer Lohn im Himmel groß sein! Denn auch Sünder lieben ihre Freunde!

Stellung zum Nächsten

Seid barmherzig, wie euer Vater. Richtet nicht, so werdet auch ihr nicht gerichtet. Verdammt nicht, so werdet auch ihr nicht verdammt. Vergebt, so wird auch euch vergeben. Gebt, so wird euch gegeben.

Du siehst den Splitter im Auge deines Bruders, aber den Balken in deinem Auge siehst du nicht! Zieh zuerst den Balken aus deinem Auge und dann erst den Splitter im Auge deines Bruders, sonst bist du nichts als ein Heuchler!

Vom Töten

Mose hat gesagt: Du sollst nicht töten, wer tötet ist des Gerichts schuldig! Ich aber sage euch: Schon wer seinem Bruder zürnt, ist des Gerichts schuldig. Auch wer seinem Bruder sagt: Du Nichtsnutz! der ist des Hohen Rates schuldig. Wer aber zu ihm sagt: Du Narr! der ist des höllischen Feuers schuldig!

Geh nicht zum Altar und opfere nicht deine Gabe, wenn du weißt, dein Bruder hat etwas gegen dich. Versöhne dich vorher mit deinem Bruder. Vertrage dich mit deinem Gegner solange du noch mit ihm am Weg bist, damit dein Gegner dich nicht dem Richter überantwortet und du ins Gefängnis geworfen wirst. Du kommst nicht heraus, solange du nicht den letzten Groschen bezahlt hast!

Vom Ehebrechen

Mose hat gesagt: Du sollst nicht ehebrechen!

Ich aber sage euch: Wer eine Frau ansieht und sie begehrt, der hat schon mit ihr die Ehe gebrochen in seinem Herzen.

Vom Schwören

Die Alten sagten: Du sollst keinen falschen Eid schwören und du sollst dem Herrn deinen Eid halten!

Ich aber sage euch, dass ihr überhaupt nicht schwören sollt, weder bei dem Himmel, denn er ist Gottes Thron, noch bei der Erde, denn sie ist der Schemel seiner Füße, noch bei Jerusalem, denn sie ist die Stadt des großen Königs. Nicht bei deinem Haupt sollst du schwören, denn du kannst nicht ein einziges Haar weiß oder schwarz machen! Eure Rede aber sei: Ja, ja; nein, nein! Was darüber ist, das ist vom Übel.

Vom Vergelten

Gesagt wurde: Auge um Auge, Zahn um Zahn! Ich aber sage euch, dass ihr nicht widerstreben sollt dem Übel, sondern: Wenn dich jemand auf deine rechte Backe schlägt, dem biete auch die andere dar!

Weiters sprach Jesus: Wenn dir jemand deinen Rock nimmt, lass ihm auch deinen Mantel! Wenn dich jemand nötigt, eine Meile mit ihm zu gehen, so geh mit ihm zwei! Gib dem, der dich bittet, wende dich nicht ab von dem, der etwas von dir borgen will!

Vom Almosen geben

Übt nicht Frömmigkeit, um gesehen zu werden, sonst habt ihr keinen Lohn beim Vater im Himmel! Gibst du Almosen, posaune es nicht hinaus, wie das Heuchler tun, damit sie von den Leuten gepriesen werden. Wahrlich, sie haben schon ihren Lohn gehabt!

Vom Beten: Vater Unser

Die Jünger sagten: Herr, lehre uns zu beten, wie Johannes seine Jünger lehrte!
Wenn ihr betet, seid nicht wie die Heuchler, die in den Synagogen und an den Straßenecken beten, damit sie gesehen werden. Wahrlich, sie haben schon ihren Lohn gehabt. Betet im Kämmerlein, schließt die Tür und betet zum Vater, der im Verborgenen ist und der ins Verborgene sieht, er wird es vergelten. Macht nicht viele Worte, sondern betet:

> Vater unser, der du bist im Himmel,
> geheiligt werde dein Name,
> dein Reich komme,
> dein Wille geschehe, wie im Himmel, so auf Erden.
> Unser tägliches Brot gib uns heute.
> Und vergib uns unsere Schuld, wie auch wir vergeben unseren Schuldigern.
> Und führe uns nicht in Versuchung, sondern erlöse uns von dem Bösen.
> „Denn dein ist das Reich und die Kraft und die Herrlichkeit in Ewigkeit." Amen.

Der letzte Teil wurde im 2. Jahrhundert hinzugefügt („…").
Jesus sagte noch: Wenn ihr den Menschen ihre Verfehlungen vergebt, so wird euch euer himmlischer Vater auch vergeben! Wenn ihr aber den Menschen nicht vergebt, so wird euch euer himmlischer Vater eure Verfehlungen auch nicht vergeben. Wenn ihr in Not seid, ruft kurz: Vater hilf mir! Oder wenn ihr ungerecht behandelt werdet oder wenn ihr Schmerz erleidet, betet kürzest: Herr, steh mir bei! Redet aber auch, wenn ihr glücklich seid mit ihm.

Von der Gebetserhörung

Bittet, so wird euch gegeben; suchet, so werdet ihr finden, klopfet an, so wird euch aufgetan. Denn wer da bittet, der empfängt; und wer da sucht, der findet; und wer da anklopft, dem wird aufgetan! Wer ist unter den Menschen, der seinem Sohn, wenn er ihn bittet um Brot, einen Stein bietet? Wenn nun ihr, die ihr noch böse seid, dennoch gute Gaben geben könnt, wieviel mehr wird euer Vater im Himmel Gutes denen geben, die ihn bitten?

Vom Tun des göttlichen Willens

Alles, was ihr wollt, dass man euch tut, das tut auch ihnen! Das ist das Gesetz und die Propheten. Geht hinein durch die enge Pforte. Denn die breite Pforte ist zum Weg der Verdammnis, viele gehen ihn. Wie eng ist die Pforte und wie schmal der Weg, der zum Leben führt und nur wenige finden ihn. Hütet euch vor falschen Propheten, die verlocken, in Wirklichkeit aber reißende Wölfe sind. An ihren Früchten sollt ihr sie erkennen! Kann man Trauben lesen von Dornen, Feigen von Disteln? Es werden nicht alle in das Himmelreich kommen, die zu mir sagen: Herr, Herr, haben wir nicht in deinem Namen geweissagt? Haben wir nicht in deinem Namen böse Geister ausgetrieben? Nicht in deinem Namen Wunder getan? Dann werde ich ihnen bekennen: Ich habe euch noch nie gekannt, weicht von mir, ihr Übeltäter! Ins Himmelreich kommen nur, die den Willen meines Vaters erfüllen.

Vom Fasten

Wenn ihr fastet, schaut nicht sauer wie die Heuchler, denn sie verstellen ihr Gesicht um zu zeigen, dass sie fasten. Wahrlich, sie haben ihren Lohn schon gehabt. Fastest du, salbe dein Haupt und wasche dein Gesicht, dass du den Leuten dein Fasten nicht zeigst, sondern nur deinem Vater, der im Verborgenen ist und der das Verborgene sieht, er wird dir's vergelten.

Vom Schätze-Sammeln und vom Sorgen

Sammelt keine Schätze auf Erden, Motten und Rost fressen sie, Diebe brechen ein und stehlen sie. Sammelt Schätze im Himmel, dort fressen sie nicht Motten noch Rost. Diebe können nicht einbrechen. Denn wo dein Schatz ist, da ist auch dein Herz! Niemand kann zwei Herren dienen: entweder er wird einen hassen und den anderen lieben, oder er wird an dem einen hängen und den anderen verachten. Ihr könnt nicht Gott dienen und dem Mammon. Darum sage ich euch: Sorgt nicht um euer Leben, was ihr essen und trinken werdet. Ist nicht das Leben mehr als Nahrung und der Leib mehr als die Kleidung? Seht die Vögel unter dem Himmel an: sie säen nicht, sie ernten nicht, sie sammeln nicht in die Scheunen und euer himmlischer Vater ernährt sie doch. Seid ihr denn nicht viel mehr als sie? Wer ist unter euch, der seines Lebens Länge eine Spanne zusetzen könnte, wie er sich auch darum sorgt? Und warum sorgt ihr euch um die Kleidung? Schaut die Lilien auf dem Feld an, wie sie wachsen: sie arbeiten nicht, auch spinnen sie nicht. Ich sage euch, dass auch Salomo in all seiner Herrlichkeit nicht gekleidet gewesen ist wie eine von ihnen. Darum sollt ihr euch nicht sorgen und sagen: Was werden wir essen? Was werden wir trinken? Womit werden wir uns kleiden?- Nach dem allen trachten die Heiden. Denn euer himmlischer Vater weiß, dass ihr all dessen bedürft.
Der Satz, der jetzt folgt, ist der Kern, die Essenz seiner Lehre: Trachtet zuerst nach dem Reich Gottes und nach seiner Gerechtigkeit, so wird euch alles zufallen! Darum sorgt nicht für morgen, denn der morgige Tag wird für das seine sorgen. Es ist genug, dass jeder Tag seine eigene Plage hat.
So sagte er ihnen die Grundsätze und Gesetze seiner Lehre und setzte fort:

Vom Richten

Richtet nicht, damit ihr nicht gerichtet werdet. Denn nach welchem Recht ihr richtet, werdet auch ihr gerichtet, und mit welchem Maß ihr messt, werdet auch ihr gemessen!

Vom Hausbau

Wer meine Rede hört und handelt danach, der gleicht einem klugen Mann, der sein Haus auf Fels baut. Wenn ein Platzregen fällt und Sturzbäche kommen und ein Sturm am Haus rüttelt, es stürzt nicht ein, denn es ist auf Fels gegründet. Und wer meine Rede hört und nicht danach lebt, der gleicht einem törichten Mann, der sein Haus auf Sand baut, das weggeschwemmt wird von der Flut. So sage ich euch: Seid das

Salz der Erde

Wenn Salz nicht mehr salzt, wird es weggeworfen. Seid aber auch das

Licht der Welt

Man sieht es von ferne. Man zündet ein Licht nicht an, um es unter den Scheffel zu stellen, sondern stellt es auf einen Leuchter, so leuchtet es allen, die zu Hause sind. Lasst euer Licht leuchten vor den Leuten, damit sie eure guten Werke sehen und euren Vater im Himmel preisen! Damit hatte Jesus seine Bergpredigt beendet! Inzwischen war die Sonne am Horizont im Untergehen und ein Lichtkranz umstrahlte Jesus, als er abschließend sagte: Der Herr segne euch und mich! Geht hin und bringet Frieden!

Für wen war die Bergpredigt gedacht?

Er wollte die Apostel einführen in seine Lehre, in seine Auslegung des Gesetzes. Deshalb setzte er sich und sie waren um ihn. Natürlich, als er zu ihnen sprach, kamen Anhänger und Neugierige um mitzuhören, wenn er das „Königtum" Gottes darlegte. Nichts hörten sie von Weltherrschaft und Rebellion, wohl aber vom Reich Gottes und von den Gesetzen der Alten, aber viel radikaler dargelegt als sie es bisher kannten. Er sagte: Die Alten sagten: …, ich aber sage … . Man fragte: Wie kann er deuten, wieso ändert er?
Wieso kann er sagen: Wehe den Reichen? Wieso nimmt er die Pharisäer und Schriftgelehrten aufs Korn? Darf er das ungestraft? Sein Nein zur Ehescheidung, sein Ja zum Schuldenerlass, Weigerung der Vergeltung, Frieden um jeden Preis, keine Gewalt, erdulden der Gewalt und Erpressung, keine Verfolgung von Sündern und vieles mehr!
Er lehnte sich auf gegen das Establishment, gegen die Oberen!
Wer waren die

Pharisäer

Sie nahmen eine Sonderstellung ein: sie waren „Abgesonderte", eine Gemeinschaft am Weg zur Heiligung; sie legten die Gesetze aus und verschafften der Thora, dem Gesetz Moses, die höchste Geltung. Sie legten die Gesetze und Vorschriften bis ins kleinste Detail fest. Aber Jesus erkannte, dass sie an Äußerlichkeiten erstarrten: Wenn eure Gerechtigkeit nicht besser ist als die der Schriftgelehrten, und Pharisäer, so werdet ihr nicht in das Himmelreich kommen!
Die Apostel sollten sie an Gerechtigkeit übertreffen!
Die Pharisäer verurteilten Jesus wegen seiner Aussage, seines Anspruches, Gottes Sohn zu sein. Er hatte ihre selbstgerechte Frömmigkeit im Widerspruch zu ihrer Lebensweise entlarvt. Später wollten sie seinen Tod!
Aber einige Pharisäer waren Jesus positiv gesinnt: Nikodemus, ein Oberer der Juden, kam in der Nacht zu Jesus, um sich belehren zu lassen. Er brachte auch später Myrrhe für den Leichnam Jesu. Weiters Josef von Arimathäa, er bat Pilatus um den Leichnam von Jesus und begrub ihn.
Mit den Pharisäern rangen später die

Sadduzäer

um die Führung im Volk nach der Zerstörung von Jerusalem und des Tempels. Die Saddu-zäer waren eine Religionspartei, ihr gehörten vornehme Priestergeschlechter und Aristo-kraten an. Sie waren konservativ und anerkannten nur die 5 Bücher Mose, aber nicht die Erweiterung durch die Ältesten. Sie lehnten die Auferstehung ab! Nach der Zerstörung des Tempels verschwanden sie. Die Pharisäer führten dann den Wiederaufbau des Juden-tums auf der Basis des Talmuds durch.

Die Schriftgelehrten

waren rechtlich ausgebildete, befugte und geweihte Theologen. Sie legten die Thora aus und auch ihre Anwendung. Sie waren Theologen und Juristen. Sie hatten Schüler, die sie in Religion und deren Anwendung unterrichteten. Sie waren die Hüter der Gebote und gehörten der Gemeinschaft der Pharisäer an.

Ein Leben nach der Bergpredigt: Dietrich Bonhoeffer

Heute vor 100 Jahren wurde am 04.02.1906 Dietrich Bonhoeffer in Breslau geboren. Er studierte in Breslau evangelische Theologie. Weiters in Tübingen und in Berlin. 1927 pro-movierte er und habilitierte sich. Er war dann Vikar in Barcelona und studierte in New York, um als Dozent zu arbeiten. Er hielt es dort nicht aus und kehrte mit einem der letz-ten Schiffe aus New York nach Deutschland zurück „um seinen Brüdern zu helfen". Da er ein Leben nach der Bergpredigt führen wollte, mit allen Konsequenzen, auch politisch, landete er im militanten Widerstand gegen das Regime. Er wurde 1943 verhaftet und am 09.04.1945 hingerichtet. Folgende Bücher hat er geschrieben: „Nachfolge" und „Gemein-sames Leben".

1944 schrieb er für seine Mutter und seine Verlobte Maria von Wedemeyer das mehr-strophige Lied „Von guten Mächten", das auch mehrfach vertont wurde.

Die letzte Strophe lautet:

> Von guten Mächten wunderbar geborgen, erwarten wir getrost, was kommen mag. Gott ist mit uns am Abend und am Morgen und ganz gewiss an jedem neuen Tag.

Dieser Christ der Tat hat ein Denkmal am Portal der Westminster Abbey in London, als einer der Märtyrer des 20. Jahrhunderts. Wie sagte er: Verantwortung in der Welt zu über-nehmen heißt Christus nachzufolgen, der in dieser Welt den Kontakt zu Sünderinnen und Sündern nicht gescheut hat und so das Reich Gottes erfahrbar machte.

Für ihn ist der Christ, der hier und jetzt verantwortlich handelt. Es gilt nicht, die Welt aus den Angeln zu heben, sondern die Wirklichkeit zu erkennen und das Notwendige zu tun. Die Kirche ist das Reich Gottes, wie der Einzelne, steht sie auch mit einem Bein in der Sünde der Welt und mit dem anderen im Reich Gottes. Die Kirche ist ein Stück Welt, verlorene, gottlose, unter Fluch getanene, eitle, bittere Welt. Sie darf keinen Ausschluss von Schwachen und Unansehnlichen kennen. Den Ausschluss des scheinbar Unbrauch-baren aus einer christlichen Lebensgemeinschaft kann geradezu den Ausschluss Christi bedeuten. Was für Worte für uns Heutige, in einer Zeit des Gewinns, der Geldgier und des „Lugs und Betrugs".

Der Hauptmann von Kafarnaum

In Kafarnaum war ein Hauptmann des Königs, der ließ Jesus bitten zu kommen, weil sein Knecht schwer krank war. Man sagte zu Jesus: Der Hauptmann ist gut zu uns und unterstützt die Renovierung der Synagoge.

Als Jesus in die Nähe des Hauses kam, lief ein Bote Jesus entgegen und brachte die Botschaft des Hauptmannes: Herr, bemühe dich nicht, ich bin nicht wert, dass du unter mein Dach gehst, darum habe ich mich selbst nicht würdig erachtet zu dir zu kommen, aber sprich nur ein Wort, so wird mein Knecht gesund!

Jesus sagte zu den Leuten, die mit ihm waren: Solchen Glauben habe ich in Israel nicht gefunden!

Als der Bote nach Haus kam, war der Knecht gesund.

Der Jüngling zu Nain

Jesus zog mit seinen Aposteln und Anhängern in den Süden Galiläas nach dem 40 km entfernten Nain. Am Stadttor kam ihm eine Prozession entgegen, eine Witwe beweinte ihren toten Sohn in einem Begräbniszug. Jesus hatte Mitleid: Weine nicht, öffnet den Sarg! Er berührte den Toten am Kopf mit beiden Händen und sprach: Jüngling, ich sage dir, erhebe dich und steh auf!

Der Tote öffnete die Augen und stand auf. Alle wurden von Furcht ergriffen, sie priesen Gott und sagten: Ein großer Prophet ist unter uns.

Manche sagten: Gott hat sein Volk besucht. Der Ruhm seiner Tat hat sich rasch verbreitet.

Jesu Salbung durch die Sünderin

Ein Pharisäer namens Simon lud Jesus und seine Jünger ein, bei ihm zu essen. Als sie gerade tafelten kam eine Frau, kniete nieder vor Jesus und benetzte seine Füße mit Tränen. Dann trocknete sie seine Füße mit ihren langen Haaren, küsste die Füße und rieb sie mit Salböl ein. Die Tafelgäste schauten erstaunt diesem Tun zu und es war ganz still geworden. Der Pharisäer dachte: Wenn er ein Prophet wäre, wüsste er, dass sie eine Sünderin ist.

Dazu muss gesagt werden, wenn eine verlobte Frau verlassen wird und wieder eine Liebe anfängt, wird sie rasch Sünderin genannt, in Wirklichkeit hat sie kein Glück mit Männern gehabt.

Jesus hatte die Gedanken seines Gastgebers gewusst und zu ihm gesagt: Ein Gläubiger hatte zwei Schuldner. Sie konnten nicht zahlen, einer hatte 500, der andere 50 Denare = 25 Schekel = 25 Silberlot Schulden. Der Gläubiger erließ ihnen die Schulden, wer glaubst du wird ihn am meisten lieben?

Simon darauf: Ich denke, der, dem er am meisten erlassen hat.

Jesus: Du hast recht geurteilt.

Er zeigte auf die Frau: Siehst du sie? Ich bin zu dir gekommen, du hast mir kein Wasser für die Füße gegeben, diese aber hat meine Füße mit Tränen benetzt und mit ihren Haaren getrocknet. Du hast mir keinen Kuss gegeben, diese küsst meine Füße. Du hast mein

Haupt nicht mit Öl gesalbt, diese hat meine Füße gesalbt. Deshalb sage ich zu ihr: Deine Sünden sind dir vergeben.

Alle fragten: Wer ist er, der Sünden vergibt?

Zur Frau sagte er: Dein Glaube hat dir geholfen, geh hin in Frieden!

Jüngerinnen Jesu

Er zog mit den Anhängern weiter, dabei waren auch Frauen, die er geheilt hatte, wie Maria aus Magdala = Maria von Magdala = Maria Magdalena. Zu ihr ist nur zu sagen, dass sie von Jesus geheilt wurde, er hatte sieben Dämonen aus ihr getrieben. Die Legende „einer Dirne" stammt von Papst Gregor I., das wurde 1969 von der katholischen Kirche als falsch erklärt. Sie war keine käufliche Frau, wie sie dargestellt wurde, ähnlich der „Sünderin" beim Pharisäer Simon.

Jesus liebte Magdalena, aber anders, als man sich das heute vorstellt. Es war keine sexuelle Liebe, sondern eine Liebe, die Mitgefühl und Mitleiden mit Armen, Kranken, Schwachen und Geschundenen war. Alle Frauen, die Jesus folgten, verehrten ihn und erkannten seine Lehre, nicht nur geheilte. So war auch Johanna, die Frau Cuzas, eines Verwandten von Herodes, dabei. Dann Susanna und viele andere. Sie dienten Jesus. Zu ihrem Lebensunterhalt hatten sie ihre Habe mitgebracht.

Vom Sämann

Als die Leute sein Wort hören wollten, brachte er ein Gleichnis vor: Ein Sämann streute Samen aus, einige fielen auf den Weg und wurden zertreten oder die Vögel fraßen sie. Einige fielen auf Fels und verdorrten. Einige fielen unter Dornen. Aber auch auf gutes Land fielen sie und brachten 100-fach Frucht, und er sagte noch: Wer Ohren hat zu hören, der höre!

Vom Sinn der Gleichnisse

Wozu dieses Gleichnis?, fragten die Apostel. Er antwortete: Das Gleichnis bedeutet: Der Same ist das Wort Gottes! Euch ist es gegeben, das Reich Gottes zu verstehen, den anderen, die nicht verstehen, ist es in Gleichnissen darzustellen, damit sie verstehen.

Die Deutung des Gleichnisses vom Sämann

Die Samen, die auf den Weg fielen, das sind die, die hören und verstehen, jedoch der Teufel nimmt ihnen das Wort aus ihren Herzen, damit sie nicht glauben und selig werden. Die Samen, die auf den Fels fielen, sind jene, die, wenn sie hören, das Wort freudig annehmen. Doch sie haben keine Wurzeln, wenn Anfechtungen auftreten, fallen sie ab. Das, was in die Dornen fiel, sind jene, die es hören und unter Sorgen oder im Reichtum und den Freuden des Lebens es ersticken. Die, die auf gutes Land fielen, sind die, die das Wort hören und behalten und in einem feinen, guten Herzen in Geduld Frucht bringen lassen.

Vom Licht und von rechten Hören

Niemand zündet ein Licht an und stellt es unter einen Scheffel, sondern er stellt es auf einen Leuchter, dass es jeder sehe. Denn nichts ist verborgen, was nicht offenbar werden soll, auch nichts geheim, was nicht bekannt werden und an den Tag kommen soll. Wie schon gesagt, ihr seid das Licht des Glaubens in der Welt. Achtet darauf, wie ihr zuhört, denn wer hat, dem wird gegeben, wer aber nicht hat, dem wird auch genommen was er hat.

Jesu wahre Verwandte

Man sagte ihm: Deine Mutter und deine Brüder wollen zu dir.

Jesus aber antwortete: Meine Mutter und Brüder seid ihr, die ihr Gottes Wort hört und tut.

Mich hat diese Antwort immer gestört! Wie auch, wenn er einen Jünger nicht seinen Vater begraben lässt: Folge mir und lass die Toten ihre Toten begraben!

Vom Ernst der Nachfolge

Sie gingen zum See Genezareth, um von Kafarnaum ans andere Ufer zu fahren. Viele wollten mit ihm hinüber rudern. Einer sprach: Ich will dir folgen wohin du gehst, und Jesus sagte: Füchse haben Gruben, Vögel unter dem Himmel Nester, aber der Menschensohn hat nichts, wo er sein Haupt hinlegen kann.

Und ein Jünger sagte: Erlaube mir, vorher, bevor ihr wegrudert, meinen Vater zu begraben. Wie oben gesagt, hat Jesus zu ihm gesprochen: Lass die Toten ihre Toten begraben, du aber geh hin und verkünde das Reich Gottes! (Der Mann ging heim: Nein, ich verstoße nicht gegen das 4. Gebot! Betroffen schaute Jesus zum Himmel: Vater, verzeih!)

Der Text innerhalb der Klammer ist nicht bibelkonform.

Ein anderer wollte sich, bevor er sich bei Jesus anschließe, von seiner Familie verabschieden. Jesus sagte: Wer seine Hand an den Pflug legt und sieht zurück, der ist nicht geschickt für das Reich Gottes!

Die Stillung des Sturmes

Sie stiegen in die Boote und ruderten zu dem gegenüberliegenden Ufer nach Gerasa. Es erhob sich ein gewaltiger Sturm, Jesus war eingeschlafen. Er war müde, vor so vielen Menschen zu predigen und Ratschläge zu geben erfordert große mentale Anstrengung. Als die hohen Wellen über Bord kamen, weckten die Jünger Jesus: Herr hilf, das Wasser verschlingt uns, die anderen Boote sind nicht mehr zu sehen!

Jesus sagte: Ihr Kleingläubigen, warum seid ihr so furchtsam?

Er stand auf, bedrohte den Sturm und das Meer. Es wurde ganz still. Alle in den Booten wunderten sich: Wieso gehorchen ihm Wind und Meer?

Heilung des besessenen Geraseners

Als sich der Sturm gelegt hatte, ruderten sie zügig nach Südosten nach Gerasa, wo sie nach einigen Stunden ankamen. Am Ufer kam ein Mann auf Jesus zu. Er kam von den Höhlengräbern her. Die Menschen von dort erzählten, er sei von einem Geist besessen und deshalb von der Gemeinde ausgeschlossen. Durch den „unreinen Geist" hatte er immense Kraft und da sie ihn nicht fesseln konnten, hatten sie ihn ausgestoßen. Er rannte auf Jesus zu und schrie: Was willst du von mir? Er kniete vor Jesus:

Warum kommst du zu mir, du Sohn Gottes, Sohn des Allerhöchsten? Quäle mich nicht, hilf mir!

Jesus fragte ihn: Wie heißt du?

Die Antwort war: Legion heiße ich, denn wir sind viele. Vertreibe uns nicht aus der Gegend! Und die unreinen Geister baten Jesu: Lass uns in die Säue fahren, die dort weiden.

Also sagte Jesus: Fahret aus, ihr unreinen Geister, aus diesem Menschen in die Säue dort! Sie fuhren in die Säue und die Herde stürmte den Abhang hinunter in den See und alle ertranken.

Die Leute von Gerasa sahen das und entsetzten sich. Sie baten Jesus, aus ihrem Gebiet wegzugehen. Der Besessene wollte bei Jesus bleiben, der aber sagte: Geh zurück in dein Haus zu den Deinen, sag ihnen, welche Wohltat der Herr dir getan hat und wie er sich deiner erbarmte. Der Befreite ging nach Dekapolis = 10 Städte und rief die Wohltat, die Jesus ihm getan hatte, aus. Und alle wunderten sich.

Die Heilung einer Bluterin und die Auferweckung der Tochter des Jairus

Als Jesus mit den Jüngern und seinem Anhang vom Boot ausstieg, hatten sich viele Leute am Ufer in Galiläa angesammelt. Ein Mann mit Namen Jairus, ein Synagogenvorsteher, kniete vor Jesus nieder: Meine Tochter liegt in den letzten Zügen, komm und lege deine Hände auf sie, damit sie gesund werde und lebe.

Jesus ging mit ihm und eine Menge Menschen umdrängte sie. Da war eine Frau darunter, sie war seit 11 Jahren Bluterin; in der Bibel steht, sie litt unter „Blutfluss". Die Ärzte konnten ihr nicht helfen. Sie berührte Jesu Gewand von hinten, denn sie dachte: Wenn ich seine Kleider berühre, werde ich gesund. Jesus spürte die Kraft, die von ihm ausging, er drehte sich um und sagte: Wer berührt mich?

Sie zitterte, fiel vor ihm nieder und sagte die Wahrheit. Er sagte zu ihr: Meine Tochter, dein Glaube hat dich gesund gemacht, geh hin in Frieden!

Jetzt kamen vom Haus des Jairus Boten und meldeten: Deine Tochter ist gestorben, du brauchst den Meister nicht weiter bemühen.

Als Jesus das hörte, sagte er zu Jairus: Fürchte dich nicht, glaube nur!

Als sie zum Haus kamen, weinten die Leute. Jesus ging hinein und sagte: Was lärmt und weint ihr? Das Kind ist nicht gestorben, es schläft nur! Sie verlachten ihn, er trieb sie hinaus. Mit Petrus, Jakobus und Johannes ging er ins Zimmer, er nahm noch die Mutter und den Vater mit. Er fasste das Mädchen an den Händen, vorher hatte er den Kopf mit beiden Händen berührt. Er sagte, das Kind an beiden Händen haltend: Mädchen, ich sage dir, steh auf!

Das 12-jährige Kind machte die Augen auf und an den Händen von Jesus stand es auf. Alle waren entsetzt und er gebot ihnen, darüber zu schweigen.

Johannes des Täufers Frage über Jesus

Als Johannes der Täufer vom Wirken Jesu hörte, schickte er seine Jünger zu ihm mit der Frage: Bist du der Messias oder müssen wir noch warten?

Jesus sagte: Geht zu ihm in den Kerker und berichtet ihm, was ihr seht und hört. Stellt ihm die Frage: Hörtest du den Himmel „sprechen" als du Jesus tauftest am Jordan, weißt du, dass er Aussätzige und Schwerkranke heilt, auch Besessene und Bluter? Er macht Gelähmte gehen, er erweckt Tote zum Leben. Und die Armen hören das Evangelium von ihm.

Jesus sagte: Selig ist, wer sich nicht an mir ärgert!, und weiter sagte er: Johannes ist mehr als ein Prophet, er ist der Größte unter den Menschen. Aber der Kleinste im Himmel ist größer als er. Johannes sollte mein Bote sein und meinen Weg vorbereiten! Und nun kehrt heim zu Johannes.

Jesus brachte das Gleichnis

Der verlorene Sohn

Ein wohlhabender Mann hatte zwei Söhne. Der Jüngere bat den Vater, ihm sein Erbteil auszuzahlen, denn er wollte fortgehen. So geschah es, als er alles vertan hatte und eine Hungersnot kam, musste er letztlich Schweine hüten, da dachte er: Mein Vater ist reich, ich will zu ihm und um Verzeihung bitten, weil ich gegen ihn gesündigt habe. Dass ich nicht wert bin sein Sohn zu sein, aus Gnade soll er mich als Taglöhner nehmen.

Als der Vater ihn kommen sah, erbarmte er sich, küsste ihn und sagte: Du bist mein Sohn, du warst „tot" und jetzt bist du da. Er ließ ihn neu einkleiden, ein gemästetes Kalb schlachten und ein Fest bereiten. Als der ältere Sohn von der Feldarbeit heim kam und erfuhr, was hier gefeiert wurde, war er zornig und sagte zum herbeigeeilten Vater: Viele Jahre diene ich dir und habe gehorcht, aber so ein Fest hast du mir nicht bereitet, aber dem, der alles mit Weibern vertan hat, den feierst du?

Der Vater antwortete: Mein Sohn, du warst bei mir und alles, was ich habe, ist auch dein. Du solltest fröhlich sein, denn dein Bruder war tot und ist wieder da!

Die Aussendung der Zwölf

Jesus rief die 12 Apostel und er gab ihnen Gewalt und Macht über alle bösen Geister und dass sie Kranke heilen konnten. Weiters zu predigen vom Reich Gottes.

Geht nicht zu den Heiden und zieht in keine Stadt der Samariter. Geht zu den verlorenen Schafen Israels!

Zu zweit sollten sie gehen.

Nehmt nichts mit auf den Weg, weder Stab, noch Tasche, noch Brot, noch Geld, es soll auch keiner zwei Hemden haben. Man wird euch in die Häuser aufnehmen, bis ihr weiterzieht. Nimmt man euch nicht auf, so zieht aus der Stadt, schüttelt ab den Staub von euren Füßen zum Zeugnis gegen sie!

Und sie gingen von Dorf zu Dorf, predigten das Evangelium und heilten. Es war nicht leicht für sie, den festen Glauben an ihr Wirken zu haben ohne die Anwesenheit von Jesus.

Der Tod Johannes des Täufers, Jesu Trauer (29.8.28)

Nachdem jetzt der Täufer schon 7 Monate lang eingekerkert war, feierte Herodes Antipas seinen Geburtstag und auf seinen Wunsch tanzte Salome einen Schleiertanz, dafür versprach er ihr, einen Wunsch zu erfüllen. Er war begeistert von ihrem Tanz. Aber der Wunsch? – Nach Rücksprache mit ihrer Mutter sagte sie: Der Kopf von Johannes.

Entsetzen in der Gesellschaft! Johannes wurde geköpft und auf einer Silberschüssel erhielt Salome den Kopf des Propheten.

Jesus erfuhr von dem Mord und zog sich allein zurück. Er wusste, dass Johannes ihm den Weg bereitet hatte und furchtlos das Reich Gottes verkündet hatte. Er wird fortsetzen!

Aufnahme um Jesu Willen

Er hatte bei der Verabschiedung der Apostel gesagt: Wer euch aufnimmt, der nimmt mich auf; und wer mich aufnimmt, der nimmt den auf, der mich gesandt hat.

Wer einen Propheten aufnimmt, der hat schon den Lohn des Gesandten! Wer aber einem der Geringen auch nur einen Becher Wasser zu trinken gibt, weil er mein Jünger ist, der wird belohnt!

Jesu Wehrufe über galiläische Städte

Er begann die Städte zu schelten, weil sie von seinen Taten wussten und keine Buße getan hatten. Weh dir Chorazin und Betsaida. Wären solche Taten, die bei euch geschehen sind, in Tyrus und Sidon geschehen, sie hätten Buße getan in Sack und Asche. So sage ich euch, Tyrus und Sidon wird es besser ergehen am Tag des Gerichts als euch. Und Kafarnaum, wirst du in den Himmel gehoben? Nein, du wirst in die Hölle hinunter gestoßen. Denn wären in Sodom die Wunder geschehen wie hier, so stünde es noch heute. Sodom wird es am Tag des Gerichts nicht so schlimm ergehen wie dir!

Rückkehr der Apostel, Jesu Jubelruf

Die 12 Apostel kamen nach zwei Wochen zurück. Sie hatten in Gruppen zu zweit in vielen galiläischen Orten gepredigt, das Evangelium verkündet, böse Geister ausgetrieben, getröstet und geheilt. Meist hatten sie gute Aufnahme gefunden im Namen des Herrn Jesus. Er sagte: Ich habe euch im Namen unseres Vaters Kraft gegeben, freut euch, dass eure Namen im Himmel geschrieben sind!

Er betete: Vater im Himmel, ich preise dich, dass du uns Unmündigen alles geoffenbart hast, was du den Weisen und Klugen verborgen hast. Du hast mir alles übergeben, nur du weißt, wer dein Sohn ist!

Zu den Aposteln sagte er: Selig sind die Augen, die sehen, was ihr seht!

Die Frage nach dem höchsten Gebot, der barmherzige Samariter

Ein Schriftgelehrter versuchte Jesus und fragte: Meister, was muss ich tun, dass ich das ewige Leben erlange?

Jesus antwortete: Was verlangt das Gesetz?

Der Gelehrte antwortete: Du sollst den Herrn, deinen Gott, lieben aus deinem ganzen Herzen, aus deiner ganzen Seele, aus deiner ganzen Kraft und aus deinem ganzen Denken und es steht: und deinen Nächsten wie dich selbst!

Jesus sagte: Du hast richtig geantwortet, tu das und du wirst leben.

Der Mann fragte weiter: Und wer ist mein Nächster?

So sprach Jesus: Ein Mann ging von Jerusalem hinab nach Jericho, da überfielen ihn Räuber, zogen ihn aus, plünderten seine Habe und ließen ihn halbtot liegen. Ein Priester kam des Weges, sah ihn und ging weiter. Ebenso ein Levit. Aber ein Samariter sah ihn und er erbarmte sich des Verwundeten und versorgte seine Wunden mit Öl und Wein. Er verband die Wunden, hob den Armen auf sein Reittier und brachte ihn in eine Herberge. Am nächsten Morgen, als der Samariter weitermusste nach Jerusalem, sagte er zum Wirt: Sorge für ihn und pflege ihn bis ich wiederkomme. Ich gebe dir zwei Denare, was du darüber aufwendest, bezahle ich dir am Rückweg.

Dazu möchte ich darauf hinweisen, dass die Religionsgemeinschaft der Samariter 538 v. Chr. gegründet aber von den gläubigen Juden nicht anerkannt wurde. Wie wir wissen, hat auch Jesus bei der Aussendung der 12 gesagt: Geht nicht zu den Heiden und zieht in keine Stadt der Samariter. Und trotzdem gebraucht Jesus dieses Gleichnis. Er setzte fort: Wer, meinst du, war der Nächste für den Ausgeraubten?

Der Schriftgelehrte: Der, der barmherzig zu ihm war.

Jesus darauf: Geh und tu desgleichen!

Das Ährenpflücken am Sabbat

Sie gingen am Sabbat durch ein Kornfeld und hatten Hunger, so rupften = pflückten sie Ähren aus dem Feld und aßen die Körner. Die Pharisäer sagten: Das ist am Sabbat nicht erlaubt. Jesus gab ihnen zurAntwort: Ihr wisst doch was David tat, als er und die Seinen im Tempel großen Hunger hatten? Sie aßen die Schaubrote, die allein für die Priester gedacht waren! So sage ich euch: Der Menschensohn ist der Herr über den Sabbat.

Heilung eines Mannes am Sabbat

Und sie stellten ihm eine Falle, um ihn zu verklagen. Als er in der Synagoge predigte, brachten sie einen Mann dessen eine Hand gelähmt war. Jesus fragte: Ist es erlaubt, am Sabbat Gutes zu tun, oder Böses? Ein Leben zu retten oder zu Grunde gehen lassen?

Er sah den Mann an: Komm zu mir!

Er nahm die Hand und sagte: Bewege sie!

Der Gelähmte war geheilt. Die Pharisäer waren voller Wut und überlegten, was sie gegen ihn tun könnten.

Die Sünde gegen den Heiligen Geist

Er sagte: Jede Sünde wird dir vergeben, aber die Lästerung gegen den Heiligen Geist nicht! Wer mich verleugnet vor den Menschen, der wird verleugnet vor Gott. Wer mich bekennt, den bekennt der Menschensohn vor Gott. Wer ein Wort gegen den Menschensohn sagt, dem soll vergeben werden, wer aber den Heiligen Geist lästert, dem soll nicht vergeben werden.

Vom Baum und seinen Früchten

Wenn ein Baum gut ist, so ist auch seine Frucht gut, ist er faul, so wird es auch seine Frucht sein. Ein guter Mensch bringt Gutes hervor aus dem guten Schatz seines Herzens. Ein böser Mensch Böses. Aber am Tag des Gerichts wird jeder Rechenschaft geben müssen. Aus deinen Worten wirst du gerechtfertigt, aber auch verdammt!

Die Zeichenforderung der Pharisäer

Die Schriftgelehrten und Pharisäer wollten ein Zeichen = Wunder von Jesus sehen. Er sagte ihnen: Ihr böses Geschlecht fordert Zeichen, jetzt werdet ihr keines sehen. Habt ihr nicht die Zeichen vom Propheten Jona, die er für Ninive gab, war er nicht drei Tage lang im Bauch eines Walfisches und war er Zeichen für Ninive? Was ich tat, wisst ihr! So wird der Menschensohn am 3. Tage aus dem Schoß der Erde auferstehen. Beim jüngsten Gericht werden die Leute von Ninive euch verdammen, denn sie taten Buße nach der Rettung Jonas. Und siehe, hier ist mehr geschehen als bei Jona. Die Königin von Saba kam um Salomos Weisheit zu hören, sie wird dieses Geschlecht verdammen, denn hier ist mehr zu hören als bei Salomo!

Marta und Maria

Jesus kannte Marta, Maria und deren Bruder Lazarus. Wenn er auf dem Weg war von oder nach Jerusalem war er herzlich von den Dreien, die in Betanien ein Haus hatten, eingeladen zu nächtigen und zu bleiben. Sie verehrten Jesus. Die Liebe war gegenseitig. Marta war, wenn Jesus auf Besuch war, sehr um sein leibliches Wohl besorgt und einmal sagte sie zu ihm: Ich plage mich und arbeite und will dir alles vom Besten bieten und dich verwöhnen und meine Schwester Maria sitzt zu deinen Füßen und hört dir zu. Sag ihr, sie soll mir helfen!

Jesus antwortete: Marta, Marta, du bist lieb, du sorgst dich um mich, aber was wirklich Not tut, hat Maria erwählt, das wollen wir ihr nicht nehmen: Das Wort Gottes, das Trachten nach seiner Gerechtigkeit, so wird uns alles zufallen.

Gegen die Schriftgelehrten und Pharisäer

Und Jesus sagte: Auf dem Stuhl Moses sitzen Schriftgelehrte und Pharisäer und sie sagen euch was ihr tun und halten sollt, aber ihr sollt nicht danach handeln, denn sie sagen es zwar, aber sie selbst tun es nicht! Sie legen den Menschen schwere Bürden auf und sie selbst krümmen nicht einen Finger. Sie tun ihre Werke, damit sie gesehen werden. Sie machen ihre Gebetsriemen und Quasten bereit, damit man sie sieht!

Gebetsriemen wurden auf der linken Hand und auf der Stirn befestigt, mit je einer Kapsel, die die folgenden Verse aus 2. Mose 13,1 enthalten: Die Erstgeburt gehört Gott oder sie wird gelöst, esse sieben Tage lang ungesäuertes Brot und bete Israel höre… und tue das am Passafest.

Das tragen sie zur Schau. Aber sie sitzen gern obenan am Tisch und in den Synagogen vorne. Sie wollen gegrüßt und Rabbi = Meister genannt werden!

Aber ihr, so sagt Jesus, habt euch nicht Rabbi zu nennen, denn nur einer ist euer Meister, ihr aber seid seine Brüder! Nennt niemand unter euch Vater auf Erden, nur der im Himmel ist euer Vater. Lasst euch nicht Lehrer nennen, denn einer ist euer Lehrer: Christus. Der Größte unter euch soll Diener sein: Denn wer sich selbst erniedrigt, der wir erhöht! Ihr Schriftgelehrten und Pharisäer, wehe euch, ihr verschließt das Himmelreich vor den Menschen, weil ihr selber nicht hineinkommt. Wehe euch ihr Heuchler, wenn einer schwört beim Tempel, gilt das nicht, aber wenn er beim Gold des Tempels schwört, ist er gebunden! Was ist mehr, das Gold oder der Tempel, der das Gold heilig macht. Wenn einer schwört bei dem Altar, das gilt nicht, wenn aber einer bei dem Opfer, das darauf liegt, schwört, dann ist er gebunden! Ihr verzehrt die Häuser der Witwen indem ihr zum Schein lange Gebete verrichtet! Darum wird ein strenges Gericht über euch kommen! Wehe euch, ihr Heuchler! Ihr berechnet den Zehnten von Minze, Dill und Kümmel, doch was von größerem Gewicht ist im Gesetz, das vernachlässigt ihr: Das Recht und die Barmherzigkeit und die Treue. Ihr Heuchler, ihr reinigt das Äußere des Bechers und der Schüssel, innen aber sind sie angefüllt mit Raub und Unmäßigkeit: Reinige zuerst innen, damit das Außen rein werde. Ihr seid wie übertünchte Gräber, außen schön anzusehen, innen sind aber Totengebein und Unrat. Ihr baut den Propheten Gräber und ziert die Denkmäler der Gerechten. Ihr sagt: Hätten wir in den Tagen unserer Väter gelebt, so wären wir nicht schuldig geworden am Blut der Propheten! So gebt ihr zu, dass ihr Söhne der Propheten Mörder seid, doch ihr macht es voll, das Maß eurer Väter. Ihr Schlangen- und Natterngezücht. Die Hölle wird über euch kommen!

Mahnung zum furchtlosen Bekennen

Als wieder einmal viele Menschen kamen um ihn zu hören, sagte er zu den Aposteln: Hütet euch vor dem Sauerteig der Pharisäer, er ist Heuchelei! Fürchtet euch nicht vor denen, die den Leib töten, und danach nichts mehr tun können. Fürchtet euch vor dem, der, nachdem ihr tot seid, auch die Macht besitzt, in die Hölle zu werfen. Ich sage euch: Wer mich bekennt vor den Menschen, den wird auch der Menschensohn bekennen vor Gott! Wer mich verleugnet, der wird auch verleugnet!

Warnung vor Habgier

Einer aus dem Volk sagte zu Jesus: Meister, sag meinem Bruder, dass er mit mir das Erbe teile.
Er antwortete: Sag mir, wer hat mich zum Richter oder Erbschlichter über euch gesetzt? Zu den Leuten sagte er: Hütet euch vor der Habgier, denn niemand lebt davon, dass er Güter hat.

Der reiche Kornbauer

Er war reich, die Ernte gut. Aber, so sagte er sich: Worin kann ich das Korn lagern? Ich werde meine Scheunen abbrechen und größere bauen. Dann habe ich große Vorräte für viele Jahre. Meine Seele hat viele Jahre zum Essen, Trinken und hat guten Mut!
Gott sprich zu ihm: Du Narr, diese Nacht wird man deine Seele fordern, wem gehört all das, was du angehäuft hast? Denn der, der sich Schätze auf Erden sammelt, ist nicht reich bei Gott!

Die Speisung der Fünftausend

Sie ruderten mit dem Schiff ans andere Ufer. Jesus wollte sich ausruhen. Aber als ihn die Menschen sahen, baten sie um Hilfe. Er heilte und lehrte sehr lange. Und als die Sonne nahe am Untergehen war, kamen die Apostel und klagten: Sie haben Hunger, sollen wir Brot und Fisch kaufen gehen?
Jesus fragte sie: Wie viele Brote habt ihr? Die Antwort war kurz: Fünf Brote und zwei Fische, aber sie sind so viele!

Jesus sagte ihnen: Sie sollen sich in Gruppen lagern! Dann nahm er die Brote und die Fische, dankte Gott, brach die Brote und zerteilte die Fische. Er füllte die Körbe: Gebt ihnen!

Sie gingen mit ihren Körben und teilten aus. So wurden alle satt! Die Menschen glaubten, er sei der von Gott versprochene „Prophet, einer wie Mose es war", dem sie gehorchen sollten.

Was bedeutet das für uns?

Jesus sah die Kranken und er heilte sie und er lehrte die Menschen, seinen Weg zu gehen. Und letztlich, als sie hungerten, gab er ihnen zu essen. Wir aber werden versorgt wenn wir krank sind, jeder! Hungern muss keiner. In Europa ist das Sozialwesen gut und der Staat kümmert sich um die Menschen. Wo sein Arm nicht hinreicht, springen soziale Organisationen, wie z.B. die Caritas ein. Wenn es gilt seelische Not zu lindern ist die Kirche da. Jesus hilft uns, wir brauchen nur vertrauen. Aber wir wissen, dass in anderen Teilen der Welt die Armut und Not groß ist, dass Überschwemmungen, Hunger, Durst, Hurrikans, Erdbeben, Schneestürme und Kriege zunehmend Unheil anrichten. Hier sollen wir helfen, wie Jesus geholfen hat. Was er lehrte, sollen wir „leben" und mit unserer kleinen Kraft ihm nahe sein!

Jesus und der sinkende Petrus auf dem See

Als die Menschen abgezogen waren, sagte Jesus zu den Aposteln: Rudert voraus, ich komme euch nach! Verwundert ruderten sie weg in Richtung Kafarnaum. Jesus stieg auf einen Hügel, er war müde, aber er betete: Vater, ich danke dir, du hast mir die Kraft gegeben zu heilen, die Worte zu finden und die Menschen zu sättigen. Mit deinem Willen säe ich so die Samen deines Reiches in ihre Seelen!

Als es dunkelte und eine starke Brise aufkam sahen die Apostel vom Boot aus eine Gestalt auf dem Wasser an sich vorbeiziehen. Sie glaubten, es sei ein Gespenst und schrien. Jedoch Jesus rief: Keine Angst, ich bin es! Petrus erwiderte: Befiehl mir, zu dir zu kommen! Jesus sagte: Petrus, komm!

Einige Schritte machte Petrus, doch bei der nächsten Welle begann er zu sinken. Jesus holte ihn herauf und ins Boot. Jesus sagte: Dein Glaube war zu schwach, deshalb bist du gesunken.

Der Sturm hatte sich gelegt. Die Apostel fielen vor Jesus nieder und sagten: Wahrlich, du bist der Sohn Gottes!

Dass Jesus dem Petrus Halt gab, bedeutet für uns: Jesus ist uns in der Not immer Halt und auch Trost, soweit unser Glaube reicht.

Reinheit und Unreinheit

Es kamen aus Jerusalem Schriftgelehrte und Pharisäer zu ihm: Ihr habt mit ungewaschenen Händen die Brote und Fische ausgeteilt und gegessen. Warum beachtet ihr die Satzungen der Ältesten nicht?

Jesus sprach zu ihnen: Wie sagte doch Jesaja von euch Heuchlern: Dieses Volk ehrt mich mit Lippen, aber sein Herz ist fern von mir! Vergeblich dienen sie mir, weil sie verkünden Lehren, die nichts sind als Menschengebote, und er sagte: Gar fein habt ihr Gottes Gebot aufgehoben, um euer Überlieferung zu dienen. Mose sagte: Ehre deinen Vater und deine Mutter und wer Vater oder Mutter schmäht, soll des Todes sterben.

Ihr aber sagt: Wenn einer zu Vater oder Mutter sagt: Die Opfergabe an den Tempel ist statt dem, was dir von mir zusteht, so lasst ihr ihn nichts mehr tun für Vater oder Mutter und hebt somit das Wort Gottes auf, mit eurer Überlieferung, die ihr weitergegeben habt. Und dergleichen tut ihr viel! Viele der Zuhörer nickten. Er sprach weiter: Und zum Händewaschen, hört mir zu und versteht es: Nicht was von außen in den Menschen hineingeht verunreinigt ihn, sondern, das, was vom Menschen herauskommt. Wer Ohren hat zum Hören, der höre.

Die Apostel fragten ihn nach diesem Gleichnis. Er fragte sie: Seid ihr ohne Verständnis? Alles, was in den Menschen hineingeht, berührt sein Herz nicht, wohl aber den Magen und landet im Abort. Was aber aus dem Mund herauskommt, verunreinigt ihn, denn von innen, aus dem Herzen, kommen böse Gedanken, Unzucht, Diebstahl, Mord, Ehebruch, Habsucht, Bosheit, Hinterlist, Ausschweifung, usw.. All dieses Böse kommt von innen heraus und verunreinigt den Menschen. Die Speisen sind doch alle rein, auch wenn es die Hände nicht sind.

Und wie sind wir?

Wir gehen sonntags in die Kirche. Beten und singen miteinander. Oft empfangen wir die Kommunion und wir sagen einander den Friedensgruß. Wunderschön! Aber am Montag, wenn der Alltag uns wieder hat, beginnt das Regime des Geldes, die Gier nach mehr. Und wenn wir ehrlich sind, vielfach herrscht „Lug und Betrug". Wir bitten am Sonntag: Vergib uns unsere Schuld… und im Alltag laden wir oft neue Schuld auf uns. Weg ist die falsche Fassade und es wird „der Bruder und die Schwester in Christo" wieder übervorteilt. Ohne Scham wird gelogen und auch betrogen.

Die Frau aus Syrophönizien

Jesus kam mit den Aposteln nachTyrus und wurde gastlich aufgenommen. Eine Frau kam, fiel ihm zu Füßen und bat, dass er ihre Tochter heile. Das Kind war von einem bösen Geist befallen. Die Frau war Griechin und war wegen ihres geisteskranken Kindes verzweifelt. Er sagte zu ihr: Lass doch Israels Kinder satt werden, denn es ist nicht recht, dass man den Kindern das Brot wegnimmt und Hunde füttert.

Ihre Antwort: Ja, Herr, aber die Hunde unter dem Tisch fressen doch nur die Brotsamen der Kinder.

Dazu muss ich sagen das gefällt mir nicht.

Jesus: Du hast recht gesagt, geh hin, dein Kind ist vom bösen Geist befreit. Überraschend der Schwenk zur „Heidin". Als sie nach Hause kam, war das Kind gesund.

Die Heilung eines Taubstummen

Von Tyrus zogen sie in das Gebiet Dekapolis = 10 Städte. Da brachten sie einen Taubstummen zu Jesus, er sollte ihm seine Hände auflegen. Er nahm den Taubstummen zur Seite und benetzte seine Zeigefinger mit Speichel und drückte sie in die Ohrgänge des Kranken. Dann blickte er zum Himmel: Vater, öffne seine Ohren und seinen Mund.

Der Kranke stammelte: Ich höre, ich höre und ich kann reden. Ich danke dir, Herr!
Jesus wollte nicht, dass das verbreitet wird, aber die Menschen sagten: Auch das kann er: Taube macht er hören und Stumme reden, alles macht er gut!

Das Bekenntnis des Petrus und dessen Berufung

Jesus und seine Apostel wanderten von Dion 60 km nach Cäsarea Philippi (Karte S. 171). Die Stadt war gefördert worden vom Sohn des Herodes des Großen. Der Sohn hieß Philippus; als Fürst von Batanäa, Trachonitis, Auranitis, Ituräa, usw. erweiterte er die blühende Stadt Cäsarea an den Jordanquellen am Fuße des Hermons, zu Cäsarea Philippi. Der Handel blühte in der Stadt, weil sie an dem wichtigen Handelskarawanenweg vom Osten über Damaskus nach dem Süden lag. Wir kennen diesen Weg vom Alten Testament her. In Cäsarea Philippi wollte Jesus den Ölhändler besuchen, der ihm so großzügig seine Lagerhalle samt Platz davor und den Brunnen in Kafarnaum überlassen hatte. Wieder einmal erlebten sie eine freudige Begrüßung und Einladung.

Der Hermon glänzte mit seinem weißen Gipfel, die Mandelbäume waren in voller Blüte. Der Händler sagte zu ihm: Ach, Jesus, du Gesandter Gottes, kommst zu mir, welch eine Freude für mich, euch begrüßen zu dürfen. Aber vor allem freut es mich, die Worte deiner Lehre zu hören. Als Jesus mit den Aposteln am Abend nach dem Mahl allein war und sie in greifbarer Nähe den gewaltigen Berg und das Sternenzelt über sich hatten, fragte Jesus: Für wen halten die Menschen, mit denen ihr sprecht, den Menschensohn?

Er sprach nicht von „mir", sondern nannte sich „Menschensohn".

Er sagte „Menschensohn" und meinte den menschgewordenen Sohn Gottes. Hätte er „Sohn Gottes" gesagt, wäre das ein Todesurteil gewesen. Später war das auch der Fall, aber jetzt war es noch zu früh, er hatte sein Werk noch nicht erfüllt.

Sie erwiderten: Einige glauben, du seist Johannes der Täufer, der auferstanden ist, oder andere glauben, du seist Elia, der als Messias kommen soll, und viele glauben, du seist einer der Propheten.

Er antwortete: Ihr aber, für wen haltet ihr mich?

Simon Petrus gab die Antwort: Du bist der Messias = Christus, der Sohn des lebendigen Gottes!

Jesus entgegnete: Selig bist du Simon, Sohn des Johannes aus Betsaida, denn nicht Fleisch und Blut haben dir das geoffenbart, sondern mein Vater, der im Himmel ist. Und ich sage dir: Du bist Petrus und auf diesem Felsen will ich meine Gemeinde bauen und die Pforten der Unterwelt werden sie nicht überwältigen. Dir will ich die Schlüssel des Himmelreichs übergeben. Was du auf Erden binden wirst, soll auch im Himmel gebunden sein, und alles, was du auf Erden lösen wirst, soll auch im Himmel gelöst sein! Den Jüngern gebot er, niemandem zu sagen, dass er der Messias = Christus sei.

Es sollte der Messiastitel nicht als irdischer verklärter Herrschertitel missverstanden werden. Dieser Herrscher würde als Befreier des Volkes verstanden. Jesu Messiasgeheimnis sollte erst nach seiner Auferstehung erkannt werden. Das war das 1. Redeverbot von Jesus über seine Stellung. Es folgte die erste Ankündigung seiner Zukunft.

Die erste Ankündigung von Jesu Leiden und Auferstehung

Jesus sagte den Jüngern, dass er nach Jerusalem gehen müsse und viel erleiden werde von den Ältesten, den Hohepriestern und den Schriftgelehrten, er müsse getötet werden und am 3. Tag auferstehen. Petrus nahm Jesus zur Seite: Gott bewahre dich, Herr, das soll dir nicht widerfahren.

Jesus aber wandte sich um: Geh, geh, es ist mir ein Ärgernis, was du sagst, denn was du denkst ist nicht göttlich, sondern menschlich.

Petrus zog sich zurück. Wörtlich soll laut den Evangelien Jesus sogar gesagt haben: Geh weg von mir, Satan!

Petrus war betroffen, denn er wäre bereit gewesen, Jesus mit seinem Körper zu schützen. Er überlegte: Gottes Wille? Ja!

Von der Nachfolge

Einmal sagte Jesus zu den Jüngern und Anhang: Wenn mir jemand nachfolgen will, so verleugne er sich selbst, nehme sein Kreuz auf sich und folge mir! Denn wer sein Leben retten will, wird es verlieren, wer aber sein Leben um meinetwillen verliert, wird es finden. Denn was nützt es einem Menschen, wenn er die ganze Welt gewinnt, an seiner Seele aber Schaden erleidet? Der Menschensohn wird kommen in der Herrlichkeit seines Vaters mit seinen Engeln und dann jedem vergelten nach seinem Tun. Wahrlich, ich sage euch: Es stehen hier einige, die den Tod nicht erleiden werden, bevor sie nicht den Menschensohn kommen sehen in seinem Reich.

Die Verklärung Jesu

Unter Verklärung ist Verherrlichung in göttlicher Glorie, in strahlendem Glanz, zu verstehen.

Jesus und seine Apostel waren nach Süden gezogen und waren von Cäsarea nach sechs Tagen zu dem 75 km weit entfernten Berg Tabor gekommen.

Der Berg ist 588 m über dem Meeresspiegel und hat eine wunderschöne Kegelform, etwas Besonderes wie der Hermon oder der Berg Garizim: Ein Ort der Schönheit, der Ruhe und Besinnung. Jesus wollte zuerst allein auf den Gipfel steigen, aber dann nahm er seine engsten Vertrauten, Petrus, Jakobus und Johannes, mit. Als sie nach dem mühseligen Aufstieg oben ankamen, entfernte sich Jesus von ihnen. Sie sahen, wie er sich verwandelte: sein Gesicht glänzte und strahlte wie die Sonne, die Kleider wurden hellleuchtend und gleißten wie Licht. Jesus erschien ihnen wie von Mose berichtet wurde, als er vom Berg mit den Gesetzestafeln herabstieg und sein Gesicht strahlte. Kaum hatten sie das gedacht, erschienen auch Mose und Elia und sprachen mit Jesus. Petrus rief Jesus zu: Herr, es ist gut, dass wir hier sind, wir bauen drei Hütten, eine dir, Mose eine und eine für Elia. Während er redete überschattete sie eine Wolke und eine Stimme aus der Wolke sagte: Dies ist mein geliebter Sohn, an dem ich Wohlgefallen habe, auf ihn sollt ihr hören!

Die Apostel fielen auf ihr Angesicht und fürchteten sich. Jesus aber sagte zu ihnen: Steht auf und habt keine Angst. Und als sie aufblickten war klarer Himmel und Jesus allein stand vor ihnen. Sie fragten: Wieso sagen die Schriftgelehrten, dass vor dem Messias zuerst Elia kommen müsse?

Er sagte ihnen: Elia war schon da und sie haben ihn getötet.

Jetzt wussten sie, dass er Johannes den Täufer, seinen „Vorboten", meinte.

Wie sie ihn getötet haben, so setzte er fort, so werden sie auch den Menschensohn töten.

Nach der Verklärung und der Stimme vom Himmel verbietet Jesus den Aposteln darüber zu reden bis er am dritten Tage von den Toten auferstehe. Das zweite Redeverbot nach dem ersten beim Petrusbekenntnis.

Die Heilung des epileptischen Knaben

Zum Fuß des Berges waren Menschen gekommen um Jesus zu hören. Ein Vater fiel vor ihm auf die Knie: Herr hilf, er ist Epileptiker, hat Schaum vor dem Mund und stürzt andauernd, deine Apostel konnten ihm nicht helfen, hilf du!

Und er schob den 14-jährigen Knaben zu Jesus.

Der sagte: Oh ihr ungläubigen, schwache Menschen, wie lange muss ich noch bei euch sein? Wer glaubt, dem ist alles möglich! Komm mein Junge!

Er nahm ihn bei den Schultern und beschwört den bösen Geist: Du verlässt sofort diesen Körper, mein Glaube verbrennt dich, verlass den Kopf! Befreit und erleichtert dankte das Kind Jesus. Die Apostel: Wieso konnten wir das nicht, als du uns aussandtest haben uns die bösen Geister auch gehorcht?

Jesus: Weil euer Vertrauen zu klein ist! Hier hättet ihr beten müssen und Gott um Hilfe anrufen sollen.

Und wir?

Sollten nicht auch wir uns fragen: Nutzen wir unsere Kapazität? Sind wir nicht oft zu faul, unsere Begabungen auszuschöpfen. Sind wir nicht, soweit wir glauben, angehalten, uns den Anforderungen zu stellen und sie zu erfüllen? Die Trägheit zu überwinden und je nach unseren Fähigkeiten gestellte Aufgaben bestens zu Ende zu führen? Geben, was wir können, wie es der Herr und seine Aposteln es uns gezeigt haben? Jeder/Jede an dem Platz, an dem er/sie steht!

Die zweite Ankündigung von Jesu Leiden und Auferstehung

Als sie wieder in Kafarnaum waren, sagte Jesus zu ihnen: Der Menschensohn wird den Händen der Menschen überantwortet und sie werden ihn töten, am dritten Tag wird er auferstehen!

Die Jünger waren sehr betrübt.

Von der Zahlung der Tempelsteuer

Petrus wurde nach ihrer Heimkehr vom Tempelkassierer angesprochen: Zahlt euer Meister die Doppeldrachme = 1 Schekel für den Tempel nicht?

Petrus sagte: Aber doch!

Und als er nach Hause kam, sagte Jesus: Was meinst du Simon? Von wem nehmen die Könige Tribut oder Steuer? Von ihren Söhnen oder von den Fremden? Petrus antwortete: Von den Fremden.

Da sprach Jesus zu ihm: Also sind die Söhne frei! Aber damit wir keinen Anstoß erregen, geh und wirf deine Angel aus, den ersten Fisch, den du fängt, öffnest du das Maul und nimmst daraus die zwei Doppeldrachmen und gibst sie ihnen, für dich und für mich.

Vom rechten Jüngersein

Die Jünger fragten Jesus: Wer ist der Größte im Himmelreich?

Jesus rief ein Kind zu sich: Seht, das Kind, wenn ihr euch nicht bekehrt und werdet wie die Kinder, so werdet ihr nicht ins Himmelreich kommen. Wer sich erniedrigt und wird wie dieses Kind, der ist groß im Himmelreich. Und wer ein solches Kind aufnimmt in meinem Namen, der nimmt mich auf. Wer aber einen dieser Kinder, die an mich glauben, zum Abfall verführt, für den wäre es besser, dass ein Mühlstein an seinem Hals gehängt würde und er ersaufe im Meer. Wehe der Welt wegen der Verführungen, diese kommen, doch wehe dem Menschen, der zum Abfall verführt. Wenn deine Hand oder dein Fuß dich zum Abfall verführt, so hau sie ab und wirf sie von dir. Es ist besser für dich lahm oder verkrüppelt ins Leben einzugehen als mit zwei Händen und zwei Füßen ins ewige Feuer geworfen zu werden. Wenn dich dein Auge zum Abfall verführt, reiß es aus und wirf es von dir. Es ist besser einäugig ins Leben zu gehen als zwei Augen zu haben und ins höllische Feuer geworfen zu werden.

Das ist gesprochen worden unter der festen Annahme, dass das letzte Gericht bald kommt, d.h. erlebbar ist, und dass Gottes Herrschaft bald anbricht.

Gottes Herrschaft

Das Reich Gottes, wie es hier angesprochen wird, ist noch nicht gekommen, obwohl 2.000 Jahre vergangen sind.

Aber es beginnt schon bei uns, seit Jesus gelehrt hat. In jedem von uns ist es zum Teil, manchmal nur als ein kleiner Funke vorhanden, Wie geht das? Durch sein Wort, das wir unauslöschlich in uns tragen. Und soweit wie möglich auch verwirklichen. Laut Lukas (17,21) sagte Jesus: Das Reich Gottes kommt nicht mit äußerlichen Gebärden, denn es ist inwendig in euch!

Jesus sagte: Auch solltet ihr nicht fragen: Wer ist der Größte von uns?, sondern viel mehr: Wie können wir einander dienen und uns einander unterordnen? Denn, der, der sich erniedrigt, wird im Himmel erhöht und der, der sich selbst erhöht, der wird erniedrigt.

Vom verlorenen Schaf

Schaut, dass ihr nicht einen der Kleinen verachtet, denn ihre Engel schauen dauernd im Himmel das Angesicht meines Vaters. Auch wenn einer 100 Schafe hat und eines verirrt sich, lässt er nicht die 99 stehen und sucht das verirrte? Und wenn er es findet, wie groß ist seine Freude! So will euer Vater nicht, dass eines von diesen Kleinen verloren geht.

Unsere Kinder

Daher ist es die größte Katastrophe, wenn unsere Kinder, die wir der Kirche oder der Kirche nahestehenden oder öffentlichen Institutionen anvertrauen, missbraucht oder geschlagen werden. Hier gibt es keine Entschuldigung, sondern nur die höchste Strafe für Täter und deren Vorgesetzte. Dass viele aus der Kirche austreten, ist zu wenig! Oder dass eine Zeitung darüber berichtet!

Von der brüderlichen Gemeinschaft, Beauftragung der Apostel

Hat dein Bruder gegen dich gesündigt, geh und weise ihn zurecht, er und du allein! Hört er auf dich, so hast du deinen Bruder gewonnen. Hört er nicht, so nimm noch einen oder zwei mit dir, damit alles durch Zeugen bestätigt wird. Hört er auch auf die nicht, dann sag es der Gemeinde. Hört er dann nicht, so sei er für dich wie ein Heide oder Zöllner!

Interessant, dass Jesus in diesem Zusammenhang „Zöllner" gebraucht, denn er war ja gegen eine Pauschalverurteilung von Sündern und Zöllnern, noch dazu, wo ja Matthäus = Levi Zöllner war, als er ihn aufnahm. „Heide" verstehe ich vom Alten Testament her als „Götzendiener".

Er sagte weiter: Wahrlich, ihr seid meine Apostel, was ihr auf Erden binden werdet, das soll auch im Himmel gebunden sein, und was ihr auf Erden lösen werdet, das soll auch im Himmel gelöst sein, und weiters sage ich euch: Wenn zwei von euch übereinstimmen auf Erden, worum sie bitten wollen, so sollen sie es haben von meinem Vater im Himmel. Und wo zwei oder drei versammelt sind in meinem Namen, da bin ich mitten unter ihnen!

Für uns

Das ist doch wunderbar; wenn wir sein Wort lesen, wenn wir die Messe feiern oder gemeinsam beten, ist Jesus mitten unter uns!

Von der Vergebung

Da trat Petrus zu Jesus: Herr, wie oft muss ich denn meinem Bruder, der gegen mich sündigt, vergeben? Genügt es sieben Mal?

Jesus sagte ihm: Nicht sieben Mal, sondern 70 mal 7 = 490 Mal! Darum gleicht das Himmelreich einem König, der abrechnen wollte mit seinen Knechten. Einer kam, der war ihm 10.000 Talente (10.000 x 3.000 Schekel = 30.000.000 Schekel x 30 = 0,9 Milliarden Euro = 30.000.000 x 11,5 = 345.000 kg Silber!) schuldig. (Es ist fast unmöglich in der damaligen Zeit für einen Gläubiger, solch eine Summe zu verleihen und auf die Schuld zu verzichten!) Da er aber nichts hatte, um zu bezahlen (so steht es im Evangelium) befahl der Herr, dass er verkauft werde sowie die Frau, die Kinder und all seine Habe und damit die Schuld beglichen werde. Der Knecht fiel vor ihm nieder: Herr, hab Geduld mit mir, ich will alles bezahlen! Und der Herr erbarmte sich, ließ ihn frei und erließ ihm die Schuld. Als der Knecht hinaus ging, glücklich schuldenfrei zu sein, traf er einen Mitknecht, der ihm 100 Denare schuldig war (100 Denare sind 50 Schekel und der 600.000-ste Teil jener Schuld, die sein Gläubiger ihm erlassen hatte). Was tat er mit dem Mitknecht? Er würgte ihn und sagte: Bezahle, was du mir schuldest! Der Mitknecht bat: Hab Geduld, alles will ich bezahlen, gib mir nur etwas Zeit!

Er fand kein Gehör, der Knecht ließ ihn ins Gefängnis werfen (für 1.500 €) bis die Schuld bezahlt wird!

Der Vorfall wurde dem Herrn berichtet, der sagte zum Knecht: Ich habe mich erbarmt, du aber nicht! Daher wirst du den Folterknechten übergeben, bis du bezahlt hast. Und so wird mein himmlischer Vater mit euch verfahren, wenn nicht jeder von euch seinem Bruder vom Herzen verzeiht.

Von Ehe, Ehescheidung und Ehelosigkeit

Jesus und seine Apostel hatten sich vorgenommen nach Jerusalem zum Laubhüttenfest zu ziehen. Als das in Kafarnaum bekannt wurde, kamen sehr viele Menschen zu ihnen und Jesus lehrte und heilte, wie immer. Es war spät am Nachmittag, die vielen Menschen vom Vormittag waren weg, als die Pharisäer Jesus ansprachen, wollten sie ihn auf die Probe stellen, wie schon oft: Sag, Meister, ist es einem Mann erlaubt, seine Frau zu entlassen, aus irgendeinem Grund?

Er antwortete: Habt ihr nicht gelesen, dass der Schöpfer von Anfang an, als er Mann und Frau geschaffen hat, gesagt hat: …Deshalb wird ein Mann Vater und Mutter verlassen und an seiner Frau hängen und die zwei werden ein Fleisch sein! So sind sie also nicht mehr zwei, sondern eins. Was Gott nun zusammengefügt hat, das soll der Mensch nicht trennen!

Warum hat dann Mose geboten, war die Antwort, einen Scheidebrief zu geben um sich von ihr zu scheiden? Er entgegnete den Pharisäern: Mose hat euch erlaubt, euch zu scheiden von euren Frauen wegen eurer Herzenshärte, von Anfang an aber ist es nicht so gewesen. Ich aber sage euch: Wer sich von seiner Frau scheidet außer wegen Ehebruchs und eine andere heiratet, der bricht die Ehe!

Da sagten die Apostel zu Jesus: Wenn es so ist mit Mann und Frau, ist es für einen Mann nicht gut zu heiraten.

Jesus darauf: Nicht alle fassen das Wort, sondern nur jene, denen es gegeben ist. Denn einige sind von Geburt an unfähig zur Ehe und andere sind von Menschen eheunfähig gemacht worden und wieder andere machen sich selbst eheunfähig, um des Himmelsreiches willen. Wer es fassen kann, der fasse es!

Wie sieht es heute aus?

In einer Zeit, wo 43% aller Ehen geschieden werden, kann man nicht zur Tagesordnung übergehen.

Die Leidtragenden einer solchen Scheidung sind nämlich die Kinder, die „gespalten" sind, die oft Schuldgefühle wegen der Trennung haben. Die hin und hergerissen sind, vom materiellen Schaden ganz abgesehen. Wo ist die Ursache? Die Ehe ist Liebe, Entscheidung und Verantwortung, auch wegen der Kinder: in guten und in schlechten Zeiten!

In der Ehe gilt für jeden:

- Unser Leben ist gemeinsam
- Einfühlsam sein
- Geben ist wichtiger als nehmen
- Zeit nehmen und reden
- Respektvoll zueinander sein
- Keine Vorwürfe, sondern besser machen
- Frieden halten und schließen
- Entscheidungen gemeinsam treffen

- Zorn zuerst abklingen lassen, bevor man spricht
- Partnerschaftlich handeln
- Die Familie als Team empfinden
- Die Kinder sind wichtige Mitglieder unserer Familien
- Wir müssen sie hören und achten
- Die positiven Eigenschaften des anderen sehen
- Ziel ist das Wohlergehen aller in der Familie
- Gemeinsame Mahlzeiten stärken die Familie
- Den eigenen Egoismus hintanstellen
- Erkennen, dass nicht nur der andere altert, sondern man selbst auch
- Dankbarkeit für jahrelange Liebe
- Schweigen, wenn reden nicht geht, statt Streit
- Einander Kraft geben
- Einander trösten
- Nicht kränken, sondern loben
- Freude machen!
- Wenn möglich, die Worte Jesu befolgen
- Der Alltag darf die Liebe nicht erdrücken
- Auf keinen Fall schreien und anschuldigen
- Verzeihen
- Dem anderen Luft zum Atmen lassen
- Nicht dem anderen alles Schlechte an den Kopf werfen, sondern sich der schönen Tage in der Ehe erinnern
- Kein Besitzdenken
- Geläuterte Liebe

Die Segnung der Kinder

Man brachte Kinder, er sollte ihnen die Hände auflegen und sie segnen. Die Apostel wollten das nicht, aber er sagte: Lasset sie zu mir kommen, ich freue mich, denn ihnen gehört das Himmelreich. Er legte ihnen die Hände auf: Der Vater im Himmel sei mit euch und meinen Segen gebe ich euch!

Die Gefahr des Reichtums

Einer trat zu ihm: Meister, was muss ich Gutes tun, um das ewige Leben zu erlangen?

Er antwortete ihm: Was fragst du mich, was gut ist? Nur einer ist gut! Willst du aber zum Leben eingehen, halte die Gebote!

Wieder fragte er: Welche?

Die Antwort: Du sollst nicht töten, du sollst nicht ehebrechen, du sollst nicht stehlen, du sollst kein falsches Zeugnis geben, Vater und Mutter ehren und deinen Nächsten lieben, wie dich selbst!

Der Jüngling antwortete: All das habe ich gehalten, was fehlt noch?

Jesus: Willst du vollkommen sein, so verkaufe, was du hast, und gib es den Armen, so wirst du einen Schatz im Himmel haben, dann komm und folge mir!

Der Jüngling ging betrübt weg, denn er hatte viele Güter. Jesus sagte zu den Aposteln: Wahrlich, ich sage euch: Ein Reicher wird schwer ins Himmelreich kommen. Da ist es leichter, dass ein Kamel durch ein Nadelöhr geht, als ein Reicher ins Himmelreich!

Die Jünger waren betroffen: Wer kann dann gerettet werden?

Jesus: Bei Menschen ist das unmöglich, bei Gott aber ist alles möglich!

Der Lohn der Nachfolge

Petrus aber entgegnete: Sicher, wir haben alles verlassen und sind dir nachgefolgt, was wird uns nun zuteilwerden?

Jesus: Wahrlich, ich sage euch: Ihr, die ihr mir nachgefolgt seid, werdet bei der Wiedergeburt, wenn der Menschensohn auf dem Thron seiner Herrlichkeit sitzen wird, auch sitzen auf 12 Thronen und richten die 12 Stämme Israels. Und wer Häuser oder Brüder oder Schwestern oder Mutter oder Kinder oder Äcker um meines Namens Willen verlassen hat, wird hundertfach empfangen und das ewige Leben erlangen. Aber viele, die die Ersten sind, werden die Letzten und die Letzten werden die Ersten sein.

Immer wieder weist Jesus darauf hin, dass nicht die, die sich vordrängen und jene, die herrschen, bevorzugt sind, wie auch die Reichen nicht die Ersten bei Gott sind. Haben sie doch schon hier ihren Lohn erhalten!

Das Brot des Lebens

Jesus predigte bevor sie nach Jerusalem zogen in der Synagoge von Kafarnaum. Sie fragten ihn: Was sollen wir tun, dass wir Gottes Werke wirken?

Jesus sagte ihnen: Es ist das Werk Gottes, dass ihr an den glaubt, den er gesandt hat.

Sie wollten wissen: Was tust du für ein Zeichen, damit wir sehen und dir glauben können? Unsere Väter aßen Manna in der Wüste, wie geschrieben steht: Brot vom Himmel gab er ihnen zu essen.

Jesus darauf: Nicht Mose gab das Brot vom Himmel, sondern mein Vater gibt das wahre Brot vom Himmel. Ich habe euch am See das Brot gegeben, so seid ihr und 5000 satt geworden, das waren für euch Zeichen, weil ihr gegessen habt, aber mich habt ihr nicht gesucht! Denn das Brot Gottes ist das, das vom Himmel kommt und der Welt das Leben gibt.

Sie baten ihn: Herr, gib uns allezeit solches Brot!

Jesus antwortete darauf: Ich bin das Brot des Lebens, wer zu mir kommt, der wird nicht mehr hungern, und wer an mich glaubt, der wird nimmermehr dürsten! Ihr habt mich gesehen und doch glaubt ihr nicht! Denn ich bin vom Himmel gekommen, nicht damit ich meinen Willen tue, sondern den Willen dessen, der mich gesandt hat. Sein Wille ist, dass ich nichts verliere von allem, was er mir gegeben hat, sondern dass ich es am jüngsten Tag auferwecke. Sein Wille ist, dass, wer den Sohn sieht und an ihn glaubt, das ewige Lebe habe und ich ihn auferwecken werde.

Sie murrten über ihn, so sagten die Juden: Sein Vater war Josef und seine Mutter Maria aus Nazareth und er sagt, er ist vom Himmel gekommen und er sei das Brot, das wir brauchen.

Er hörte sie: Murrt nicht, niemand kann zu mir kommen, den nicht der Vater schickt, ich aber werde ihn auferwecken am jüngsten Tag. Jesaja sagte: Sie werden alle von Gott gelehrt sein, daher sage ich: Wer es vom Vater hört und lernt, der kommt zu mir. Keiner hat den Vater gesehen, nur der, der von Gott gekommen ist, hat den Vater gesehen! So sage ich euch: Wer glaubt, der hat das ewige Leben. Denn ich bin das Brot des Lebens. Eure Väter haben in der Wüste das Manna gegessen und sind gestorben. Dies aber ist das Brot, das vom Himmel kommt, damit der, der davon isst, nicht sterbe. Und dieses Brot ist mein Fleisch, das ich geben werde für das Leben der Welt.

Die Juden stritten untereinander: Wie kann er uns sein Fleisch zu essen geben?

Jesus sprach zu ihnen: Wahrlich, ich sage euch: Wer mein Fleisch isst und mein Blut trinkt, der hat das ewige Leben, und ich werde ihn am jüngsten Tag auferwecken. Mein Fleisch ist die wahre Speise und mein Blut ist der wahre Trank. Wer davon isst und trinkt, der bleibt in mir und ich bleibe in ihm!

Hiermit ist alles gesagt, die Tiefe der Lehre Jesu! (Durch Johannes 6,28-58 überliefert).

Jüngster Tag – Jüngstes Gericht

Vom Endzeitdenken zurzeit Christi stammen diese Begriffe. Der Jüngste Tag ist der Tag des Jüngsten Gerichts, wo das Endgericht über die Lebenden und Toten stattfindet. In diesem Gericht beurteilt Jesus Christus das religiöse Leben und trennt in Gerechte und Ungerechte. Dazu gehört die Wiederkunft von Christus und die Auferstehung der Toten. Nach dem Gericht bricht das Reich Gottes an.

Der Beginn liegt bei uns! Denn Lukas (17,21) berichtet, wie schon erwähnt, dass Jesus sagte: Das Reich Gottes ist (jetzt schon) mitten unter euch!

Das ist, so meine ich, richtig, denn, wenn zwei oder drei „in Jesus" beisammen sind, so ist er bei ihnen bis ans Ende der Zeiten.

Scheidung unter den Jüngern

Viele der Jünger sagten: Wer kann so etwas hören, was er da sagt, wir machen da nicht mehr mit. Sie zogen sich zurück! Da sagte Jesus zu den Aposteln: Wollt ihr auch von mir weg?

2. Bekenntnis des Petrus

Simon Petrus antwortete: Herr, wohin sollen wir gehen? Du hast die Worte des ewigen Lebens und wir haben geglaubt und wir haben erkannt: Du bist der Heilige Gottes! Jesus freute sich: Habe ich nicht euch 12 auserwählt, aber einer ist ein Teufel!

Reise zum Laubhüttenfest

Das Fest findet Ende September/Anfang Oktober statt und dauert sieben Tage, abgeschlossen wird es mit dem 8. Tag, dem Tag der heiligen Versammlung. Es wurde in Hütten gewohnt, die aus Zweigen errichtet werden, und das in Erinnerung an die Wüstenwanderung. Nicht allen war es damals möglich sich Zelte zu beschaffen, schon deshalb nicht, weil sie arm waren. So wohnten viele als sie 1212 v. Chr. von Gosen flüchteten in selbstgebauten Unterständen in der Wüste. Und jetzt sollten sie „innehalten und sich besinnen" und diese Zeit in Erinnerung behalten. Sie sollten danken, Gott loben und feiern, dass ihre Vorfahren unter großen Strapazen die 40 Jahre des Exodus = Auszugs und des Wüstenaufenthaltes überlebten. Der zweite biblische Auftrag war, als Freude über die

eingebrachte Ernte, Früchte als Opfer darzubringen, weiters Palmzweige und Weiden- und Laubbaumzweige. Geopfert wurden nicht nur Feldfrüchte und Obst, sondern auch Tiere. Nicht nur das Wohnen in Hütten, auch das Lesen der Thora war vorgeschrieben.
Jesus zog mit den Aposteln diesmal durch Samarien und nicht am Jordan entlang. Sie hatten etwa 170 km zurückzulegen. So waren sie früh genug aufgebrochen, um in etwa 10 Tagen in Jerusalem zu sein. Jesus hatte keine große Lust verspürt, denn er wusste von der Feindschaft gegen ihn in Judäa. So zogen sie hin und kamen nach Sychar. Jesus wuss- te aus den Büchern Mose, dass Jakob = Israel als sie in Sichem von Haran ankamen, dort wo sie ihre Zelte aufschlugen, vorher das Feld gekauft hatte. Er hatte auch einen Altar aufgebaut und den Brunnen saniert. 100 Goldschekel war viel Geld für ein Feld, aller- dings mit Brunnen: Der Wert von 100 Silberschekel war im AT: 100 x 50 = 5.000 €, Gold war nicht viel mehr geschätzt, sagen wir der Wert war ca. 10.000 €. Jesus wusste auch, dass Jakob = Israel am Totenbett sagte: Josef, dir soll, vor deinen Brüdern, das Land = Feld bei Sichem am Garizim gehören, das ist dein Erbe. Baue Altar und Brunnen wieder auf und wenn du es nicht machst, so deine Söhne Menasse und Ephraim. In der weiteren Folge, als die Israeliten die Landnahme durchführten, begruben sie Josef wunschgemäß auf diesem Feld.

Jesus und die Samariterin

So kamen sie in Samarien zu der Stadt Sychar, neben Sichem. Da sie schon einige Tage unterwegs waren, schickte er die Apostel in die Stadt, sie sollten einkaufen. Jesus blieb am Brunnen im Schatten eines Feigenbaumes. Es war um die sechste Stunde = Mittagszeit, er lehnte sich zurück und schaute das flimmernde Licht durch das dichte Blätterdach des Baumes an: Als würde der Himmel Lichtblitze aussenden, ohne Donner, aber mit einem leichten Windhauch, der zärtlich sein Gesicht umstreichelte. Er hörte ein Schöpf- geräusch am Brunnen, es war eine Samariterin, die Wasser schöpfte. Er sprach sie an: Gib mir bitte Wasser zu trinken.
Überrascht wendete sich die Frau zu ihm: Da bin ich aber weg, dass du als Jude mich, die Samariterin, um Wasser bittest. Aber ja, du kannst Wasser haben und noch dazu am Jakobsbrunnen, den deine Vorfahren gegraben haben! Jesus wusste das und dass hier Josef begraben lag. Er antwortete: So danke ich dir, aber wenn du wüsstest, wer dich um Wasser bittet, so würdest du Gott danken für die Gnade, ihm zu begegnen, und würdest ihn bitten, dir lebendiges Wasser zu geben!
Sie antwortete: Du hast doch nichts, womit du schöpfen könntest, bist du mehr als Jakob, der den Brunnen gegraben hat?
Jesus: Jeder, der von diesem Wasser trinkt, den wird wieder dürsten, wer aber von dem Wasser trinkt, das ich ihm gebe, wird in Ewigkeit nicht dürsten, denn es wird ihm eine Quelle des ewigen Lebens sein!
Sie bat ihn: So gib mir dieses Wasser, dass ich nicht mehr Durst leide und hierher gehen muss um zu schöpfen.
Er sagte: Rufe deinen Mann und komm wieder.
Sie sagte: Ich habe keinen Mann!
Er antwortete: Du hast richtig gesagt: Ich habe keinen Mann, aber du hattest fünf Männer und den, den du jetzt hast, das ist nicht dein Mann. Aber du hast die Wahrheit gesagt.

Sie antwortete: Herr, ich sehe, dass du ein Prophet bist. Unsere Väter haben am Garizim Anbetung gehalten und ihr sagt, Jerusalem sei der Ort, wo man Anbetung halten muss, was sagst du?

Jesus: Glaube mir, es kommt die Zeit, da ihr weder auf diesem Berg noch in Jerusalem den Vater anbeten werdet. Ihr betet an, was ihr nicht kennt, wir beten an, was wir kennen, denn das Heil kommt von den Juden. Doch es kommt die Zeit, ja sie ist schon da, zu der die wahren Anbeter den Vater anbeten werden in Geist und Wahrheit, denn Gott ist Geist. Die Frau sagte darauf: Ich weiß, dass der Messias kommt, der Christus heißt. Wenn er kommt wird er uns alles verkünden.

Jesus darauf: Ich bin es, der mit dir redet.

Als die Apostel zurückkamen wunderten sie sich: Wieso spricht er mit der?, aber keiner sagte etwas.

Die Frau ließ ihren Krug stehen, ging in die Stadt und sagte zu den Leuten: Kommt und seht, da ist ein Mensch, der mir alles sagte, was ich getan habe, ob er nicht der Messias ist? Da gingen sie aus der Stadt zu Jesus hin. Die Apostel hatten Essen gebracht: Meister, iss! Er sagte: Ich habe eine Speise zu essen, von der ihr nichts wisst.

Sie fragten sich, ob ihm jemand Essen gegeben hatte. Er aber gab ihnen Aufschluss: Meine Speise ist, dass ich den Willen dessen tue, der mich gesandt hat und dass ich vollende sein Werk. Sagt nicht die Ernte ist noch nicht reif, die Felder sind reif, erntet und freut euch über die Frucht zum ewigen Leben. Denn es bewahrheitet sich: Einer ist, der sät, und ein anderer ist's, der erntet. So habe ich euch gesandt zu ernten, wo ihr nicht gearbeitet habt, andere haben es getan und euch ist die Arbeit zugutegekommen. Die Samariter kamen zu seiner großen Freude, sie baten ihn zu bleiben. Er blieb zwei Tage in Sychar. Die Frau und sie glaubten an Jesus: Er ist wahrlich der Heiland der Welt!

Heiland der Welt

Sein Wirken in Sychar, im Gespräch mit der Samariterin, zeigt schon, dass er der Heilbringer, über den jüdischen Rahmen hinaus auch für die Heiden wird. So wird er auch seine Mission, über das Judentum hinaus, in die ganze Welt erweitern!

Auch nach seinem Tod und der Auferstehung wirkt sein Wort und er als Lehrer bis in unsere Zeit hinein. Seine Worte soll man nicht nur hören, sondern auch tun.

Heilung eines Kranken am Teich Betesda

Als sie Jerusalem erreichten, gingen sie zum Schaftor. Dort war ein Teich mit fünf Hallen und dort lagerten Kranke, Blinde, Lahme, Lungenkranke und, wenn auf dem Wasser eine Bewegung entstand, so wurde jener, der als erster nach der Wallung untertauchte, gesund. Und das, weil von Zeit zu Zeit ein Engel des Herrn das Wasser in Bewegung brachte. Es war Sabbat, als Jesus mit den Aposteln hinkam. Dort lag ein Mann auf einer Bahre mit Querschnittslähmung der unteren Gliedmaßen. Sie fragten ihn, warum er so verzweifelt sei. Er sagte, er leide schon seit 38 Jahren an seiner Krankheit, als 7-jähriger wäre er von einem Baum gestürzt, und seither wäre er lahm. Und jetzt versuche er, hier geheilt zu werden, aber weil er sich nur mit den Händen bewegen kann, komme ihm immer ein anderer zuvor!

Jesus fragte: Willst du gesund werden, ohne ins Wasser zu steigen?

Nichts als das wünsche ich mir! Aber wie soll denn das möglich sein?

Jesus nahm ihn an den Schultern, er schüttelte ihn und sagte: Wenn du wirklich willst, dann stehst du mit Gottes Hilfe auf!

Er reichte ihm die Hände und zog ihn hoch: Als der Mann stand, sagte Jesus: Nimm dein Bett und geh nach Hause!

Alle wunderten sich, mit Dankesworten ging der Mann mit seinem Bett davon.

Da sagten die Juden zu dem Geheilten: Wie kannst du am Sabbat ein Bett tragen? Er antwortete: Der mich gesund gemacht hat, hat mir gesagt: Nimm dein Bett und geh heim!

Sie suchten Jesus, aber der war im Tempel. Dort kam der Geheilte zu ihm, er erzählte Jesus, was passiert war. Jesus beruhigte ihn und sagte: Du bist gesund geworden, sündige nicht mehr, damit dir nicht noch Schlimmeres passiert! Der Geheilte berichtete allen von dem Wunder. Die Juden stellten Jesus und er sagte ihnen: Mein Vater wirkt bis heute und ich wirke auch!

Die Vollmacht des Sohnes

Und seine Antwort ging weiter: Der Sohn kann nichts von sich aus tun, sondern nur das, was er den Vater tun sieht, denn was dieser tut, das tut auch der Sohn. Denn wie der Vater Tote erweckt, so macht auch der Sohn lebendig, welche er will.

Denn der Vater richtet niemand, sondern hat das Gericht dem Sohn übergeben, damit sie den Sohn ehren, wie sie den Vater ehren! Wer den Sohn nicht ehrt, der ehrt den Vater nicht, der ihn gesandt hat. Ich sage euch: Wer mein Wort hört und glaubt dem, der mich gesandt hat, der hat das ewige Leben und kommt nicht in das Gericht, sondern er ist vom Tode zum Leben hindurch gedrungen.

Wahrlich, es kommt die Stunde und ist schon jetzt da, dass die Toten die Stimme des Sohnes Gottes hören werden und die, die Gutes getan haben, werden auferstehen zum Leben, die, die aber Böses getan haben kommen zum Gerichte. Mein Gericht wird gerecht sein, denn ich erfülle den Willen meines Vaters.

Jesus setzte fort:

Das Zeugnis für den Sohn

Zeuge ich von mir selbst, so ist mein Zeugnis nicht wahr. Ein anderer musste von mir zeugen: Johannes hat die Wahrheit gesagt.

Ihr aber wolltet sein leuchtendes Licht nicht. Ich habe ein größeres Zeugnis: Die Werke, die mir der Vater gegeben hat, damit ich sie vollende. Diese Werke bezeugen, dass mich der Vater gesandt hat.

Mein Vater hat von mir Zeugnis gegeben. Ihr habt niemals seine Stimme gehört, noch seine Gestalt gesehen, sein Wort habt ihr nicht in euch wohnen, denn ihr glaubt dem nicht, den er gesandt hat.

Ihr sucht in der Schrift, denn ihr meint, ihr habt das ewige Leben darin, und sie ist es, die von mir zeugt. Aber ihr wollt nicht zu mir kommen, dass ihr das Leben hättet. Ihr glaubt, ich werde euch vor dem Vater verklagen, nein, es ist einer, der euch verklagt: Mose, auf den ihr hofft! Wenn ihr Mose glaubt, so glaubt ihr auch mir, denn er hat von mir geschrieben: Es wird das Zepter von Juda nicht weichen noch der

Stab des Herrschers von ihm, bis dass der Held komme, und dem werden die Völker anhangen!

Einen Propheten wie dich (Mose) wird der Herr, dein Gott, erwecken aus dir und aus deinen Brüdern; dem sollt ihr gehrochen.

Wenn ihr aber seinen Schriften (Moses) nicht glaubt, wie werdet ihr meinen Worten glauben?

Abschließend dazu ist zu sagen, dass der Hass der Juden immer größer wurde. Und dass Jesus sich Gott gleichstellte, hat ihre Tötungsabsicht verstärkt!

Jesus auf dem Laubhüttenfest

Auf dem Fest nach einigen Tagen sagten die Leute: Er ist gut, und das taten sie hinter vorgehaltener Hand, sie hatten Angst vor eifernden Juden, andere sagten: Nein, er verführt das Volk!

Nun ging er in den Tempel und lehrte, sie fragten, woher kann er das, er hat die Schrift = heiligen Bücher doch nicht gelernt?

Die Antwort von Jesus war: Meine Lehre ist nicht von mir, sondern von dem, der mich gesandt hat. Denn wer aus sich selbst redet, der sucht seine eigene Ehre, wer aber dessen Ehre sucht, der ihn gesandt hat, der ist wahrhaftig und keine Ungerechtigkeit ist in ihm.

Hat euch nicht Mose das Gesetz gegeben? Keiner von euch hält sich daran. Warum sucht ihr dann, mich zu töten?

Man bestreitet es: Du hast einen Dämon! Wer sucht denn, dich zu töten?

Er antwortet: Ein Werk, eine Heilung am Sabbat und alle seid ihr darüber befremdet.

Mose hat euch die Beschneidung gegeben- nicht dass sie von Mose kommt, sondern von den Vätern- und ihr beschneidet auch am Sabbat einen Menschen. Wenn nun ein Mensch am Sabbat die Beschneidung empfängt und damit nicht das Gesetz von Mose gebrochen wird, warum zürnt ihr dann mir, weil ich am Sabbat den ganzen Menschen gesund gemacht habe.

Da sagten die Leute: Wollten sie ihn nicht töten und jetzt spricht er frei und keiner widerspricht ihm. Vielleicht haben die Oberen erkannt, dass er der Messias = Christus ist?

Jesus setzte fort: Ja, ihr kennt mich und wisst, woher ich komme, aber ich bin nicht von mir selbst aus gekommen, sondern der Wahrhaftige hat mich gesandt!

Die Pharisäer sandten Knechte aus, um ihn zu ergreifen. Aber er sprach zu ihnen: Ich bin nur mehr kurze Zeit hier und dann geh ich zu dem, der mich gesandt hat. Ihr werdet mich suchen und nicht finden und wo ich bin, dorthin könnt ihr nicht kommen.

Die Leute sagten: Wohin will er?

Weiters predigte er: Wen da dürstet, der komme zu mir und trinke. Denn wer an mich glaubt, von dessen Leib werden Ströme lebendigen Wassers fließen.

Er meinte den Heiligen Geist, aber der sollte erst nach seiner Auferstehung kommen.

Die Knechte zogen ab: Noch nie hat ein Mensch so geredet wie dieser!

Jesus und Nikodemus

Die Apostel bauten am Abend eine Laubhütte am Platz neben den anderen. Ihre Hütte war einfach, eigentlich nur ein schräges Dach aus Zweigen, mit einigen Stützen. Sie waren Einfachheit gewohnt. Als es schon ziemlich dunkel war, kam einer der oberen Pharisäer, er wollte mit Jesus sprechen: Meister, ich bin zu dir gekommen, weil ich von deinen Taten gehört habe und heute habe ich gehört, was du gesagt hast. Alles, was du wirkst, lässt mich glauben: Du bist ein Lehrer, von Gott gesandt, denn niemand kann solche Zeichen setzen und reden wie du, außer Gott ist mit ihm.

Jesus, du sollst wissen, dass dein Wort mit dem du dich Gott gleichstellst, bei uns „Glaubenshütern" als Missbrauch des Namen Gottes gilt und dass sie dir deshalb nach dem Leben trachten. Und: Es gibt nur wenige, wie mich, die an dich glauben.

Jesus nahm ihn an den Händen: Nikodemus, du verstehst meine Lehre, nur wenige werden das Reich Gottes sehen, außer sie werden von oben neu geboren.

Nikodemus sagte: Wie kann ein Mensch von oben geboren werden?

Jesus: So sage ich dir, nur der, der aus Wasser und Geist geboren wird, kann ins Reich Gottes kommen!

Was aus Fleisch geboren wird ist Fleisch, aber was aus Geist geboren wird ist Geist.

Es ist der Heilige Geist, der vom Herrn kommt, von oben!

Altes Testament – Christentum

Hier kommt die tiefe Kluft des alttestamentarischen Denkens der Pharisäer zum Christusglauben zu Tage: Nicht die leibliche Nachfolge Abrahams bringt die Teilnahme am Gottesreich, sondern die Neugeburt von „oben", die geistige Umkehr und Neugeburt durch die Taufe = Wasser und den Heiligen Geist. Nicht der strikte Gesetzesvollzug, sondern das Gnadenmenschentum von Gott in Jesus und seiner Lehre führt ins Reich Gottes. Hier steht nicht das äußere Strafgericht, sondern die geistige Umkehr im Vordergrund!

Jesus spricht weiter zu Nikodemus

Du musst neu geboren werden im Geist! Der Wind bläst, du hörst sein Stürmen, aber woher er kommt und wohin er geht, weißt du nicht. So ist es mit dem Menschen, der aus dem Geist geboren ist.

Nikodemus fragt weiter: Und wie geschieht das?

Jesus: Du bist Israels Lehrer und fragst mich!

So sag ich es kurz: Du wirst nicht physisch neu geboren, sondern du wirst ein neuer Mensch durch Wasser und den Heiligen Geist von oben, der dich wandelt, dass du Gottgefällig wirst und die Worte seines Sohnes, Gottesworte, verstehst und lebst. Du vollziehst die geistige Taufe, du wirst zu Gott hin neu „geboren"!

Niemand ist von hier im Himmel gewesen, außer jenem, der vom Himmel herabgekommen ist, der Menschensohn. Der Menschensohn muss erhöht werden damit die, die an ihn glauben, das ewige Leben erlangen. Um es dir zu sagen: Gott liebt die Welt so, dass er seinen Sohn schickte sein Wort zu bringen, damit die, die an ihn glauben, nicht verloren sind, sondern das ewige Leben haben! Gottes Sohn soll auf Erden nicht richten, sondern retten!

Wer an den Sohn glaubt wird nicht gerichtet, die anderen sind schon gerichtet. Das Licht ist in die Welt gekommen, aber viele liebten die Finsternis mehr als das Licht, damit ihre bösen Taten nicht aufgedeckt werden. Wer aber die Wahrheit tut, der kommt zum Licht, damit offenbar wird, dass seine Werke in Gott getan sind.

Nikodemus dankte Jesus: Deine Worte haben mich tief getroffen, du hast mir die Augen geöffnet, wahrlich, deine Worte kommen von Gott und deine Taten und Zeichen zeugen von ihm. Ich wünsche dir, dass du kein Leid erfährst!

Jesus und die Ehebrecherin

Als er am nächsten Tag in den Tempel kam, waren viele Menschen da um ihn zu hören. Und die Schriftgelehrten und die Pharisäer nutzten die Gelegenheit um Jesus immer wieder heraus zu fordern, ihm eine Falle zu stellen. Man hatte eine Frau gebracht, die beim Ehebruch, am Abend des Vortages erwischt wurde. Ihr Geliebter, der davongelaufen war, hatte sie im Stich gelassen. Man brachte die Frau den Oberen zur Verurteilung. Diese wurde gefällt: Steinigung am Vorplatz des Tempels.

Als Jesus den Auflauf sah, ging er hin und sie fragten ihn: Meister, was sagst du zu dem: Diese Frau wurde beim Ehebruch ertappt, Mose hat uns im Gesetz geboten, solche Frauen zu steinigen, und das wird jetzt geschehen, was sagst du?

Jesus: Wenn ihr wirklich hören wollt, so hört: Wer ist von euch ohne Sünde, der werfe den ersten Stein!

Es entsteht ein erdrückendes Schweigen. Ein Älterer ging weg und alle nacheinander verschwanden.

Jesus blieb allein mit der Frau zurück und sagte zu ihr: Wo sind sie, die dich töten wollen? Niemand hat dich verdammt! Sie kniete nieder, dankte und sagte: Niemand!

Jesus: So auch ich nicht, geh hin und sündige nicht mehr!

Die Auferweckung des Lazarus

Nachdem sie miterlebt hatten, wie schnell ein Mensch getötet werden könnte wegen eines Vergehens und Jesus es verhindert hatte, brachen sie auf. In das 6 km weit entfernte Betanien, von dort war gestern ein Hilferuf seiner Freundinnen Maria und Marta gekommen und den Aposteln übermittelt worden: Jesus soll kommen, ihr Bruder Lazarus, sein Freund, liege im Sterben.

Lazarus war zusammengebrochen wegen akutem Herz- und Kreislaufversagen. Noch in der Nacht war er verstorben. Als Jesus mit den Aposteln in Betanien ankam, rannte ihm Marta entgegen: Oh, Jesus, wärst du dagewesen, wäre er nicht verstorben, du hättest Gott gebeten, ihn leben zu lassen, denn er, der Bruder, sorgt für uns.

Jesus sagte ihr beruhigend: Marta, du glaubst, so wird Gott uns helfen!

Marta: Ja, das weiß ich, dass er am Jüngsten Tag auferstehen wird.

Jesus sagte ihr noch: Du weißt, dass ich das Leben bin und dass wer an mich glaubt leben wird, auch wenn er stirbt. Glaubst du das? Ja, ich glaube, dass du Christus bist, der Sohn Gottes.

Sie kamen zum Grab von Lazarus, Marta rief: Maria, Maria, Jesus unser Herr, ist da. Sie fiel ihm zu Füßen: Wie habe ich gewartet auf dich, so wäre er nicht gestorben!

Jesus: Maria, wo ist dein Bruder? Lazarus war in Leinen gewickelt und viele Leute waren da, die ihn, der sehr beliebt war, zum Grab begleitet hatten. Jesus ging zu ihm, ließ die Binden abnehmen und sagte: Entfernt euch, ich will beten: Vater, der du mich allzeit erhört hast, lass ihn leben damit sie glauben, dass du mich gesandt hast.

Er nahm die Hände, sie waren kalt und starr. Er sprach ihn an: Gib mir deine Hände, gib sie mir, du lebst! Und gib mir deinen Kopf, der lebt!

Nochmals nahm er die Hände und sagte: Mein Vater, hilf!

Er zog Lazarus hoch. Und der lebte. Lazarus sah Jesus und umarmte ihn: Jesus, mein Retter, Gottes Sohn!

Und Lazarus ging auf Jesus Schultern gestützt hinaus.

Als Maria und Martha das sahen: Er hat ihn vom Tod erweckt! Auf dieses Zeichen hin glaubten viele!

Jesus und seine Apostel waren eingeladen und es wurde die Erweckung des Lazarus gefeiert. Marta und Maria trafen große Vorbereitungen für das Abendmahl. Vor dem Mahl jedoch dankte Lazarus nochmals und freute sich, wieder da zu sein. Bevor sie an die Tafel gingen, sagte Jesus: Jetzt wollen wir Gott danken, dass Lazarus wieder unter uns ist, wir beten. Alle hoben die Hände gegen den Himmel und sagten: Vater unser, der du bist im Himmel… .

An der Tafelmitte saß Jesus, rechts von ihm Maria, die Jesus liebte, und ihre Schwester Marta und links von ihm Lazarus. Es wurden feine Speisen aufgetragen, alle halfen mit: frisch gebackenes, dünnes Fladenbrot und zartes, gebratenes Lammfleisch. Der Wein war ein schwerer, samtiger Rotwein.

Alle beobachteten Jesus, wie er das Brot brach, innehielt- in seinen Gedanken sah er die schwere Arbeit des Ackerns, Säens, der Ernte und des Mahlens. Aber auch, welche Mühe sich die Schwestern gaben, das herrliche weiße Brot zu backen: Jeder Bissen, den er aß, war eine heilige Handlung, denn seine Gedanken gingen zu seinem Vater, der alles gedeihen ließ und den Menschen, die daraus so herrliche Speisen machten. Ebenso geschah es mit dem Lammfleisch. Es war für alle eine Freude, wie Jesus das genoss. Langsam aß er und sein Gesicht strahlte. So unter den Freunden, eigentlich alle waren sie „seine Jünger und Jüngerinnen", die an ihn glaubten, nicht nur die 12 Apostel. Und ebenso war es eine Freude, wenn er den Kelch mit dem rubinroten Wein hob: Auf den wiedererstandenen Lazarus, unserem Freund!

Und sie tranken alle, sie waren aufgestanden und Lazarus konnte nicht umhin zu sagen: Gott sei Dank, dass er uns seinen Sohn geschickt hat!

Sie baten Jesus, mit ihnen am Morgen des nächsten Tages zum Jordan zu ziehen, um die Stelle zu zeigen, wo ihn der „Täufer Johannes" getauft hatte.

Die Besucher schliefen im hinteren Anbau (Geräteschuppen) und Jesus im Haus.

Zug zum Jordan

Die Sonne stand schon hoch am Himmel als sie loszogen. Es waren etwa 31 km zurückzulegen. Als sie dort waren, zeigte Jesus, wo ihn Johannes „zu neuem Leben erweckte": Und einer, der dabei war, ist mein Apostel, Andreas, der Bruder von Petrus. Wir sind uns alle bewusst, dass wir den „alten Menschen" abgelegt haben und Gottes Ruf gefolgt sind und seine Heilsbotschaft glauben. Er sagte noch: Hier sind Joshua und seine Leute durch die Flut ins gelobte Land gezogen, um als erste Stadt die Festung Jericho zu erobern. Liebe Freunde in Gott, wir ziehen weiter nach Jericho, wie unsere Väter wollen auch wir „erobern", aber nur die Herzen der Einwohner für „unser" Gottesreich. Lebet wohl und vielen Dank. Gott sei mit euch und schütze euch!

Jesus heilt am Weg nach Jericho einen Blinden

Jesus war durch alles was geschehen war vielen schon bekannt. Und wenn er sich mit Anhang einem Ort näherte, kamen ihm aus der Ortschaft welche entgegen und forderten ihn auf zu predigen.

Als sie nach 11 km Marsch nach Jericho kamen, waren schon drei Apostel vorausgeeilt und hatten den Leuten gesagt: Bereitet euch vor, Jesus, der Gesalbte, kommt, Jesus der Messias = Christus kommt und wird euch zum Himmelreich bekehren. Manche und auch wir sagen: Er ist Gottes Sohn! Denn er heilt, bekehrt und wirkt Wunder wie das nur ein Mensch, der von Gott kommt, kann.

Die Apostel hatten auch die Aufgabe, wenn sie zu späterer Stunde in einen Ort kamen, ein Quartier zu besorgen, oft war es ein Schuppen. Für Jesus war meist eine Einladung von einem „Bekehrten" erfolgt.

Jesus und seine Begleitung kamen an einem am Straßenrand sitzenden Bettler vorbei. Neben sich hatte er den weißen Stab des Blinden und vor ihm ein Körbchen. Einige Geldstücke hatte er darin liegen. Er fragte, wieso es so laut sei und wer denn hier so freudig begrüßt wurde. Man sagte ihm, dass es Jesus sei. Er hatte schon von Jesus gehört und schrie durch den Lärm: Jesus, du Sohn Davids, geh nicht vorbei, erbarme dich meiner!

Sie brachten den Blinden, Jesus fragte: Was willst du, dass ich für dich tun soll?

Die Antwort war: Hilf mir, dass ich wieder sehen kann.

Jesus nahm die Hände des Blinden und sagte: Herr, du kannst mir helfen! Er ließ ihn los und strich dem Blinden über die Augen: Dein Glaube wird dir helfen!

Auf einmal tat der Blinde die Augen auf: Ich sehe Licht und jetzt wird alles klarer und ich sehe dich. Und ich sehe andere.

Er fiel auf die Knie: Herr, ich danke dir!

Jesus sagte nur: Danke Gott und glaube!

Der pries Gott und auch die Menschen herum sagten: Hoch gelobt, der im Namen Gottes kommt! Der „Blinde" folgte mit den anderen Jesus in die Stadt hinein.

Zachäus in Jericho

Wie ein Lauffeuer hatte es sich herumgesprochen, dass Jesus einen Blinden sehend gemacht hatte. Viele säumten die Straße, auf der Jesus nach Jericho hineinkam. Unter anderen ein kleiner Mann namens Zachäus, er war ein Oberer der Zöllner und er konnte nicht über die Menge sehen, die den Straßenrand säumte. So stieg er auf einen Maulbeerbaum. Als Jesus vorbeikam, rief er ihn zu sich: Komm herunter, wenn du mich sprechen willst. Er sagte Jesus, dass er Zöllner sei und sich sehr freuen würde, wenn Jesus ihm die Ehre erweisen würde, sein Gast zu sein. Er hatte schon viel von ihm gehört und war sehr an der neuen Lehre interessiert.

So waren Jesus und die Seinen zu Gast bei Zachäus. Sie hatten die Möglichkeit sich frisch zu machen und am Abend gut zu tafeln, aber auch für die Übernachtung war gesorgt. Die Leute sagten: Bei einem Zöllner, da kehrt er ein? Als sie beieinander saßen, aßen und tranken hatte Zachäus viele Fragen, unter anderen: Warum verachtet man uns denn wie Sünder nur weil wir den Römern Zoll und Steuern eintreiben, das ist doch Gesetz, und wenn wir das nicht tun, dann würden es die Römer mit der Peitsche tun und viele würden gleich gekreuzigt werden.

Jesus sagte ihm: Viele von euch treiben nicht nur das, was der römische Kaiser verlangt ein, sondern sie bereichern sich auch noch an unseren armen Brüdern.

Zachäus sagte: Du hast recht, aber du hast mir mit deiner Lehre die Möglichkeit gegeben, mich mit Gott zu versöhnen, Schuld zu bekennen, Sühne auf mich zu nehmen und es in Zukunft besser zu machen! Ich werde in deinem und Gottes Willen die Hälfte meines Besitzes den Armen geben und wenn ich jemanden betrogen habe, so werde ich es ihm vierfach zurückzahlen.

Jesus sagte: Heute ist diesem Haus Heil widerfahren, denn auch du bist Abrahams Sohn. Nicht umsonst bin ich zu dir gekommen, sondern um dir zu helfen und einen Verlorenen selig zu machen.

Am nächsten Tag verabschiedeten sie sich von Zachäus: Bleib weiter auf Gottes Pfad und du wirst eingehen durch das Tor der Gerechten in Gottes Reich.

Vertrauensfrage

Jetzt ist unser Vertrauen in Behörden und kirchliche Institutionen erschüttert (2011). Erschüttert durch Korruption, Betrug und Missbrauch von Kindern. Aber dieses Buch ist mit einem anderen Ziel entstanden, als jenem, das Vertrauen wieder aufzubauen, aber es hilft auch hier. Es entstand aus Erzählungen, Gedanken und Wirklichkeit vereint mit dem Ziel, dass wir durch mitfühlen und mitleiden vom ICH wegkommen zum WIR und zum Ganzen.

Damit eintritt, was der Wiener Dompfarrer Toni Faber so schön, in Zusammenhang mit dem gegenseitigen Verständnis der Religionen, formulierte: Die Welt als ein Ort, wo Menschen in Frieden leben können.

Und hier haben die oben genannten Verbrechen keinen Platz.

Paulus hat vom „Urvertrauen in Gott" gesprochen, das Abraham hatte. Einen tiefen Glauben an Gott und deshalb wurde Abraham auserwählt. Und „unsere Zeit" darf dieses „Urvertrauen in Gott" nicht zerstören!

Das Leben zur Zeit Jesu

Ich mache mir schon Vorwürfe, weil ich die Worte Jesu und seine Taten so karg, so trocken schreibe, um ja den Inhalt getreu darzustellen und da kommt das damalige Leben viel zu kurz! Wie war denn die Ernährung? Die Basis war ein herrliches Fladenbrot, die Frauen damals waren Künstler im Backen, dann ein warmer Getreidebrei aus Hirse, Weizen, manchmal mit Fisch oder Fleischstücken versetzt. Zu hohen Festen und bei Gästen gab es auch gebratenes Lammfleisch und Fisch. Aber auch luftgetrockneten Fisch! Das Getränk war hauptsächlich Wasser, nur zu besonderen Anlässen Wein, denn er war teuer!

Durch die Römer wurde der Weinbau angekurbelt, hauptsächlich Rotwein. Römische Soldaten hatten als Tagesration eine viertel Kanne = 0,55l Rotwein oder im Kampfeseinsatz und in Elitetruppen täglich eine halbe Kanne = 1,1l. Wurde ein Land okkupiert, so wurde am Beginn wegen der Vergiftungsgefahr kein Wasser aus den Brunnen verwendet, sondern eine größere Weinmenge ausgefasst.

Nun zur Kleidung: Die Männer trugen Hemden (=Kutten) bis über die Knie, ich spreche von den Israeliten, das Hemd war durch einen Riemen oder Strick gegürtet. Darunter trug man eine kurze Unterhose und ein kurzes Unterhemd. Im Winter hatte man darüber, außen, einen Umhang. Die Männer bevorzugten Hemden in kräftigem Braun. Während Jesus und seine Jünger ein helles Beige für die Kleidung verwendeten, nicht strahlendes Weiß. Frauen trugen die Kleider knöchellang, schwarz oder färbig und oft über das schulterlange Haar ein Kopftuch. Die mittlere Größe war bei Männern 1,7 m, Jesus war 1,78 m groß, und bei Frauen 1,6 m. Das Schuhwerk war hauptsächlich Sandalen, gebundene Ledertücher, auch barfuß wurde gegangen, vor allem in ländlichen Gegenden. Nur die „oberen Schichten" hatten schon Betten, sonst gab es Rollmatrazen oder Decken. Um es kurz auszudrücken, Bescheidenheit war die wichtigste Tugend.

Dass die Schäfer oft im Freien übernachteten, wissen wir, noch dazu, wenn die Nächte lau waren. Aber auch Menschen auf der Wanderung liebten als Nachtquartier die Bäume, um „ein Dach über dem Kopf" zu haben.

Jesus betet in Jericho und segnet es

Als Jesus und die Apostel aufbrechen wollten, waren schon viele Leute da. Da kniete der geheilte Bettler vor Jesus nieder: Als du mich heiltest, sah ich zuerst ein Licht und als ich schärfer sehen konnte, sah ich als erstes dich und dann die vielen Menschen. Die Bäume in ihrer Pracht, den Himmel und die Wolken und die Sonne. Die Welt hätte ich vor Freude umarmen können, wie schön sie doch ist. Aber wie kann ich dir, du Sohn Gottes, danken, der du mir diese Welt geschenkt hast, wie kann ich das, ich Nichts? – Mein Freund, du bist kein Nichts, du bist ein Kind Gottes, so bete mit uns und lass uns danken!

Er hob die Hände, auch die Jünger taten es, und begann:

> Vater unser, der du bist im Himmel…(Jesus machte eine Pause von einigen Sekunden, damit die Menschen die Worte auch erfassen konnten, er sprach langsam, laut und feierlich) geheiligt werde dein Name…dein Reich komme… (Er dachte, wenn es kommt wird alles gerecht und das Leiden hört auf) dein Wille geschehe…(dann sind wir Brüder und Schwestern) wie im Himmel, so auf Erden… (Dein Reich verkünde ich, du gibst mir die Kraft dazu) unser tägliches Brot gib uns heute…(Du sorgst für uns, vor allem in der Not) und vergib uns unsere Schuld… (täglich laden wir Schuld auf uns) wie auch wir vergeben unseren Schuldigern… (Auch wir werden versuchen zu vergeben, damit uns vergeben wird) und führe uns nicht in Versuchung…(Jesus denkt, es wäre nicht leicht zu widerstehen dieser Gier; hilf uns) sondern erlöse uns von dem Bösen…(Mit deinem Reich wird das Böse verschwinden) Amen…(So sei es)

Immer mehr fielen in das Gebet ein und beteten mit. Jesus ließ ihnen Zeit, sich in die langsam ausgesprochenen Worte „einzuklinken", weil alles deutlich gesprochen und verständlich war. Wie damals, als sich Moses Zunge löste, als er vom Berg Sinai kam.

Die Menschen sagten: Sein Gebet, welch eine Inbrunst! Jesus verabschiedete sich und sprach den Segen: Der Herr segne und behüte euch…bleibet hier in Frieden!

Der fremde Wundertäter

Sie zogen weiter und wollten in Archelais, das 20 km von Jericho entfernt war, eine größere Rast machen oder auch nächtigen. Die Apostel fragten: Sag, Meister, warum hast du in Jericho so akzentuiert gebetet und dazwischen Pausen gemacht?

Jesus erläuterte: Damit sie zuhören, erfassen, und über die Worte nachdenken konnten. Nicht zuletzt aber, damit sie mitbeten, denn im Reden und Tun liegt des Menschen Herz, seine Seele. Mir geht es darum, dass sie ja sagen zu mir und zu Gott!

Wie immer waren einige Apostel voraus nach Archelais geeilt, um für Nächtigung oder Rastplatz zu sorgen. Diesmal fanden sie rasch ein günstiges Quartier. Johannes und einer der anderen Apostel kamen ziemlich erhitzt von der Eile zurück. Johannes war sehr aufgeregt: Herr, dort hat am Sabbat ein Mann in deinem Geist gepredigt und anschließend in deinem Namen böse Geister aus Menschen ausgetrieben. Wir müssen ihn finden, um es ihm zu verbieten!

Jesus sagte: Freunde, verbietet es ihm nicht, denn niemand, der ein Wunder vollbringt in meinem Namen, kann schlecht von mir reden. Oder kürzer: Wer nicht gegen uns ist, der ist für uns!

Warnung vor der Verführung zum Abfall

Die, die für uns sind, werden das Himmelreich sehen, aber die, die auch nur einen Kleinen, der an mich glaubt, zum Abfall von mir führen, für den wäre es besser, er würde ersäuft. Und wehe dem, der die Großen zum Abfall verführt, er soll in die Hölle geworfen werden.

Immer wieder deutet er an, welch ein Schatz die Kinder sind, und dass in sie der Keim des Glaubens zu legen ist.

Vom Pharisäer und Zöllner

Weil sie gerade vorm Zollamt von Archelais standen, sagte Jesus und einige horchten zu: Da gibt es unter euch doch welche, die sagen: Wir sind fromm und wir verachten deshalb die anderen.

So hört dieses Gleichnis: Zwei Menschen gingen in den Tempel um zu beten, der eine war ein Pharisäer, der andere ein Zöllner, wie ihr auch. Der Pharisäer sprach: Ich faste zwei Mal pro Woche und gebe ehrlich den Zehnten von allem, was ich nehme. Ich danke dir Gott, dass ich nicht bin wie die anderen, die Räuber, Betrüger, Ehebrecher und auch nicht wie diese Zöllner.

Der Zöllner stand abseits, wollte nicht einmal sein Angesicht zum Himmel erheben, er schlug mit der Hand auf die Brust und sagte leise: Gott, sei mir Sünder gnädig!

Ich sage euch: Der Zöllner ging gerechtfertigt nach Hause und nicht der Pharisäer. Denn wer sich selbst erhöht, der wird erniedrigt, und wer sich selbst erniedrigt, der wird erhöht.

Das Gleichnis vom Feigenbaum

Als sie am nächsten Morgen aufbrachen, lag eine lange Wegstrecke vor ihnen, 66 km nach Skythopolis, dort wollten sie einen Tag lang bleiben, weil Sabbat war, und erst nach der zweiten Nacht weiterziehen. Bis zu dieser Stadt rechneten sie mit drei Tages-Märschen und zweimal übernachten. Sollte etwas dazwischen kommen, so würden sie eben länger brauchen. Beim Gehen und auch beim Rasten wurden viele Gespräche geführt. Geduldig beantwortete Jesus die Fragen der Apostel, aber auch manches „Hinterfragen". Denn Jesus gab manche Antworten, machte Aussagen, wo die Beantwortung dem Fragenden blieb.

Er handelte völlig richtig, denn jeder muss für sich die Antwort finden, er braucht für sich den Heiligen Geist. Er lernt das „Anrufen", das wahre Beten.

Sie rasteten unter einem Feigenbaum und aßen von der süßen Frucht. Auf ihre Bitte erzählte Jesus ihnen ein Gleichnis: Einer hatte in seinem Weinberg einen Feigenbaum gepflanzt und um diese Zeit wollte er Früchte ernten. Aber er hatte auch jetzt im dritten Jahr noch keine Früchte. Er sprach: Drei Jahre habe ich gewartet auf Frucht, und er sagte zum Knecht: Hau ihn um, er nimmt dem Boden unnötig Kraft, so haben wir wenigstens Brennholz.

Der Knecht aber antwortete: Herr, gib ihm noch ein Jahr, ich werde die Erde um ihn herum umgraben und düngen, vielleicht bringt er doch noch Früchte. Wenn nicht, so haue ich ihn um.

Wie sagte noch Johannes der Täufer? Die Apostel warteten.

Jesus setzte fort, er sagte: Tut Buße und seid barmherzig, denn schon ist die Axt zum Abhauen der Wurzel eines Baumes bereit, denn jeder Baum, der keine Frucht gibt, wird abgehauen und verbrannt!

Sie zogen weiter und waren in Gedanken verloren. Am Abend in einer Herberge aßen sie Brot und tranken Wein. Sie wollten mehr über das Reich Gottes wissen! Jesus darauf: Seht ihr nicht den Himmel?

Das Reich Gottes und das Senfkorn

Es ist leicht zu verstehen, wenn man den Sternenhimmel über sich hat und meint, es sei ein Zelt, weil die Sterne so nahe sind, die Worte vom Reich Gottes aufzunehmen. So sprach Jesus: Wie wollen wir das Reich Gottes erfassen? Wir wollen es mit einem Gleichnis abbilden: Es ist ein Senfkorn, das kleinste der Samenkörner und wenn es gesät ist, so geht es auf und wird größer als alle Kräuter, es treibt Zweige, sodass die Vögel darunter Schatten finden. Ihr sollt Gottes Reich „in euch" so wachsen lassen!

Von Wachsen der Saat

Mit dem Reich Gottes ist es so, wie wenn ein Mensch Samen sät. Er schläft dann und steht auf. Der Same wächst ohne sein Zutun, er weiß nicht, wie. Der Halm entsteht, die Ähre und danach bringt der volle Weizen die Frucht. Der Mensch aber nimmt die Sichel und erntet. So ist Gottes Reich für uns zur Ernte bereit, wenn wir dafür offen sind: Es höre, wer Ohren hat und wer hören will!

Von den Arbeitern im Weinberg

Ausgeruht zogen sie am nächsten Tag weiter. Die Landschaft, die Hänge am Jordan zeigten in der herbstlichen Pracht zunehmend mehr Weingärten, denn das Klima am Jordan und die Südosthänge brachten herrliche Trauben hervor. Gegenüber den Südhängen waren die Trauben rescher und auch der daraus gewonnene Wein schmackhafter.

Die Lese war in vollem Gang! Jesus sagte: Sie arbeiten fleißig im Weinberg, so können wir heute das Himmelreich mit einem Weinbauern vergleichen, der Lesehelfer suchte und schon früh am Morgen einige fand. Man vereinbarte einen Denar als Tageslohn (=15 €). Er brachte sie in den Weingarten, wo sie mit dem Knecht die Lese machten. Am späteren Vormittag sah er, dass der Lesefortschritt schlecht war und er ging auf den Markt und schickte weitere Helfer zur Lese. Die waren froh arbeiten zu können. Ihnen sagte er: Ich werde euch geben, was recht ist.

Das Gleiche geschah zu Mittag und am Nachmittag. Immer forderte er die, die er bekommen konnte, zur Arbeit auf, mit den gleichen Worten. Erfreut stellte er am Abend fest, dass der ganze große Weingarten abgelesen war. So konnte noch mit dem Pressvorgang begonnen werden, wenn es weiße Trauben waren. Die roten blieben auf der Maische im Bottich und wurden erst später gepresst. Der Fortschritt freute ihn. Er sagte zum Knecht: Schick mir die Lesehelfer, u. zw. zuerst die, die zum Schluss dazugekommen sind (diese hatten nur eine Stunde lang gearbeitet). Die Einteilung war so gewesen, dass die Schwächeren die Trauben abschnitten und sie in Butten oder Eimer gegeben hatten und dass die Kräftigeren die Trauben in den Gefäßen zum Bottich trugen – die schwere Arbeit. Die Letzten kamen und erhielten ein jeder einen Denar und auch die, die schon seit der Früh gearbeitet hatten, erhielten auch einen Denar. Diese fingen an zu murren: Die Letzten haben doch nur eine Stunde gearbeitet und wir haben den ganzen Tag in der Hitze gearbeitet und du bezahlst sie gleich wie uns?

Der Besitzer sagte: Mein Freund, tue ich dir unrecht, waren wir uns nicht einig geworden, dass du einen Denar am Abend erhältst? Nimm, was dein ist, und geh! Ich will aber den Letzten das Gleiche geben wie dir. Habe ich nicht das Recht, was ich will zu tun mit dem, was mein ist? Warum bist du böse, weil ich gütig bin?

So werden die Letzten die Ersten und die Ersten die Letzten sein, endet Jesus.

Nun fragen wir uns: Was bekam man für einen Denar zu Jesu Zeit? Um einen Denar bekam man eine Menge, aber mit diesem Tageslohn (15€) würde heute keiner arbeiten. Damals konnte man sich damit vier Kannen = 8,8l Weizenmehl oder drei Kannen Wein oder sechs Fische u.s.f. kaufen. Jesus wollte darstellen, dass man das Materielle braucht, aber für das Himmelreich zählt das nicht. Für Gott gilt nicht die Länge der Arbeit und kein Anspruch. Nicht, dass ich gerecht bin und die Gebote halte öffnet den Weg zu ihm! Nicht das WAS sondern das WIE zählt. Letztlich, wie es auch Paulus und Luther sagten: Die Gnade Gottes, die Gnade Christus' bringt uns ins Himmelreich. Das ist nicht käuflich und auch nicht erzwingbar!

Die königliche Hochzeit

Jesus und seine Apostel hatten den zweiten Tag hinter sich, erfrischt saßen sie in der Herberge beim Abendessen. Wie immer wenn sie in Ruhe waren, wurde über das Himmelreich gesprochen. Jesus begann mit einem Gleichnis. Warum? Das Gleichnis lässt Raum und regt zum Denken und Glauben an.

Das Himmelreich ist wie ein König, der seinem Sohn die Hochzeit vorbereitete. Als er mit der Vorbereitung fertig war, schickte er seine Knechte aus, um die Gäste einzuladen: Sie sollen kommen, ich habe ein herrliches Mahl vorbereiten lassen, Ochsen und Mastvieh und dazu beste Weine, so kommt zu der Hochzeit!

Die Knechte kamen zurück und berichteten: Der eine hatte kein Interesse an der Hochzeit, ein anderer musste auf seinen Acker zu einer unaufschiebbaren Arbeit, der nächste sagte, dass er ein wichtiges Geschäft erledigen müsse. Und einige ergriffen den Knecht, verhöhnten ihn und brachten ihn um. Der König wurde zornig und ließ die Mörder töten und ihren Ort anzünden. Der König sagte: Geht auf die Straßen und ladet die, die ihr findet, zur Hochzeit ein.

Gute und Böse kamen gern zur Hochzeit und füllten die Tafel. Der König kam und freute sich über die Gäste. Da sah er einen Mann, der schlecht gekleidet war, und fragte ihn: Alle hier haben sich bevor sie kamen hochzeitlich gekleidet, du aber fandest es nicht der Mühe wert? Der Mann gab keine Antwort, da ließ ihn der König binden und in die Finsternis werfen und sagte: Da wird Heulen und Zähneknirschen sein!

Denn viele sind berufen, aber wenige auserwählt!

Auf der Wanderung

Wir dürfen uns das Abendessen nicht feudal vorstellen. Jesus und seine Zwölf waren sehr, sehr bescheiden, frisches Fladenbrot und Wasser, manchmal Wein dazu, genügte. Die Herbergen waren einfach und billig, das Essen kaufte man sich vorher ein. Woher kam das Geld? Der Ölhändler , der jetzt in Cäsarea Philippi lebte, war jetzt ein Anhänger der Lehre Jesu und hatte ihm nicht nur die Lagerhalle als Wohnung überlassen, sondern schickte ihm auch monatlich Geld, „eine Anerkennung" hatte er gesagt. Außerdem hatten Jünger und Jüngerinnen, die mit Jesus in Kafarnaum lebten, Geld eingebracht. Waren sie in Kafarnaum, so gingen Petrus und Andreas, aber auch Jakobus und Johannes auf Fischfang ins Galiläische Meer = See Genezareth. Und da ihr Fang meist reichlich war, brachte er auch Geld für den Unterhalt. So ist es symbolisch zu verstehen, wenn Jesus wie im Kapitel von der Zahlung der Tempelsteuer zu Petrus sagte: Fang einen Fisch, er wird zwei Doppeldrachmen im Maul haben.

Er meinte damit: Mach einen großen Fang, damit werden wir die Tempelsteuer bezahlen.

Fragen der Apostel

Am Abend waren sie müde gewesen und nach dem Gleichnis von der königlichen Hochzeit gleich schlafen gegangen. Am Morgen des nächsten Tages strahlte die Sonne auf die kleine Schar herab. Es war die beste Zeit, während der Wanderung den Herrn zu fragen, da merkte man die Anstrengung des Marsches nicht.

Matthäus = Levi schrieb oft am Abend, wenn die anderen schon schliefen Jesu Worte auf. Und jetzt begann er: Als du gestern die königliche Hochzeit erzähltest war ich sehr traurig über den König, der das Himmelreich symbolisieren soll, wenn er Gäste für seines Sohnes Hochzeit lädt und eine schlechte Erfahrung damit machte. Aber die auf der Straße Angesprochenen kamen. Warum aber wirft er den schlecht gekleideten ins Verließ?

Jesus darauf: Das ist schwer zu verstehen, alle anderen haben sich würdig gekleidet für die Hochzeit, warum der eine nicht? Der König fragt ihn höflich und bekommt keine Antwort, er empfindet das als große Missachtung. Wäre die Antwort gewesen: Ich bin arm und habe nichts besseres, so hätte ihm der König Kleider geschenkt. Allerdings wäre es möglich gewesen, dass er dann gefragt worden wäre, warum er den Staub nicht von den Schuhen entfernt hat! Wenn wir vor das Himmelreich treten, müssen wir würdig sein und erst recht, wenn wir den Sohn ehren wollen. Noch deutlicher: Wir müssen den alten Menschen ablegen!

Sie ließen nicht locker: Du hast in Jericho gesagt, der Zöllner ist gerechtfertigt und nicht der Pharisäer, denn wer sich erniedrigt, wird erhöht? Hat nicht der Pharisäer ein gerechtes, den Geboten getreues Leben geführt?

So antwortete Jesus: Ja, aber er trug seine „Gerechtigkeit" zur Schau, es war Eitelkeit, und ich sage euch: Der Reiche, hier der äußerlich Gläubige, der Selbstgerechte, hat seinen Lohn schon hier auf Erden gehabt, was braucht der noch das Himmelreich?

Und sie wollten weiter wissen, was ist schlecht an den Lesehelfern im Weinberg, die zeitlich begonnen haben, wenn sie mehr wollen?

Jesus: Wurde nicht ein Denar für die Tagesarbeit vereinbart? Warum wollen sie mehr, ist das nicht purer Neid, die anderen hatten nicht das Glück, so früh Arbeit zu finden. Und als sie nachmittags Arbeit fanden, hatten sie das Glück auch einen Denar zu bekommen. Das ist die Gnade des Herrn! Hat sich nicht Hiob gerecht verhalten und dem Herrn gedient und er wurde mit Krankheit so schwer gestraft- ohne Schuld- bis der Herr ihn gnädig annahm. Die Göttliche Gnade reicht weit und über unsere verständliche Gerechtigkeit hinaus.

Dazu einige Gedanken

Jeder muss verantworten, was er mit seinen Fähigkeiten gemacht hat. Jesus als Richter wird das beurteilen. Die, die sich bewähren, werden das ewige Leben erlangen! Die Mitglieder der Gemeinde, Brüder und Schwestern, die in seinem Geist versammelt sind, da ist Jesus unter ihnen, er stärkt und beschützt sie. Dieser Einklang gibt uns Vertrauen und lässt uns harmonisch leben.

Jesus in Skythopolis

Am Sabbat-Vorabend sind sie in Skythopolis angekommen. Sie wollten zwei Nächte bleiben um zu rasten, aber in der Herberge war nur für eine Nacht Platz. Mit dem Vorsteher der Synagoge wurde vereinbart, dass Jesus am Folgetag predigen solle. Nachher würden sie gleich weiterziehen. So kamen sie am nächsten Tag zur Synagoge und gingen hinein.

Das Scherflein der Witwe

Jesus sah die Reichen ihr Opfer am Altar einlegen. Aber er sah auch eine arme Witwe, die zwei Scherflein (=2 €) einlegte. Er rief seine Apostel und sagte zu ihnen: Wahrlich, ich sage euch: Diese arme Witwe hat mehr geopfert als alle anderen, denn diese haben von ihrem Überfluss geopfert, diese aber gab alles, was sie zum Leben hatte.

Nach den Lesungen wurde Jesus aufgefordert, seine Predigt zu halten.

Vom Unkraut unter dem Weizen

Er predigte in der Synagoge: Das Himmelreich ist wie ein Mensch, der guten Samen sät. Als er in der Nacht schlief, schlich sich sein Feind auf das Feld und streute Unkraut auf den Weizen. Als die Zeit kam und die Frucht wuchs, meldeten die Knechte dem Herrn: Der Same war nicht gut, es ist Unkraut darunter, wieso?

Der Herr antwortete: Das hat ein Feind gestreut. Die Knechte wollten es ausjäten, er aber sagte: Lasst es bis zur Ernte mit dem Weizen wachsen, denn jetzt würde beim Jäten auch der Weizen beschädigt. Vor der Ernte werdet ihr das Unkraut ausreißen, in Bündel binden und verbrennen. Dann können wir den Weizen ernten.

Die Zuhörer fragten: Was soll das heißen?

Jesus: Um es deutlich zu sagen, der Menschensohn ist der, der den guten Samen sät. Und der Acker ist die Welt, auf der das Wort des Gottgesandten Früchte tragen soll. Die guten Samen sind die Kinder Gottes. Das Unkraut aber sind die Kinder des Bösen. Und wer ist der Feind, es ist der Teufel! Die Ernte ist das Jüngste Gericht. Wer sind die Schnitter, das sind die Engel. Wie das Unkraut gejätet und verbrannt wurde, so wird dann der Menschensohn jene in die Hölle schicken, die zum Abfall geführt haben, sie werden in der Hölle heulen und leiden. Die Gerechten werden wie die Sterne leuchten in ihres Vaters Reich! Sie verließen die Synagoge.

Die Heilung einer verkrümmten Frau

Als sie aus dem Tor der Synagoge traten, war schon eine Menge von Menschen versammelt. Da kniete eine verkrümmte Frau, die sich nicht mehr aufrichten konnte, nieder und sprach: Herr, ich kann dich nicht sehen, aber du bist der Heiland, hilf auch mir!

Erstaunt sah er die Frau an: Steh auf und knie nicht vor mir, was willst du von mir?

Mühselig stand die Frau auf, aber der Oberkörper war tief zur Erde gebeugt und sie sagte: Hilf mir auch, heile mich, seit Jahren verursacht ein böser Geist mir große Schmerzen, sodass ich nie mehr zum Himmel schauen kann und du sollst diesen Geist austreiben, ich bitte dich inständig!

Jesus nahm ihre Hände und sah, dass sie schwer gearbeitet hatte: Du hast viel gearbeitet, auch diese Last drückt? Sie sagte: Das musste ich, denn allein musste ich drei Kinder großziehen, weil mein Mann starb, vom Blitz getroffen, als die Kinder noch klein waren, hilf mir! Jesus schaute zum Himmel: Hilf ihr!

Er sagte: Der Geist, der dich drückt, verschwinde aus dir, aus deinem Körper, denn mit deiner Arbeit hast du Gott gedient, mehr als durch Gebet.

Jesus zog sie hoch: Du kannst dich jetzt strecken!

Alle staunten, die Frau stand aufrecht und blickte zum Himmel, dann sagte sie: Danke, dass ich den Himmel wieder sehe! Wie kann ich dir danken?

Jesus erwidert: Du hast allein deine Kinder großgezogen, wir danken dir für deinen „Gottesdienst" und willst du mir eine Freude machen, so bete mit uns. Er hob die Hände zum Himmel: Herr, wir danken dir und jetzt beten wir alle: Vater unser…

Immer mehr Leute beteten mit und alle sagten zum Schluss: Amen!

Der Rabbi der Synagoge war verwundert: Wie du betest?, aber schlimm ist, dass geboten ist: Sechs Tage sollst du arbeiten, auch heilen kannst du, aber nicht am Sabbattag!

Jesus antwortete ungewöhnlich scharf: Ihr heuchelt, jeder von euch bindet den Ochsen oder Esel von der Krippe los und führt ihn zur Tränke, auch am Sabbat. Sollte dann diese arme Frau, die doch Abrahams Tochter ist, und schon Jahre lang vom Satan geplagt wird, nicht von ihren Fesseln und Schmerzen befreit werden, auch am Sabbat?

Die meisten Leute stimmten ihm zu und lobten seine Tat. Der „Tempelvorsteher" zog sich beschämt zurück: So lebe wohl, du siehst das anders, aber Gott ist mit dir!

Am Weg nach Tiberias

Jesus mit seiner Apostelschar zog weiter, ihr Ziel war das 35 km weit entfernte Tiberias. Bei Tiberias gab es heiße Quellen, die wurden schon lange vor Christus für rheumatische Beschwerden benutzt. Herodes Antipas machte 18 n. Chr. aus dem Ort eine moderne Stadt und gab ihr den Namen Tiberias. Mit den vielen Heißquellen war die Stadt 29 n. Chr. ein wesentliches Zentrum, auch für religiöse Bewegungen. Die große Synagoge war das älteste Zeichen dafür. Auf dem Weg dorthin, nach etwa 22 km waren sie müde und wollten nicht mehr weiter, sondern in der Herberge am südlichen Zipfel des Sees Genezareth nächtigen. Am späten Nachmittag kamen sie hin. Sie freuten sich auf das Erfrischen und das Essen. Diese Herberge war anders als die üblichen und hatte eine Ähnlichkeit mit dem Wohnsitz von Jesus in Kafarnaum. Sie war weitläufig und bestand aus einem langen Gebäude mit schilfgedecktem Pultdach, nach dem Platz vorne, südseitig offen. Es hatte verschieden große Schlafplätze, heute würde man es als Matratzenlager bezeichnen, am Ende einige „Kojen" für Esel. Davor ein Platz mit Brunnen und im Gegensatz zur Wohnung in Kafarnaum befand sich quergestellt eine Kochbaracke, wo herrliche Speisen bereitet wurden und gute Getränke zu kaufen waren.

Am besten, ich zeichne das auf, daraus ersieht man auch die Tische und Bänke im Freien, den Sternenhimmel dazu kann ich nicht zeichnen, wohl aber die Bäume:

Nachdem sich alle frisch gemacht hatten, holten einige vom „Buffet" das Linsengericht und das frische, herrliche Fladenbrot. Dazu Wein und Wasser. Jesus verteilte Speis und Trank. Als sie ihren Hunger und ersten Durst gestillt hatten, war der prächtige Sternenhimmel aufgezogen und auf den Tischen brannten die Öllampen!

Jesus der Menschensohn

Meist begannen in dieser entspannten Stimmung die Gespräche. Johannes glaubte und er wollte mehr wissen, er begann: Sag, Herr, warum sprichst du vom Menschensohn und sagst nicht „ich"?

Die Antwort: Weil ich meine Lehre mit euch zusammen und Gottes Eingabe hinaustragen und verbreiten muss. Wenn ich sage: Ich mache das Gesetz, dann bin ich sofort weg und gesteinigt. Schaut doch, was mit Johannes dem Täufer geschah! Aber die, die hören können, und ihr wisst, was ich mit Menschensohn meine. Denn die Oberen sagen: Keiner darf sich Gottes Sohn nennen, ansonsten ist er des Todes. Deshalb lauern sie mir auf und stellen Fallen und behaupten, ich verletze die Gesetze. Mit „Menschensohn" meine ich den menschgewordenen Sohn Gottes.

Jesus vor den Sadduzäern in Tiberias

Am nächsten Tag brachen sie spät am Vormittag auf, um die 11 km nach Tiberias in Ruhe zurück zulegen. Vor der gewaltigen Synagoge von Tiberias war ein großer Platz. Die Sadduzäer hatten Boten zu Jesus geschickt und ihn gebeten zu kommen und ihnen dort öffentlich Fragen zu beantworten. Jesus sagte freudig zu. Sie wanderten und sprachen über die Sadduzäer, vor allem darüber, dass sie über die Gesetze von Mose, also die fünf Bücher Mose, hinaus an die mündlichen „Satzungen der Ältesten" nicht glaubten. Auch an die Auferstehung glaubten sie nicht. Sie waren hier auch mit den Römern im Einvernehmen, daher auch beim einfachen Volk nicht beliebt. Das Volk liebte Engeln und ein Weiterleben nach den Tod, sowie die Auferstehung. Alles das lehnten diese „jüdischen Aristokraten" ab.

Und später wenn Jesus in Jerusalem sagen wird, dass vom Tempel kein Stein auf dem anderen bleiben wird, der nicht zerbrochen wird (was 70 n. Chr. durch Titus erfolgte), da waren auch die Sadduzäer für eine Hinrichtung von Jesus.

Jetzt aber waren sie neugierig und wollten seine Meinung über das Weiterleben hören. So kamen Jesus und die Zwölf am Nachmittag an und wurden am großen Platz vor der Synagoge schon von vielen Menschen erwartet und im Nu war der Platz gefüllt. Die Sadduzäer fragten laut,   alle sollten es verstehen: Meister, wir freuen uns, dass du zu uns gekommen bist! Mose hat doch gesagt: Wenn einer stirbt und keine Kinder hat, soll   sein Bruder die Frau heiraten und seinem toten Bruder Nachkommen erwecken. Bei uns waren es sieben Brüder, der erste heiratete und starb früh. Da er keine Nachkommen hatte, nahm sein Bruder die Frau. Aber auch der starb kinderlos. So starb letztlich auch der siebente, der die Frau genommen hatte, auch ohne Kind. Zuletzt starb die Frau. Nun, sag Meister, wenn sie auferstehen, die sieben Männer und die Frau, wessen Frau ist sie dann? Alle sieben haben sie doch gehabt?

Jesus antwortete ihnen: Ihr irrt, weil ihr nicht an die Auferstehung glaubt und weder die Schrift noch die Kraft Gottes kennt. Denn in der Auferstehung werden sie weder heiraten noch sich heiraten lassen, denn sie sind wie die Engel im Himmel. Habt ihr nicht gelesen, was Gott von der Auferstehung der Toten gesagt hat: Ich bin der Gott Abrahams und der Gott Isaaks und der Gott Jakobs!, und Jesus fuhr fort: Gott ist nicht ein Gott der Toten, sondern der Lebenden!

Alle waren entsetzt: Wie kann er das lehren? Sie stellten keine Fragen mehr und so begann Jesus wieder: Wir verlassen euch jetzt und so wollen wir beten: Vater unser…

Mit erhobenen Armen waren Jesus und die Jünger im Gebet vertieft und manche hatten mit gebetet. Die Zuhörer sagten: Er hat ein neues Gebet! Er betet nicht wie wir immer beten: Israel höre… .

Wiedersehen in Magdala

Sie zogen 6 km weiter nach Magdala. Herzlich wurden sie von Magdalena begrüßt. Sie beschlossen alle noch in der Dämmerung in das 8 km weit entfernte Kafarnaum, nach Hause, zu wandern. Dort hatten die Daheimgebliebenen eine große Tafel bereitet.

Wieder zu Hause in Kafarnaum

Als sie unter klarem Sternenhimmel Kafarnaum erreicht hatten, waren alle glücklich, dass die Apostel und der Herr wieder zu Hause waren. Eine herrliche Tafel mit erlesenen Speisen und gutem, schwerem Wein erwartete die Heimkehrer. Die Öllichter flackerten und in diesem Schattenspiel saßen sie beisammen und wie immer teilte Jesus Brot aus und goss den Wein ein. Von den Trockenfischen, dem Dörrfleisch, dem herrlichen Obst und dem Feigenkuchen nahm jeder von den aufgestellten Schüsseln selbst.

Es sagte Jesus: Herr und Vater, du hast uns eine weite Reise bis nach Jerusalem begleitet und auch am Heimweg warst du stets bei uns. So verkündeten wir dein Wort und dein Reich. Wir haben Anhänger gewonnen, die an dich und uns, deine Verkünder, glauben. Aber genau so viele sind gegen uns, ja sie trachten mir nach dem Leben! Jedoch dein Wille geschehe! Wir danken dir und beten: Vater unser… . Als das Gebet beendet war, sagten alle: Amen!

Inzwischen war es Mitternacht geworden.

Alle sagten: Erzählt uns alles, wie war es? Maria aus Magdala = Maria Magdalena, die Jesus liebte, aber sagte: Sie sind müde von der langen Reise, lasst sie fröhlich sein und essen! Aber wenn unser Herr das Bedürfnis hat, etwas was ihm zu Herzen gegangen ist zu erzählen, dann bitten wir darum!

Jesus begann: Als wir in Skythopolis aus der Synagoge kamen, kniete eine Frau vor mir. Warum kniet diese alte Frau vor mir, müsste ich nicht ich vor ihr knien? So sagte ich: Steh auf und schau mich an! Ich reichte ihr die Hände und spürte die Rillen und Risse. Aufrichten konnte sie sich nicht. Du hast viel gearbeitet? Sie antwortete: Ja und drei Kinder allein aufgezogen, jetzt drückt mich schon seit Jahren ein böser Geist zu Boden. So sagte ich ihr: Dein Angesicht soll zum Himmel schauen, du bist demütig und so wird dich der böse Geist freilassen und aus dir gehen, wie es mein Vater wünscht. Ich nahm ihren Kopf und sagte: Werde frei und schau den Himmel! Ich zog sie hoch und dankte Gott. In ihren Augen sah ich Tränen. Als ich sagte: Wo sind deine drei Söhne?, antwortete sie: Die haben keine Zeit, sie arbeiten. Wahrlich, dachte ich, du bist schon im Himmelreich!

Alltag in Kafarnaum

Wenn er am Freitag Abend lehrte, hatte er am Ende immer zum Mitbeten des Vaterunsers aufgefordert. Sie beteten mit, am Ende sagten fast alle: Amen! Wie viele waren es? 20, 30, 50 oder gar 100? Die gigantischen Zahlen von 1.000-ten waren wohl der Wunschtraum der Jünger! Am Schluss wurden es meistens mehr, weil sich verbreitete, dass Jesus predigte. Da er aber den Vorabend des Sabbats für die Predigt sehr früh – vor Sonnenuntergang – ohne Ankündigung ansetzte, kamen viele, die dann zu Hause das Sabbatmahl genossen und über Jesus und seine Worte sprachen.

Da sagten sie: Er ist es! Sie meinten den Messias = Christus = Erlöser, auf den Israel wartete, wie von Mose und den Propheten versprochen. Er sollte die Römerknechtschaft abschütteln und das Gottesreich errichten. Aber sehr viele glaubten, mit Feuer und Schwert. Diese sagten: Er fordert uns nicht zum Kampf auf, im Gegenteil, er ist mild und hat nur Worte. Die anderen sagten: Er hat Worte, die können nur von Gott sein, er weiß alles, was in den Büchern steht, er kämpft nicht gegen die Besatzung, jedoch gegen das Böse, er heilt und tut Wunder, er ist barmherzig. Er hält die Gesetze, er vermenschlicht sie!

Jesu letzter Weg zum Pessach = Passafest in Jerusalem

Jesus wusste, dass diese Wanderung mit Aposteln, Jüngern, Jüngerinnen und der Familie sein letzter Weg sein würde. Und die anderen ahnten es aus Jesu Bemerkungen.
So zogen sie von Kafarnaum hinauf nach Jerusalem. Sie hatten etwa 2-3 Wochen dafür vorgesehen. Sie nahmen die Route: Kafarnaum, Magdala, Tiberias, Skythopolis, Archelais, Jericho, Betanien und Jerusalem. Am Ziel, suchten sie als erstes den Tempel auf und beteten inständig.

Das Ende des Tempels

Diese Prachtbauten, diese ewigen Steine zur Ehre Gottes, „Dein Haus" – ein wahrhaft würdiger Rahmen für unser Gebet!
Jesus sah sie an und machte eine Pause. Später sagten sie, er hatte Tränen in den Augen. Und er sprach: Seht ihr diese großen Bauten? Nicht ein Stein wird auf dem anderen bleiben. Sie werden alle zerbrochen. Ein Trümmerhaufen wird bleiben!
Das kann man deuten: Der alte Tempel wird ersetzt durch die Jesu-Gemeinde.

Der Anfang der Wehen und die Vorzeichen

Sie gingen, Jesus und seine Apostel, vom Tempel zum Ölberg hinüber um auszuruhen. In aller Pracht konnte man die Tempelanlage bewundern. Nahe bei ihm saßen Petrus, Andreas und Jakobus und Johannes, sie fragten: Meister, wann soll diese Pracht vergehen, woran erkennen wir, dass es geschehen wird? Gibt es ein Zeichen dafür?
Jesus antwortete: Achtet darauf, lasst euch nicht verführen, denn viele werden kommen in meinem Namen. Sie werden sagen: Ich bin's, auf den ihr wartet, die Zeit ist gekommen. Folgt ihnen nicht nach! Wenn aber die Kriege und der Aufruhr kommen, so entsetzt euch nicht, fürchtet euch nicht, denn es muss so kommen. Das Ende ist aber noch nicht da. Es wird sich noch ein Volk gegen das andere erheben und ein Reich gegen das andere. Große Erdbeben werden weiters die Erde erschüttern, Hungersnöte und Seuchen werden die Menschen treffen. Das ist der Anfang der Wehen.

Die heutigen Wehen – Revolutionen in Nordafrika

Auslösend waren soziale Not und hohe Arbeitslosigkeit. Nicht zu vergessen ist die Unterdrückung. Nachdem Tunesien und dann Ägypten die Diktaturen abgeschüttelt haben, ist Libyen im Aufruhr. Gaddafi unterdrückt ihn mit blutigen Maßnahmen. Die Aufständischen werden vom Militär und von Söldnern gejagt. Heute, Mittwoch 23.02.2011, wird gemeldet, dass in Tripolis, alles was sich bewegt von Heckenschützen auf den Dächern abgeschossen wird. Mit Maschinengewehren wird auf demonstrierende Menschen geschossen. Auch von Fliegern aus wird auf Menschen geschossen und werden Brandbomben abgeworfen. Tausende Tote und Verletzte gibt es! Der Osten ist schon von Gaddafi abgefallen.

20.03.11: Seit gestern wird Libyen aus der Luft angegriffen und von Raketen der NATO beschossen. Nachdem vorgestern die UNO und die Arabische Liga die militärische Hilfe für die Zivilbevölkerung freigegeben hatten. Gaddafi droht mit einem Gegenschlag!

21.08.11: Jetzt scheint das Regime von Gaddafi zu Ende zu gehen, denn die Aufständischen erobern schon Tripolis. Leider sind viele Tote zu beklagen!

Gaddafi wurde am 20.10.2011 auf der Flucht in seinem Heimatort Sirte in einem Kanalrohr erschossen. Jetzt ist Libyen frei, die Revolutionäre jubeln. Ein „Übergangsrat" hat die Regierungsaufgaben bis zur Wahl einer Regierung übernommen.

Zurück zu Jesus:

Die Verfolgung der Gemeinde = Kirche

Jesus setzt fort: Am Anfang der Wehen werden sie auch an euch Hand anlegen und euch verfolgen. Euch den Gerichten überantworten und euch in den Synagogen geißeln. Sie werden euch vor Statthalter und Könige zerren und um meinetwillen anklagen. Zuvor aber predigt das Evangelium allen Völkern. Wenn sie euch dann hinführen, sorgt euch nicht wie ihr euch verantwortet um meines Namens Willen. Ich gebe euch Mund und Weisheit, der eure Gegner nicht widerstehen, noch widersprechen können. Ihr werdet verraten werden von Eltern, Brüdern, Verwandten und Freunden. Einige von euch wird man auch töten. Ihr werdet gehasst werden um meines Namens Willen. Wer aber beharrt bis ans Ende, der wird selig.

Das Ende Jerusalems

Wenn ihr aber sehen werdet, dass Jerusalem von einem Heer belagert wird, dann sollt ihr wissen, dass die Verwüstung naht. Wer dann in Judäa ist, der fliehe ins Gebirge, und die, die in der Stadt sind, sollen aufs Land fliehen, denn die Tage der Vergeltung sind da. Wehe den Schwangeren und Stillenden in jenen Tagen. Den Kranken und Siechen, sie werden fallen durch der Feinde Schwert. Die große Not und der Zorn des Herrn trifft dieses Volk. Die, die nicht getötet werden, kommen in Gefangenschaft, werden zerstreut unter alle Völker. Die Heiden zertreten, zerstören, brandschatzen Jerusalem. Sie machen den Tempel dem Boden gleich bis die Zeiten der Heiden erfüllt sind.

Das Kommen des Menschensohnes

Sonne, Mond und Sterne am Himmel werden sich verändern und auf Erden wird den Menschen bange sein. Sie werden zittern vor dem Brausen des Sturms und den Fluten der Meere. Und dann wird der Menschensohn am Himmel erscheinen, in großer Kraft und Herrlichkeit kommt er auf die Erde. Und sie werden wehklagen, die, die nicht an ihn glauben. Ihr aber, die ihr wisst was geschieht, hebt eure Häupter, weil eure Erlösung naht. Er wird euch Auserwählte sammeln für das Himmelreich.

Vom Feigenbaum

Seht euch die Bäume an, den Feigenbaum, die jetzt ausschlagen und Blüten tragen und ihr wisst, dass der Sommer naht. Und ihr wisst, dass sie Früchte bringen werden.

So wisst auch ihr, wenn alles das geschieht, dass das Reich Gottes, das Himmelreich, naht.

Ermahnung zur Wachsamkeit

Wahrlich, ich sage euch: Dieses Geschlecht wird nicht vergehen, bis alles geschieht: Himmel und Erde werden vergehen, aber meine Worte nicht!

Hütet euch aber, dass eure Herzen nicht beschwert werden mit Fressen und Saufen und mit täglichem Sorgen und dieser Tag nicht plötzlich über euch komme, wie ein Fallstrick, denn er wird über alle kommen, die auf der ganzen Erde wohnen. Seid allzeit wach und bereit, betet, dass ihr stark werdet dies alles zu überstehen, um vor das Angesicht des Menschensohnes zu treten.

Gottesreich, Himmelreich und Christus

2000 Jahre warten viele, dass Christus kommt und das Himmelreich. Keiner sagt: Seine Worte wurden doch schon längst erfüllt, sonst gäbe es kein Christentum mehr.

Fragen wir: Wo ist das Himmelreich Christi?

Dort wo die Armen, die Leidenden, die unschuldigen Kinder sind.

Dort, bei denen, die Trost brauchen, den Alten und Schwachen, dort ist Christus mit dem Himmelreich: wer dem Geringsten meiner Brüder hilft, der hilft mir!

Da sind die Hilfsorganisationen, da ist Caritas, Rotes Kreuz, da sind viele die helfen. Da sind die Ärzte und Schwestern, da sind Menschen bei den Ärmsten auf der Welt, die bringen das Himmelreich auf die Erde.

Neben den großen viel bedankten Organisationen sollten wir auch die „Ärzte ohne Grenzen", die „Schwestern Maria", das „Haus der Barmherzigkeit", die „Diakonie" und „Don Bosco", entsprechend unseren Mitteln, fördern.

Wo ist Christus? In jedem von uns, auch wenn es nur ein kleiner Funke ist. Und manch einer ist, ohne es zu wissen, ein wahrer Vertreter unseres Herrn. Nicht zuletzt unsere Kirchen, die Christus dienen und ihn zu uns bringen.

Wir müssen in die Stille sehen, wir müssen ins Elend und in die Hilfsbedürftigkeit sehen, in die seelische Not mancher Menschen, dann bringen wir das Himmelreich und Christus ist mit und in uns!

Zusammenfassend kann ich nur sagen: Verdecken wir nicht das Himmelreich und Christus unter uns durch unseren Egoismus, durch Geld, Gier und Habsucht. Kurz, durch unsere Blindheit gegenüber unserem Nächsten, gegenüber dem Leidenden, der Christus vertritt, und ihm nahe ist!

Predigt in Betanien

Jesus und sein Anhang verließen am Abend Jerusalem und gingen nächtigen, wie schon so oft, nach Betanien.

Und am Abend baten seine Anhänger und andere um Antwort.

Diesmal sollte ihnen Jesus sagen, warum die Wehen kommen müssen.

Von den bösen Weingärtnern

Er begann mit einem Gleichnis: ein Mann pflanzte einen Weinberg, Rebe für Rebe, und er pflegte ihn, bis er reichlich Ernte trug. Und als er sah, dass alles gedieh, fragte er sich: Warum soll ich nicht eine Reise zum Ursprung des Nils machen, dorthin wo aller ägyptischer Wohlstand herkommt?

Er verpachtete den Weingarten an Winzer, die zu dritt ihn pflegen und ernten wollten.

Als der Besitzer des Weinbergs nach einem Jahr in sein Haus zurückkehrte, fragte er sein Gesinde: War alles in Ordnung mit den Ölbäumen und waren viele Mandeln an den Bäumen. Ja, alles ist gut gediehen, die Ernte war reich und ebenso die Einnahmen. Dann fragte er nach dem Weinberg. Auch der hatte den drei Pächtern viel gebracht. Wie vereinbart, wollte er 1/3 des Ertrages daraus kassieren und er sandte seinen ältesten Knecht aus, den Anteil für seinen Herrn zu verlangen.

Aber was taten die Pächter? Sie schlugen den Knecht und schickten ihn ohne Geld zurück. Der Herr war gutmütig und schickte einen weiteren Knecht, um die Pacht zu kassieren. Sie verhöhnten ihn: Verschwinde, sonst schlagen wir dich wie den ersten! Als der dritte kam, waren sie noch dreister und schlugen ihn blutig und verjagten ihn.

Der Herr war sehr, sehr gütig, er sagte: Was soll ich tun, die sind total barsch, da muss ich einen kompetenten, einen mit Vollmacht schicken. Ich will meinen lieben Sohn zu ihnen schicken, ihn werden sie anerkennen und sich scheuen, ihm Leid anzutun.

Als sie den Sohn des Besitzers sahen, begannen sie zu beraten: jetzt kommt der Erbe, der glaubt, dass wir Angst haben, wenn wir ihn aber töten, dann sind wir die Erben. Niemand weiß, wer den Sohn des Herrn getötet hat.

Am Weinberg töteten sie den Sohn, vergruben ihn und taten, als wäre nichts geschehen. Nun frage ich euch? Was wird der Besitzer des Weinbergs jetzt tun? Ja richtig, er wird die drei Pächter umbringen und seinen Weinberg anderen verpachten.

Die Zuhörer sagten: Nein, nicht töten! Was steht im Psalm (118,22) sagte Jesus: Der Stein, den die Bauleute verworfen haben, der ist zum Eckstein geworden. Und wer auf diesen Stein fällt, der wird zerschellen.

Die Wehen kommen, weil sie Gottes Angebot, umzukehren, nicht annehmen. Sie glauben Jesus Christus nicht!

Das Reich Gottes wird von ihnen genommen und einem Volk gegeben werden, das seine Früchte bringt.

Die Pharisäer erkannten, dass sie gemeint waren. Aus Angst vor den Zuhörern, die genickt hatten, beschlossen sie, Jesus bei guter Gelegenheit heimlich zu ergreifen und anzuklagen. Jetzt nicht, weil das Volk hielt Jesus für einen Propheten.

Vom Weltgericht

Und Jesus sagte: Nach den Wehen wird der Menschensohn kommen in seiner Herrlichkeit und ihr kennt die Zeichen. Er wird die Völker scheiden, wie der Hirte die Schafe von den Böcken scheidet, die Schafe zur Rechten, die Böcke zur Linken. Der König des Himmels wird zu denen an der Rechten sagen: Kommt, ihr Gesegneten meines Vaters, erbt das Reich, das auf euch wartet seit Anbeginn der Welt. Ich war hungrig, ihr habt mir zu essen gegeben. Und wenn ich durstig war, zu trinken, ich war ein Fremder und ihr habt mich aufgenommen. Ich war nackt und ihr habt mich gekleidet. Als ich krank war, habt ihr mich besucht. Auch im Gefängnis seid ihr zu mir gekommen.

Die Gerechten werden sagen: Herr, wann haben wir dich hungrig gesehen und haben dir zu essen gegeben? Oder durstig und haben dir zu trinken gegeben? Wann haben wir dich als Fremden aufgenommen? Oder nackt und dich gekleidet? Wann warst du krank, wann im Gefängnis und wir sind zu dir gekommen?

Und der König wird antworten: Wahrlich, ich sage euch: Was ihr getan habt, einem von diesen meinen geringsten Brüdern, das habt ihr mir getan.

Zu denen an der Linken wird er sagen: Geht weg von mir, ihr Verfluchten, in das ewige Feuer, das dem Teufel und seinen Gesandten bereitet ist! Denn ich war hungrig und ihr habt mir nicht zu essen gegeben. Als ich durstig war habt ihr mir nicht zu trinken gegeben. Fremd war ich, ihr habt mich nicht aufgenommen. Ich war nackt, ihr habt mich nicht gekleidet. Als ich krank und im Gefängnis war, habt ihr mich nicht besucht.

Auch sie werden fragen: Herr, wann haben wir dich hungrig und durstig gesehen oder als Fremden oder nackt oder krank oder im Gefängnis und wir haben dir nicht gedient? Er wird antworten: Wahrlich, das sage ich euch: Was ihr nicht getan den Geringsten, das habt ihr mir auch nicht getan. Und sie werden hingehen, diese, zur ewigen Strafe, aber die Gerechten in das ewige Leben.

Der Entschluss zur Tötung Jesu

Die Pharisäer wussten, was Jesus tat und sagte. Es wurde ihnen von allen berichtet, wenn sie nicht selbst dabei waren. So versammelten sich in Jerusalem die Hohepriester, die Pharisäer und die Ältesten des Volkes zum Hohen Rat im Palast des Kaiphas, der in diesem Jahr Hohepriester war. Sie sagten: Bald ist Passafest und die Tage der ungesäuerten Brote, was tun wir? Wir müssen alles analysieren und erheben, wo ist er angreifbar, wo können wir gegen ihn vorgehen? Aber nur solche Maßnahmen sollen gesetzt werden, dass seine Anhängerschaft überrumpelt wird, ja, dass sogar er als Beschmutzer unserer Religion und Scharlatan dasteht.

So also stellten sie fest: Dieser Galiläer Jesus tut viele Zeichen und predigt „als Gottessohn" das Himmelreich. Lassen wir ihn, so werden sie an ihn glauben und dann kommen die Römer und nehmen uns Land und Leute. Außerdem lästert er Gott. Kaiphas erhob sich: Es ist besser für uns, dass dieser Mensch stirbt, als dass er das ganze Volk verderbe. Er, Kaiphas, weissage das, als Hohepriester: Jesus soll sterben für das Volk, aber nicht nur das allein, sondern auch, um die versreuten Kinder Gottes zusammenzubringen.

Es wurde beschlossen, dass sie Jesus töten als Opfer! Sie gaben intern den Befehl aus: Wenn jemand weiß, wo Jesus günstig zu fassen ist, so soll er es anzeigen, damit sie ihn verhaften können. Es solle vor dem Passafest sein, damit es keinen Aufruhr gebe.

Der Verrat von Judas

Und Judas Iskariot, einer der 12 Apostel, ging zu den Hohepriestern, er sei bereit Jesus zu verraten. Sie waren froh darüber und versprachen ihm viel Geld. Er sollte ihn bei der nächsten Gelegenheit verraten, wobei er vorher melden musste, wo und wie er das bewerkstelligen würde. Er würde seine Tat sicher nicht bereuen, denn es diene dem Wohl des Volkes!

Die Salbung in Betanien

Jesus und die Seinen waren wie schon berichtet abends in Betanien. Beim Abendessen, als Marta gute Speisen und Wein brachte, kam Maria mit einer Kanne Salböl von unverfälschter kostbarer Narde, sie salbte Jesu Haupt, trocknete es mit ihrem schönen langen Haar, desgleichen die Hände und Füße. Der feine Duft des Öls verbreitete sich an der Tafel. Und Judas Iskariot, der spätere Verräter, sagte: Warum ist dieses Öl nicht für 300 Denare = 300x15 = 4.500 € verkauft worden und vielen Armen wäre damit geholfen? In Wahrheit ging es ihm nicht um die Armen, denn er nahm das Geld für den Verrat, aber nicht um Armen zu helfen, sondern sich selbst. Jesus aber sagte: Lass sie in Frieden! Es soll gelten für den Tag meines Begräbnisses. Arme habt ihr ja allezeit bei euch, mich aber nicht mehr lange.

Einzug in Jerusalem (So 24.03.30)

Am nächsten Tag zog Jesus mit Aposteln, Jüngern, Jüngerinnen und Familie nach Jerusalem. Viele Menschen waren zum Passafest in der Stadt des Tempels. Man brachte Jesus zum Einzug einen jungen Esel und er ritt darauf zum Tor hinein, sechs Tage vor Passa. Viele nahmen Palmzweige und kamen ihm entgegen, sie riefen: Hosianna! Gelobt sei der, der da kommt, im Namen des Herrn, der König von Israel!

In Sacharja (9.9) steht: Fürchte dich nicht, du Tochter Zions! Siehe, dein König kommt und reitet auf einem Eselfohlen zu dir und bringt Frieden!

Das verstanden die Jünger und Jüngerinnen, auch die Apostel, nicht. Erst als Jesus verherrlicht war, da wussten sie, dass dies alles von ihm geschrieben stand, was ihm geschehen war. Das Volk aber rühmte seine Taten, auch die Erweckung des Lazarus. Die Menge jubelte ihm zu. Nur die Pharisäer sagten: Die laufen ihm alle nach, es wird Zeit, dass er verschwindet.

Interessant ist, dass die religiösen Eiferer eigentlich überall dabei waren wo Jesus auftrat. Damit hatten sie die Gelegenheit, ihn herauszufordern, ihn auf das religiöse oder politische Glatteis zu führen, um ihn „schuldig" zu machen. Jerusalem war eben das „religiös-fanatische Glatteis".

Die Tempelreinigung

Jesus ging mit seinen Anhängern in den Tempel, er bahnte sich einen Weg durch Händler mit Opfertieren, meist Tauben oder Kaninchen, sogar Lämmer wurden verkauft, viele Devotionalien, weiters waren Geldwechsler da. Es ging recht unheilig zu und das Gekreische war groß, der Handel rege!

Jesus stieg die Treppe zum Vorheiligtum hinauf und begann mit lauter Stimme zu reden: Es steht geschrieben in Jesaja (56,7): Mein Haus soll Bethaus heißen für alle Völker! Ihr aber macht aus dem Haus meines Vaters eine Räuberhöhle. Nichts ist euch heilig, weg mit euch, geldgieriges Pack! Gottlos seid ihr und deshalb müsst ihr hinaus. Und er begann mit Hilfe der Apostel die Tische umzuwerfen und die Käfige zu öffnen und die Vögel und Opfertiere freizulassen. Ein großes Geschrei der Händler erfüllte die Halle: Wieso kann er uns rauswerfen?

Jesu Anhänger sagten: Er ist Gottes Sohn, er ist der Messias = Christus.

Die Pharisäer und Schriftgelehrten sagten: Jetzt ist die Zeit, dass er rasch sterben muss! Für die Nächtigung zogen Jesus und sein Anhang wie immer nach Betanien zu Maria, Marta und Lazarus. Dort warteten Jesu Mutter und Maria Magdalena. So waren alle Menschen, die er liebte, versammelt. Nach dem Abendessen und dem „Vater unser" fragten sie: Wie geht es weiter?

Die dritte Ankündigung von Jesu Leiden und Auferstehung

Und er sagte ihnen: Beim Passafest in Jerusalem werde ich den Hohepriestern und Schriftgelehrten überantwortet. Diese werden mich zum Tode verurteilen! Sie werden mich den Heiden übergeben, damit sie mich verspotten und geißeln. Dann werden sie mich kreuzigen, den toten Leib begraben, aber ich werde am dritten Tag auferstehen von den Toten. Sie hatten solch klare Worte nicht erwartet und waren zutiefst betroffen: Wieso bleibst du nicht bei uns?
Jesus antwortete: Mein Auftrag ist erfüllt, meine Worte sind bei euch, die werden nicht vergehen. Aber dieses Geschlecht wird erleiden, was es verdient. Und ich werde in meiner Herrlichkeit vom Vater wiederkommen um euch das Himmelsreich zu bringen. Darum seid bereit, wie euch gesagt!

Vom treuen und vom bösen Knecht

Petrus sagte: Du hast uns gesagt, dass du wiederkommen wirst, wie können wir dein Haus inzwischen verwalten?
Und der Herr antwortete ihnen: Wer ist der treue und kluge Verwalter des Hauses, den der Herr über seine Leute setzt, damit er ihnen zur rechten Zeit gibt was sie brauchen und was ihnen zusteht? Selig ist der Knecht, den sein Herr sieht, wenn er das tut. Wahrlich, er wird ihn über alle seine Güter setzen. Wenn jedoch der Knecht in seinem Herzen sagt: Mein Herr kommt noch lange nicht und er anfängt die Knechte und Mägde auszunutzen und sie zu schlagen und er über Maßen isst und sich vollsäuft, dann wird der Herr unerwartet kommen und ihn verdammen und zu den Ungläubigen werfen in die Verdammnis. Und jener Knecht, der weiß, was der Herr will, und der nichts vorbereitet, noch den Willen des Herrn erfüllt hat, wird viele Schläge erleiden. Wem viel gegeben, bei dem sucht man viel, und wem viel anvertraut ist, von dem fordert man umso mehr!
Der Abend war fortgeschritten, Jesus endete mit: Jetzt danken wir dem Herrn für den Tag und das gute Essen und legen uns nieder.
Alle wollten, dass er weiterpredige, denn „schlafen können wir ein andermal".

Von den klugen und törichten Jungfrauen

Er begann: Das Himmelreich gleicht zehn Jungfrauen, die ihre Lampen nahmen und dem Bräutigam entgegengingen. Von diesen Jungfrauen waren fünf töricht, d.h. sie schauten nicht voraus, sie sorgten nicht vor, weil sie kein Öl für die Lampen mitnahmen. Die klugen jedoch nahmen in Gefäßen Öl mit und natürlich auch die Lampen. Als der Bräutigam nicht kam, wurden sie müde und legten sich hin. Um Mitternacht erschallte lautes Rufen: Der Bräutigam kommt, auf, wir eilen ihm entgegen. Alle zündeten die Lampen an, die törichten wollten von den klugen Öl. Die aber sagten: Nein, sonst haben wir nichts, geht und kauft euch Öl. Während die törichten Jungfrauen kauften, begleiteten die klugen

Jungfrauen den Bräutigam in den Hochzeitssaal. Die Türen wurden verschlossen. Es kamen die anderen Jungfrauen. Sie riefen: Herr, lass uns hinein. Er aber antwortete: Wahrlich, ich kenne euch nicht! Darum wachet! Denn ihr wisst weder Tag noch Stunde. Und sie sagten: predige weiter, du Christus!

Von den anvertrauten Talenten

Das Wiederkommen des Menschensohnes ist, wie das eines Menschen, der seine Heimat verließ, um in die Welt zu gehen und er vertraute sein großes Vermögen seinen Knechten an, damit sie es verwalten sollten.

Dem 1. gab er fünf Talente=5x3.000 Schekel=15.000 Schekelx30=450.000 €, ein ziemlich großes Vermögen!

Dem 2. gab er zwei Talente=180.000 € und dem 3. einen Talent = 90.000 €, jedem nach seiner Tüchtigkeit.

Der Herr zog fort nach Ägypten und über das Meer zu den Griechen.

Der 1. Knecht handelte mit den fünf Talenten, er kaufte zu den Weintrauben der eigenen Ernte dazu und verkaufte den Römern hervorragenden Wein in Krügen, die er vorteilhaft eingekauft hatte, und vermehrte die fünf Talente auf das Doppelte. Der 2. machte aus seinem anvertrauten Vermögen durch Pressen der Oliven gutes Öl und auch er verdoppelte die zwei Talente. Der 3. vergrub das Geld und dachte: wenn er wiederkommt, kriegt er sein Geld ohne Verlust zurück.

Nach einem Jahr kehrte der vermögende Besitzer zurück und forderte Rechenschaft. Der 1. Knecht gab die fünf Talente zurück und legte fünf dazu! Er sagte: fünf hast du mir anvertraut, weitere fünf habe ich damit dazuverdient. Der Herr sagte: Du bist ein tüchtiger und treuer Knecht, du bist über wenigen treu gewesen, ich werde dich über viele als meinen Verwalter setzen. Der 2. sagte: Aus zwei habe ich dir vier Talente gemacht. Du warst mir tüchtig und treu, du kriegst eine große Aufgabe!

Der 3. sagte: Herr, ich wusste, dass du ein harter Mann bist: du erntest, wo du nicht gesät hast und sammelst ein, wo du nicht gestreut hast und ich hatte Angst vor dir, deshalb verbarg ich den Talent in der Erde, nun geb ich dir das Deine zurück. Der Herr antwortete: Du bist ein böser und fauler Knecht, du hättest mein Geld zu den Wechslern geben können, damit ich den Zins davon wenigstens gewonnen hätte. Nehmt ihm den Talent weg, gebt ihn dem, der 10 brachte. Denn, wer hat, dem wird gegeben und der wird in Fülle haben, wer aber nichts hat, dem wird genommen, was er hat.

Er sagte: Werft den unnützen Knecht in die Grube, wo Heulen und Zähneklappern ist.

Der verdorrte Feigenbaum

Am Morgen wanderten Jesus und seine 12 Aposteln nach Jerusalem. Jesus hungerte und als er einen Feigenbaum am Wegrand sah, sagte er: Er wird mich mit seinen Früchten erfreuen. Die Jünger schauten sich erstaunt an, denn er würde erst in 2 Monaten Früchte tragen.

Jesus geht zum Baum, Frucht fand er keine, aber große, schöne Blätter. Er sprach zu ihm: Du gabst mir nicht, was ich brauchte, so wachse auf dir keine Frucht mehr! Wie staunten alle. Der Baum verdorrte rasch und sah traurig aus. Jesus sagte: Wenn ihr den Glauben habt und nicht zweifelt, so werdet ihr Taten, wie mit diesem Feigenbaum tun und noch mehr. Ihr werdet dem Berg sagen: Heb dich und versinke im Meer, es wird geschehen. Und alles, was ihr im Gebet, wenn ihr glaubt, erbittet, es wird euch gegeben! Weiter ging es nach Jerusalem hinauf.

Die Fußwaschung und das Abendmahl

Der kommende Tag erinnerte Jesus an den Tag, wo die Israeliten, 1212 v. Chr., ein Opferlamm in Goschen schlachteten, den Türstock bezeichneten und das Mahl hielten. Am folgenden Tag begann damals ihr Exodus und die Zeit der ungesäuerten Brote.

Als Jesus mit den Aposteln zum Stadttor kam, sagte er zu Petrus und Johannes: Bereitet mir das Passalamm=Pessachlamm, dass wir ein letztes Mal das Abendmahl feiern.

Sie fragten: Wo willst du, dass wir das Mal bereiten?

Geht in die Stadt, dort werdet ihr einem begegnen, der einen Wasserkrug trägt, folgt ihm und sagt dann zu seinem Herrn, dass ich ihn bitte, das Passalamm bei ihm, mit euch, essen zu können.

Sie taten, wie ihnen geheißen. Der Mann war erfreut: Euer Meister ist Jesus, der Galiläer, von ihm habe ich schon Wunderbares gehört, manche sagen, er sei der Messias und Gottes Sohn, nach den Worten, die er spricht und nach den Taten, die er wirkt. Ich heiße ihn herzlich willkommen und auch euch!

Ihr bekommt einen Saal, den größten Raum in meinem Haus, zur Verfügung und was ihr sonst noch braucht. Mein guter Wein ist für euch gekühlt. Und als sie kamen und das Lamm bereiteten, waren sie in einem hell erleuchteten Raum mit 12+1 Gedecken, schönem Geschirr, Becher und Karaffen, Wein und Wasser.

Als die Stunde da war, setzte sich Jesus mit den 12 Aposteln an die Tafel. Nachdem der Hausherr sie begrüßt und ihnen einen guten Aufenthalt gewünscht hatte, dankte ihm Jesus und segnete ihn.

Und ganz ungewöhnlich: Jesus legt sein Obergewand ab und bittet um einen Schurz, man umgürtet ihn. Er nahm ein Waschbecken, füllte es mit Wasser und begann, den Aposteln die Füße zu waschen und zu trocknen.

Als er zu Petrus kam, sagte dieser: Herr, du sollst mir nicht die Füße waschen!

So antwortet Jesus: Wenn ich dich nicht wasche, so hast du kein Teil an mir!

Petrus sagte darauf: Oh ja, Herr, aber nicht die Füße allein, sondern auch die Hände und das Haupt!

Jesus darauf: Wer gewaschen ist, bedarf nichts, als dass ihm die Füße erfrischt werden, denn er ist dann rein. Und ihr seid rein, bis auf einen!

Sie wussten nicht, dass er Judas Iskariot meinte, aber fragten nicht weiter, weil Jesus fortsetzte: Ihr nennt mich Herr und Meister, ihr sagt es zu Recht, aber wie ich euch die Füße gewaschen habe, so sollt auch ihr euch untereinander die Füße waschen, das Beispiel habe ich euch gegeben, damit auch ihr tut, wie ich euch getan habe.

Selig seid ihr, wenn ihr´s tut.

Ich weiß, wen ich erwählt habe.

Und einer ist, der erfüllt, was die Schrift, der Psalm (41,10) sagt: Auch mein Freund, dem ich vertraute, der mein Brot aß, tritt mich mit Füßen!

Und wieder fragten sie nicht weiter, erst später beim Passamahl wurde offenbar, wen er meinte!

Er endete mit: Wahrlich, wahrlich, das sage ich euch: Wer den aufnimmt, den ich sende, der nimmt mich auf, denn mich hat der Herr gesandt!

Er sagte ihnen: Mich hat es verlangt danach, mit euch dieses Passalamm zu essen, ehe ich leide. Denn ich sage euch, dass ich es nicht mehr essen werde, bis alles erfüllt ist im Reich Gottes.

Die Einsetzung und Beauftragung der Apostel

Er nahm das Brot und sagte Dank, brach es, reichte es seinen Aposteln und sprach: Nehmet und esset alle davon: das ist mein Leib, der für euch hingegeben wird.

Ebenso nahm er nach dem Mahl den Kelch, dankte wiederum, reichte ihn seinen Aposteln und sprach: Nehmet und trinket alle daraus, das ist der Kelch des neuen Bundes, mein Blut, das für euch und viele vergossen wird zur Vergebung der Sünden. Tut dies zu meinem Gedächtnis!

Ich werde von nun an nicht mehr trinken von der Frucht des Weinstocks, bis das Reich Gottes kommt.

Wenn ihr beisammen seid und ihr trinkt zu meinem Gedächtnis, so bin ich bei euch!

Doch siehe, die Hand meines Verräters ist mit am Tisch.

Denn der Menschensohn geht zwar dahin, wie es beschlossen ist, doch wehe dem Menschen, durch den er verraten wird.

Die Apostel wussten nicht, wer gemeint war.

Petrus ging zu Johannes, der lag an der Brust von Jesus; Jesus hatte ihn lieb, weil er so naiv und offen war, Jesus war sein Vater.

Das Vertrauen zueinander war so groß, das Jesus ihm, Johannes, später die große Aufgabe übergab, sich um Maria, seine Mutter zu kümmern.

Petrus deutete ihm, er solle fragen. Johannes sagte: Herr, wer ist es?

Jesus antwortet: Dem ich den Bissen gebe. Und er nahm ein Stück Brot, tauchte es in Wein und gab es Judas, dem Sohn des Simon Iskariots.

Judas war vom Teufel besessen, der in ihm die Geldgier zum Gott erhoben hat. Heute geht es ohne Teufel, die Geldgier ist allmächtig geworden, das Geld wurde teilweise zu Gott erkoren. Nur bei denen ist das Himmelreich auf unserer Welt sicher nicht!

Die Verherrlichung und das neue Gebot

Als Judas gegangen war, nachdem Jesus gesagt hatte: Was du tun willst, das tue bald, spricht Jesus zu den 11 Aposteln: Jetzt ist der Menschensohn verherrlicht und Gott ist verherrlicht in ihm. Weil er seinen Leidensweg bis zum Ende geht!

Er setzt fort: Liebe Kinder, nur noch kurz bin ich bei euch. Ihr werdet mich suchen und wie ich zu den Juden sagte, so sage ich auch euch: Wo ich hingehe, da könnt ihr nicht hinkommen.

Ein neues Gebot gebe ich euch, dass ihr einander liebt, wie ich euch geliebt habe, damit ihr mir nacheifert. Daran werden alle erkennen, dass ihr meine Apostel seid, an eurer Liebe untereinander!

Die Ankündigung der Verleugnung des Petrus

Simon Petrus sagt: Herr, wo du hingehst, da geh´ auch ich hin, warum soll ich dir nicht folgen, ich will mein Leben für dich lassen. Jesus darauf: Wo ich jetzt hingehe, kannst du mir nicht folgen. Später aber wirst du mir folgen. Petrus, du willst dein Leben für mich lassen, aber ich sage dir: Der Hahn wird nicht krähen und du hast mich schon 3x verraten!

Jesus – der Weg zum Vater

Erschreckt nicht, was ihr gehört habt, glaubt an Gott und glaubt an mich.
In meines Vaters Haus sind viele Wohnungen, sonst hätte ich euch nicht gesagt: Ich gehe voraus, um euch die Stätte zu bereiten. Und ich werde wiederkommen und euch zu mir nehmen, damit ihr seid, wo ich bin. Wo ich hingehe, wisst ihr!
Thomas jedoch sagt: Herr, wir wissen nicht, wo du hingehst, wie können wir den Weg wissen?
Jesus sagt zu ihm: Ich bin der Weg, die Wahrheit und das Leben, niemand kommt zum Vater, als durch mich!
Wenn ihr mich erkannt habt, so erkennt ihr auch meinen Vater. Und von nun an kennt ihr ihn und habt ihn gesehen!
Da spricht Philippus: Herr, zeige uns den Vater und es genügt uns! Jesus antwortet: So lange bin ich bei euch und du kennst mich nicht, Philippus?
Wer mich sieht, sieht den Vater!
Wieso fragst du dann: Zeige uns den Vater?
Glaubst du nicht, dass ich im Vater bin und der Vater in mir? Die Worte, die ich zu euch rede, die rede ich nicht von mir selbst aus. Und der Vater, der in mir wohnt, der tut seine Werke und gibt die Worte. Glaubt mir, dass ich im Vater bin und der Vater in mir, wenn nicht, so glaubt mir doch um der Werke Willen. Und ich sage euch: Wer an mich glaubt, der wird die Werke auch tun, die ich tue, und er wird noch größere tun als diese. Was ihr bitten werdet in meinem Namen, das will ich tun, dass der Vater es euch gibt und verherrlicht werde im Sohn und in euch.

Verheißung des Heiligen Geistes

Liebt ihr mich, so werdet ihr meine Gebote halten. Nur noch eine kurze Zeit, dann wird mich die Welt nicht mehr sehen. Ihr aber seht mich, denn ich lebe, und ihr sollt auch leben. Ihr bleibt nicht als Waisen zurück, mein Vater sendet euch den Heiligen Geist in meinem Namen, der lehrt euch alles und lässt euch erinnern, was ich euch gesagt habe.

Der Friede Christi

Meine Freunde, meine Apostel, ich gebe euch nicht, was die Welt gibt, sondern ich lasse euch den Frieden, meinen Frieden gebe ich euch. Ich gehe hin zum Vater und komme wieder zu euch. Freut euch, dass ich zum Vater gehe, denn er ist größer als ich.

Der wahre Weinstock

Ich bin der wahre Weinstock und mein Vater der Weingärtner. Jede Rebe an mir, die keine Frucht trägt, wird er wegnehmen, aber eine solche, die Frucht trägt, wird er vereinzeln, d.h. auslichten, dass sie gute Frucht bringt. Ihr seid die gesunden Reben, ihr bringt Frucht, schon um des Wortes wegen, das ich zu euch geredet habe. Wer in mir bleibt und ich in ihm, der bringt gute Frucht, denn ohne mich könnt ihr verdorren und ins Feuer kommen. Wenn ihr in mir bleibt und meine Worte in euch, werden eure Bitten erfüllt. Mein Vater wird durch eure Früchte verherrlicht, denn ihr seid meine Apostel.

Jesus im Garten Gethsemane

Sie gingen vom Abendmahlsaal nach den traurigen Gesprächen aus Jerusalem hinaus in den Garten Gethsemane, die Sonne war schon tief und die Ölbäume warfen lange Schatten.

Jesus sagte: Setzt euch und ruht, ich will beten. Mit sich nahm Jesus die Apostel Petrus, Jakobus und Johannes. Die anderen acht setzten sich und besprachen, was Jesus gesagt hatte. Judas Iskariot war nicht mehr dabei, er hatte sie im Abendmahlsaal verlassen.

Jetzt erst sahen die drei, dass Jesus zitterte, sie wussten, dass Angst in ihm war. Nie hatten sie den Herrn zaghaft gesehen, auch wenn er „gefährliche Wahrheiten" verkündete, wo sie ihn hätten fangen können. Aus Angst vor den Anhängern wollten sie ihn möglichst heimlich fangen und einsperren, um ihn zu töten.

Jesus sprach zu den Dreien: Meine Seele ist betrübt bis in den Tod, bleibt hier und wachet, ich rede mit dem Vater.

Er ging weiter, warf sich auf die Erde und betete: Lass die Stunde an mir vorübergehen, wenn es möglich ist. Vater, Vater, alles ist dir möglich, nimm diesen bitteren Kelch von mir, aber nicht was ich will geschehe, sondern was du willst!

Dann kam er zu den Dreien, diese jedoch schliefen. Jesus sagte zu Petrus: Simon, schläfst du? Vermochtest du nicht eine Stunde für mich zu wachen? Zu allen sagte er: Wachet und betet, dass ihr nicht in Versuchung fallt. Der Geist ist willig, aber das Fleisch ist schwach!

So ging er nochmals hin und betete zum Vater und wiederum kam keine Antwort, dass der Kelch vorüber gehen wird.

Und wieder fand er alle schlafend, ihre Augen waren müde, sie wussten keine Entschuldigung.

Ein letztes Mal hoffte er vom Vater eine Erlösung, aber die Antwort kam nicht.

Als er zurückkam, zum dritten Mal, sagte er: Ach, wollt ihr weiter schlafen und ruhen? Es ist genug, für mich ist die Stunde gekommen, der Menschensohn wird in die Hände der Häscher, der Sünder übergeben. Steht auf und lasst uns gehen. Siehe, der, der mich verrät ist nahe!

Jesu Gebet

Er hob die Augen zum Himmel: Vater, die Stunde ist da, verherrliche deinen Sohn, damit du durch ihn verherrlicht wirst, denn du hast mir die Macht gegeben über alle Menschen, damit ich das ewige Leben allen, die du mir zur Seite gestellt hast, geben kann.

Das ewige Leben heißt, dass sie dich, der du allein der wahre Gott bist, erkennen und sehen und auch mich, den du gesandt hast als Jesus Christus. Ich habe dich auf Erden verherrlicht und das Werk vollendet, das du mir anvertraut hast. Ich habe deinen Namen den Menschen geoffenbart und die Worte gebracht, die du mir gegeben hast. Diese haben sie angenommen und erkannt, dass sie von dir sind.

Und ich bitte für sie, nicht für die Welt, sondern für die, die du mir gegeben hast, denn sie sind dein. Und alles, was mein ist, das ist dein und was dein ist, das ist mein, und ich bin in ihnen verherrlicht. Nun komme ich zu dir und sage dies der Welt, damit meine Freude in ihnen vollkommen sei. Ich habe ihnen dein Wort gegeben und die Welt hat sie gehasst, denn sie sind nicht von dieser Welt, wie auch ich es nicht bin. Ich bitte nicht, dass du sie aus der Welt nimmt, sondern, dass du sie vor dem Bösen bewahrst.

Wie du mich gesandt hast in die Welt, so sende auch sie! Sie sollen geheiligt sein, ich bitte aber auch für alle, die durch ihr Wort an mich glauben werden. Damit sie alle eins seien, wie du, Vater, in mir bist und ich in dir, so sollen auch sie in uns sein.

Ich habe deinen Namen kundgetan, damit die Liebe, mit der du mich liebst, in ihnen sei und ich in ihnen. Wir beten zum letzten Mal gemeinsam: Vater unser… .

Jesu Gefangennahme

Während sie noch beteten, näherte sich ihnen eine Schar Männer. Voraus Judas Iskariot, dann der Hauptmann und die jüdischen Soldaten, dahinter die Knechte der Hohenpriester und Pharisäer. Die Soldaten hatten Schwerter und zwei von den sieben trugen Lanzen. Die Knechte trugen die Laternen und die Stricke zum Fesseln.

Als Jesus „Amen" gesagt hatte, ging Judas auf ihn zu und sagte „Meister", dann küsste er Jesus. Das war das verabredete Zeichen, damit sie Jesus erkennen und ihn gefangen nehmen konnten. Judas trat zur Seite und der Hauptmann trat vor. Bevor er noch zu reden begann, sagte Jesus: Wen sucht ihr? Der Hauptmann sagte: Jesus von Nazareth. Jesus antwortetet: Ich bin´s! Sie wichen zurück und einige knieten nieder. So fragte er nochmals: Wen sucht ihr?

Und wieder: Jesus von Nazareth!

Er antwortete: Ich habe euch gesagt, dass ich es bin. Sucht ihr mich, so lasst diese gehen. Er zeigte auf die Apostel.

Es sollte sich das Wort erfüllen: Ich habe keinen von denen verloren, die du mir gegeben hast, mein Vater.

Als ein Knecht des Hohepriesters Hand an Jesus legen wollte, zog Petrus sein Schwert und haute Malchus, so hieß der Knecht, das rechte Ohr ab (verletzte es). Jesus sagte zu Petrus: Steck dein Schwert in die Scheide. Soll ich den Kelch nicht trinken, den mir mein Vater gegeben hat?

Jesus heilte das Ohr des Malchus und sagte zu Petrus: Lass ab, denn wer das Schwert zieht, der wird durchs Schwert umkommen. Ich könnte meinen Vater bitten, dass er mir Hilfe schickt. Aber wie würde dann die Schrift erfüllt, dass es so geschehen muss wie es ist. Weiters sagte er zu den Häschern: Ihr seid ausgezogen wie gegen einen Räuber, mit Schwertern und Lanzen, mit einem Verräter voran, um mich zu fangen. Habe ich doch täglich im Tempel gelehrt und ihr habt mich nicht ergriffen? Aber alles ist geschehen, damit die Schriften der Propheten erfüllt werden.

Während Jesus gefesselt wurde, flohen alle Begleiter.

Die Verleugnung des Petrus

Sie führten den gefesselten Jesus in das Haus des Hohepriesters Kaiphas. Die Knechte machten im Hof des Hauses ein Feuer und Petrus, der gefolgt war, setzte sich dazu, denn es waren auch Neugierige dabei. Eine Magd des Hohepriesters sah ihn und schaute genau hin: Warst du nicht auch mit ihm?

Petrus aber leugnete: Frau, ich kenne ihn nicht!

Ein anderer sah ihn in der Nacht an: Das ist doch einer von seinen Leuten!

Petrus sagte abermals: Mensch, ich war nicht bei ihm.

Als der Morgen graute, sagte ein anderer: Von hier ist dieser nicht, er ist ein Galiläer und war bei Jesus.

Aber Petrus leugnete ein drittes Mal: Du weißt nicht, was du sagst, woher sollte ich ihn kennen und bei ihm sein? Da hörten alle den ersten Hahnenschrei.

Was aber geschah mit Jesus in der Zwischenzeit? Sie hatten seine Fußfesseln entfernt und ihn an eine Säule im Hof angebunden. Sie begannen ihn zu verspotten: Du wirkst doch Wunder, warum machst du dich nicht frei?

Sie hängten ihm ein Tuch über den Kopf und einer schlug mit einer Peitsche zu. Dann nahmen sie das Tuch weg: Wer war es denn? Wer hat dich geschlagen? Du kannst doch weissagen? Aha, er ist stumm. Er schreit auch nicht, wenn wir ihm wehtun. Ein anderer sagte: Lasst ihn, wir sind nicht seine Richter!

Jesus vor dem Hohen Rat

Als es Tag wurde, versammelten sich die Ältesten des Volkes, die Hohepriester und Schriftgelehrten im Haus des Kaiphas des Hohepriesters. Jesus wurde vor den Hohen Rat gebracht. Sie suchten ein Zeugnis gegen Jesus, dass sie ihn zum Tode verurteilen konnten, aber sie fanden nichts. Denn viele gaben ein falsches Zeugnis gegen ihn, die Aussagen stimmten nicht überein. Der Hohepriester Kaiphas hatte den Juden geraten, dass es gut wäre, wenn ein Mensch stürbe für das ganze Volk, er fragte Jesus: Du antwortest nicht auf das, was diese gegen dich bezeugen?

Kaiphas stand auf und rief Jesus zu: So sag doch, bist du der Christus und der Sohn Gottes?

Jetzt antwortete Jesus: Ich bin's und ihr werdet den Menschensohn sehen an der Seite Gottes und er wird mit den Wolken des Himmels kommen!

Da zerriss Kaiphas seine Kleider, erregt und zornig rief er: Was brauchen wir weitere Zeugen, habt ihr die Gotteslästerung gehört? Was ist euer Urteil?

Einstimmig kam die Antwort: Er ist des Todes schuldig!

Sie begannen ihn anzuspucken, sie verdeckten sein Angesicht und die Knechte schlugen ihn.

Das Ende des Judas

Als Judas Iskariot erfuhr, dass Jesus zum Tod verurteilt war, bereute er seine Tat und brachte die 30 Stater = 60 Schekel = 1.800 €, die er für den Verrat erhalten hatte, den Hohenpriestern und Ältesten zurück: Ich habe Unrecht getan, ich habe unschuldiges Blut verraten!

Sie antworteten: Was geht uns das an, schau, dass du weiterkommst!

Er warf das Geld im Tempel hin und ging und erhängte sich!

Die Hohenpriester nahmen das Geld, denn Blutgeld gehörte nicht in den Gotteskasten, und sie kauften darum den Acker, wo sich Judas erhängt hatte. Dort sollten Fremde begraben werden, den Acker nannten sie „Blutacker".

Jesu Verhör vor Pilatus

Sie brachten jetzt Jesus vom Haus Kaiphas' ins Prätorium zum römischen Statthalter Pilatus. Allerdings gingen sie nicht hinein, damit sie nicht unrein würden, um das Passamahl essen zu können. So kam Pilatus heraus: Was für eine Klage führt ihr gegen diesen Menschen?

Ihre Antwort war: Wäre er kein Übeltäter, hätten wir ihn dir nicht überantwortet.

Pilatus sagte: Nehmt ihn und richtet ihn nach eurem Gesetz.

Sie sagten: Wer sich zum König macht, ist gegen den römischen Kaiser und du musst ihn verurteilen!

Pilatus ging ins Prätorium zurück und rief Jesus. Da beide gut Griechisch konnten, fragte er ihn, ohne Dolmetsch: Sie sagen, du behauptest ihr König zu sein, also frage ich dich: Bist du der König der Juden?

Jesus antwortete: Sagst du das von dir aus oder haben's dir andere über mich gesagt?

Pilatus: Bin ich Jude? Dein Volk und die Hohenpriester haben dich mir übergeben, dass du dich verantwortest, du seist ein Übeltäter sagen sie. Was hast du getan?

Jesus antwortete: Mein Reich ist nicht von dieser Welt. Wäre es von dieser Welt, würden meine Diener kämpfen, dass die Juden mich nicht überantworten könnten, nun ist aber mein Reich nicht von dieser Welt.

Pilatus fragte weiter: So bist du dennoch ein König?

Jesus darauf: Du sagst es, ich bin ein König. Ich bin dazu geboren und in die Welt gekommen, dass ich die Wahrheit bezeugen soll. Wer aus der Wahrheit ist, der hört meine Stimme!

Darauf Pilatus: Sag, was ist Wahrheit?

Er wartet die Antwort nicht ab, sondern geht hinaus und sagt zu den Juden: Ich finde keine Schuld an ihm!, sagtet ihr nicht: Jesus aus Nazareth? Dann stammt er aus Galiläa und damit ist er ein Untertan von Herodes Antipas und untersteht dessen Gerichtsbarkeit.

Zum Passafest war auch Herodes Antipas in Jerusalem, um im Tempel des Herrn zu opfern.

Jesus vor Herodes

Man brachte Jesus zum Haus des Herodes Antipas, er freute sich, weil ihn Jesus interessierte. Herodes war ein besonderer Mensch, er hatte sich auch die Reden von Johannes des Täufers angehört, obwohl der die wilde Ehe von Herodes verurteilte und er war traurig als Johannes zu töten war. Er fragte Jesus über seine Lehre. Er bekam folgende Antwort: Ich habe stets offen vor aller Welt geredet und allzeit gelehrt in Synagogen und im Tempel, wo alle Juden zusammenkommen, und nichts im Verborgenen geredet. Du fragst mich? Frage die, die zugehört haben, was ich zu ihnen geredet habe.

Die Hohenpriester und die Schriftgelehrten standen dabei und verklagten ihn hart, vor allem wegen Gotteslästerung. Da Jesus kein Wort mehr sprach, gab ihn Herodes zur Verspottung frei. Er ließ ihm einen weißen Königsmantel umhängen und von den Soldaten verhöhnen. Dann sagte er: Bringt den „Gekrönten" zurück zu Pilatus.

Mit dieser Geste war die Feindschaft von Herodes und Pilatus beendet.

Jesu Verurteilung

Jesus wurde wieder zu Pilatus gebracht, der rief den Hohen Rat zu sich: Herodes hat ihn wieder zu mir geschickt, auch er fand keine Schuld, was sagt ihr?

Pilatus, sagten sie, er hetzt unser Volk auf und verbietet es, dem Kaiser Steuern zu zahlen, erst gar nicht davon zu sprechen, dass er sagt, er sei der Messias = Christus, der Befreier vom römischen Joch! Pilatus, sieh doch den Aufrührer, schlag ihn ans Kreuz wie viele andere!

Pilatus: Laut römischem Recht hat er nichts getan, was den Tod verdient. Darum will ich ihn geißeln und als Passagabe freigeben! Denn es besteht die Gewohnheit, dass ich euch einen zum Passafest losgebe; er fragte das Volk: Wollt ihr, dass ich euch den „König der Juden" freilasse?

Alle aber schrien: Nein, nicht diesen, sondern Barabbas!

Barabbas war ein Räuber und Mörder von Römern, ein Zelot!

Der Römer Antonius und Jesus

(Antonius kommt in der Bibel nicht vor!)

Bevor wir die Geißelung besprechen, möchte ich jene Menschen beschreiben, die diese ekelhafte Tätigkeit ausführen. Es war dies eine Sondertruppe im römischen Militär, die sich aus besonders tapferen Soldaten zusammensetzte, die sich bei Aufständen kampfesfreudig und vaterlandsliebend herausgestellt hatten. Sie wurden den „Tiberiusschergen"(TS) zugeteilt. Ihre Aufgabe: die Bekämpfung Aufständischer z.B. in Israel, die Niederwerfung von Widerstandsnestern, aber auch die Folterung von Gefangenen und die Kreuzigung von verurteilten Juden. Römische Staatsbürger durften nicht stand rechtlich im Kurzverfahren verurteilt werden, sondern erhielten ein Zivilverfahren. Kurz und gut, für die Geißelung von Jesus wurde ein tapferer Krieger namens Antonius eingeteilt. Die Truppe TS war äußerlich erkennbar, ihr Brustpanzer war aus Bronze und glänzte in der Sonne, darauf war schwarz eingebrannt „TS", sie wurden bevorzugt und schliefen in zweier "Kojen", während die „normalen" Besatzungssoldaten in Räumen schliefen, wo auf jeder Seite ein dreier Bett stand, d.h. drei Etagen übereinander. Aber, und das machte die TS beneidenswert, sie bekamen für ihre „schmutzige" Arbeit mehr Verpflegung und das Schönste war eine doppelte Weinmenge pro Tag. Statt $^1/_4$ Kanne fassten sie $^1/_2$ Kanne am Abend, also 1,1 l Wein aus, den sie in die Feldflasche füllten. Von diesem Weinkonsum lebten viele Weinbauern = Winzer sehr gut. Aber auch Zulieferer anderer Waren.

Viele der tapferen Krieger murrten, dass sie derart Böses per Befehl verrichten mussten, und zwar Menschen kreuzigen. Auch Antonius hatte das innerlich immer abgelehnt. Der Hauptmann der TS in Jerusalem hatte 25 Mann, je fünf waren eine Gruppe mit einem Gruppenführer. Und sehr oft verrichteten sie ihre grausame Tätigkeit parallel. Da viele Kreuzigungen stattfanden, wurde außerhalb der Stattmauern gekreuzigt. Die Toten hingen dann oft sehr lange an den Kreuzen zur Warnung an Aufständische. Sie hatten gebrochene Schienbeine und einen Lanzenstich an der rechten Seite. Zwei Stunden nach der Kreuzigung, z.B. sieben Personen auf sieben Kreuzen am Wegrand, ging die Kreuzigungsgruppe der TS zu den Kreuzen und stach den Hängenden in die rechte Seite. Wenn zersetztes Blut, Serum und geronnenes Blut kam, war der Gekreuzigte tot. Zur „Sicherheit" wurden mit einer Eisenstange beide Schienbeine zerschlagen, damit es kein Entrinnen gab. Auf einer Tafel oberhalb des Kopfes stand in Kurzform der Kreuzigungsgrund. Aber worum geht es mir, dass ich so eingehend die TS beschreibe? In allem, was ich lese, geht mir Antonius, der Römer, ab. Er war bei den TS, weil er in Germanien so tapfer gekämpft hatte und schwer verwundet wurde. Und so muss ich ihn wiedererstehen lassen, um nur halbwegs sein Verhalten zu würdigen, denn in den Evangelien fehlt er mir!

Der Hauptmann hatte seine Truppe zum Appell gerufen, um die Befehle zu erteilen, und als er zum Ende kam mit den vier Gruppen, sagte er: Und jetzt zur letzten Gruppe!

Pontius Pilatus hat eine besondere Aufgabe für uns: Ein israelischer Aufständischer aus Nazareth, Jesus mit Namen, hat sich als König der Juden bezeichnet und die Obersten der Juden haben seine Kreuzigung gewollt und auch das jüdische Volk hier hat seine Kreuzigung gewünscht. Vorher soll er öffentlich gegeißelt werden und jetzt kommt das Besondere: Er hat von Herodes einen königlichen weißen Umhang, rot verbrämt, geschenkt bekommen. Mit dem soll er zum Gaudium der Zuschauer zum „König der Juden" erhoben werden, als besondere Freude für Sadisten, besser des Volkes, soll er mit einer Dornenkrone gekrönt werden und die muss ihm so aufgesetzt werden, dass die Wunden von der Geißelung übertroffen werden. Ihr versteht: Der weiße Mantel voller Blut und der Kopf, das Gesicht ebenfalls.

Weiter zum Befehl des Hauptmanns: Es wird schon alles vorbereitet, die Tribüne, die Dornenkrone, die Tafel mit Jesus der König der Juden: Iesus von Nazareth Rex von Iudäa. Und ihr, du Antonius und deine Mannen, werdet diese verantwortungsvolle Aufgabe wahrnehmen!

Der Hauptmann erwartete ein kräftiges Jawohl. Alles horchte und Antonius sagte: Ich kann das nicht machen! Der Hauptmann: Ich nehme an, du sagtest: Ich will das gern machen?

Als Antonius „Nein" sagt, lässt der Hauptmann alle wegtreten und bleibt allein mit Antonius zurück: Was ist in dich gefahren, du hattest doch viele Kreuzigungen bestens geleitet, Zeloten gefangen usw. und jetzt sagst du, dass du diesen Jesus nicht geißeln und kreuzigen kannst, warum? Die Antwort: Weil er unschuldig ist!

– Woher weißt du das?

– Ich kenne eine junge Jüdin und die hat mir von ihm erzählt, von seinen guten Taten und Heilungen!

Der Hauptmann sagte: Hast du ein Verhältnis mit ihr? Dann ist dein Hirn ausgeschaltet? Antonius darauf: Ich liebe sie und mein Hirn ist wach!

Der Hauptmann sagte: Ich komme dir entgegen, sonst müsste ich dich wegen Befehlsverweigerung vorerst einsperren, also, du führst nur die Kreuzigung von ihm und zwei weiteren Verurteilten durch, eine Routine für dich, und vorher die Geißelung macht eine andere Gruppe? Aber Antonius sagte: Es tut mir leid, aber ich kann es nicht!

Nun ist die Geduld des Hauptmanns zu Ende: Das ist Befehlsverweigerung, du kommst zur normalen Truppe und ich beauftrage deine Versetzung in eine Kampfzone.

Da stand Antonius, allein, seine Gedanken gingen zu seiner Geliebten, dann zu Jesus und zurück nach Germanien, wo er fast gestorben wäre.

Als er in den Vorraum kam, wartete ein Diener von Pilatus: Du sollst zum Statthalter, er ist verärgert, was hast du getan, der Hauptmann war zornig? Nichts Unrechtes habe ich getan.

Das antwortete er auch auf die Frage des Statthalters. Es ging weiter: Warum aber willst du nicht gehorchen, du bist doch ein so tapferer Soldat für Rom, er hat doch gegen Rom gehetzt und das Steuerzahlen an uns angeprangert, das ist doch Aufstand.

Antonius, tapfer, antwortete: Das ist die Lüge der Oberen der Juden, denn Jesus hat gesagt: Gebt dem Kaiser, was des Kaisers ist, und Gott, was Gottes ist. Noch eines muss ich sagen: Er hat die Oberen angegriffen, weil er ihre Unehrlichkeit, ihr falsches Gehabe, aufdecken wollte.

Pontius Pilatus war Jesus nicht böse gesinnt, er wollte ihn freilassen, aber die Beharrlichkeit der jüdischen Schreier hatte ihn zum Nachgeben gezwungen. Jetzt stützte er seinen Kopf auf die Hände. Dann sagte er: Ich habe gehört, dass du ein jüdisches Mädchen liebst, daher dein Wissen. Er setzte fort: Ich will dir helfen, du warst tapfer und hast für Rom gelitten. Du hast ihn für unschuldig erklärt und deine Gerechtigkeit ist groß! Daher habe ich entschieden, du gehst nicht kämpfen, sondern nach Rom, dort wirst du mit deinem Wissen in der Zentrale für besetzte Gebiete arbeiten. Nach einem Jahr werde ich dich anfordern und du kommst, wenn dann deine Liebe noch groß ist, heiratest du die Jüdin und nimmst sie nach Rom mit.

Dann verliert sich die Spur, ich nehme an, dass es so zutraf, wie Pilatus gesagt hatte. Und wahrscheinlich waren Antonius und seine Frau in Rom bei den ersten Christen und mit Petrus zusammen.

Soweit ich konnte, habe ich meine „Pflicht" erfüllt, Antonius aus der Vergessenheit zu retten.

Jesu Geißelung und Verspottung

Wir haben bei Antonius schon besprochen was bei der Geißelung von Jesus geplant war, eine „Volksbelustigung", eine „Krönung" des Königs der Juden, eine Verhöhnung, genau das wollten die, welche nicht laut genug schreien konnten: Geißeln und kreuzigen!

Und so geschah es.

Inzwischen durfte Antonius seine Unterkunft nicht verlassen, er durfte seine Geliebte nicht mehr treffen, nur einen Brief durfte er ihr schreiben –ohne Zensur. Er sollte in vier Tagen mit einem Transport nach Rom die Liebe verlassen und auch Jerusalem.

Zurück zu Jesus: er war müde, seit dem Vortag ohne Ruhe, gefesselt saß er an einer Säule des Vorraumes und hatte viele Verhöre, an verschiedenen Orten, hinter sich. So wurde der Gepeinigte auf die erhöhte Tribüne gebracht und mit „Heil dem neuen König" und lautem Lachen empfangen. Man aß Zuckerhüte und Honigkuchen. Als die Geißelung begann, fragten einige: Wozu?

Viele aber wollten die „Krönung" = Verhöhnung sehen.

Das Auspeitschen mit den Lederriemen geschah so, dass an der Hautoberfläche blutige Striemen waren, aber große Verletzungen sollten vermieden werden. Viele TS-Soldaten hatten Freude, wenn die Gepeitschten bei jedem Schlag aufschrien. Für Jesus waren

39 Peitschenhiebe vorgesehen. Die Peiniger und Zuschauer waren enttäuscht, denn Jesus brüllte nicht vor Schmerz, sondern stöhnte nur leise und sprach in seinen Gedanken zum Vater: Vater, muss ich mich opfern, denn du greifst nicht ein, du verlangst das Opfer, das Opfer deines Sohnes, deines Mundes hier auf Erden, du verzeihst, dass sie dein Wort nicht annahmen, du schickst nicht Pest und Verdammung, du lässt mich schwere menschliche Qualen leiden und du vergibst ihre Sünden, du forderst mein Leiden, mein Opfer bevor ich zu dir komme, Verrat und Schmerzen muss ich erleiden bis zum bitteren Ende, so also geschehe dein Wille!

Sie hatten mit dem Peitschen aufgehört, sie legten ihm den „Königsmantel" um, zur Verbrämung des weißen „Prachtmantels", die rot war, kamen durch das Tuch noch die roten Streifen von den Peitschenhieben durch. Sie schrien: Ein rotgestreifter Prachtmantel, wo ist die Krone?

Die vorbereitete Krone brachte der TS-Gruppenführer, er strahlte in seiner Uniform mit dem glänzenden Brustpanzer mit dem tiefschwarzen TS darauf. Er hatte, ganz ungewöhnlich, Lederhandschuhe an.

Er nahm die aus Dornen geflochtene Krone und zeigte sie den Zuschauern: Jetzt beim „Krönungsakt" wird er sich sicherlich laut freuen. Hört es selbst! Er ging zu Jesus, den sie inzwischen auf einen „Thron" gesetzt hatten, einen zerschlissenen Polstersessel: So kröne ich dich, du König der Juden! Und er drückte mit aller Gewalt die Dornen auf Jesu Haupt. Alle hofften auf einen Schmerzensschrei. Aber kein Laut kam von Jesu Mund, aber Blut rann über das Gesicht.

Sie höhnten ihn: Steig runter von deinem Thron, wirf weg die Dornen, du „mächtiger" König. Wirf uns für diesen Hohn ins Gefängnis; du kannst nicht, weil du ein Nichts bist, ein Schwächling, der alles erduldet. Du wirst bis zur Kreuzigung von uns angespuckt und wegen deiner Feigheit verachtet.

Das Volk schrie: Schwacher Feigling, du wolltest König sein!

Das Schauspiel ging zu Ende. Sie schütteten Wasser über ihn und zogen ihm die alten Kleider an.

Nun begann sein letzter Leidensweg.

Jesu Kreuzigung und Tod

Sie ließen ihn das Kreuz tragen zur Kreuzigungsstätte, die Golgatha hieß, zu Deutsch Schädelstätte. Sie lag auf einem kleinen Hügel. Als Jesus unter dem schweren Kreuz zusammenbrach, zwangen die TS-Soldaten einen, der Jesus begleitete, namens Simon von Zyrene, das Kreuz von Jesus ein Stück des Weges zu tragen. Jesus tröstete ihn: Du hilfst mir, ich danke dir, deine Tat wird in Ewigkeit nicht vergessen werden.

Viele Menschen, Johannes und Jüngerinnen, seine Mutter, aber auch Neugierige begleiteten Jesus auf seinem Weg. Auch Obere der Juden waren dabei, sie wollten sehen, wie er stirbt. Als sie an der Kreuzigungsstelle waren, gaben sie ihm Wein mit Galle vermischt zum Trinken, er lehnte ab.

Die Kreuzigung am umgelegten Kreuz möchte ich nicht beschreiben. Jeder kann sich die Schmerzen entfernt vorstellen, wenn Nägel durch Handflächen und Füße getrieben werden. Wieder schrie Jesus nicht zum Himmel, er stöhnte nur.

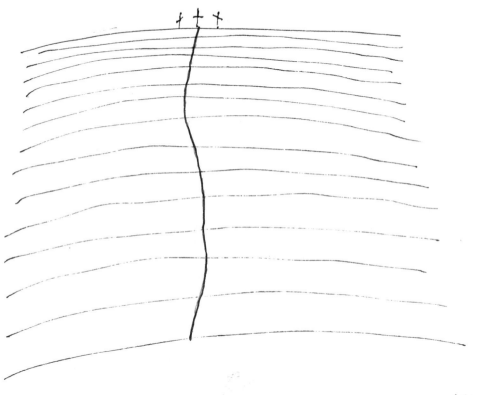

Grafik: Golgatha

Aber es kommt noch ärger, wenn das Kreuz aufgestellt und in einem Stein-, besser Fels-loch, versenkt wird, wirken gewaltige Kräfte auf die Schultergelenke und renken sie aus. Wer schon einmal eine Schulterluxation hatte, kann den Schmerz erahnen, wenn das Gelenk ausgerenkt ist und die große Kraft durch das Gewicht bleibt darauf. Die Gekreu-zigten links und rechts von Jesus wurden als Räuber bezeichnet, aber Todesstrafe war für Aufruhr vorgesehen, Aufruhr gegen Rom. Wahrscheinlich ist, dass es Zeloten waren. Jesus und auch sie fielen darauf in Ohnmacht, Jesus war nur kurz ohnmächtig.

Die Ereignisse, die folgen, werden das Gesicht der Welt verändern, es war

Freitag, der 29. März 30 n. Chr.

Jesus Christus hatte am 24.12.29 seinen 33. Geburtstag mit seiner „Gemeinde" in Kafarnaum gefeiert und jetzt, während überall das Passalamm geopfert wurde, hängt er als menschliches Opfer am Kreuz!

Pilatus hatte, wie erwähnt, den Grund für die Kreuzigung auf eine Tafel in Hebräisch, Griechisch und Lateinisch schreiben lassen, u. zw.: Jesus von Nazareth, der König der Juden. Darüber wunderten sich die Freunde Jesu und die Schaulustigen.

Die Hohenpriester gingen zu Pilatus: Er ist doch nicht der König der Juden, er hat es nur behauptet, nimm die Tafel weg!

Pilatus sagte ihnen: Was ich geschrieben habe, das habe ich geschrieben!

So zogen sie erfolglos ab. Die Neugierigen und die Vorübergehenden riefen ihm zu: Du sagtest, dass du den Tempel abreißen und in drei Tagen wieder aufbauen würdest, steig runter vom Kreuz. Andern hast du geholfen und selber kannst du dir nicht helfen? Und die Schaulustigen spotteten: Du bist Gottes Sohn, so erlöse er dich, dann glauben wir an dich.

Auch einer der „Räuber" an seiner Seite spottete höhnisch: Steig doch runter!

Aber der andere sagte zu ihm: Du fürchtest dich nicht vor Gott, der du doch in gleicher Verdammnis bist wie er? Wir sind jedoch mit Recht hier, denn wir empfangen, was wir für unsere Taten verdienen, der aber hat nichts Unrechtes getan. Er endete: Jesus gedenke meiner, wenn du in dein Reich kommst!

Jesus antwortete ihm: Gedenke meiner, wenn du in dein Reich kommst, deine Worte wer-den nicht vergessen. Wahrlich, ich sage dir, heute noch wirst du mit mir im Paradies sein!

Jesus sagte: Vater vergib ihnen, denn sie wissen nicht, was sie tun!

Am Kreuz standen seine Mutter, Maria Magdalena und Johannes, sein Lieblingsjünger.

Jesus sagte zur Mutter Maria: Siehst du Johannes, er ist dein Sohn!

Und zu Johannes sagte er: Siehe, das ist deine Mutter!

Ab der Stunde nahm Johannes die Gottesmutter Maria zu sich.

Jesus wusste, dass bald alles vollbracht sei. Er sagte: Mich dürstet.

Sie aber steckten einen Schwamm in Essig, banden ihn an eine Stange und reichten ihn Jesus.

Es war Mittag, 12:00, also die sechste Stunde, eine große Finsternis kam über das Land bis zur neunten Stunde.

Jetzt rief Jesus: Mein Gott, mein Gott, warum hast du mich verlassen? Jesus schrie laut auf und verschied! Der Vorhang des Tempels zerriss in zwei Stücke von oben bis unten. Die Erde bebte. Das war am Freitag, dem 29.03.30 um 15:00 (1. Nissan = 16.03., daher

14. Nissan = 29.03.) Der Hauptmann, der dabei stand, sagte: Wahrlich, dieser Mensch war Gottes Sohn!

Viele waren da und haben es gesehen. Außer seiner Mutter waren da: Johannes, Maria von Magdala, wie schon berichtet, weiters Maria, die Mutter Jakobs, des Kleinen, Salome, die Mutter des Großen, Frauen und Männer aus Galiläa.

Die Soldaten aber verteilten unter sich seine Kleider, indem sie das Los warfen. Nicht wegen der Schönheit der Kleidungsstücke, sondern, weil sie schon ahnten, dass hier ein Besonderer gestorben war und dass man sich um diese Reliquien noch raufen würde.

Auf den Spuren von Jesus

Ich erinnere mich an unsere Reise nach Israel von 24.02. bis 03.03.85. In Jerusalem; als wir (meine Frau und ich) die Via Dolorosa durchwanderten, die Leidensstationen unseres Herrn. Wir froren, weil es schneite, nasser Schnee. Die Kinder hatten schulfrei, der erste Schnee seit 20 Jahren. Wir hatten auf der Reise fast alle „Stätten Jesu" besucht, von der Höhle seiner Geburt in Bethlehem über Nazareth, den See Genezareth usf., auch den Abendmahlsaal in Jerusalem sahen wir, den Platz, wo er gefoltert und „gekrönt" wurde, bis zur Schädelstätte. Auch auf der Festung Massada am Toten Meer waren wir.

Mein Gott, mein Gott, warum hast du mich verlassen?

Im Juli 2005 waren wir ein paar Tage in Marienkron im Burgenland. Der Park war groß und ruhig, eine Klosterkirche und eine große Bibliothek waren verfügbar. Diesmal fand ich keine Gideonbibel im Zimmer vor, sondern die Bibel-Einheitsübersetzung des Alten und Neuen Testaments mit einem schönen Umschlag mit Bildern von Claude Monet.

Was suchte ich und warum? Immer schon hatten mich die letzten Worte Jesu unendlich traurig gemacht, schon als Kind. Und zu meinem Ärger werden sie in Lesungen etc., vor allem zu Ostern, besonders hervorgehoben.

Im Markus- und Matthäusevangelium steht: …Mein Gott, mein Gott, warum hast du mich verlassen? Sie sagten: Er ruft Elia, sie tauchten einen Schwamm in Essig und gaben den Schwamm auf einen Stock und netzten seine Lippen, weiters sagten sie: Ob Elia ihm vom Kreuz hilft? …dann hauchte er seinen Geist aus!

Während im Johannes- und Lukasevangelium steht: Sie hielten ihm einen Schwamm mit Essig an einem Zweig an den Mund. Als er vom Essig genossen hatte, sprach er: Es ist vollbracht! Und neigte sein Haupt und gab seinen Geist auf.

Die Trostlosigkeit…warum hast du mich verlassen? Er erhält nach diesen Texten keine Antwort von Gott.

Aber ich habe vor vielen, vielen Jahren gelesen, bei einem großen Religionsforscher, ich glaube; es war Martin Buber: Zur Zeit Jesu zitierten viele Gläubige die Psalmen, aber anstatt den ganzen Psalm zu beten, sprachen sie nur die ersten Worte und hatten damit das ganze Gebet, den ganzen Psalm dargebracht.

So hätte Jesus mit: Mein Gott, mein Gott, warum hast du mich verlassen…, wenn das der Anfang eines Psalms wäre, den ganzen Psalm gebetet. Aber Jesus könnte auch die Kraft gefehlt haben; weiter zu beten, hat er doch eine Stärkung gebraucht.

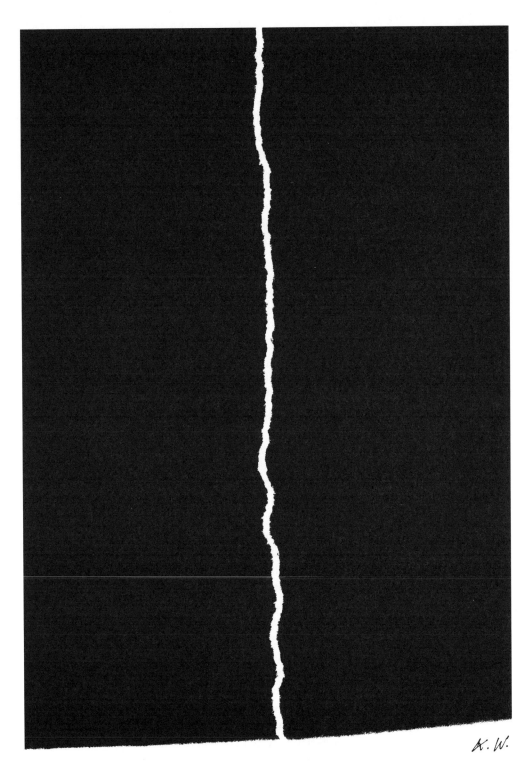

K. W.

Grafik: Vorhangriss

Ich suchte den Psalm, als ich im Park von Marienkron liegend in der Einheitsbibel die Psalmen las, kam ich zum Psalm 22. Den meinte Jesus, der Psalm stammt von David, Jesu Vorfahren:

Mein Gott, mein Gott, warum hast du mich verlassen? Bist fern meinem Schreien, den Worten meiner Klage. Mein Gott, ich rufe bei Tag, doch du gibst keine Antwort, ich rufe bei Nacht und finde doch keine Ruhe. Du aber bist heilig, der du thronst über den Lobgesängen Israels. Unsere Völker hofften auf dich und da sie hofften, halfst du ihnen heraus. Zu dir schrien sie und wurden errettet, sie hofften auf dich und wurden nicht zuschanden.

Ich aber bin ein Wurm und kein Mensch, ein Spott der Leute und verachtet vom Volke. Alle die mich sehen verspotten mich, sperren das Maul auf und schütteln den Kopf: Er klage es dem Herrn, der helfe ihm heraus und rette ihn, hat er Gefallen an ihm! Du hast mich aus meiner Mutter Leibe gezogen, du ließest mich geborgen sein an der Brust meiner Mutter.

Auf dich bin ich geworfen von Mutterleib an, du bist mein Gott von meiner Mutter Schoß an. Sei nicht ferne von mir, denn Angst ist nahe, denn es ist hier kein Helfer. Gewaltige Stiere haben mich umgeben, mächtige Büffel haben mich umringt. Ihren Rachen sperren sie gegen mich auf wie brüllende und reißende Löwen. Ich bin ausgeschüttet wie Wasser, alle meine Knochen haben sich voneinander gelöst, mein Herz ist in meinem Leibe wie zerschmolzenes Wachs.

Meine Kräfte sind vertrocknet wie eine Scherbe und meine Zunge klebt mir am Gaumen und du legst mich in den Staub des Todes. Denn Hunde haben mich umgeben und der Bösen Rotte hat mich umringt, sie haben meine Hände und Füße durchbohrt. Ich kann alle meine Knochen zählen, sie aber schauen zu und sehen auf mich herab. Sie verteilen unter sich meine Kleider und werfen das Los um mein Gewand. Du aber Herr, sei nicht ferne; du, meine Stärke, eil' mir zur Hilfe! Entreiße mein Leben dem Schwert, mein einziges Gut aus der Gewalt der Hunde! Hilf mir aus dem Rachen des Löwen und vor den Hörnern wilder Stiere.

Du hast mich erhört! Ich will deinen Namen kundtun meinen Brüdern, ich will dich in der Gemeinde rühmen. Preist ihn und rühmt ihn, ihr Nachkommen Jakobs, erschauert vor ihm ihr alle vom Hause Israel! Denn er hat nicht verachtet, nicht verabscheut das Elend der Armen und mein Antlitz nicht vor ihm verborgen und als er zu ihm schrie, hörte er's. Deine Treue preise ich in der großen Gemeinde, ich erfülle mein Gelübde vor denen, die Gott fürchten.

Die Elenden sollen essen, dass sie satt werden, und die, die nach dem Herrn fragen, werden ihn preisen, euer Herz soll ewiglich leben. Es werden gedenken und sich zum Herrn bekehren aller Welt Enden und vor ihm anbeten alle Geschlechter der Heiden. Denn des Herrn ist das Reich und er herrscht unter den Heiden. Ihn allein werden anbeten alle, die in der Erde schlafen, vor ihm werden die Knie beugen alle, die zum Staube hinab fuhren und ihr Leben nicht erhalten konnten. Er wird Nachkommen haben, die ihm dienen, vom Herrn wird man verkünden Kind und Kindeskind. Sie werden kommen und seine Gerechtigkeit predigen dem Volk, das geboren wird. Denn er hat's getan.

Die Hoffnungslosigkeit aus dem Beginn des Psalms wird für Jesus Hoffnung!

Er starb nicht hoffnungslos

Beruhigt konnte er nach diesem Gebet = Psalm seine Seele dem Herrn übergeben. Und er hat ihn erhört, wie wir durch seine Auferstehung wissen.

Zurück zu Jesus am Kreuz:

Weil es „Rüsttag" (rüsten für den großen Sabbat) war und die Leichname nicht am Kreuz bleiben durften über den Sabbat, baten die Juden Pilatus, dass die TS die Kontrollen der Leichname durchführen sollten. Wir haben bei den „Aufgaben der TS" das schon kennengelernt. Sie führten diese grausame Prozedur bei den zwei Mitgekreuzigten durch. Als sie zu Jesus kamen und ihn rechts hineinstachen und Blut und Wasser kam, verzichteten sie auf das Brechen: Den haben sie vorher schon halbtot gemacht, lassen wir das! Und sie gingen zurück in die Quartiere. In Mose 2, 12.46 steht: Brecht keine Knochen am Passa! Und so geschah es nicht bei Jesus. In Sacharia 12,10 steht: Und sie werden ihn ansehen, den sie durchbohrt haben, und sie werden um ihn klagen, wie man klagt um ein einziges Kind.

Jesu Grablegung

Jesus war zur 9. Stunde, um 15:00 gestorben. Pilatus hatte Josef von Arimathäa den Leichnam freigegeben, auch die Kreuzabnahme. Nachdem die TS-Soldaten die drei Kreuze aus den Verankerungen genommen hatten, kümmerten sie sich nur um die zwei Aufständischen, wir ersparen uns die Kreuzabnahme der beiden, sie wurden auf einem Karren zum Massengrab gebracht, es war 17:00. Normalerweise blieben die Gekreuzigten zwei Wochen am Kreuz zur Abschreckung. Und dann erst wurde der verbliebene Rest, was die Geier überließen, ins Massengrab gebracht.

Josef von Arimathäa verehrte heimlich Jesus, er war eigentlich ein Jünger von Jesus. Ihm zur Seite stand Nikodemus, den wir von seinem nächtlichen Besuch bei Jesus kennen. Nikodemus hatte zur Salbung 100 Pfund = 100 Minen= 57,5 kg Myrrhe gemischt mit Aloe mitgebracht. Sie nahmen den Leichnam, legten ihn auf ein Leinentuch, salbten den Körper mit den wohlriechenden Ölen und banden die Tücher. Dann legten sie den Leichnam auf einen 2-Rad-Karren und fuhren, von zwei TS-Soldaten bewacht, den kurzen Weg zur Höhle im Garten von Josef von Arimathäa.

Weil es dunkelte, waren die Fackeln schon entzündet. Nachdem Jesus in der Höhle bestattet war, brachten die Soldaten eine Steinplatte herbei und stellten sie vor dem Grab auf. Pilatus hatte angeordnet, dass während des Passafestes das Grab bewacht würde, Tag und Nacht, weil er die Sorge hatte, dass Anhänger von Jesus seinen Leichnam stehlen würden. Die Bewachung war zeitlich von der TS so eingeteilt: 22:00-2:00, Ablöse 2:00-6:00, 6:00-10:00 usw.. Pilatus hatte weiters befohlen: Das wird fortgesetzt, bis keine Verehrer mehr kommen!

Und jetzt kam etwas, was die Römer, aber auch die Neugierigen nicht erwartet hatten. Die Verwandten und Anhänger, auch die Mutter und auch die Jüngerinnen begannen zu beten, wie sie es mit Jesus viele Male getan hatten: Vater unser…, und sie beteten weiter: Herr, nimm ihn auf in dein Reich, dass er sitze zu deiner Rechten, dass er wiederkomme, zu richten die Lebenden und die Toten. Amen!

Wir haben jetzt das erste christliche Begräbnis miterlebt. Das war am Vorabend des Pessach = Passa-Sabbats (29.03.30). Unser Karfreitag, wo um wo um 15:00 die Glocken im Gedenken an Christi läuten.

Als man sich verabschiedete, vereinbarte man, sich morgen wieder hier zu treffen.

Jesu Auferstehung (Kreuzigung 29.03., der 3. Tag = So 31.03.30)

Wie am Tag davor hatten sich Jesu Anhänger, die Christen, auch am Sabbat = Karsamstag im Garten von Josef von Arimathäa wiedergetroffen. Es wurden die Reden und Taten von Jesus besprochen. Aber auch wie es weitergehen sollte. Alle waren sich einig den Auftrag Jesu zu erfüllen.

Am nächsten Tag, den ersten Tag der Woche = Ostersonntag schon sehr früh am Morgen kamen Maria von Magdala und Maria, die Mutter des Jakobus des Kleinen und Salome des Großen. Sie hatten wohlriechende Öle dabei. Sie wollten, dass ihnen die Soldaten den Stein wegräumten, damit sie Jesus salben könnten.

Und als sie zum Grab kamen waren die Wächter weg und der Stein vorm Grab war weggewälzt. Sie gingen hinein in die Höhle, aber sie sahen den Leib Jesu nicht, wohl aber die Leinentücher und das Schweißtuch schön geordnet. Zwei Männer in glänzenden Kleidern traten ihnen entgegen. Sie erschraken und neigten ihr Haupt. Die Männer fragten: Was sucht ihr den Lebenden bei den Toten? Er ist nicht hier, er ist auferstanden. Gedenkt, was er gesagt hat, der Menschensohn muss überantwortet werden in die Hände der Sünder und gekreuzigt werden und am dritten Tag auferstehen!

Jetzt erinnerten sie sich seiner Worte.

Maria von Magdala ging vor das Grab und weinte, sie sah eine helle Gestalt und glaubt, es wäre der Gärtner von Josef von Arimathäa, es war aber Jesus, er spricht zu ihr: Frau, warum weinst du? Wen suchst du? Sie antwortete: Meinen Herrn, hast du ihn weggetragen? Sag mir wohin, ich will zu ihm! Jesus sprach zu ihr: Maria!

Da erkannte sie ihn: Meister, mein Herr, du bist es!

Jesus sagte: Rühre mich nicht an, denn ich bin noch nicht aufgefahren zu meinem Vater. Geh zu meinen Brüdern und Schwestern und sage ihnen, dass ich zu meinem Vater, zu Gott auffahre. Doch davor komme ich noch zu ihnen!

Maria lief zu den Aposteln und den anderen und berichtete, was sie gesehen und gehört hatte. Auch dass sie Jesus noch sehen würden. Johannes und Petrus liefen zum Grab und sie sahen das Leichentuch und das Schweißtuch. Sie verstanden noch nicht!

Die Hohenpriester und Ältesten von Jerusalem waren empört, dass die zwei Soldaten als das Grab leer war geflüchtet sind. Sie kamen zusammen und sagten: Seine Jünger haben ihn in der Nacht gestohlen, weil die Wachen geschlafen haben. Zu den Wachen sagten sie: Wir wollen euch helfen, wenn ihr sagt: Die Jünger haben uns überfallen und ihn geraubt. So wird euch Pilatus nicht verurteilen!

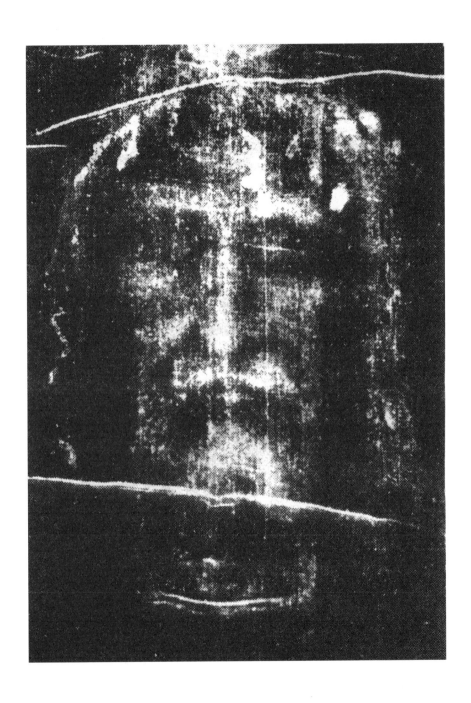

Grafik: Jesuskopf am Turiner Grabtuch

K.W. 11.3.84

Grafik: Jesus nach dem Turiner Grabtuch

Die Emmausjünger

Zwei der Jünger gingen an diesem Sonntag zu dem Ort Emmaus, etwa zwei Stunden waren sie schon gewandert. Sie redeten miteinander über Jesus, da nahte sich ihnen ein Wanderer, es war Jesus, aber sie erkannten ihn nicht. Worüber redet ihr so angestrengt? Sie blieben stehen und waren sehr traurig. Der eine mit Namen Kleopas, einer der vielen Jünger, sagte: Du bist der Einzige in Jerusalem, der nicht weiß, was passiert ist.

Der „Fremde" darauf: Was denn?

Das mit Jesus von Nazareth, ein Prophet, mächtig in Taten und Worten vor Gott und Volk. Unsere Hohepriester und Ältesten haben ihn als Todesstrafe kreuzigen lassen. Wir hofften aber, er sei es, der Israel erlösen würde. Heute ist der dritte Tag, da er geschieden ist! Einige Frauen aus unserer Mitte haben uns erschreckt, sie waren beim Grab, sie haben seinen Leib nicht gefunden, Engel haben ihnen gesagt, er lebe!

Jesus sagte: Ihr Toren, seid ihr zu träge zu glauben, was die Propheten sagten?! Er sagte es ihnen und: Musste nicht Christus dies erleiden und in seine Herrlichkeit eingehen?

Sie kamen nach Emmaus, er wollte weitergehen. Sie wollten, dass er bleibe, weil es schon Abend würde. Dann saßen sie bei Tisch, er nahm das Brot, dankte und brach es und gab es ihnen. Jetzt gingen ihre Augen auf und sie erkannten Jesus. Und er verschwand! Brannte nicht unser Herz und wir haben ihn nicht erkannt, obwohl er die Schrift erläuterte? Sie kehrten nach Jerusalem zurück und berichteten den Aposteln: Der Herr ist uns erschienen!

Die Vollmacht der Apostel

Und am Abend dieses ersten Tages der Woche = Ostersonntag, an dem Jesus auferstanden war, versammelten sich die Apostel in dem Saal, wo sie das Abendmahl gehalten hatten und der ihnen jetzt zur Verfügung stand. Denn der Hausherr war ihnen wohlgesinnt und über die Kreuzigung von Jesus sehr traurig. Aus Furcht vor den Juden verschlossen sie die Türen und der Hausherr versprach zu schweigen.

Als sie über die Ereignisse und den auferstandenen Jesus sprachen, war er auf einmal mitten unter ihnen. Er sprach sie mit „Der Friede sei mit euch." an. Dann zeigte er ihnen die Hände mit den Wunden und die rechte Seite mit der Wunde vom Lanzenstich. Die Apostel waren glücklich, dass der Herr wieder da war. Und Jesus setzte fort: Friede sei mit euch! Wie mich der Vater gesandt hat, so sende ich euch! Dann hauchte er sie an und sprach: Nehmt hin den heiligen Geist! Welchen ihr die Sünden erlasst, denen sind sie erlassen und welchen ihr sie nicht erlasst, die behalten ihre Sünden.

Sie aßen zusammen das Mahl wie früher. Dann sagte er: Denkt an meine Worte, dass alles erfüllt werden muss was von mir geschrieben steht im Gesetz Mose, in den Propheten und in den Psalmen. Nun erkannten sie die Worte der Schrift.

Jesus setzte fort: So steht's geschrieben, dass Christus leiden wird und auferstehen von den Toten am dritten Tag und dass gepredigt wird in seinem Namen Buße zu tun zur Vergebung der Sünden unter allen Völkern. Fangt an in Jerusalem. Seid Zeugen für alles, ich will euch herab senden was mein Vater verheißen hat: Den heiligen Geist! Bleibt in der Stadt bis ihr ausgerüstet seid mit der Kraft aus der Höhe.

So wurde die erste Christengemeinde gegründet. Die Kirche, die schon 2000 Jahre in Pracht überstanden hat!

Thomas

Alles was geschehen war berichteten die Apostel Thomas, der nicht bei diesem Mahl und der Bevollmächtigung war. Thomas sagte: Wenn ich nicht die Wunden sehe von Nägeln und Lanze und nicht die Hand dareinlege, kann ich es nicht glauben.

Am achten Tag erschien Jesus mitten unter ihnen. Er sagte zu Thomas: Lege deine Hand in meine Wunden, sei nicht ungläubig, sondern glaube. Thomas sagte nur: Mein Herr und mein Gott!

Jesus antwortete: Weil du mich gesehen hast, Thomas, deshalb glaubst du. Selig sind die, die nicht sehen und doch glauben!

Petrus und Johannes

Danach fragte Jesus Simon Petrus: Hast du mich lieber als mich diese lieben? Petrus darauf: Ja, Herr, du weißt, dass ich dich lieb habe. Jesus sagte: Weide meine Lämmer.

Ein zweites Mal fragte er: Simon, Sohn des Johannes, hast du mich lieb? Der sprach zu Jesus: Herr, du weißt, dass ich dich lieb habe. Jesus darauf: Weide meine Schafe.

Zum dritten Mal fragte Jesus: Du, Simon, hast du mich lieb?

Petrus wurde traurig und sagte zu ihm: Herr, du weißt alle Dinge, du weißt, dass ich dich lieb habe.

Letztlich sagte Jesus: Du, weide meine Schafe, wahrlich, ich sage dir, als du jünger warst gürtest du dich selbst und gingst, wohin du wolltest, wenn du aber alt wirst, wirst du deine Hände ausstrecken und ein anderer wird dich gürten und führen, wo du nicht hin willst!

Jesus wies darauf hin, welchen Tod Petrus erleiden würde.

Und er sagte: So folge mir nach! Petrus wandte sich um und sah Johannes und fragte: Herr, was wird mit ihm?

Jesus antwortete: Wenn ich will, dann bleibt er bis ich komme, warum fragst du? Du folge mir nach!

Die Jünger sagten: Das heißt, dass Johannes nicht stirbt!

Jesus aber hatte gesagt: Wenn ich will, bleibt er bis ich komme, aber er hat nicht gesagt, dass er nicht stirbt!

Johannes bezeugt dies alles und hat es aufgeschrieben, als Zeugnis, dass alles wahr ist. Er sagte: Wenn alles aufgeschrieben würde, was geschehen ist, so würde dies die Welt der Bücher nicht fassen! Was aber geschrieben wurde, ist damit ihr glaubt an Jesus den Christus und Gottes Sohn und ihr durch ihn lebt in seinem Namen!

Jesu Himmelfahrt (Auferstehung = So 31.03., der 40. Tag = 09.05.30)

Als seine Zeit gekommen war, führte er sie auf den Ölberg, hob die Hände gegen den Himmel und betete. Dann segnete er sie und sprach: Gehet hin in alle Welt und predigt das Evangelium allen Menschen. Wer da glaubt und getauft wird in meinem Namen, der wird selig werden, wer aber nicht glaubt, der wird verdammt werden. Machet zu Jüngern alle Völker und tauft sie auf den Namen des Vaters und des Sohnes und des Heiligen

Geistes und lehret sie, dass sie halten, was ich euch befohlen habe. Und siehe, ich bin bei euch alle Tage bis ans Ende der Welt. Nach diesen Reden wurde er aufgehoben gegen den Himmel, um zur Rechten Gottes zu sitzen.

Sie aber zogen aus und predigten das Christentum an allen Orten. Der Herr wirkte in ihnen und bekräftigte ihr Wort durch Zeichen = Wunder.

Über Jesus

Auch wenn es bald Mitternacht am 23.12.05 wird, haben wir noch den Christbaum meiner Tochter geschmückt. Aber ich kann nicht umhin, einen Nicht-Christen über Jesus reden zu lassen: Flavius Josephus schreibt im 18. Buch der jüdischen Altertümer: ...um diese Zeit lebte Jesus, ein Mann voll Weisheit, wenn man ihn überhaupt einen Mann nennen darf. Er vollbrachte nämlich ganz unglaubliche Dinge und war ein Lehrer derjenigen Menschen, die gern die Wahrheit aufnahmen. So zog er viele Juden und Griechen an sich. Dieser war der Christus. Als Pilatus ihn auf Anzeige der bei uns an der Spitze stehenden hin mit Kreuzigung bestraft hatte, hörten diejenigen, die ihn zuerst ins Herz geschlossen hatten, nicht mit ihrer Zuneigung auf. Er erschien ihnen nämlich am dritten Tag wieder lebend, wie die göttlichen Propheten dies und tausend andere wunderbare Dinge von ihm verkündigt hatten. Noch bis jetzt hat der Stamm der Christen, die nach ihm benannt sind, nicht aufgehört!

DIE APOSTELGESCHICHTE DES LUKAS

Lieber Theophilus, in meinem ersten Bericht habe ich alles über Jesus Christus, was er lehrte und was er tat, geschrieben, bis zu dem Tag, wo er die Apostel erwählte und beauftragte, den Weisungen des Heiligen Geistes zu folgen und seine Lehre zu verbreiten, bevor er in den Himmel zu seinem Vater heimkehrte.

Seit seiner Auferstehung war er mehrmals, während der 40 Tage, den Aposteln erschienen, zuletzt hatte er gesagt: Bleibt in Jerusalem, denn Johannes hat mit Wasser getauft, ihr aber sollt mit dem Heiligen Geist getauft werden.

Auf euch wird die Kraft des Heiligen Geistes kommen und ihr werdet meine Zeugen sein und meine Lehre verbreiten, nicht nur bei uns hier, sondern in der ganzen Welt.

Ereignisse nach der Himmelfahrt Jesu

Nachdem sie Jesus verlassen hatte am Ölberg, traten zwei weißgekleidete Männer zu den 11 Aposteln und fragten: Warum seid ihr so traurig? Johannes: Weil uns der Herr, Jesus Christus, verlassen hat und zum Vater heimgekehrt ist!

Darauf die weißen Männer, sagte er nicht, dass er bei euch ist, alle Tage bis ans Ende der Welt und da weint ihr? Die Apostel waren überrascht, dass die Fremden das wussten: Ja, das hat er gesagt!

Und die zwei sprachen weiter: Bei euch alle Tage, wo?, in euch durch eure Gedanken, eure Worte und eure Werke, ist seine Seele in euch, in euch lebt er weiter, mitten unter euch ist er!

Und was ist der Heilige Geist? Das sind eure Worte, die Jesus euch gibt! Dann verschwanden die Fremden und die Apostel zogen hinunter nach Jerusalem.

Mit der Himmelfahrt Jesu endete sein göttlicher Auftrag, Gottes Reich zu verkünden und Werke in Gottes Namen zu vollbringen.

Das Gebäude seiner Lehre war fertig und Jesus kehrte zum Vater zurück.

Der Psalm 110 von David erfüllt sich: Gott spricht zu meinem Herrn: Setze dich zu meiner Rechten, bis ich deine Feinde zum Schemel deiner Füße mache!

Nun müssen die Apostel das Evangelium des Herrn weltweit verkünden!

Jesus ist nicht die Gießkanne über Gute und Böse, wie das oft gesagt wird. Hat er doch mit der Beauftragung der Apostel gesagt: Wer da glaubt und getauft wird, in meinem Namen, der wird selig, wer aber nicht glaubt, der wird verdammt werden.

Ist das nicht schon die Vorwegnahme des Gerichtes durch Jesus? Lebte er nicht in den Aposteln, unter ihnen, und jetzt unter uns, um das Gottesreich zu erfüllen!

Die Wahl des 12. Apostels

Vom Ölberg kamen sie nach einigen km Fußmarsch zurück nach Jerusalem, sie begaben sich in den Abendmahlsaal, der jetzt ihre Wohnung war. Dort waren auch Jünger und Jüngerinnen bei ihnen. Auch die Mutter Jesu und seine Brüder waren dort.

Als die Apostel ihnen alles berichtet hatten, beteten sie gemeinsam.

Petrus begann danach zu sprechen:

Ihr Männer und Brüder, ihr Schwestern, es muss das Wort der Schrift erfüllt werden, das der Heilige Geist durch den Mund Davids vorhergesagt hat im Psalm (69) über Judas, der den Herrn verraten hat und über jene, die ihm Böses taten: Ihre Wohnstatt soll verwüstet werden und niemand wohne in ihren Zelten!

Weiters (109): Seine Tage sollen wenige sein und ein anderer empfange sein Amt!

Er, Judas, hat sich erhängt auf dem Acker seines Unrechts, dem Blutacker, so empfange nun ein anderer sein Apostolat, damit wir wieder 12 sind und das Wort der Schrift erfüllt werde.

Ein Mann, der mit Jesus war, von der Taufe im Jordan bis zu der Auferstehung. So dass er Zeuge von allem ist.

Die Apostel nannten zwei Jünger: Josef Barsabbas, genannt Justus= Gerechter und Matthias= Geschenk Gottes.

Sie beteten und sprachen: Herr, der du uns kennst, erwähle einen der beiden, damit er das Apostelamt empfange und sein Amt antrete. Sie warfen das Los, und das fiel auf Matthias, er war jetzt der 12.Apostel!

Das Pfingstwunder
(Auferstehung, So 31.03., der 50. Tag = So 19.05.30, unser Pfingstsonntag)

Pfingsten war zurzeit Christi und bei den Alten das 2. Große Wallfahrtsfest der Juden, es war das Fest der Ernte, das Wochenfest, weil es am 7. Sabbat (Sa 18.5.30) nach dem Passafest gefeiert wird. Das Fest findet zum Ende der Gersten- und zum Beginn der Weizenernte statt, es soll ein Speiseopfer, in Form von 2 Weizenbroten, dem Herrn dargebracht werden. Das Fest erinnert an die Gottesoffenbarung und den Bundesschluss am Berg Sinai.

Wir feiern das Fest als christliches Pfingsten am 50. Tag nach dem Ostersonntag.

Damals, als sich die Apostel, Jünger und Jüngerinnen im Abendmahlsaal trafen, waren Menschen, vor allem Juden, aus dem ganzen römischen Reich, aber auch aus Asien, Arabien, Griechenland, Mesopotamien und natürlich aus Israel und Ägypten usw. in Jerusalem. Also nicht nur Juden und Gäste, sondern auch Römer.

Da hörten die Apostel und die anderen ein heftiges Brausen, denn es kam ein Sturm auf. Bis in den Saal hörte man den Sturm, aber auch den Donner eines gewaltigen Gewitters und dann zeigten sich Feuerzungen auf den Köpfen der 12 Apostel. Das war der Heilige Geist, der über sie kam und sie erkannten alles ganz klar und die Zunge war wie befreit. Es drängte sie zu predigen und sie forderten alle auf, mit ihnen zum Tempel zu gehen.

Da fingen sie an zu predigen, wie ihnen der Heilige Geist das eingab. Sie konnten sogar in den fremden Sprachen die Pilger ansprechen. Dazu stellten sie sich in die Ecken des Tempelvorplatzes und riefen in den jeweiligen Sprachen: Kommt zu mir, ich will euch vom Heiland, unserem Herrn berichten!

Und die Pilger aus aller Welt fühlten sich persönlich von ihrer Muttersprache angezogen und sie hörten über Jesus Christus: Trotz mehrfacher Tötung ist er auferstanden und bei uns gewesen. Er hat uns beauftragt, in seinem Namen zu taufen und Christengemeinden hier und in aller Welt zu errichten.

Viele sagten: Sind das nicht die Galiläer, die um Jesus waren? Wieso sprechen diese so viele fremde Sprachen und wie vernünftig und verständlich? Andere wieder sagten: Die sind betrunken vom süßen Wein! Zusammenfassend müsste man sagen, dass hier der Same, die Wurzel, für die ersten Christengemeinden= Kirchen gelegt wurde.

Die Pfingstpredigt des Petrus

Als er hörte, dass manche sagen, die sind betrunken und sie sich lustig machten über die Worte der Apostel, kam ein gewaltiger Zorn über Petrus.

Er stieg einige Stufen zum Tempel hinauf und begann: Ihr lieben Freunde, die ihr hier wohnt oder als Pilger hier seid, hört auf meine Worte, damit ihr verstehen lernt, was hier geschehen ist.

Petrus sprach diese Worte in Hebräisch, jener Sprache, die auch die Priester sprachen, die zahlreich hier waren. Dank seiner ausdrucksvollen Persönlichkeit und Sprache, wohl auch von der Vollmacht her, die ihm Jesus gegeben hatte, horchten die Leute neugierig, was er sagen würde.

Einige von euch glauben, die Apostel predigten im Rausch. Sie aber waren nicht betrunken vom Wein, ist doch der Tag erst einige Stunden. Aber ihre Zunge war gelöst und so wirkten sie frei, zu frei, um als nüchtern von außen zu wirken. Es war der Heilige Geist in ihnen!

Sie haben nur ihr Herz geöffnet in Freude, dass sie von unserem Herrn Jesus Christus berichten konnten, den heiligen Geist spürten sie in sich und waren so befähigt, die Frohbotschaft, das Evangelium von Jesus, zu predigen, Sie erfüllten damit, was Prophet Joel(3) gesagt hat: Und in den letzten Tagen will ich meinen Geist ausgießen, so spricht Gott, über euch und eure Söhne und Töchter. Sie sollen weissagen, eure Alten sollen Träume haben und eure Jünglinge sollen Gesichte sehen.

Ich will Wunderzeichen geben am Himmel und auf Erden: Blut, Feuer und Rauchdampf. Und wer dann den Namen des Herrn anrufen kann, der soll gerettet werden.

Ich, euer Herr und Gott, werde alle Heiden, die gegen euch waren, vernichten und dann wird Jerusalem heilig!

Petrus setzt fort: Hört, was ich euch sage: Jesus von Nazareth, hat durch Taten, Wunder und Zeichen, die Gott durch ihn in unserer Mitte getan hat, aber auch durch Worte bewiesen, dass er Gottes Sohn ist. Diesen Sohn, der euch nach Gottes Willen gegeben war, habt ihr mittels der Heiden ans Kreuz schlagen lassen und getötet.

Gott hat ihn auferweckt, erlöst von den Schmerzen des Todes, er konnte nicht im Tode gehalten werden. Er war bei uns und sitzt jetzt an Gottes rechter Seite.

Darum ist mein Herz fröhlich und meine Zunge frohlockt, auch mein Leib wird ruhen in Hoffnung.

Denn er wird mich nicht dem Tod überlassen und nicht zulassen, dass sein Heiliger verwese.

Er hat mir kundgetan den Weg des Lebens und wird mich erfüllen mit Freude vor seinem Angesicht.

Freunde, die ihr mir zuhört, lasst mich offen reden vom Erzvater David. Er ist gestorben und wir kennen sein Grab. Da er aber Prophet war und wusste, dass ihm Gott verheißen hatte, dass ein Nachkomme von ihm auf seinem Thron sitzen werde (neben Gott), hat David die Auferstehung Christi vorausgesehen: Er wird nicht dem Tod überlassen und sein Leib wird nicht verwesen. Diesen Jesus Christus hat Gott auferweckt und wir sind Zeugen. Er ist nun erhöht zur Rechten Gottes und hat den Heiligen Geist vom Vater empfangen.

Diesen Heiligen Geist hat er jetzt über uns geschickt, wie ihr seht und hört. So wisset denn, ihr und ganz Israel, dass Gott diesen Jesus, den ihr gekreuzigt habt, zum Herrn und Christus gemacht hat.

Die erste christliche Gemeinde

Sie waren alle sehr betroffen und bereuten innerlich, diesen Männern unrecht getan zu haben, vor allem aber jene, die damals schrien: Kreuzige ihn!

Petrus erkannte das und forderte sie auf: Tut Buße und jeder lasse sich taufen auf den Namen Jesu Christi zur Vergebung eurer Sünden, so werdet ihr empfangen die Gabe des Heiligen Geistes.

Zögernd kam eine Frau zu Petrus. Dieser nahm ihren Kopf zwischen seine Hände und sprach, das Gesicht gegen den Himmel gewendet: So taufe ich dich im Namen von Jesus Christus, unseres Herrn, der Heilige Geist sei mit dir! Viele folgten dem Beispiel der Frau! So entstand eine große Christengemeinde. (in der Bibel steht, etwa 3.000 wurden getauft). Zum Abschluss sagte Petrus: Ich danke euch, Brüder und Schwestern im Herrn, wir beten gemeinsam: Vater unser…

Die Apostel wirkten Wunder und Zeichen und waren mit den neuen Gläubigen zusammen und diese hatten ihre Habe verkauft oder sie teilten mit jenen, die ärmer waren, So konnten alle in der Gemeinschaft zusammen sein, täglich im Tempel, beim Brotbrechen bei den Mahlzeiten hier und dort in den Häusern am Abend, in Freude und mit lauterem Herzen. Sie lobten Gott und den Herrn Jesus Christus. Sie fanden Wohlwollen beim Volk und die Christengemeinde wuchs!

Daraus wurden innerhalb von 2.000 Jahren über zwei Milliarden Christen. Trotz aller Wirren, trotz Unterganges von Weltreichen, besteht das Gottesreich heute noch!

Die Heilung eines Gelähmten

Tage später gingen Petrus und Johannes zum Tempel hinauf und sahen, wie zwei Männer einen Gelähmten vor dem Goldenen Tor zum Tempel absetzten und ein Körbchen vor ihm aufstellten. Er bettelte auch Petrus und Johannes an. Petrus sagte: Silber und Gold haben wir nicht, aber ich werde dir helfen, mit dem Geist von Jesus Christus, unseres Herrn. Gib mir deine Hände und sieh mich an!

Petrus nahm die Hände in die seinen, wandte sein Gesicht zum Himmel: Herr Jesus Christus, der du sitzt zur Rechten Gottes, hilf diesem Menschen, der gelähmt ist. Hilf ihm und mache ihn gehen, so wahr wir an dich glauben!

Petrus sah wieder den Kranken an: Steh auf mit meiner Hilfe, mein Herr, mein Gott hilft dir!

Petrus und Johannes zogen ihn hoch. Und siehe, er blieb stehen als sie ihn losließen und mit Hilfe der Apostel ging er dann allein. Einige hatten den Vorgang beobachtet. Der Geheilte jubelte: Ich danke euch und Jesus Christus! Er schloss sich den Aposteln an, aber auch Leute, die das beobachtet hatten.

Auch viele andere kamen, die den Bettler gekannt hatten. Wie ein Lauffeuer hatte es sich herumgesprochen: Petrus heilt!

Petrus sagte im Tempel: Der Gott Abrahams, Isaaks und Jakobs, der Gott unserer Väter, hat Jesus verherrlicht, den ihr verleugnet habt und ihn kreuzigen ließet.

Dieser Jesus gibt uns die Kraft zu heilen. Ihr ward unwissend, aber nun wisst ihr, so tut Buße und bekehrt euch, so werden euch eure Sünden erlassen!

Über Jesus Christus hat Mose gesagt: Gott sprach zu mir: Ich will ihnen einen Propheten, wie du bist, erwecken aus ihren Brüdern und meine Worte in seinen Mund geben, der soll ihnen sagen alles, was ich ihm gebieten werde. Doch wer meine Worte nicht hören will, die er in meinem Namen redet, der soll vertilgt werden!

Für euch hat Gott seinen Sohn Jesus gesandt, euch zu segnen, dass jeder sich bekehre und abwendet von seiner Bosheit.

Wir beten jetzt, wie Jesus und gelehrt hat: Vater unser…..

Petrus und Johannes vor dem Hohen Rat

Viele Leute hatten die 9. Stunde, die nachmittägliche Gebetszeit genutzt und waren im Tempel. Der Auftritt von Petrus und Johannes hatte viele Menschen begeistert. Jedoch die Priester, die Sadduzäer, aber auch der Hauptmann der Tempelwache waren beunruhigt. Die Sadduzäer ärgerte, dass sie von der Auferstehung Jesu sprachen und der Hauptmann fürchtete eine Volksaufwiegelung!

Jetzt hatten sie Jesus beseitigt und jetzt kommen seine Apostel und begeistern die Leute. Als es Abend wurde, nahm der Hauptmann im Auftrag der Hohen Priester Petrus und Johannes gefangen und sperrte sie ein.

Es versammelten sich die Oberen, Ältesten und Schriftgelehrten, wie auch Hannas, der Hohepriester und andere aus dem Hohepriestergeschlecht und verhörten am nächsten Morgen Petrus und Johannes: Mit welchem Auftrag lehrt ihr und wie heiltet ihr den Gelähmten?

Petrus sprach, erfüllt vom heiligen Geist: Ihr Oberen des Volkes, ihr Ältesten und ihr Priester, warum verhört ihr uns, warum habt ihr uns eine Nacht eingesperrt? Wir haben einem kranken Menschen geholfen, durch wen ist er, der viele Jahre gelähmt war, geheilt worden?

So sagen wir es euch und dem ganzen Volk Israel: Im Namen Jesu Christi, den ihr gekreuzigt habt, der von Gott auferweckt wurde, durch den wurde der Gelähmte gesund!

Jesus ist der Stein, der von euch Bauleuten verworfen wurde, und der zum Eckstein geworden ist!

Die Zuhörer wunderten sich über die Worte dieser Männer, das waren doch ungebildete, einfache Leute, die mit Jesus waren. Andererseits war der Mann von ihnen geheilt worden? Und das wissen viele!

Sie berieten ohne Petrus und Johannes. Wir werden ihnen drohen, dass sie in Zukunft nicht von Jesus reden sollen, sonst werden wir sie wieder verhaften und…

Als sie den beiden das Urteil verkündeten, erhielten sie folgende Antwort: Wir können es nicht lassen, von dem zu reden, was wir gesehen und gehört haben. Sie drohten ihnen nochmals, aber sie ließen sie gehen, um des Volkes willen, dass Gott lobte für das, was geschehen war.

Dank der Gemeinde

Als die Apostel zurück bei den anderen waren, berichteten sie alles. Und sie beteten: Herr, der du Himmel und Erde, das Meer und alles, was darin ist, gemacht hast, du hast durch den Heiligen Geist unserem Vater David gesagt (Ps.2.1.2): Warum toben die Heiden und murren die Völker so vergeblich?

In dieser Stadt waren sie gegen deinen Gesalbten, gegen Jesus!

Herr, gib uns zu reden dein Wort, lass uns Zeichen und Wunder tun durch deinen Sohn Jesus. Sie wurden vom Heiligen Geist erfüllt und redeten frei das Wort Gottes. Diese Gemeinde war ein Herz und eine Seele, auch alle ihre Güter waren ihnen gemeinsam.

Die Apostel bezeugten die Auferstehung des Herrn, Jesus, und eine große Gnade war bei ihnen.

Es war kein Mangel in der Gemeinde und jeder hatte, was er brauchte. Die Apostel verwalteten das gemeinsame Gut.

Wundertaten der Apostel

Viele Zeichen und Wunder geschahen durch die Apostel.

Sie beteten meist in der Salomos Halle des Tempels, vor deren Tor sie den Gelähmten geheilt hatten. Immer mehr glaubten an Jesus Christus durch ihr Wort, aber vor allem, durch Heilungen von Kranken. Viele brachten die Kranken auf Wägen durch Jerusalem, sogar in Betten, damit die vorbeigehenden Apostel angerufen werden konnten.

Die Apostel vor dem Hohen Rat

Die Hohepriester und die Sadduzäer waren vor Eifersucht auf die Apostel erzürnt. So wurden die Apostel ins Gefängnis gesteckt.

In der Nacht erschien der Engel des Herrn, öffnete die Türen und beauftragte die Apostel: Predigt morgen in der Früh die Worte des Herrn, was sie auch taten.

Die Hohepriester riefen in der Früh den Hohen Rat und die Ältesten, um ein Urteil über die Gefangenen zu fällen. Die Wächter fanden die Apostel nicht, die Türen waren offen. Sie holten sie dann aus dem Tempel ohne Gewalt und luden sie ein, vor dem Hohepriester zu erscheinen. Er fragte sie: Haben wir euch nicht geboten, seinen Namen nicht mehr zu nennen und nicht zu lehren? Wollt ihr das Blut dieses Menschen über uns bringen?

Hier hatte wohl der Hohepriester Angst bekommen, denn als Pilatus Jesus freilassen wollte, schrien sie: lass ihn kreuzigen! Pilatus sah ein, dass er Jesus nicht helfen konnte (Mt 27, 24-25), nahm Wasser und wusch sich die Hände und sprach: Ich bin unschuldig an seinem Blut, seht ihr zu! Das ganze Volk antwortete: Sein Blut komme über uns und unsere Kinder! Petrus und die Apostel antworteten: Man muss Gott mehr gehorchen als den Menschen. Der Gott unserer Väter hat ihn auferweckt, als ihr ihn gekreuzigt habt. Jetzt ist er durch Gott erhöht zu seiner Rechten, als Heiland für sein Volk, das Buße tun und um Vergebung der Sünden bitten soll.

Wir sind Zeugen des Geschehens und haben den Heiligen Geist, den Gott jenen gibt, die ihm gehorchen!

Als sie das hörten, wollten sie die Apostel töten!

Der Rat des Gamaliel

Gamaliel war ein Schriftgelehrter, ein angesehener Pharisäer, er war offen und ehrlich und welterfahren. Er schlug dem Hohen Rat vor: Lasst uns die Männer durch die Wachen hinausbringen und wir können beraten! So geschah es.

Er sagte zu ihnen: Überlegt euch, ein jeder, was mit ihnen geschehen soll. Ich möchte euch erinnern an Theudas, der mit seiner Lehre 400 Männer begeisterte. Was geschah mit ihm? Ohne unser Zutun, er und einige seiner Männer wurden erschlagen, die anderen zerstreut. Nach ihm erhob sich der Galiläer Judas, als die Volkszählung stattfand, er rief das Volk zum Aufruhr auf, auch er ist umgekommen, seine Leute vernichtet oder zerstreut.

Wir haben diese Apostel gehört, besonders ihr Oberer, der Simon Petrus, sein Auftreten mit dem Wuschelkopf und dem markanten Gesicht, war beeindruckend und seine Worte, kein Hetzen, kein Aufrühren, sondern der Aufruf zur Einkehr. Er und die anderen glauben ihrem Auftrag und wenn wir ehrlich sind, ist manches wahr.

Daher ist mein Vorschlag: Lassen wir sie gehen. Ist ihr Vorhaben ein Werk von Menschen, so wird es untergehen wie bei den Beispielen, die ich euch erinnert habe. Ist ihr Werk aber von Gott, so könnt ihr sie nicht vernichten und damit ihr nicht dasteht, als wolltet ihr gegen Gott streiten, lasst sie ziehen!

Seine Ehrlichkeit überzeugte, man stimmte zu. Man holte die Apostel herein und sagte ihnen das Urteil: Ihr werdet gegeißelt, aber dann seid ihr wieder frei, ihr dürft aber nicht wieder im Namen von Jesus von Nazareth predigen. Die Apostel waren glücklich und ertrugen die Tortur mit Freude, „denn es war für Jesus".

Als sie ihre Wunden geheilt hatten, begannen sie wieder zu lehren und zu predigen, das Evangelium von Jesus Christus. Nicht nur in Häusern, auch im Tempel.

Bestellung von sieben Mitarbeitern

Die Zahl der Jünger und Jüngerinnen wuchs, aber es gab Unzufriedenheit. Die Griechen (sie stammten vom griechisch sprechenden Ausland) beschwerten sich bei den Aposteln, dass ihre Witwen bei der täglichen Versorgung gegenüber hebräischen Witwen (die Aramäisch sprachen) vernachlässigt würden. Die Apostel hatten außer der Glaubensvermittlung auch noch die Versorgung und Bedienung der Tischgesellschaft, wenn gemeinsam am Abend gegessen wurde, inne. Aber sie versahen auch Witwen, die ihre Behausung nicht verlassen konnten, mit Nahrung und spendeten ihren Segen.

Und wie ist das heute? Wo gibt es Gasthäuser, die ihr Menü den Kranken und Alten ins Haus zustellen? Sie klagen, dass immer mehr Gasthäuser zusperren! Warum findet sich niemand, bis auf wenige Ausnahmen, und stellt das frisch Gekochte zu?

Wo gibt es Großmärkte, die für Alte und Kranke eine Hauszustellung machen? Aber es geht noch weiter!

Jede Gemeinde müsste sich um ihre Alten kümmern. Ist das zu viel verlangt in einem christlichen Land? Das wäre Sicherheit für alte Menschen und es wäre für Arbeitsplätze der Gemeindemitglieder vor Ort gesorgt!

So wie es Kindergärten gibt, müssten auch Altersheime errichtet oder Gebäude dafür umgewidmet werden. Es gibt doch genug für diesen Zweck!

Ich höre schon auf, denn das hört man nicht gerne, weil diese Gruppe von Menschen wohl sehr groß ist, aber wie lange sind sie denn noch Wähler? Außerdem, die, die das lesen sollten, lesen es sowieso nicht, weil man damit keine Stimmen und kein Geld verdient!

2.000 Jahre zurück: Nach diesen Beschwerden riefen die Apostel die ganze Jüngerschaft zusammen und erklärten: Wir haben uns bemüht, aber nicht alle sind zufrieden, wir haben alte und kranke Jüngerinnen übersehen, was uns sehr leid tut.

Aber wir werden die Versorgung ändern, wir brauchen Helfer, Mitarbeiter, die für die Mahlzeiten sorgen, sodass uns diese Sorge abgenommen wird und wir uns ganz dem Gebet und dem Wort Gottes widmen können. Wählt sieben Männer aus eurer Mitte, die einen guten Ruf haben und voll Heiligen Geistes und Weisheit sind. Wir wollen sie zu diesem Dienst bestellen.

Die Brüder sagten „ja", es wurden erwählt: Stephanus, er war erfüllt vom Glauben und Heiligen Geist, Philippus, Prochorus, Nikanor, Timon, Parmenas und Nikolaus, ein zum Judentum übergetretener ehemaliger Heide aus Antiochia.

Die Apostel beteten und legten ihnen die Hände auf und beauftragten sie für die karitativen Aufgaben, aber dass sie auch predigen und taufen durften.

Es waren „Helfer" die ersten Amtsträger, welche nach den Aposteln geweiht wurden, im Rang standen sie nach den Aposteln. Im Rang sind sie höher einzustufen als Diakone. Sie sind geweiht für ihre Aufgaben.

Das Wort Gottes und sein Reich wurden in Jerusalem sehr gut angenommen, die Zahl der Jünger und Jüngerinnen nahm stark zu. So wurden weitere zu „Helfern" geweiht. Sie versorgten die Anhänger mit Essen, aber sie halfen auch wo es notwendig war, bei täglichen Verpflichtungen, vor allem aber den Alten und Kranken. Es gab keine Klagen mehr, dass die „griechischen Witwen" schlechter versorgt wären. Jetzt kam die Liebe, die tätige, helfende Liebe, wie sie Jesus gezeigt hatte, zum Tragen.

Aber auch geistlich waren die „Helfer" tätig, sei es beim Abendgebet, oder aber beim Verkünden des Evangeliums.

Vor allem aber, wie von Gott gesegnet, wirkte Stephanus karitativ und lehrend. Nicht nur seine Lehre löste Interesse aus, weil er bildlich verdeutlichen konnte als stünde Jesus neben ihm, sondern auch, dass er Zeichen setzte, denn er heilte Kranke.

Stephanus wird angeklagt

In Jerusalem waren viele Eiferer, Glaubensgruppen, sie hatten sogar eigene Synagogen. Die Libertiner waren eine Glaubensgruppe der Nachkommen der 64 v. Chr. von Pompejus gefangenen und dann freigelassenen Juden, dann die Gruppe aus Zyrene, weiters jene aus Alexandria, Sizilien und aus Asia. Sie wollten ein Streitgespräch mit Stephanus. Er stellte sich ihnen und sie mussten erkennen, dass er überzeugende Argumente für den Christusglauben vorbrachte und sie geistig geschlagen hatte.

Sie stifteten Männer als Zeugen gegen Stephanus an und wiegelten das Volk, die Ältesten und Schriftgelehrten auf: Er lästert gegen das heilige Jerusalem, das Gesetz Mose. So wurde Stephanus verhaftet und vor den Hohen Rat geführt. Die „Zeugen" sagten aus: Er sagt, dass Jesus das heilige Jerusalem zerstören könne samt dem Tempel und auch das Gesetz Mose verändern. Der Rat war überrascht über das unerschrockene, offene Gesicht von Stephanus – fast engelsgleich sah es aus!

Die Rede des Stephanus

Der Hohepriester fragte: Was sagst du zu dieser schweren Anschuldigung?

Stephanus antwortete: Liebe Brüder und Väter hört zu!

Sein Angesicht strahlte förmlich als er anfing die Geschichte der Alten zu erzählen. Von Abraham, der im Auftrag Gottes auszog in ein Land, das Gott ihm zeigte, und dass Gott ihm voraussagte, dass seine Nachkommen Fremdlinge sein würden in einem fremden Land. Weiters, dass er den Bund der Beschneidung mit Abraham schloss.

Er spricht über Isak und Jakob, wie auch über Josef, den Vizekönig in Ägypten. Dass er 70 seines Stammes nach Ägypten holte. Die vermehrten sich und wurden schließlich geknechtet. Weiters, dass man die männlichen Israeli Geburten tötete und wie Mose errettet und auf den Pharaohof kam. Dass Mose einen Vogt erschlug, der seine Brüder geschunden hatte. Mose floh nach Midian. Dann schildert er die Begegnung Moses mit Gott am Berg Sinai. Dann leitet Mose die Flucht aus Ägypten, als die Fronarbeit für die Israeliten unerträglich wurde. Dass Gott ihnen das gelobte Land versprochen hatte. Dass dieser Mose Wunder und Zeichen tat in Ägypten, im Roten Meer und in der Wüste, 40 Jahre lang. Trotzdem Gott mit ihm redete und Mose die Worte des Lebens weitergegeben hatte, wollten die Alten ihm nicht gehorchen und stießen ihn von sich und wandten ihre Herzen wieder Ägypten zu, ja sie verlangten von Aaron andere Götter, gossen ein goldenes Kalb und opferten ihm. Und Gott wandte sich ab. In den 40 Jahren in der Wüste vergaßen sie, für Quellwasser zu danken. Bei der Landnahme gehorchten sie Josua nicht und wandten sich fremden Göttern zu.

In der Wüste hatten die Alten die Stiftshütte, das Zelt, wie Gott es Mose angeordnet hatte, als er ihnen das Land gab und die Heiden vertrieb. David fand Gnade vor Gott und bat ihn, eine Wohnung erbauen zu dürfen.

Salomo erbaute ihm ein Haus. Und doch wohnte der Allerhöchste nicht darin, in dem, was von Menschenhänden gemacht ist. Wie der Prophet sagt: Der Himmel ist mein Thron, die Erde der Schemel meiner Füße. Was wollt ihr mir bauen, wo ist die Stätte meiner Ruhe? Hat nicht meine Hand alles gemacht? (Jes 66)

Und jetzt trifft sie Stephanus ins Herz, die ihn angreifen: Ihr Unbeschnittenen an Herzen und Ohren (= Halsstarrige und Taube), ihr widerstrebt allezeit dem Heiligen Geist, wie eure Väter, so auch ihr! Und er greift die Betroffenen weiter an, als ob es nicht schon genug wäre: Ihr seid wohl körperlich beschnitten, und trotzdem ist euer Glaube nicht echt, er ist gegen das Wort Gottes.

So setzt er fort: Welchen der Propheten haben eure Väter nicht verfolgt?

Sie haben getötet, jene die geweissagt haben, das Kommen des Gerechten, dessen Verräter und Mörder ihr geworden seid. Ihr habt das Gesetz auf Anweisung von Engeln empfangen, aber es nicht gehalten.

Der Tod des Stephanus

Der Zorn der Angesprochenen war gewaltig, aber er steigerte sich ins Unermessliche, als Stephanus ganz verklärt zum Himmel empor blickte und sagte: Seht, ich erblicke den Himmel offen und Gott in seiner Herrlichkeit und den Menschensohn Jesus Christus zu seiner Rechten!

Sie schrien mit einer Stimme: Gotteslästerung, das ist Steinigung! Alles stimmten ein, wie sie bei Jesus schrien: Kreuzigt ihn!, so schrien sie: Steinigt ihn!

Stephanus wurde zur Richtstätte gestoßen.

Bei der Steinigung mussten zuerst die ersten Zeugen die ersten Steine auf die Opfer schleudern.

Ein junger Mann, namens Saulus, war schon bei der Verurteilung aufgefallen, als er rief: Das ist Gotteslästerung, steinigt ihn!

Auf der Richtstätte sagte er zu den Zeugen, die die ersten waren: Legt ab die Oberkleider, gebt sie mir und trefft gut. Interessant ist, dass sie zögerten, als Stephanus zu beten begann: Herr, mein Jesus, nimm mich auf in dein Reich!

Saulus rief: Schießt und trefft ihn gut! Die ersten Steine flogen durch die Luft und trafen Stephanus am Körper. Saulus rief: Geht näher heran und haut ihn nieder, er hat Gott gelästert!

Der Kräftigste unter den Zeugen nahm einen Stein, hob ihn auf und schleuderte ihn direkt auf den Kopf von Stephanus. Man hörte förmlich das Krachen des Kopfknochens, wahrscheinlich ein Schädelbasisbruch, denn aus Nase, Ohren und Mund kam Blut. Saulus und die anderen waren begeistert: Das gebührt ihm!

Im Sterben hauchte Stephanus die Worte: Herr, vergib ihnen ihre Sünden!

Die Apostel, Jünger und Freunde des Toten, reinigten den Körper und wickelten ihn in Leinen. Vorher waren die Verurteiler und Saulus gegangen. Stephanus wurde von den ersten Christen in ein Grab gebracht und beweint. Das war am 26.12.30 n. Chr., als der 1. Märtyrer (= Erzmärtyrer) der frühen Christen starb.

Viele Kirchen sind dem Heiligen Stephanus geweiht: die Wr. Stephanskirche, der Dom von Passau und Regensburg und die großartige Kathedrale von Bourges in Frankreich und nicht zuletzt die Pfarrkirche in Kirchberg am Wagram, die Wallfahrtskirche Maria Trost. In der das Altarbild von Carloni (1712) die Steinigung des Stephanus darstellt.

Als wir vor einigen Jahren einen Bußgottesdienst mit Kardinal Schönborn feierten, sagte er zum Einzug: Ich komme mir vor, als gehe ich in den verkleinerten Stephansdom, denn diese großartige Kirche ist auch dem Hl. Stephan geweiht(Bildteil).

Heute noch gedenken wir des Hl. Stephans am 26. Dezember.

Die Verfolgung der Gemeinde in Jerusalem

Nach dem gewaltsamen Tod des Stephanus vergrößerte sich die Christengemeinde. Weitere Helfer wurden geweiht, aber auch viele Feinde erwuchsen den Christgläubigen. Vor allem aber Saulus bekämpfte die ersten Christen. Die Repressalien veranlassten in der Folge viele Christen, Jerusalem zu verlassen.

Sie zerstreuten sich in Judäa und auch in Samarien und in anderen Ländern. Sie waren die Kernzellen der neuen Lehre des Christentums in der Welt.

Wer ist Saulus?

Da sich Saulus so gegen die Christen hervortat, verlangten die Hohepriester Saulus zu sprechen. Sie wussten, dass er in Christenhäuser eindrang und Männer, aber auch Frauen, wenn sie Gottesdienst feierten, den Häschern auslieferte.

So kam Saulus Anfang 32 vor die Hohenpriester. Sie baten ihn, zu erzählen, woher er ist, denn sein Gotteseifer sei ihnen positiv aufgefallen! Er stammt aus Tarsus (Südanatolien, Türkei), das dem römischen Reich zugehörte, obwohl 16 km vom Mittelmeer entfernt, war es ein wichtiges Handelszentrum. Die Eltern waren streng gläubige Juden, die dem Pharisäertum zuneigten.

Sie gehörten zum gehobenen Bürgertum, der Vater war ursprünglich Zeltmacher und jetzt belieferte er das römische Heer in Zilizien. Da seine Zelte den Wünschen der Römer entsprachen, wurde er mit größeren Lieferungen beauftragt. So belieferte er zuletzt, nicht nur Zilizien, sondern auch die Besatzungstruppen in Israel mit Zelten. Dazu hatte er 12 Unterlieferanten, diese kontrollierte er auf die Qualität der verwendeten Ziegenfelle, der Nähte und Verarbeitung. So waren seine Lieferungen von hoher Güte.

Obwohl er Jude war, erhielt er als Anerkennung die römische Staatsbürgerschaft.

Saulus erlernte auch den Beruf des Zeltmachers und wurde streng gläubig, als Pharisäer, erzogen! Damit seine religiöse Ausbildung vollkommen werde, schickten sie, als Saulus 21 war, ihn nach Jerusalem, wo er seine Schwester hatte. Er sollte in den Gesetzen und in der pharisäischen Theologie unterrichtet werden. Sein Lehrer war Gamaliel, ein berühmter Schriftgelehrter. Wir kennen ihn, als die Apostel vor dem Hohen Rat waren und er sagte: Lasst sie, Gott wird richten!

Aber Saulus, der sich als römischer Bürger auch Paulus nannte, wurde ein wütender Hasser der jungen christlichen Gemeinde, denn er sagte, neben Gott ist kein anderer, es gibt nur einen. Er hatte Angst vor den Christen, die dauernd mehr wurden

Der Hohe Rat war beeindruckt vom sicheren Auftreten von Saulus=Paulus und sagte: Damaskus hat eine wachsende Christengemeinde, geh dorthin und mache Ordnung! Obwohl du erst 23 wirst, erhältst du von uns die Vollmacht, dort religiöse Erneuerer zu ermahnen, die Gruppen aufzulösen und zu verbieten, dass sie im Namen von Jesus von Nazareth reden.

Du bist vom wahren Tempel des Herrn in Jerusalem, vom Hohen Rat beauftragt! Sollte es Widerstand geben, verhaftest du die Anführer und bringst sie zu uns! Erzähl ihnen das Ende von Stephanus. Dass du römischer Bürger bist, ist ein Vorteil, denn da machen uns die Besatzer keine Schwierigkeiten. Du bekommst sieben Soldaten der Tempelwache zur Unterstützung. Du bist ihr Hauptmann in dieser Mission, ihr reitet selbstverständlich auf Pferden und werdet bestens mit Waffen ausgestattet. So ziehet im Namen Gottes, damit die jüdische Religion rein bleibe!

Der Hohe Rat war auch für die christlich gewordenen Juden auch außerhalb von Judäa verantwortlich und übte richterliche Gewalt in Sachen Religion aus.

Eines verstehe ich nicht, Saulus wurde von dem bedeutenden Pharisäer Gamaliel, den wir von der Freilassung der Aposteln her kennen, unterrichtet. Der sagte doch, dass er lieber Gott als Richter anerkannte, als den Hohen Rat: Wieso konnte sein Schüler Saulus ein so gewaltbereiter Eiferer des alten Glaubens werden?

Saulus, der hebräische und Paulus, der römische Name, war ein gut gekleideter 22-jähriger Mann.

Er hatte ein intelligentes Gesicht, mit etwas schütterem Haar, das später einer Glatze wich. Er war, auch wegen seiner gepflegten Sprache, ein sympathischer Mann, wäre er nicht so fanatisch gewesen. Er konnte sich in Griechisch und Hebräisch fließend ausdrücken, natürlich auch in Aramäisch. Übrigens, Damaskus, sein Ziel, war von jeher ein wichtiger Handels- und Karawanenknoten. Vor allem wurden Wein und Wolle gehandelt. Viele Herrscher waren in vorchristlicher Zeit an der Stadt interessiert: David, Salomo und Jerobeam II. und andere.

64 v. Chr. eroberte es Pompejus und es wurde römische Provinz, der örtliche Herrscher war Aretas IV., der König der Nabatäer = Aramäer (Syrien)

Und jetzt wenden wir uns dem weiteren Schicksal Saulus = Paulus zu.

Saulus am Weg nach Damaskus und seine Bekehrung (25.01.32)

Saulus= Paulus hatte vom Hohen Rat für seine Mission einen Brief für die Synagoge von Damaskus erhalten, dass er Anhänger von Jesus Christus gefangen nehmen dürfe, um sie nach Jerusalem vor den Hohen Rat zu bringen. Die schönste Aufgabe für ihn, den Fanatiker für den reinen Glauben der Väter!

Anfang des Jahres 32 ritt er mit seinen sieben Soldaten von Jerusalem los, um in etwa 4-5 Tagen in Damaskus zu sein. Ihr Weg führte sie am ersten Tag nach ca. 51 km nach Alexandreion, wo sie nächtigten. Die nächste Etappe war Skythopolis, wieder 50 km, und am 3. Tag waren es 92 km (Karte Seite 269).

Sie hatten den Jordan überquert und waren östlich des Sees Genezareth nach Norden gezogen und kamen stark ermüdet in Cäsarea Philippi an. Sie wollten in der Herberge nächtigen. Die Abende vorher hatten sich folgendermaßen abgespielt: Saulus war vorangeritten, in der Herberge abgestiegen und hatte sein Pferd seinen sieben Begleitern überlassen, dann wurde mit dem Herbergsbesitzer alles geregelt: Für morgen Proviant für acht und jetzt: Versorgen der Tiere, Fütterung und Tränkung, Futter für einen Tag vorbereiten, Füllen des Wasserbehälters. Um 20:30 Abendessen für sieben an einem Tisch und einen Extratisch für mich. Essen nach Bestellung, Wein nach Belieben! Die sieben Soldaten schliefen in einem Raum auf Matratzen, Saulus hatte ein Einzelzimmer mit Bett und Wasserkanne und Becken.

So war es auch in Cäsarea Philippi, nur diesmal hatten sie ein frisches Lamm am Spieß gebraten und die Einzelportionen wurden, wie auch die Süßspeisen, mit dem entsprechenden Wein serviert. Die Frage des Herbergsbesitzers: Gilt das auch für deine sieben Begleiter?

Saulus: Und warum fragst du?

Weil das doppelt so viel kostet!

Saulus sagte: Ja! Die Quartiere wie üblich! Nachdem die Stunde fortgeschritten war und guter Wein, d.h. süßer Wein, getrunken wurde, kam einer der Sieben zu Saulus an den Tisch und sagte: Wir dienen dir treu, obwohl wir dich nicht kennen. Wir sind auf einer Strafmission gegen die Jesus von Nazareth-Anhänger, wir sind in deinem Befehl, aber warum verfolgst du sie so scharf?

Saulus schluckte, er hatte nicht gerechnet ein solches offenes Wort zu hören. Sie waren etwa 200 km gemeinsam unterwegs. Er hatte immer für alles vorgesorgt, damit die Rastpausen erquickend waren. Auch war er nicht kleinlich mit den Weinportionen, Am Abend, aber wenn er Schluss machte, war es selbstverständlich, dass alle schlafen gingen. Um 8:00 gab es ein kleines Frühstück und die Tagesreise begann.

Er sagte: Wir sind jetzt drei Tage unterwegs und morgen kommen wir in Damaskus an, um unsere Aufgabe zu erfüllen. Ich werde euch erklären, warum ich das mache: Ich habe Mose und die Gesetze studiert und ich glaube mit meiner ganzen Liebe an den einen Gott, aber ich glaube nicht, dass der Messias, schon da war.Ich bin zwar Römer, aber mein Volk und mein Glaube ist Israel und der, der da gekommen ist aus Nazareth, der Jesus, den sie Christus = Messias nannten, war nicht der Messias der Juden, schon gar nicht der Sohn unseres einzigen Gottes. Diese „Christen", die an Jesus von Nazareth glauben, verführen unser Volk und wollen die Gesetze ändern, sie sprechen von Liebe und zerstören unseren Glauben der Väter, daher verfolge ich sie. Was wir hier tun ist eine heilige Mission mit Gottes Hilfe. Morgen geht es früh los und jetzt: Gute Nacht!

Am nächsten Tag brachen sie auf, sie hatten etwa 65km vor sich und als sie sich ihrem Ziel näherten, ereignete sich unweit vor dem Stadttor von Damaskus Folgendes:

Saulus wurde, auf dem Pfad reitend, plötzlich von einem Lichtstrahl vom Himmel geblendet, er stürzte vom Pferd und eine Stimme sprach ihn an: Saul, Saul, warum verfolgst du mich?

Saulus fragte: Wer bist du, Herr?

Und die Antwort war: Ich bin Jesus, den du verfolgst!

Saulus darauf: Was willst du, dass ich tun soll?

Und die Stimme wies ihn an: Steh auf und geh in die Stadt zum Haus Judas, es wird dir gesagt, was du tun sollst!

Die sieben Begleiter hatten die Stimme gehört, aber niemand gesehen.

Als Saulus die Augen öffnete, konnte er nicht mehr sehen, er war geblendet. Sie nahmen die Pferde und Saulus an der Hand und gingen nach Damaskus hinein in das Haus des Judas.

Saulus ließ sich aufs Zimmer bringen und ordnete an: Ihr braucht euch um mich vorläufig nicht kümmern, ihr habt frei, seid aber jeden Abend hier im Haus Judas'. Wenn meine Augen wieder besser sind, übernehme ich wieder das Kommando. Bis dahin seid ihr und die Tiere versorgt. Solange macht euch eine schöne Zeit!

Saulus wusste, was der Herr zu ihm gesagt hatte, er aß und trank nicht, er war in Erwartung.

Inzwischen sprach der Herr zu einem seiner Jünger. Hananias hatte sich vor einiger Zeit den Christen angeschlossen und einen tiefen Glauben entwickelt. Jesus erschien ihm am Abend nach dem Gebet in einer Vision und beauftragte ihn: Geh morgen in die Straße, die „Gerade" heißt, zum Haus Judas, auch er ist Christ, frage nach dem Saulus aus Tarsus. Ich bin ihm vor Damaskus erschienen und habe ihn bekehrt. Er wartet auf eine Nachricht schon zwei Tage lang, er betet zu mir und braucht Hilfe, denn er hat sich mir anvertraut.

Hananias gab zu bedenken: Ich habe nichts Gutes von ihm gehört, er tat viel Böses deinen Heiligen in Jerusalem.

Dieser Ruf war Saulus vorausgeeilt.

Aber der Herr sagte: Trotzdem, geh zu ihm, denn er ist ein von mir Auserwählter, er soll meinen Namen vor Heiden und Könige tragen und auch vor die Söhne Israels! Ich werde ihm auch zeigen, was er alles um meines Namen Willens leiden muss.

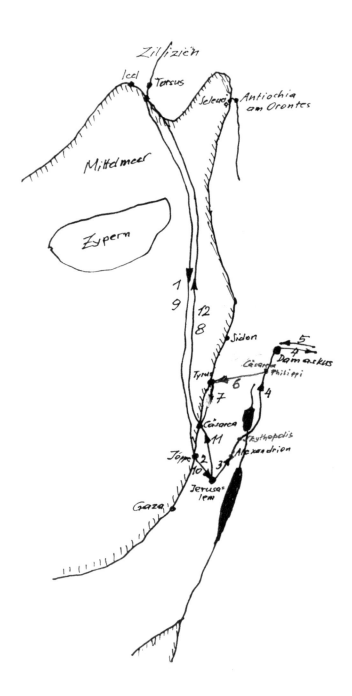

Karte: Paulus´ (Saulus´) Reisen
nach Jerusalem (1, 2), nach Damaskus (3, 4, 5), nach Cäsarea (6, 7), nach Tarsus (8),
nach Jerusalem (9, 10) und retour (11, 12)

Hananias tat wie ihm Jesus geheißen und kam zu Saulus im Auftrag des Herrn und begann: Bruder Saulus, unser Herr Jesus hat mich zu dir gesandt, er ist dir am Weg hierher erschienen, du sollst wieder sehend werden und erfüllt sein vom Heiligen Geist! Unser Herr Jesus hat mich ermächtigt dich mit dem Heiligen Geist zu taufen: Bereue deine Sünden, werde ein neuer Mensch, erfüllt vom Geist Jesu Christi.

Saulus antwortete: Mir geschehe wie der Herr will!

Hananias legte Saulus beide Hände auf und sprach: Der Heilige Geist komme über dich, du sollst wieder sehen, du sollst die Herrlichkeit unseres Herrn erkennen!

Wie Schuppen viel es von den Augen Saulus' und er sah alles wirklich, das heißt, er erkannte die Tiefe dieses Vorganges, dass er ein neuer Mensch wurde, um Jesus zu dienen. Das war am dritten Tag des Aufenthaltes in Damaskus.

Hananias erläuterte Saulus die Aufgaben als Auserwählter von Jesus und fügte hinzu: So bist du sein Apostel!

Gemeinsam aßen sie und Saulus erfuhr viel über Jesus.

Soweit erzählt uns Lukas die Bekehrung des Saulus. Paulus selbst sagt später im Galaterbrief, dass er von Jesus direkt (nicht erst drei Tage später durch Hananias), im Augenblick der Erscheinung, zum Apostel berufen worden ist! Wir aber setzen fort mit der Erzählung nach Lukas.

Saulus = Paulus in Damaskus

Saulus = Paulus blieb im Haus des Christen Judas, nicht ohne vorher die sieben Soldaten am schnellsten Weg nach Jerusalem zurückzuschicken, um dem Hohen Rat zu melden: Mission abgebrochen!

Er selbst blieb bei den Jüngern in Damaskus und begann nach vielen Gesprächen mit ihnen die Worte Jesu selbst zu predigen. Auch in der Synagoge.

Einige sagten: Hat er nicht in Jerusalem die Jesu-Anhänger verfolgt und wollte er sie nicht auch hier verfolgen? Die Juden in Damaskus hatten keine Freude und sagten: Jetzt hängt er Jesus an, was ist mit ihm geschehen?

Dann erfuhren sie das Wunder seiner Bekehrung und glaubten es nicht! Sie beschlossen, ihn zu töten.

Saulus = Paulus wollte flüchten, die anderen Jünger, seine Brüder, sahen, dass die Tore bewacht wurden, um ihn zu verhaften. Damit er flüchten konnte wurde sehr rasch ein Plan gefasst und noch in dieser Nacht ausgeführt.

Da bot sich Barnabas aus Antiochia am Orontes an. Er war am Weg nach Jerusalem. Die Christengemeinde von Damaskus sah das als Hilfe von Jesus an: Ein Mann am Weg nach Jerusalem mit zwei Pferden (eines für die Last und eines zum Reiten) mit dem Ziel Jerusalem und hier Paulus auf der Flucht- ohne Pferd und Habe- so traf es sich, dass die Brüder gemeinsam nach Jerusalem reiten konnten.

Barnabas hatte bei Gründung der ersten Christengemeinde sein Grundstück und seine ganze Habe verkauft und das Geld den Aposteln gespendet und die Wohngemeinschaft mit ihnen als Jünger aufgenommen. Als ihn die Nachricht von der Erkrankung seiner Mutter erreichte, zog er heim nach Antiochia. Geboren war er auf Zypern, seine Eltern waren Leviten und waren als er noch klein war nach Antiochia gezogen. Die Christengemeinde in Jerusalem hatte ihn, der Josef hieß, auf Barnabas = Sohn des Trostes umgetauft. Nachdem seine Mutter wieder gesundet war und die von ihm gegründete erste Christengemeinde in Antiochia gut funktionierte, wollte er zu seinen Brüdern in Jerusalem zurück und Geschenke mitbringen.

Da man in Damaskus gut einkaufte, hatte er es hier getan. Einige Tage war er schon in der Christengemeinde von Damaskus und als die Frage auftauchte, wie man den verfolgten Paulus aus Damaskus hinausbringen konnte, war er bereit ein Pferd für Paulus zur Verfügung zu stellen und die Last auf die zwei Reiter (Pferde) zu verteilen. Da die Stadttore bewacht waren, ritt Barnabas vor Einbruch der Dunkelheit hinaus, ein Pferd für Lasten und das Zweite für ihn. Die Stadttorwachen prüften alle, ob Paulus darunter war. Als die Tore bei Einbruch der Dunkelheit schlossen, ließ man Paulus über die Stadtmauer in einem Korb hinunter, dort warteten schon Barnabas mit den beiden Pferden für die Flucht nach Jerusalem. Paulus kannte den Weg und auch die Herbergen.

Wie schon erwähnt: Paulus berichtet später im Galaterbrief, dass er nicht von Damaskus nach Jerusalem gegangen sei, sondern in die Wüste und wieder zurück nach Damaskus. Nach einem Aufenthalt wo er predigte, floh er nach Hause nach Tarsus. Er kam erst drei Jahre später nach Jerusalem.

Jetzt aber bleiben wir bei der Darstellung nach Lukas in der Apostelgeschichte.

Paulus in Jerusalem

Barnabas war ein idealer Begleiter, er kümmerte sich wie ein Bruder um Paulus, hatten ihm doch die Christen in Damaskus, vor allem aber Hananias, gesagt, dass der Herr Paulus beauftragt hatte, ihn zu verkünden. Barnabas war überrascht, wie schnell dieser junge Mann das Christentum annahm und aufgrund seiner alttestamentarischen Kenntnisse erklären konnte, dass Jesus der verheißene Heiland für Israel ist.

Paulus fühlte sich also durch Jesus zum Apostel berufen. Barnabas unterstützte das, weil er von den anderen wusste, dass Jesus mit Paulus viel vorhat, als sein Sprachrohr.

Umso mehr war Barnabas über die Christen in Jerusalem enttäuscht, dass die Apostel und Jünger sehr zurückhaltend Paulus gegenüber waren. Freudig hingegen empfingen sie Barnabas, der Wolltuchballen für Kleider und Mäntel den armen Christen in Jerusalem gebracht hatte.

Als Paulus predigte, lehnten ihn die griechischen Juden ab. Wahrscheinlich, weil er gegen das Gesetz der Alten predigte? Ja, einige wollten ihn sogar töten!

So retteten ihn die Brüder. Und Barnabas brachte ihn nach Cäsarea. Nachdem er sich von seinem wahren Bruder Barnabas verabschiedet hatte, zog er sich in sich zurück und überlegte. In einem Gespräch am Markt fragte ihn ein Mann, was sein erlernter Beruf sei? Er sagte seinem Gesprächspartner: Zeltmacher, ansonsten Gottesknecht.

Jetzt wurde der Mann gesprächig: Dass er vorhabe, das Hermongebirge zu besteigen und, um mit sich allein zu sein, will er die Expedition, die Tour ohne Begleitung unternehmen. Er habe ein Leben lang gearbeitet und könne sich das leisten. Er brauche ein leichtes und dichtes 1-Mann-Zelt, ob Paulus bereit sei, dieses zu bauen? Paulus ist erfreut und führt den Auftrag innerhalb von vier Tagen aus.

Das Geld, das er verdient hatte, reichte um nach Tarsus heimreisen zu können. Dort würde er sein weiteres Leben überdenken und seine lateinischen Sprachkenntnisse im Geschäft des Vaters erweitern.

Wer ist Paulus?

Ich habe mich intensiv mit dieser großartigen Persönlichkeit befasst: eine der tragenden Säulen der Kirche, vor allem für die Heidenchristen.

Ich hatte übrigens ein distanziertes Verhältnis zu ihm, ähnlich wie die in Jerusalem! Ich glaubte zu Unrecht, dass er Christen in Jerusalem nicht nur verfolgte, sondern auch tötete und ich wusste, dass er bei der Steinigung von Stephanus dabei war und die Tötung angefeuert hatte.

Umso überraschter war ich, als ich bei der Hochzeit meiner Töchter das Hohelied der Liebe lesen sollte. Ich glaubte, es wäre das Hohelied Salomos, seine Sammlung von Liebesliedern oder Psalm 45, Lied zur Hochzeit des Königs, aber das war es nicht, sondern von Paulus im 1.Brief an die Korinther 13:

Das Hohelied der Liebe:

Wenn ich mit Menschen- und Engelszungen redete,
hätte aber die Liebe nicht,
so wär´ ich nur ein tönendes Erz,
oder eine klingende Schelle.
Und wenn ich die Prophetengabe hätte
Und durchschaute alle Geheimnisse
Und besäße alle Erkenntnis,
und wenn ich allen Glauben hätte,
so dass ich Berge versetzte,
hätte aber die Liebe nicht, so wär ich nichts.
Und so fort!

Durch die Verse von Paulus Hohelied überrascht, begann mich 1986 die Person Paulus zu interessieren. Ich wusste wohl, dass unser christliches Abendland ihm theologisch sehr viel verdankt, aber solch tiefe Verse hatte ich nicht erwartet.

Daheim in Tarsus

Paulus wird hier die Geschehnisse seit seinem Studienaufenthalt in Jerusalem berichten. Auch seine Bekehrung und Berufung zum Apostel durch Jesus direkt. Dazu benütze ich jetzt den Galaterbrief, der später erst geschrieben wurde, und der die Worte von Paulus wiedergibt. Während ich mich in der Apostelgeschichte bis hierher an den Bericht von Lukas gehalten habe.

Bei einem großen Fest mit Vater und Mutter baten sie ihn, zu erzählen, was geschehen war. So erzählt er:

Ihr kennt meine Erziehung von Kindesbeinen an, obwohl wir dem kleinsten Stamm, des Benjamins, entstammen, habt ihr mir eine Erziehung angedeihen lassen, würdig eines Leviten. Was ihr wusstet von unserem Glauben, von den fünf Büchern Mose und den anderen, habt ihr mich gelehrt. Ihr habt mir Hebräisch-Aramäisch als Muttersprache mitgegeben. Ihr habt mich aus euren Geschäften Griechisch gelehrt. Und nicht zuletzt habt ihr mir das ehrsame Gewerbe eines Zeltbauers beigebracht.

So kam ich 21-jährig geistig und handwerklich bestens vorbereitet nach Jerusalem, zum besten Lehrer unserer Religion, zu Gamaliel und sollte zum Rabbi ausgebildet werden.

Tatsächlich wurde ich in der Lehre der Alten bestens ausgebildet und in diesem Glauben sattelfest. Auch, um die Gesetze und den „Einen" mit Energie verteidigen zu können gegen die Anhänger von Jesus und ihrer neuen Religion.

Als ausgebildeter Pharisäer erkannte ich die Gefahr, die ihr Gründer Jesus von Nazareth, den sie Messias=Christus nannten und der Tote auferweckt haben und der auferstanden sein soll von den Toten, für uns bedeutete.

Ich habe ihre Heiligen verfolgt und in Gefängnisse geworfen. Ich habe ihre Hinrichtung befürwortet. Ich verfolgte sie auch außerhalb von Jerusalem bis nach Damaskus. Alles im Auftrag der Hohenpriester.

Wir erreichten Damaskus, wo ich mit sieben Häschern eine Strafexpedition machen sollte, um die Mittagszeit und wir freuten uns schon bald die Kühle der Bäume in einer Herberge genießen zu können.

Da kommt vor dem Stadttor ein ganz starkes Licht vom Himmel auf mich zu, um vieles heller als der Glanz der Sonne. Stark geblendet stürzte ich vom Pferd, auch meine Gefährten waren von den Pferden gestürzt. Das starke Licht traf mich und eine Stimme daraus sagte: Saul, Saul, warum verfolgst du mich? Die Stimme sprach Hebräisch, so hörten die anderen auch, was sie sagte!

Ich fragte: Wer bist du? Die Antwort war: Ich bin Jesus von Nazareth, den du verfolgst!

Meine Frage war eindeutig: Was soll ich tun, Herr?

Jesus antwortet: Steh auf, denn dazu bin ich dir erschienen, dass ich dich bestelle zum Diener und Zeugen dessen, was du an mir geschaut hast und weiterhin worin ich mich dir zeigen werde. Ich werde dich erretten von deinem Volk und von den Heiden, zu denen ich dich sende! Du sollst ihnen die Augen öffnen, damit sie sich bekehren von der Finsternis zum Licht und von der Gewalt des Bösen zu Gott, damit sie Vergebung der Sünden erlangen und Anteil unter den Heiligen durch den Glauben an mich haben.

Geh hinein nach Damaskus zu Judas, dort kommt Nachricht zu dir. Er erzählt weiter: Als ich geblendet wurde, sah ich, im gleißenden Licht, Jesus auf mich zukommen. Das konnten die anderen nicht sehen, wohl aber die übermenschliche Helle. Danach erkannte ich, dass ich blind war.

Ich wurde am 3.Tag im Haus von Judas in Damaskus von Hananias, einem Christen, der von Jesus beauftragt war, von der Blindheit geheilt und ich erkannte Christus Jesus in seiner Größe und ließ mich mit dem Heiligen Geist taufen. Natürlich brach ich die Expedition ab und schickte die Soldaten heim mit der Botschaft: Er bricht die Strafexpedition ab, er kann nicht gegen die Christen vorgehen!

Die Eltern wollten wissen, ob er schon solche Erscheinungen hatte. Paulus sagte: Ja, zwei Mal: einmal in Jerusalem nach dem Unterricht bei Gamaliel, kurz nach dem Abendgebet, hatte ich die Vision, im Himmel zu sein: Alles war hell und ich war ganz leicht und ruhig, ein einzigartiger Friede überkam mich und ein unbeschreibliches Glück…

Das 2.Mal war, als ich in Jericho am Jordan rastete und unter einem Baum schlief. Da hörte ich, wie Johannes zu Jesus sagte: So taufe ich dich und als sich Jesus aus den Fluten erhob, hört ich eine Stimme, sie klang wie die Stimme Stephanus im Sterben: Dies ist mein geliebter Sohn! Aber was vor Damaskus passiert ist, war anders. Am helllichten Tag erscheint mir Jesus von Nazareth, alle haben es gehört, auch meine sieben Begleiter, und beauftragt mich als Apostel!

Ich bin betroffen und akzeptiere voll den Auftrag, geblendet sagte ich: Ja!

Inzwischen war es stockdunkle Nacht geworden.

Die Eltern sagten: Und so bist du Anhänger von Jesus, den sie Christus nennen, geworden? Ja, ich erfasste die Tiefe seiner Lehre und ihre Wahrheit. Und aufgrund der Berufung durch ihn, bin ich nicht nur Anhänger seiner Lehre, sondern auch Apostel, d.h. ich werde seine frohe Botschaft, das Evangelium, verkünden.

Die Eltern reichten eine kleine Erfrischung.

Man merkte ihnen an, wie sie durch die Erzählung ergriffen wurden.

Erzähl uns, wie es weitergeht.

Nach diesem Ereignis und nachdem ich von der Blindheit geheilt worden war und mich die Jesusgemeinde aufgenommen hatte, zog ich nicht hinauf nach Jerusalem, wie mir vorgeschlagen wurde, um den Aposteln zu berichten. Sondern mein Auftrag war eindeutig in Gottes Namen erfolgt. Ich brauchte eine Auszeit, eine Zeit der Selbstfindung in einer Rolle, die ganz anders und fordernd war.

Ich ging längere Zeit weg von den Jüngern nach Arabien (gemeint ist wohl das Wüstengebiet östlich von Damaskus).

Er wusste von Jesu Taufe und dass Jesus 40 Tage fastete und dann den Auftrag Gottes erhielt! Paulus wird sein weiteres Leben überdacht und hinterfragt haben. Auch den Auftrag, den er hatte und Gott wird ihm geantwortet haben, wie er Jesu Worte den Heiden bringen sollte.

Er erzählte den Eltern weiter: Nach dieser Zeit ging ich zurück nach Damaskus, wohnte wieder bei Judas in der kleinen Herberge, in der Geraden. Hananias war glücklich, dass ich zu predigen begann und die Dinge beim Namen nennen konnte.

Um die Wirkung des Evangeliums Jesu Christi sicherzustellen, fing ich bei den Köpfen der Gesellschaft an!

Ich ging zum Vorsteher der Synagoge in Damaskus und bat ihn, nach dem Sabbatgottesdienst, besser nach der Lesung der Thora (= Bücher Mose), predigen zu dürfen zum Lob Gottes. Das wurde bewilligt.

Paulus' Predigt in Damaskus

Ich begann, wie auch später immer wieder (Römerbrief) mit: Gott ist mein Zeuge, dass ich ein Schuldner, euch Damaskern und den Juden gegenüber bin, denn ich diene dem Herrn und dem Evangelium Jesu Christi. Ich muss es euch predigen, es ist die Kraft Gottes in ihm. Nach dem Evangelium werden alle selig, die daran glauben!

Darin wird die Gerechtigkeit, die vor Gott gilt, geoffenbart. Sie kommt aus dem Glauben. Ich bin der Knecht Gottes, ausersehen, das Evangelium Jesu Christi zu predigen, das Gott durch die heilige Schrift der Propheten verheißen hat.

Jesus, der durch Gott geheiligt, Tote auferweckte und heilte, Wunder wirkte, wurde für uns als Opfer gekreuzigt und durch seinen Vater auferweckt von den Toten. Von ihm habe ich die Gnade des Apostelamtes erfahren. In Jesu Christi Auftrag, muss ich bei euch den Glauben an ihn aufrichten. So sage ich euch: Die Gnade und der Friede des Herrn sei mit euch von Gott, unserem Vater und von dem Herrn Jesus Christus! Gottes Zorn wird über alle gottlosen Wesen und die Ungerechten kommen. Die Kraft Gottes erseht ihr aus der Schöpfung dieser Welt und seinen Werken, die wir täglich preisen.

Ihr müsst Gottes Forderung erfüllen, denn es nimmt das Böse zu: Habgier, Geldgier, Lug und Trug, Neid, Verleumdung und Mord, außerehelicher Geschlechtsverkehr, Gottesverleugnung und Ungehorsam gegen Eltern, wie auch Unbarmherzigkeit und Hochmut.
So wisst, dass nach Gottes Recht der Tod dafür steht.
Einige kümmern sich nicht darum! Direkt sagte ich: Du kannst dich nicht entschuldigen, wer du auch bist.
Auch wenn du andere richtest, verdammst du dich selbst, weil du tust dasselbe, was du richtest. Warum verachtet ihr Gottes reiche Güte, Geduld und Langmut? Wisst ihr nicht, dass Gottes Güte uns zur Buße leitet?
Daher wird einem Jeden nach seinen Werken gegeben und ewiges Leben denen, die in aller Geduld gute Werke tun, und damit nach Herrlichkeit und unvergänglichem Leben trachten.
Ungnade und Zorn aber denen, die streitsüchtig sind, der Wahrheit nicht gehorchen, aber der Ungerechtigkeit.
Vor Gott gibt es kein Ansehen der Person! Denn vor Gott sind nicht gerecht, die das Gesetz hören, sondern die das Gesetz tun.
Wenn die Heiden das Gesetz nicht haben, aber von Natur aus tun, so beweisen sie, dass das Gesetz in ihrem Herzen ist.
Sie werden als Gerechte eingehen, wenn Jesus Christus die Menschen richten wird.
Es entstand hinten ein Lärm, einer schrie laut: Er hat Gott geschändet, mit einem Sohn und er hat das Gesetz gebrochen, nicht wir sind die Sünder, er hat die mehrfache Todsünde begangen, ich erschlage Paulus!
Der junge Eiferer sprang auf, entriss seinem Nachbarn den Gehstock, erhob ihn, stürmte nach vorne zum Rednerpult, um auf mich einzuschlagen. Augenblicklich waren Hananias und Barnabas, der auf der Durchreise war, aufgesprungen und hatten sich vor mir aufgebaut.
Barnabas, ein wuchtiger großer junger Mann, warf den Stock des Angreifers auf den Boden und stellte sich darauf: Wenn du unserem Apostel Paulus wehtust, dann Gnade dir der Himmel!
Der Synagogenvorsteher hob beide Hände, alle waren ruhig und er sagte: Paulus, ich entziehe dir das Wort und fordere dich auf, diesen heiligen Ort zu verlassen, du hast ihn beschmutzt.
Ich sagte: Ich weiche der Gewalt, obwohl ich die Wahrheit in Gottes Auftrag gesagt habe. Kommt mit mir vor den Tempel, dort werde ich das Evangelium weiter verkünden. Viele folgten und auch Spaziergänger am Sabbat kamen auf den Tempelplatz und hörten mir zu! So predigte ich:
Die Juden glauben, das Gesetz zu kennen, weil sie darin unterrichtet sind. Sie glauben, Gottes Willen zu kennen und unterrichten andere, was das Beste zu tun sei: Sie glauben, Unmündige lehren zu können, weil sie im Gesetz die Richtschnur der Erkenntnis und Wahrheit sehen. Zu einem jeden sage ich: Du lehrst andere und dich selber nicht?
Weiters sage ich: Du predigst, man soll nicht stehlen und du stiehlst?
Und:
Du sprichst, man soll nicht ehebrechen, und du brichst die Ehe?
Du verabscheust die Götzen und beraubst den Tempel?

Du rühmst dich des Gesetzes und du schändest Gott durch Übertretung des Gesetzes? Es sagt Jesaja (52,5): Denn euretwegen wird Gottes Namen gelästert unter den Heiden! Die Beschneidung nützt etwas, wenn du das Gesetz hältst. Aber da du das Gesetz nicht hältst, bist du ein Unbeschnittener geworden. Wenn jetzt ein Unbeschnittener hält, was nach dem Gesetz recht ist, meint ihr nicht, dass dann der Unbeschnittene auch vor Gott als gerecht gilt?

Ihr seht, vor Gott zählt die Beschneidung nicht, sondern der Geist, der Gottes Gesetze erfüllt. Ich rede zu euch von der Gerechtigkeit vor Gott, die da kommt durch den Glauben an Jesus Christus, Gott hat Jesus als Opfer angenommen, sein Blut, damit löscht er die Sünden, die früher begangen wurden! Durch das Gesetz der Werke? Nein, durch das Gesetz des Glaubens.

So wird der Mensch gerecht, ohne des Gesetzes Werke, allein durch den Glauben. Denn Gott ist der Gott der Juden und gewiss auch der Heiden. Wir richten das Gesetz auf durch den Glauben. Warum hat Gott Abraham, unseren aller Vater, auserwählt? Hat er die Gesetze gehalten, die gab es noch nicht, weil er beschnitten war, die Beschneidung gab es noch nicht!

Weil er einen tiefen Glauben, ein Urvertrauen in Gott hatte, deshalb fiel Gottes Wahl auf ihn. David hat schwer gefehlt, wieso fiel Gottes Gnade auf ihn? Weil er glaubte und bereute und Gott um Hilfe bat, hatte er wieder Gottes Gnade erreicht. David hat sie in seinen Psalmen aufs Schönste besungen.

Warum hat Gott unsere Urväter nicht verlassen, obwohl sie das Gesetz sträflich verletzten, fremden Göttern, Götzen dienten?

In ihrer Not bereuten sie und Gott in seiner Gnade half ihnen. Denn sie glaubten an ihn! Unser Jesus Christus hat gesagt: Das Gesetz will ich nicht aufheben, im Gegenteil, ich will es erfüllen, deshalb hat mir mein Vater die Worte gegeben. So sage ich euch, liebt euren Gott aus ganzem Herzen und mit aller Kraft und beweist es, indem ihr euren Bruder, eure Schwester, den Nächsten und die Nächste liebt, wie euch selbst, dann liebt ihr Gott in Wahrheit.

Und wenn ihr dem Geringsten meiner Brüder Gutes tut, so tut ihr es mir. Ich sage euch, heiligt den Tag des Herrn, arbeitet nicht, aber wenn ihr eurem Vieh am Sabbat Wasser gebt, so steinigt doch mich nicht, wenn ich den Kranken helfe und am Sabbat heile. Der Mensch, der Höchste der Schöpfung, ist nicht für den Sabbat geschaffen, sondern der Sabbat für ihn. Es heißt, du sollst nicht ehebrechen, aber ich sage euch, wenn einer eine andere Frau ansieht und sie begehrt, hat er schon die Ehe gebrochen.

Auch sage ich euch, geht nicht zum Altar, um zu opfern, wenn ihr euch nicht vorher mit eurem Bruder, eurem Nächsten, ja sogar mit eurem Feind ausgesprochen und versöhnt habt!

Sind wir nicht alle Gottes Kinder? Das sagte Jesus!

Und so endige ich meine Predigt: Der Heilige Geist komme über euch und unser Vater und sein Sohn Jesus segne uns! Gehet hin und bringet Frieden!

Liebe Eltern, die Morgenröte zieht auf, soll ich meine Geschichte fertig erzählen?

Ja, wir bitten darum!

Die Leute verließen den Tempelplatz, die Jesus-Gemeinde war noch vollständig da, bei mir. Sie sagten, sie müssten mich schützen, denn im Tempel hatten die Eiferer beschlossen, mich für meinen Frevel zu töten. Tatsächlich hatten meine Brüder hier in Damaskus festgestellt, dass vor meinem Quartier, bei meinem Bruder Judas, der die Herberge hatte, Schergen auf mich lauerten. Die Gemeinde brachte mich zu Hananias. Und mit Barnabas und den anderen wird beraten, was zu tun sei. Sie werden auch die Stadttore bewachen und dann Hausdurchsuchungen machen! Am besten ist, wenn ich fliehe aus Damaskus, aber wie komme ich raus? Barnabas, der mir ein richtiger Freund und Bruder wurde, sagte: Ich muss weiter nach Jerusalem, habe zwei Pferde, eines bepackt und eines zum Reiten. So verlasse ich, bevor die Tore zugesperrt werden, die Stadt und warte vor der Mauer, seilt doch Paulus in der Dämmerung ab und wir reiten weg. Sie beschlossen, mich in einem Korb abzuseilen. Die Stelle wurde fixiert und so ging die Flucht vonstatten. Ich wollte, als wir begannen, die Pferde umzuladen und für Reiter zu satteln, nicht nach Jerusalem.

Ich brauchte noch Zeit, der Auftrag als Apostel war vom Herrn, ich wollte noch nicht vor die 12 Apostel treten. Barnabas, ein wahrer Freund, sagte: Ich verstehe dich, du musst erst verarbeiten, was über dich gekommen ist, wohin willst du? Ich bat, dass wir über Cäsarea Philippi nach Tyrus reisen und dort wollte ich in einem Frachtsegler nach Tarsus, zu euch. Zu Barnabas sagte ich: Ich kann nicht von dir verlangen, dass du den großen Umweg über die Küste nach Jerusalem machen musst, damit ich ans Meer komme. Er antwortet:

Du bist mein Bruder, du bist der Gesandte Jesus, natürlich bleiben wir, bis du ein Schiff findest, beisammen.

Da ich keine Mittel hatte, die waren bei Judas in Damaskus, kam Barnabas für alles auf.

Das Geld für das Schiff wollte ich mir im Hafen durch Herstellung von Zelten verdienen. In Tyrus angekommen, sagte man uns, dass das nächste Schiff nach Tarsus wahrscheinlich erst in zwei Monaten kommen werde. Barnabas kannte den großen Hafen in Cäsarea und dorthin zogen wir. Ich verdiente dort das Geld für die Fahrt nach Hause, indem ich ein 1-Mann-Zelt herstellte und so bin ich nun hier!

Ihr wisst jetzt sehr viel von Jesus und von mir und die Nacht ist vorüber, ich werde ein gutes Frühstück bereiten, denn es ist Sabbat!

Die Eltern sahen sich an und nickten: Paulus, wir bitten dich, uns zu taufen, denn durch dich haben wir den Heiligen Geist erfahren. Wir wissen, dass wir ein neues Leben mit Christus beginnen werden!

Paulus taufte sie mit dem Heiligen Geist auf Jesus Christus.

So entstand die erste Jesu-Gemeinde in Tarsus im Jahre 32 und sie wuchs. Immer am Vorabend des Sabbats feierte Paulus mit Eltern und den neuen Jüngern und Jüngerinnen ein Abendmahl im Gedenken an das letzte Abendmahl und Christus war bei ihnen!

Paulus blieb zu Hause, er wollte Latein lernen und übernahm alle Verhandlungen wegen Zeltlieferungen und neuer Aufträge mit den Römern. Seine lateinische Ausdrucksweise und die Kenntnis der Sprache wurde zunehmend besser.

Petrus heilt in Lydda einen gelähmten Mann names Äneas und erweckt in Joppe Tabita = Reh

Im Jahre 33 n.Chr. war Ruhe in den Christengemeinden in ganz Judäa, Galiläa und Samarien. Die Apostel wirkten, allen voran Petrus und mehrten die Christen mit dem

Beistand des Heiligen Geistes. Petrus besuchte die Christen in Lydda und sie baten ihn zu einem Mann namens Äneas. Er war seit acht Jahren gelähmt und ans Bett gebunden. Als Petrus kam, bat Äneas ihn: Hilf, ich glaube, dass du das kannst. Petrus sagte darauf: Äneas, ich bin kein Arzt, ich bin ein Apostel von Jesus Christus. Der konnte heilen! Äneas gab nicht auf: Bitte du ihn, mir zu helfen! Petrus sagte: So beten, wir beide, zu Jesus Christus. Er nahm wie einst Jesus beide Hände des Kranken und begann: Herr gib uns die Kraft, uns, die wir an dich glauben, hilf dem Gelähmten! Weiter sagte Petrus: Äneas, setz dich auf! Der Kranke setzte sich auf. Petrus: Leg deine Hände auf meine Schultern! Als der Sitzende die Hände auf die Schultern Petrus gelegt hatte, ergriff Petrus den Kopf: Steh mit Jesu Kraft auf! Der Gelähmte stand auf und ging. Es sprach sich diese Heilung wie ein Lauffeuer herum. Viele ließen sich taufen!

In der Stadt Joppe war die Christin Tabita schwer erkrankt, sie hatte Tuberkulose und fieberte hoch. In den Abendstunden verstarb die Frau, die Angehörigen und die Jünger aus Joppe waren verzweifelt. Sie sandten Boten in das 17 km entfernte Lydda zu Petrus.

Mitten in der Nacht kam Petrus nach Joppe, die Verstorbene, lag aufgebahrt im Obergeschoß. Man sagte Petrus, welch guter Mensch und Christin sie war und die Frauen zeigten ihre schönen Kleider, die sie billig ihnen genäht hatte!

Petrus schickte alle hinaus, kniete nieder und bat: Mein Herr, mein Jesus, gib mir die Kraft, sie die an dich glaubt, zu erwecken! Petrus ging zum Leichnam, nahm die kalten Hände und sagte: Tabita werde wach, der Herr hilft uns! Und sie schlug die Augen auf. Als sie Petrus sah, setzte sie sich auf und mit seiner Hilfe stand sie endgültig auf und war lebendig. Als das bekannt wurde kamen wieder viele zum christlichen Glauben. Petrus blieb längere Zeit bei den Jüngern in Joppe.

Der römische Hauptmann Kornelius in Cäsarea

Kornelius war fromm und gottesfürchtig, ebenso seine Familie und das Gesinde. Er gab Almosen für das Volk und betete immer zu Gott. Er war Römer und kein Jude, also ein „Heide", der Gott verehrte. Um die 9. Stunde (15 Uhr) hatte er eine Vision, er sah einen Engel Gottes, der sprach zu ihm: Kornelius! Er erschrak und fragte: Was ist, Herr? Der Engel sagte zu ihm: Deine Gebete und deine Almosen sind vor Gott gekommen und er hat ihrer gedacht. So sende Männer nach Joppe und lass sie Petrus holen, der bei dem Gerber wohnt, dessen Haus am Meer steht.

Dieser Petrus, wird dir sagen, was du tun sollst! So wurden zwei Knechte und ein Soldat zu dem 55 km entfernten Joppe geschickt um Petrus einzuladen. Am nächsten Tag als sie vor Joppe, mit ihren Pferden angelangt waren und rasteten, erlebte Petrus folgendes:

Es war die 6. Stunde (12 Uhr) die Zeit wo Petrus betete; dazu stieg er auf das Dach des Hauses. Dann wurde er hungrig und wollte essen. Er hatte eine Vision: der Himmel tat sich auf und auf einem großen leinenen Tuch, welches auf die Erde zu kam, waren alle 4-füßigen und die kriechenden Tiere der Erde und die Vögel des Himmels. Und eine Stimme sagte zu Petrus: Steh auf, Petrus, schlachte und iss! Petrus antwortetet: O nein, Herr, denn ich habe noch nie etwas Verbotenes und Unreines gegessen. Die Stimme weiter: Was Gott rein gemacht hat, das nenne du nicht verboten! Dreimal sagte die Stimme das, dann verschwand die Erscheinung im Himmel.

Petrus war ratlos, da kamen die Gesandten von Kornelius. Jetzt sagte die Stimme zu Petrus: Siehe, drei Männer suchen dich, geh mit ihnen! Sie überbringen den Gruß Kornelius, der ein frommer gottesfürchtiger Mann ist, auch beim Volk der Juden, der hat von einem Engel den Befehl empfangen, dich in sein Haus einzuladen und zu hören, was du zu sagen hast. Petrus und sein Gastgeber luden die Boten ein über Nacht zu bleiben und am nächsten Tag ritten sie nach Cäsarea, einige Brüder aus Joppe mit ihnen.

Kornelius wartete mit Verwandten und Freunden. Als Petrus mit Anhang ankam, fiel Kornelius vor Petrus auf die Knie und betete: Herr wie danke ich dir, dass Petrus in mein Haus kommt! Petrus sagte: Steh auf, ich bin auch nur ein Mensch!

Als sie in den Raum kamen waren viele Menschen da und Petrus sagte: Ihr wisst, dass es einem jüdischen Mann nicht erlaubt ist mit einem Fremden (=Nichtjuden) umzugehen oder zu ihm zu kommen, aber Gott hat mir gezeigt, dass ich keinen Menschen meiden oder unrein nennen soll.

Kornelius antwortete: Vor Tagen stand ein Mann mit leuchtenden Gewand vor mir und sagte, dein Gebet wurde erhört, deiner Almosen gedacht vor Gott. Schicke nach Petrus um zu hören, was Gott befohlen hat.

Petrus erwiderte: Nun erfahre ich die Wahrheit, dass Gott die Person nicht beurteilt, nach dem Äußeren sondern in jedem Volk, die ihn fürchten und recht tun, schätzt.

Er hat sein Wort dem Volk Israel gesandt und Frieden verkündigt durch Jesus Christus, welcher der Herr ist über alle. So lernt das Leben Jesu kennen, seine Taufe durch Johannes, Salbung mit dem Heiligen Geist. Dass er Gutes getan hat, und sie ihn gekreuzigt haben. Gott hat ihn auferweckt und wir können es bezeugen, weil er mit uns gegessen und getrunken hat. Uns aber hat er geboten zu predigen und zu bezeugen, dass er von Gott bestimmt ist zum Richter der Lebenden und der Toten. Alle Propheten bezeugen seinen Namen, dass durch ihn alle, die an ihn glauben, Vergebung der Sünden empfangen sollen. Während Petrus sprach, fiel der Heilige Geist auf alle, die zuhörten. Die christlichen Juden, die mit Petrus gekommen waren, entsetzten sich, weil über die Heiden die Gabe des Heiligen Geistes, durch Feuerzungen, ausgegossen wurde.

Petrus nahm das Wort: Kann jemand die Taufe verweigern für die, die den Heiligen Geist empfangen haben, ebenso wie wir? Und er taufte sie durch Handauflegen auf den Namen Jesu Christi. Dann boten sie Petrus an noch einige Tage bei ihnen zu bleiben. Das war die erste große Heidenmission, schon vor der Taufe kam der Heilige Geist.

Und das alte Gesetz wurde überwunden, soweit es Äußerlichkeiten oder Zeremonien oder Essensvorschriften oder die strengen Sabbatregeln betraf. So wurde von Petrus die Heidenmission eingeleitet und von Paulus vollendet!

Petrus muss sich verteidigen, weil er Heiden getauft hatte

Als Petrus wieder nach Jerusalem kam, warfen ihm die Apostel und Brüder vor: Du hast mit Nichtjuden getafelt, ja du hast sie „geheilig", d.h. getauft? Petrus erzählte seine Vision in Joppe, als alle Tiere und Vögel vom Himmel ihm dargeboten und eine Stimme ihn aufforderte, sie zu schlachten und zu essen. Und dass er ablehnte, weil er Verbotenes und Unreines nicht esse! 3 x sagte ihm die Stimme: Was Gott rein gemacht und erschaffen hat, das nenne du nicht verboten! Und da kamen die drei Heiden, um mich nach Cäsarea zu holen. Und die Stimme sagte zu mir: Geh mit ihnen nach Cäsarea und zweifle nicht!

So geschah es und in Cäsarea berichtete der Heide Kornelius, dass der Engel gesagt hatte: Hole Petrus in dein Haus, der wird dir eine Botschaft bringen durch die du und dein Haus selig wird!

Und als ich vor ihnen predigte, kam der Heilige Geist über sie, wie zu Pfingsten über uns und da dachte ich, wie unser Herr gesagt hat: Johannes hat mit Wasser getauft, ihr aber sollt mit dem Heiligen Geist getauft werden. So wahr ich hier steh, wenn nun Gott den Heiligen Geist schickt an sie, wie an uns, die wir den Glauben an Jesus Christus weitergeben, so konnte ich Gott nicht wehren, sie auch zu taufen. Betroffen schwiegen die Apostel und Brüder und sagten: So hat Gott auch den Heiden die Umkehr gegeben, die zum Leben führt!

Ich erachte diesen „Gnadenakt" als wesentlich für die Weiterentwicklung des Christentums zur Weltreligion.

Zurück zu Paulus in Tarsus

In Tarsus hatte er eine kleine Gemeinde in Christus um sich versammelt, die jeden Freitag Abend das Gedächnismahl und einen Gottesdienst feierte. Das Vater unser- Gebet war ein fixer Bestandteil, das Brot brechen und essen und das Wein trinken im Gedenken an Jesus war selbstverständlich. Paulus predigte viel über Jesus und erläuterte das Evangelium,

Wochentags über ging er den Geschäften nach, er war gezwungen mit den Römern in Latein zu verhandeln und Abschlüsse zu tätigen. Gern arbeitete er in den Werkstätten bei der Herstellung der Heereszelten mit. Aber auch besondere Wünsche für spezielle Zelte für Private erfüllte er gern.

Geistig war er dem Glauben so nahe, als würde Jesus selbst seine Gedanken führen. Und so glaubte er eines Nachts es wäre Zeit nach Jerusalem zu den Aposteln zu gehen um alles zu besprechen. Drei Jahre waren vergangen seit seiner Bekehrung. Bevor wir aber Paulus nach Jerusalem begleiten, möchte ich noch Paulus Leben und Wirken „zu Hause" beschreiben.

Paulus' Wirken in Tarsus

Paulus hatte in den drei Jahren zu Hause viel bewegt. Seit seiner Bekehrung und seinem engagiertem Eintreten für Jesus Christus hatte er viel gelitten, er wusste jetzt was es heißt zu flüchten für den Glauben.

Er war im Betrieb seines Vaters tätig, uzw. um hauptsächlich die Verhandlungen mit den Römern, die ihre Hauptkunden waren, zu führen und auch deren Sprache zu erlernen.

Wie sah denn die Familie aus? Paulus Vater war ein großartiger Mensch, auch im Geschäft tüchtig, ihm zur Seite stand, während Paulus in Jerusalem und Damaskus war, der jüngere Bruder, der um ein Jahr jünger als Paulus war und auch als Zeltemacher ausgebildet war. Dann hatte Paulus noch eine in Jerusalem verheiratete Schwester, sie war zwei Jahre älter als er, und sie hatte einen 8-jährigen Sohn. Als Saulus nach Jerusalem kam wohnte er eine Zeitlang bei der Schwester und ihrer Familie.

Bei seinen Gesprächen mit den Römern hatte Paulus immer den Bruder dabei, dieser wird letztlich das Geschäft übernehmen! Paulus prägte seine Handschrift seiner Tätigkeit auf: Er besuchte den Hauptmann, der mit der Versorgung von Kleinasien und Palästina beauftragt war. Da gab es am Hafen nahe Tarsus ein großes Lager, nicht nur für Nahrung und Kleidung, auch für Waffen und Zelte der Römer. 98 Mann sorgten für Nachschub und Verladungen und Transport, aber auch für den Einkauf.

Auf die Frage von Paulus ob das römische Heer, bzw. der Hauptmann, mit den gelieferten Zelten zufrieden wäre? Das „Ja" kam etwas zögernd und als Paulus nachfragte, erfuhr er, dass es undichte Stellen in den Fellen der Zelte gab! Unangenehm, besonders wenn in der Regenzeit von unten Feuchtigkeit in die Zelte drang. Als Petrus fragte: Und was geschieht von deiner Seite? Der Hauptmann sagte: Dann gibt es bei den nächsten Lieferungen Abzüge beim Preis. Paulus versprach das zu ändern, uzw. innerhalb von drei Monaten (die Lieferungen an das Heer erfolgten monatlich!).

Paulus betrieb jetzt unbewusst Qualitätsicherung. Er berief alle 12 Lieferer zu sich nach Tarsus und sagte mit seiner Energie, die wenig Widerspruch ertrug: Wir sind abhängig von der Zufriedenheit der Römer mit unseren Zelten, es geht nicht an, dass Löcher in den Fellen sind, die zugenäht werden und dann werden die Felle zu Zelten verarbeitet. Wieso ist das möglich? Man antwortete, das geht nicht anders, denn die Tiere verletzen sich meist an Dornen usw. und dann haben wir die Löcher und können diese Felle nicht wegwerfen.

Paulus darauf: Wir gehen in Teilschritten vor! Ab sofort werden alle angelieferten Felle geprüft und solche mit Löchern zurückgewiesen. Weiters werden die auf Lager liegende Felle genau überprüft und die mit Löchern werden bei der nächsten Lieferung nicht mehr verwendet und an die Lieferer zurückgegeben. Weigert sich jemand sie zurückzunehmen, muss er als Lieferant gestrichen werden. Es kam von einem die Antwort: Das geht nicht, die Tiere verletzten sich! Paulus sagt: Aber das heißt nicht, dass wir die Felle kaufen müssen, denn ihr müsst die Tiere schützen, wenn ihr liefern wollt.

Die Römer verlangen fehlerfreie Zelte und ab der nächsten Lieferung bekommen sie Zelte ohne Fehler, sonst müssen wir andere Vertragslieferanten suchen! Solche Worte war man nicht gewohnt, aber sie wirkten (ich kann nur sagen: Qualitätsicherung pur!).

Nach zwei Monaten bat der Hauptmann Paulus zu sich: Du hast dein Wort gehalten und lieferst uns die besten Zelte für das Heer. Ich danke dir!

Aber da ist etwas anderes, man spricht, dass du dem neuen Glauben an Jesus Christus anhängst? Was heißt das, erzähle mir davon, wer war Jesus? Und Paulus erzählte….. auch von den Wundern und Krankenheilungen. Der Hauptmann sagt: Du bist ein berufener Apostel, kannst du auch Krankheiten heilen? Paulus antwortet: Jesus hat geheilt, auch seine von ihm zu Lebzeiten berufenen Apostel heilen, aber ich habe noch nicht geheilt. Der Hauptmann: Was sagst du mir, wenn ich dich bitte zu heilen? Die Antwort: Ich würde es versuchen und würde den Herrn bitten, mir die Kraft zu geben!

Der Hauptmann: So bitte ich dich heile meine Frau, sie bekommt keine Kinder und ich wünsche mir sehnlichst Kinder. Er führte Paulus zu seiner Frau und Paulus hörte ihr zu und sie erzählte ihm wie sehr sie und ihr Mann sich Kinder wünschen. Paulus war in sich versunken und bat den Herrn Jesus: Lass mich nicht in Stich, hilf! Dann bat er die Frau und ihren Mann sich zu setzten und er legte einem jeden eine Hand auf: Ihr wollt Kinder haben und das werdet ihr, aber bringt vorher etwas in Ordnung, eure Sklavin möchte frei werden, lasst sie frei! So segne ich euch und bitte meinen Herrn Jesus Christus euch Kinder zu schenken!

Tatsächlich wurde die Frau des Hauptmanns schwanger. Wie Paulus es gewollt hatte, hatten sie das Mädchen freigelassen. Nach der Geburt einer Tochter traten sie der Christen-Gemeinde bei.

Paulus in Jerusalem bei Petrus = Kephas, Johannes und dem Bruder des Herrn Jakobus

Im Frühjahr des Jahres 35 schiffte sich Paulus im Hafen von Tarsus ein um nach Joppe zu segeln und weiter zu Fuß Jerusalem zu erreichen. In einem Briefwechsel war der Besuch vereinbart.

Von Petrus wurde der Besucher sehr freundlich aufgenommen und er blieb 15 Tage als Gast bei Petrus. Sie hatten viele Gespräche auch gemeinsam mit dem Bruder von Jesus Jakobus und mit Johannes.

Sehr tief legte Paulus seine Bekehrung und was vorher war sowie seine theologische Sicht dar. Es kam bald zutage, dass ihm die Heidenmission sehr am Herzen lag. Zu schaffen machte ihm, dass die Gesetze für Heiden nicht verständlich oder durchführbar waren.

Paulus hatte schon die notwendige Ehrfurcht vor den „Säulen des Glaubens" und vor allem, dass Petrus, Johannes und der Bruder des Herrn Jakobus Jesus so nahe waren. Aber er wusste auch seine Berufung durch Jesu Erscheinung ins rechte Licht zu rücken. Über Jesus wollte er alles erfahren.

Petrus fühlte sich für Paulus verantwortlich, auch Johannes und der Bruder des Herrn Jakobus mieden ihn nicht, die anderen Jünger und Apostel fanden kein richtiges Vertrauen. Denn Paulus Auftreten bei Stephanus´ Steinigung und die nachfolgenden „Christenhetzen" waren noch in ihnen. Über das Erscheinen von Christus vor Damaskus hatte schon Barnabas berichtet und auch über die folgenden Ereignisse und die Flucht von Paulus.

Petrus hatte veranlasst, dass man mit den sieben Soldaten redet, um sie über die Erscheinung vor Damaskus zu befragen. Allerdings wurden die Begleiter von Paulus nach ihrer Rückkehr zum Schweigen verpflichtet vom Hohen Rat. Aber derjenige, den Paulus mit dem Befehl bei der Rückkehr beauftragte, der Älteste von ihnen, hatte inzwischen den Dienst in der Tempelwache quittiert und hatte sich den Christen genähert. Und von ihm konnten sie Folgendes erfahren: Ich war dabei und hörte die Stimme, die Paulus beauftragte, wir sahen aber niemand.

Da verstand Petrus deutlich, dass Paulus den Auftrag der Heidenmission hat und dass er die Worte findet, durch Jesus. Auch, weil er in Tarsus schon eine Gemeinde gegründet hatte in Jesus, bestehend aus Juden, Griechen und Römern.

Aber er horchte auf als Paulus allen Ernstes glaubte Gott habe Jesu auferstehen lassen, vor Damaskus, damit er Paulus den Apostelauftrag gäbe. In Glaubensfragen gab es Unterschiede, besser Fragen, wegen der Gesetze und deren Gültigkeit für Heiden.

Nach 15 Tagen verabschiedet sich Paulus und sein treuer Freund Barnabas brachte ihn wieder nach Cäsarea, damit er von dort mit dem Schiff nach Tarsus zurückkehren konnte. Beim Abschied sagte Paulus: Barnabas, du bist mein bester Freund, komm mich in Tarsus besuchen und bleib einige Zeit bei mir, in meiner Christgemeinde? Barnabas meinte, so könnte ich dich besuchen und das Ergebnis deiner Mission sehen und von dir lernen. Und dann könntest du, Paulus, mich in meine Heimat nach Antiochia am Orontes begleiten und die von mir gegründete Gemeinde sehen. Paulus dankte und sagte, dass er gerne kommen würde.

Jakobus der Ältere und sein Tod

Wir wollen uns mit dem Leben des bedeutenden Apostels Jakobus des Älteren befassen. Die Söhne des Fischers Zebedäus und seiner Frau Salome Johannes und Jakobus nannte Jesus Donnersöhne, er sagte zu Jakobus dem „Älteren" Mayor, um ihn vom Sohn des Alphäus, der auch Jakobus hieß, zu unterscheiden. Diesen nannte Jesus Jakobus Minor oder auch der „Jüngere". Dann gab es für Jesus noch seinen Bruder Jakobus „den Wahren". Jakobus, „der Ältere" wahrscheinlich auch, weil ihn Jesus schon als 3. Apostel berief. Er war von Anfang an bei Jesus und wie Petrus und Johannes, mit ihm sehr vertraut. Er predigte in Samarien und Jerusalem. Als 31 die große Verfolgung und Zerstreuung der Christen erfolgte, hat wahrscheinlich auch Jakobus der Ältere Jerusalem verlassen. Warum erzähle ich das? Weil er in Spanien, als „ihr Heiliger" verehrt wird, denn er hat in Spanien missioniert.

Sie brachten im 7. Jhd. seine Gebeine nach San Diago de Compostela, wo heute die prachtvolle Kathedrale steht, zu der von den Pyrenäen aus, der berühmte 750 km lange Pilgerweg führt, der heute viel begangen wird. Außerdem soll der Heilige, auf einem weißen Pferd, die Spanier zum Sieg über die Sarazenen geführt haben.

Wie kam er nach Spanien? Als 31 die Zerstreuung erfolgte, war er unter den Gesuchten! So verließ er mit anderen Jerusalem nach Joppe, um von dort nach Zyrene zu kommen, wo Verwandte der Flüchtlinge waren. Aber sie bekamen nur ein Schiff nach Alexandria.

Und hier trennte sich Jakobus von ihnen. Er wollte in dieser pulsierenden Stadt bleiben, als Fischer arbeiten und den Glauben verbreiten. Aber alles kam anders! Im Hafen lerne er Matrosen eines spanischen Schiffes kennen, sie hatten geladen und sollten bei gutem Wind nach Hause segeln. Sie suchten einen Hilfsmatrosen und da Jakobus kein Quartier und keine Arbeit hatte und die Menschen sympathisch und interessiert waren, heuerte er für die Fahrt nach Spanien an.

Sogar bei dieser langen Fahrt konnte er für Jesus Christus Menschen gewinnen und später in Spanien noch viele mehr.

Vor allem der Maat, der ihn angeheuert hatte, war sehr interessiert. Er sagte zu Jakobus: Du machst deine Arbeit prompt und genau, aber du hilfst auch den anderen bei der Arbeit, was bist du für ein Mensch? Da sie gerade eine sehr schwere See überstanden hatten und die Mannschaft je einen Becher Rum ausgefasst hatte, erzählte Jakobus dem Maat seine Geschichte. Das war möglich, denn der Maat war unter judäischer Flagge gefahren und konnte etwas Aramäisch.

Und so kam es, dass Jakobus und der Maat sich anfreundeten und über Jesus sprachen. Jakobus lernte in den Wochen der Überfahrt auch etwas Spanisch.

Als sie bei Gibraltar einen schweren Sturm unbeschädigt überstanden hatten, baten sie ihn zu predigen. Der Maat übersetzte ins Spanische und so begann Jakobus: Wir haben einen schweren Sturm mit Donner und Blitz, mit haushohen Wellen, überstanden. Das Schiff hätte kentern und vom Blitz getroffen werden können.

Wer hat uns geschützt, wer hat uns nicht untergehen lassen? Gott unser Vater und sein Sohn, unser Herr Jesus Christus, an den ich glaube, dass er alles lenkt. Aber nicht wegen mir, weil ich ihn heilige und mit ihm war, nein, sondern weil wir alle hier Gottes Kinder und Jesu Brüder sind! Ihr glaubt es nicht? Weil ihr gerecht seid und zueinander steht wie Brüder und weil die Hoffnung da ist, dass ihr mit mir zum Glauben an Christus findet.

Was sind wir in unserem Leben? Wir sind eine Wolke die kommt und vergeht. Die eine, die wir gespürt haben, vernichtet durch Sturm und Blitz, die andere glänzt am Himmel und hinterlässt sanften Regen, der Leben auf der trockenen Erde ergibt. Ein solche Wolke sollen wir sein, denn Jesus Christus fordert die Liebe zueinander und die helfenden Hände für Arme und Ausgestoßene.

Wir sollen uns für ihn entscheiden und uns auf Jesus, dem Sohn Gottes, taufen lassen, und an ihn glauben, dass er unser Leben entscheidet. Dass er uns zu sich beruft, wenn wir sterben, an die Seite seines Vaters unseres Gottes, zum ewigen Leben. Seien wir nicht hochmütig, sagen wir nicht, wir haben die Wellen besiegt. Sondern danken wir Gott, dass er unsere „Nussschale" gerettet hat. Gott wollte, dass wir leben und wirken in seinem Geist. Hat er doch alles geschaffen und uns zu seinem Ebenbild, zu seinen Kindern gemacht. Er hat uns seinen Sohn geschickt, dass er für uns leide bis zum Kreuzestod. Aber auch, dass er unser Heiland wird und uns aus der Verstrickung der Welt erlöse.

Lernen wir demütig zu sein aus dieser Notsituation heraus, wo wir ganz klein waren und hilflos und beten wir. Er begann das „Vater Unser" zu beten und bei der Wiederholung fielen die anderen ein. So begann auf der Überfahrt das fruchtbare Wirken Jakobus in Spanien.

12 Jahre war er erfolgreich, dann aber zog es ihm wieder zurück nach Jerusalem zu seinen Brüdern und Schwestern.

Aber dort im Jahre 43, erreichte wieder einmal die Christenverfolgung unter dem jüdischen König Herodes Agrippa I. einen Höhepunkt. Herodes herrschte seit 41 über Judäa, Idumäa und Samarien, vorher waren römische Statthalter tätig. Herodes Agrippa I. ließ Christen, die das Abendmahl feierten, den Gottesdienst, verhaften, wegen „Aufruhrgefahr". Er ließ sie ins Gefängnis werfen, um sie zu misshandeln.

Als Jakobus zurückkam nach Jerusalem wurde er verhaftet, denn er stand auf der Liste der Gesuchten. Herodes verurteilte ihn zum Tod durch das Schwert, weil er ein „Kopf" der Christen war und sich der Verhaftung, vor Jahren entzogen hatte! Er wurde am 25.07.43 enthauptet.

Die wunderbare Befreiung des Petrus

Wie erging es Petrus im unglückseligen Jerusalem im Jahre 44? Es war das Passafest vorbei und man ging in die sieben Tage der ungesäuerten Brote.

Da befahl Herodes Agrippa I. die Verhaftung von Petrus. Er sagte: Da im Vorjahr die Tötung von Jakobus „so gut" verlaufen war, werden wir jetzt auch den „obersten Kopf" der Christen gefangen nehmen und in Einzelhaft geben. Er soll, wenn die Tage der ungesäuerten Brote vorüber sind, dem Volk der Juden vorgestellt werden. Dann werden wir das Volk fragen: Was geschieht mit diesem Christenhaupt, diesen Petrus, der das Volk verhetzt und auffordert die Gesetzte der Väter zu missachten. Wie wollt ihr ihn behandeln? Und ich hoffe, ich erwarte, dass man ruft: „Tötet ihn!" Am sechsten Tag der ungesäuerten Brote, also am Abend bevor Petrus dem Volk vorgestellt werden sollte, wurden die Wachen und die Vorsichtsmaßnahmen verschärft. So schlief Petrus zwischen zwei Soldaten, er hatte Angst, dass „die" morgen schreien werden: Töten, töten! Petrus war angekettet, die Wächter links und rechts von ihm hielten die Handfesseln. Da erschien Petrus eine helle Gestalt, ein Engel im gleißenden Licht, in der Zelle und sagte: Steh auf! Petrus Ketten und Fesseln fielen ab. Zieh deine Schuhe an und wirf deinen Mantel über und folge mir! Petrus tat wie ihm geheißen und er folgte dem Engel durch alle Gefängnissperren.

Sie kamen auf die Straße, der Engel führte ihn aus der Stadt, das in der Nacht verschlossene „Eiserne Tor" ging auf und sie gingen die Straße zum Haus Marias, der Mutter des Johannes Markus.

Dann verschwand der Engel. Ganz benommen klopfte Petrus an das Tor. Er kannte es gut, denn viele Christentreffen hatten hier schon stattgefunden. In dem Haus kam alles durcheinander. Denn die Christengemeinde hatte inniglich für seine Freilassung gebetet und als die Magd Rhode, auch eine Christin, zum Tor kam und Petrus Stimme hörte, war sie so von Sinnen vor Freude, dass sie nicht aufsperren konnte. Sie lief ins Haus weckte alle: Petrus steht draußen, Petrus ist frei! Als sie öffneten glaubten sie er sei ein Engel, erst als sie ihn anfassten war das Glück perfekt. Er erzählte wie der Herr ihn errettete und dann dankte er, segnete alle und verließ Jerusalem. Sein Wunsch war: Jakobus, der Bruder des Herrn, soll die Gemeinde leiten! Das wurde erfüllt.

Christen in Antiochia am Orontes

Die zerstreuten Christen in Judäa und Samarien wurden von Petrus und anderen Aposteln betreut. Aber jene, die weiterzogen nach Phönizien, Zypern und sogar nach Zyrene lehrten in Christus dort weiter das Evangelium. Aber nur für die Juden.

Einige von ihnen übersiedelten zu den Griechen in Antiochia am Orontes und der Geist des Herrn, wie auch seine Hand, war mit ihnen und sie bekehrten Heiden zu Jesus Christus und tauften sie durch Handauflegen. Die Kunde davon kam 44 nach Jerusalem zu den Aposteln und Jüngern. Sie beschlossen Barnabas, einen bewährten Jünger, hin zu schicken, damit er nach dem Rechten sähe. Wer lag näher als er, der ja aus Antiochia stammte und dort schon eine kleine „Christengemeinde" gegründet hatte. Sein Plan war: den 550 km langen Weg nach Hause, per Pferd, in etwa 2-3 Wochen zu bewältigen uzw. von Jerusalem nach Cäsarea der Küste nordwärts entlang, über Sidon nach Seleucia und Antiochia am Orontesfluß.

Nach 2 1/2 Wochen kam er bei den Eltern an und war glücklich über das Wiedersehen und dass Mutter und Vater gesund waren. Große Freude bereitete ihm auch, die von ihm gegründete Jesus – Gemeinde, sie hatte sich vergrößert, auch mit Hilfe der Zugewanderten.

Barnabas und Paulus in Antiochia am Orontes

Barnabas hatte einen Brief von Petrus mit: Ich beglückwünsche euch und freue mich, dass ihr Jesus von Nazareth anhängt. Ich begrüße euch mit dem Segen Gottes und seines Sohnes Jesus Christus und wünsche euch, dass der Heilige Geist über euch komme, damit ihr das Wort unseres Herrn versteht. Barnabas soll in meinem Auftrag die Gemeinde weiter stärken! Petrus.

Die Jünger und Jüngerinnen wurden in Antiochia am Orontes erstmals schon „Christen" genannt! Und ihre Gesamtheit hieß Christengemeinde = Christenkirche. Sie bestand aus Juden, Griechen, aber auch aus Sklaven und Freie (freigelassenen Sklaven). Sie waren Brüder und Schwestern unabhängig von der Herkunft. Sie halfen einander wo sie konnten und liebten einander, entsprechend dem Wort des Herrn. Sie kamen am Sabbatvorabend zusammen, brachen Brot und aßen es, tranken Wein und gedachten Jesus Christus, indem sie seine Worte wiederholten und das Evangelium hörten.

Nach einigen Tagen entschloss sich Barnabas Paulus als Verstärkung in seine Gemeinde zu holen, waren sie doch 32 und 35 gute Freunde geworden, obwohl sie sehr unterschiedlich waren: Paulus hatte handwerkliche Fähigkeiten und war auch ein theologisch best fundierter Eiferer für Jesus Christus. Ein hervorragender Prediger und Diskutierer, dann hatte er noch Organisationstalent und umfassende Sprachkenntnisse. Wer konnte ihn besser ergänzen als der Tatmensch Barnabas ein Helfer und Könner in allen Situationen. Aber jetzt brauchte der Tatmensch, die Hilfe von Paulus. Und so ritt er mit zwei Pferden im Jahre 44 nordwärts nach Tarsus. Paulus freute sich überschwänglich und stellte Barnabas seiner Jesus Christus Gemeinde vor und beschrieb die Aufgabe, die Barnabas von den Aposteln erhalten hatte. Aber auch, dass er bereit war Barnabas in seiner Aufgabe zu unterstützen. Niemand wusste, dass das ein Aufenthalt von einem Jahr in Antiochia am Orontes werden sollte.

So übergab Paulus das Geschäft seinem Bruder und zog mit Barnabas nach Antiochia am Orontes. Die Christen dort freuten sich, dass Paulus als Verstärkung gekommen war. Es wurde ein erfülltes Jahr des Ausbaus und der Vergrößerung der Gemeinde. Und der Vertiefung des Glaubens.

Barnabas und Paulus wurden vorgestellt, vorher riefen sie Gott und seinen Sohn an, ihre Arbeit und die Arbeit der Christen zu segnen (ab diesem Zeitpunkt wurde der in Antiochia übliche Ausdruck, sozusagen offiziell für Jesus Anhänger und natürlich für alle Getauften) und baten, dass der Heilige Geist über alle komme. Dann beteten sie gemeinsam: Vater unser ….. Die Predigt des Barnabas war kurz, wie es seiner Art entsprach: Wir sind bei euch um eure großartige Aufbauarbeit zu unterstützen, aber auch alle geistlichen Fragen mit euch zu besprechen und dort wo Schwierigkeiten sind oder Not ist zu helfen. Weiters im Auftrag unseres Herrn Jesus Christus, euren Glauben zu festigen.

Denn wir sind Brüder und Schwestern im Herrn, wenn wir hier beisammen sind ist Jesus bei uns. Ihr werdet fragen wie geht denn das? Auf verschiedene Weise, sag ich euch, durch seine Worte, die wir wiederholen: indem wir uns erinnern, dass er sagte: Die Gesetze will ich nicht aufheben, aber sie erfüllen: Was heißt das? Wir kennen die 10 Gebote, die Mose von Gott erhielt, an die sollen wir uns halten. Wie? Jesus sagte: Wir sollen Gott lieben, das heißt aber auch nicht nur Gott, sondern auch unsere Brüder und Schwestern, denn Gott ist in ihnen, wie auch in euch und mir, wir alle sollen sein Ebenbild sein.

Ist Jesus Christus bei uns? Nur durch sein Wort, das wir reden? Nein, er ist in uns, durch unser Handeln erkennt man das, wenn wir handeln wie Jesus es getan hätte! Was heißt das? Dass wir anderen helfen, nicht betrügen und dass wir Mitleid haben und vieles mehr. Unser Brotbrechen und Weintrinken bedeutet, wir denken an das letzte Abendmahl von Jesus und den Aposteln und dass er bei uns ist. Er sagte, dass er hingegeben wird als Opfer für unsere Sünden. So werden wir versuchen nicht wieder zu sündigen. Nächsten Sabbatvorabend wird Apostel Paulus die Predigt halten. Gehet hin mit Gottes Segen und bringt Frieden!

Die Wochenarbeit war ausgefüllt mit Hilfe für Kranke, Arme, aber auch mit Taufe der neuen Christen, deren Einführung in die Lehre, Begräbnissen und mit Hilfe in materieller Not oder Arbeit bei der Reparatur im Haushalt, an Häusern und Wohnungen. Und wenn notwendig stellten Paulus und Barnabas auch Zelte her, um Geld zu verdienen.

Erbsünde

Ich habe das nie richtig verstanden wie kann eine Sünde vererbt werden? Da Paulus seine Predigt mit Adam beginnt, um zu Jesus zu kommen, möchte ich einige Gedanken zur 1. Sünde von Adam und Eva einbringen.

Sie sollten, ja sie durften nicht von den Früchten des Baumes der Erkenntnis essen. Daraus kann man schließen, sie sollten Erkenntnis nicht erlangen? Was ist Erkenntnis? Erkennen heißt die Geschehnisse und Dinge zu hinterfragen, ihnen auf den Grund gehen, sie erforschen, um sie zu verstehen. Eine gute Eigenschaft, die den Menschen immanent ist, von Beginn an im menschlichen Geist enthalten. Der Mensch ist eben neugierig und will alles wissen und kennen.

Auf der anderen Seite spricht das Alte Testament, dass wenn ein Mann und eine Frau sich in Liebe vereinen, dass sie einander „erkannt" haben.

Aber dieser 2. Gesichtspunkt kann nicht die große Sünde gegen Gott sein, denn er hat verlangt, dass sich die Menschen vermehren. Also bleibt das schwere Vergehen gegen Gottes Verbot, die 1. Sünde, die „Erbsünde", die wir alle von Geburt an, als Menschen mitbekommen, die Neugierde zu erkennen, was und warum um uns etwas geschieht und ist. Und es zu erforschen! Für die 1. Menschen waren das die Früchte des Baumes der Erkenntnis, daher hielten sie Gottes Verbot nicht! Mit dem Erlangen der Erkenntnis und dem Übertreten des Gottesverbots wurden sie sterbliche Menschen und mussten aus dem Paradies. Gott tötete sie nicht, sondern begrenzte ihre Lebenszeit.

Paulus predigt in Antiochia

An diesem Sabbatvorabend hält Paulus die Predigt. Das Treffen, der „Gottesdienst", fand meist in einem größeren Saal eines Jüngers statt. Brot, Wein und andere Speisen für das „Abendmahl" waren reichlich von der Christengemeinde bereitgestellt. Nach der Begrüßung und dem Segen, wurde das „Vater Unser" gebetet. Dann begann Paulus. Eine Einleitung zu seiner Person brauchte er nicht zu geben, denn das hatten er und Barnabas schon letzten Sabbat getan.

Also begann er: Liebe Brüder und Schwestern in Jesus Christus! Ihr wisst, dass durch einen Menschen, die 1. Sünde in die Welt gekommen ist (Röm5). Durch Adam kam sie, weil er Gott nicht gehorchte und so kam der Tod über ihn und über Eva. Und der Tod herrschte über alle Generationen bis Mose, obwohl noch keine Gebote, kein Gesetz war, mussten die Menschen sterben, auch die, welche nicht gesündigt hatten. Durch die Sünde des einen (Adam) sind viele gestorben. Um wie viel mehr ist Gottes Gnade und Gabe vielen zuteil geworden durch den Mensch gewordenen Sohn Jesus Christus.

Durch den einen (Adam) hat der Tod geherrscht, durch seine Sünde ist Verdammnis über alle Menschen gekommen (durch die Erbsünde), so ist die Gerechtigkeit durch den einen, durch Jesus Christus, für alle Menschen, die an ihn glauben, gekommen, die zum Leben führt!

Mit Mose kam das Gesetz dazu, dass die Sünde erkannt wurde. Die Sünde wurde trotzdem mächtig, aber Gottes Gnade war noch mächtiger, denn er verzieh.

Um wie viel größer wird die Gnade durch die Gerechtigkeit unseres Herrn Jesus Christus sein, die uns zum ewigen Leben führt!

Die wir auf Jesus Christus getauft sind, sind mit ihm gekreuzigt worden, unser Leib der Sünde wurde dabei vernichtet, so dass wir in Zukunft nicht mehr der Sünde dienen. Und wie er auferweckt wurde von den Toten durch seinen Vater, so werden auch wir auferweckt zu neuem Leben. Denn wer gestorben ist, ist frei von Sünde, so auch wir. Jesus Christus lebt in Gott und wir, die wir an ihn glauben, mit ihm.

So lasst hinfort die Sünde nicht herrschen über eurem sterblichen Leibe und leistet den Begierden keinen Gehorsam. Dient nicht der Ungerechtigkeit, sondern Gott. Die Sünde wird euch nicht beherrschen, ihr seid nicht unter dem Gesetz, sondern unter Gottes Gnade. Ihr wart Sünder nun dient ihr der Gerechtigkeit, der Lehre Jesu Christi, Gottes Sohn. Der Sünder Sold ist der Tod, die Gabe Gottes aber ist das ewige Leben in Christus Jesus, unserem Herrn! Ein andermal, so endet Paulus, wollen wir uns näher mit dem Gesetz befassen. Und so geschah es (Röm7ff):

Über die Gesetzte zu sprechen ist wichtig, welche müsst ihr halten, gelten alle unsere Gesetze, die für Juden, auch für euch? Wir haben gehört, dass wir vom Gesetz frei sind, denn solange wir dem Fleisch verfallen waren, hatten wir die sündigen Leidenschaften, welche durch das Gesetz erregt wurden, kräftig in unseren Gliedern, so dass wir uns vor dem Tod fürchteten. Da wir dem was uns gefangen hielt abgestorben sind, so dienen wir dem neuen Geist und nicht den alten Buchstaben. Die Gebote sagten uns: du sollst nicht begehren…. das erregte in mir Begierden aller Art, ohne Gesetz war die Sünde tot! Ich will Gutes, wenn ich trotzdem das Böse tue, so ist es mein Körper, der stärker ist als mein Geist, der gefangen ist in der Sünde. Wer erlöst mich aus diesem totverfallenen Leib? Christus Jesus!

Wer Christi Geist in sich hat, bei dem wohnt Gott, der ist geistlich und die Begierde des Leibes hat keine Macht über ihn. Wenn Gott, der Christus von den Toten auferweckt hat, in euch ist, so wird er auch eure Leiber lebendig machen. Und da wir mit Christus Kinder Gottes sind, werden wir, wenn wir mit Christus leiden, mit ihm in die Herrlichkeit erhoben. Die Gott lieben, denen werden die Dinge zum Besten, denn wenn Gott für uns ist, wer kann gegen uns sein. Alles liegt an Gottes Erbarmen! Wie hat er zu Mose gesagt? Wem ich gnädig bin, dem bin ich gnädig und wessen ich mich erbarme, dessen erbarme ich mich. Wir sollen seine Herrlichkeit dartun, nicht wir Juden allein sondern auch ihr, denn er hat gesagt (Hos2,25;2,1):

Ich will das mein Volk nennen, das nicht mein Volk war und meine Geliebte, die nicht meine Geliebte war und es soll nicht zu ihnen gesagt werden: Ihr seid nicht mein Volk, sondern sie sollen Kinder des lebendigen Gottes sein! Was soll man dazu sagen? Die Heiden, die nicht nach Gerechtigkeit trachteten, haben die Gerechtigkeit erlangt, ich aber rede von der Gerechtigkeit aus dem Glauben.

Israel hat nach dem Gesetz der Gerechtigkeit getrachtet und hat es nicht erreicht. Warum? Weil es die Gerechtigkeit nicht aus dem Glauben sucht, sondern als komme sie aus den Werken. Sie erkennen nicht, dass die Gerechtigkeit, die sie aufrichten ihre eigene ist und diese gilt vor Gott nicht.

Christus ist des Gesetzes Ende, wer an ihn glaubt, der ist gerecht. Das Gesetz des Geistes ist in den Worten Christi und diese Worte hört ihr durch die Predigt: So ermahne ich euch, euer Leben sei Gottesdienst. Wie ein Leib viele Glieder hat, mit verschiedenen Aufgaben, so sind wir viele ein Leib in Christus.

Jeder hat seine Aufgabe nach der Gnade seiner Gabe. Ist jemand die prophetische Rede gegeben, so übe er sie im Glauben. Hat einer ein Amt über so diene er. Ist ihm die Lehre gegeben, so lehre er. Ist jemand für Ermahnungen, so ermahne er oder es gibt jemand, so gebe er mit lauterem Sinn. Ist er Gemeindevorstand, so sei er sorgfältig. Übt jemand Barmherzigkeit, so tue er es gern. Die Liebe sei ohne Falsch. Hängt dem Guten an und lasst das Böse.

Die brüderliche Liebe untereinander sei herzlich. Einer komme den anderen mit Ehrerbietung zuvor. Seid nicht träge in eurer Aufgabe. Seid brennend im Geist und dient dem Herrn. Seid fröhlich in der Hoffnung, geduldig in Trübsal und beharrlich im Gebet. Nehmt euch der Nöte der Heiligen an und übt Gastfreundschaft.

Segnet die euch verfolgen, segnen sollt ihr und nicht fluchen. Freut euch mit den Fröhlichen und weint mit den Weinenden. Seid eines Sinnes untereinander. Trachtet nicht nach hohen Dingen, sondern haltet euch herunter zu den geringen. Haltet euch nicht selbst für klug. Vergeltet niemand Böses mit Bösen. Seid auf Gutes bedacht gegenüber jedermann. Soweit möglich, soviel an euch liegt, habt Frieden mit allen Menschen.

Meine Lieben, rächt nicht selbst, sondern gebt Raum dem Zorn Gottes. Denn Mose sagt: Die Rache ist mein, ich will vergelten, so spricht der Herr! Viel mehr: Wenn dein Feind hungert, gib ihm zu essen, dürstet ihn, so gib zu trinken. Lass dich vom Bösen nicht überwinden, sondern überwinde das Böse mit Gutem. Sei Untertan der Obrigkeit, die Gewalt über dich hat. Es gibt keine Obrigkeit außer Gott, wo aber Obrigkeit ist, ist sie von Gott gewollt. Tust du Gutes wird sie dich loben, tust du Böses wird dich ihr Schwert treffen. Sie sind Gottes Diener, deshalb zahlt ihr Steuer. Gebt jedem, was ihr schuldig seid: Steuer, dem Steuer gebührt, Furcht, dem Furcht gebührt, Ehre, dem Ehre gebührt.

Wie hat Jesus gesagt, das Wichtigste ist: Liebe deinen Nächsten wie dich selbst, dann hast du das Gesetz erfüllt. Auch die Gebote werden dadurch erfüllt.

Steht da: Du sollst nicht ehebrechen, nicht töten, nicht stehlen und begehren und was es sonst an Geboten gibt, das wird im Wort: Liebe deinen Nächsten, wie dich selbst, erfüllt. Die Liebe tut dem Nächsten nichts Böses. So ist in der Liebe die Erfüllung des Gesetzes gegeben. Lasst uns ehrbar leben wie am Tag, wo die Werke der Finsternis abgelegt sind und nicht im Fressen und Saufen, nicht in Unzucht und Ausschweifung, nicht im Hader und Eifersucht.

Zum Essen: der eine isst was ihm Freude macht, der andere isst kein Fleisch. Keiner verachte den anderen, Gott hat ihn angenommen. Keiner richte den anderen, denn der Herr richtet! Keiner lebe sich selber und keiner sterbe sich selber: Leben wir, so leben wir dem Herrn, sterben wir, so sterben wir dem Herrn. Denn dazu ist Christus gestorben und wieder lebendig geworden, dass er über Tote und Lebende Herr sei. Du aber, was richtest du deinen Bruder? Oder du, was verachtest du deinen Bruder, deine Schwester?

Wir werden alle vor den Richterstuhl Gottes gestellt werden. Jeder wird für sich selbst Gott Rechenschaft geben. Darum richte nicht einer den anderen, sondern achtet, dass ihr eurem Bruder, eurer Schwester kein Anstoß oder Ärgernis seid.

Ich bin mit dem Herrn Jesus, wenn ich sage, nichts ist unrein an sich selbst, nur für den, der es für unrein hält, ist es unrein. Wenn dein Bruder oder deine Schwester wegen deiner Speise betrübt wird, so handelst du nicht mehr nach der Liebe. Bringe nicht durch deine Speise den ins Verderben, für den Christus gestorben ist. Lästere nicht das Gute, denn das Reich Gottes ist nicht Essen und Trinken, sondern Gerechtigkeit und Friede und Freude im Heiligen Geist. Wer Christus dient ist Gott wohlgefällig und bei den Menschen geachtet, lasst uns streben zum Frieden und zum Erbarmen untereinander. Zerstöre nicht, um der Speise willen, Gottes Werk. Es ist zwar alles rein, aber es ist nicht gut für den, der es mit schlechten Gewissen isst.

Daher ist es besser, du isst kein Fleisch und trinkst keinen Wein und tust nichts, woran sich dein Bruder stößt. Den Glauben, den du hast, behalte bei dir selbst vor Gott. Selig ist, der sich selbst nicht zu verurteilen braucht, wenn er sich prüft. Wer zweifelt und dennoch isst, der ist gerichtet, denn sein Handeln kommt nicht aus dem Glauben. Was aber nicht aus dem Glauben kommt, das ist Sünde. Jeder lebt so, dass er seinem Nächsten gefalle im Guten, sagte Christus.

Der Gott der Geduld und des Trostes gebe euch, dass ihr einträchtig gesinnt seid untereinander, Christus Jesus gemäß, lobt mit einem Mund Gott, den Vater unseres Herrn Jesus. Nehmt einander an, wie Christus euch angenommen hat, zu Gottes Lob. Christus ist Diener der Juden geworden, um der Wahrhaftigkeit Gottes willen, um die Verheißungen zu bestätigen, die den Vätern gegeben sind. Die Heiden aber, ihr und die anderen, sollen Gott loben um der Barmherzigkeit willen, wie im Psalm (18,50)gesagt: Darum will ich dich loben unter den Heiden und deinen Namen singen! Oder(117,1): Lobet den Herrn, alle Heiden und preist ihn, alle Völker! Oder (Jes11,10): Es wird ein Spross aus Isais(=Vater von David) kommen, um über die Heiden zu herrschen, auf ihn hoffen die Heiden! Und dieser der Nachfahre Davids, Jesus der Christus, ist zu euch gekommen! So erfülle euch seine Botschaft und der Gott der Hoffnung mit Freude und Frieden im Glauben, mit der Kraft des Heiligen Geistes. Gehet hin und bringet Frieden!

Einige Worte zu den Predigten Paulus

Ich habe die Predigten von Paulus geschrieben und muss dazu erwähnen, dass diese seine Theologie aus dem Römerbrief entnommen ist und in Antiochia nicht nur in einer Predigt dargebracht wurde. Barnabas und Paulus predigten regelmäßig und arbeiteten in der Christengemeinde. In diesen Predigten wurden immer nur Teile der obigen Niederschrift gebracht und diskutiert, aber auch Ausschnitte aus dem Leben Christi besprochen. Während Paulus den intellektuellen Teil hatte, predigte Barnabas den praktischen Teil. In Paulus Theologie ist der Radikalismus deutlich erkennbar: die Infragestellung des Gesetzes, besonders die Reinheitsvorschriften (Essen), die Beschneidung (nur für Juden relevant und als unnötig angesehen), auch die strenge Sabbatsruhe (Christus heilte am Sabbat). Paulus sprach, dass durch Christus das Gesetz erfüllt sei, gibt aber für die Gerechten = Heiligen genaue Anweisungen usf.

Die Christengemeinde und auch die anderen Zuhörer bei den Predigten, die sich über ein Jahr hinzogen, waren nicht nur „Heiden", also Griechen und andere, sondern auch Juden, die noch den alten Glauben hatten. Erfreulich, auch Römer kamen zunehmend.

Paulus und Barnabas verabschieden sich und gehen von Antiochia nach Jerusalem

Barnabas und der Apostel Paulus sind jetzt schon ein Jahr in Antiochia am Orontes, die Gemeinde der Christen hat sich in dieser Zeit stark vergrößert. Wir schreiben das Jahr 45. Jetzt waren Propheten aus Jerusalem nach Antiochia gekommen und einer von ihnen, namens Agabus, prophezeite, dass unter dem röm. Kaiser Klaudius (der bis 54 herrschen sollte) eine große Hungersnot kommen würde. Es wurde auch von der Verfolgung der Brüder und der wunderbaren Befreiung des Petrus aus dem Gefängnis, und dass die Christen in Jerusalem arm seien, berichtet. Die Jünger und Jüngerinnen in Antiochia wollten, dass jeder nach seinem Vermögen, den Brüdern in Jerusalem eine Gabe schicken soll. Die Menschen hier in Antiochia waren wohlhabend, wegen des nahen Hafens Seleucia, der für den Seetransport nach Zypern und Griechenland bedeutend war.

Sie beschlossen Barnabas und Paulus mit den beiden Pferden und zusätzlich einem Esel mit den Gaben nach Jerusalem zu schicken. Ob sie dort bleiben war ungewiss.

Beide hielten beim Abschied eine Predigt. Zuerst Barnabas dann Paulus! Barnabas: Liebe Brüder und Schwestern im Herrn! Da der Abschied naht und wir schon ein Jahr bei euch sind, danken wir für alles, vor allem aber für euren tiefen Glauben. Wir haben versucht nach unseren Kräften euch zu helfen und weiters freuen wir uns, dass wir unseren Brüdern und Schwestern in Jerusalem, die arm sind, Geschenke bringen dürfen. Bleibt in Christus und bleibt einander, auch in schweren Stunden, in Liebe verbunden. Feiert das Abendmahl damit Christus unter euch ist. Und merkt euch, jeder und jede, der Herr ist immer mit euch. Gott und unser Herr Jesus segne euch und bleibt in Frieden!

Paulus predigt: Meine Brüder und meine Schwestern im Herrn! Ich weiß, dass ihr voller Güte seid und dennoch habe ich euch gemahnt in Liebe zueinander zu stehen. Ich habe es getan kraft der Gnade, die mir vom Gott gegeben ist. Durch den Heiligen Geist als Diener Christi habe ich euch das Evangelium gebracht. Die Gesetze habe ich ins rechte Licht gerückt. Ich werde weiter das Evangelium predigen, auch dort wo Christi Namen noch nicht bekannt ist. Denn in Jesaja (52,15) steht: denen nichts von ihm verkündigt worden ist, die sollen sehen und die nichts gehört haben sollen verstehen. Ihr meine lieben Freunde versteht und lebt mit und in Christus. Gottes Segen und Christus Segen sei mit euch.

Voll bepackt kamen sie nach der weiten Reise mit den Pferden und dem Esel in Jerusalem an. Die Freude an den Geschenken war groß, Apostel waren keine da, deshalb wollten sie bald nach Antiochia zurück. Sie hatten sich einen anderen Empfang vorgestellt.

Die 1. Missionsreise von Barnabas und Paulus

Barnabas und Paulus zogen nach 10 Tagen ab. Vorher hatten sie noch ein langes Gespräch mit den Christen von Jerusalem. Wieder hatten sie den weiten Weg nach Antiochia am

Orontes vor sich. Auf diesem Weg und in den Raststätten (Herbergen) hatte Barnabas ein Gesicht, der Heilige Geist, sagte ihm: Geht zu den Leuten nach Zypern, Pamphylien, Pisidien und nach Zilizien, bringt das Wort Christi dorthin.

Auch Paulus hatte ein ähnliches Gesicht, eine Vision: Begleite Barnabas, der braucht dich! Und so entschlossen sie sich, zuerst nach Hause zu gehen, nach Antiochia am Orontes, die Reise zu planen und dann durchzuführen. Als sie bei Barnabas zu Hause ankommen, werden sie herzlich empfangen. Am Abend bei einem Festmahl, erfahren die Eltern den Plan der Missionsreise der beiden und freuen sich, dass sie ihre frühere Heimat Zypern besuchen, besonders freuen sie sich, dass sie nicht nur Salamis sondern auch die „Heidenstadt" der Römer, Paphos, besuchen werden. Niemand ahnte, dass es drei Jahre dauern würde. Ich werde den Inhalt ihrer Predigten nicht wiedergeben, wir kennen sie, sondern nur die Orte wo sie lehrten und lebten und eventuell einige Ereignisse.

Die Lehrtätigkeit führten Barnabas und Paulus durch. Johannes Markus, der Cousin von Barnabas, war ihr Gehilfe. Er war aus Jerusalem gekommen und wollte dabei sein.

Sie zogen mit zwei Pferden und einem Esel los. In Seleucia verkauften sie die Tiere, um mit einem Segelfrachter nach Zypern zu reisen. Eine Woche verging, dann begann die Reise. Das Schiff war klein, aber sehr schnell vorm Wind.

Als sie in Zyperns Hafenstadt Salamis ankamen, waren sie überrascht wie groß der Hafen war. Die Temperatur war angenehm herbstlich (zwischen 30-35 °). Sie predigten in der Synagoge von Salamis und als sie weiterzogen, brauchten sie zu Fuß eine Woche für die 140 km nach Paphos.

Paphos war nicht nur die Hauptstadt, sondern auch ein heidnisches religiöses Zentrum. Es wurde dort die griechische Göttin der Schönheit und der Liebe, Aphrodite, verehrt. Es gibt den „Garten der Aphrodite" wo sie einst lustwandelte, das war jetzt eine Kultstätte.

Unweit von Paphos, nördlich vom Hafen, gibt es den „Felsen der Aphrodite", ein Umschwimmen in der Mondnacht verspricht Unsterblichkeit? Dort hatte sie das Land betreten, sie war im Meer aus dem Glied eines Gottes entstanden! Das Glied fiel vom Himmel, als Gott Uranos, der Göttervater, von seinem Sohn Krones entmannt wurde. Südlich von Paphos war das Bad Polis, darin die Göttin mit ihrem sterblichen Geliebten Akanar der Liebe frönte.

58 v. Chr. eroberten die Römer die Stadt und ließen den Griechen ihren Glauben. Von der Römerstadt, ist ein Gräberfeld mit Mosaiken freigelegt worden, darin wird der Kult um Dionysos dargestellt, auch wie König Ikarios das Geheimnis der Weinerzeugung von Dionysos erfuhr. Heute ist es ein Weltkulturerbe.

45 n. Chr. kamen Barnabas, Paulus und Markus im späten Herbst nach Paphos. Paulus bedacht, heidnische Kultzentren für die Missionsarbeit zu suchen, freute sich. Erwähnen möchte ich noch, dass jetzt im 1.100 m über dem Meer liegenden Kloster Kykko eine Ikone zu bewundern ist. Diese Marienikone hat der Evangelist Lukas, unser Erzähler der Apostelgeschichte, gemalt. Als das Kloster Kykko im 11. Jhd gegründet wurde, hat der byzantinische Kaiser die Ikone dem Kloster geschenkt. Das Bild in der Ikonostase wird für wundertätig gehalten und heute noch von vielen Gläubigen geküsst, Spuren davon erkennt man an Maria und dem Jesukind!

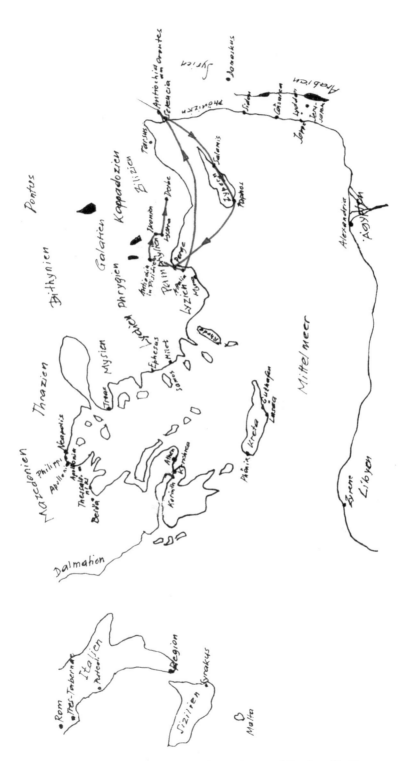

Karte: 1. Missionsreise von Barnabas und Paulus 45-48

Zurück zu unseren Missionaren, nach ihren Predigten, auch in der Synagoge, kamen viele interessierte Menschen, um mehr über Jesus, den Christus, zu erfahren. Die anfängliche Abweisung war einem Interesse gewichen, vor allem Frauen waren an der Rede von Barnabas interessiert, denn sie war praktisch orientiert.

Wenn er von der Güte Jesu sprach und von seinem Einsatz für Arme und Kranke, kamen nach der Predigt Frauen, die in ihrem karitativen Wesen, direkt von Jesus angesprochen waren, zu Barnabas, ob ihre Hilfe gebraucht würde? Viele der 1. Christen, waren daher immer wieder Frauen. Wenn sie vermögend waren halfen sie auch materiell.

Während Paulus von Gott und den Juden sprach, die Geschichte durch, von der Schöpfung über Mose und David zu Jesus und dem Infrage stellen der Sabbat-, Reinheits- und Beschneidungsgesetze. So sprach er mehr die Männer an, denn er war radikal! Ich möchte sagen, schärfer als Jesus griff er die Äußerlichkeit (Falschheit, Heuchelei) der Juden an und dass er sich deshalb an die „Heiden" (= Griechen) wende, weil die Juden Jesus ablehnen. Paulus hatte immer sofort Feinde, obwohl sie ihm geistig nichts anhaben konnten.

Johannes Markus half tatkräftig mit, aber er fühlt sich nicht wohl, seine griechischen Sprachkenntnisse waren schwach und da er viel in der Krankenbetreuung und Versorgung der 1. Christen half, fand er hier nicht die Zufriedenheit, die er in Jerusalem hatte, trotz der Verfolgungen. Vor allem wenn sich die Christen Jerusalems bei seiner Mutter Maria trafen, war er glücklich gewesen.

Der Winter auf Zypern brachte Regen. Markus verglich immer mit Jerusalem. Auch der Frühling kam hier so plötzlich mit hohen Temperaturen. Immer wieder ertappte er sich, dass er Sehnsucht nach Hause hatte. Obwohl Jesus von seinen Jüngern verlangte, den „dornigen Pfad" des „Gottesvertrauens" und der „Liebe" zu gehen, wollte er lieber nach Hause zurück.

Paulus hatte einen großen Erfolg zu verzeichnen. Seine Vorgangsweise war richtig, immer begann er seine Mission bei den „Köpfen": Synagogenvorsteher, Gemeindevorsteher und auch Statthalter! Übrigens, Petrus hatte ihm zu dieser Vorgangsweise gesagt: Vergiss die Armen, die Kranken nicht, diese bedürfen unseres Beistandes! Paulus hatte das bejaht.

Nun in Paphos residierte der römische Statthalter über Zypern, Sergius. Es gelang Paulus, trotz Widerwertigkeiten, Sergius zum Christentum zu bekehren. Sergius ließ sich und seine Frau taufen. Dass es so weit kam, ist Paulus tiefen Glauben an Jesus, aber auch seinen perfekten lateinischen Sprachkenntnissen, seiner römischen Staatsbürgerschaft, seinen Umgangsformen und der großen Überzeugungskraft der Worte, die ihm Jesus gab, zu verdanken. Es entstand eine Christengemeinde, vor allem Frauen waren wichtige Mitglieder.

So konnten Barnabas und Paulus, im Sommer , bei der Gluthitze von 45°, feststellen, dass ihre Mission erfolgreich war und sie die Reise fortsetzen konnten und per Schiff, zusammen mit Johannes Markus, nach Perge übersetzen würden, um dann in Pamphylien zu missionieren. Sie wussten von Johannes Markus, dass er heim wollte und akzeptieren das. Da aber von Paphos kaum Schiffe nach Cäsarea fuhren, trösteten sie Johannes Markus damit, dass der Handelshafen von Perge sicher eine bessere Möglichkeit der Heimreise biete.

Tatsächlich, nachdem sie dort eintrafen, fanden sie am Pier ein judäisches Schiff, dass am nächsten Tag ablegen wollte für Cäsarea, vorausgesetzt der Wind passte. Markus lebte förmlich auf, als er aramäisch hörte. Er heuerte mit Hilfe von Paulus als Hilfsmatrose an, um die Überfahrt umsonst zu haben.

Der Abschied war kurz und Barnabas und Paulus suchten ein Quartier in Perge und erstanden am Markt zwei Pferde. Die nächste Etappe sollte Antiochia in Pisidien sein, wo sie erfolgreich missionieren wollten und auch in den nächsten Orten. In Perge, diesen Handelsplatz, bekamen sie rasch was sie wollten und lernten hier auch Menschen kennen, die an Jesus Christus interessiert waren. Ihr Sprecher hatte die Kreuzigung Christi erlebt und auch gehört von seinen Wundern. Sie luden unsere Heiligen ein und die feierten mit diesen Griechen ein Abendmahl und konnten im Gespräch Menschen für Jesus gewinnen. Es waren einige Personen, die sich taufen ließen und die eine neue Christengemeinde bildeten.

Nach einigen Tagen in Perge zogen Barnabas und Paulus nach Antiochia in Pisidien zu ihren neuen Aufgaben im Herrn. Die Stadt war groß und die Menschen freundlich, sie fanden ein zentral gelegenes Quartier. Bald begannen sie zu missionieren, so verging der Sommer. Vom Synagogenvorsteher wurden sie im Herbst 46 gebeten nach der Lesung des Gesetzes zu predigen, eventuell zu ermahnen!

Paulus sprach sie an mit: Ihr Männer aus Israel und ihr Gottesfürchtigen (= Nichtjuden die dem Ein- Gottesglauben nach Mose angehörten) hört mir zu! Er erzählt, wie wir schon wissen, die Geschichte „des auserwählten Volkes" der Juden und von Jesus, dem Christus = Messias = Heiland, der Gottes Sohn ist und es bewies, als er gekreuzigt wurde und auferstanden ist, und dass er und Barnabas beauftragt sind, das Evangelium zu predigen! Durch das Opfer Jesu, durch seine Kreuzigung, sind die Sünden nach dem Gesetz des Mose vergeben und der an Jesus glaubt, ist gerecht (=handelt gottgefällig). Daher glaubt an Jesus Christus und an sein Wort und lasst euch taufen! Sie wurden eingeladen am nächsten Sabbat wieder zu predigen. Viele folgten ihnen vor die Synagoge und wollten ihren Rat.

Am folgenden Sabbat war die Kirche (Synagoge) voll wie nie. Barnabas begann in seiner direkten Art, die Dinge klar zu machen: Wir sagen euch das Wort Gottes zuerst, da manche Juden es aber von sich stoßen, wie wir jetzt gerade beschimpft wurden, weil uns so viele Leute zulaufen, und sie das ewige Leben durch Christus Jesus nicht wollen, so wenden wir uns an euch und an alle Nichtjuden. Werdet gläubig und seid zum ewigen Leben bereit. Wie letztes Mal, sind wir auch heute bereit euch in unserer Gemeinschaft aufzunehmen und euch auf Jesus Christus zu taufen! Ihre Worte von Jesus breiteten sich in der ganzen Stadt aus.

Jedoch die oberen Juden (gläubigen) und ihre Frauen hetzten gegen Barnabas und Paulus, sie drohten mit Verfolgung, „dieses Gesindels", so verließen die Heiligen Antiochia. Die neu gegründete Christengemeinde in Antiochia war sehr traurig, dass die Beiden fluchtartig die Stadt verließen, sie sagten: Paulus hätte nicht in der Synagoge predigen sollen, das ist schon fast tödlich gewesen.

Die Heiligen ritten nach Ikonien und brauchten für die 120 km fast eine Woche. Es war eine bergige Gegend, die Temperatur war erträglich und in den kleinen Ansiedelungen wohnten freundliche Menschen, obwohl arm, waren sie gesprächsbereit. Beide, Barnabas und Paulus, waren ziemlich anspruchslos, eine Quelle genügte ihnen oder ein Bach, das alles war vorhanden, nicht nur zur Rast, auch zur Nächtigung genügte ihnen das. Die Pferde waren mit dem Wichtigsten versehen. Paulus hatte zwei „Ein-Mann-Zelte" gemacht – leicht und klein – eigentlich Schlafsäcke, so waren sie nicht auf Gastfreundschaft angewiesen, wenn keine Herberge zu erreichen war. Wenn der Weg zu steinig oder zu steil war, stiegen sie ab und gingen zu Fuß. Sie nützten jede Gelegenheit mit Menschen zu sprechen, wenn sie zu Häusern oder besser zu Hütten kamen. Ein Funken von Jesus blieb oft zurück!

In Ikonien blieben sie und sprachen von Jesus zu den dortigen Juden, aber auch zu den Heiden und es dauerte einige Zeit bis sie aufgefordert wurden in der Synagoge zu predigen und so wurden Juden, Griechen und andere gläubig. Es entstand eine ansehnliche Christengemeinde und bis zum Frühjahr 47 hielten sie regelmäßig Gottesdienste in einer aufgelassenen Halle in einem Steinbruch ab.

Sie lehrten im Vertrauen auf Jesus, als sie jedoch Wunder wirkten, bildete sich rasch eine große Gruppe von Gegnern, aus den Oberen der Juden, die gemeinsam mit den Heiden (die Götzen anbeteten), von den dahergelaufenen „Gotteslästerern und Zauberern" sprachen. Ja, die sogar gewaltsame „Entfernung" der Beiden durch Steinigung wollten.

So flüchteten sie in der Nacht nach Lystra. In Lystra waren viele Griechen,
        die Zeus und seinen Göttern anhingen.

Paulus begann mit seinen Predigten, meist gab Barnabas anschließend praktische Erläuterungen, die sich auf das damalige Leben bezogen, nicht ohne darauf hinzuweisen, dass Christus geheilt und Tote erweckt hatte.

Inzwischen war der Sommer mit seiner Pracht ins Land gezogen, es gab herrliches Obst und der Käse, der aus der Schafsmilch gewonnen wurde, war ein Gedicht. In dieser Gegend gedieh ein etwas rescher (saurer) Weißwein, der besonders Barnabas schmeckte und der sich freute wenn sie die Gedächtnismesse für Christus feierten, mit den ersten Christen zusammen. Diesmal predigten sie vorm Zeustempel vor der Stadtmauer von Lystra. Es war ein lauer Sommerabend und als sie vom Gelähmten von Karfarnaum sprachen, rief ein Mann im Rollstuhl, der ganz vorne war: Wenn ihr sagt, er lebt (Jesus) in euch, so helft mir, so könnt ihr mich überzeugen!

Barnabas sah Paulus an, der nickte! Neugierig kamen viele um zu sehen, was passiert. Sie gingen zu den Mann, der beide Beine, von Jugend auf, gelähmt hatte und fragten: Und du glaubst, dass Jesus, der in uns lebt, dir hilft? Die Antwort war eindeutig: Ja! Paulus sagte zu Barnabas auf aramäisch: Jesus hilft uns, wir bitten ihn inständig, uns nicht im Stich zu lassen! Beide fassten den Mann im Rollstuhl, seine Frau stand daneben und fand keine Worte, auch alle anderen waren aufgestanden. Der Zeuspriester stand dabei und hörte als Paulus sagte: Jesus und unser einziger Gott, sein Vater, befehlen dir mit unserer Hilfe aufzustehen und zu gehen! Paulus hatte laut und deutlich die Worte in Griechisch gesprochen. Ihre Hände unter seinen Achselhöhlen hoben sie ihn auf. Ergios, so hieß der Mann, stand auf den Beinen.

Paulus sagte: Herr wir danken dir und du Ergios, geh mit uns! Schritt für Schritt ging er, die Heiligen stützten ihn, dann sagte er: Ich danke Jesus und euch, dass ich gehen kann. Und er ging an der Hand seiner Frau und drehte sich zu den Heiligen um und bat sie: Tauf mich auf Jesus, den Christus!

Die Menge schrie auf und der Zeus-Priester mit seinen Gehilfen kam zu Barnabas und Paulus, hob die Hände, die Menge wurde ruhig. Der Priester sagte: Du bist Barnabas-Sefs (= Zeus = Gott) und du bis Paulus-Hermes (der Götterbote, der die Befehle von Zeus überbrachte, dargestellt mit Flügeln), die Götter sind vom Olymp herabgekommen. Barnabas hatten sie als „Macher" als Praktiker erkannt, auch die direkte Darstellung der Dinge, wie auch Gottes und Jesus und des Heiligen Geistes. Während das Wort vom Götterboten Paulus-Hermes gebracht wurde. Das theologische Lehrgebäude war Menschen schwer zugänglich, obwohl es die Juden des „alten Glaubens" verletzte. Der Priester und seine Helfer hatten in der Landessprache gesprochen, so verstanden Barnabas und Paulus nur: Barnabas-Sefs und Paulus-Hermes, sie waren schon überrascht mit diesen Göttern verglichen zu werden, sie wussten nicht, dass der Priester, sie als Götter bezeichnete. Der Zeus-Priester lud sie in Griechisch ein, morgen zu kommen, wo man sie ehren werde als Dank für die Heilung.

An diesem Abend wurden viele neue Christen gewonnen, die sich taufen ließen. Allen voran Ergios, der ebenfalls für morgen zur gleichen Zeit eingeladen war. Mit Unbehagen hatten die „gläubigen" Juden und andere die Vorgänge beobachtet, es wurde auch bekannt, was in Antiochia und Ikonien geschehen war.

Am nächsten Abend war vor dem Zeus Tempel ein Opfer-Altar errichtet und ein Feuer brannte, um darauf einen Stier zu opfern. Ein Bottiche Wein war bereitgestellt. Barnabas und Paulus wurden mit Kränzen geschmückt, das Volk neigte sich tief und als Ergios am Arm seiner Frau nach vorne zum Priester ging, jubelten alle Anwesenden. Als der Priester in Griechisch sagte: Bevor wir opfern, danken wir den Mensch gewordenen Göttern Barnabas-Sefs (Zeus) und Paulus-Hermes für ihr Wunder an Ergios, so wollen wir ihnen ein Opfer bereiten!

Als Barnabas und Paulus dies hörten sagten sie, besser schrien sie: Nein, nein! Sie rissen sich die Kleider vom Leib bis aufs Hemd, was macht ihr da, wir sind gewöhnliche Menschen, sterbliche wie ihr, wir sind nur beauftragt euch das Evangelium von Jesus Christus zu predigen und euch zu unserem einzigen Gott, der Himmel und Erde schuf und alles was darin ist und zu seinem Sohn Jesus und zum Heiligen Geist, zu bekehren. Weg von euren falschen Göttern zu unserem Gott, der euch viel Gutes tut und tat, der Regen wie jetzt schickt, die Erde fruchtbar macht, euch ernährt und fröhlich macht. Wenn ihr glaubt, dass wir ein Wunder wirkten, das war unser barmherziger Gott! Das Volk wollte ihnen opfern, ließ aber ab und einige ließen sich taufen auf Jesus Christus.

Die Gegenseite, Juden und Heiden, hetzten einen Teil der Einwohner, vor allem Obere, so auf, dass sie Paulus zum Steinigen verurteilten und vor die Stadt zum Steinigungsplatz schleiften. Verurteilt war er „wegen gotteslästerlichen Behauptungen". Barnabas flüchtete und brachte die Pferde in Sicherheit. Dann lief er zum Hinrichtungsort, wo sich die Menge selbst in Wut steigerte: Je rascher wir ihn steinigen umso schneller ist er weg, ihr Feiglinge schießt! Paulus war umringt von etwa 20 Mann im Abstand von 15 m, manche hatten Steine mitgebracht, obwohl genügend am Boden lagen.

Ein großer Mann nahm als erster einen eckigen Stein: So beginne ich, ihr Feiglinge! Und er schleuderte mit großer Wucht den Stein auf Paulus, aber er traf nicht seinen Kopf, sondern die linke Schulter, Paulus schrie vor Schmerzen auf und griff mit der rechten Hand auf die zerstörte Schulter. Ein paar lachten: Endlich, dass einer beginnt.

Jetzt passierte etwas, womit keiner gerechnet hatte: Paulus fasste in seinem Schmerz und seiner Wut mit der Rechten den Stein, der ihn so schwer verletzt hatte und schleuderte ihn auf den ersten „Mörder", wobei er rief: Für dich du Teufelsbraten! Paulus traf aber nur das Knie des Mannes, der zusammenbrach. Aber jetzt schleuderte die entfesselte Menge einen Steinhagel auf Paulus. Als ihn ein Stein genau auf die Schläfe traf und Blut in Strömen floss, fiel Paulus „tot" um.

Normal geht dann einer der Mörder und rollt mit dem Fuß den Körper, ob er auch tot ist. Nur selten, wie bei Stephanus' Steinigung, nimmt einer einen Felsbrocken und zertrümmert den Kopf.

Jetzt war Barnabas in die Runde gesprungen und hat geschrien: Wollt ihr ihn noch „toter" machen. Der Körper des wuchtigen Barnabas lag schützend über Paulus. Einer schrie: Steinigen wir ihn auch noch? Nein, sagte ein älterer Mann, wir haben keinen Auftrag. Und Barnabas sagt sehr deutlich: Ihr steinigt ihn wegen Gotteslästerung und was tut ihr? Ihr mordet mit Freude, obwohl unser Gott Töten verboten hat!

Nach der Steinigung wird der Leichnam liegen gelassen, damit die Angehörigen, Freunde, Verwandte oder andere Christen ihn begraben konnten. Hatte er niemand, dann hatten die Geier ihr Fressen.

Als die Mörder abgezogen waren, versorgte Barnabas mit nassen Tüchern den Körper, wischte Blut ab und nahm Paulus Kopf in die Hände: Paulus komm wieder, geh nicht von uns!

Paulus erwachte aus der Bewusstlosigkeit. Die anderen Christen halfen Barnabas und man beförderte Paulus zum Versteck, die Pferde waren bereit und die Flucht begann.

Bis Derbe waren es 60 km und sie kamen nach 3 Tagen an. Dort war man für das Wort der Apostel offen. Und viele bekehrten sich zum Christentum. Jetzt hatten sich Paulus und Barnabas zur Regel gemacht Älteste = Diakone einzusetzen, die der Christengemeinde vorstanden. Sie hielten auch Gottesdienste gemeinsam ab, wie die Regeln schon beschrieben wurden. Sie verbrachten den Herbst 47 ruhig in Derbe. Im Winter 47/48 kehrten sie nach Antiochia, zur größten Gemeinde, zurück. Nachdem sie Diakone eingesetzt hatten, verließen sie Anfang 48 die Stadt und kamen nach Perge, auch hier wieder ordneten sie die Gemeinde. Im Frühjahr 48 zogen sie nach Attalia, eine blühende Hafenstadt und gründeten eine Gemeinde.

Paulus 39 Jahre alt, litt seit seiner Steinigung an starken Schulter- und Knieschmerzen, wahrscheinlich auch rheumatische Schübe. Er selbst spricht von einem Stachel, der ihm von Gott eingesetzt wurde, damit er nicht zu hochmütig werde.

Zu Sommerbeginn verkauften sie die Pferde und fuhren mit einem Frachtsegler nach Seleucia, das Geld dafür hatten die reichen Christen in Attalia gesammelt. Außerdem hatten sie „ihre Habe", das waren Pferde und Zelte, verkauft. Zu Fuß ging es nach Antiochia am Orontes in Syrien, wo sie in der 1. Christengemeinde den Sommer, Herbst und Winter 48/49 verbrachten.

Rückkehr von der 1. Missionsreise und Aufenthalt in Antiochia am Orontes in Syrien

Als sie „zu Hause" waren, berichteten sie von der erfolgreichen Mission, aber auch von den Fährnissen und Gottes Hilfe. Die Freude ihrer Brüder und Schwestern war groß, aber auch der Glaube war hier gut verankert. Und man dachte, alles wäre gottesgefällig und menschenwürdig. Aber sie wurden bald vom Gegenteil überzeugt.

Die Apostelversammlung in Jerusalem

Anfang 49 kamen Jünger aus Jerusalem zu Barnabas und Paulus, als ihnen der Missionserfolg der beiden berichtet wurde, sagten die Abgesandten von Jerusalem: Wenn ihr nicht beschneidet nach dem Gesetz von Mose, so könnt ihr nicht selig werden.

Es entstand ein Streit, wir wissen, dass Paulus und Barnabas die Beschneidung als Äußerlichkeit des Gesetzes ansahen und unwichtig für den Glauben des heidnischen Christen, ja überhaupt auch für Juden, soweit sie Jesus anhängen.

Der Streit war schon erwartet worden, daher sagten die Jünger: Die Apostel und Ältesten in Jerusalem wünschen, dass du Barnabas und du Paulus, und einige von eurer Gemeinde mit uns hinauf nach Jerusalem zieht, damit in einem Apostelkonzilium diese Frage geklärt wird.

Unfall und Heilung

Di 28.03.06: Vor 5 Monaten hatte meine Frau Gerti den großen Unfall und die „Gamma-Nagel"-Operation in einem „Trümmerbruch" mit zerstörtem Trochanter. In den weiteren Folgen wurde eine komplizierte Reoperation mit Hüftprothese notwendig. Gerti war fast hilflos, seitdem bin ich um sie bemüht, Tag und Nacht. Bei „unserer" Maria Trost habe ich um Hilfe gefleht.

Jetzt kann Gerti schon vieles selbst erledigen, nur das Gehen (mein großer Wunsch) gelingt nur mit einer Krücke in der Rechten. Das linke Bein mit der Hüftgelenksprothese ist noch nicht voll belastbar! Unsere Heilbehandlung endet am Freitag und am Samstag fahren wir nach Hause. Das Wetter ist jetzt frühlingshaft hier in Heviz. Das musste ich mir „von der Seele schreiben"! Später konnte Gerti wieder ohne Stock gehen.

Zum Apostelkonzil

Nach einer anstrengenden „Reise" auf Pferden erreichten sie nach 13 Tagen Jerusalem. Die christliche Gemeinde und die Apostel und Ältesten empfingen sie mit großer Freude und hörten was sie mit Gottes Hilfe erreicht hatten. Jedoch einige Pharisäer, die jetzt Christen waren, verlangten diese neuen Christen müssen sich beschneiden lassen, wie es das Gesetz Mose verlangt! Die Aposteln und Ältesten berieten darüber, sie wurden nicht einig, so sprach Petrus: Ihr wisst was in Cäsarea geschah bei Kornelius und dass mich Gott bestimmt hat, dass durch meinen Mund die Heiden das Evangelium hörten und glaubten. Gott, der die Herzen kennt, hat ihnen den Heiligen Geist gegeben wie auch uns. Er machte keinen Unterschied zwischen ihnen und uns, nachdem er ihre Herzen gereinigt hat durch den Glauben. Warum versucht ihr Gott indem ihr das Gesetzesjoch auf den Nacken der Jünger legt, dass weder unsere Väter noch wir haben tragen können?

Wir glauben vielmehr, durch die Gnade des Herrn Jesus selig zu werden, wie auch sie. Die Menge schwieg und Petrus bat Barnabas und Paulus zu sprechen, sie sollten die großen Zeichen und Wunder erzählen, die Gott durch sie bei den Heiden getan hatte. Barnabas begann die 1. Missionsreise zu erzählen, drei Jahre mit vielen Auf und Ab. Er verstand es sehr bildlich zu sprechen und mit wenig Worten das Wesentliche zu sagen. Er schilderte auch ihre Leiden, wie z.B. als sie Paulus steinigten und der Herr ihn errettete. Sie forderten Paulus auf zu sprechen. Seine forsche Art kennen wir.

Diesmal war er nicht aggressiv, sondern sagte: Wir werden beschnitten nach dem Gesetz, obwohl wir Babies sind, den Bund von Gott und Abraham entsprechend, und wie wir später werden, fragt keiner. Aber ein Heide der den Glauben an Christus annimmt, wird verurteilt, weil er nicht beschnitten ist, wieso? Was ist das Gesetz, des „Äußeren", wenn in ihm der Heilige Geist ist und er sich taufen lässt? Wer ist gerechter vor Gott und unserem Herrn, der im Herzen Christ ist oder der beschnitten ist? Es herrschte betretenes Schweigen.

Jakobus der Bruder des Herrn ergreift das Wort: Simon Petrus hat erzählt, wie Gott ihn zu den Heiden sprechen ließ und aus ihnen ein Volk unter seinen Namen will. Wie sagt der Prophet Amon (9,11ff): Danach wende ich mich wieder ihnen zu, baue die zerfallenen Hütten Davids wieder auf, damit die Menschen die übrig blieben, nach dem Herrn fragen und es in Besitz nehmen, wie auch alle Heiden, die meinen Namen nennen!

Brüder, hört, ich meine man soll den Heiden, die sich zu Gott bekehren, keine Unruhe machen, sondern ihnen vorschreiben, dass sie sich nicht Götzen zuwenden dürfen und nicht huren und sexuell zügellos sein dürfen und nicht Fleisch von ungeschächteten Tieren essen dürfen, aber auch kein Blut. Denn das wird seit Mose am Sabbat in den Synagogen gelesen.

Die Beschlüsse des Apostelkonzils

Die Apostel, Ältesten und die ganze Gemeinde beschlossen zwei bewährte Männer, u.zw. Judas und Silas sollten mit Barnabas und Paulus ziehen, sie werden ein Schreiben an die Heiden mit folgendem Wortlaut erhalten: Wir, die Apostel und Ältesten, eure Brüder, wünschen unseren Brüdern in Antiochia in Syrien und jenen in Zilizien und Pisidien und anderen Orten Heil, damit eure Seelen nicht durch falsche Lehren verwirrt werden, haben wir Männer erwählt, die mit unseren geliebten Brüdern Barnabas und Paulus zu euch kommen mit unserer Nachricht. Männer sind das, die ihr Leben für den Namen Jesus Christus eingesetzt haben: Judas und Silas. Sie werden euch mündlich mitteilen, was in dem Brief steht. Dem Heiligen Geist gefällt es, wie auch uns, euch weiter keine Last aufzuerlegen als nur diese notwendigen Dinge: Enthaltet euch von Götzenopfer und vom Blut und vom ungeschächtetem Fleisch und von der Hurerei (sexueller Zügellosigkeit). Wenn ihr euch davor bewahrt, tut ihr recht! Lebt wohl!

So hatte Paulus in Jerusalem ein „gesetzesfreies" Evangelium erreicht! Ein unschätzbarer Erfolg für Paulus und die christliche Mission im Abendland.

Auflagen für heidnische (nicht-jüdische) Christen

Paulus sprach es aus: Um es deutlich zu machen, es wurde das Gesetz, dieses umfangreiche äußerliche Zeremoniell der Juden, das über die 10 Gebote weit hinausgeht, durch

Christus aufgeschoben und jetzt durch das Konzil! Weiters lud Paulus bei der Verabschiedung die Apostel und Brüder nach Antiochia ein: Da diese Vorschriften des Apostelkonzils das Ganze jetzt eindeutig festlegen, kommt und seht!

Auf dieser neuen Basis sollten Paulus und Barnabas weiter missionieren. Auf dem Ritt zurück nach Antiochia in den Pausen und am Abend besprachen Paulus und Barnabas die nächste Missionsreise. Paulus wollte wieder nach Kleinasien und andere Städte aufsuchen. Aber den Wunsch von Barnabas stimmte er nicht zu, wieder Johannes Markus, dazu zu nehmen, denn er hatte sie in Perge „schmählich" verlassen! Barnabas war nicht dieser Ansicht!

Als Freunde entschieden sie: Barnabas wird Johannes Markus, bitten ihn zu begleiten. Judas, der nach Jerusalem zurückkehrte, sollte Johannes Markus nach Antiochia am Orontes zu Barnabas schicken.

Und Paulus der bei den Christenbrüdern in Antiochia wohnte, würde Silas als Begleiter nehmen. Silas stimmte freudig zu! Er wird nicht mehr nach Jerusalem zurückkehren, sondern in Antiochia bleiben und mit Paulus die Mission vorbereiten. Mit diesen Plänen erfüllt erreichten sie Antiochia.

Benachrichtigung der Gemeinde in Antiochia am Orontes

So zogen Barnabas, Paulus, Judas und Silas und die Männer aus der Christengemeinde Antiochia am Orontes nach etwa zwei Wochen in der Heimatstadt von Barnabas ein! Sie versammelten die Christengemeinde und überbrachten den Brief der Apostel. Der Brief wurde verlesen und die Christengemeinde war erfreut über den Zuspruch und sie baten Judas und Silas zu predigen. Das geschah und die beiden ermahnen die „Heiden-Brüder", die wenigen Vorschriften der Aposteln zu halten und erklärten warum sie nur geschächtetes Fleisch (Tierfleisch ohne Blut) essen dürfen, weil für die jüdischen Brüder „ersticktes Fleisch", also von Tieren, die getötet wurden und das Blut enthalten ist, ungenießbar ist. Denn Blut ist der Träger des Lebens und alles Leben gehört Gott.

Die Apostel besuchen die Heiden-Christen in Antiochia am Orontes

Nachdem Paulus und die anderen Jerusalem verlassen hatten, beschlossen Petrus, Jakobus und einige Jünger die 1. Christusgemeinde zu besuchen. Petrus war bereit vorauszueilen und alles zu besorgen. Im Galaterbrief (2,11ff) erzählt Paulus, dass nach dem Apostelkonzil 49, Petrus und Jakobus, der Bruder des Herrn, nach Antiochia am Orontes zogen um die Gemeinde zu besuchen. Hier beklagt Paulus das Verhalten von Petrus.

Auseinandersetzung des Paulus mit Petrus in Antiochia am Orontes

Paulus berichtet: Jakobus, der Bruder des Herrn und einige Jünger machten sich auf den Weg von Jerusalem zu uns. Kephas = Petrus war vorausgeeilt und als er bei uns ankam feierten wir seinen Besuch mit einem Freudenmahl. Wir, Barnabas und Silas sowie Judas, ich, Petrus und die Heiden, freuten uns, dass die Apostelbotschaft so gut aufgenommen wurde. Als aber Jakobus mit Jüngern eintraf und das uns gemeldet wurde, zog sich Petrus zurück und nahm auch Barnabas mit, damit er nicht mit Heiden zusammen tafelt, wenn die christlichen Juden hier eintreffen.

Als sie ankamen, rügte ich Petrus und Barnabas öffentlich vor den Ankömmlingen: Dass sie nicht richtig handelten entsprechend dem Apostelkonzil. Und ich sagte zu Kephas = Petrus: Wenn du, der du ein Jude bist, dich schämst mit Heiden zu tafeln, warum sollen dann die Heiden unseren Glauben und uns als Brüder annehmen? Wir wissen doch, dass der Mensch durch die Werke des Gesetzes nicht gerecht wird, sondern durch den Glauben an Jesus Christus. Und die an Jesus Christus glauben sind uns gleich! Denn Jesus ist in ihnen wie in uns! Denn ich bin, wie er durchs Gesetz gestorben, damit Gott lebe. Ich bin mit Christus gekreuzigt. Ich lebe, doch nicht im Ich, sondern Christus lebt in mir. Was ich im Fleisch lebe, lebe ich im Glauben an den Sohn Gottes, der mich geliebt hat und sich für mich hingegeben hat. Ich werfe die Gnade Gottes nicht weg, denn wenn die Gerechtigkeit durch das Gesetz käme, so wäre Christus vergeblich gestorben. Und deshalb sind diese Brüder und Schwestern hier, uns gleich im Glauben an Jesus Christus!

Es waren alle betroffen und stimmten Paulus zu. Die Tage danach waren, friedlich und christlich verbracht. Dann verabschiedeten sich für die Heimreise nach Jerusalem: Jakobus, Judas und die Jünger aus Jerusalem und zogen heim. Petrus blieb hier! Er war von 49 bis zum Frühjahr 50 bei den Brüdern in Antiochia am Orontes. Für die Christen war das eine große Ehre! Auch Silas blieb., weil er Paulus begleiten wollte.

Apostel und Frauen

Paulus fragt später im Korintherbrief (1.9.2-5): Bin ich für die, die mich verurteilen, kein Apostel? So bin ich es doch für euch, denn ihr seid das Siegel meines Apostelamtes. Haben wir nicht das Recht, zu essen und zu trinken? Haben wir nicht auch das Recht eine Schwester als Ehefrau mit uns zu führen, wie die anderen Apostel und der Bruder des Herrn und Kephas = Petrus?

Ich habe das erwähnt weil offensichtlich bei Apostelkonzil, Apostel Frauen dabei gehabt haben. Auch Petrus? Sicher ist es nicht, obwohl Jesus es nicht verboten hat, immer sind Frauen Anhänger Jesu gewesen, Jüngerinnen, Schwestern. Von Petrus Frau steht sonst nirgends etwas, aber von seiner Schwiegermutter.

So 24.07.2011: Die Tragödie von Norwegen

Ich kann nicht weiter das Buch redigieren ohne über die schlimmste Katastrophe für Norwegen seit dem 2. Weltkrieg zu berichten. Vorgestern, am Freitag, den 22.07. zündete der „Teufel" , es ist der 32-jährige Norweger Anders Breivik, im Regierungsviertel in Oslo eine 500 kg Bombe. Es starben acht Menschen und es gab viele Schwerverletzte. Die Gebäude im Umkreis von 200 m wurden teilweise zerstört und stürzten ein. Das war um 15 Uhr 30. Doch nicht genug, der Täter verkleidet sich als Polizist und fährt zu einem Jugendlager auf der Insel Utoya, 40 km von Oslo entfernt, er ließ sich mit dem Boot übersetzten. Dort waren 600 sozialdemokratische Jugendliche, auch Migranten neben Norwegern. Sie verbrachten hier die Ferien mit Sport und Diskussionen über Frieden. Der verkleidete „Polizist" Anders Breivik hatte zwei Waffen und viel Munition dabei, er ließ die Jugendlichen versammeln. Aus „Sicherheitsgründen" müsse er über die Vorkommnisse in Oslo berichten, um 17 Uhr 30.

Dann sagt er den Jugendlichen, dass er sie alle töten werde, und er beginnt ein Massaker anzurichten. Er machte Jagd auf jeden einzelnen, auch auf jene, die davon liefen und ins Meer sprangen. Es bereitete ihm geradezu Freude, die Kinder zu töten, was er lautstark kundtat. Nach etwa einer Stunde erst traf die Polizei ein: Mit Hilfe von Tränengas konnten sie ihn fassen. Er wehrte sich nicht. Auf Utoya wurden 69 Leichen geborgen. Junge Menschen mussten ihr Leben lassen, weil der „Teufel" nicht genug bekam.

Zu den acht Toten in Oslo kamen so noch 69 Kinder dazu. Insgesamt 77 Tote. Die ganze Welt steht unter Schock und spricht Norwegen das Beileid aus. Anders Breivik, Mitglied eines Schützenvereins, hatte offiziell eine Glock und ein automatisches Gewehr. Er ist Nationalist, fremdenfeindlich und hasst den Islam. Er ist auch gegen die Sozialdemokratie, weil sie multikulturell ist. Das war wahrscheinlich der Nährboden für den „Teufel". Wir müssen aufpassen, dass nicht auch bei uns diese Fremdenfeindlichkeit zum Nährboden für Gewalt wird!

Die Norweger sind großartige Menschen! Nach dem Gemetzel antworteten sie nicht mit Hassparolen und Vergeltung, sondern trauern tief empfunden. Am Tag des Gedenkens Montag 25.07.2011, sind die Straßen mit Blumen bestreut, an den Gedenkstätten sind Berge von Blumensträußen und ein Lichtermeer. Die Gesichter der Menschen zeigen tiefe Betroffenheit. Ihr Ministerpräsident sagt: Nicht Vergeltung, sondern mehr Demokratie ist notwendig,

Offenheit und Menschlichkeit. Wir werden die Werte einer offenen Gesellschaft verteidigen, auch wenn sie angegriffen werden! Der Kronprinz Haakon sprach überwältigt: Heute sind unsere Straßen mit Liebe gefüllt!

Leider bereut der Massenmörder, seine Tat nicht, er sagte: Grausam aber notwendig! Erst heute am 24.08.2012 wurde der Massenmörder zur Höchststrafe 21 Jahre Kerker in einem Hochsicherheitsgefängnis verurteilt. Ich habe ihn „Teufel" genannt, weil er als „Kreuzfahrer" getarnt 77 Menschen tötete. Und weil ihn schon Johannes in der Offenbarung angekündigt hat.

Missionsreisen

Paulus und Barnabas haben in Jerusalem den eindeutigen Auftrag zur Missionierung der Heiden erhalten. Während die Apostel, allen voran Petrus, in 1. Linie die Juden zu Christus bekehren sollten.

Nun getrennte Wege: Barnabas ging mit Johannes Markus

nach Seleucia, dort übersetzten sie mit dem Schiff nach Salamis (Zypern). Sie konnten dort den Apostelbrief verlesen und auch durch Predigt und Vorbild neue Christen gewinnen. Es war Sommer 49 und die Temperatur gewohnt sommerlich glühend (40-45°), aber sie kannten das.

Die Wege der beiden habe ich punktiert auf der Karte S.304 eingezeichnet. Barnabas und Markus zogen im Frühjahr 50 weiter nach Paphos, wo sie im Statthalter Sergius einen christlichen Freund hatten. Auch hier brachten sie die Botschaft der Apostel. Bevor der Herbst ins Land zog, fuhren sie mit einem Wagen des Statthalters nach Salamis und mit Schiff nach Seleucia. Beide zogen nach einer Rast in Antiochia, per Pferd, nach Jerusalem. Sie konnten von vielen neuen Christen berichten!

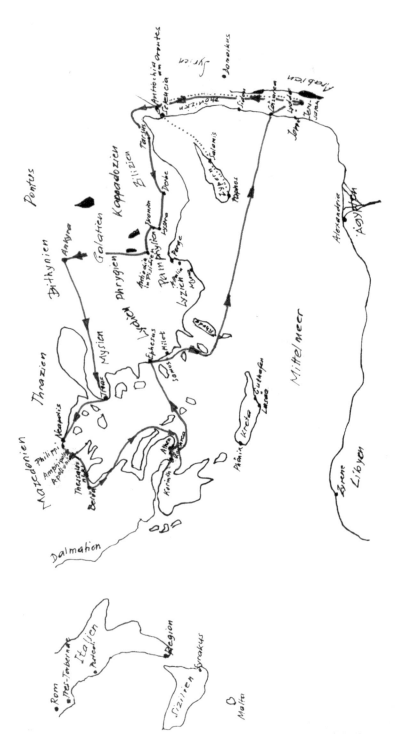

Karte: 2. Missionsreise von Paulus und Silas 49-53 und
49-50 Mission von Barnabas und Markus

2. Missionsreise von Paulus

Paulus und Silas hatten sich 49 für die Mission in Antiochia Pferde besorgt und ritten bei sommerlichen Temperaturen, nach der Verabschiedung durch Petrus und der Gemeinde, nach Norden. Karte S. 304 voller Strich mit Pfeilen.

Hoch anzurechnen ist Petrus, dass er die öffentliche Rüge durch Paulus nicht böse aufgenommen hat, im Gegenteil er blieb in Antiochia bei den Heidenchristen.

Paulus und Silas machten in Tarsus kurz Halt und zogen dann bei herrlichem Sommerwetter weiter nach Lystra. Böse Erinnerungen kamen hoch, Paulus erzählte, dass er mit Barnabas einen Gelähmten geheilt hatte, wo sie darauf zu griechischen Göttern erklärt wurden, und letztlich wurde Paulus dort gesteinigt. Als Silas das hörte, war er entsetzt, denn er verstand sich mit Paulus gut und akzeptierte und verstand das Lehrgebäude und die Tiefe der Worte von Paulus. Und ähnlich war es Barnabas mit Johannes Markus ergangen, der ebenfalls durch tatkräftiges Helfen sein Christentum bezeugte. Paulus dachte als er sich Lystra näherte, das war 47 und jetzt sind auch schon zwei Jahre vergangen und da wird dich die Situation beruhigt haben. So war es!

Sie lernten in der Christengemeinde einen Jünger mit Namen Timotheus kennen, er war der Sohn einer jüdischen Frau, die auch schon Christin war, und eines griechischen Vaters. Timotheus war geachtet und sein Wort wurde nicht nur in Lystra, sondern auch in Ikonien gehört. Timotheus wollte sich Paulus anschließen! Paulus sagte ihm: Du bist halber Jude und halber Grieche! Und jetzt sagt er, für mich unverständlich, weil er so gegen die Beschneidung von Heiden gewettert hatte und sie als Äußerlichkeit bezeichnet hat, jetzt sagt er: Aber als du zur Welt kamst, hättest du nach den Gesetzen beschnitten werden sollen, denn du bist zur Hälfte Jude. Das werden uns, die im alten Gesetz verfangenen Juden vorhalten. Ich will dich beschneiden, dass kein Makel, kein Angriffsfläche für unsere Feinde bleibt. Timotheus sagte: So sei es! Petrus erklärt ihm, das er als „gelernter Pharisäer" Beschneidungen in Jerusalem durchgeführt hatte, allerdings bei Babies. Ich werde dir einen Tee machen, dass du kaum Schmerzen hast und dann werde ich dir eine Medizin, von mir erprobt, gegen Fieber geben und in 3-4 Tagen wirst du mit uns ziehen.

Timotheus war tapfer und überstand diesen Eingriff, der für einen 20-jährigen, wegen des Wundfiebers, hätte tödlich sein können. Bei herrlichem Sommerwetter kamen sie über Ikonien nach Antiochia in Pisidien, in der großen Gemeinde der Christen war die Flucht von Paulus und Barnabas nach der Predigt in der Synagoge vergessen. Auch hier, wie in allen Gemeinden die sie besucht haben, überbrachten sie die Beschlüsse des Apolstelkonzils von 49. Durch Paulus und Silas wurden die Christengemeinden im Glauben gestärkt und immer mehr Menschen ließen sich auf Christus taufen. Sie zogen durch Phrygien und Galatien, vom Heiligen Geist wurde ihnen gegeben, nicht nach Asia zu gehen.

In der Stadt Ankyra sprachen sie erstmals von Jesus den Christus, den Sohn des einzigen Gottes.

Und welch ein Wunder, sie halfen einer Schwangeren eine Geburt positiv zu beenden, und gewannen so den Mann und die Frau für das Christentum. Das Kind, ein Knabe war sehr schwer. Einen Kaiserschnitt bei der Geburt kannte man damals noch nicht, als sich das Kind verfärbte und Atemschwierigkeiten auftraten, griff Paulus zum Messer und öffnete die Vagina. So wurde das Kind gerettet, dank seiner gründlichen Ausbildung verhinderte Paulus eine Sepsis (Blutvergiftung).

Es waren zwei Christen gewonnen und als sie nach dem Winter 49/50 den Ort verließen waren es sieben. Paulus setzte den glücklichen Vater als Diakon ein.

Da Paulus eine Erscheinung von Jesus hatte, der ihm sagte: Geht nicht nach Bithynien, sondern nach Troas, zogen sie über Mysien dorthin. Wir reden hier so locker, von Ankyra bis Troas sind es immerhin mehr als 600 km Ritt. In diesem gebirgigen Gelände bedeutete das mindestens vier Wochen Reiten. Wir dürfen nicht vergessen, dass Paulus an Rheuma litt und auch die Verwundungen seiner Steinigung machten ihm zu schaffen, er ertrug das „mannhaft für Jesus" und wenn sich dann noch einige auf Christus taufen ließen war das für Paulus und den um Jahre jüngeren Silas ein großer Erfolg.

Timotheus der jetzt bei ihnen war, bedeutete eine große Hilfe, denn er beherrschte die Landessprache.

Das Jahr 50 wollten sie in Troas verbringen. Über Troas schreibe ich nichts, denn das haben schon andere getan und meine Kenntnisse dafür sind zu gering! Also Homers Ilias!

Paulus in Troas

Auch hier war eine Christengemeinde entstanden. Ein bedeutendes Ereignis soll nicht unerwähnt bleiben. Wie schon öfter gesagt, litt Paulus große Schmerzen, nicht nur die kaputte Schulter links schmerzte, auch die Nächte hindurch hinderten ihn die Schmerzen, von der rechten Hüfte bis in das Kniegelenk hinein, am Schlaf.

In der Christengemeinschaft war ein Mann, wie Paulus 41 Jahre alt, er hieß Lukas und war wie Paulus sehr gebildet und begierig über Jesus und die Apostel mehr zu erfahren, er war ein Grieche aus Antiochia in Pisidien. Für mich ist er einer der ganz Großen im Werken, im Helfen und im Schreiben! Er war getauft und arbeitete hier als Arzt. Seine Methode war, dass er womöglich mit Tees und Ölen zu heilen versuchte. Er stellte aus Wurzeln und Kräutern Extrakte her, die er als Tee oder in Öl angesetzt für seine Heilungen verwendete. Er gab Paulus Öl zum Einreiben und linderte seine Schmerzen. Später als Paulus zunehmend öfters ischiatische Anfälle hatte, löste Lukas durch eine Drehung der Wirbelsäule die Verklemmung des Nervs und die Schmerzen ließen nach, heute würde man sagen, Lukas ist ein Physiotherapeut.

Die Heilung von Paulus' Ischias

Lukas gab Paulus die genaue Anweisung: Setz dich auf den Boden, Füße (Beine) ausgestreckt, Oberkörper aufrecht und jetzt zieh das rechte Knie hoch! Ja, aber das linke Bein bleibt gestreckt! Nimm den rechten Fuß, der neben dem linken Knie steht, heb ihn über das linke Knie, so dass er links vom linken Knie steht. Und jetzt greif mit der linken Hand an die rechte Seite der aufgestellten Knies und drücke es nach links. Blickte nach rechts hinten. Ja, es ist richtig, du bist verdreht und auch deine Wirbelsäule. Steigere den Druck nach links und halte ihn. Sehr gut, und jetzt machen wir das gleiche mit dem linken Knie und der rechten Hand und wieder halten. Wir wiederholen das ganze 12 Mal. Paulus sagte danach: Wahrlich du bist Arzt, danke, ich bin schmerzfrei!

Paulus und seine Begleiter unterhielten sich gern mit Lukas. Als Paulus jedoch in einer der nächsten Nächte eine Erscheinung hatte, ein Mann aus Mazedonien bat ihn, den Menschen dort zu helfen, änderten sie den ursprünglichen Plan und sagten, das ist Gottes Auftrag, das Evangelium nach Mazedonien zu bringen.

Lukas zog mit ihnen, um den Herrn zu dienen. So setzten die Vier ihre Reise per Schiff fort. Sie verkauften die Pferde und schifften sich für Neapolis ein. In Neapolis gelang es ihnen in den Tagen, die sie dort waren, einige Menschen zum Christentum zu bekehren. Ihr nächstes Ziel war Philippi, eine wichtige Stadt in der römischen Kolonie Mazedoniens. Am Sabbat gingen sie zum Fluss, der hier ins Meer mündet, um zu beten und Menschen zu treffen.

Eine Frau, namens Lydia, hörte ihnen aufmerksam zu und war vom Heiligen Geist erfasst, so dass sie Paulus bat, sie in ihrem Haus in der Stadt zu taufen. Die Frau war wohlhabend und lebte vom Purpurhandel. Nach der Taufe lud sie die Männer zum Essen ein und letztlich bot sie ihnen ihr Haus als Quartier bis zum Frühling 51 an.

Es gab in der Stadt einen Pelzhändler, der hatte eine Magd, die wahrsagen konnte, und so florierte sein Geschäft, denn die Kunden wollten die Zukunft erfahren. Diese Magd folgte Paulus und rief: Sie sind Knechte Gottes und verkünden euch das Heil! Als sie es wieder tat, bevor Paulus zu predigen begannen, sagte er: Ich will nicht, dass du uns ausrufst! Sie hörte nicht auf.

So nahm sie Paulus an den Schultern und sagte deutlich: Geist geh heraus aus dieser Frau, das gebiete ich im Namen Jesus! Sogleich war die Frau befreit, war ruhig und ging ihrer Wege! Als aber ihr Herr sah, dass sie nicht mehr wahrsagte und die Kunden ausblieben, nahm er mit seinen Knechten Paulus und Silas fest und schleppten sie vor den Stadtrichter: Diese hier bringen unsere Stadt in Aufruhr, lassen meine Magd nicht reden, sie sind Juden und verkünden Ordnungen, die wir Römer nicht einhalten dürfen. Auch das Volk bestätigte das, so befahl der Stadtrichter sie zu geißeln.

Dann warf man sie ins Gefängnis, ihre Füße wurden in den Block gelegt, das waren zwei Holzteile mit Löchern, die wurden zusammengeschraubt, so waren die Füße eingeklemmt und unbeweglich. Um Mitternacht hörten die anderen Gefangenen Paulus und Silas beten und Gott loben, aber auch um Hilfe bitten.

Da entstand ein Erdbeben, das Gefängnis stürzte ein, alle Fesseln waren offen, der Aufseher sah in der Dunkelheit Paulus und Silas nicht. Er glaubte sie wären entflohen und schrie: Jetzt bring ich mich um, bevor die mich köpfen.

Auf einmal wurde es hell, Paulus sagte laut: Mache es nicht, denk an deine Familie, wir sind doch alle (auch andere Gefangene) da! Nichts hast du zu befürchten.

Der Aufseher   fiel vor Paulus auf die Knie: Liebe Herren ihr habt mich errettet, wahrlich ihr seid Heilige, was muss ich tun, dass ich von meinen bösen Taten errettet werde?

Paulus und Silas sagten gleichzeitig: Glaube an den Herrn Jesus Christus, so wirst du und dein Haus selig. Timotheus hatte Sorge um Paulus und Silas und rannte zum Gefängnis. Er war glücklich als er beide ohne Fesseln im Gespräch mit dem Aufseher und dessen Untergebenen sah.

Paulus sagte, in den Trümmern, diesen Menschen das Wort des Herrn und wie durch ein Wunder nahmen sie die Botschaft an. Sie wurden in das Haus des Aufsehers geladen,

Paulus und Silas Wunden versorgt und alle ließen sich auf Jesus taufen. Dann waren alle zu Tisch geladen und man freute sich zu Gott gekommen zu sein.

Der Stadtrichter ließ in der Früh den Amtsdiener ausrichten: Ihr seid frei, geht in Frieden! Paulus sagte darauf: Sie haben uns ohne Recht und Urteil öffentlich gegeißelt und ins Gefängnis geworfen, obwohl wir römische Bürger sind, nein, der Richter soll sich öffentlich am Rathausplatz entschuldigen. Als im Gericht der Diener berichtete, dass „römische Bürger" Unrecht geschehen ist, ließ der Senat mitteilen, er komme auf den Marktplatz und entspreche den Wunsch der „Heiligen". Und es geschah, der oberste Richter fügte nach der Entschuldigung noch hinzu: Weil aber ein großer Teil der Einwohner durch euch beunruhigt ist, bitten wir euch die Stadt zu verlassen!

Paulus sagte: Ihr habt das Unrecht eingesehen, aber ihr habt uns gegeißelt, dafür werden wir, bevor wir eurem Wunsch entsprechend die Stadt verlassen, nochmals öffentlich unseren Glauben bekennen!

Er begann mit dem Gebet Vater unser.. und empfahl den Glauben an Jesus Christus anzunehmen. Die Richter waren gegangen, aber die kleine Christengemeinde vergrößerte sich jetzt weil sich einige öffentlich taufen ließen.

Dann verabschiedeten sich Paulus, Silas und Timotheus von Lydia und diese sagte: Danke für euren Glauben und die Kraft, die ich durch Christus erfuhr, ihr habt hier viel zum Guten verändert und trotzdem musstet ihr leiden. Ziehet hin in Frieden, damit auch andere die frohe Botschaft erfahren. Lukas blieb in Philippi.

Sie kamen auf ihrer Fußwanderung durch die Städte Amphipolis und Apollonia, um die große Metropole Thessaloniki zu erreichen.

In Amphipolis und Apollonia waren die Vorgänge von Philippi bekannt. So konnten die Jünger bei ihren Aufenthalten Christen werben und auf diese Weise Gemeinden gründen. So ging das Jahr 50 zu Ende und Anfang 51 waren sie auf dem Marsch nach Thessaloniki. Paulus und seine zwei Begleiter waren in den Abendstunden auf den Bergen und unter ihnen lag die Bucht von Thessaloniki. Ein überwältigender Anblick bot sich ihnen: dieser große Hafen und die leicht ansteigende Stadt mit den vielen Lichtern war einem Diadem gleich, das vor ihnen ausgebreitet lag. Paulus gab seiner Begeisterung Ausdruck: Herr wir danken dir, dass du uns diese Schönheit, in ihrer Pracht zeigst. Sie nächtigten in dieser warmen Nacht im Freien, um am nächsten Morgen nach Thessaloniki hinein zu gehen.

Einige Worte zu Thessaloniki

Thessaloniki war eine lebendige Hafenstadt, viele „Völker" waren hier zusammen und im Handel und Geschäft vereint. Es gab hier viele „zerstreute" Juden, sie hatten hier auch ihre Synagoge. So dass Thessaloniki ein Zentrum der griechischen und auch jüdischen Religion war, genau das, was Paulus für seine Mission suchte. Die Temperatur tagsüber war hoch, um die 35-40°, aber im Gegensatz zu Zypern, wegen der oft kühlenden Seebrise, sehr erträglich.

Die Stadt war 316 v. Chr. von König Kassandros gegründet worden. Er hatte sie nach seiner Frau – der Schwester Alexander des Großen – Thessaloniki benannt.

Thessaloniki war 51 als Paulus mit seinen zwei Begleitern Silas und Timotheus hier ankam, die Hauptstadt der römischen Provinz Mazedonien. Paulus nannte die Stadt „das goldene Tor für Europas Christentum". Viel später, 303 n. Chr. erlitt an dem Platz, wo

heute die 1. Christliche Kirche steht, der Feldherr Demetrios den Märtyrertod durch Ertränken, weil er das Christentum verbreitet hatte. Als nach seinem Tod und seiner Ver-
ehrung als Heiliger, das Verbot des Christentums aufgehoben wurde, entstand über dem
Brunnen eine 5-schiffige Basilika für den Schutzheiligen der Stadt Demetrios.

Zurück ins Jahr 51

Es war alles anders, Paulus sprach wie immer mit dem Vorstand der Synagoge, dass er
nach der Gesetzeslesung predigen möchte, man freute sich darüber! Paulus redete über
die Schrift der Alten und der Propheten, dass Christus leiden musste, gekreuzigt und auferstehen würde und dass Jesus, der auferstandene Christus ist. Man wollte mehr wissen über den Menschen Jesus und seine Lehre, so predigten die Drei an weiteren zwei
Sabbaten. Einige Juden überzeugten sie und eine große Menge von Griechen bekehrten
sich zu Jesus Christus und ließen sich taufen. Interessant ist, dass sich ihnen auch einige
der angesehenen Frauen der Stadt anschlossen. Die „drei Heiligen" wohnten bei einem
Mann names Jason, er war Grieche und hatte sich Paulus schon auf seiner 1. Mission
in Antiochia in Pisidien angeschlossen. Er war nach Thessaloniki übersiedelt und hatte
einen Handel mit Olivenöl, das er mit Schiffen vom Hafen aus bis nach Arabien und
Afrika exportierte. Seine Lagerräume waren geräumig und boten Platz für die Treffen der
Christengemeinde.
Aber die dem alten Glauben anhängenden Juden, die Mehrzahl, wiegelten gegen Paulus
und Brüder auf.
So zog man zu Jason, aber die drei Heiligen waren nicht da, man verhaftete Jason und einige Christen, schleppten sie vor den Richter und klagte sie an: Sie erregen den Weltkreis
und jetzt auch uns hier! Jason beherbergte sie, sie alle, die sich Christen nennen, rühren
gegen den Kaiser auf und sagen ein anderer sei König, nämlich Jesus. Jason, als angesehener Mann, bürgte dafür, dass kein „Aufruhr" mehr gepredigt werde und so wurden sie
nicht inhaftiert.
Als Jason und die anderen Christen nach Hause kamen, empfahlen sie Paulus, Silas und
Timotheus sofort weiter zu ziehen. Noch in derselben Nacht zogen sie von Thessaloniki aus, mit dem Ziel Beröa, das etwa 80 km entfernt war. Paulus litt in den Nächten im
Freien an starken Schmerzen, besonders seit seiner Steinigung, da sein linkes Schultergelenk beschädigt war und der Rheumatismus stärker wurde. Nur seine „Aufgabe" ließ
ihn die Schmerzen ertragen. Ihm fehlte auch Lukas.
Nach vier Tagen waren sie nach einer „bergigen" Wanderung durch die Wälder in Beröa
angekommen. Dort war die Aufnahme freundlich, sie waren das gar nicht mehr gewohnt.
Nach der Predigt in der Synagoge fragten viele nach, ja , die Zuhörer, nicht nur Juden,
auch vornehme griechische Frauen und Männer verlangten die Schrift und lasen nach,
was darüber in der Predigt gesagt wurde, so entstand in der Zeit ihres Aufenthaltes eine
Christliche Gemeinde .
Aber es dauerte nicht allzu lange und die Juden von Thessaloniki kamen und erregten
Unruhe und Abneigung gegen Paulus. Er sei gefährlich und predige Aufruhr, ja er stelle
alles in Frage, er zertrümmere das „Gewachsene", die Gesetze Mose. Die Christen hatten
die Gefahr rasch erfasst und brachten Paulus zum nächsten Hafen. Der Not gehorchend,
schiffte er sich auf einen griechischen Frachtsegler für Athen ein.

Anmerkung

Ich will die Geschichte von Paulus nicht unterbrechen, weil zeitlich dazu parallel Petrus im Frühjahr 50 nach Korinth und Rom abgereist war. Aus Kontinuitätsgründen möchte ich Paulus Geschichte bis zu seinem Tod 66 und den Briefen fortsetzten. Und erst dann Petrus Leben ab 50 weiter darstellen bis zu seinem Tod 65 und seinen Briefen!

Paulus in Athen

Als Paulus bei den Christen in Athen angekommen war, wunderte er sich über die vielen Götzenskulpturen und Bilder. Der Frühling 51 war durch starke Regenfälle und Wind ausgezeichnet, trotzdem hielt Paulus seine Predigten, nicht nur in Synagogen, sondern auch am Marktplatz. Dort war auch die „Königshalle", wo das griechische Gericht nur über Bildung und Religion urteilen durfte, alle anderen Belange unterstanden den Römern. Bei diesen öffentlichen Predigten meldeten sich auch griechische Philosophen zu Wort und widersprachen Paulus: Du verkündest uns deinen Gott und verspottest damit unsere Gottheiten. Er erwiderte: Ich verkünde unseren einzigen Gott, der alles schuf, auch euch, und seinen Sohn Jesus Christus, der von den Toten auferstanden ist und den Heiligen Geist, der uns alles verstehen lässt. Das ist zum Lachen: „Von den Toten auferstanden" du bringst uns einen neuen Gott, zu Zeus, dem Gottesvater, den Vater unserer Götter, wer gibt dir die Berechtigung?

Paulus antwortete: Unser Gott hat mich beauftragt! Die Antwort: So folge uns auf den Areopag und beantworte unsere Fragen. Auf diesem Hügel war, vor den Römern, der athenische Gerichtshof.

Paulus allein! Seine Gefährten sollten erst nach den Frühjahrsstürmen, mit allen Gefahren für die Schiff-Fahrt, nachkommen. Er stand nun alleine einem Teil von Menschen gegenüber, die die griechischen Götter verehrten, aber auch nicht wenigen andersdenkenden Stoikern, die eine Philosophie vertraten, die gerade in Mode war, bei Griechen und Römern. Diese Philosophie forderte die Übereinstimmung mit sich selbst und der Natur, so dass alle Neigungen und Affekte, die der Vernunft entgegenstehen zu bekämpfen seien. Hier war kein Platz für Gott, denn hier war nur ein absolut gültiges Gesetz der Logik die Grundlage des Weltenlaufes und unseres Lebens. Paulus sollte ihnen „seine" Lehre vorstellen.

Paulus begann: Männer von Athen, ich sah bei euch viele Götter, die ihr verehrt. Auf einem Altar stand sogar: „dem unbekannten Gott". Ich werde euch verkünden was ihr unwissend verehrt.

Gott, der Weltenschöpfer, der Herr ist über Himmel und Erde und auch der Menschen, er wohnt nicht in Tempeln von Menschen gebaut. Er braucht nichts von uns, da er doch jedem von uns das Leben und den Odem gibt. Er hat aus einem Menschen das ganze Menschengeschlecht gemacht, das da die Erde bewohnt. Er bestimmt, wie lange das bestehen soll und in welchen Grenzen.

Diese Menschen sollen ihn suchen, ihrer aller Vater ist er, denn in ihm leben, arbeiten und sind wir. Wir sind sein Geschlecht und so sind wir göttlichen Geschlechts. Daher dürfen wir ihn nicht golden, silbern, steinern abbilden, denn das alles ist menschliche Kunst und Gedanke, nicht würdig eines Gottes.

Gott hat in Nachsicht darüber hinweggesehen, nun aber gebietet er, dass alle Buße tun, und bereuen was sie taten. Er hat den Tag festgesetzt, da er uns richten wird, alle, durch einen Mann, seinen Sohn, der uns seinen Glauben anbot, dass wir ihm folgen und seine Lehre verbreiten. Damit wir ihm glauben, hat Gott ihn von den Toten auferweckt!

Die Stoikern begannen wieder zu spotten: Keiner wird lebendig, was erzählst du uns da für Märchen! Die anderen wieder sagten: Wir wollen ihn weiter predigen hören, aber ein andermal. Das geschah noch einige Male.

So konnte Paulus das gesamte Lehrgebäude, das ganze Evangelium, predigen. Nicht unerwähnt soll bleiben, dass Paulus sich anbot auf der Akropolis in einem berühmten Tempeln zu predigen, denn so war seine Begründung, so könnten mich eure Götter strafen, wenn ein unwahres Wort über meine Lippen käme. Das wurde abgelehnt.

Paulus hatte erreicht, dass ihm einige schon jetzt folgten und gläubig wurden, darunter vor allen Dionysius, der sogar Mitglied des Athener Rates war, und eine Frau namens Damaris. Diese beiden halfen Paulus in materieller Hinsicht. Denn Paulus fehlten Silas und Timotheus, die in Beröa zurück geblieben waren.

Er, Paulus, konnte sich nicht voll seinen „seelsorgerischen" Aufgaben widmen, denn die Tücken des Alltags waren zu bewältigen. Nun nahmen ihm Dionysius und Damaris diese Sorgen ab. Auch die Christengemeinde wuchs ständig. Er feierte am Sabbatvorabend mit seinen Christenbrüdern und –schwestern das Abendmahl, selbstverständlich beteten sie das „Vater Unser" und hörten das Evangelium. Den Höhepunkt dieser „Messe" bildete das Brotbrechen und Weintrinken im Gedenken an Christus. Er war unter ihnen!

Aber auch Silas und Timotheus hatten in Beröa die Christengemeinde vergrößert, auch sie feierten das Abendmahl mit Brüder und Schwestern und freuten sich schon auch Paulus darüber berichten zu können.

Paulus hatte Dionysius zum Priester geweiht, so dass er beruhigt Athen verlassen konnte und im Herbst 51 nach Korinth weiterzog. Wie schon erwähnt, habe ich in den Karten von Paulus Reisen, die Routen eingezeichnet und mit Pfeilen bezeichnet! So kam Paulus nach einem anstrengenden Marsch, in Begleitung von Dionysius und Damaris, in Korinth an. Nachdem sie ein entsprechendes Quartier gefunden hatten, kehrten seine Begleiter wieder nach Athen zurück, um ihrer Beschäftigung nachzugehen.

In Korinth gefiel es Paulus besser. Die Witterung war trotz Hitze, dank der Winde, angenehm. Alles war bunt und die Menschen waren ruhig und entgegenkommend. Weil er immer bei seinen Missionen in die Synagoge ging, gewährte man ihm auch hier, nach der Lesung, eine Predigt zu halten. Diesmal kam sie sehr gut an, Paulus hatte seine übliche Aggressivität unterdrückt und war milder gesinnt. Denn neben seinen rheumatischen Schüben, hatte er auf den Weg hierher wieder Ischiasanfälle gehabt, die er mit „Dehnungsübungen" von Lukas beherrschte. Den Rheumatismus ertrug er und sein eiserner Wille und Glaube an Jesu ließen ihn nicht aufgeben. Hier war alles freundlich und seine Schmerzen wurden geringer. Nach seiner Predigt am Sabbat kam ein Mann zu ihm, mit Namen Aquila, er war mit seiner Frau Priszilla von Rom hierher gekommen. Weil Kaiser Klaudius, der seit 41 regierte, im Jahre 49 alle Juden aus Rom vertrieben hatte. Da Aquila auch Zeltmacher war, taten sie sich zusammen und erzeugten hervorragende Zelte.

Glücklich war Paulus, als seine Brüder Silas und Timotheus endlich wieder bei ihm waren. So konnte sich Paulus hauptsächlich der Verkündigung von Jesus Christus widmen. Er taufte viele, auch Aquila und Priszilla sowie den Vorsteher der Synagoge Sosthenes. Der Herr hatte ihn gestärkt: Ich bin mit dir, rede und schweige nicht, niemand kann dir schaden, denn ich habe hier viele Brüder.

Paulus schickte gemäß der Bitte Petrus Silas nach Rom. Er und Timotheus blieben 1 ½ Jahre in Korinth und es entstand eine große Christengemeinde.

Letztlich aber empörten sich die Juden über Paulus, er sei gegen das jüdische Gesetz! Im Frühling 53 nahmen die Juden Paulus fest und brachten ihn vor den Stadthalter von Achaja, zu dessen Palast in Korinth. Sie klagten dem Gouverneur der Provinz: Er predigt Gott und fordert die Menschen auf eure Gesetzte zu brechen!

Iunius Gallio war ein sehr gebildeter Mann erforderte Paulus auf, sich zu rechtfertigen. Paulus antwortete in Latein: Ich will euch mit meiner Verteidigung nicht zu sehr belasten, aber als römischer Staatsbürger bin ich euch die Wahrheit schuldig. Es ist wahr, dass ich unseren einzigen Gott und seinen Sohn, den Heiland der Welt, das Wort geredet habe. Ich bin von ihnen beauftragt, ihr Wort den Menschen zu predigen, aber nicht, dass römische Gesetze gebrochen werden, sondern dass man seinen Nächsten lieben soll und dass in unserer Religion Jesus sagt: Tut Gutes und liebt einander! Aber ich habe sehr wohl vom Gottesreich gesprochen, das kommen wird, um die Gerechten und Ungerechten zu trennen, um die einen zu erhöhen und die anderen zu bestrafen. Aber für weltliche Dinge, wie römisches Recht, bin ich nicht zuständig, das ist euer Amt. Gallio war überrascht, in welch geschliffener Sprache und wie klar und deutlich sich Paulus verteidigte.

Gallio sagte: Ich denke nicht daran ihn zu richten, über eure Gesetze und Religion kann ich nicht urteilen. Ich finde kein Fehl an Paulus, geht eurer Wege! So brachten sie Sosthenes, den Vorsteher der Synagoge, dass er verurteilt werde, weil er Christ sei. Gallio sagte: Ich möchte mich nicht wiederholen, aber zieht eurer Wege! Dich Paulus frage ich was willst du tun?

Paulus antwortet ihm: Da man mich hier nicht will, zu mindestens, die da, gehe ich fort, aber nur wenn sie Sosthenes freilassen, denn er ist ein gerechter Mann.

Gallio endete: So tut was er verlangt und er tut was ihr wollt und jetzt zieht weg!

Paulus verließ Korinth im späten Frühjahr 53, mit ihm waren Timotheus und Aquilla mit seiner Frau Priszilla. In Kenchrea schiffte er sich mit ihnen für Ephesus ein. Silas = Silvanus war schon im Frühjahr 52 von Korinth nach Rom gekommen, um Petrus zur Seite zu stehen. Er war hier nicht mehr dabei.

So waren Paulus und Anhang im Sommer 53 in Ephesus. Wie immer predigte auch diesmal Paulus in der Synagoge!

Lukas war in Ephesus und war ein wichtiges Glied der Kirche. Außerdem arbeitete er als Armenarzt, d.h. ohne Honorar! Paulus und Lukas hatten ein langes Gespräch, sie erzählten einander was inzwischen geschehen war.

Lukas hilft Paulus bei Knie- und Schulterschmerzen

Als Paulus aufstand und ein paar Schritte ging, fragte ihn Lukas: Hast du Schmerzen? Paulus sagte: Ja, zunehmend in den Knien und seit der Steinigung auch in der linken Schulter! Den Ischiasschmerz hast du in mir besiegt. Wenn du mir jetzt auch helfen kannst, dann bitte! Lukas beginnt wieder mit Übungen: Probieren wir es mit den Knien. Er sieht sich die Knie an und versucht einige Bewegungen damit, er will den Zustand und die Schmerzgrenze erkennen. Dann sagte er zu Paulus: Stell dich aufrecht, geh leicht in die Knie und jetzt mach mit der Hüfte einen Kreis, rechts herum 12 mal, jetzt links herum! Dann setz dich auf den Boden und streck die Beine aus. Jetzt fass die Kniescheiben, bewege sie nach vorne und zurück, 12 mal, dann nach links und rechts auch 12 mal. Wenn es schmerzt, aufhören. Paulus sagte: Was mach ich im Schlafsack, da kann ich nicht sitzen und in der Nacht habe ich oft Schmerzen? Auch da kannst du die Kniescheiben bewegen, nimm für die rechte Scheibe die Ferse des linken Fußes und umgekehrt und beweg damit die Scheibe. Nun zur Schulter! Stell dich wieder aufrecht, die Arme seitlich waagrecht ausgestreckt. Beginne mit den Händen kleine Kreise zu machen. Dann immer größere Kreise, die gestreckten Arme bewegen sich wie Windräder den Körper entlang (heute würde man sagen: Kraulbewegung!) Die Bewegung nach vorne und dann nach hinten (Rückenschwimmen). Paulus kann das nur mit dem rechten Arm ausführen, weil das linke Schultergelenk schmerzt. Lukas tröstet ihn: Die Bewegung dient der Muskelstärkung und Gelenksbeweglichkeit, aber ich mache dir eine Salbe gegen Schmerzen. Vor allen in der Nacht kannst du sie anwenden! Am nächsten Tag bedankte sich Paulus und sagt: Ich konnte schlafen, dank deiner Salbe, das ist „die Salbe"!.

Die Salbe

Mir ließ das keine Ruhe, weil ich sehr unter Gelenksschmerzen leide. Die Kniegelenke sind kaputt durch Überlastung beim Bergsteigen und durch Waldläufe, aber letztlich auch durch zu viel Sitzen bei jahrelangem Bibelstudium und -schreiben. Und die Schultern durch Kriegsverletzung und Überbeanspruchung. Jetzt im Alter kommt noch die Arthrose dazu. Als Waldläufer weiß ich, dass Umschläge mit feuchtem Eichenlaub und mit einer Mullbinde darüber Linderung bringt. Aber ich suchte einen einfacheren Weg, eine Salbe. Meine Frau gab mir den Pferdebalsam vom Pullach Hof (Tel. 0810959697), der mir half, die Nächte halbwegs zu überstehen. In der weiteren Folge „die Supersalbe" vom Allgäuer Moor (Tel. 0049/7564/93400). So komme ich über die Runden!

Zurück nach Jerusalem

Die Arbeit in der Christengemeinde war erfolgreich. Sie wuchs! Inzwischen war es Herbst geworden und Paulus wollte zurück, er „musste" nach Jerusalem. Alle wollten er solle länger bleiben. Er tröstete sie und versprach wieder zu kommen. Er fuhr allein zurück, mit dem nächsten Segler, nach Cäsarea. Für die 1.000 km brauchten sie 6 Wochen. Auch wegen der Unbeständigkeit des Windes. Das war die letzte Fahrt im Herbst 53. Von Cäsarea begab sich Paulus direkt nach Jerusalem, um zu berichten! Paulus zog dann weiter nach Antiochia am Orontes. Er stärkte die christliche Gemeinde, dann aber war er wieder in seiner Heimatgemeinde Tarsus. Eine beträchtliche Anzahl von Christen freute sich, dass er sich ihnen den Winter über widmete.
Aber als das 1. Grün zu sprießen begann, im Jahre 54, begann er die 3. Missionsreise, begleitet von den Wünschen seiner Brüder und Schwestern.

3. Missionsreise von Paulus

Im Frühjahr 54 zog Paulus von Tarsus los, wie auch früher ritt er, diesmal allein, durch die Wälder. Bei prachtvollem Wetter erreichte er Ankyra und war kurz in der dortigen Gemeinde. Nach langem Ritt, nachdem er Galatien verlassen hatte, durchquerte er Phrygien und Lydien in Richtung Ephesus. Karte Seite 315.

In allen Gemeinden, wo Christen waren, gab Paulus ihnen neue Kraft zur Überwindung von Schwierigkeiten, die sie nach wie vor hatten!

Was war inzwischen in Ephesus passiert? Dort predigte ein Jude aus Alexandrien, der die Schrift bestens kannte, er hieß Apollos. Seine Predigten in der Synagoge waren gut besucht, er sprach über Jesus voller Eifer, aber von einer Taufe auf Jesus Namen mit dem Heiligen Geist, wusste er nichts, wohl aber, dass Johannes am Jordan taufte.

Aquilla und Priszilla baten ihn zu sich und zeigten ihm den Weg Christi und vervollständigten sein Wissen. Sie versuchten, alles was sie selbst von Paulus gelernt hatten, ihm weiter zu geben. Im Gebiet von Achaja, wenn man von Korinth absieht, war ein Nachholbedarf an Mission. Sie wollten dort mehr von Christus wissen und luden Apollos ein. Er zog nach Korinth mit einem Empfehlungsschreiben von Aquilla und Priszilla.

Vor Ephesus traf Paulus Apollos-Jünger. Er fragte sie: Habt ihr von Apollos den Heiligen Geist empfangen, sie wussten nicht was das ist. Worauf seid ihr getauft, fragte Paulus. Sie sagten: Wie Johannes getauft hat! Er erklärte ihnen, dass Johannes zur Buße getauft hat und gesagt hat, man sollte an den, der nach ihm kommt glauben, an Jesus. So ließen sie sich von Paulus taufen, der die Hände an ihrem Kopf legte, damit der Heilige Geist über sie komme und so wurden sie auf Jesus Christus getauft! Es waren 12 Männer und sie waren Christen, die Jesus in sich trugen. In Ephesus hatte Paulus sie um sich und er predigte in der Synagoge und überzeugte viele, drei Monate lang!

Als aber die Juden gegen ihn waren, sonderte er sich mit seinen 12 Jüngern ab und predigte zwei Jahre lang in der Schule des Tyrannus. So konnten alle aus Asia auch das Wort des Herrn hören. Paulus heilte auch und trieb Geister aus. Lukas sein treuer Freund stand ihm zur Seite!

In Ephesus gab es einen Tempel der Artemis, lat. Diana, der Göttin der Jagd und der Wälder, sie wurde auch als Fruchtbarkeitsgöttin verehrt und mit vielen Brüsten dargestellt. Der Artemis Tempel war eines der sieben Weltwunder der Antike.

Es gab in Ephesus einen Goldschmied namens Demetrius, der die Artemis mit Tempel darstellte, wobei er in seinen Skulpturen besonders die Brüste hervorhob.

Paulus wetterte gegen diesen Götzenkult, er sagte: Kein Mensch kann mit Händen Götter machen, es gibt nur einen Gott und der hat uns gemacht.

Der Goldschmied war von Hass erfüllt und hetzte alle auf: Wir leben von unseren Göttern, das ist unser Gewerbe. Er macht den Tempel unserer großen Göttin herunter, obwohl sie ganz Asia verehrt! Er bringt mit seiner Lehre Unruhe, er muss weg. Sie ergriffen zwei Jünger. Es wurde ein Aufruhr gegen die Christen.

Damit Ruhe käme, zog Paulus zu Ende 56 fort von Ephesus, so dass die anderen Christen nicht leiden mussten. Er wollte über Troas nach Mazedonien bis nach Athen. Er besuchte bis dorthin alle christlichen Gemeinden und war im Frühjahr 57 wieder in Thessaloniki und im Sommer in Athen.

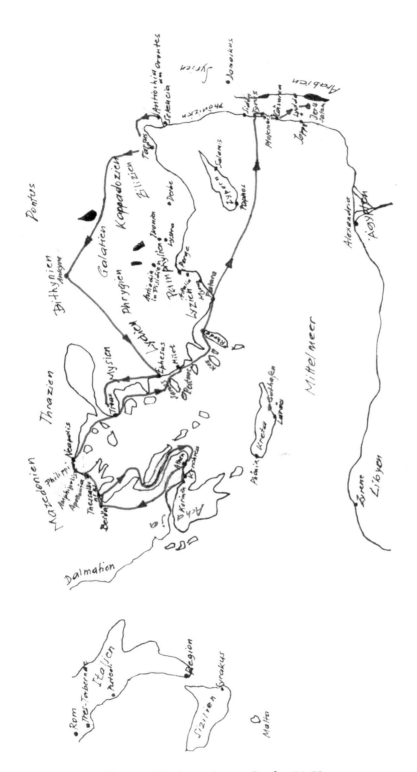

Karte: 3. Missionsreise von Paulus 54-58

Er wollte mit Schiff zurück nach Cäsarea, aber die Juden in Athen, ließen ihn nicht einschiffen, so nahm er den Weg zurück durch Mazedonien und langte im Spätherbst in Philippi an. Dort hatten Jünger von Paulus Quartier bezogen.

Nach dem Winter 57/58 schifften sie sich für Troas ein. In Troas kam Lukas wieder zu ihm, er blieb jetzt dauernd bei Paulus. Mit dem Schiff fuhren Paulus und Lukas an Ephesus vorbei, denn Paulus wollte zu Pfingsten in Jerusalem sein.

Auch an Samos fuhren sie vorbei und in Milet, wo sie anlegten, ließ Paulus die Ältesten von Ephesus kommen und sagte: Wir sind zusammen gestanden trotz aller Anfeindungen, ich habe euch alles gelehrt, was ich weiß. Habe Juden und Griechen auf Jesus getauft! Ich habe den Auftrag, zu Pfingsten in Jerusalem zu sein, damit der Heilige Geist mir beisteht, meine Aufgabe zu erfüllen. Ihr werdet mich nicht wiedersehen, ihr alle, denen ich das Reich und den ganzen Willen Gottes gepredigt habe!

Habt acht auf euch und jenen die euch anvertraut sind, hat doch der Heilige Geist euch eingesetzt zu Bischöfen über die, oder besser für die Gemeinde, die er durch sein Blut erworben hat. Ihr werdet es nicht leicht haben, seid wachsam. Ich habe drei Jahre Tag und Nacht nicht abgelassen einen jeden von euch unter Tränen zu ermahnen.

Ich empfehle euch Gott und dem Wort seiner Gnade, er ist mächtig, euch zu erbauen, das Erbe zu geben, mit allen die geheiligt sind. Ich habe von niemand Silber oder Gold begehrt, diese meine Hände, das wisst ihr, haben mir zum Unterhalt gedient, für mich und die, die mit mir waren. Ich habe euch gezeigt, dass man arbeiten und sich der Schwachen annehmen muss. Hat doch der Herr Jesus gesagt: Geben ist seliger als nehmen! Er kniete nieder, auch die anderen und sie beteten: Vater unser.. Sie begannen zu weinen und umarmten und küssten Paulus, traurig, weil er gesagt hatte, sie werden ihn nicht wieder sehen. Sie brachten ihn und Lukas zum Schiff. Die Fahrt ging an Kos vorbei nach Rhodos, dort machten sie Halt, die Landestelle ist am Fuße des heiligen Berges von Lindos. Lindos ist eine der drei Urstädte von Rhodos. Unter dem Weisen Kleoboulos wurde im 6. Jhd. v. Chr. zu Ehren der Göttin Athena auf Kap Marmari eine hl. Stadt errichtet, mit der Akropolis am Berg.

Steigt man hinan, was auch Paulus und Lukas sofort taten, so kommt man nach der großen hellenischen Stoa Gamma zur letzten Etage, den eigentlichen Propyläen: man lässt im Empor steigen mit den letzten Stufen alles Irdische hinter sich und schreitet dem Himmel entgegen… auch Paulus. (Bild Seite 397).

Und dort oben stand er, wie im Himmel und predigte in Griechisch vom Himmelreich, von Gott und seinem Sohn, unseren Herrn und vom Heiligen Geist…... Er hatte mit vollem Einsatz seiner Stimme die Worte Jesu vermittelt.

Als die Leute gegangen waren setzte sich Paulus auf einen Stein. Er griff sich an die linke Schulter. Lukas fragte: Was hast du Paulus? Der antwortet: Ich habe hier so ein Brennen und Schmerzen. Ich denke von der Steinigung her, zeitweise schmerzt die Schulter. Nur das Brennen ist neu!

Lukas nimmt den linken Arm, hebt ihn nach vorne und oben und dann nach hinten. Er fragt: Schmerzt das? Nein! Lukas fühlt den Puls und horcht die Brust Paulus ab. Dann sagt er: Du hast weite Reisen gemacht, mit viel Strapazen, und hast das Wort des Herrn den Menschen gebracht. Du hast viele zu Christus bekehrt. Letztlich wärst du fast gestorben für ihn.

Das hat Spuren in deiner Seele hinterlassen. Dein Herz ist zerfurcht, wie ein Acker vom Pflug. Von der Anstrengung her schlägt das Herz arhythmisch, es setzt aus, d.h. es macht Pausen um sich zu erholen. Du musst dich zurücknehmen, sonst wird es überhaupt nicht mehr schlagen!

Paulus leg dich hierher und schau in die Wolken. Denk an nichts: keine Pläne und Ziele! Zieh mit den Wolken bis sie vergehen. Und nun beginne mit dem tiefen Atmen und das machst du nur mit dem Bauch. Wenn du ihn wie einen Ballon herausstreckst atmest du ein, die Luft fließt in die Lunge. Dann atmest du aus und ziehst den Bauch ein, langsam und bewusst. Also: 1. Ein, Bauch heraus, 2. Aus, Bauch einziehen. Und so weiter bis du einschläfst. Keine Sorge ich wecke dich, wenn wir absteigen müssen! Nach einer Stunde weckte er Paulus. Der fühlte sich wieder wohl: Jetzt geht es mir wieder gut, Lieber Freund, ich danke dir, wir können jetzt absteigen! Die Reise ging weiter nach Patara, um zu laden. Paulus und Lukas fuhren weiter mit einem schnellen „Gewürzsegler" nach Tyrus. Hier entlud das Schiff. Es waren Christen in Tyrus, sie sagten, Paulus sollte nicht nach Jerusalem gehen. Einige Tage blieben sie dort, ebenso in Ptolemais.

In Cäsarea waren sie im Haus des Apostels Philippus. Der hatte vier Töchter, die weissagten, aber auch der Prophet Agabus, den Paulus von Antiochia her kannte, die sagten: Geh nicht nach Jerusalem, du wirst gebunden von den Juden und den Heiden überantwortet. Er wurde von allen gebeten: Geh nicht nach Jerusalem!

Paulus sagte: Für den Namen des Herrn, lass ich mich nicht nur binden, sondern sterbe auch für ihn. Sie sagten: Des Herrn Wille geschehe! In Jerusalem berichtete Paulus was Gott durch ihn unter den Heiden getan hat und dass viele Christen wurden.

Sie lobten Gott, aber sprachen zu ihm: Viele tausende Juden sind Christen geworden und alle sind Eiferer für das Gesetz. Uns wurde berichtet, dass du alle Juden, die unter den Heiden wohnen, zum Abfall von Mose lehrst, sie sollen ihre Kinder nicht beschneiden und nicht nach den Ordnungen leben. Sie werden gegen dich Aufruhr erregen.

Im Tempel erkannte ihn Juden aus Asia: Dieser ist Paulus, der überall lehrt gegen unser Volk, gegen das Gesetz, gegen diese Stätte. Sie hetzten so lange, bis man Paulus fasste und aus dem Tempel brachte. Sie schrien: Er gehört gesteinigt, töten wir ihn. Sie schlugen Paulus.

Als die Hauptleute das erfuhren, schützten sie ihn und brachten ihn in die Burg. Dies ereignete sich zu Pfingsten 58.

Paulus in Jerusalem verhaftet

Als die Soldaten Paulus geschützt und in die Burg gebracht hatten, fragte der Oberst: Du willst mich sprechen kannst du überhaupt griechisch und wer bist du? Paulus bat ihn, dass er zum Volk sprechen und sich verteidigen wolle, und weil du gefragt hast, ich kann griechisch! Ich bin ein jüdischer Mann aus Tarsus in Zilizien, einer namhaften Stadt, aber auch römischer Bürger!

Er wurde auf die Stufen der Burg gebracht, wo die Menge schrie: Steinigen!

Die Verteidigungsrede Paulus'

Es war großartig, dass dieser Mann vor der wütenden Menge eine Rede hielt. Die Brüller verstummten, als sie hörten, dass er sie in bestem Hebräisch ansprach: Ihr Männer, liebe Brüder und Väter hört mir zu, ich will mich vor euch verantworten. Ich bin ein jüdischer Mann, geboren in Tarsus in Zilizien, aufgewachsen aber bin ich hier, und bestens unterwiesen in väterlichen Gesetz von Gamaliel, einem Eiferer für Gott, wie ihr. Ich verfolgte die Glaubensgemeinschaft von Jesus bis auf den Tod, fesselte Frauen und Männer und brachte sie ins Gefängnis, wie Hohepriester und Älteste bezeugen können. Ich reiste nach Damaskus um Christen gefesselt nach Jerusalem zu bringen, in ihrem Auftrag.

Vor Damaskus umleuchtete mich plötzlich ein Licht vom Himmel und eine Stimme sagte: Saul, Saul, warum verfolgst du mich? Auf meine Frage, wer er sei, antwortete die Stimme: Jesus von Nazareth, den du verfolgst. Meine Begleiter sahen das blendende Licht, aber sonst nichts. Die Stimme hörten sie. Ich wurde beauftragt Gottes Wort, das Jesus uns gebracht hat, zu verkünden. In Damaskus, kam ein Mann zu mir, heilte meine Blindheit seit der „Blendung" bei der Erscheinung. Er sagt: Du wirst unseren Herrn Jesus verkünden, lass dich taufen und deine Sünden tilgen. Das geschah. Der Heilige Geist ist über dich gekommen, setzte er fort, und du wirst die Heiden bekehren. Das tat ich! Da brüllten sie alle: Hinweg mit ihm, er darf nicht mehr leben!

Paulus vor dem römischen Oberst

Der Oberst entschied: Geißeln, dann wird er uns sagen warum sie ihn töten wollen. Als sie ihn banden sagte Paulus zum Hauptmann: Dürft ihr einen römischen Bürger ohne Urteil geißeln? Der Hauptmann lief zum Oberst und dieser ließ Paulus kommen: Nochmals, bist du tatsächlich römischer Bürger? Paulus sagt: Ja! Der Oberst darauf: Dieses Bürgerrecht hat mich viel gekostet! Paulus erwidert: Ich bin schon als römischer Bürger geboren. Er wurde eingesperrt und nicht gegeißelt.

Paulus vor dem Hohen Rat

Der Oberst brachte am nächsten Morgen Paulus vor den Hohen Rat. Paulus begann wieder: Ihr Männer, liebe Brüder, ich habe mein Leben mit gutem Gewissen vor Gott geführt, bis auf den heutigen Tag. Der Hohepriester Hananias ließ ihn auf den Mund schlagen. Paulus sagte zu ihm: Gott wird dich schlagen, du geweißte Wand! Sitzt da und richtet mich nach den Gesetz und lässt mich schlagen gegen das Gesetz? Sie sagten: Du schmähst den Hohepriester Gottes? Paulus darauf: Liebe Brüder, ich wusste nicht, dass er der Hohepriester ist, denn es steht in Moses Buch: dem Obersten deines Volkes sollst du nicht fluchen. Er rief, im Wissen, dass im Rat Sadduzäer und Pharisäer waren: Ich bin Pharisäer und ein Sohn von Pharisäern (er wusste, dass die Sadduzäer alles was im Gesetz über die fünf Mosesbücher hinausgeht ablehnen). Ich werde angeklagt um der Hoffnung und um der Auferstehung der Toten Willen. Es entstand darauf ein Streit zwischen Pharisäer und Sadduzäer, denn die Sadduzäer lehnen Auferstehung, Engel und Geister ab, die Pharisäer glauben daran. So stand im Streit ein Pharisäer auf und sagte: Wir finden nichts Böses an diesem Menschen, vielleicht hat ein Geist oder ein Engel ihm alles eingegeben. Der Oberst fürchtete um das Leben Paulus und ließ ihn in die Burg zurück bringen. In der Nacht sagte der Herr zu Paulus: So wie du jetzt für mich Zeuge warst, so musst du auch für mich Zeuge in Rom sein! Sei getrost, ich bin bei dir!

Mordanschlag gegen Paulus

40 Juden taten sich zusammen, um Paulus zu töten, bis dahin, so schwörten sie, wollen wir weder essen, noch trinken. Sie gingen zu den Ältesten und Hohepriestern und sagten: Verlangt vom Oberst, dass er Paulus frei gibt, damit ihr ihn verhören könnt, aber bevor er zu euch kommt, töten wir ihn!

Wir wissen, dass Paulus Schwester in Jerusalem wohnte und einen Sohn hatte. Dieser Neffe des Paulus hörte von dem Komplott, rannte zur Burg und berichtete Paulus. Paulus bat die Wachen, ihn zum Oberst zu bringen, weil er Wichtiges mitteilen muss. So kam durch den Neffen Paulus, das beabsichtigte Vorhaben vor den Oberst.

Die Überführung von Paulus nach Cäsarea zu Statthalter Felix

Da entschied der Oberst, dass Paulus unter starker Reiterbewachung nach Cäsarea gebracht wird, dort residierte der römische Statthalter Felix, ein umsichtiger Gouverneur. In Begleitbrief stand: Von Klaudius Lysias an den edlen Gouverneur Felix: Glück und Gruß als Erstes! Die Juden wollten diesen Mann töten, weil ich ihn unschuldig befand, habe ich ihn in Schutzhaft genommen und erfahren, dass er römischer Staatsbürger ist. Er wird wegen des Gesetzes der Juden vorm Hohen Rat beschuldigt, das ist aber keine Anschuldigung auf Gefängnis oder Tod! Da sie ihn ohne Spruch meuchlings töten wollten, schicke ich ihn zu dir, wenn sie wollen können sie ihn vor dir nochmals anklagen. Ich sehe keinen Grund einer Verletzung römischen Rechtes, so hat er Schutz verdient.

Als Antonius Felix den Brief gelesen hatte, holte er Paulus und erfuhr, dass er aus Zilizien sei und als römischer Bürger dort das Heer mit Zelten beliefert hatte.. Der Statthalter sagte: Ich nehme dich in Schutzhaft, du wohnst im ehemaligen Amtssitz Herodes. Wenn deine Ankläger kommen, will ich dich verhören.

Kurz danach kam der Hohepriester Hananias, die Ältesten und ein Anwalt und klagten vor dem Statthalter Felix gegen Paulus. Der Anwalt begann: Wir danken dir edler Felix, was du für das Land und uns tust, bitte höre unsere Klage: Paulus erregt Aufruhr unter den Juden hier, aber auch auf dem ganzen Erdkreis, er ist der Anführer der Sekte, die Jesus dem Nazarener anhängen. Als er den Tempel entweihen wollte, setzen wir ihn gefangen. Verhöre ihn, so kannst du selbst sehen und hören weswegen wir ihn anklagen. Alle sagten „ja" zu dem, was der Anwalt sagte. Der Statthalter gab Paulus das Wort, der sagte: Da du diesem Volk nun Richter bist, geehrter Felix, will ich mich verteidigen! Es sind erst 12 Tage her, dass ich nach Jerusalem zog, um anzubeten. Weder im Tempel noch in den Synagogen der Stadt hab ich mit jemand gestritten, noch hab ich Aufruhr erregt! Sie können das was sie sagen, nicht beweisen. Aber ich bekenne sehr, dass ich, was sie Sekte nennen, den Weg gehe für Gott, den Gott unserer Väter so diene, dass ich alles glaube, was im Gesetz und in den Propheten geschrieben steht. Ich habe die Hoffnung zu Gott, die auch sie haben, nämlich, dass es eine Auferstehung der Gerechten, wie der Ungerechten geben wird. So habe ich ein unverletztes, ein reines Gewissen vor Gott und den Menschen. Ich bin nach Jahren nach Jerusalem gekommen um Almosen für mein Volk zu geben und zu opfern. Als ich mich im Tempel reinigte, ohne Auflauf oder Drängerei, sahen mich Juden aus Asia. Die sollen mich hier anklagen, wenn sie etwas gegen mich haben, oder sollen sie hier sagen, welches Unrecht sie gefunden hatten, als ich vor dem Hohen Rat in Jerusalem stand, außer dem einen Wort, das ich rief als ich vor ihnen stand: Um der Auferstehung der Toten willen, werde ich von euch heute angeklagt! Felix, wusste um die Lehre und wollte nicht urteilen, er sagte: Wenn Oberst Lysias kommt, werde ich entscheiden. So wurde

Paulus in „leichte " Haft genommen

es konnten auch die Seinen (Jünger) ihm dienen. Wichtig war Lukas! Murrend zog der Hohe Rat mit Anhang ab. Wie war der „Haftverlauf"? Die Brüder konnten Paulus, der im Amtssitz der ehemaligen Residenz von Herodes, untergebracht war, jeden Tag Nachmittag besuchen und ihm bringen was er brauchte. Aber Lukas war sein bester Freund, sein wichtigster Bruder in Jesus, der ihn, auch ärztlich, bestens betreute. Lukas versuchte die zwei Jahre Haft Paulus so leicht zu machen, dass ihm nichts abging. Er erreichte sogar, dass Paulus in einem Gartenpavillon Zelte herstellen konnte, wofür ihm Lukas das Material brachte. Die Zelte gingen reißend weg und Paulus durfte (als römischer Bürger) die Einnahmen behalten. Die Tageseinteilung war so, dass Paulus (bewacht) Vormittag im Gartenpavillon arbeitete und Nachmittag sich geistigen Studien hingab. Hier war ihm Lukas ein kongenialer Partner, Freund. Denn Lukas recherchierte penibel genau das Leben Jesu, die Reden und Taten. Er reiste dazu im Land Judäa, Samarien und Galiläa herum. Sprach mit den Aposteln, den Bruder von Jesus Jakobus und den Augenzeugen an den Wirkungsorten von Jesus. Aber ganz wichtig, er hatte viele Gespräche mit der Familie Jesu. Mit Paulus ging er dann die Ergebnisse, die Aufzeichnungen, durch. Wie er auch mit Paulus dessen Leben recherchierte, diskutierte.

Alles was er hier erfuhr in den Jahren 58-60, war die Grundlage für sein Evangelium und die Apostelgeschichte. Die Lukas in den Gefängnisjahren von Paulus in Rom und vor allem danach schrieb. Aber nicht nur die Erforschung des Wirkens von Jesus und der Apostel war Inhalt der Gespräche von Paulus und Lukas, auch die Bücher Moses, die Gebote und Gesetzte wurden von Paulus, durchleuchtet. Wahrlich, Jesus war bei ihren Zusammentreffen, bei ihrem Suchen und Beten zugegen. Lukas suchte verzweifelt einen Weg um Paulus zu befreien. Aber Paulus stand auf der Todesliste der hohen Juden, der „Gläubigen", der „Hüter des Glaubens" von Jerusalem. So dass die „Schutzhaft" der einzige Ausweg war, denn verkriechen und flüchten wollte Paulus nicht.

Lukas – ein Gourmet?

Paulus ertrug seine Haft geduldig. Denn der großartige Lukas kümmerte sich um ihn wie ein Bruder. Aber eine Facette Lukas muss ich noch erwähnen. Dass er Kräuter ansetzte und zur Heilung verwendete wissen wir, auch von seinen Tees zur Heilung und Linderung. Von seinem Erfolg bei der Bekämpfung des Ischias von Paulus usw. habe ich berichtet. Aber dass er Paulus bei der Ernährung in der Haft geholfen hat, muss ich noch erzählen. Paulus klagte: Die schlechte Verpflegung geht mir auf die Nerven! Besonders der tägliche Schöpfer Topfen und das alte Brot als Hauptbestandteil! Lukas bringt, bei seinem Besuch am nächsten Tag, in einer Flasche Sauerrahm, mit, dazu Salz und Pfeffer, Kräuter aus dem Garten und eine Gurke. Dann mengt er den Rahm unter den Topfen gibt die Ingredienzien dazu und reibt eine halbe Gurke dazu. Nachdem er alles gut vermischt hat, serviert er Paulus den Streichkäs mit frischem Fladenbrot. Soviel Freude hatte Paulus schon lange nicht. Ich verwende dieses Rezept, etwas verfeinert, für mein tägliches Frühstück. Kurz: 250 g Topfen mit ca. 130 g Rahm vermischen. Weiters Salz, Pfeffer, Kümmel, Dille, Vegeta (ungarische Suppenwürze), italienische Kräutermischung, frischen Petersil und Schnittlauch gehackt, je nach Geschmack, dazu mischen und der Höhepunkt ist, wenn ich 3-4 Gewürzgurkerl dazu reibe. Über Nacht beizt das Ganze und zum Frühstück am nächsten Tag ist alles essbereit, so hat Lukas mir, beim Studium seines Lebens mit diesem Rezept noch große Freude bereitet. Nicht umsonst gilt meine größte Hochachtung und Dank Lukas, auch in theologischer und gesundheitlicher Sicht. Ein weiteres Beispiel.

Generalübung

Als Paulus klagte: Mich schmerzen meine Gelenke, besonders in der Nacht. Darauf sagte Lukas: Das werden wir in den Griff bekommen, aber nicht mit Medikamenten! Stell dich aufrecht, neben mich! Wir gehen leicht in die Knie und bewegen die Knie und die Hüfte im Kreis rechts herum 1 x, 2 x…12 x und jetzt links herum, auch 12 mal. Jetzt haben wir Knie und Hüfte gelockert. Jetzt kipp die Hüfte nach vorn – ja – wie beim Geschlechtsakt. Das dient zur Lockerung der Lendenwirbel: 12 mal. Und jetzt kommen die Schultergelenke und die Halswirbel daran. Verschränke die Hände wie zum Gebet, vor dem Brustkorb und jetzt machen wir mit den verschränkten Händen Zug. Also, auseinander Ziehen, aber Verschränkung beibehalten. Du spürst den Zug in den Schultergelenken. Jetzt 12 x mit Zug, Kreise machen vor deinem Gesicht, dein Kopf folgt mit dem Blick den Händen. Jetzt spürst du auch deinen Nacken. Dann die Kreise 12 x in der Gegenrichtung. Jetzt wird das Ganze wiederholt aber die Hände pressen gegeneinander. Der Druck überträgt sich auf das Schultergelenk. Das macht du in der Früh und am Abend! Glück auf!

Alles änderte sich rasch als Felix nach Rom zurückbeordert wurde und der relativ junge neue Statthalter Festus nach Cäsarea kam. Der Nachfolger von Antonius Felix als Statthalter war Porzius Festus. So übernahm im Frühjahr 60 der neue Gouverneur den Gefangenen Paulus, welcher schon zwei Jahre hier festsaß.

Bevor er ihn jedoch verhörte, machte er Besuch in „seinen" Ländern. Als erstes zog er mit Gefolge nach Jerusalem. Die Hohenpriester, Ältesten und Angesehenen baten den neuen römischen Statthalter, ihnen Paulus zu überantworten. Heimlich war verabredet, Paulus auf der „Heimreise" zu töten. Aber Festus sagte: Nein, aber ihr könnt mit mir ziehen und ihn vor mir anklagen.

Verhandlung vor Festus und Berufung auf den Kaiser

Als die Ankläger von Jerusalem und Festus in Cäsarea „zurück" waren, wurde Paulus vor das Tribunal gestellt. Es wurden viele schwere Anklagen erhoben, aber ohne Beweise, so dass sich Paulus verteidigte: Ich habe mich weder am Gesetz der Juden, noch am Tempel und auch nicht am römischen Kaiser versündigt!

Nach einigen Nachdenken, antwortete Festus, der als neuer Statthalter, die Juden nicht verärgern wollte: Willst du nach Jerusalem und dich dort verteidigen, dich dort von mir richten lassen? Paulus aber antwortet: Ich stehe vor des römischen Kaisers Gericht, da muss ich gerichtet werden. Den Juden habe ich kein Unrecht angetan, wie du weißt. So darf mich niemand ihnen freigeben.

Ich berufe mich auf den Kaiser! Festus beriet mit seinen Räten und entschied: Auf den Kaiser hast du dich berufen, als Römer sollst du zum Kaiser ziehen.

Paulus vor dem jüdischen König Herodes Agrippa II. und dem römischen Statthalter Porzius Festus

Es traf sich gut, dass der König Herodes Agrippa II. und seine Schwester Berenike zum neuen Statthalter Festus nach Cäsarea kamen, um ihre Aufwartung zu machen.

Mit ihnen waren eine große Gefolgschaft von Edlen. Festus begrüßte und sagte dann: Alle die ihr gekommen seid, hier seht ihr Paulus, einen Mann, den die Juden umbringen wollen. Als ich sah, dass er nichts Todeswürdiges getan hatte und er sich auf den römischen Kaiser berief, sagte ich: Ja, du kommst zum Kaiser!

Was soll ich dem Kaiser mitteilen, das er getan hat. Verhört ihn, dass ich eine Beschuldigung angeben kann.

Man holte Paulus und der König sagte: Verteidige dich! Paulus schilderte sein Leben als Pharisäer in Jerusalem, was er den Christen angetan hatte. Wie er die Erscheinung und den Auftrag erhielt, zu den Heiden zu gehen und das Evangelium zu predigen. So verkündigte ich, dass sie sich zu Gott bekehren und Buße tun sollen. Deswegen ergriffen sie mich vor zwei Jahren und jetzt stehe ich hier und kann nur sagen, dass ich mit Gottes Hilfe viel geschaffen habe, dass ich sein Zeuge bin bei allen Juden und Heiden und ich nichts sage, als das was die Propheten und Mose vorausgesagt haben: Das Christus Jesus leiden muss und als Erster von den Toten auferstehen wird und das Licht seinem Volk und den Heiden bringen wird. Festus unterbrach Paulus: Du bist von Sinnen, rede vernünftig! Paulus: Der König, zu dem ich offen sprechen soll, versteht was ich sage! Glaubst du König Agrippa, den Propheten? Ich weiß, dass du das tust! Agrippa antwortet: Es fehlt nicht viel Paulus und du machst aus mir einen Christen. Paulus sagt: Ich wünschte, dass nicht nur du, sondern Gott weiß, dass alle die zuhören Christen würden, dann wäre ich auch die Fesseln los.

Der König, der Statthalter und Berenike sowie die Ältesten und Berater zogen sich zurück, sie kamen zu der Einsicht: er hat nichts getan, was Gefängnis und Tod verdient: Agrippa fügte zu Festus gewandt hinzu: Er könnte freigelassen werden, hätte er sich nicht auf den römischen Kaiser berufen. So soll er dorthin!

Paulus und Lukas werden nach Rom gebracht

Es wurde beschlossen Paulus, und auf seinen Wunsch auch Lukas, per Schiff nach Rom zu schicken. Es waren auch einige gefangene Römer dabei und eine kaiserliche Abteilung unter einem Hauptmann war als Bewachung vorgesehen. Die zu überstellenden Gefangenen waren in leichter Haft. Paulus und Lukas, in vielen Sprachen perfekt. Dann waren noch Römer da, die Vergehen gegen die römische Obrigkeit, in Rom verantworten mussten. Der Hauptmann Julius musste den Transport organisieren und durchführen.

Er trieb einen Segler auf, der von Cäsarea abfahren wird, dann eine Zuladung in Sidon vorhatte, um dann nach Myra zu segeln um die Ladung zu löschen. Im großen Hafen von Myra würde es für die Römer möglich sein, ein Schiff für Italien zu bekommen. Nicht ganz leicht, denn es war Juli und bei den Sommerflauten der Winde könnten Verzögerungen auftreten. Karte Seite 324

So ging die Fahrt los und da sie keine Schwerverbrecher waren, die eine Bluttat begangen hatten, durften sich die Gefangenen auf Deck frei bewegen. Der Segler war griechischer Herkunft, so hatten unsere „Heiligen" keine Sprachschwierigkeiten und als sie Sidon anliefen wurde ihnen erlaubt die Brüder zu besuchen, besiegelt mit dem Ehrenwort, am Abend wieder an Bord zu sein.

Am nächsten Tag segelten sie nördlich, weil ihnen der SW-Wind keine südliche Umsegelung von Zypern erlaubte.

So landeten sie nach 40 Tagen in dem von Cäsarea 800 km entfernten Myra. Dort organisierte der Hauptmann einen Segler für Puteoli, einem 170 km südlich von Rom liegenden großen Hafen.

Die Windverhältnisse waren schlecht, sie kamen nur langsam voran, umfuhren nördlich Rhodos um Anfang Oktober 60 in Kreta Guthafen anzulegen, ein offener Hafen unweit der Stadt Laräa. Hier wurde auch notwendiger Proviant gekauft und auch Güter für Malta geladen. Denn Kreta hatte trotz der großen Entfernung von Malta Handelsbeziehungen mit der Insel, weil in Guthafen Gewürze aus Asien und Purpur aus Sidon umgeschlagen wurden.

Damals galt: wenn am 25.09. die Fastenzeit vorüber ist, sind die Segel einzuholen und dem Wind nur mehr zu lauschen! So sagte, als das Schiff angelegt hatte Paulus: Hört auf mich, die Fastenzeit ist längst vorüber, ich glaube dass eine Weiterfahrt gefährlich ist für unser Leben und die Ladung, lasst uns hier überwintern. Der Hauptmann glaubte aber dem Schiffseigner und dem Kapitän, die sagten: Guthafen ist schlecht zum Überwintern, wir fahren nach Westen zum Winterhafen Phönix. Und so geschah es!

Schneesturm und Schiffbruch

Kaum hatten sie bei schönem Wetter abgelegt, als ein Sturm vom Land weg sich erhob und sie mussten zusehen, wie das Schiff im Sturm an der Insel Kauda vorbei in die westliche See getrieben wurde. Der ausgeworfene Treibanker half nichts, zu allem Übel brach noch der Großmast. Da ein Großteil der Ladung auf Deck verankert war, hatten sie Sorge, dass das Boot kentert, sie warfen die Ladung über Bord. An eine Reparatur des Großmastes war vorläufig nicht zu denken, es war stockdunkel und der Sturm war gigantisch. Sie trieben in diesem von Osten kommenden Sturm, der die See zu hohen Wellen aufwühlte, westwärts und das ging so, viele Tage.

Meine Frau und ich haben einmal im September einen solchen Sturm erlebt, als wir von der Türkei nach Kassandra, Griechenland, fuhren, es war einfach unglaublich, was da im Mittelmeer an Wellen und Windkraft möglich ist. Das Schiff wurde danach abgewrackt, also war das seine letzte Fahrt gewesen, Gott sei Dank nicht auch unsere! Bis Guthafen hatten sie etwa 1.500 km Seefahrt hinter sich gebracht, aber ähnliches hatten sie noch nicht erlebt. Der Sturm trieb das Schiff nach Westen Richtung Malta, sogar zu schneien fing es an!

Paulus rief die Männer zusammen und sagte: Liebe Männer ihr hättet auf mich hören sollen, nicht wegzufahren, jetzt müssen wir das Leid ertragen, aber ihr werdet nicht umkommen! Eine Erscheinung hat mir heute Nacht gesagt: Fürchte dich nicht Paulus, du kommst zum Kaiser in Rom und Gott erhält mit dir, alle die am Schiff sind.

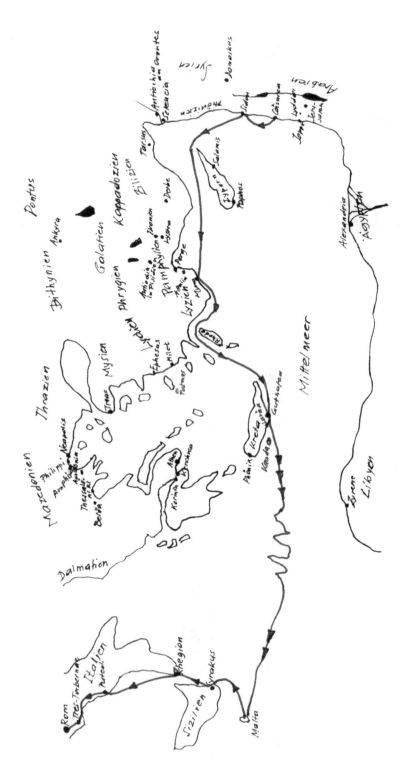

Karte: Paulus Fahrt nach Rom in die Gefangenschaft 60/61

14 Tage hatten sie unter dem Sturm gelitten, als Ruhe einkehrte, sie erkannten Land. Am Riff vor Malta zerbarst das Schiff, die Mannschaft und Bewacher wollten die Gefangenen töten, damit sie nicht schwimmend entkommen.

Der Hauptmann, der Paulus schätzte, ließ dies nicht zu. Auf den Trümmern retteten sich alle ans Ufer. Dazu muss gesagt werden, dass die Entfernung Kreta – Malta über 900 km ist, unmöglich in 14 Tagen treibend zu bewältigen. Wahrscheinlich ist, dass sie nachdem der Sturm schwächer wurde, das Großsegel reparierten. Paulus führte die Näharbeiten durch, dann wurde ein Ersatzbaum zum gebrochenen Großmast dicht mit Seilen gebunden. Vorm Wind bekamen sie gute Fahrt und werden Ende Oktober 60 ans Riff von Malta gekommen sein.

Auf der Insel Malta

Die Menschen waren freundlich nahmen die Halberfrorenen auf und machten mit Schwemmholz ein Feuer.

Als Petrus einen Bund Reisig sammelte, verbiss sich eine Schlange an seiner Hand. Als die Einheimischen das sahen, sagten sie: Ist er ein Mörder?, denn aus dem Meer konnte er sich retten und jetzt beißt ihn die Giftschlage, die Göttin der Rache will ihn töten!

Paulus aber lachte, hielt die Hand ins Feuer und die Schlage verschwand. Da er auch im Laufe des Abends nicht tot umfiel, sagten die Leute: Er ist ein Gott, weil er das Gift der Schlange verträgt!

Der Hauptmann beschloss mit den Gefangenen zu überwintern: Ein angesehener Grundbesitzer mit Namen Publius, nahm die Römer auf und bot ihnen Unterkunft. Und als Publius Vater fieberte, weil er an der Ruhr erkrankt war, rief Publius Paulus zu Hilfe. Paulus und Lukas gingen zu dem Kranken, Paulus legte ihm die Hände auf und betete. Und der Mann wurde gesund. Paulus und Lukas wurden geehrt und es kamen viele Kranke und baten um Hilfe, auch hier wurden die meisten geheilt. Sie hatten jetzt schon 2.400 km Reise seit Cäsarea zurückgelegt. Sie blieben in Malta und Ende Februar 61 setzten sie die Reise nach Rom fort, sie hatten noch 800 km vor sich!

Von Malta nach Rom

In Malta hatte ein alexandrinisches Schiff überwintert und da es als Ziel Puteoli in Italien angab, fuhren die Römer mit diesem Schiff nach Syrakus, wo drei Tage Halt war, denn Sizilien war stark im Handel vor allem mit Citrusfrüchte. Dann ging es bei gutem Wind nach Rhegion und mit kräftigem Wind nach Puteoli, dem Endziel der Schiffsreise.

Hier war eine Christengemeinde und die Bewachsleute, vor allem der Hauptmann, fanden nichts dabei eine größere Rast zu machen. Die Christen waren sehr gastfreundlich, so blieben sie zwei Tage da. Es wurden Pferde besorgt und Anfang April 61 waren sie in Rom. Die Brüder und Schwestern in Christo empfingen sie überschwänglich und begleiteten sie, mit dem Hauptmann und den Wachesoldaten. Sie wurden dem Oberst der kaiserlichen Garde überantwortet. Die Überraschung von ihm war groß, als er sich mit Paulus und Lukas im besten Latein unterhalten konnte. 3.200 km hatten sie hinter sich.

Paulus in Rom

Im Brief, den der Oberst erhielt, stand von leichter Haft und „wahrscheinlich schuldlos", will Paulus, als Römer, vom Kaiser selbst freigesprochen werden.

Paulus konnte mit Lukas in der Stadt wohnen, allerdings durfte er die Wohnung nicht verlassen und wurde von einem Soldaten bewacht. Eine äußerst „leichte Haft", denn er konnte Besuch so viel er wollte, empfangen „bis es dem Kaiser gefällt, zu urteilen". Kaiser Nero regierte seit 54.

Paulus bat die angesehenen Juden zu sich und berichtet, dass er nichts gegen sein Volk und die Ordnung der Väter getan hat und trotzdem haben ihn die Juden von Jerusalem den Römern überantwortet. Die verhörten mich und wollten mich freilassen, die Juden wollten mich töten. So berief ich mich auf den Kaiser, nun bin ich hier. Nun will ich zu euch sprechen, denn um der Hoffnung Israels trage ich diese Ketten. Sie antworteten: Wir haben in Briefen aus Judäa nichts über dich gehört, wir wollen von dir hören was das für eine Sekte ist, der an allen Enden widersprochen wird. Er, Paulus, sprach vom Reich Gottes, er predigte von Jesus, aus dem Gesetz Moses und dann von den Propheten.

Sie waren sich uneins, so dass Paulus sagte: Hat nicht der Heilige Geist den Propheten Jesaja zu den Vätern sagen lassen: Geht zu diesem Volk und sprecht: Mit den Ohren werdet ihr`s hören und nicht verstehen und mit den Augen werdet ihr`s sehen und nicht erkennen. Das Herz dieses Volkes ist verstockt, sie sehen nicht und hören nicht, was sie mit dem Herzen verstehen und wie sie sich bekehren sollen, und wie ich ihnen helfe (Jes.6,9,10). So sage ich euch, dass das Heil Gottes, den Heiden gesandt wird und die werden es hören. So gingen sie weg, die Juden Roms, und stritten.

Paulus blieb zwei Jahre in Haft in seiner römischen Wohnung. Bis zum Frühling 63. Lukas stand in all den Jahren, bis zum Tod von Paulus, ihm zur Seite. Anzunehmen ist, dass Lukas schon an seinem Evangelium und der Apostelgeschichte arbeitete.

Paulus sagte einmal zu Lukas: Ich bin der Geringste unter den Aposteln, nicht wert Apostel zu heißen, habe ich doch die Gesandten Gottes verfolgt. Aber durch Gottes Gnade, bin ich, was ich bin. Seine Gnade an mir war nicht vergeblich, habe ich doch mehr gearbeitet als sie alle.

Paulus Tod

Paulus wurde 63 freigelassen, man weiß nichts über diese Zeit. Er wollte früher auch in Spanien missionieren, da wir durch Lukas keinen Hinweis haben, wird er wohl in Rom geblieben sein und als 64 die Christenverfolgungen begannen, war er auch im Untergrund.

Vom 18. zum 19.07.64 ließ Kaiser Nero Rom anzünden und beschuldigte die Christen der Brandstiftung. So wurden 100-te Christen gekreuzigt und manche noch lebendig verbrannt, samt dem Kreuz.

Im Jahre 65 erreichte die Kreuzigungseuphorie der Bevölkerung ihren Höhepunkt. Nero hatte seinen Blutrausch befriedigt und erzwungener Maßen erreicht, dass die Christen den Brand von Rom verantworten mussten. Bis jetzt waren die gekreuzigten Christen, keine Römer, aber genug römische Christen waren noch in Haft.

So auch Paulus, man hatte ihn „wegen Anstiftung zum Brand und eventueller Planung" in Untersuchungshaft genommen. Das war am Ende des Jahres 65, als praktisch alle gefangenen Christen zum Gaudium der Römer öffentlich gegeißelt, gekreuzigt und verbrannt waren.

Wegen der Gesetze war es bei Römern schwierig ohne legalen Prozessweg eine Verurteilung durchzuführen. Denn für Staatsbürger galt das Standgericht nicht.

Paulus rekurrierte und verlangte vom Gericht, das ihn zum Tode verurteilte, vor den Kaiser gelassen zu werden.

Wir dürfen nicht vergessen, dass das Köpfen eines Römers bei weiterem für die Massen nicht so „interessant" war, als wenn eine Geißelung, Kreuzigung und Verbrennung mit genügend Brotgaben stattfand! Den Wein brachten die Zuschauer selbst mit.

Das Köpfen mit dem Schwert fand auch öffentlich statt, aber es ging sehr schnell, der Kopf wurde vom Scharfrichter noch einmal in die Höhe gehalten und es war aus. So entschied Nero, dass die Todesurteile rasch zu vollziehen seien. Er ließ sich die wichtigen Urteilsbegründungen der Rekursverfahren vorlegen und am 28.06.66 entschied er:

Er (Paulus) ist Christ und führend in der Gemeinschaft tätig. So ist er auch schuldig, das Anzünden von Rom veranlasst zu haben. Erschwerend ist, dass er damit auch sein Vaterland verraten hat. Er ist raschest durch das Schwert zu töten.

28.06.66   Nero

Paulus war 57 Jahre alt, als man ihm, bevor er geköpft wurde, öffentlich noch einmal zu reden gestattete und er sagte: Christus ist mein Leben, Sterben und mein Gewinn, ich habe einen guten Kampf gekämpft, den Lauf vollendet, den Glauben bewahrt. Im Übrigen ist mir die Krone der Gerechtigkeit hinterlegt, welche mir der Herr als gerechter Richter geben wird, nicht mir allein, sondern allen, die ihn lieben (2.Tim.4)!

So starb Paulus am 29.06.66 durch Enthauptung mit dem Schwert, wie das einem römischen Bürger zustand. Ein Jahr vorher war Petrus verkehrt gekreuzigt worden.

Bei der Enthauptung, als der Kopf von Paulus auf den Boden fiel, 3x aufsprang, bevor er liegen blieb, entsprossen hier drei Quellen, der Ort heißt „Tre Fontane".

Sein fruchtbares Leben wurde körperlich beendet, an Stelle seiner geistigen Kraft entsprangen drei Quellen.

Dass so ein Mensch sterben muss ist kaum zu fassen! Aber er lebt in uns weiter! Über seinem Grab an der Via Ostensis errichtete Kaiser Konstantin die Basilika S.Paolo fuori le mura. Lukas war tief betrübt, diesen Freund verloren zu haben. So zog er sich nach Paulus Tod nach Mittelgriechenland zurück, schrieb das Evangelium und die Apostelgeschichte fertig und starb im Jahre 80 in Delphi, inmitten einer Christengemeinde, 71-jährig!

Stellung zu Paulus

Zurück zu Paulus und wie er verehrt wurde und wie seine „Hinterlassenschaft", die Briefe wirkten! Die „Paulikaner" betrachteten im 7.Jhd. seine Briefe als den wichtigsten Teil der Bibel. Auch Augustinus und Luther sagten, seine Briefe wurden das Fundament ihres Glaubens! Auf der anderen Seite gab es Kritiker, die sagten, er hätte die Lehre Jesu verfälscht. Trotzdem ist er neben Jesus und Petrus die herausragendste Persönlichkeit des Christentums. Er wird am stärksten bei den Protestanten verehrt. Teile seiner Briefe habe ich schon in meine Erzählungen eingebaut. Aber hier eine

ZUSAMMENSTELLUNG DER „GESICHERTEN" PAULUSBRIEFE:
DER BRIEF PAULUS´ AN DIE RÖMER

In den Briefen stellt er sich als Diener Jesu dar, berufen zum Apostel, um das Evangelium von Jesus Christus zu predigen und was vorher die Propheten in der Heiligen Schrift verheißen haben, dass Jesus der Sohn Gottes ist, von David abstammt und durch den Heiligen Geist wirkt und durch Gott von den Toten auferstehen wird.

Paulus sagt: Ihr seid berufen als Geliebte Gottes unter den Heiden den Glauben zu errichten. Mit der Gnade und dem Frieden von Gott unserem Vater und dem Herrn Jesus Christus. Es geht um die Gerechtigkeit vor Gott, denn der Gerechte lebt aus den Glauben. Letztlich wird der Mensch gerecht ohne Gesetzes Werk, allein durch den Glauben. Jesus ist um unserer Sünden willen gestorben und um unserer Rechtfertigung willen. Die Hoffnung ist, die uns nicht zuschanden werden lässt, die Liebe Gottes die in unseren Herzen ist. Durch Adam ist die Sünde und Verdammnis in die Welt gekommen, durch Jesus die Rechtfertigung, die zum Leben führt.

Der Sünde Sold ist der Tod, die Gabe Gottes ist aber das ewige Leben in Christus Jesus, unserm Herrn.

Es gibt keine Verdammnis für die, die in Christus Jesus sind. Ist Gott für uns, wer kann wider uns sein. Wie sagt der Herr zu Mose: Wem ich gnädig bin, dem bin ich gnädig, wessen ich mich erbarme, dessen erbarme ich mich! Es liegt nicht an unserem Willen oder Drängen, sondern an Gottes Erbarmen. Christus ist des Gesetzes Ende, wer an ihn glaubt, der ist gerecht. Wer mit dem Herzen glaubt wird gerecht, wer mit dem Munde bekennt, wird gerettet. Seid fröhlich in der Hoffnung, geduldig in Trübsal und beharrlich im Gebet. Freut euch mit den Fröhlichen, weint mit den Weinenden! Ist´s möglich, so viel an euch liegt, habt Frieden mit allen Menschen. Nehmt einander an, wie Christus euch angenommen hat. Jesaja (59,20) hat den Erlöser zur Abwendung von der Sünde für Israel prophezeit, so kann ich (Paulus) nur hoffen, dass die Juden zu Christus finden. Denn in Bezug auf das Evangelium sind sie unsere Feinde, aber wir dürfen nicht vergessen, dass Gott sie auserwählt hat. Grüßt mir alle Mitbrüder, Gott, der allein weise ist, sei Ehre und Jesus Christus in Ewigkeit! Amen

DER 1. BRIEF DES PAULUS AN DIE KORINTHER

Einleitung wie bei „Römer". Die Predigt über Christus hat bei euch reiche Früchte getragen, dank Gottes Gnade. Das Wort vom Kreuz ist Unsinn, denen, die verloren werden, uns aber, die wir selig werden, ist´s eine Gottes Kraft. Euer Glaube steht nicht auf Menschenweisheit, sondern auf Gottes Kraft. Wer ist nun Apollos? Wer ist Paulus? Diener sind wir, durch die ihr gläubig geworden seid, und das, wie es der Herr einem jeden gegeben hat: Ich habe gepflanzt, Apollos hat begossen, aber Gott hat das Gedeihen gegeben. So ist nun weder der pflanzst noch der begießt etwas, sondern Gott, der das Gedeihen gibt. Jeder aber wird seinen Lohn empfangen nach seiner Arbeit. Lasst nicht Unzucht unter euch aufkommen, wenn ihr im Namen unseres Herrn Jesus versammelt seid und mein Geist, samt der Kraft unseres Herrn Jesus, ist bei euch. Es soll der Unzüchtige dem Satan übergeben werden. Ein wenig Sauerteig durchsäuert den ganzen Teig. Darum schafft den Sauerteig weg, damit ihr ein neuer Teig seid, der ungesäuert ist.

Wir haben ein Passalamm, das ist Christus, der geopfert wurde. Darum lasst uns das Fest feiern nicht im alten Sauerteig, auch nicht im Sauerteig der Bosheit und Schlechtigkeit, sondern im ungesäuerten Teig der Lauterkeit und Wahrheit. Richtet nicht, noch lasst Ungerechte über euren Streit richten. Wisst ihr nicht, dass die Heiligen die Welt richten werden? Rechtet nicht mit eurem Bruder, lasst euch Unrecht tun und euch übervorteilen. Um Unzucht zu vermeiden, soll jeder seine eigene Frau haben und jede Frau ihren eigenen Mann. Entzieht euch nicht einander, außer ihr betet. Den Ledigen und Witwen sage ich: Es ist gut, wenn sie bleiben wie ich, könnt ihr euch nicht enthalten, so heiratet, besser als ihr verzehrt euch in Begierde. Nicht ich, aber der Herr gebietet den Verheirateten, sich nicht scheiden zu lassen! Jeder lebe, wie es ihm zugemessen ist vom Herrn, ist er als Beschnittener berufen, so bleibe er bei der Beschneidung. Ist er als Unbeschnittener berufen, so lasse er sich nicht beschneiden.

Was gilt ist: Gottes Gebote halten. Seid nicht der Menschen Knechte, ein jeder bleibe vor Gott, worin er berufen ist. Ich möchte, dass ihr ohne Sorge seid. Wer ledig ist, der sorge sich um die Sachen des Herrn, wie er dem Herrn gefalle, wer aber verheiratet ist, der sorgt sich um die Dinge der Welt, wie er der Frau gefalle, so ist er geteilten Herzens. Und die Frau, die keinen Mann hat, und die Jungfrauen, die heilig sind am Leib und auch am Geist, sorgen sich um die Sache des Herrn, die verheiratete Frau sorgt sich um die Dinge der Welt, wie sie dem Mann gefalle. So also werft euch keinen Strick um den Hals, sondern dient ungehindert den Herrn.

Er spricht von sich als Apostel! Bin ich nicht frei? Nicht ein Apostel? Habe ich nicht unseren Herrn Jesus gesehen? Seid ihr nicht mein Werk im Herrn? Bin ich für andere kein Apostel, so bin ich es doch für euch, denn das Siegel meines Apostelamtes, seid ihr im Herrn. Jenen die mich verurteilen, antworte ich so: Haben wir nicht das Recht, zu essen und trinken? Nicht auch das Recht, eine Schwester als Ehefrau mit uns zu führen, wie die anderen Apostel auch und die Brüder des Herrn und Kephas = Petrus? Oder haben allein ich und Barnabas nicht das Recht, nicht zu arbeiten? Wer zieht in den Krieg und zahlt sich selbst den Sold? Wer pflanzt einen Weinberg und isst nicht von seiner Frucht? Oder wer weidet eine Herde und nährt sich nicht von der Milch der Herde?

Rede ich das nach Gutdünken? Sagt das nicht auch das Gesetz? Mose sagt (5.25,4): Du sollst dem Ochsen, der da drischt nicht das Maul verbinden! Sorgt sich Gott nicht vielmehr um uns? Deshalb steht geschrieben: Wer pflügt, soll auf Hoffnung pflügen und wer drischt, soll in der Hoffnung dreschen, dass er seinen Teil empfangen wird. Sähen wir euch Geistliches, ist es dann zu viel, wenn wir Leibliches von euch ernten?

Hat nicht der Herr befohlen, dass die das Evangelium verkündigen, sich vom Evangelium nähren sollen? Ich habe davon keinen Gebrauch gemacht und werde es auch nicht – lieber sterben – nein, meinen Ruhm soll niemand zunichtemachen. Ich rühme mich nicht das Evangelium zu predigen, ich muss es tun, denn mir ist das Amt anvertraut. Ich mach es ohne Lohn, um frei zu sein von jedermann. Ich bin im Gesetz Christi und gewinne die, die ohne Gesetz sind. Ich bin schwach mit Schwachen geworden, damit ich sie errette.

Alles tue ich um des Evangeliums willen, um an ihm teilzuhaben. Ich bezwinge meinen Leib und zähme ihn, damit ich nicht anderen predige und selbst verwerflich werde.

Der Kelch den wir segnen, ist er nicht die Gemeinschaft des Blutes Christi? Das Brot, das wird brechen, ist das nicht die Gemeinschaft des Leibes Christi? Denn ein Brot ist´s: So sind wir viele ein Leib, weil wir alle an einem Brot teilhaben. Das Abendmahl des Herrn feiert nüchtern.

Vom Herrn habe ich empfangen, was ich euch weitergebe: Am Abend an dem er ausgeliefert wurde, nahm er das Brot und sagte Dank, brach es, reichte es seinen Aposteln und sprach: Nehmet und esset alle davon: das ist mein Leib, der für euch hingegeben wird. Ebenso nahm er nach dem Mal den Kelch, reichte ihn seinen Aposteln und sprach: Nehmet und trinket alle daraus: das ist der Kelch des neuen Bundes in meinem Blut. Tut dies, sooft ihr daraus trinkt, und wenn ihr das Brot brecht, zu meinem Gedächtnis. Wir, alle, Juden, Griechen, Römer, Sklaven und Freie sind durch einen Geist zu einem Leib getauft auf Jesus Christus! Wenn aber ein Glied des Leibes leidet, so leiden alle anderen auch. Wird ein Glied geehrt, so freuen sich alle Glieder. Ihr seid der Leib Christi und jeder von euch ist ein Glied. Damit endete Paulus.

Das Hohelied der Liebe habe ich schon vorweggenommen siehe Kapitel: Wer ist Paulus? Man kann Paulus ruhig als 1.christlichen Theologen bezeichnen, wie auch im 1. Korintherbrief deutlich erkennbar ist, wenn er an das Evangelium erinnert: Das ihr angenommen habt, dass Christus für unsere Sünde gestorben ist, nach der Schrift, begraben und am 3. Tag auferstanden ist, und er wurde gesehen von Kephas = Petrus und danach von den Aposteln. Später von vielen Brüdern, von denen die meisten heute noch leben. Zuletzt ist er auch von mir noch gesehen worden, dem geringsten unter den Aposteln, denn ich habe die Gemeinde Gottes verfolgt. Seine Gnade an mir war nicht vergeblich, denn ich habe viel mehr gearbeitet als sie alle!

Einige jedoch sagen: Es gibt keine Auferstehung der Toten! Das heißt, Christus ist nicht auferstanden? Das heißt, unsere Predigt war umsonst, ebenso wäre euer Glaube vergeblich. Und wir wären falsche Zeugen, weil wir bezeugt haben, Gott habe Christus auferweckt. Ist also Christus nicht auferstanden, so gilt euer Glaube nicht, so seid ihr noch in euren Sünden. Wenn wir nur in diesem Leben auf Christus hoffen können, so sind wir die ärmsten unter allen Menschen.

Nun aber ist Christus von den Toten auferstanden, als erster von denen die gestorben sind. Wenn also durch einen Menschen (Adam) der Tod gekommen ist, so kommt durch einen Menschen (Jesus) die Auferstehung der Toten. Die Reihenfolge ist: der Erste ist Christus, danach kommen die, die Christus angehören, dann, wenn Christus wiederkommt, um das Reich Gottes zu errichten wird der letzte Feind, der Tod, vernichtet.

Gäbe es keine Auferstehung, warum sollten wir uns auf einen Toten taufen lassen, Gefahr und Verfolgung erleiden? Wenn die Toten nicht auferstehen, dann lasst uns essen und trinken, denn morgen sind wir tot. Vielleicht fragt ihr: Mit welchen Leib werden die Toten auferstehen? Ihr Narren, was du sähst, wird nicht lebendig, wenn es nicht stirbt. Und du sähst nicht den Leib, sondern ein Korn, das zu Weizen wird. Gott gibt einem einen Leib, wie er will, einem jeden Samen einen eigenen Leib. Es wird gesäht ein natürlicher Leib und wird auferstehen ein geistlicher Leib.

Es steht: Und so ward Adam ein lebendiges Wesen und der letzte Adam (=Jesus) wurde zum Geist der lebendigen Macht. Der natürliche Leib ist der erste, danach folgt der geistliche, der himmlische. Wir werden alle verwandelt: zur Zeit der letzten Posaune, werden die Toten auferstehen, unverweslich, und wir werden verwandelt. Das Verwesliche wird Unverweslich, das Sterbliche wird Unsterblich: Tod, wo ist dein Sieg? Tod, wo ist dein Stachel? Gott sei Dank, der uns diesen Sieg gibt durch unseren Herrn Jesus Christus! Darum, liebe Brüder, seid unerschütterlich im Werk des Herrn, denn ihr wisst, dass die Arbeit nicht vergeblich ist.

Für manches was Paulus schrieb wird er heute angegriffen! Man muss aber seine Briefe in der damaligen Zeit verstehen! So z.B. wenn er sagt: Wisst ihr nicht, dass die Ungerechten das Reich Gottes nicht ererben werden? Lasst euch nicht irre führen. Weder der Unzüchtige, noch Götzendiener, Ehebrecher, Lustknaben, Knabenschänder, wie auch nicht Diebe, Geizige, Trunkenbolde, Lästerer oder Räuber werden in das Reich Gottes kommen. Oder, wenn er über die Frau im Gottesdienst sagt: Wisst, das Christus das Haupt eines jeden Mannes ist, der Mann aber ist das Haupt der Frau, Gott ist aber das Haupt Christi. Wenn ein Mann betet oder prophetisch redet soll er sein Haupt nicht bedecken, denn er ist ein Abglanz Gottes, die Frau aber ist des Mannes Abglanz. Denn der Mann ist nicht von der Frau, sondern die Frau ist vom Mann (Mos1.2.22), sie ist um des Mannes Willen geschaffen, als seine Hilfe (Mos1.2.18). So soll eine Frau, die betet oder prophetisch redet, einen Schleier (Kopfbedeckung) oder ihre langen Haare tragen. Oder im

1. UND 2. BRIEF DES PAULUS AN TIMOTHEUS

schreibt er über „Männer" und „Frauen im Gottesdienst": Männer sollen beten an allen Orten und aufheben heilige Hände ohne Zorn und Zweifel. Frauen sollen sich schmücken, in schicklicher Kleidung mit Anstand und Zucht, nicht mit Haarflechten und Gold oder Perlen oder kostbaren Gewand, sondern ihre Frömmigkeit bekunden mit guten Werken. Eine Frau lerne in der Stille mit aller Unterordnung. Einer Frau gestatte ich nicht, dass sie lehre, auch nicht, dass sie über den Mann Herr sei, sondern sie sei still. Denn Adam wurde zuerst gemacht, danach Eva. Und Adam wurde nicht verführt, die Frau aber hat sich zur Übertretung verführen lassen. Sie aber wird selig werden dadurch, dass sie Kinder zur Welt bringt, wenn diese im Glauben bleiben und in der Liebe und Heiligung. So war die Zeit und Paulus Sicht! Paulus schreibt im Brief am Timotheus noch von den Bischöfen, dass sie ein hohes Amt und eine hohe Aufgabe haben und daher untadelig sein sollen, würdig, gastfrei und gut im Lehren. Mit einer Frau, gehorsamen Kindern und eigenem Haus. Sie sollen einem ehrbaren Haus vorstehen, so wissen sie auch wie sie für die Gemeinde Gottes sorgen müssen! Er soll kein Neugetaufter sein, damit er sich nicht aufblase und dem Teufel verfällt. Er muss einen guten Ruf haben und angesehen sein. Selbstverständlich darf er kein Säufer sein, auch nicht gewalttätig oder streitsüchtig, aber auch nicht geldgierig. Auch bei den Diakonen, ihren Helfern, ist ihr Lebenswandel zu prüfen und dass sie nur eine Frau haben und ihrem Haus ordentlich vorstehen. Sie müssen ihren Dienst gut versehen und große Zuversicht im Glauben an Jesus Christus haben.

Es werden teuflische Verführer kommen, warnt Paulus Timotheus, Lügner die heucheln, die den Gläubigen gebieten Speisen zu meiden, die Gott geschafften hat und nicht zu heiraten, um Gott zu gefallen. Aber wir sagen, alles was Gott geschaffen hat, ist gut und nichts ist verwerflich, was mit Danksagung empfangen wird, denn es wird geheiligt durch das Wort Gottes und Gebet.

Das, lieber Timotheus, lehre die Brüder und du bist ein guter Diener Christi Jesu, auferzogen in den Worten des Glaubens und der guten Lehre bei der du immer geblieben bist. Weise ungeistliche Altweiberfabeln zurück, übe dich selbst aber in der Frömmigkeit, denn leibliche Übung ist wenig nütze, aber die Frömmigkeit ist zu allen Dingen nütze und hat die Verheißung dieser und des zukünftigen Lebens. Für diesen Glauben arbeiten und kämpfen wir, weil wir unsere Hoffnung auf den lebendigen Gott gesetzt haben, welcher ist der Heiland der Menschen, besonders der Gläubigen.

Gebiete und lehre! Niemand soll dich wegen deiner Jugend, verachten, du aber sei den Gläubigen eine Vorbild im Wort, im Wandel, in der Liebe, im Glauben und in der Reinheit. Mache weiter mit Vorlesen, mit Ermahnen, mit Lehren, bis ich wieder zu dir komme. Beachte deine Gabe, die dir gegeben ist, durch Weissagungen mit Handauflegung der Ältesten. Einen Älteren fahre nicht an, sondern ermahne ihn wie einen Vater, die jüngeren Männer wie Brüder, die älteren Frauen wie Mütter, die jüngeren wie Schwestern, mit allem Anstand.

Ehre die Witwen, die rechte Witwen sind. Jüngere Witwen weise ab, wenn sie ihrer Begierde nachgehen, Christus zuwider, sie sollen heiraten. Die Ältesten der Gemeinde, die ihr gut vorstehen, sind zweifacher Ehre wert, wenn sie sich mühen im Wort und der Lehre.

Nimm keine Klage gegen einen Ältesten an, ohne zwei oder drei Zeugen. Die sündigen, weise zurecht vor allen, damit sich auch die anderen fürchten. Vor Gott und Christus Jesus, halte dich daran ohne Vorurteil und begünstige niemand! Lege die Hände niemanden zu bald auf habe nicht teil an fremden Sünden. Halte dich selber rein.

Trinke nicht nur Wasser, sondern nimm ein wenig Wein dazu, des Magens willen, weil du oft krank bist. Gib acht auf dich! Sklaven sollen ihre Herren ehren, damit Gottes Wille geschehe. Gläubige Herren sollen von ihren Sklaven nicht weniger geehrt werden, weil sie Brüder sind, sondern ihnen mehr dienstbar sein, weil sie Gutes tun.

Die Wahrheit liegt in den heilsamen Worten Christi und bei unserer Lehre, die dem Glauben gemäß ist. Die Frömmigkeit ist ein großer Gewinn für den, der sich damit genügt. Denn wir haben nichts in die Welt gebracht, darum werden wir auch nichts hinausbringen. Wenn wir aber Nahrung und Kleider haben, so lass uns das genügen! Die reich werden wollen fallen in Versuchung und Verstrickung und haben schädliche Begierden, die in Verderbnis und Verdammung führen. Geldgier ist die Wurzel alles Übels!

Du aber Gottesmensch greif nach Gerechtigkeit, Frömmigkeit, Glauben, Liebe, Geduld und Sanftmut. Kämpfe den guten Kampf des Glaubens, ergreife das ewige Leben, wozu du berufen bist und das vor vielen Zeugen bekannt hast. Mache bekannt, was Christus Jesus erlitten hat und dass er für uns starb und halte das Gebot unbefleckt, untadelig bis zur Erscheinung unseres Herrn Jesus Christus, des Königs der Könige.

Den Reichen gebiete, nicht stolz zu sein, nicht zu hoffen auf den unsicheren Reichtum, sondern auf Gott, der uns alles bietet. Sie sollen Gutes tun und reich werden an guten Werken, um das wahre Leben zu erlangen. So Timotheus! Bewahre was dir anvertraut, meide ungeistliches Geschwätz und Gezänk der fälschlich so genannten Erkenntnis einiger, die vom Glauben abgeirrt sind! Die Gnade sei mit dir und euch!

DER 2. BRIEF DES PAULUS AN DIE KORINTHER

Paulus spricht von den tödlichen Bedrohung und Bedrängnissen auf der 3. Missionsreise in Ephesus 56 n.Chr. durch Demetrius und dass er nach Mazedonien floh und 57 in Athen war und fliehen musste und vom Land weg nach Philippi zog. Den ursprünglichen Wunsch auch zu euch zu kommen habe ich geändert, weil meine Betrübnis sollte nicht auf euch übergreifen!

Wenn von eurer Gemeinde einer Betrübnis anrichtet, es ist genug, wenn er von den meisten gestraft wurde, so müsst ihr ihm vergeben und ihn trösten. Wem aber ihr vergebt, dem vergebe auch ich! Denn was ich zu vergeben hatte, habe ich um euret Willen vergeben, vor Christi Angesicht. Wir predigen ehrlich, weil wir Gotteswort in Christus reden, trotzdem wollen gewisse Leute Empfehlungsbriefe an euch oder von euch. Ihr seid unser Brief, in unser Herz geschrieben, erkannt und gelesen von allen Menschen.

Ihr seid ein Brief Christi, durch unseren Dienst zubereitet, nicht mit Tinte, sondern mit dem Geist des lebendigen Gottes, nicht auf steinernen Tafeln, sondern auf Tafeln aus Fleisch, nämlich euren Herzen. Nicht, dass wir tüchtig aus uns selber sind, wir sind tüchtig von Gott aus, er hat uns zu Dienern des neuen Bundes, nicht des Buchstabens, sondern des Geistes, gemacht. Der Buchstabe tötet, aber der Geist macht lebendig!

Hat nicht das Amt, das den Tod bringt und das mit Buchstaben in Stein gehauen war, Herrlichkeit gehabt, dass die Israeliten Mose nicht ansehen konnten, wegen der Herrlichkeit auf seinem Angesicht, die dann doch aufhörte, wie sollte nicht viel mehr das Amt, das den Geist gibt, Herrlichkeit haben? Und diese Hoffnung haben wir und so sind wir voller Zuversicht und tun nicht wie Moses der eine Decke vor sein Angesicht hielt, damit die Israeliten nicht sehen konnten, wie die Herrlichkeit aufhörte. Aber ihre Sinne wurden verstockt. Denn bis auf den heutigen Tag bleibt diese Decke unaufgedeckt über dem Alten Testament, wenn sie es lesen, weil sie nur in Christus weggetan wird.

Paulus schreibt abschließend zu diesem Kapitel: wenn Israel sich aber bekehrt zu Christus Jesus, so wird die Decke abgetan, denn wo der Geist des Herrn ist, da ist Freiheit. Wir, aber, ihr Korinther und wir Apostel und Jünger und alle, die glauben, schauen mit aufgedeckten Angesicht, die Herrlichkeit Gottes im Angesicht Jesu Christi!

Wir sind die irdischen Gefäße der Kraft Gottes, werden bedrängt, aber wir ängstigen uns nicht. Wir verzagen nicht, wir werden verfolgt, sind aber nicht verlassen, wir werden unterdrückt, aber kommen nicht um. Wir tragen immer das Sterben Christi in unserem Leib.

Wir wissen, dass der, der den Herrn Jesus auferweckte, wird auch uns auferwecken. Wenn auch unser äußerer Mensch verfällt, von Tag zu Tag, so wird der innere erneuert! Unsere Trübsal, die zeitlich und leicht ist, schafft eine ewige Herrlichkeit im nicht Sichtbaren. Denn was sichtbar ist, das ist zeitlich, was aber unsichtbar ist, das ist ewig.

Der Geist, von Gott gegeben, wohnt in unserem Körper, deshalb wollen wir Gott wohl gefallen. Wir handeln im Glauben. Wenn wir den Körper verlassen sind wir daheim bei Gott und werden vor dem Richterstuhl Christi, jeder, unseren Lohn empfangen, für das, was wir bei Lebzeiten getan haben, sei es gut oder böse! Er ist für alle gestorben damit, die da leben, hinfort nicht sich selbst leben, sondern dem, der für sie gestorben und auferstanden ist.

Dieser auferstandene Christus ist, der auf den wir getauft sind. Und ist jemand in Christus, so ist er ein neuer Mensch, der alte ist vergangen und neu geworden. Um der neue Mensch zu werden, muss nach der Betrübnis die Reue kommen, denn die Traurigkeit bewirkt nach Gottes Willen die Sinnesänderung zum Heil. Deshalb reut es mich nicht, dass ich euch traurig gemacht habe durch meinen Brief. Denn ihr seid betrübt nach Gottes Willen!

Die Gnade unseres Herrn Jesus Christus und die Liebe Gottes und die Gemeinschaft des Heiligen Geistes sei mit euch!

DER BRIEF PAULUS´AN DIE GALATER

Ich habe in der Apostelgeschichte, nachdem Paulus zu seinen Eltern zurück gekehrt war und er seine Erlebnisse berichtete, den Galaterbrief für die Lebensgeschichte und den Römerbrief für seine religiöse Einstellung als Unterlage benützt und werde jetzt vom Galaterbrief die anderen Teile bringen.

Paulus sagt: Wir waren unmündig, wir waren in der Knechtschaft der Mächte der Welt. Als die Zeit erfüllt war sandte Gott, seinen Sohn, geboren von einer Frau und dem Gesetz untertan, damit er die, die dem Gesetz untertan waren erlöste, damit wir Kinder Gottes wurden. So sind wir nun nicht mehr Knechte, sondern Kinder und Erben durch Gott. Ihr dientet bevor ihr Gott kanntet, denen, die in Wahrheit keine Götter sind. Nachdem ihr Gott erkanntet oder besser von Gott erkannt ward, wendet ihr euch nun wieder den schwachen und dürftigen Mächten zu, um ihnen von neuem zu dienen. Ihr haltet bestimmte Tage ein und Monate und Zeiten und Jahre. Ich fürchte für euch, dass ich vielleicht vergeblich an euch gearbeitet habe? Werdet wie ich, denn ich wurde wie ihr, liebe Brüder, ich bitte euch. Ihr habt mir kein Leid getan. Ihr wisst doch, dass ich euch als ich krank war, das Evangelium gepredigt habe, zum 1. Mal.

Obwohl ich krank war, nahmt ihr mich auf, ja, wie Christus Jesus. Wo sind eure Seligpreisungen geblieben? Werdet nicht irre, wenn ihr umworben, aber es muss für das Gute sein, immer, auch wenn ich nicht bei euch bin.

Sagt mir, die ihr wieder unter dem Gesetz sein wollt, hat uns nicht Christus befreit davon? Er hat uns vom Gesetz befreit und zur Freiheit gebracht, wollt ihr wieder unter das Joch der Knechtschaft.

Wenn ihr euch beschneiden lasst, so wollt ihr durch das Gesetz gerecht werden, ihr habt Christus verloren und seid aus der Gnade gefallen.

Denn in Christus Jesus gilt weder Beschneidung noch Unbeschnitten sein etwas, sondern der Glaube der durch die Liebe tätig wird. Warum lasst ihr euch überreden, entgegen dem, der euch zu Christus berufen hat. Wer euch aber irre macht, der wird sein Urteil tragen, wer auch immer er sei. Sollen diese sich doch beschneiden lassen, die Aufhetzer.

Ihr aber seid zur Freiheit allein berufen. Aber nicht der Freiheit im Fleisch, sondern dem Dienen durch Liebe. Wie sagte Mose (Mos 3.19): du sollst nicht rächen, noch Zorn bewahren gegen die Kinder deines Volks. Du sollst deinen Nächsten lieben wie dich selbst! Und Christus sagt: Das Gesetz ist als Ganzes erfüllt, wenn du deinen Nächsten liebst, wie dich selbst! Wenn ihr aber untereinander beißt, und fresst, seht zu dass ihr nicht einander auffresst! Lebt im Geist, so werdet ihr den Begierden des Fleisches nicht nachgeben.

Die Werke des Fleisches sind: Unzucht, Unreinheit, Ausschweifung, Götzendienst, Zauberei, Feindschaften, Hader, Zwietracht, Eifersucht, Zorn, Zank, Spaltungen, Neid, Saufen, Fressen und dergleichen und nochmals sage ich: Sie werden das Reich Gottes nicht erben!

Hingegen ist die Frucht des Geistes: Liebe, Freude, Frieden, Geduld, Freundlichkeit, Güte, Treue, Sanftmut und Keuschheit. Gegen all das ist das Gesetz nicht.

Die aber Christus angehören haben ihr Fleisch gekreuzigt samt den Leidenschaften und Begierden. Sie werden das Gottes Reich erben. Wenn wir also im Geist leben, so lasst uns auch im Geist wandeln und nicht nach eitler Ehre trachten, nicht einander herausfordern oder beneiden. Die ihr geistlich seid, achtet dass ihr nicht versucht werdet.

Einer trage die Last der Anderen, so werdet ihr das Gesetz Christi erfüllen. Die Gnade unserer Herrn Jesus Christus sei mit eurem Geist, liebe Brüder! Amen!

DER BRIEF DES PAULUS AN DIE PHILIPPER

Paulus und Timotheus, Knechte Christi Jesu, an alle Heiligen in Christus Jesu in Philippi samt den Bischöfen und Diakonen.

Gnade sei mit euch und Friede von Gott, unserem Vater und dem Herrn Jesus Christus!

Ich danke meinen Gott, sooft ich euer gedenke und in all meinen Gebeten für eure Gemeinschaft am Evangelium vom ersten bis zum heutigen Tag. Das gute Werk das er in euch begonnen hat, wird er vollenden bis an den Tag Christus Jesu. Ich trage die Fesseln für Christus hier in Prätorium in Cäsarea und alle wissen es! Die Brüder haben durch meine Gefangenschaft Zuversicht gewonnen und reden ohne Scheu. Christus ist mein Leben und Sterben, ist mein Gewinn, um bei ihm zu sein. Aber es ist nötig im Fleisch zu bleiben, um euch beizustehen, Christus zu verkünden. Bleibt in der Liebe und Barmherzigkeit und seid eines Sinnes.

Tut nichts aus Eigennutz oder um eitler Ehre willen, in Demut achte einer den anderen höher als sich selbst.

Ein jeder sei gesinnt, wie Jesus Christus auch war: Er, der im göttlicher Gestalt war, hielt es nicht für einen Raub Gott gleich zu sein, sondern entäußerte sich selbst nahm Knechtsgestalt an , war den Menschen gleich und der Erscheinung nach als Mensch erkannt. Er erniedrigte sich selbst und ward gehorsam bis zum Tod am Kreuz. Darum hat ihn Gott erhöht und hat ihm den Namen gegeben, der über alle Namen ist, dass vor ihm alle Knie sich beugen sollen, derer im Himmel und auf Erden und unter der Erde und dass alle Zungen bekennen sollen, dass Jesus Christus der Herr ist, zur Ehre Gottes, des Vaters.

So, meine Lieben, schaffet, dass ihr selig werdet, denn Gott ist es der wirkt, das Wollen und Vollbringen! Ich hoffe im Herrn, dass ich Timotheus bald zu euch senden kann, damit auch ich erquickt werde, wenn ich weiß, wie es euch geht! Sorgt euch um nichts, lasst in allen Dingen eure Bitten vor Gott kund werden! Ihr habt wieder eifrig für mich gesorgt, was mich hoch erfreut, nicht weil ich Mangel leide, denn ich bin genügsam, wie es mir auch geht.

Grüßt alle Heiligen in Christus Jesus, es grüßen euch alle die Brüder, die bei mir sind! Und die Heiligen hier, besonders die aus dem Haus des Kaisers. Die Gnade des Herrn Jesus Christus sei mit eurem Geist!

DER 1. BRIEF DES PAULUS AN DIE THESSALONIKER

Paulus, Silvanus und Timotheus an die Gemeinde in Thessaloniki in Gott, dem Vater und dem Herrn Jesus Christus: Gnade sei mit euch und Friede! Wir danken Gott für euch, für euer Werk im Glauben und die Arbeit in Liebe und eure Geduld in der Hoffnung auf unseren Herrn Jesus Christus.

Ihr seid Vorbild für die Gläubigen in Mazedonien und Achaja. Aber auch an anderen Orten. Wir danken Gott ohne Unterlass, dass ihr das Wort der göttlichen Predigt, das ihr von uns empfangen habt, nicht als Menschenwort verstanden habt, sondern als das, was es in Wahrheit ist, als Gottes Wort, das in euch wirkt, die ihr glaubt. Ihr, lieben Brüder seid den Christengemeinden in Judäa nach gefolgt, denn ihr habt dasselbe erlitten von euren Landsleuten, wie jene von den Juden erlitten haben. Die haben den Herrn Jesus getötet und die Propheten und haben uns verfolgt, sie gefallen Gott nicht und sind allen Menschen feind.

Um das Maß ihrer Sünden vollzumachen, wehren sie uns, den Heiden, zu ihrem Heil, zu predigen! Aber, der Zorn Gottes ist schon über sie gekommen: Wir wollen zu euch, noch einmal und wieder, doch der Satan hat uns gehindert. Wir ertrugen es nicht länger und blieben allein in Athen zurück und sandten Timotheus, unseren Mitarbeiter im Herrn, euch zu stärken. Lebt, um Gott zu gefallen, was ihr ja tut, um immer vollkommener zu werden. Ihr wisst die Gebote, die wir euch durch den Herrn Jesus gegeben haben, denn das ist der Wille Gottes, eure Heiligung, dass ihr meidet Unzucht, dass ein jeder seine eigene Frau gewinnen soll in Heiligung und Ehrerbietung, nicht in gieriger Lust, wie die Heiden, die nichts wissen von Gott.

Überfordert und übervorteilt einen Bruder im Handel nicht, denn Gott hat uns nicht berufen zur Unreinheit, sondern zur Heilung. Wer das missachtet, tut das nicht gegen den Menschen, sondern gegen Gott, der seinen Heiligen Geist euch gibt.

Die brüderliche Liebe wisst ihr, hat Gott selbst verlangt, wie auch, euch untereinander zu lieben. Aber ihr tut das ja in Mazedonien, werdet darin vollkommen. Eure Ehre sei darin, ein stilles Leben zuführen und schafft das Eure mit euren Hände Arbeit, wie wir euch geboten haben. Damit ihr vorbildlich lebt und auf niemand angewiesen seid.

Ihr wisst, dass der Herr, wenn die Posaune Gottes erschallt, herabkommen wird vom Himmel und zuerst die Toten erwecken wird, die in Christus gestorben sind, dann werden diese mit uns, die wir dem Leben entrückt werden, im Himmel allezeit beim Herrn sein.

Wann das ist brauchen wir nicht zu schreiben, denn ihr seid Kinder des Lichts, die nüchtern sind und mit dem Panzer des Glaubens und der Liebe angetan, den Helm der Hoffnung tragen und in Ruhe auf das Heil warten. Prüft alles, behaltet das Gute, seid dankbar! Die Gnade unseres Herrn sei mit euch!

DER 2. BRIEF DES PAULUS AN DIE THESSALONIKER

Die Einleitung ist gleich wie bei Brief 1.

Wir müssen Gott allezeit für euch, liebe Brüder, danken, denn euer Glaube wächst stark und die gegenseitige Liebe nimmt zu. Wir rühmen euch für euren Glauben und die Geduld bei Bedrängnis und Verfolgung. Gott wird richten und ihr werdet gewürdigt im Reich Gottes und jenen wird vergolten, die euch verfolgten. Sie werden das ewige Verderben erleiden.

Herr Jesus wird sich euch und uns offenbaren, wenn er kommt in seiner Macht und Herrlichkeit. Er wird die Gläubigen an jenem Tag verherrlichen, euch mit uns. Deshalb beten wir, dass Gott Wohlgefallen am Guten und dem Werk unseres Glaubens hat. Dass wir mit Jesus Christus unserem Herrn verherrlicht werden. Wann wird nun unser Herr kommen und unsere Vereinigung mit ihm, nach der Gnade unseres Gottes?

So bitten wir euch, seid nicht wankend und erschrocken, weder durch Weissagung, Wort oder Brief, als sei der Tag des Herrn schon da. Der Tag ist noch nicht da, denn zuvor muss der Abfall (vom Glauben) kommen durch das Böse. Wenn der Sohn der Verderbnis sich offenbart, indem er sich über alles erhebt, was Gott und Gottesdienst heißt und sich im Tempel als „Gott" ausgibt. Er, der Böse, wird mit der Macht des Satans auftreten und lügenhafte Wunder und Zeichen setzten. Dann erst kommt Jesus Christus, um Gericht zu halten über Lebende und Tote. Wir aber müssen Gott danken für euch, geliebte Brüder, dass Gott euch als erste zur Seligkeit erwählt hat, in der Heiligung durch den Geist und Glauben an die Wahrheit.

Habt Geduld auf Christi Wiederkehr. Werdet nicht müßig, folgt uns nach, mit Mühe und Plage Tag und Nacht: wer nicht arbeitet soll nicht essen! Geht still der Arbeit nach. Der Friede und die Gnade Jesus sei mit euch!

DER BRIEF DES PAULUS AN PHILEMON

Als Paulus auf seiner 3. Missionsreise im Jahre 54 in Ephesus das Evangelium predigte lernte er einen Kaufmann namens Philemon aus Laodizea (östlich von Ephesus) kennen. Philemon war mit seiner Frau und einem Sklaven Onesimus hier. Sie haben Waren geliefert, uzw. schwarze Wollkleidung, für deren Herstellung Laodizea berühmt war. Philemon und seine Frau waren auf Pferden geritten, während Onesimus den bepackten Esel hinterher zog.

Nach einem längeren Gespräch, ließen sich Philemon und seine Frau von Paulus auf Jesus Christus taufen, der Sklave wollte das nicht, bzw. er wurde nicht gefragt.

Als Paulus im Jahre 61 im Hausarrest in Rom war, durfte er empfangen wen er wollte. So kam Onesimus zu ihm und sagte: Ich habe lange nachgedacht und auch viel gehört von Jesus Christus durch meine Herrschaft und möchte mich von dir taufen lassen! Paulus war überrascht. Onesimus erzählte ihm, dass er von Philemon weggelaufen war. Nicht, dass Philemon schlecht zu ihm gewesen wäre, aber als eines Tages ein römischer Kaufmann eine Schiffsladung Wolle kaufte und zu ihm sagte: Komm mit mir, morgen in aller früh geht unser Schiff, komm mit mir als „freier" Arbeiter, in meinen Woll-Lager! Und so geschah es! Ich fühlte mich aber hier nicht wohl und möchte zu meinem Herrn zurück.

Meine Bitte ist, unterweise mich im christlichen Glauben und schreib dann, wenn ich das Notwendige weiß, meinem Herrn einen Brief, dass er mich nicht verklagt, wegen der Flucht, und wieder aufnimmt. Er lernte bei Paulus und diente ihm längere Zeit, wurde getauft und erhielt den Brief. Paulus sagte ihm: Onesimus, Bruder, bleib im Herrn, komm gut heim und bring deinem Herrn und deiner Herrin meinen Segen von Christus.

Der Brief lautete: Paulus, ein Gefangener Christi Jesu und Timotheus, der Bruder, an Philemon den Lieben, unseren Mitarbeiter, und an Aphia, die Schwester und Archippus, unseren Mitstreiter, und an die Gemeinde in deinem Haus: Gnade sei mit euch und Friede von Gott unserem Vater und dem Herrn Jesus Christus! Ich danke Gott allezeit, wenn ich deiner gedenke in meinen Gebeten, denn ich höre von der Liebe und dem Glauben, die du hast an den Herrn Jesus und gegenüber den Heiligen. Ich hatte große Freude und Trost durch deine Liebe, lieber Bruder Philemon. Darum, obwohl ich in Christus volle Freiheit habe, dir zu gebieten, was sich gebührt, will ich um der Liebe Willen doch nur bitten, ein alter Mann, nun Gefangener in Christi Jesu. So bitte ich dich, für meinen „Sohn" Onesimus, den ich getauft habe in der Gefangenschaft, der dir früher unnütz war, mir aber hier sehr nützlich war. Den sende ich dir wieder zurück und damit mein Herz, denn er diente mir brav, um des Evangeliums Willen.

Aber ohne deinen Willen wollte ich ihn nicht behalten, er war eine Zeitlang von dir weg, du erhältst ihn auf ewig, aber bitte nicht mehr als Sklave, sondern als einer, der mehr ist als ein Sklave: ein geliebter Bruder, besonders für mich und viel mehr für dich, sowohl im leiblichen Leben wie auch im Herrn. Wenn du mich für einen Freund hältst, so nimm ihn auf wie mich selbst. Wenn er dir Schaden angetan hat, oder etwas schuldig ist, das rechne mir an. Gönne mir, lieber Bruder, dass ich mich an dir erfreue im Herrn, erquicke mein Herz in Christus.

Im Vertrauen auf deinen Gehorsam grüßt dich Paulus. Die Gnade des Herrn Jesus Christus sei mit eurem Geist!

Onesimus kam wieder per Schiff nach Ephesus, er hatte als Leichtmatrose in Puteoli angeheuert. In Laodizea angekommen, wurde er wieder freundlich aufgenommen, nicht nur als Mitarbeiter,

sondern auch als Bruder in der sich vergrößerten Christengemeinde. Paulus Wunsch war in Erfüllung gegangen!

Zurück zu Petrus in Antiochia am Orontes

Im Jahre 49, als Paulus und Silas, unabhängig von Barnabas mit Johannes Markus, ihre Missionsreise von Antiochia aus antraten, blieb Petrus und missionierte von hier aus. Gern war er im großen Haften von Seleucia. Er traf Fischer, also „Berufskollegen", die ihm, wie auch die anderen Christen, empfahlen nach Rom zu gehen, ins „Machtzentrum der Welt". Jetzt im Herbst wollte er die große Reise nicht antreten, sondern erst im Frühjahr 50. Sorge hatte er nicht mit Griechisch, das konnte er halbwegs, aber mit Latein, da hatte er Schwierigkeiten! Und hier half ihm der Herr, doch davon später! Siehe Karte S. 340

In Seleucia versuchte er, aber auch seine Freunde, für das Frühjahr 50 ein Segelschiff für Italien zu erkunden. Unmöglich! Aber sie bekamen eine Fahrt von Seleucia nach Milet. Von dort musste Petrus versuchen ein Schiff für Achaja zu bekommen und dann weiter zum Hafen Puteoli, um zu Land nach Rom zu kommen.

Für Petrus war dieser Plan gut, denn durch die Zwischenstation konnte er Menschen für das Christentum gewinnen. Interessieren würde ihn auch Korinth, denn darüber hatte er vieles Gutes gehört: dort war Leben, wurden Waren umgeladen und viele Menschen aus allen Erdteilen waren tätig.

Petrus' Reise nach Korinth

So fuhr Petrus im Frühjahr 50 von Seleucia, der blühenden Handelsstadt, weg zu dem 900 km entfernten (Seeweg) Milet. In Myra wurde Handelsgut umgeladen Wasser und Lebensmittel gefasst. Weiter ging es nach Milet, dem Hafen, wo Wolle, Wollwaren, aber auch wertvolle Möbel umgesetzt bzw. erzeugt wurden.

Unter der römischen Herrschaft zur Zeit Petrus gab es starke Spannungen zwischen den gläubigen Juden sowie den Proselyten = Judengenossen, die Heiden waren und sich dem jüdischen Glauben anschlossen, mit Beschneidung etc. auf der einen Seite und den getauften Heiden = Christen auf der anderen Seite.

So konnte in den Tagen in Milet Petrus die ganze Problematik, alte religiöse Tradition und Christusglauben, hautnah erleben. Sie waren jetzt schon etwa fünf Wochen unterwegs, durchwegs befriedigende Wind= und Wetterlage, hatte dies ermöglicht.

Weiterreisen konnte Petrus, glücklicherweise schon in einer Woche, nach Korinth. Wieder waren 500 km Seereise vor ihnen. Sie landeten glücklich in Kenchreä unweit Korinth. Petrus war froh endlich in Korinth zu sein. Alle hier waren freundlich. Eine blühende Grünlandschaft und emsiges Treiben der Menschen waren für diese Gegend bezeichnend. Hier fand auch der Handel über den Isthmus statt, um die gefährliche Umfahrung der Südspitze des Peloponnes zu vermeiden, wurden kleinere Schiffe auf Schienen über den Isthmus transportiert und größere Schiffe entladen und die Ladung ebenfalls nach Lechäon am Golf von Korinth zum Weitertransport gebracht.

Korinth war nicht nur die Hauptstadt der röm. Provinz Achaja, es prosperierte in der Stadt der Handel und auch die geistige und religiöse Entwicklung. Unter den Christen gab es auch römische Christen, Juden die 49 vom Kaiser Klaudius aus Rom vertrieben wurden und in Korinth landeten.

Petrus war glücklich, hier Christen zu finden, denn jetzt wusste er, dass auch in Rom Jesus Anhänger sind. Und Petrus erfuhr, dass die Gründung der Gemeinde in Rom auf Antonius, den TS-Mann, der die Geißelung und Kreuzigung Jesus verweigerte, zurück ging (nicht bibelkonform!).

Zurück nach Korinth! Die Menschen waren glücklich, dass Petrus zu ihnen gekommen war, dass sie viel vom Glauben an Jesus Christus erfuhren und dass der Beauftragte Jesus ihr Gast war.

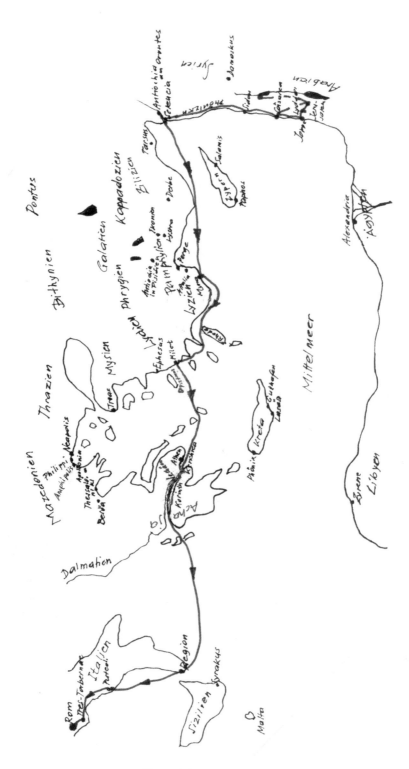

Karte: Die Wege Petrus'

Es wurden Gottesdienste und Abendmahl mit Petrus gefeiert! Seine Predigten waren einfach und deutlich, aber sein Griechisch war nicht besonders gut, verbesserte sich aber zunehmend. Er wohnte bei den Christen Sebulon und Mirjam, die beiden waren ein Ehepaar mit einem Kind. Der Mann war 30 Jahre alt und hatte in Rom als Stadtschreiber gearbeitet. Seine Frau war 10 Jahre jünger. Beider Muttersprache war Latein. Sie konnten auch Griechisch. Jetzt hatte der Mann bei der römischen Besatzung eine Stelle als Dolmetsch. Hauptsächlich musste er Erlässe und Verordnungen, wie auch gerichtliche Urteile der Römer ins Griechische übersetzen!

Für Petrus war es ein Glück, dass in der Familie Latein gesprochen wurde, so kam er, der Not gehorchend, zur Kenntnis der Sprache. Wenn sich eine Möglichkeit ergab, war Petrus gern bereit mit Fischern in der Nacht auf Fang hinauszufahren. Petrus war ein gesuchter „Fischer", denn oft kehrten sie mit ihm und einen großem Fang heim!

Petrus Mission in Korinth

Durch seine gerade und direkte Art sprach Petrus die Menschen an. Auch durch seine Kenntnisse der Fischerei und die kraftvolle Hilfe, die er in allen Situationen anbot. Ein wahrer Vertreter des Herrn Jesus Christus, wie man von ihm sprach. Da er hier in Griechisch predigen musste, nahm er oft die Hilfe Sebulons in Anspruch, manchmal sogar der Übersetzung ins Latein, wenn Besatzungssoldaten der Römer seine Predigten hörten.

Ich möchte von vielen Predigten nur den Inhalt darstellen. Als Basis nehme ich seine Briefe. Er begann mit der Begrüßung: Gott gebe euch viel Gnade und Frieden! Euch, die ihr ausersehen seid, von ihm zu hören und von seinem Sohn, unserem Herrn Jesus Christus. Der für unsere Sünden, als Opfer, gestorben ist und den Gott auferweckt hat von den Toten. Wir, ich und ihr, die wir glauben an Christus Jesus, der in den Himmel aufgefahren ist zu Gott seinem Vater. Wir glauben an ihn, an sein Evangelium. Ihr sollt ihm folgen, obwohl ihr ihn nicht kennt, ich aber kannte ihn und bezeuge euch, was er sagte, was er an Wunder wirkte, wie er litt und sich als Sühneopfer kreuzigen ließ. Wie er als Auferstandener, uns Aposteln erschien und dann zu seinem Vater heimkehrte.

Und das Ziel unseres Glaubens ist, unserer Seele Seligkeit, die unaussprechliche Freude. Nach dieser Seligkeit haben schon die Propheten gesucht, die die Gnade geweissagt haben, die für euch bestimmt ist. Durch uns, die wir euch das Evangelium Christi verkünden sollen, damit ihr es versteht durch den Heiligen Geist. Gebt euch nicht euren Begierden hin, wie vorher, als ihr unwissend ward, sondern seid heilig wie er, Jesus Christus. Denn alle sind gerufen, ohne Ansehen der Person. Reinigt eure Seelen in der Wahrheit zu unbedingter Bruderliebe und habt euch untereinander lieb aus reinem Herzen. Lasst euch taufen! Tretet ein in unsere Gemeinde. Legt ab, wenn ihr mit dem Heiligen Geist getauft seid auf Jesus Christus, nachdem ihr „neu geboren seid", alle Bosheit und allem Betrug, Heuchelei und Neid sowie die üble Nachrede. Ihr sollt Gottes Volk werden, durch seinen Sohn Jesus, aus seinem Wort, welches wir euch verkünden, auf der ganzen Welt. Denn dafür wurde Christus geopfert, sein Leib und Blut hingegeben, dass eure Sünden vergeben wurden.

Wenn ihr getauft seid verkündet die Wohltaten, dessen, der euch berufen hat, aus der Finsternis zum wunderbaren Licht. Enthaltet euch fleischlicher Begierden, die gegen die

Seele streiten, preist Gott, lasst eure guten Werke sehen. Ehrt jedermann, liebt die Brüder und Schwestern und ehrt den König. Ihr Sklaven ordnet euch den Herren unter, auch wenn sie nicht gut zu euch sind, denn das ist Gnade, um des Gewissens Willen, Übel und Unrecht zu ertragen. Hat doch auch Christus für euch gelitten und Unrecht ertragen.

Ihr Frauen ordnet euch euren Männer unter, damit auch die, die nicht glauben, durch das Leben ihrer Frauen gewonnen werden, wenn sie sehen, wie ihr in Reinheit und Gottesfurcht lebt. Euer Schmuck sei nicht äußerlich in Haarflechten, Schmuck und prächtigen Kleidern sondern im Herzen, dem unvergänglichen Schmuck des sanften und stillen Geistes. Das liebt Gott! Desgleichen ihr Männer, wohnt vernünftig mit euren Frauen zusammen, gebt den Frauen, als den Schwächeren die Ehre. Euer gemeinsames Gebet soll Gott preisen. Vergeltet nicht Böses mit Bösen oder Scheltworte mit Scheltworten, segnet, damit ihr Segen erbt.

Wer gute Tage haben will, hüte seine Zunge, dass sie nichts Böses redet und seine Lippen, dass sie nicht betrügen. Wendet euch ab vom Bösen und tuet Gutes. Sucht Frieden! Wer könnte euch schaden, wenn ihr Gutes tut? Leidet, um der Gerechtigkeit willen, so seid ihr doch selig. Fürchtet euch nicht vor Drohungen, heiligt den Herrn Christus in euch, er gibt Kraft. Seid immer bereit zur Verantwortung vor jedermann, der von euch Rechenschaft fordert über die Hoffnung, die in euch ist, und das mit Sanftmut und Gottesfurcht. Habt ein gutes Gewissen, damit die, die euch verleumden, zuschande werden, wenn sie euren guten Wandel in Christus schmähen.

Denn es ist besser, wenn es Gottes Wille ist, dass ihr um guter Taten Willen leidet, als um böser Taten Willen.

Auch Christus hat für die Sünden gelitten, der Gerechte für uns Ungerechten, damit Gott uns annimmt wurde Christus getötet und wieder lebendig gemacht. Dient einander, ein jeder mit der Gabe, die er empfangen hat, als gute Haushalter der Gnade Gottes.

Wenn jemand predigt, dann redet er Gottes Wort und preise Gott in allem Tun und in allen Dingen. Und wenn jemand arbeitet so sei es Gott zur Ehre.

Den Ältesten und Priestern unter euch, sage ich, der ich Zeuge der Leiden Christi war und teilhabe an der Herrlichkeit, die offenbart werden soll: Weckt die Herde Gottes, die Menschen die euch anbefohlen sind, achtet auf sie, nicht gezwungen, sondern freiwillig, wie es Gott gefällt. Nicht um schändlichen Gewinns willen, sondern vom Herzen. Nicht als Herren der Gemeinde , sondern als Vorbilder der Herde. So werdet ihr, wenn Christus wiederkommt, um zu richten, die Krone der Herrlichkeit empfangen.

Desgleichen, ihr Jüngeren, ordnet euch den Ältesten unter. Alle miteinander haltet fest an der Demut, denn Gott widersteht den Hochmütigen, aber den Demütigen gibt er Gnade. So demütigt euch unter die gewaltige Hand Gottes, damit er euch erhöht zu seiner Zeit. Widersteht dem Bösen, bleibt fest im Glauben, wie viele Brüder in dieser Welt. Der Gott der Gnade, Jesus Christus, der euch berufen hat zu seiner ewigen Herrlichkeit, der wird euch die kleine Zeit des Leides, aufrichten und stärken. Ihm sei die Macht von Ewigkeit zu Ewigkeit! Amen! Grüßt einander mit dem Kuss der Liebe. Friede sei mit euch allen, die ihr in Christus seid!

Die Zuhörer waren beeindruckt von der Wortgewalt! Und einige ließen sich taufen. Sie wollten mehr über Jesus und sein Leben wissen, wo doch Petrus immer mit Jesus zusammen war, auch in den bittersten Stunden des Herrn!

Petrus sagte ihnen, dass sie sich jeden Freitag Abend (am Sabbat Vorabend) zum „Abendmahl" treffen, um des Herrn zu gedenken und in seinem Sinne, Brot zu brechen, und zu essen, weiters Wein zu trinken und die Worte des Herrn vom letzten Abendmahl zu sprechen! Alle sind zu diesem Mahl eingeladen und immer ist „Jesus Christus" dabei. Der Inhalt der obigen Petrus-Worte war auf viele Predigten aufgeteilt.

Diese Abendmahlfeiern brachten viele Besucher, ja sie wurden zunehmend mehr. Aber die Halle die sie benützten war groß genug! Neu war, dass sich diese Christengemeinde „Kephas = Petrus-Gemeinde" nannte. Paulus schreibt später im 1. Korintherbrief 1.11: Es ist mir bekannt geworden, dass Streit unter euch ist, der eine sagt: Ich gehöre zu Paulus, der andere: Ich zu Apollos, der dritte: Ich zu Kephas = Petrus, der vierte: Ich zu Christus! Wie? Ist Christus etwa zerteilt? Ist denn Paulus für euch gekreuzigt worden? Oder seid ihr auf den Namen Petrus getauft?

Ich danke Gott, dass ich nur wenige getauft habe, damit nicht jemand sagen kann, er wäre auf meinen Namen getauft. Denn Christus hat mich nicht gesandt zu taufen, sondern das Evangelium zu predigen. Soweit Paulus betreffend der „Gemeinden" in Korinth.

Petrus bleibt den Winter 50/51 in Korinth, um dann wenn die Stürme und der Regen vorbei sind, sein großer Ziel, Rom, anzusteuern. Allein wird er sich auf den Weg machen und sich freuen, die Christen in Rom zu treffen.

Petrus' Reise nach Rom

Im Sommer 51 schifft sich Petrus in Lechäon für den 1.000 km entfernten Hafen Puteoli ein. Es war eine beachtliche Menschenmenge am Pier, um wehmütig ihren lieben Bruder und Apostel Petrus mit den besten Wünschen zu verabschieden. Jeder Abschied schmerzt, dieser besonders, denn sie wussten, dass sie ihn nicht wiedersehen würden. Petrus war auch schon 61 Jahre alt und eine große Aufgabe harrte seiner, mit allen Risiken.

Sebulon vertraute er seinen Wunsch an: Ich spreche nur schlecht Latein und die Herausforderungen in Rom werden groß sein, wie froh wäre ich wenn Silas = Silvanus, unser Bruder der Gemeinde Jerusalem, mir zur Seite stünde. Er ist Römer und spricht perfekt lateinisch, aber auch griechisch und hebräisch. Er ist mit Paulus unterwegs, meine Bitte ist, wenn er will und kann, soll er zu mir nach Rom kommen und mir helfen. Wenn du von ihm hörst, sie werden sehr wahrscheinlich nach Mazedonien kommen und sie werden sicher Thessaloniki aufsuchen, vielleicht Athen und euch hier! Bitte sag ihm, dass er nach Beendigung der Mission nach Rom kommt.

Über die finanzielle Seite habe ich noch nicht gesprochen, denn Petrus hatte viele Brüder und Schwestern, die ihn sehr schätzen, und so wurde er reichlich versorgt, auf seine Reise nach Rom (ungern) entlassen!

Das erste Ziel war an der Südspitze von Italien, der Hafen Rhegion. Für die Fahrt von 680 km brauchten sie vier Wochen. In Rhegion wurde ein Teil der Waren entladen, Verpflegung und Wasser eingeholt. Jetzt hatten sie noch 320 km vor sich. Nach fast genau sechs Wochen nach der Abfahrt von Lechäon, waren sie im Hafen Puteoli. Per Pferd erreichte Petrus die 220 km entfernte Hauptstadt des römischen Weltreiches Rom.

Es ist August 51, eine Dunstglocke liegt über Rom, trotz der Hitze atmet Petrus auf und ist glücklich in dieser pulsierenden Stadt zu sein. Mit einigem Geschick gelingt es ihm Antonius, den Christusverehrer, zu finden, denn die Christen sind auch hier in der Weltstadt, etwas besonderes, und daher bekannt, sie werden wegen ihres Glaubens noch nicht verfolgt!

Die Begegnung verläuft überaus harmonisch, denn Antonius spricht als Mann einer Jüdin aramäisch, so gibt es wegen des Lateins keine Schwierigkeiten. In ihrer Liebe zu Jesus Christus sind sie wahrlich Bruder und Schwester zu Petrus und bitten ihn unbedingt bei ihnen Quartier zu beziehen.

Petrus in Rom

So war nun der Beauftragte des Herrn im Zentrum der Macht, im „Sündenbabel" Rom, im „Babylon" wie er es mit dem Decknamen nannte. Durch den vollen Einsatz Petrus und seinem Helfer, Dolmetsch, Sekretär, Antonius, wurde die Christengemeinde zusehends größer. Im Spätherbst des Jahres 51 als Silas = Silvanus bei Paulus in Korinth ankam und von Sebulon erfuhr, dass ihn Petrus bitte nach Rom zu kommen, war Paulus selbstverständlich bereit Silvas freizugeben. Anfang 52 wurde für Silas = Silvanus ein Schiff für Italien gesucht und gefunden. Er war für Petrus eine gewaltige Hilfe. Es gab keine Sprachsorgen mehr und auch den Verkehr mit den Behörden hatte der junge, energische Silvanus gelernt.

Als Kaiser Nero 54 gekrönt wurde, ändert sich in den ersten fünf Jahren seiner Regierung durch den Einfluss von Burrus und Seneca, kaum etwas.

Aber danach steigerte sich der Cäsarenwahn vom Muttermord, über Scheidung und Frauenmord zum Größenwahn und am 18./19.7.64 stiftet er den Brand von Rom an. Um den Verdacht von sich abzulenken bezichtigte er die Christen der Brandstiftung. Es beginnt die systematische Verfolgung der Christengemeinde. Man begann mit der Verhaftung bekannter Christen.

Petrus wurde empfohlen, da er als Bischof der römischen Christusgemeinde sicher verhaftet würde, zu fliehen, so diene er der Gemeinde mehr als wenn er im Gefängnis wäre. Und tatsächlich begannen die Verhaftungen bezirksweise. Viele der Christen gingen in den Untergrund d.h. sie tauchten bei Verwandten und Freunden in anderen Bezirken von Rom oder in den Vororten unter. Petrus hatte den Vorschlag angenommen, seine Freunde Antonius und Frau, weiters auch Silvanus, wollten sich bei römischen Freunden verstecken, er aber Petrus hatte sich verkleidet und zog durch das Stadttor aus der Stadt und hatte am hellen Tag eine Erscheinung!

Jesus Christus, sein geliebter Herr, kam ihm entgegen, ein Kreuz tragend, um in die Stadt zu gehen. Petrus ruft: Mein Herr, mein Jesus, du hier? Wohin gehst du? Quo vadis? Und der Herr antwortet ihm: Nach Rom, um mich nochmals kreuzigen zu lassen!

Auf den Knien liegend fand sich Petrus wieder. Er wusste was er zu tun hatte: er ging zurück nach Rom, in seine Wohnung und wurde bald danach verhaftet, im November 64.

Das Standgericht, das über nicht römische Christen urteilte, machte meist kurzen Prozess: wegen Brandstiftung, vorläufige Haft im Hauptgefängnis, bei reduzierter Kost! Das hieß, in einem Kellergewölbe, mit Ketten gefesselt dahin siechen.

Bei Petrus hieß es: wegen Brandplanung für Rom und als Oberhaupt der Christen 8 Monate Haft bis zur endgültigen Urteilsfindung!

Wurden Todesurteile gefällt, war das die Publikumsattraktion Nr. 1 in Rom. Die nichtrömischen Christen wurden am vatikanischen Hügel gegeißelt, ans Kreuz geschlagen und angezündet. Beliebt waren die Kreuzigungen der Christen auch, weil zu dem „Schauspiel" Brot für die Zuschauer verteilt wurde. Wegen des Zuspruches der Bevölkerung ließ Nero zunehmend diese „Morde" durchführen.

Silvanus bei Petrus

Häftlinge in Untersuchungshaft durften ab dem 6. Monat Besuch empfangen, allerdings mussten die Besucher Römer sein. Das wurde bei einem Gespräch anhand der Sprache überprüft! Selbstverständlich durfte Silvanus zu Petrus. In ihren Gesprächen kamen sie überein, dass ein Petrusbrief geschrieben wird. Es wurden dann zwei Briefe daraus. Der 2. kurz bevor Petrus gekreuzigt wurde. Der 1. Brief ist ein sogenannter katholischer = allgemeiner, er richtet sich an alle Christen in Kleinasien und Griechenland. Er ist in Griechisch geschrieben.

DIE ZWEI PETRUSBRIEFE:

Im

1. BRIEF

steht: Petrus ein Apostel Jesu Christi, an die auserwählten Fremdlinge, die verstreut wohnen in Pontus, Galatien, Kappadozien, der Provinz Asia und Bithynien, die Gott der Vater ausersehen hat durch Heiligung des Geistes zum Gehorsam und zur Besprengung mit dem Blut Jesu Christi: Gott gebe euch viel Gnade und Frieden! Es ist ein „katholischer" d.h. allgemeiner Brief, nicht an einen bestimmten Empfänger gerichtet. Wer hat ihn geschrieben, sicher war Silvanus stark beteiligt, denn er ist in einem guten Griechisch geschrieben und das traut man Petrus allein nicht zu. Es ist anzunehmen, dass Silvanus die Sätze ausformuliert hat, denn im Gefängnis wäre nicht genug Besuchszeit gewesen. Und am Schluss schreibt Petrus: Durch Silvanus, den treuen Bruder, wie ich meine, habe ich euch wenige Worte geschrieben, zu ermahnen und bezeugen, dass das die rechte Gnade ist, in der ihr steht. Es grüßt euch aus Babylon (er verwendet Babylon, das auch eine sündige Stadt ist, als Pseudonym für Rom) die Gemeinde, die mit euch auserwählt ist, und mein „Sohn" (Johannes Markus, der wahrscheinlich auch nach Rom gekommen war) Markus. Grüßt euch untereinander mit dem Kuss der Liebe. Friede sei mit euch allen, die ihr in Christus seid! Den Inhalt brauche ich nicht zu schreiben, denn ich habe ihn als Basis für Petrus Predigten in Korinth verwendet.
In 4. schreibt er vom Ausharren in der Verfolgung, denn er selbst erlebt sie durch Nero: selig seid ihr, die ihr um Christus leidet, denn Gottes Geist ruht auf euch! Der

2. BRIEF PETRUS

ist von „Simon Petrus, ein Knecht und Apostel Jesu Christi", an alle gerichtet, die mit uns denselben teuren Glauben empfangen haben durch die Gerechtigkeit, die unser Gott und der Heiland Jesus Christus gibt: Gott gebe euch viel Gnade und Frieden durch die Erkenntnis Gottes und Jesu, unseres Herrn! Der Brief ist an die „Heidenchristen" gerichtet. Darin ist die Mahnung zu christlichem Leben: Findet im Glauben Tugend und in der Tugend Erkenntnis. Das heißt Mäßigung und Geduld und letztlich daraus Frömmigkeit. In weiterer Folge die brüderliche Liebe und daraus, die Liebe zu allen Menschen.

Das wird Früchte tragen in der Erkenntnis unseres Herrn Jesus Christus. So seid ihr rein geworden von den Sünden. So werdet ihr nicht straucheln und in das ewige Reich unseres Herrn und Heilands Jesus Christus eingehen. Das sag ich euch, solange ich noch in dieser Welt bin, hier der Hinweis auf sein Ende in Kürze. So behaltet meine Worte in eurem Gedächtnis!

Denn ich habe die Herrlichkeit Gottes Sohns gesehen und gehört, wie sein Vater sagte: Dies ist mein lieber Sohn, an dem ich Wohlgefallen habe! Das hörten wir vom Himmel, das sahen wir als wir mit ihm am heiligen Berg waren. Achtet auf das Licht, das im Dunkeln scheint, bis der Tag aufbreche und der Morgenstern aufgeht in euren Herzen.

Das sollt ihr wissen, keine Weissagung in der Schrift ist eine Sache der eigenen Auslegung, denn sie ist nicht von menschlichen Willen hervorgebracht, sondern vom Heiligen Geist getrieben haben die Menschen in Gottes Namen geredet! Es waren aber auch falsche Propheten, Irrlehrer unter dem Volk, die verderbliche Irrlehren einführten und viele folgten ihren Ausschweifungen. Aus Habsucht, Geldgier suchen sie euch mit falschen Worten zu gewinnen.

Gott hat selbst Engel, die gesündigt haben, nicht verschont und sie in die Finsternis der Hölle verstoßen, damit sie für das Jüngste (=letzte) Gericht festgehalten werden. Auch in der früheren Zeit hat Gott keinen geschont der Gottlosen, außer Noah in der Sintflut. So hat er Sodom und Gomorra in Schutt und Asche gelegt, damit ein Beispiel wäre für die Gottlosen. Der Herr weiß die Frommen aus der Versuchung zu retten, die Ungerechten, die der Begierde des Fleisches leben und jede Herrschaft verachten, hält er fest, um sie am Tag des Gerichtes zu strafen. Wann das ist, wollt ihr wissen? Wenn Gott es will, schickt er seinen Sohn zu richten die Lebenden und die Toten, die auferweckt werden, um die Gerechten in den Himmel zu nehmen und die Ungerechten zu verdammen. Das wird der Tag des „Jüngsten Gerichts" sein wo Herr Jesus Christus kommt.

Alles wird vergehen, Himmel und Erde, alles darauf wird sein Urteil finden. Wir aber warten auf den neuen Himmel und die neue Erde nach seiner Verheißung, in denen die Gerechtigkeit wohnt. Darum, meine Lieben, während ihr darauf wartet, seid bemüht vor ihm unbefleckt und untadelig in Frieden befunden zu werden. Die Geduld unseres Herrn erachtet für eure Rettung, wie auch unser lieber Bruder Paulus nach der Weisheit, die ihm gegeben ist, euch geschrieben hat. Er spricht davon in allen Briefen, in denen einige Dinge schwer zu verstehen sind, welche die Unwissenden und Leichtfertigen verdrehen, zu ihrer eigenen Verdammnis. Hütet euch daher, um nicht verführt zu werden. Wachset in der Gnade und Erkenntnis unseres Herrn und Heilands Jesus Christus. Ihm sei Ehre jetzt und für ewige Zeiten! Amen!

Todesurteil und Tod für Petrus

Nero befürwortete schnelle Urteile, nur bei besonderen Persönlichkeiten unterschrieb er selbst. So kam das Urteil für Kreuzigung für Petrus acht Monate nach der Verhaftung. Petrus hatte in der Gefängniszeit nicht nur Wächter und nichtchristliche Gefangene zu Christus gebracht, sondern auch mit Gläubigen im Kerker das Abendmahl gefeiert!

Das Urteil: Oberster Anstifter der Christen, die den Brand legten, daher sofortige Geißelung und Kreuzigung am (vatikanischen) Hügel!   28.06.65   Nero

Petrus bat die Schergen ihn „mit dem Kopf nach unten", am Kreuz aufzustellen, damit er mehr leide als sein geliebter Herr und Gott! So starb am 29.06.65 der 1. Bischof von Rom als Märtyrer und Vorbild der späteren Päpste.

Es ist schwer verständlich, dass so ein großer Mensch, ein Beauftragter Gottes, überhaupt sterben muss und noch dazu so schmählich.

Aber er lebt und wie, 2.000 Jahre lebt er in der christlichen Kirche, besonders in der katholischen Glaubensgemeinschaft! Sein Wirken in Rom hatte Tausende zu Jesus Christus geführt.

Und das Kaiserreich hatte letztlich Angst vor dieser geistlichen Bewegung, weil es keine Waffen dagegen hatte. Also nützte Nero die Gelegenheit um die Christen zu töten.

In Neros Sprache hieß das: Tötet die „Ratten" wo ihr sie findet, denn sie verseuchen unseren Geist. Der Körper wird folgen und wir gehen unter: Tod ihnen!

Petrus 1. Bischof von Rom und die Papst-Nachfolge

„Du bist Petrus und auf diesem Felsen werde ich meine Kirche bauen und ich werde dir die Schlüssel des Himmelreiches geben". Mit diesem göttlichen Auftrag hatte Petrus in Rom gewirkt und als 1. Bischof von Rom die Geschicke der Christen dort bis zum bitteren Ende geleitet. Als Petrus am 29.06.65 mit dem Kopf nach unten gekreuzigt wurde, war er Bischof von Rom als primus inter pares = Erster unter Gleichen.

Da Rom der „Nabel der Welt" war, beanspruchte in der Folge Rom den Vorrang vor anderen Christen-Gemeinden. Nachdem auch die Verfolgung durch Nero überstanden war, hatte Rom den weltlichen und geistlichen Vorrang.

Rom war durch den Märtyrertod von Petrus und Paulus besonders verehrungswürdig. So wurden die christliche Lehre des Bischofs von Rom und seine Amtsnachfolger als Päpste (=Väter) festgelegt. Das christliche Petrus-Amt des Papstes wurde mit Weltherrschaft Roms in Verbindung gebracht und letztlich mündete dies im Dogma der Unfehlbarkeit der Papstes in Glaubensfragen (1870). Die Päpste sahen sich von Anfang an als „Stellvertreter Petri". Sie nennen sich, besser ihr Titel ist: Heiliger Vater!

Als Stellvertreter Petri führen die Päpste ihren Auftrag auf Petrus und damit direkt auf Christus zurück.

Über dem Petrusgrab, wo Petrus im Jahr 65 begraben wurde, wird 324 vom Kaiser Konstantin eine Basilika errichtet. Heute ist die Kuppel des Doms 137 m über den Grotten mit dem Grab des Heiligen. Allerdings hatte Konstantin eine Basilika errichtet, die 1506 abgerissen und von berühmten Baumeistern, wie Michelangelo u. a. wurde der Petersdom neu errichtet und 1626 eingeweiht. In der Krypta sind mehr als 160 Päpste begraben, andere sind in der Oberkirche begraben. Der Papst Benedikt XVI. ist der 265. Bischof von Rom

Vatikan – Staat

Heute ist der Vatikan ein anerkannter Staat mit TV- und Radiosender, einer eigenen Bank und seit 1506 zum Schutz des Papstes mit der Schweizer Garde (Palastwache) mit

110 Mann Stärke. Der Vatikan besitzt eine eigene Zeitung (L´Osservatore Romano) und verwaltet ein großes Vermögen. Der Vatikan-Staat liegt im Staatsgebiet von Rom, ist 44 ha groß, mit unermesslichen Kunstschätzen und dem Petersdom, Petersplatz sowie Palästen und Gärten.

Rom ist seit Petrus das Zentrum des Katholizismus´. Außerhalb der Mauern besitzt der Vatikan 2.400 vermietete Häuser und die Sommerresidenz des Papstes Castel Gandolfo.

Politisch ist der Vatikan eine Wahlmonarchie mit dem Oberhaupt des Papstes. Der im Apostolischen Palast residiert. Die Sprache im Vatikanischen Staat ist Latein. Allerdings gibt es an den „Mauern" keine Wachen, keinen Zoll!

Der Staat hat etwa 3.000 Angestellte, davon leben 1.000 im Vatikan. Staatsbürger sind nur 500.

Stirbt ein Papst, leitet das Kardinalskollegium die Kirche und spätestens nach 20 Tagen nach dem Ableben eines Papstes müssen alle Kardinäle, die jünger als 80 sind, nach Rom, um in alter Tradition, geheim, in der Sixtinischen Kapelle in der Konklave, einen neuen Papst zu wählen. Während der Wahlvorgänge sind die Kardinäle von der Außenwelt abgeschlossen, Tag und Nacht! Es wird $2/3$ Mehrheit verlangt, außer nach 30 Wahlgängen, wird nur mehr mit einfacher Mehrheit, der neue Papst gewählt. Nach jedem Wahlgang werden die Stimmzettel mit feuchtem Heu verbrannt.

Ist der Papst gewählt, so kommt zur Verbrennung kein Heu, so dass der aufsteigende Rauch weiß, statt schwarz ist: Habemus papam = wir haben einen Papst!

Ablehnung des Papsttums

Die protestantische, anglikanische und orthodoxe Kirche lehnen die in der römisch-katholischen Lehre des „Petrusamtes" festgelegte Nachfolge des Papstes ab.

Denn alle, die wie Petrus, zu Jüngern werden, sind seine Nachfolger und Teil der Christus-Gemeinschaft. Gott ist ihnen nahe in Christus, so braucht es keinen Mittler außer Christus.

Nach Luther verbietet dieses „Priestertum aller Gläubigen" das Petrusamt des Papstes: „Wozu hätte Christus sich sonst als Sühneopfer für uns kreuzigen lassen?"

DIE DREI BRIEFE DES JOHANNES:

Wir haben schon ausführlich über Johannes den Sohn des Zebedäus und der Salome, den Bruder des Jakobus´ des Älteren, gesprochen. Im

1. BRIEF

geht es ihm um die wahre christliche Gemeinschaft für „seine" Kinder und Väter.

Dass Jesus wahrhaft erschienen ist, als „Leben" das ewig ist, dass er beim Vater war und uns erschienen ist. Was wir gesehen und gehört haben verkünden wir euch, dass ihr Gemeinschaft mit uns habt, denn unsere Gemeinschaft ist mit dem Vater und seinem Sohn Jesus Christus.

Gott ist Licht, in ihm ist keine Finsternis, so wandeln wir im Licht und das Blut Jesu, seines Sohnes, macht uns rein von Sünden. Sagen wir, wir haben keine Sünden, betrügen wir uns, die Wahrheit ist nicht in uns. Wenn wir aber unsere Sünden bekennen, so ist er gerecht und vergibt uns die Sünden und reinigt uns von der Ungerechtigkeit.

Jesus Christus ist unser Fürsprecher beim Vater und er ist die Versöhnung für unsere, aber auch der Sünden der Welt. Wer sagt er sei im Licht und hasst seinen Bruder, der ist noch in der Finsternis. Wer seinen Bruder liebt, der bleibt im Licht und durch ihn kommt niemand zu Fall. Liebt nicht die Welt, noch was in ihr ist, denn das ist nicht die Liebe des Vaters. Die Welt ist Fleisches Lust und hoffärtiges Leben, ist nicht vom Vater, sondern von der Welt.

Die Welt vergeht mit ihrer Lust, wer aber den Willen Gottes tut, der bleibt in Ewigkeit. Es kommt der Antichrist, ein Lügner, der leugnet, dass Jesus der Christus = Erlöser ist. Wer den Sohn leugnet, der bekennt auch den Vater nicht. Daher bleibt in Jesus Christus!

Der Vater hat uns seine Liebe erwiesen, so dass wir Gottes Kinder heißen und wir sind es auch. Wir sind schon Gottes Kinder, es ist noch nicht offenbar, was wir sein werden. Wir wissen aber: wenn es offenbar wird, werden wir ihm gleich sein, denn wir werden ihn sehen.

Das ist sein Gebot, dass wir glauben an seinen Sohn Jesus Christus und uns untereinander lieben. Glaubt nicht an jeden Geist, den Geist Gottes erkennt ihr daran, dass er bekennt, dass Jesus Christus Fleisch wurde, der ist von Gott, ansonsten vom Antichrist. Die Liebe Gottes kam zu uns, er schickte uns seinen Sohn, damit wir durch ihn Leben sollen. Die Liebe besteht darin, dass er uns geliebt hat und seinen Sohn sandte.

Gott ist die Liebe und wer in der Liebe bleibt der bleibt in Gott und Gott in ihm. Das ist Liebe zu Gott, dass wir seine Gebote halten und dass wir Gottes Kinder lieben. Wer den Sohn liebt, der hat das Leben, das ewige Leben! Unsere Zuversicht zu Gott ist, dass er uns hört, wenn wir um etwas bitten, nach seinem Willen.

Wir sind in dem Wahrhaftigen, in seinem Sohn Jesus Christus. Er ist der wahrhaftige Gott und das ewige Leben. So hütet euch vor Abgöttern! Im

2. BRIEF

weist er darauf hin, dass wir in der Wahrheit leben sollen, nach dem Gebot, das wir vom Vater empfangen haben. Und dass wir uns untereinander lieben. Das ist das Gebot von Anfang an, so leb wohl „auserwählte Herrin" und deine Kinder. Wer mehr verlangt bleibt nicht in der Lehre Christ, der hat Gott nicht, er ist ein Irrlehrer. Verachtet ihn! Der

3. BRIEF

ist an Gajus, den Lieben, gerichtet: Du lebst in der Wahrheit und handelst treu an Brüdern und Fremden. Er rügt Diotrephes: Der in der Gemeinde der Erste sein will, nimmt uns nicht auf! Er macht uns schlecht mit bösen Worten, ja er nimmt die Brüder nicht auf und hindert jene, die es tun wollen und stößt sie aus der Gemeinde aus. Darum werde ich, wenn ich komme, ihn an seine Werke erinnern.

Lieber Gajus folge nicht dem, der Böses tut, er hat Gott nicht gesehen. Demetrius hat ein gutes Zeugnis von Jedermann! Friede sei mit dir!

DIE OFFENBARUNG DES JOHANNES, DIE APOKALYPSE

Diese Offenbarung hat Jesus Christus von Gott erhalten, dass er durch seinen Apostel Johannes den Menschen zeigt, was in Kürze geschehen soll. Johannes hat niedergeschrieben, was er in Visionen gesehen und gehört hat.

Er war vom Kaiser Domitian von 81-84 auf die Insel Patmos verbannt, um Zwangsarbeit im Bergbau zu leisten. Er wohnte in einer Höhle hoch über dem Meer und dort schrieb er das Buch. Meine Frau und ich haben dort an den Wänden seine Aufzeichnungen gesehen. Ein Adler war vielleicht seine Gesellschaft. Man hat uns dort erzählt, er hätte einen Schreiber gehabt?

Er hat das Buch geschrieben, damit die Christen wissen was für Schrecken kommen, um dann selig zu werden in der Gerechtigkeit. Und damit die verfolgten Christen Kraft erhalten und getröstet werden.

Der Engel, den Jesus schickte, sagte zu Johannes: Versiegle nicht die Worte der Weissagung in diesem Buch, denn die Zeit ist nahe. Es werden die sieben Gemeinden der Provinz Asia angesprochen: Ephesus, Smyrna, Pergamon, Thyatira , Sardes, Philadelphia und Laodizea.

Johannes schreibt: Was ich sah als ich vom Geist ergriffen wurde, schreibe ich in ein Buch und sende es euch! Es handelt vom Christus der uns erlöste, er ist der Erste und der Letzte, weiters von der Warnung vor dem Satan und von der Buße. Vor Götzen wird gewarnt und letztlich, dass im letzten Gericht die Gerechten selig werden im Himmelreich. Nach dem Ansprechen der sieben Orte, wo auch Lokales herangezogen wird, steht immer am Ende: Wer Ohren hat, der höre, was der Geist den Gemeinden sagt!

Dann geht es allgemein weiter: Johannes wird von einer gewaltigen Stimme aufgefordert: Steig herauf, ich will dir zeigen, was geschehen soll. Er sah im Himmel einen glänzenden Thron darauf saß einer „anzusehen wie Jaspis und Sarder herum ein Regenbogen wie ein Smaragd".

Um den Thron 24 Throne mit den Ältesten in weißen Kleidern und mit goldenen Kronen, weiters sieben Fackeln vor dem Thron, die sieben Geister Gottes. Vor dem Thron ein gläsernes Meer, wie ein Kristall.

Nahe um den Thron vier himmlische Gestalten, mit vielen Augen und sechs Flügeln. Die 1. Gestalt war wie ein Mensch, die 2. Gestalt war ein Löwe, die 3. Ein Stier und die 4. Ein Adler. Sie sprachen: Heilig, Heilig, Heilig ist der Herr der Allmächtige, der war und der ist und der wird sein in Ewigkeit. Da beugten die 24 ihre Knie, legten die Kronen ab und sprachen: Herr unser Gott, Preis und Ehre und Kraft dir, der du alles geschaffen hast.

In der Rechten hielt der am Thron saß, ein Buch mit sieben Siegeln. Ein Engel rief mit lauter Stimme: Wer ist würdig die Siegel zu brechen?

Ich weinte, weil niemand würdig befunden wurde das Buch aufzutun und hinein zu sehen. Einer der Ältesten sagte zu mir: Weine nicht! Siehe, es hat gesiegt der Löwe (Mos1,49.10) aus dem Stamm Juda, aus der Wurzel Davids, das Buch aufzuschlagen und seine sieben Siegeln zu öffnen.

Da sah ich vor dem Thron ein Lamm stehen, wie geschlachtet.

Es nahm das Buch.

Alle knieten, auch die Vier fielen auf die Knie, vor dem Lamm und beteten es mit Harfe und Räucherwerk an. Sie sangen: Du bist würdig das Buch aufzutun und seine Siegel, denn du bist geschlachtet und hast mit deinem Blut Menschen für Gott erkauft aus allen Stämmen und Sprachen und Völkern und Nationen und hast sie unserem Gott zu Königen und Priestern gemacht und sie werden herrschen auf Erden.

Alle sagten: Dem am Thron und dem Lamm sei Lob, Ehre, Preis und Gewalt von Ewigkeit zu Ewigkeit. Die Vier sagten: Amen! Und die Ältesten fielen nieder und beteten an.

So sah ich das Lamm das 1. Siegel aufmachen: Ein weißes Pferd kam, darauf ein Reiter mit Bogen, ihm wurde die Krone gegeben, um zu siegen.

Und als das 2. Siegel aufging, kam ein feuerrotes Pferd heraus, dem Reiter wurde die Macht gegeben, den Frieden von der Erde zu nehmen, dass die Menschen sich gegenseitig umbringen, er hatte ein großes Schwert.

Das 3. Siegel gab ein schwarzes Pferd frei, der Reiter hatte eine Waage in der Hand. Die Stimme sagte: 1 Maß Weizen um 1 Denar und 3 Maß Gerste um 1 Denar! Dem Öl aber und dem Wein füge keinen Schaden zu!

Das 4. Siegel brachte ein fahles Pferd darauf der Tod saß und die Hölle folgte ihm noch. Ihm wurde die Macht gegeben über den 4. Teil der Erde, zu töten durch Schwert, Hunger, Pech und wilde Tiere.

Und als sich das 5. Siegel öffnete, sah ich unten am Altar die Seelen derer, die gemordet wurden wegen Gottes Wort. Sie schrien: Herr, Heiliger und Wahrhaftiger, warum richtest du nicht und rächst unser Blut? Ihnen wurde ein weißes Kleid gegeben und gesagt: Ruht noch eine kurze Zeit, weil noch die Brüder dazu kommen, die wie ihr getötet werden.

Das 6. Siegel brachte ein großes Erdbeben, die Sonne wurde finster und schwarz und der ganze Mond wurde wie Blut. Die Sterne fielen auf die Erde. Der Himmel rollte sich zusammen. Berge und Inseln verrückten sich. Die Könige, die Großen, die Heerführer, die Reichen, Sklaven und Freien verbargen sich in Höhlen und Klüften. Und sie sprachen: Verbergt uns vor dem Angesicht dessen, der auf dem Thron sitzt und vor dem Zorn des Lammes. Denn es ist gekommen der große Tag ihres Zorns und wer kann bestehen?

Danach sah ich Engeln an den Ecken der Erde, sie hielten die Winde auf, das Meer und die Bäume waren ruhig. Den Engeln war die Macht gegeben der Erde und dem Meer Schaden zu zufügen. Aber es kam ein Engel mit dem Siegel Gottes, sie müssten warten, bis die Gerechten Gottes versiegelt seien und das Zeichen auf der Stirn haben. So waren die Auserwählten vor der Endzeit geschützt!

Es wurde mir die Zahl der Versiegelten angegeben: Aus jedem Stamm Israels, also 12 x 12.000 = 144.000. Danach sah ich eine große Anzahl, die niemand zu zählen vermochte, aus allen Nationen, Stämmen, Völker und Sprachen. Die standen vor dem Thron und dem Lamm, sie waren weiß gekleidet und hatten Palmenzweige in den Händen. Sie riefen: Heil unserem Gott und dem Lamm, Amen. Lob und Ehre, Weisheit, Dank und Preis, Kraft und Stärke unserm Gott von Ewigkeit zu Ewigkeit, Amen. Sie kamen aus der Trübsal und dienen dem Herrn. Sie werden nicht dürsten, noch hungern, denn das Lamm wird sie leiten zu der Quelle des lebendigen Wassers und Gott wird alle Tränen abwischen.

Als das 7. Siegel aufging entstand Stille im Himmel, mit sieben Posaunen bliesen sieben Engel, einer nach dem anderen. Bei der 1. Posaune kam Hagel und Feuer, mit Blut vermengt, auf die Erde. Ein Drittel der Erde verbrannte, ebenso der Bäume und des Grases. Als die 2. Posaune blies versank ein feuerspeiender Berg im Meer, ein Drittel des Meeres wurde zu Blut und tötete die Geschöpfe darin, samt der Schiffe, die dort waren. Die 3.Posaune: es fiel ein brennender Stern vom Himmel, wie eine Fackel und vernichtete die Flüsse und Quellen, die zu Wermut wurden, daran viele Menschen starben. 4. Posaune: dann wurde ein Drittel von Sonne und Mond und Sterne vernichtet. 5. Posaune: ein Stern fiel vom Himmel und eröffnete einen Abgrund, daraus Rauch aufstieg und viele Heuschrecken. Sie hatten die Macht, Menschen zu töten, und sie taten es. Die Menschen mit dem Siegel Gottes durften sie nicht töten. Als diese erste Wehe vorüber war, kam die nächste. 6. Posaune: es wurden die vier Engel losgelassen, die gebunden am Euphratstrom waren, sie töteten mittels eines Reiterheeres ein Drittel der Menschen mit Feuer, Rauch und Schwefel, der aus den Mäulern der Pferde kam.

Da der übrig gebliebene Teil der Menschen nicht abließ, Götzen anzubeten kam ein mächtiger Engel vom Himmel. Er setzte den rechten Fuß auf Meer und den linken auf die Erde, er hatte ein Büchlein in der Hand. Er hob die rechte Hand zum Himmel und schwor: Wenn der 7. Engel seine Stimme erhebt und posaunt, wird das Geheimnis Gottes erfüllt werden, wie er es seinen Propheten verkündet hat.

Eine Stimme vom Himmel sagt zu mir (Johannes): Nimm das Büchlein aus der Hand des Engels. Als ich es tat, sagte der Engel: nimm und iss es, in deinem Körper wird es bitter sein, aber in deinem Mund wie Honig süß.

Du musst weissagen für viele Völker und Nationen und Sprachen und Königen.

Als der 7. Engel die Posaune blies erhoben sich laute Stimmen vom Himmel: Aufgerichtet wurde das Weltreich unseres Herrn und seines Christus, er wird herrschen in alle Ewigkeit. Die 24 Ältesten fielen nieder und beteten: Wir danken dir, Herr, allmächtiger Gott, der du bist und der du warst, dass du deine große Macht ergriffen hast und deine Herrschaft angetreten hast.

Da wurde der Tempel Gottes im Himmel aufgetan, die Lade des Bundes war zu sehen, es folgten Blitze, dröhnender Schall, Erdbeben und starker Hagel. Am Himmel erschien ein großes Zeichen, eine Frau mit der Sonne umkleidet und mit dem Mond zu Füßen, auf dem Haupt 12 Sterne.

Sie war schwanger und wollte gebären, als ein großer, feuriger Drache erschien, er wollte das Kind verschlingen. Und sie gebar einen Knaben, der alle Völker lenken wird mit ehernen Zepter. Und das Kind wurde entrückt zu Gott und seinem Thron. Die Frau floh in die Wüste, wo ihr Gott einen Platz bereitet hatte. Nun folgte ein Kampf im Himmel zwischen Michael und seinen Engeln gegen den Drachen und dessen Helfer. Der große Drachen, die alte Schlange, die den Namen Teufel und Satan trägt, verführt die Welt. Er wurde hinunter geworfen, mit ihm seine Helfer, auf die Erde.

Ich hörte eine laute Stimme vom Himmel: Nun ist das Heil und die Kraft und das Reich unseres Gottes gekommen und die Macht seines Christus, denn der Ankläger unserer Brüder ist gestürzt, der sie verklagte vor unserm Gott Tag und Nacht. Und sie haben ihn überwunden durch das Blut des Lammes und durch das Wort ihres Zeugnisses und sie hingen nicht an ihrem Leben, bis hin zum Tod. Wehe der Erde denn hinabgestiegen ist der Teufel. Auf der Erde verfolgte der Drachen die Frau, welche den Knaben geboren hatte. Sie wurde ihm entrissen, als ihr zwei Adlerflügel gegeben wurden, so dass sie entfliehen konnte.

Der Drache ging an den Strand des Meeres und zog die Bösewichte und die wilden Tiere an. Sie lästerten Gott.

Aber ich sah auch das Lamm am Berg Zion, wo es die „Versiegelten" anbeteten. Den anderen Gerechten am Erdkreis verkündete ein Engel ebenso: Fürchtet Gott und gebt ihm die Ehre, denn die Stunde des Gerichtes ist gekommen: Es wird Babylon untergehen, wegen der Hurerei der Könige und der Bevölkerung. Die Plagen sind da, das Feuer hat sie verbrannt!

Dann hörte ich vom Himmel: Halleluja! Das Heil und die Herrlichkeit und die Kraft sind unserer Gottes. Gerecht ist sein. Gericht, dass es die große Hure (Babylon) verurteilt hat und das Blut seiner Christen gerächt hat, das ihre Hand vergossen hat.

Und ich hörte die Stimme einer großen Schar vom Himmel: Halleluja! Denn der Herr, unser Gott, der Allmächtige, hat das Reich eingenommen!

Und ich sah den Himmel offen und es kam der Reiter auf dem weißen Pferd. Er hieß: Treue und Wahrhaftig und er richtet und kämpft für Gerechtigkeit. Und er war angetan mit einem Gewand, das mit Blut getränkt war, und sein Name ist: Das Wort Gottes. Ihm folgte das Heer des Himmels auf weißen Pferden, gekleidet mit weißen Leinen. Sein Name ist: König aller Könige und Herr aller Herren.

Und ich sah einen Engel vom Himmel herabfahren, der hatte den Schlüssel zum Abgrund und eine große Kette. Er ergriff den Drachen, die alte Schlange, den Teufel und Satan und fesselte ihn für 1.000 Jahre. Er warf ihn in den Abgrund und verschloss ihn und setzte ein Siegel oben darauf, damit er die Völker nicht mehr verführen sollte, bis die 1.000 Jahre vorbei sind! Danach muss er losgelassen werden für eine kurze Zeit. Ich sah Throne, und sie setzten sich darauf und richteten. Ich sah die Seelen derer, die um Christi Willen enthauptet waren, sie wurden lebendig und sie traten mit Christus die Herrschaft für 1.000 Jahre an.

Die übrigen Toten wurden nicht lebendig bis die 1.000 Jahre um sind. Dies ist die 1. Auferstehung. Selig und heilig ist, wer teilhat an der 1. Auferstehung! Über sie hat der 2. Tod keine Macht, sondern christliche Priester werden sie mit Jesus 1.000 Jahre lang sein.

Wenn die 1.000 Jahre um sind, wird der Satan losgelassen. Er wird ausziehen die Völker zu verführen. Sein Heer wird die Heerlager der Heiligen in der geliebten Stadt umringen. Aber es fällt Feuer vom Himmel und Satans Heer wird verzehrt. Satan wird in einen Pfuhl aus Feuer und Schwefel geworfen und gequält von Ewigkeit zu Ewigkeit.

Ich sah einen großen weißen Thron. Der darauf saß, nahm das Buch des Lebens, um alle entsprechend ihrer Werken zu richten. Dazu gab das Meer seine Toten heraus und der Tod, die aus seinem Reich.

Letztlich wurde Tod selbst und sein Reich auch in den feurigen Pfuhl geworfen. Das ist der 2. Tod!

Und jetzt sah ich den neuen Himmel und die neue Erde. Denn der 1. Himmel, die 1. Erde und das Meer waren vergangen. Ich sah die heilige Stadt, das neue Jerusalem von Gott aus dem Himmel herabkommen, wie eine geschmückte Braut für ihren Mann. Vom Himmelthron hörte ich die Stimme: Siehe, die Hütte Gottes bei den Menschen! Und er wird bei ihnen wohnen und sie werden sein Volk sein und er selbst, wird ihr Gott sein. Er wird alle Tränen von ihren Augen abwischen und der Tod wird nicht mehr sein, noch Leid, noch Geschrei, noch Schmerz wird mehr sein.

Er sprach zu mir: Ich mache alles neu. Es ist geschehen. Ich bin das A und O, der Anfang und das Ende. Ich will dem Durstigen von der Quelle lebendiges Wasser geben. Wer überwindet, der wird alles ererben und ich werde sein Gott sein, und er wird mein Sohn sein. Den Feigen aber und Ungläubigen und Frevlern und Mördern und Unzüchtigen und Zauberern und Götzendienern und Lügnern, deren Teil wird im Feuerpfuhl sein, das ist der 2. Tod.

Einer der 7 Engeln kam zu mir und sagte: Ich zeig dir die Frau, die Braut des Lammes. Er führte mich im Geist auf einen hohen Berg und zeigt mir wieder die heilige Stadt Jerusalem hernieder kommend aus dem Himmel von Gott. Ihr Lichterglanz gleicht einem kostbaren Stein, wie kristallheller Jaspis. Eine hohe Mauer und 12 Tore, wie Perlen sah ich, alles mit Edelsteinen geschmückt! Tempel sah ich keinen?

Gott ist ihr Tempel, er und das Lamm sind das Licht, die Herrlichkeit die alles erleuchtet, es wird keine Nacht mehr geben.

Abschließend sagt Johannes, „der Seher von Ephesus", in seiner Offenbarung: Ich Johannes, habe dies gesehen und gehört, so fiel ich nieder vor dem Engel, der es mir gezeigt hat. Er sagte: Tu es nicht, wir sind doch Brüder, auch der Propheten und derer die bewahren die Worte dieses Buches. Bete Gott an!

Überlegungen zur Offenbarung

Ich möchte noch einige Worte zur Offenbarung sagen, betreffend der Symbolik des Geschriebenen.

Der Himmelthron ist Gottesthron und das Lamm davor ist Jesus Christus. Wahrscheinlich sind die vier Gestalten davor: Der geflügelte Mensch der Evangelist Matthäus, der Löwe mit Flügeln Markus, der geflügelte Stier Lukas und der Adler der letzte von den vier Evangelisten Johannes selbst.

Zu den Siegeln: das 1. ist geöffnet: das weiße Pferd mit Reiter = Jesus Christus, die Aufgabe ist die Verbreitung des Christentums. Das 2. Siegel: das rote Pferd mit Reiter, die dauernden Kriege, die wir gegeneinander führen. Das 3. Siegel mit schwarzem Pferd und Reiter könnte für die Teuerung der Lebensmittel stehen. Das 4. Siegel: das fahle Pferd mit dem Tod stellt wahrscheinlich, die Ungerechtigkeit und gewaltsame Unterdrückung von Menschen dar. Im 5. Siegel ist die Sehnsucht der Gerechten und Verfolgten nach dem Himmelreich symbolisiert. Im 6. Siegel werden die Vorläufer der Endzeit dargestellt. Etwas, davon haben wir im 2. Weltkrieg und danach bis heute erlebt. Siehe die nächsten Kapiteln. Bevor das 7. Siegel die Endzeit einleitet, werden die Gerechten mit dem Siegel Gottes auf der Stirn gekennzeichnet. Er versammelt sie um sich, um sie zu schützen. Die Endzeit, die mit der Öffnung des 7. Siegels beginnt, wird durch 7 Posaunen eingeleitet: Die ersten vier Posaunen davon leiten die Heimsuchungen ein: Feuer und Hagel, Meerschaden, Meteor zerstört Trinkwasser, Sonne und Mond verfinstern sich. Die 5. Posaune: Zerstörung der Menschen, die nicht bekehrbar sind. Die 6. Posaune ist ein rächendes Reiterheer, es soll Gottes Strafgericht für Götzendiener sein. Die 7. Posaune: aus dem Himmel erschallt der freudige Ruf: das Himmelreich unseres Gottes und seines Gesalbten ist errichtet!

Als Johannes das Büchlein aß, das „im Körper bitter sein wird, aber im Mund süß", welches er vom Engel erhielt und ihm gesagt wurde weiter „weiszusagen" war wohl gemeint, dass er die Offenbarung und das Evangelium schreiben soll!

APOKALYPSE 1939-1945:

2.Weltkrieg

Dieser Krieg ist unübertroffen an Schmerz und Leiden auf der Welt. Unvergessen ist das Elend und die Ermordung von Millionen von Juden und anderen Menschen. Die Millionen Gefallenen, Verwundeten und Invaliden. Die Toten der Zivilbevölkerung, der Flüchtlinge und Vertriebenen. Auch unserer gestohlene Jugend, die Zwangsarbeiter und die Kriegsgefangenen. Leid ohne Ende! Die Lehre daraus ist: Nie wieder sollen Menschen wegen Rasse, Hautfarbe oder Religion verfolgt werden! Aber auch, dass ein Krieg letztlich nur Verlierer bringt! Zum 2. Weltkrieg kommt dann zu allem Übel am Ende noch

APOKALYPSE 1945:

Deutschland: Bomben auf Dresden 13./14.02.1945

Dresden wurde von den Briten am 13./14.02.1945 mit 1.500 t Brandbomben und Luftminen belegt – ein Inferno! In der Stadt waren 400.000 schlesische Flüchtlinge anwesend. Trotz der militärischen Bedeutungslosigkeit der Stadt wurde das weltberühmte Stadtbild zerstört und viele Menschen getötet. Man sagte mir 1991 dort, dass 250.000 Menschen umkamen!

Die Briten haben sich entschuldigt und großzügig für den Wiederaufbau der Frauenkirche gespendet. Der Sohn eines der Bomberpiloten hat in jahrerlanger Arbeit das goldene Kuppelkreuz der protestantischen Kuppelkirche neu gestaltet! Freitag 28.10.05: Die Frauenkirche ist wieder aufgebaut, viele Spenden kamen aus dem Ausland. Jetzt wird sie in alter Pracht wieder eröffnet. 100.000 Menschen werden mitfeiern!

Japan: Atombomben auf Hiroshima und Nagasaki 06.08.und 11.08.1945

Heute, Sa 06.08.2005 vor 60 Jahren fiel die 1. Atombombe, entwickelt von den USA, auf die Stadt Hiroshima. Um 8 Uhr 15 blitzte ein riesiges Licht, ein greller Lichtschein gleißend auf. Millionen Blitze blendeten die Menschen und verbrannten sie. Eine Druckwelle machte die Stadt dem Boden gleich. Ein Atomwolkenpilz stieg über dem Zentrum der Stadt auf bis in 600 m Höhe. Es starben 140.000 Menschen, ein ungeheures Elend der 300.000 Verstrahlten und Verbrannten blieb. Ein strahlenverseuchter schwarzer Regen fiel vom Himmel, die Menschen tranken und wurden radioaktiv verseucht. Viele davon starben sehr bald danach. Bis heute noch gibt es Folgeschäden.

Der Flieger, hatte die 4 t Bombe aus 8.500 m Höhe abgeworfen. Unzählige starben bald danach an den Strahlen aus der Asche. Viele waren so verbrannt, dass die Haut sich abschälte und Blut aus dem rohen Fleisch tropfte.

Der Pilot Paul Tibbets funkte an den Stützpunkt auf der Insel Tinian: Ziel nach Sicht mit guten Ergebnissen bombardiert! Ein Waffenspezialist fügte hinzu: In jeder Hinsicht erfolgreich. Sichtbare Auswirkungen größ er als beim Test in Alamogordo!

Nur den Copiloten der „Enola Gay" erfasste das Grauen: Mein Gott, was haben wir getan? Drei Tage später wurde über Nagasaki eine weitere Atombombe abgeworfen, sie verfehlte ihr Ziel, trotzdem waren 70 Tausend Tote, ebenso viele Verstrahlte zu beklagen. Auch heute noch sterben Menschen an den Folgen.

Wie konnte das geschehen obwohl der Krieg fast schon aus war, die Japaner kapitulierten nicht, Invasion wollte man keine von Seiten der USA. Außerdem der japanische Überfall auf Pearl Harbor 1941 war unvergessen!

Mehrere Ultimaten der USA wurden abgelehnt. Die Atombomben waren einsatzbereit. Also handelte Amerika. Kurz danach kapitulierte Japan bedingungslos!

Ich konnte nicht über den großen Krieg in Korea (1950-1953) und den Vietnamkrieg (1964-1975) schreiben. Mir fehlt die mentale Kraft, über das Elend der vielen Gefallenen zu berichten. Aber im Bildteil habe ich die Memorials im Potomac – Park in Washington beschrieben. Dort gedenken die USA ihrer Gefallenen in den beiden Kriegen. (Bildteil Seite 434-436).

APOKALYPSE 2001:

USA: Terror-Luftangriff zerstört das World Trade Center New York

Am 11.09.2001 um 8 Uhr 45 beginnt diese Tragödie: eine Boing 737 der Amerika Airlines wird von Al Kaida Terroristen gekapert. Es sind 92 Menschen an Bord. Die Maschine fliegt in das obere Drittel des Nordturms des World Trade Centers. Der Turm brennt. 18 min später rast eine zweite gekaperte Boing 737, mit 65 Menschen an Bord in die Mitte des 2. Turms. Beide Türme brennen und stürzen um 10 Uhr in sich zusammen. Das World Trade Center war ein Wahrzeichen New Yorks, es wurde 1973 mit 110 Stockwerken errichtet und war 417 m hoch. Es gab etwa 3.000 Tote und viele Verletzte – ein Schock für die Vereinigten Staaten und für die Welt (Bildteil). Andere Selbstmordattentäter lenkten ein Flugzeug auf das Pentagon, Gott sei Dank es gab „nur" 184 Tote. Ein weiteres Flugzeug stürzte ab, weil mutige Passagiere das Cockpit stürmten.

APOKALYPSE 2004:

Sumatra: Tödliche Tsunami – Flutwelle am 26.12.2004

Meine Weihnachts- und Neujahrsstimmung bei der Arbeit an den biblischen Erzählungen wurden am Sonntag den 26.12.2004 durch eine Katastrophenmeldung jäh unterbrochen: Um 8 Uhr (2 Uhr hier) entstand im Indischen Ozean, 700 km von der NW-Küste von Sumatra entfernt, durch eine 30 m Verschiebung der tektonischen Platten am Meeresgrund ein Erdbeben der Stärke 9 und daraus eine Sturmflut die nach einer Stunde die Küste Sumatras erreicht und die tödliche Tsunami-Flutwelle erzeugt, die alles überschwemmt, mit riesiger Gewalt bricht und vernichtet. Wer sich nicht rettet, landeinwärts flieht, der ist verletzt oder tot. Betroffen sind vor allem Indonesien, weiters Sumatra, Thailand, Sri Lanka, Indien, die Malediven und die afrikanische Ostküste, Somalia, Kenia und Tansania. Später wurden folgende Zahlen gemeldet:

Tote und Vermisste:	
Indonesien	162.000
Sri Lanka	40.000
Indien	14.000
Thailand	6.000
Afrika	2.000
Zusammen:	**224.000**

Es wäre eine Stunde Zeit gewesen, eine Warnung durchzugeben, damit sich die Menschen hätten in Sicherheit bringen können – aber nichts ist geschehen! In Thailand wurden viele am Strand oder beim Frühstück überrascht. Gäste und viele Einheimische in den Hotels. Der Urlaubsort Khao Lak ist vom Erdboden verschwunden, samt 35 Hotels und dabei kamen 3.000 Menschen um. Phuket 90 km südlich, ein beliebter Urlaubsort wurde schwer verwüstet. Noch stärker Aceh. Österreich vermisst 15 Menschen und hat 75 Tote zu beklagen! Wir helfen mittels Wasserreinigung vor Ort und bauen 730 Häuser in Sri Lanka.

APOKALYPSE 2005:

USA: Hurrikan verwüstet New Orleans am 31.08.2005

Mi 31.08.05: Der Hurrikan Katrina in den USA hinterlässt eine Spur der Verwüstung. Es sind nicht wie ursprünglich gemeldet 50 Tote, sondern Hunderte!

New Orleans ist unter Wasser, 6 m hoch sind im Osten die Wassermassen. Die Dämme gegen das Meer sind gebrochen und weil der 1,5 Mio.-Menschen-Ort unter dem Meeresspiegel liegt, ist er regelrecht „abgesoffen".

Menschen werden mit Hubschraubern von Dächern gerettet. Es gibt keine Wasser-, Strom- und Telefonversorgung. Die Lebensmittel gehen zu Ende. 10.000te haben im „Sportdom" Zuflucht gesucht. Auch hier wurde das Dach beschädigt!

Ebenso schwer in Mitleidenschaft gezogen waren Louisiana und Mississippi, wo Hunderte von Kilometern Häuser vom Sturm zerstört wurden und viele Toten blieben zurück!

Fr 02.09.05: In den 8 Uhr Nachrichten sagte der Bürgermeister von New Orleans: Die Regierung, Bush an der Spitze, redet, aber was wir brauchen, sind keine schönen Reden, sondern Hilfe! Längst hätten schon die Armee und die Nationalgarde helfen sollen – wir sind allein, sollen doch die in der Regierung statt zu reden, ihre Ärsche bewegen.

In New Orleans geht es drunter und drüber, Banden plündern, ein Spital mit 1.000 Betten ist nicht versorgt. Die Evakuierung der Menschen läuft nicht. Hilfe wäre dringend notwendig! Es herrscht das Faustrecht ein Hubschrauber, der helfen wollte, wurde vom Boden aus beschossen. Die Stadt fühlt sich allein gelassen!

Ein so großes Land wie die USA ist nicht imstande, Hilfe zu organisieren und zu schicken! Schön traurig!

Sa 03.09.05: Gestern im „Zeit im Bild 2" waren erschütternde Szenen aus New Orleans zu sehen und Berichte der Reporter vor Ort zu hören! Nach sechs Tagen der Verwüstung durch den Hurrikan herrscht noch immer Chaos und Anarchie. Menschen verhungern und verdursten, können nicht abtransportiert werden. Viele zu wenig Hilfslieferungen kommen, seit gestern. 10 Tausende müssen aus dem „Dom" abtransportiert werden, nach Houston, Texas. Alle warten und schreien: Help, Help! Sie sagen in New Orleans, wo die Bevölkerung mehrheitlich Afro-Amerikaner sind, die haben uns, weil wir färbig sind, im Stich gelassen!

Bush flog mit dem Helikopter über Mississippi und Alabama. Er besuchte die zerstörte Stadt Biloxi in Mississippi, wo seine Route, auf einmal Bagger und Helfer auf den Plan rief. Die Menschen sind wütend auf die Regierung: Warum müssen wir, ohne Hilfe, sterben?

Die materiellen Schäden sind, mit 26 Mia·Dollar geschätzt, zu beseitigen, aber was ist mit den seelischen Leiden: neben Hunderten Toten ist eine Mio. Obdachlos. Jetzt wird New Orleans noch zwangsevakuiert. Früher hatte die „Stadt der Fröhlichkeit", die Jazz-metropole, 1,5 Mio. Einwohner und jetzt ist sie vom Wasser vernichtet. Wem klagt man? Wer hilft einem? Glücklich sind die, die noch glauben! Ich tu mir schwer!

APOKALYPSE 2011:

Größte Katastrophe für Japan Fr 11.03.11: 7 Uhr

Vor der NO-Küste Japans, in 80 km Entfernung, bricht im Pazifik die Erdkruste auf. Die tektonische Pazifikplatte schob sich unter die Eurasische Platte vor Japan. Das größte Erd-beben von Japan mit der Stärke 9 zerstört die Stadt Sendai. Häuser sind zerstört, Straßen versinken, Telefon und Strom fällt aus. In der weiteren Folge entsteht ein Tsunami mit einer Flutwelle von 23 m Höhe und zerstört was vom Erdbeben geblieben ist. 1.000-te Tote und Verletzte in der 1 Mio. Stadt und Umgebung. Auch in Tokio verspürt man noch die Nachbeben (Stärke 6). An der NO-Küste ca 100 km südlich von Sendai sind Atom-kraftwerke, ohne Strom und ohne Kühlung der Reaktoren (Fukushima). In Tokio fahren die U-Bahnen nicht mehr!

So 13.03.11: 7 Uhr Jetzt wird gemeldet, dass im Atomkraftwerk Fukushima, nach dem gestrigen Brand eine Kernschmelze eingetreten ist, ein Super Gau. Durch den Ausfall von Fukushima fehlt etwa ein Drittel des Strombedarfes Japans. Und noch ein Nach-beben der Stärke 6 wird aus Tokio gemeldet. 140.000 Menschen im 20 km Umkreis vom Kraftwerk Fukushima wurden evakuiert, weil die Luft verseucht ist. Die Kühlsys-teme in den Reaktoren sind ausgefallen weil die Motoren der Pumpen keinen Strom hatten.

Man hofft, dass die radioaktive Wolke durch den Wind aufs offene Meer getrieben wird. Freigesetzt werden Cäsium 137 und Jodisotopen, die der Körper leicht aufnimmt. Sie sind krebserregend (z.B. Schilddrüse, Muskel, Nieren). Die Stadt Minamisanriku (18.000 Men-schen) ist weggespült worden!

Am So 13.03.11 hat noch dazu der Vulkan Shinmoedake, im Süden Japans, wieder zu speien begonnen. Nach 52 Jahren war er heuer im Jänner wieder aktiv geworden.

Ich schätzte die Japaner sehr. Als ich 1985 in Japan, als Delegierter Österreichs, bei der Internationalen Konferenz für Qualitätssicherungsnormen war, habe ich auch mit Japanern zusammen gearbeitet. Wir haben die Internationale Norm ISO 9000-Serie für Qualitätssicherung und -management erarbeitet. Die Japaner sind fleißig und tüchtig, mir tut es sehr leid, dass dieses Elend über das Land gekommen ist.

Mo 14.03.11: 7 Uhr: Fukushima 1. Jetzt wird gemeldet, dass auch, nach Reaktor 1 und 2, der Reaktor 3 explodiert ist. Die Explosion entsteht weil die Brennstäbe nicht ganz gekühlt werden und der nicht gekühlte Teil überhitzt sich, es wird „Druck abgelassen", der Wasserstoff explodiert und man kann nur hoffen, dass der Schutzschild hält, ansonsten tritt bei dem Block 3 das hochgiftige Plutonium aus. Während bei 1 und 2, die Uran als Brennstoff verwenden, diese Gefahr nicht besteht. Die $\frac{1}{2}$ Mio. Flüchtlinge zu versorgen ist schwierig, weil die Straßen kaputt sind. Und vielleicht sollte es man sagen, das Kraftwerk ist zu alt, 40 Jahre, längst abgeschrieben!

Di 15.03.11: 7 Uhr: Ich kann nicht an meiner Bibel weiter korrigieren, wenn am anderen Ende der Welt in Japan Millionen Menschen gefährdet und in größter Not sind! Ich tue mir schwer, in der Früh die Sonne zu begrüßen und mich zu freuen über den neuen Tag. Ich fühle den Schmerz, die Not der 35 Mio. in Tokio und der im NO Japans. Heute Nacht, genau gestern um 22 Uhr, ist in Fukushima 1 bei einen weiterer Reaktor die Kernschmelze eingetreten, und die Radioaktivität ist durch die Ummantelung nach außen gekommen, der Super Gau. Leider geht der Wind in Richtung Tokio.

Tokio ist jetzt eine pechschwarze Stadt, keine Straßen- und Wohnungsbeleuchtung, weil der Strom abgeschaltet ist. Es gibt es nur zu gewissen Stunden Strom. Die Verwaltungs- und Krisenzentrale jedoch haben Beleuchtung. Nur einige Züge fahren eingeschränkt. Seit heute werden die Menschen aufgefordert, zu Hause zu bleiben.

Viele Helfer aus anderen Ländern, sogar aus China, kommen um zu helfen. Jedoch ist es schwierig sie zum Geschehen zu bringen, weil die Straßen nicht befahrbar sind, die Bahn nicht funktioniert und Verstrahlungsgefahr besteht.

Jetzt werden aus Fukushima 16.000 Tote und 3.500 Vermisste gemeldet (offiziell). 530.000 wurden evakuiert und 450.000 haben ihr Zuhause verloren und sind obdachlos. 180 Nachbeben tun ein Übriges. Einige Tausend Notunterkünfte lindern die ärgste Not. Hilfskräfte und 100.000 Soldaten sind im Einsatz. Andere Staaten liefern Hilfsgüter, Wasseraufbereitungsanlagen und Feldlazarette. Allen voran die USA, sie mussten einen Flugzeugträger abziehen, wegen der Verstrahlungsgefahr im NO Japans.

Schon 1945 hat das Land schwer durch Atombomben gelitten!

Was ist zu tun? Die internationale Gemeinschaft muss handeln. Nicht die vielen Konferenzen bringen etwas, sondern die Entscheidung und daraus die Hilfsmaßnahmen. Nicht die Zelte und Lebensmitten sind die wahre Hilfe, sondern die echten Maßnahmen, wie z.B. dem mit über 200% des BIP hoch verschuldeten Staat, monetär zu helfen. Auch das so „christliche" Abendland, die EU, muss hier aktiv werden. Wahre Hilfe muss man spüren!

Mi 16.03.11: Heute Nacht hat Reaktor 4 gebrannt und die Kernummantelung hat 2 Löcher á 4 m? Es tritt radioaktives Gas aus. Die Betreiberfirma Tepco hat die letzten 50 Arbeiter von 800 abgezogen.

Die Brandlöschung mit Wasserabwurf, gelang nicht, jetzt sind die vier Reaktoren der Kernschmelze freigegeben. Die Umgebung ist verstrahlt. Die radioaktive Wolke Richtung Tokio hat auf Richtung Meer gedreht und die Gefahr für Tokio ist weg. Der Super Gau ist im vollen Gang.

Als erste hat die Bundeskanzlerin Merkl für Deutschland reagiert, sie lässt alte AKWs, sieben aus den 1980-Jahren, sofort abschalten. Eine Zäsur der technisierten Welt! Außerdem erfolgt eine Überprüfung der AKWs und der Vergleich mit anderen europäischen AKWs (Normen).

Do 17.03.11: Die Situation ist unübersehbar. Die Hubschrauber, die zum Wasserabwurf eigesetzt wurden, dürfen nicht mehr fliegen, weil die Strahlenbelastung zu hoch ist. Die gestern abgezogenen 50 Arbeiter sind wieder im Einsatz, obwohl die Strahlenbelastung ev. tödlich ist. In Japan ist die Gemeinschaft über dem Einzelindividuum! Diese „Opfer" sind namens- und gesichtslos. Aber sie werden versuchen zu „retten, zu reparieren, was bei den verbrannten" Reaktoren noch möglich ist. Auch die USA sind zur Hilfe gerufen worden.

23.03.11: Radioaktive Partikeln sind mit den Wolken nach Kalifornien und auch nach Europa gekommen.

27.03.11: Durch die intensive Kühlung der Reaktoren mit Meerwasser, wird durch den Rücklauf ins Meer, auch dieses verseucht.

13.04.11 Fukushima am 33. Tag nach der Katastrophe: es wird mehr radioaktives Material, welches bei Menschen und Umwelt schwere Folgen hat, freigesetzt als 1986 in Tschernobyl. Die Reaktoren sind außer Kontrolle. Die Kühlwassermassen verseuchen das Meer. Im Umkreis von 40-60 km wurde eine Radioaktivität gemessen, welche die zulässige Jahresdosis überschritten hat.

21.04.11: Jetzt wird bekannt, dass bei dem AKW Fukushima 1, welches 1971 in Betrieb ging, gepfuscht wurde, dh. die Firma Tepco hat Sicherheitsnormen verletzt und Protokolle gefälscht, weiters das Uran-Plutonium-Gemisch MOX wurde im Jahr 2002 eingesetzt obwohl Plutonium hochgiftig ist. Es ist jetzt aus dem Reaktor ausgetreten. Letztendlich wurde offiziell von Tepco erklärt, man rechnet in etwa 9 Monaten, die Situation im Griff zu haben.

16.07.12: Inzwischen glosen die Reaktoren weiter vor sich hin und verseuchen…..

Sa 06.08.11: Große humanitäre Katastrophe am Horn von Afrika

Im Osten Afrikas sind 11 Mio. Menschen am Verhungern, Verdursten und auf der Flucht. Nachdem seit drei Jahren kein Regen gefallen ist, herrscht Dürre in Somalia, Kenia und Äthiopien. Am ärgsten betroffen ist Somalia, aber dort verhindert die islamistische Shabaab-Miliz die Hilfe der UNO. Tausende flüchten ins größte Flüchtlingslager Dadaab, Kenia. Dort sind derzeit 400.000 Menschen, täglich kommen 1.700 dazu. Viele Kinder und Säuglinge, aber auch alte Menschen überleben die Strapazen der Flucht nicht. In Äthiopien ist das Flüchtlingslager Dolo Odo mit 120.000 und Dschibuti mit 165.000 Menschen eingerichtet. Die UNO und die Hilfsorganisation helfen mit Nahrung und Wasser. Da das aber in Somalia nicht möglich ist, will man an den Grenzen Hilfestellung geben. Wir müssen helfen!

Mi 28.09.11: Verschuldung

Die wirtschaftliche Lage in den USA und in Europa ist mies. Griechenland wartet auf die nächste Rate von 8 Mia € als Hilfe, sonst geht es pleite. Andere EU-Staaten stehen schon in der Reihe! In Österreich wurde ein Korruptionssumpf aufgedeckt, viele Politiker und bekannte Persönlichkeiten sind verdächtig.

Sa 29.10.11: Hochwasser in Thailand

Das größte Hochwasser seit 50 Jahren überschwemmt Thailand. Die Flut des Chao-Praya Flusses erreicht jetzt auch Bangkok (12 Mio. EW). Zig Tausende Menschen werden evakuiert. Das Elend ist groß!

Sa 29.10.11: Erdbeben in der Türkei

Das Erdbeben in der Osttürkei in Ercris hat mit einer Stärke von 6,5 die Stadt in Trümmer gelegt. Seit 100 Stunden rettet man verschüttete Menschen. 600 Menschen wurden tot geborgen. Die Obdachlosen werden in Zelten und Hallen untergebracht. Die Rettungskräfte sind unter größten Zeitdruck.

Aufhören

Nach all dem ist es mir eine Freude am 01.11.2011 mit der Apokalypse aufzuhören, weil ich auch die Horrormeldungen in der Apokalypse 2011 beenden kann! Jetzt gilt es das handgeschriebene Manuskript ins Word-Programm zu bringen. Eine umfangreiche Arbeit, denn es kommen noch eine Menge Korrekturen, Briefe, etc., hinzu. Mir ging es nicht um die Form, sondern um den Inhalt! Eine Empfehlung aus dem Römerbrief von Paulus: Freut euch mit den Fröhlichen, weint mit den Weinenden! Ist´s möglich, soviel an euch liegt, habt Frieden mit allen Menschen. Nehmt einander an, wie Christus euch angenommen hat. Eine noch zu erfüllende Auflage!

DER BRIEF DES JAKOBUS

Jakobus, der Herrenbruder, war der älteste Bruder Jesu. Er leitete ab 49 die Christengemeinde in Jerusalem. Er wurde am 25.01.62 im Auftrag des Hohepriesters Anan ben Anan gesteinigt. Er verfasste den Jakobus-Brief um 60, er wurde, im Gegensatz zur katholischen Ansicht, von Luther heftig kritisiert, weil er sagte: Was hift´s liebe Brüder, wenn jemand sagt, er habe den Glauben aber er hat keine Werke? Kann der Glaube ihn selig machen? Wenn ein Bruder oder eine Schwester Mängel hätte an Kleidung und an der täglichen Nahrung und ihr sagtet zu ihnen: Geht hin in Frieden, wärmt euch und sättigt euch! Ihr gebt ihnen aber nicht, was der Leib nötig hat – was könnte ihnen das helfen? So ist auch der Glaube, wenn er nicht Werke hat, tot in sich selber!

Luther greift ihn scharf an: Das sind antipaulinische Ansichten und sie stellen eine Verweltlichung dar! Dazu kann man nur sagen, dass der Brief vorwiegend praktische orientiert ist, denn Jakobus ist praktisch geprägt und an Lehrfragen weniger interessiert. Er setzt in seinem Brief fort: Wenn ihr angefochten werdet, so wisst, dass euer Glaube hilft, geduldig zu sein. Tut euer Werk in Geduld zu Ende, so werdet ihr vollkommen. Mangelt es euch an Weisheit, so bittet Gott, er gibt euch was ihr verlangt. Zweifelt nicht, bleibt fest im Glauben, seid nicht unbeständig.

Ein Bruder der niedrig ist, rühme sich seiner Höhe und der reich ist, rühme sich seiner Niedrigkeit, denn wie eine Blume des Grases wird er vergehen in der Hitze der Sonne, so wird auch der Reiche dahinwelken. Selig der, der die Anfechtung erduldet, denn nachdem er sich bewährt hat, wird er die Krone des Lebens empfangen, die Gott denen verheißen hat, die ihn lieben. Jeder, der versucht wird, wird nicht versucht von Gott, sondern von den eigenen Begierden, und daraus kommt Sünde und diese gebiert den Tod.

Alle gute Gabe kommt von oben, vom Vater des Lichtes, dort ist keine Veränderung keine Dunkelheit.

Ein jeder Mensch sei schnell zum Hören, langsam zum Reden, langsam zum Zorn.

Denn der Menschen Zorn tut nicht, was vor Gott recht ist. Legt ab Unsauberkeit und alle Bosheit und nehmt das Wort an mit Sanftmut, das in euch gepflanzt ist und Kraft hat, eure Seelen selig zu machen. Seid aber Täter des Worts und nicht Hörer allein, sonst betrügt ihr euch selbst.

Ein reiner und unbefleckter Gottesdienst vor Gott, dem Vater, ist der: die Waisen und Witwen in ihrer Trübsal besuchen und sich selbst von der Welt unbefleckt halten. Denn wie der Leib ohne Geist tot ist, so ist auch der Glaube ohne Werke tot.

So sehen wir, dass Jakobus den gottgemäßen Lebensstil, die Heiligung, nach Jesus Christus, im getanenen Werk, im caritativen Tun sieht.

Während Paulus die unverdiente Gnade, in der Vergebung der Sünden und nicht im Werken erkennt! Das eine ist Christus gemäßes Tun, das andere die Vergebung der Sünden als Gnadenakt.

Jakobus warnt vor vorschnellen reden: Die Zunge ist ein kleiner Glied und richtet große Dinge an. Ein kleines Feuer, kann einen Wald anzünden! Auch die Zunge ist ein Feuer, sie befleckt den ganzen Leib und zündet die ganze Welt an und ist selbst von der Hölle entzündet.

Wer weise ist und klug, der zeige mit seinem guten Wandel, seine Werke in Sanftmut und Weisheit.

Habt ihr aber bitteren Neid und Streit in euren Herzen, so rühmt euch nicht und lügt nicht der Wahrheit zuwider. Das ist nicht die Weisheit, die von oben kommt, sondern sie ist niedrig und teuflisch. Wo Neid und Streit ist, da sind Unordnung und lauter böse Dinge. Weisheit von oben ist zuerst lauter, dann friedfertig und gütig, lässt sich etwas sagen, ist reich an Barmherzigkeit und guten Früchten, unparteiisch ohne Heuchelei.

Die Frucht der Gerechtigkeit aber wird gesät in Frieden für die, die Frieden stiften. Woher kommt Kampf unter euch, woher der Streit? Kommt es nicht daher, dass ihr begierig seid und es nicht erlangt, ihr mordet und neidet und gewinnt nichts, ihr streitet und kämpft und habt nichts, weil ihr nicht bittet. Ihr bittet und empfangt nichts, weil ihr in böser Absicht bittet, damit ihr´s für eure Gelüste vergeuden könnt. Ihr Abtrünnigen, wisst ihr nicht, dass Freundschaft mit der Welt, Feindschaft mit Gott ist? Sagt die Schrift nicht: Mit Eifer wacht Gott über den Geist, der in uns wohnt und uns reichlich Gnade gibt? Sagt die Schrift nicht: Gott widersteht den Hochmütigen, aber den Demütigen gibt er Gnade? So naht euch Gott, nicht dem Teufel!

Selbstsicher sagt ihr: Heute das und morgen jenes tu ich. Ein Jahr hier und ich handle mit Gewinn usw.! Ihr wisst aber nicht was morgen sein wird, was ist euer Leben?

Ein Rauch seid ihr, der eine kleine Zeit bleibt und dann verschwindet. Dagegen solltet ihr sagen: Wenn der Herr will, werden wir leben und dies und das tun. Nun rühmt ihr euch in eurem Übermut. All solches Rühmen ist böse. Wer nun weiß, Gutes zu tun und tut´s nicht, dem ist´s Sünde.

Verleumdet einander nicht, liebe Brüder. Wer seinen Bruder verleumdet oder verurteilt, der verleumdet und verurteilt das Gesetz, so bist du nicht ein Täter des Gesetzes, sondern ein Richter. Einer ist der Gesetzgeber und Richter, der selig machen und verdammen kann. Wer aber bist du, dass du deinen Nächsten verurteilst? Aus einem Mund kommt Loben und Fluchen. Das soll nicht so sein, liebe Brüder, lasst die Quelle aus einem Loch süßes und bitteres Wasser fließen? Zu den Reichen sage ich: Weint und heult über das Elend, das über euch kommen wird. Reichtum verfault, die Kleider werden von Motten zerfressen, Gold und Silber verrostet und wird euch fressen wie Feuer. Ihr habt Schätze gesammelt, den Lohn der Arbeiter, die euer Land abgeerntet haben, habt ihnen vorenthalten, ihr Schreien und das Rufen ist vor dem Herrn gekommen. Ihr habt geschlemmt, geprasst, die Gerechten verurteilt und getötet. Das bleibt nicht ungehört!

Ist jemand krank, so rufe er die Ältesten der Gemeinde, dass sie über ihm beten, ihn salben mit Öl, im Namen des Herrn. Das Gebet wird dem Kranken helfen und der Herr wird ihn aufrichten und wenn er Sünden getan hat, wird ihm vergeben werden. Bekennt also einander eure Sünden und betet füreinander, dass ihr gesund werdet. Des Gerechten Gebet vermag viel, wenn es ernstlich ist. Weicht jemand ab von der Wahrheit und einer bekehrt ihn, so wird der eine seine Seele erretten vorm Tod, auch wenn er Sünden hat!

DER BRIEF AN DIE HEBRÄER

Wir kennen den Verfasser nicht. Die Empfänger waren griechische sprechende Juden nach der Verfolgung durch Nero. Die Entstehung ist wahrscheinlich vor der Zerstörung des Tempels in Jerusalem, also vor 70. Der Inhalt betrifft hauptsächlich Jesus, als Gottessohn, der im Auftrag Gottes, als Christus für Israel handelt und als Hohepriester dargestellt wird.

Anders als die Opfer im Alten Testament wird er nur einmal und für alle Zeit am Kreuz geopfert.

Er ist somit Priester und Opfer zugleich.

So steht geschrieben: Gott hat durch die Propheten zu uns geredet, so hat er in diesen letzten Tagen durch den Sohn zu uns geredet, er hat ihn zum Erben über alles gesetzt.

Jesus ist der Abglanz seiner Herrlichkeit und das Ebenbild seines Wesens und trägt alle Dinge mit kräftigem Wort. Nachdem er die Reinigung von den Sünden vollbracht hat, sitzt er zur Rechten Gottes. Er ist über allen Engeln. Wie steht im Psalm 2,7: „Du bist mein Sohn, heute hab ich dich gezeugt" und in 2. Samuel 7.14: „Ich werde sein Vater sein und er wird mein Sohn sein" und weiter sagte der Herr, unser Gott, nach Psalm 110.1: „Setze dich zu meiner Rechten, bis ich deine Feinde zum Schemel deiner Füße mache".

Wie sollten wir das Heil missachten, das mit der Predigt unseres Herrn Jesus begann, die jene gehört haben, die berichteten. Und Gott hat dazu Zeichen gegeben, Wunder und mächtige Taten, und wenn er uns den Heiligen Geist geschickt hat. Weil nun die Kinder Gottes von Fleisch und Blut sind, hat sein Sohn es auch angenommen und ist uns gleich geworden, damit er durch seinen Tod die Macht dem nehme, der die Gewalt über den Tod hat, dem Teufel. Damit er die erlöste, die durch die Furcht vor dem Tod im ganzen Leben Knechte sein mussten. Durch Gottes Gnade sollte er, der Sohn, für alle den Tod erleiden, weil er sich der Kinder Abrahams annimmt.

So musste er in allem seinen Brüdern gleich werden, damit er barmherzig würde und ein treuer Hohepriester vor Gott, zu sühnen die Sünde des Volkes. Denn weil er selber gelitten hat und versucht worden ist, kann er denen helfen, die versucht werden. Darum, ihr heiligen Brüder, die ihr teilhabt an der himmlischen Berufung, schaut auf den Hohepriester, den wir bekennen, auf Jesus, der Gott treu ist, wie auch Mose es war: Er ist aber größerer Ehre als Mose, so wie der Erbauer des Hauses größere Ehre hat als das Haus. Denn jedes Haus wird von jemandem erbaut, der aber alles erbaut hat, das ist Gott.

Mose war treu in Gottes ganzem Haus als Knecht, zum Zeugnis was später gesagt werden sollte.

Christus aber war treu als Sohn über Gottes Haus. Sein Haus sind wir, wenn wir das Vertrauen und den Ruhm der Hoffnung festhalten. Wenn wir heute die Stimme des Heiligen Geistes hören, so verstockt eure Herzen nicht, wie bei der Versuchung in der Wüste. Wo eure Väter 40 Jahre lang versucht wurden.

Seht zu, liebe Brüder, dass keiner ein böses, ungläubiges Herz habe, das abfällt von dem lebendigen Gott. Verstockt nicht eure Herzen durch den Betrug der Sünde. Denn wir haben durch Christus Anteil bekommen, wenn wir die Zuversicht vom Anfang bis zum Ende festhalten. Gott war zornig, 40 Jahre lang, wegen der Verbitterung der Väter, die sündigten und deren Leiber in der Wüste zerfielen. Wem aber schwor er, dass sie nicht zu seiner Ruhe kommen sollten, wenn nicht den Ungehorsamen? Sie fanden keine Ruhe, aber sagte er nicht durch David: Heute wenn ihr seine Stimme hören werdet, so verstockt eure Herzen nicht!

Und wir haben die Stimme von Christus gehört. Sein Wort ist Gottes Wort, es ist lebendig und kräftig, schärfer als das Schwert, es dringt durch und schneidet Seele und Geist, Mark und Bein und ist ein Richter der Gedanken und Sinne des Herzens. Und weil wir einen großen Hohepriester, Jesus, den Sohn Gottes haben, der die Himmeldurchschritten hat, so lasst uns festhalten an dem Bekenntnis: Wir haben einen Hohepriester, der mit unserer Schwachheit litt, der versucht worden ist in allen, wie wir, doch ohne Sünde.

Christus hat sich nicht selbst die Ehre zugelegt, Hohepriester zu werden, sondern Gott hat zu ihm gesagt: Du bist mein Sohn, heute habe ich dich gezeugt. Und er hat in den Tagen seines irdischen Lebens, Bitten und Flehen mit lautem Schreien und mit Tränen dem dargebracht, der ihn vom Tod erretten konnte, und er ist erhört worden, weil er Gott in Ehren hielt. So hat er, obwohl er Gottes Sohn war, doch an dem, was er litt, Gehorsam gelernt.

Und als es vollendet war, ist er für alle, die ihm gehorsam sind, der Urheber des ewigen Heils geworden, genannt von Gott, „ein Hohepriester nach der Ordnung Melchisedeks". Melchisedek war Priesterkönig von Salem (=später Jerusalem), Priester Gottes des Höchsten. Als Abraham seinen Neffen Lot von den Königen von Sodom und Gomorra, mit Waffengewalt, aus der Gefangenschaft befreite und reichlich Beute machte, begrüßte ihn Melchisedek mit Brot und Wein. Und er segnete Abraham mit den Worten: Gesegnet seist du Abraham vom höchsten Gott, der Himmel und Erde geschaffen hat und die Feinde in deine Hand gegeben hat. Abraham gab ihm den Zehnten von aller Beute. Melchisedek heißt der König der Gerechtigkeit oder König des Friedens, er ist ohne Stammbaum und hat weder Anfang noch Ende des Lebens. So gleicht er dem Sohn Gottes und bleibt Priester in Ewigkeit.

Im Hebräerbrief steht weiter: Er war nicht vom Stamm Levi, weil es den ja noch nicht gab, dessen Söhne nach dem Recht zum Priestertum kamen, sie konnten später den Zehnten nehmen vom Volk, also von ihren Brüdern, obwohl diese auch von Abraham abstammten.

Der aber, der nicht von ihrem Stamm war, segnete ihren Erzvater und nahm den Zehnten. Es gilt, dass der Geringere vom Höheren gesegnet wird, so tat es Melchisedek.

So wird Jesus, der Sohn Gottes, der verheißene Nachfolger Melchisedeks nach Psalm 110.4: Der Herr hat geschworen und es wird ihn nicht gereuen, dass Jesus „ein Priester ewiglich nach der Weise Melchisedeks" ist! Damit ist nun durch Christus das Ende des levitischen Priestertums gekommen. Wenn das Priestertum verändert ist, dann muss auch das Gesetz verändert werden, denn unser Herr ist aus dem Stamm Juda hervorgegangen, zu welchem Mose nichts gesagt hat vom Priestertum.

In gleicher Weise wie Melchisedek, wurde Jesus als Priester eingesetzt nicht nach dem Gesetz äußerlicher Gebote Aarons, sondern nach der Kraft des unzerstörbaren Lebens, ist Jesus mit der Aufgabe durch einen Eid Gottes „Priester in Ewigkeit" geworden.

So wurde das alte Gesetz aufgehoben, es war nutzlos, es „wird durch eine bessere Hoffnung ersetzt, durch die wir uns Gott nahen". Viele wurden Priester, weil der Tod keinen bleiben ließ, dieser aber bleibt ewig und hat ein unvergängliches Priestertum.

Er kann für immer selig machen, die durch ihn zu Gott kommen, denn er lebt für immer und bittet für sie! Er muss nicht, wie jene Hohepriester, die täglich zuerst für die eigenen Sünden Opfer darbringen und dann fürs Volk, denn er hat das ein für allemal getan, als er sich selbst opferte. Der Eid Gottes, der nach dem Gesetz gesagt worden ist, setzt den Sohn ein, der ewig und vollkommen ist, als Hohepriester.

Es wird vom einmaligen Opfer Christi gesprochen und mit dem alten Bund verglichen: Er ist auch nicht durch das Blut von Böcken oder Kälbern, sondern durch sein eigenes Blut, ein für allemal in das Heiligtum eingegangen und hat ewig Erlösung erworben. Und darum ist er auch der Mittler des neuen Bundes, damit durch seinen Tod, die Erlösung von den Übertretungen unter dem ersten Bund erfolgt und die Berufenen das verheißene ewige Erbe empfangen. Denn wo ein Testament ist, da muss der Tod dessen geschehen sein, der das Testament gemacht hat.

Im Hebräerbrief (11) steht: Es ist der Glaube, die feste Zuversicht auf das, was man hofft und das ohne Zweifel ist, auch wenn man es nicht sieht. In diesem Glauben haben die Alten Gottes Zeugnis erfahren. Der Glaube lässt uns erkennen dass die Welt durch Gottes Wort geschaffen ist. Viele Zeugen gibt es, wie Noah, Abraham, Isaak, Jakob, Josef und Mose. Daher lasst uns ablegen die Sünde und auferstehen zu Jesus, dem Anfänger und Vollender des Glaubens. Steht doch im Psalm 40.: Schlacht- und Speiseopfer gefallen dir nicht, aber die Ohren hast du mir aufgetan. Du willst weder Brandopfer noch Sündopfer. So sprech ich: Siehe ich komme. Deinen Willen, mein Gott, tue ich gern und dein Gesetz hab ich in meinem Herzen!

Jesus hat das Versprechen Davids erfüllt und das Blutopfer des 1. Bundes von Moses aufgehoben und sich selbst für unsere Sünden geopfert und den Neuen Bund geschlossen. Durch seinen Bund und seinen Leib sind wir geheiligt ein für allemal! Der Brief endet mit letzten Ermahnungen: Bleibt fest in der brüderlichen Liebe. Gastfrei zu sein, vergesst nicht, denn dadurch haben einige, ohne ihr Wissen, Engel beherbergt. Denkt an die Gefangenen, als wärt ihr Mitgefangene und an die Misshandelten, weil ihr auch noch im Leibe lebt.

Die Ehe soll in Ehren gehalten werden bei allen und das Ehebett unbefleckt, denn die Unzüchtigen und die Ehebrecher wird Gott richten. Seid nicht geldgierig und lasst euch genügen an dem, was da ist. Denn der Herr hat gesagt in Joshua 1.5: Ich will dich nicht verlassen noch von dir weichen! So können wir getrost sagen: Der Herr ist mein Helfer, ich will mich nicht fürchten, was kann mir ein Mensch tun? Gedenkt eurer Lehrer, die euch das Wort Gottes gesagt haben, ihr Ende schaut an und folgt ihrem Glauben. Jesus Christus gestern, heute und in Ewigkeit! Gutes tun und mit anderen teilen, das gefällt Gott. Nehmt dieses Wort der Ermahnung an, grüßt alle Lehrer und Heiligen. Es grüßen euch die Brüder aus Italien.

DER BRIEF DES JUDAS

Der Verfasser nennt sich „Knecht Jesu Christi und Bruder des Jakobus". Es ist anzunehmen, dass er kein Apostel ist und der Bruder ist wahrscheinlich „der Herrenbruder", also wäre der Verfasser ein jüngerer Bruder Jesus. Warum nennt er sich „Knecht Jesu Christi"? Weil sich auch der „sichere" Bruder Jesus, nie Bruder nennt. Weil die Brüder Jesu zuerst nicht an ihn glaubten, erst als er auferstanden war, glaubten sie.

Inhaltlich kämpft der Autor im Brief gegen Irrlehrer, es waren scheinchristliche Gnostiker mit der Idee des „Geistmenschen", so dass das irdische Leben unwichtig sei! Nun geht Judas mit diesen Irrlehren ins Gericht und sagt zu den Berufenen in Gott und in Christus: Gottlose haben sich eingeschlichen, die die Gnade unseres Gottes missbrauchen für ihre Ausschweifungen und sie verleugnen unseren alleinigen Herrscher und Herrn Jesus Christus. Ich will euch erinnern, dass der Herr, nachdem er sein Volk aus Ägypten geführt hat, dann die umbrachte, die nicht glaubten. Sodom und Gomorra, die Unzucht trieben und dem Fleisch nachgingen zerstört, verbrannt hatte! Ebenso sind auch diese Träumer, die ihr Fleisch beflecken, jede Herrschaft verachten und die himmlischen Mächte lästern. Diese lästern alles, wovon sie nichts verstehen, was sie aber von Natur aus kennen, wie die unvernünftigen Tiere, daran verderben sie. Bei euren gemeinsamen Mahlen sind sie Schandflecken, sie prassen ohne Scheu. Wehe ihnen, sie gehen den Weg des Kains, fallen in den Irrtum des Bileam (4.Mos22) um des Gewinns willen und kommen um, im Aufruhr Korachs. Henoch, der 7. von Adam an, hat geweissagt: Siehe der Herr kommt mit seinen vielen tausenden Heiligen zu richten alle und strafen alle Menschen für die Werke ihres gottlosen Wandels. Sie leben ihren Begierden und reden stolze Worte, sie schmeicheln den Leuten um des Nutzen Willens.

Ihr aber meine Lieben, erinnert euch der Worte, die gesagt wurden von den Aposteln unseres Herrn Jesus Christus, als sie euch sagten, dass zu der letzten Zeit, Spötter kommen werden, die nach ihren eigenen gottlosen Begierden leben. Diese sind es, die Spaltungen hervorrufen, niedrig gesinnte, die den Geist nicht haben. Ihr aber, meine Lieben, erbaut euch an euren allerheiligsten Glauben und betet im Heiligen Geist und erhaltet die Liebe Gottes und wartet auf die Barmherzigkeit unseres Herrn Jesus Christus zum ewigen Leben. Dem alleinigen Gott sei durch unseren Heiland Jesus Christus Ehre und Majestät und Gewalt und Macht jetzt und in Ewigkeit! Amen!

KATHOLIKEN – PROTESTANTEN

Die Christen glauben an Jesus Christus, der Sohn Gottes und Mensch zugleich war und den Jüngern am 3. Tag, nach seinem Tod am Kreuz, erschienen ist. Jesus nahm beim letzten Abendmahl das Brot und sagte Dank, brach es, reichte es seinen Jüngern und sprach: Nehmet und esset alle davon: Das ist mein Leib, der für euch hingegeben wird. Ebenso nahm er nach dem Mahl den Kelch, dankte wiederum, reichte ihn seinen Jüngern und sprach: Nehmet und trinket alle daraus: Das ist der Kelch des neuen und ewigen Bundes, mein Blut, das für euch und für viele vergossen wird zur Vergebung der Sünden. Tut dies zu meinem Gedächtnis.

In der Transsubstantiation ruft in der Eucharistie der katholische Priester Gott an um den Heiligen Geist, dass durch Konsekration (=Wandlung) das Brot und der Wein, durch die Worte, die Christus beim letzten Abendmahl sprach, in Leib und Blut Christi verwandelt werden. Bei der Kommunion sagt der katholische Priester, wenn er die Hostie dem Gläubigen überreicht: Der Leib Christi!

Katholiken glauben, dass in der Hostie Christus Leib ist (Mysterium!).

Die Protestanten glauben das nicht, denn Christus ist allgegenwärtig! Sie sprechen nicht von Transsubstantiation sondern von Konsubstantiation, also von Gegenwart in den unverwandelten Substanzen Brot und Wein. Wenn die Protestanten die stoffliche Verwandlung des Brotes und des Weines ablehnen, so glauben sie jedoch, wie erwähnt, an die Gegenwart (Realpräsenz) von Christi. Martin Luther (1483-1546) hat die Reformation, mit dem Anschlag seiner 95 Thesen gegen den Ablass, an der Wittenberger Kirche 1517, ausgelöst. Er wurde 1520 in den Bann getan und 1521 wurde über ihn die Reichsacht verhängt. Der Kurfürst von Sachsen nahm ihn, mit Decknamen Jörg, in der Wartburg auf. Wir wissen, dass dort die Bibelübersetzung entstand. Für ihn ist „Gerechtigkeit und Gnade bei Gott". Der Römerbrief Paulus 1.17 hat Luther geprägt: Das Evangelium offenbart die Gerechtigkeit Gottes. Sie kommt aus dem Glauben zum Glauben. Der Gerechte lebt aus dem Glauben. Letztlich wird der Mensch gerecht, ohne Gesetzes Werk, allein durch den Glauben. Luther sagt „in Sachen Gottes Ehre und der Seelen Seligkeit steht jeder für sich selbst vor Gott und gibt Rechenschadt ab". Er ist gegen die Bindung göttlicher Offenbarung und Gnade an irdische Institution, wie Papst, Klerus und Tradition.

Gottes Wort, das Evangelium, wie es in der Bibel steht, ist die alleinige Autorität.

Dagegen ist für Katholiken der Papst der Nachfolger von Petrus und der oberste Bischof, der unfehlbar ist. Katholische Priester geloben den Zölibat und dürfen nicht heiraten: Ihre Braut ist die Kirche, die Gemeinde. Die protestantischen Pastoren und Pastorinnen dürfen heiraten. Ohrenbeichte gibt es nicht.

Die Protestanten sind aus der Reformation hervorgegangen. Deren Grundlagen sind: Der Mensch ist ein Sünder, seine Rechtfertigung geschieht allein durch Christus, allein aus Gnade und allein durch den Glauben. Abgewiesen wird auch die Mitwirkung des Menschen an seinem Heil, ebenso eine Vermittlung durch Maria und die Heiligen, weiters der Wert der guten Werke für die ewige Seligkeit. Man konzentriert sich vielmehr auf die biblische Botschaft. Das Wort Gottes ist die alleinige Autorität und der Kern der christlichen Botschaft aus dem Glauben heraus, dass der Sünder sich allein rechtfertigen muss. Hieraus kommt die Forderung: Bewährung des Glaubens in der Welt, Priestertum aller

Gläubigen, Gemeinde als Gemeinschaft aller Glaubenden anstelle der hierarchischen Institution der katholischen Kirche. Die ausschließlich Heilsgewissheit beruht auf dem Glauben, den Jesus Christus offenbarte und auf der in der Heiligen Schrift bezeugten Gerechtigkeit und der vergebenden Liebe.

Der Einzelne hat eine persönliche Verbindung zu Gott, es gibt kein Heil begründende Kooperation des Menschen zu Gott, mittels guter Taten, wie das in der katholischen Kirche gepflegt wird. Weiters lehnen die Protestanten alle unpersönlichen Elemente des Glaubens, bei Sakramenten und Reliquien ab.

Katholisch heißt alle betreffend, die in der von Jesus Christus gestifteten Kirche sind. Katholiken sind zur Annahme der Wahrheiten als Mitglieder verpflichtet. Der Bischof von Rom, der Papst, ist das Oberhaupt und in Fragen des Glaubens und der Sittenlehre eine unfehlbare Instanz, eine unfehlbare Lehrautorität. Er hat die oberste Leitungsgewalt für jene, die zur röm. kath. Kirche gehören und getauft sind. Die gewissenhaft die Sakramente empfangen. Die Taufe ist lebenslang gültig! Am Konzil von Trient 1545-63 wurde unter starker Beteiligung von Karl Borromäus die Glaubensspaltung besiegelt!

Unabhängig ob Katholik oder Protestant gilt:

Gott ruft und beauftragt uns

Er ruft uns in sein Reich. Wie? Er selbst ist das Reich Gottes und es ist da, durch sein Wort. Unsere Aufgabe, die Aufgabe der Christen, ist es, sein Reich zu verwirklichen, es zu leben! Jeder von uns hat seinen Platz, um dort zu leisten was er vermag. Ob er nun händische Arbeit verrichtet oder geistige, oder auch Verantwortung für andere trägt. Gemessen werden wir nicht am „WAS", sondern am „WIE". Wie wir unser Ziel umsetzten, den Weg dorthin: Menschlich, entsprechend seinem Auftrag? Beim Abendmahl ist er bei uns, in uns und er spricht durch uns! Das Himmelreich ist da, wenn Menschen im Sinne Jesu Christi wirken, so lange das Gedächtnis an ihn bestehen wird! Das Reich Gottes kommt nicht laut von außen, es ist in uns (Lk 17.20 u.21)!

Wir dürfen nicht akzeptieren, dass 925 Mio. Menschen auf dieser Welt unterernährt sind, dass in Asien und Afrika Menschen verhungern und verdursten. Wir müssen Mittel bereitstellen, dass diese Menschen überleben, denn unsere „satte" Gesellschaft muss und kann die Selbsthilfe dieser Menschen mental und materiell fördern!

Wenn wir berufen sind das Himmelreich, Gottes Reich, schon hier zu verwirklichen, so haben wir das in unserer Sprache schon getan. ER ist hier allgegenwärtig: Gott sei Dank! Grüß Gott, in Gottes Namen…,Ach Gott, Herr hilf mir, Herr lass mich nicht in Stich, Herr steh´ mir bei, Jesus – Maria, ich kann nicht mehr – hilf mir usf. Leider nimmt die Fäkalsprache, wie der Fernsehfilm „Braunschlag" (Sept.2012) zeigt, rasch zu und verdrängt unser religiöses (unbewusstes) Sprachgut.

Historische Daten

Ich habe versucht, historisch gesicherte Tatsachen z.B. Sintflut 4.000 v. Chr. durch das Gilgamesch Epos und biblische Angaben in Einklang zu bringen. Bei Josef, den Vizekönig, unter den Hyksos, deren Zeit in Ägypten 1650-1550 war, und vieles andere. Wo sich ein Wiederspruch ergab, habe ich das aufgezeigt.

Die einzige Freiheit, die ich mir erlaubt habe und das ist wahrlich leicht vertretbar, ist, dass ich Jesus Geburt mit 24.12.05 v. Chr. angegeben habe. Das Geburtsjahr stimmt, weil Herodes der Große 04 v. Chr. gestorben ist. Ich bin mir bewusst, dass der von der Kirche festgelegte 24.12. heidnischen Ursprungs ist. Aber der missionarische Grund der Kirche, Christi Geburt dahin zu verlegen, hat sich so in unserem Gemüt gefestigt, dass dieses Datum zu akzeptieren ist.

Die anderen Daten im Neuen Testament sind durch historische Eckpfeiler halbwegs abgesichert!

Wo wurde das Buch geschrieben

Wenn ich von den Vorarbeiten in Wien und vor allem im heiligen Bezirk von Kallithea und in Heviz absehe, in Kirchberg am Wagram. 2001 sind wir von Wien ganz hierher gezogen, wo vor Jahrhunderten Scharen von Wallfahrern zur Wallfahrtskirche Maria Trost strömten, um bei der Madonna Hilfe zu erbitten. Da lebe und arbeite ich.

Wenn man vom Bahnhof die Bahnstraße bis zum Höhenzug Wagram geht, erfreuen fruchtbare Weinterrassen das Auge. Steigt man über die Beethovenstiege und dem Kirchenweg hinauf zur Maria. So sieht man von oben, soweit das Auge reicht, eine fruchtbare Ebene, das Tullnerfeld bis zum blauen Band der Donau.

Im Herbst wenn die Trauben reif sind, kann man, nachdem man bei Maria gebetet hat, z.B. den herrlichen Grünen oder Frühroten Vetliner und den Riesling verkosten. Gelegenheit gibt es genug. Ein kleiner Spaziergang auf den Akkazienwegen lässt einem die Hektik des Alltags vergessen. Ab und zu kostet man von einer Traube, wenn man den Wagram entlang wandert.

Ich sag immer: Hier entstehen gute Weine, wo sonst? Wenn hier eine „Bibel" geschrieben wird, da ist der Herr mit uns und lässt die Früchte bestens reifen und durch des Winzers sorgfältiger Lese und Pflege, wird daraus ein besonderer Wein.

In diesem gesegnetem Landstrich gedeiht aber nicht nur die geistige und geistliche Entfaltung, sondern auch die kulinarische Betreuung.

Als Motto könnte gelten: „Zuerst zur Maria um Trost, dann zur Schachtel zum Prost".

Die Gnadenstatue „Maria Trost" befindet sich in der wunderschönen Barockkirche St. Stephan, die auch die Jahrhunderte alte Wahlfahrtskirche „Maria Trost" ist. Und die „Schachtel" ist die berühmte Gebietsvinothek „Weritas" , ein Glaspalais, darin mehr als 200 Wagramer Weine auf Verkostung und Verkauf warten.

Von diesem „Glaspalast" aus genießt man einen herrlichen Blick über die Weingärten und das Tullnerfeld bis hin zu den Bergen der Voralpen.

Wallfahrt in Kirchberg

Dem Kirchberger Kaufmann Johann Christoph Beer wurde nach einem Gelöbnis 1679 der langersehnte Sohn geboren. Johann Beer errichtete umgehend auf einem Feld, neben dem heutigen neuen Friedhof, eine Steinsäule mit einer Madonna mit Jesuskind darauf. Viele Hilfesuchende kamen zur Maria auf der Säule.

Als Dank für die Heilung von einer schweren Erkrankung baute der Bauer Höck 1681 eine kleine Kapelle darüber. Die Madonna bewirkte viele Heilungen und Wunder.

Die Wallfahrt ließ den Markt aufblühen. Eine Reliefdarstellung der Madonna ist oberhalb des Einganges in die Kirche zu sehen. Seit der Barockisierung der Pfarrkirche ist die neue Gnadenstatue „Maria Trost", die wir heute noch verehren, am Hochaltar zu bewundern. Siehe Bildteil Seite 446. *1787 hatte Josef II. die Ursprungs kapelle des Wallfahrtsort sperren lassen.*

Petrus sagt

In seinem 2. Brief (20,21) knapp vor seinem Tod, zu allen Christen: Das sollt ihr wissen, keine Weissagung in der Schrift ist eine Sache der eigenen Auslegung, denn sie ist nicht vom menschlichen Willen hervorgebracht, sondern vom Heiligen Geist getrieben haben die Menschen in Gottes Namen geredet!

Letztlich bleibt

Unsere Wahrheit ist Jesus Christus: „Liebe deinen Nächsten, deine Nächste, wie dich selbst, so liebst du Gott". Jeder Mensch ist Gottes Ebenbild, von Kindesbeinen an, wenn auch unzulänglich!

Wir sind in der Gnade Jesu Christi. Er ist in uns: unsere guten Werke, sind seine Werke, denn „was du dem Geringsten meiner Brüder und Schwestern tust, das tust du mir!"

So beende ich dies umfangreiche Werk im Oktober 2012. Ich habe zwar geklagt, welche Last und Belastung die jahrelange Arbeit psychisch und physisch war, aber nicht von der Freude gesprochen, die Erkenntnis und das Erkennen der Zusammenhänge mir bereitet haben. Wenn ein Problem gelöst war oder ich glaubte, den richtigen Weg gefunden zu haben, ist diese Zufriedenheit kaum zu beschreiben.

Zum Schluss

Das Alte Testament war Schmerz, die Psalmen waren Trost, das Neue Testament war Freude, die Katastrophen sind unvergessen! Mir ging es mit der Bibel ähnlich, wie der Extrem-Bergsteigerin Gerlinde Kaltenbrunner mit dem K 2: der Pfad war steinig und steil, aber der Gipfel war der Himmel.

Resümee

Zum Teufel mit Krieg und Hader, mit Rache und Terror usw. Wir haben genug mit Naturkatastrophen zu kämpfen. Seid friedlich, helft einander. Macht Kompromisse statt Streit und Drohung. Achtet die Fremden! Arbeitet und helft in der Not statt zu lügen und zu betrügen. Lasst jedem seine Religion, sein eigenes Leben, so lange er niemand schadet. Denn dazu habe ich das Buch geschrieben. Da liegt mein Herzblut drin! Trotz gewaltiger Widerstände ist es fertig geworden. Es hat mir geholfen in der Not 2005 und 2006 (Unfall meiner Frau und dessen Folgen).

Kein Mensch soll leiden

Das ist der Sinn des Lebens. Er hat gesagt: Was du willst, das man dir tut, das tu auch du den anderen. Ich danke dem Herrn, dass ich herausschreien konnte gegen die Kälte dieser Welt! Und ich singe: Herr, du hast mein Fleh´n vernommen, selig pocht´s in meiner Brust…

NACHWORT

Wenn Lukas ein Rezept angibt, oder er heilt Paulus von Ischias oder anderen Gebrechen, oder ich analysiere Joshuas Vorgehen im Sinne der Qualitätssicherung, dann gehen meine Erzählungen weit über die Bibel hinaus. Wenn ich viele menschliche Bereiche einbezogen habe, so wollte ich damit den Menschen helfen.

Aber im Großen und Ganzen habe ich mich eng (manchmal wörtlich) an die Bibel gehalten. Das ging so weit, dass mein Sprachrhythmus schon sehr an die Bibel angepasst war. Es sollte dieses wertvolle Gedankengut möglichst vollständig erhalten bleiben. Und ein letztes Mal: Nicht die Form, sondern der Inhalt war mir wichtig!

Am Schluß meinen Dank dem Druckwerk Krems, besonders Hr. Ing. Herbert Malek und allen, die mitgeholfen haben, damit das Werk fertig wurde.

ANHANG

Zeitrechnung

Nisan =	1. Monat 16.03. - 15.04. (Monat der Ähren)
Ijjar =	2. Monat 16.04. - 15.05. (Blüten)
Siwan =	3. Monat 16.05. - 15.06.
Tammus =	4. Monat 16.06. - 15.07.
Ab =	5. Monat 16.07. - 15.08.
Elul =	6. Monat 16.08. - 15.09.
Tischri =	7. Monat 16.09. - 15.10. (Laubhütten)
Marcheschwan =	8. Monat 16.10. - 15.11. (Regen)
Kislew =	9. Monat 16.11. - 15.12.
Tebet =	10. Monat 16.12. - 15.01.
Schebat =	11. Monat 16.01. - 15.02.
Adar =	12. Monat 16.02. - 15.03.

Tageszeit: Sonnenaufgang bis -untergang: 12 Stunden

3. Stunde: Vormittag (6:00-9:00)
6. Stunde: Mittag (9:00-12:00)
9. Stunde: Nachmittag (12:00-15:00)
12. Stunde: Abend (15:00-18:00)

Feste

zu feiern im Jerusalemer Tempel:

1. Passafest = Pessachfest entspricht dem christlichen Ostern, es wird vom 14. Tag – 21. Tag des ersten Monats des Auszugs aus Ägypten, dem Monat Nisan gefeiert, gefeiert, d. i. der 29.03. - 05.04. Der erste Tag wird mit der Opferung eines Lammes begangen, ab dem zweiten Tag wird zur Erinnerung nur ungesäuertes Brot gegessen.
Jesus Christus opferte sich am 29.03.30 für alle Menschen, zur Vergebung der Sünden, als Opferlamm am Kreuz, er ist das Passalamm des neuen Bundes. Er starb am Kreuz als im Tempel von Jerusalem die Passalämmer geschlachtet wurden. Am Abend des Tages davor hielt er mit seinen Aposteln das Passamahl, als Feier des Gedächtnismahles des neuen Bundes.
Er setzte für die Gemeinde = Kirche das Abendmahl ein, darin er zugegen ist, auch in Zukunft, nach seinem Opfertod, zur Vergebung der Sünden und der Zusage des Lebens und der Erlösung für den Christen.

2. Fest der Ernte = Wochenfest = Tag der Erstlinge entspricht dem christlichen Pfingsten. Es wird am siebenten Sabbat, am 50. Tag ab dem Pessachfest, gefeiert. Das ist am Ende der Gersten- und am Beginn der Weizenernte.
Es sollen zwei Weizenbrote als Speiseopfer dem Herrn gebracht werden. Das Fest erinnert auch an die Gottesoffenbarung und den Bundesschluss am Berg Sinai.

3. Laubhüttenfest = Erntedankfest

Wird alle drei Jahre im Herbst am 15. Tag des siebenten Monats Tischri begonnen und dauert 7 + 1 Tage: vom 30.09. - 06./07.10. Es erinnert an das Wohnen in Laubhütten in der Wüste beim Auszug. Dabei wird in „Laubhütten" gewohnt und für die Ernte gedankt!

Maße

Länge:
1 Elle = 45 cm
1 Spanne = $^1/_2$ Elle = 22,5 cm
1 Handbreite = $^1/_3$ Spanne = 7,5 cm
1 Fingerbreite = 1,9 cm

Hohlmaß:
1 Kanne = 1 Kab = 2,2 l
1 Becher = 1 Log = $^1/_4$ Kab = 0,55 l
1 Hin = 3 Kab = 6,6 l
1 Eimer = 1 Scheffel = 1 Epha = 1 Efa = 1 Bat = 18 Kab = 39,6 l
1 Homer = 1 Eselsladung = 1 Gomer = 1 Kor = 10 Epha = 180 Kab = 396 l

Gewicht:
1 Lot = 11,5 g
1 hl. Lot = 20 g
1 Mine = 1 Pfund = 50 Lot = 575 g
1 Talent = 60 Minen = 3000 Lot = 34500 g = 34,5 kg

Geld

Altes Testament: 1 Schekel = 1 Silberlot = 11,5 g Silber = 1 Taler = 50 €
1 hl. Silberlot = 20 g Silber
Neues Testament: 1 Schekel = 1 Silberlot = 11,5 g Silber = 2 römische Denare =
2 griechische Drachmen = 30 € = jährl. Tempelsteuer =
1 Doppeldrachmenmünze
1 Denar = $^1/_2$ Schekel = 15 € = Silbergroschen = röm. Kopfsteuer pro Jahr
1 Stater = 4 Drachmenmünzen = Silberling = 2 Schekel
1 Mine (griechisch) = 100 Drachmen = 50 Schekel
1 Talent (griechisch) = 60 Minen = 6.000 Drachmen = 3.000 Schekel = 34,5 kg Silber =
90.000 €

Zeittafel

1992 v. Chr.: Terach Geb. in Ur

1922 v. Chr.: Terach 70 + 1. Frau: Abraham Geb. in Ur

1921 v. Chr.: Terach 71 + 1. Frau: Nahor Geb. in Ur

1920 v. Chr.: Terach 72 + 1. Frau: Haran Geb. in Ur

1912 v. Chr.: Terach 80 + 2. Frau: Sarah Geb. in Ur

1900 v. Chr.: Haran 20 + Frau: Lot Geb. in Ur

1899 v. Chr.: Haran 21 + Frau: Milka geb. in Ur

1898 v. Chr.: Haran 22 + Frau: Jiska Geb. in Ur

1884 v. Chr.: Haran + Frau: † in Ur

1883 v. Chr.: Abraham 39 + Sarah 29: ∞
Nahor 38 + Milka 16: ∞

1881 v. Chr.: Nahor 40 + Milka 18: 1. Sohn Uz in Ur

1874 v. Chr.: Nahor 47 + Milka 25: 8. Sohn Betuël in Ur

1857 v. Chr.: Terach 135, Abraham 65, Sarah 55 und Lot 43 ziehen von Ur nach Haran

1847 v. Chr.: Abraham 75, Sarah 65, Lot 53 ziehen von Haran nach Kanaan

1846 v. Chr.: Abraham 76, Sarah 66 und Lot 54 ziehen von Kanaan nach Ägypten, Lot heiratet Ägypterin 24, Geb. einer Tochter. Sarah nimmt 14-jährige Ägypterin als Magd auf

1845 v. Chr.: Abraham 77, Sarah 67 und Lot 55 + Frau kehren nach Kanaan Bethel zurück, Lot + Frau: Geb. der jüngeren Tochter, Lot zieht nach Sodom

1842 v. Chr.: Terach 150 in Haran,
Nahor 79, Frau Milka 57, Schwägerin Jiska 56 und die 8 Söhne von Nahor und Milka (1. Uz 39 bis zum 8. Betuël 32) ziehen von Ur nach Haran zum Vater bzw. Großvater

1836 v. Chr.: Abraham 86 und Sarahs Magd aus Ägypten 24: Geb. von Ismael in Hebron

1823 v. Chr.: Abraham 99, Bund mit Gott, Beschneidung der Männer. Vor der Zerstörung errettet Abraham Lot 77 mit Fam. aus Sodom, Lots Frau 47 stirbt auf der Flucht †, Lots Töchter 23 und 22 werden errettet

1822 v. Chr.: Abraham 100 und Sarah 90: Geb. Isaak in Hebron, Hagar 38 muss mit Sohn Ismael 14 Hebron verlassen und geht in die Wüste Schur, Betuël, der 8. Sohn von Nahor und Milka bekommt 52-jährig den Sohn Laban in Nahor

1821 v. Chr.: Lots ältere Tochter 25 + Lot 79 bekommen einen Sohn, daraus Stamm der Moabiter und die jüngere Tochter 24 bekommt von Lot einen Sohn, aus dem die Ammoniter abstammen

1809 v. Chr.: Betuël 65 + Frau: Tochter Rebekka in Nahor

1787 v. Chr.: Terach stirbt 205 Jahre alt in Haran †

1785 v. Chr.: Sarah stirbt 127 Jahre alt in Hebron † Grab in Machpela

1782 v. Chr.: Rebekka 27 von Haran-Nahor nach Kanaan, Isaak 40 + Rebekka 27: ∞ am Brunnen des Lebendigen

1780 v. Chr.:	Abraham 142 + Ketura 32 (2. Frau): ∞
1779 v. Chr.:	Abraham 143 + Ketura 33: 1. Sohn …
1776 v. Chr.:	4. Sohn Midian
1774 v. Chr.:	6. Sohn…
1762 v. Chr.:	Isaak 60 + Rebekka 47: Esau und Jakob Geburt
1750 v. Chr.:	Abraham 172 schickt Ketura 62 mit den 6 Söhnen (Midian 26) „ostwärts", → Stamm Midian
1747 v. Chr.:	Abraham stirbt 175 Jahre alt in Hebron † Machpela
1722 v. Chr.:	Esau 40 + Hethiterin Jehudit + Hethiterin Basemat ∞ als Frauen
1720 v. Chr.:	Jakob 42 zieht nach Haran zu seinem Onkel Laban und wirbt um Rachel, Esau 42 nimmt als 3. Frau Mahalat
1713 v. Chr.:	Jakob 49 nach 7 Jahren Dienst Heirat ∞ mit Lea (Silpa) + Rachel (Bilha)
1712 v. Chr.:	Söhne: Ruben
1711 v. Chr.:	Simeon………………(Dan)
1710 v. Chr.:	Levi……………….…(Naphtali)
1709 v. Chr.:	Juda
1708 v. Chr.:	Issachar (Gad)
1707 v. Chr.:	Sebulon (Asser)
1706 v. Chr.:	Tochter Dina……Sohn Josef
1706 v. Chr.:	Nach 7 Jahren arbeitet Jakob 56 noch 6 Jahre für die „geteilte" Herde
1700 v. Chr.:	Jakob 62 „flieht" von Haran nach Kanaan
1699 v. Chr.:	Jakob 63 + Rachel † Bethlehem bei Geb. von Benjamin
1689 v. Chr.:	Verkauf von Josef 17 an Potiphar
1650 v. Chr.:	Niedergang der 13. und 14. Dynastie der Pharaonen, viele Herrscher regieren neben einander in der Zeit 1785-1650. Mit brutaler Gewalt erobern die Hyksos Ägypten. Es wird die 15. bis 17. Dynastie. König Chian-Salitis duldet tributpflichtige Unterkönige. Josef 56 wird Vicekönig von Chian. Hauptstadt ist Auraris. Es ist das 1. fette von Josef vorausgesagten 7 fetten Jahre 1650-1644
1650 v. Chr.:	Josef heiratet Aseneth, die Tochter des Oberpriesters
1649 v. Chr.:	Josef 57 + Aseneth: 1. Sohn Manasse
1648 v. Chr.:	Josef 58 + Aseneth: 2. Sohn Ephraim
1643 v. Chr.:	1. Hungerjahr von 7 mageren Jahren, die Josef bevorratet hat
1642 v. Chr.:	Isaak stirbt 180-jährig †, Jakob = Israel kommt mit 70 Familienmitgliedern nach Gosen, Jakob ist 120 Jahre, Josef 64, König Chian 58. Die Zwischenzeit der 15.-17. Dynastie wird durch Fremdherrscher = Hyksos geprägt
1637 v. Chr.:	Ist das letzte Hungerjahr
1618 v. Chr.:	Hyksos König Chian † stirbt 82-jährig, Apophis ist sein Nachfolger
1589 v. Chr.:	Jakob = Israel stirbt 173-jährig in Gosen †. Er wird nach Machpela gebracht und beerdigt

1570 v. Chr.:	Josef stirbt 136-jährig † in Ägypten und wird einbalsamiert. Die Israeliten nehmen bei der Flucht den Sarg mit.
1551 v. Chr.:	Fürst Kamose von Theben beginnt den Aufstand gegen die Hyksos. Sein Bruder Amosis nimmt Auraris ein und vertreibt die Hyksos endgültig! Damit endet die 2. Zwischenzeit
1551-1306 v. Chr.:	18. Dynastie: König Amosis I. begründet das Neue Reich. Hass auf die Israeliten, weil sie mit den Hyksos kollaborierten, zusammenarbeiteten mit den Fremdherrschern. Die Israeliten müssen Frondienst leisten. Auf Amosis folgt Thutmosis I., der aus Ägypten eine Großmacht formt. Nach Thutmosis IV. folgt Amenophis IV. 1372-1354. Er lebt nur der Religion, er ersetzt den Amon = Ammon = Amun – Kult durch den Ato-Kult (Ato = Sonne), wo alle Menschen in der Liebe des einzigen Gottes gleich sind = monotheistischer und mystischer Glaube. Er nennt sich Echnaton (er gefällt Aton). Er gründet die neue Hauptstadt Amarna, nennt sich Prophet Atos.
1306-1290 v. Chr.:	19. Danastie Sethos I., er baute in Theben Tempel, sonst ein schwacher König
1300 v. Chr.:	Amram 28 aus dem Stamm Levi + Jochebed 26: Tochter Mirjam in Gosen
1296 v. Chr.:	Amram 32 + Jochebed 30: Sohn Aron = Aaron in Gosen
1292 v. Chr.:	Amram 36 + Jochebed 34: Sohn Mose. Mose 3 Monate alt erhält Ziehmutter Tutnan 16, eine ägyptische Königstochter, Mose bleibt bei seiner Mutter Jochebed = Amme bis er 3 Jahre alt ist
1290 v. Chr.:	Ramses II. ist berühmt und eitel, seine Hauptstadt ist im Delta Tanis. Er baut viel, auch Streitwagen für das Heer. Er „verliert" die Schlacht gegen die Hethiter 1285 bei Kadesch. Das Unentschieden formt er in einen Sieg um und baut Denkmäler in Abu Simbel und Luxor u. a.
1289 v. Chr.:	Mose 3 zieht zu seiner Mutter Tutnan 19 in den Palast. Die Israeliten bauen in Fronarbeit im Delta des Nils die Städte Ramses und Piton
1277 v. Chr.:	Hoschea = Josua wird dem Nun aus dem Stamm Ephraim in Gosen geboren
1270 v. Chr.:	Ramses II. macht Friedensvertrag mit Hethitern und heiratet eine hethitische Prinzessin
1267 v. Chr.:	Mose 25 erschlägt einen ägyptischen Fronvogt und flieht nach Midian. Seine Mutter Tutnan 41 hilft ihm bei der Flucht.
1267 v. Chr.:	Mose 25 lebt in Midian bei Jetro u. dessen 7 Töchtern. Mose heiratet Zippora 20
1266 v. Chr.:	Mose 26 + Zippora 21: Sohn Gerschom in Midian
1265 v. Chr.:	Mose 27 + Zippora 22: Sohn Elieser in Midian
1237 v. Chr.:	Jochebed 89 † Ramses, Mose 55 in Midian
1233 v. Chr.:	Amram 95 † Ramses, Mose 59 in Midian
1231 v. Chr.:	Tutnan 77 † Ramses, Mose 61 in Midian

1224 v. Chr.:	Ramses II. stirbt †, Ramses Sohn wird König: Meneptah = Merenptah, 19. Dynastie, einer der härtesten und rücksichtslosesten Herrscher gegen die Israeliten, ansonsten ein unbedeutender Pharao. Er regiert bis 1210, er wird ermordet, danach Thronwirren
1213 v. Chr.:	Mose 79 erhält von Gott den Auftrag „sein Volk" zu retten und von Gosen weg zu ziehen in das Land, dass Gott ihnen gibt. Zippora ist 74 Jahre alt, Gerschom 53 Jahre alt und Elieser 52 Jahre alt. Mose wandert mit Familie nach Gosen
1213 v. Chr.:	Mose 79 und Aron 83 verhandeln mit Meneptah über den Auszug der Israeliten. Plagen über die Ägypter
1212 v. Chr.:	Im Frühjahr Exodus = Auszug der Israeliten, Mose 80, Aron 84, Mirjam 88
1212 v. Chr.:	Exodus = Auszug aus Ägypten: Vor 430 Jahren 1642 waren die Israeliten nach Gosen – Ägypten gekommen. Vor 645 Jahren 1857 waren Terach, Abraham, Sarah und Lot aus Ur ins gelobte Land ausgezogen und in Haran gelandet
1212 v. Chr.:	Gebote und Gesetze, die Mose vom Berg Sinai = Berg Moses bringt. Die Eingott = monotheistische Religion wird für eine Million Menschen in der Wüste verbindlich und mit äußerst strengen Vorschriften verwirklicht!
1210 v. Chr.:	Aufbruch mit Zwischenlagern nach Kadesch-Barnea
1204 v. Chr.:	Mirjam stirbt 96-jährig in Kadesch †
1173 v. Chr.:	Aaron stirbt am Berg Hor † im Alter von 123 Jahren. Er wird tief betrauert. Mose beruft Arons Sohn Eleasar zum Oberpriester
1173 v. Chr.:	39 Jahre dauert die „Wanderschaft" schon
1172 v. Chr.:	40 Jahre nach dem Auszug und Sieg über die Amoriter, „Strafexpedition" gegen die Midianiter und deren Vernichtung, Volkszählung im Jordantal. Mose schreibt und verliest – Gottes – Gesetze und übergibt mit Gottes Vollmacht seine Führerschaft an Josua, der ist 105 alt! Mose stirbt nachdem er das gelobte Land gesehen und die Aufteilung mit Josua festgelegt hat im Alter von 120 Jahren am Berg Nebo †
1171 v. Chr.:	Zerstörung von Jericho, Eroberung von Ai und Tötung aller Bewohner 12.000 durch 35.000 Israeliten!!! Dankopfer am Garizim, Verlesung der Gesetze am Ebal bei Sichem
1171 v. Chr.:	Befreiung von Gibeon
1170 v. Chr.:	Eroberung des Südens
1169 v. Chr.:	Eroberung des Nordens, Josua 108 Jahre teilt mit Eleasar das Land auf
1167 v. Chr.:	Josua 110 Jahre † Timnat-Heres
ab 1167 v. Chr.:	Herrschaft der Richter
1012-1004 v. Chr.:	König Saul
1004- 998 v. Chr.:	König David in Hebron
997- 965 v. Chr.:	König David in Jerusalem
965- 926 v. Chr.:	König Salomo
962- 955 v. Chr.:	König Tempelbau

926- 910 v. Chr.:	König Rehabeam Südreich = Juda
926- 907 v. Chr.:	Jerobeam I. Nordreich = Israel
722 v. Chr.:	Hiskias von Juda versucht Israel von der assyrischen Herrschaft zu befreien, darauf vernichtet Sargon II von Assyrien das Königreich Israel
587 v. Chr.:	Nebukadnezar der König von Babylon zerstört Jerusalem und führt große Teile der Bevölkerung in die babylonische Gefangenschaft (Altes Testament wird aufgezeichnet)
538 v. Chr.:	Kyros von Persien unterwirft das Babylonische Reich und entlässt die Juden in ihre Heimat
332 v. Chr.:	Unter Alexander d. Großen wird Palästina griechische Provinz
312 v. Chr.:	Palästina unter ägyptischer Herrschaft
218 v. Chr.:	Palästina unter syrischer Herrschaft

39-04 v. Chr.:	Herodes der Große regiert, gestützt vom röm. Kaiser Augustus. Nach dem Tod von Herodes d.Gr. wird das Reich auf die Söhne Archelaus, Herodes Antipas und Herodes Philippus aufgeteilt.
30 v.-14 n. Chr.:	Röm. Kaiser Augustus
10 v. Chr.:	Simon (später Kephas aram. = Petrus = Fels von Jesus genannt) als Sohn des Johannes und der Salome in Betsaida am See Genezareth geboren. Simon heißt: Gott hat gehört!
E 03.05 v. Chr.:	Josef 40 + Maria 16: ∞
A 04.05 v. Chr.:	Maria geht zu Elisabeth um ihr zu helfen
24.06.05 v. Chr.:	Zacharias + Elisabeth: Geb. von Johannes (später „der Täufer")
24.12.05 v. Chr.:	Josef 40 + Maria 16: Geb. von Jesus (von Nazareth) in Betlehem, Flucht nach Ägypten
03.04. v. Chr.:	Tod von Herodes d. Gr. Herodes, Antipas wird Herrscher von Galiläa und Peräa bis 39 n.Chr. Er macht Sepphoris zur Hauptstadt und residiert dort. Er gründet Tiberias am See Genezareth. In Jerusalem hat er einen Palast.
02. n. Chr.:	Jesus Bruder Jakobus wird von Maria geboren. Es folgen in den nächsten Jahren noch drei Brüder und zwei Schwestern.
24.12.08 n. Chr.:	Jesus 12 Jahre alt
06.04.09 n. Chr.:	Der 12-jährige Jesus diskutiert im Tempel mit Schriftgelehrten.
14. n. Chr.:	Tiberius wird röm. Kaiser (bis 37 n.Chr.)
26-37 n. Chr.:	Der römische Prokurator Pontius Pilatus herrscht. Der Hohepriester ist Kaiphas.
09 n. Chr.:	Saulus = Paulus wird in Tarsus geboren
28 n. Chr.:	Heirat zwischen Herodes Antipas und Herodias, der Frau seines Halbbruders Herodes Philipos. Sie bringt eine Tochter Salome mit in die Ehe. Diese ist die Nichte von Antipas. Johannes „der Täufer" predigt am Jordan gegen diese empörende Beziehung und prangert sie öffentlich an. Johannes tauft viele.

28 n. Chr.:	Jesus lässt sich von Johannes taufen. Jesus ist sechs Monate jünger als Johannes. Der 31-jährige Jesus wird als „Gottessohn" berufen und geht für 40 Tage in die Wüste.
25.03.28 n. Chr.:	Johannes der Täufer wird wegen „Aufstandes" eingekerkert
21.04.28 n. Chr.:	Jesus kommt aus der Wüste zurück und geht nach Galiläa, um seinen Auftrag von Gott zu beginnen.
29.08.28 n. Chr.:	Durch eine List von Salome lässt Antipas Johannes den Täufer enthaupten. Antipas wird 37 vom Kaiser Caligula, wegen Verschwörung, nach Lyon in Gallien verbannt, Herodias geht freiwillig mit ihm!
24.12.28 n. Chr.:	Jesus ist 32 Jahre alt Maria 48
29.03.29 n. Chr.:	Jesus am Passafest in Jerusalem
29.09.29 n. Chr.:	Jesus am Laubhüttenfest
24.12.29 n. Chr.:	Jesus 33, Maria 49
So 24.03.30 n. Chr.:	Einzug in Jerusalem
Fr 29.03.30 n. Chr.:	Jesus (33) wird gekreuzigt
04.30 n. Chr.:	Saulus = Paulus 21-jährig kommt zur religiösen Ausbildung nach Jerusalem
26.12.30 n. Chr.:	Steinigung von Stephanus
31 n. Chr.:	Verfolgung der ersten Christengemeinde in Jerusalem vor allem durch Saulus. Zerstreuung der ersten Christen.
25.01.32 n. Chr.:	Saulus 23, am Weg nach Damaskus bekehrt. Saulus=Paulus kehrt nach Wüstenaufenthalt nach Damaskus und Tarsus zurück
33 n. Chr.:	Petrus und die Apostel missionieren das Land
33 n. Chr.:	Petrus in Lydda, Joppe und Cäsarea
33 n. Chr.:	Paulus „seine" Jesus Christusgemeinde wächst
35 n. Chr.:	Paulus in Jerusalem bei Petrus, Johannes und dem Bruder des Herrn Jakobus. Auch mit Barnabas war er zusammen. Paulus kehrte nach Tarsus zurück.
43 n. Chr.:	Tod des Jakobus d. Älteren
44 n. Chr.:	Barnabas und Paulus in Antiochia a. Orontes
44 n. Chr.:	Die Befreiung von Petrus
45 n. Chr.:	Paulus und Barnabas kehren nach Jerusalem zurück.
45 n. Chr.:	Paulus + Barnabas sind auf der 1. Mission in Zypern, Pamphylien, Pisidien, Ikonien, Lystra, Derbe
48 n. Chr.:	Paulus + Barnabas zurück in Antiochia am Orontes
49 n. Chr.:	Apostelkonzil in Jerusalem
49 n. Chr.:	Petrus bleibt in Antiochia am Orontes
49 n. Chr.:	2. Missionsreise von Paulus und Silas nach Galatien, Troas, Mazedonien, Athen, Korinth, 1. u. 2. Thessalonikerbrief von Paulus. Mission von Barnabas und Johannes Markus in Zypern
50 n. Chr.:	Petrus segelt nach Korinth
51 n. Chr.:	Petrus Reise nach Rom
53 n. Chr.:	Rückkehr des Paulus nach Cäsarea / Jerusalem von der 2. Missionsreise.

54 n. Chr.:	3. Missionsreise von Paulus Galatien, Ephesus (Galater und 1. Korintherbrief), Mazedonien (2. Korintherbrief), Korinth (Römerbrief), Troas, Milet Jerusalem.
58 n. Chr.:	Paulus in Jerusalem verhaftet
58-60 n. Chr.:	Festus Prokurator von Judäa setzt Paulus in Cäsarea fest (Schutzhaft)
60 n. Chr.:	Paulus wird vom Cäsarea per Schiff nach Rom überstellt, Lukas ist bei ihm
61-63 n. Chr.:	Paulus in Rom in Haft
63 n. Chr.:	Röm. Feldherr Pompejus erobert Jerusalem. Palästina wird röm. Provinz.
64-67 n. Chr.:	Christenverfolgung in Rom durch Nero
64 n. Chr.:	Petrus verhaftet (1. Petrusbrief)
29.06.65 n. Chr.:	Petrus mit Kopf nach unten gekreuzigt (2.Brief)
65 n. Chr.:	Paulus verhaftet
29.06.66 n. Chr.:	Paulus wurde geköpft
66-70 n. Chr.:	Großer Aufstand gegen die Römer. Titus der Sohn Vespasianus erobert Jerusalem und zerstört es!
70 n. Chr.:	Er zerstört den Tempel und nimmt damit den Gläubigen das Herz. Die Juden zerstreuen sich im Römischen Reich und in das benachbarte Parthern Land.
73 n. Chr.:	Massada, die letzte jüdische Festung wird von den Römern eingenommen
132-135 n. Chr.:	Letzter Aufstand gegen die Römer geführt von Bar Kochba. Kaiser Hadrian lässt Jerusalem vollständig zerstören und verbietet den Juden den Zutritt. Das Schicksal der Juden ist die Diaspora = Zerstreuung!
313 n. Chr.:	Konstantin der Große erlaubt das Christentum im Römischen Reich.
326 n. Chr.:	Kaiserin Helene, die Mutter Konstantinus, besucht Jerusalem und lässt die Kirche des hl. Grabes Jesu bauen.
391 n. Chr.:	Kaiser Theodosius erklärt das Christentum zur Staatsreligion.
537 n. Chr.:	Durch das Edikt des Kaisers Justinian, werden den Juden im Röm. Reich alle bürgerlichen und religiösen Rechte aberkannt, da ihnen die Kreuzigung Christi als untilgbare Schuld angelastet wird.
610 n. Chr.:	Mohamed empfängt in Mekka seine ersten Offenbarungen.
638 n. Chr.:	Araber erobern Jerusalem
1096-1099 n. Chr.:	1.Kreuzzug, bis 1187 ist Jerusalem unter christlicher Herrschern.
bis 1270 n. Chr.:	Ende des 7. Kreuzzuges.
1291 n. Chr.:	nehmen die Muslime Akkos ein.

Namen und Hinweise

Aaron	= Aron Bruder Moses, Oberpriester
Abraham	= Vater vieler Völker, urspr.
Abram	= der Vater = Gott ist erhaben
Adam	= Mensch
Asser	= Aser = Ascher = glücklich sein, er war der Sohn Jakobs
Astarte	= Aschtoret = urspr. mesopotanische Liebesgöttin, von den Hyksos nach Ägypten gebracht, hatte mit Baal einen gemeinsamen Tempel in Memphis. Wurde auch in den Tagen der Richter mit Baal zusammen von den „Götzendienern" verehrt. Für die Philister war sie auch Kriegsgöttin.
Augustus	= der Erhabene, röm. Kaiser
Baal	= Gebieter, Mächtiger = Naturgott in Kanaan von den „Götzendienern" verehrt
Barak	= blitzendes Schwert, israel. Feldherr unter Debora
Barnabas	= Sohn des Trostes, teilweise Begleiter v. Paulas
Benjamin	= Sohn meiner rechten Hand, Glückssohn, der jüngste Sohn Jakobs und Rahels
Boas	= in ihm ist Kraft, reicher Landbesitzer in Bethlehem, heiratet Ruth. Er war der Großvater Davids und Vorfahre Jesus.
Dagon	= Getreide = wichtigster Gott der Philister
Dan	= urteilen, verteidigen = 1. Sohn Jakobs und Bilha
Daniel	= Gott hat gerichtet
David	= Geliebter, der jüngste Sohn Isais, Urenkel von Ruth und Boas
Debora	= Biene, Amme von Rebekka
Delila	= kokett, verführerisch, Geliebte Simsons, lieferte ihn an die Philister aus
Ehud	= kräftig, Richter der die Israeliten v. d. Moabitern befreite
Eleasar	= Gott hat geholfen, der 3. Sohn Aarons, er wurde Hohenpriester
Elia	= Elija = der Herr ist mein Gott, der 1. Prophet, er hatte Wunder gewirkt
Elieser	= Gott ist meine Hilfe, Abrahams Diener aus Damaskus; weiters: der zweitgeborene Sohn von Mose und Zippora
Elisa	= Gott ist mein Heil, Prophet aus Gilead, Schüler und Gefährte Elija, der ihm am Berg Horeb den Mantel überlegte und ihn zum Propheten bestellte. Elisa bewirkte Wunder!
Elisabeth	= mein Gott hat geschworen, Mutter v. Joh. dem Täufer.
Ephraim	= fruchtbares Land, jüngerer Sohn von Josef und Asenat
Esra	= Gott hilft, ein Schriftgelehrter wird beauftragt 458 v. Chr. Geschenke vom persischen König Artaxerxes in den Tempel v. Jerusalem zu bringen. Mit Anhängern bringt er Gold, Silber u. Opfertiere nach Jerusalem, lässt die Gesetze vorlesen und fordert Männer, die nicht jüdische Frauen hatten auf, diese und die Kinder wegzuschicken.
Ester	= Stern, siehe Buch Ester.

Eva	= Leben, Mutter aller, die da leben!
Felix	= der Glückliche
Gabriel	= Gott ist stark, Engel der die Geburt von Johannes dem Täufer und von Jesus ankündigte
Gad	= Glück, 1. Sohn Jakobs und Silpa
Gideon	= Fäller, Krieger, bedeutender Richter.
Goliath	= der Glänzende, Riese aus Gat und Kämpfer der Philister, wurde von David mit der Schleuder betäubt und mit dem Schwert enthauptet.
Habakuk	= Umarmer, kleiner Prophet, hat Dialog mit Gott und klagt über Gewalt und Ungerechtigkeit, die das Land bedrücken. Wann schreitet Gott dagegen ein? Der droht wegen dieses Aufbegehrens Juda „zu richten" u.s.f.
Hagar	= Wanderung, Flucht, ägyptische Magd von Sarah, Nebenfrau von Abraham.
Ham	= heiß, 2. Sohn Noahs
Hanna	= Gnade, Mutter von Samuel
Hannas	= Gott ist gnädig, Hohenpriester zur Zeit Pontius Pilatus in Judäa
Hur	= der Edle, Helfer Moses
Isaak	= Lachen
Issachar	= Issaschar = Mann des Lohnes, gib Lohn für meine Mühsal, 5. Sohn Jakobs und Lea.
Jakob	= Ferse, betrügen, der 3. Stammvater des Volkes Israel.
Jeremia	= der Herr ist erhaben, bedeutender Prophet: alle Schrift ist von Gott eingegeben! Der wissenschaftliche Nachweis eines biblischen Buches ist unwesentlich, wichtig ist, dass das Buch sich in der Gemeinde Gottes als Gottes Wort erweist!
Jesaja	= der Herr hat Heil geschenkt, einer der klassischen Propheten des Alten Testamentes. Im babylonischen Exil waren seine überlieferten Worte Halt im Glauben und wurden niedergeschrieben. Er weist schon auf den kommenden Gottesknecht hin, der hört und verkündigt und der stellvertretend die Strafe des Volkes auf sich nimmt, um die Versöhnung Gottes mit dem ungehorsamen Volk zu erreichen. Er stellt einen leidenden Messias vor, der sich als priesterliches Selbstopfer darbringt. Dieser leidende Messias bezieht die Elenden der Welt und die Heidenvölker in sein Reich des Heils ein.
Jesus	= Jeschua = Jehoschua = Josua = Gott rettet = Hilfe = Rettung
Johanna	= Begnadigte, die Frau des Chuzas, eines Verwalters von Herodes Antipas, Jesus heilte sie, sie wurde seine Jüngerin
Johannes	= Gott ist gnädig
Jona	= Taube, ein kleiner Prophet, er sollte nach Gottes Willen Ninive bekehren, floh aber und wollte mit einem Schiff von Jafo nach Tarris, in Seenot wurde er vom Walfisch verschlungen. Er war drei Tage im Magen des Fisches, auf seine Bitten, ließ Gott ihn ausspeien aufs Land. Er zog nach Ninive und bekehrte sie. D. h. Gottesliebe gilt für Alle!

Josef	= der Herr möge hinzufügen
Josua	= Joschua = Gott ist Erlösung. Der Sohn Nuns ist der Nachfolger Moses
Juda	= Gott preisen, 4. Sohn Jakobs mit seiner Frau Lea.
Judas	= Lobpreis, Judas Iskariot einer der 12 Jünger, er verriet Jesus.
Julia	= Jungfrau
Julius	= Jüngling
Kain	= Schmied, Besitz
Ketura	= Weihrauch, 2. Frau Abrahams
Laban	= Weiß, Bruder Rebekkas, Sohn von Betuel
Lazarus	= Gott hat geholfen, der Bruder von Maria und Marta aus Betanien, wurde von Jesus vom Tod auferweckt. Der Hohe Rat beschloss wegen der Auswirkung des Wunders, Jesus zu töten!
Levi	= zugetan sein, sich dazu gesellen, 3. Sohn Jakobs mit Lea
Lot	= Verhüllung, Schleier, Sohn Harans und Neffe Abrahams
Lukas	= der Erleuchtete
Magdala	= Größe
Magdalena	= Erhöhte
Mahalat	= 3. Frau Esaus
Manasse	= Vergessen machend, der ältere der zwei Söhne Josefs, der andere war Ephraim
Maria	
Markus	
Matthäus	
Messias	= Christos = Christus = Gesalbter, von Gott beauftragt
Michael	= Wer ist wie Gott?
Midian	= Streit, Hader, Sohn Abrahams von Ketura
Milka	= Königin, Tochter Harans und Schwester Lots, Frau von Nahor, ihrem Onkel
Mirjam	= Prophetin, Schwester Moses und Aaron
Mose	= Moses = Sohn. Der Evangelist Johannes beschreibt die Stellung Moses im Heilsplan Gottes: das Gesetz ist durch Mose gegeben, die Gnade und Wahrheit ist durch Jesus Christus gekommen!
Naphtali	= Naftali = Mein Kampf, der 2. Sohn Jakobs und mit Bilha.
Nahor	= Schnarcher, Vater von Terach und Großvater Abrahams und Nahors sowie Harans
Nehemia	= Gott hat getröstet, einer der jüdischen Oberen nach der Rückkehr a. d. babylonischen Exil. Baut 445 v. Chr. Stadtmauer von Jerusalem und die Tore wieder auf.
Noah	= Trost
No-Amon	= Theben, Stadt des Gottes
Amon	= Amun = Ammon = ägyptischer Staatsgott
Noomi	= die Liebliche
Nun	= Spross, Ephraimiter, Vater Joschuas
Obed	= Diener, der älteste Sohn von Ruth und Boas

Perez	= Riss
Philippus	= Pferdeliebhaber, Apostel aus Betsaida in Galiläa
Potiphar	= Potifar = Derjenige, den Re gegeben hat (Re = Sonnengott), Kämmerer und Oberster der Leibwache des Pharaos
Petrus	siehe Simon
Paulus	siehe Saulus
Potifera	= Derjenige, den Re gegeben hat, Priester im Tempel zu On (Heliopolis, das Zentrum Res) und Vater der Asenat, der Frau Josefs
Priszilla	= würdig, Ehefrau von Aquilla, sie hielten gastfreundlich christliche Versammlungen ab.
Rahel=Rachel	= Mutterschaf, Labans jüngste Tochter und Jakobs Lieblingsfrau
Rebekka	= die Bestrickende, Tochter von Betuël und Frau Milka, Frau von Isaak
Rehabeam	= möge sich das Volk ausbreiten = Sohn u. Thronfolger Salomons, 1. Herrscher im Südreich Juda
Ruben	= seht, ein Sohn!, Erstgeborener Jakobs und Leas
Ruth	= Rut, Ahnherrin Davids und Jesus
Sacharja	= erinnert hat sich der Herr, kleiner Prophet
Salomo	= Salomon = Geliebter des Herrn, Sohn Davids und Batsebas, 3. König von Israel
Samuel	= erhört von Gott, Prophet und letzter Richter, Sohn Elkanas und Hannas, großer Mann, auch Priester und Heerführer, gab auf Gottes Weisung nach und ernannte Saul zum König
Saul	= von Gott erbetener, Sohn des Kisch a. d. Stamm Benjamin, schlägt die Ammoniter
Saulus	= Paulus, er stammt aus Tarsus, sein Vater erwarb das röm. Bürgerrecht, obwohl er aus dem Stamm Benjamin stammte. Als Jüngling kam er nach Jerusalem, studierte jüdische Tradition. Er war eifernder Pharisäer und konnte Griechisch. Er war ein Gegner der jungen Gemeinde d. Christen. Er war bei der Steinigung des Stephanus anwesend. Er war bei Verhaftungen von Christen aktiv. Seine Bekehrung fand in Damaskus statt: er stürzte vom Pferd und eine Stimme sagte: Ich bin Jesus, den du verfolgst! Die Begegnung hatte ihn erblindet. Er fastete einige Tage. Er wurde geheilt und mit dem heiligen Geist erfüllt! Er wurde von Hananias getauft. Dieses dramatische Ereignis in Damaskus hatte ihn wie ein Blitz getroffen. Er setzte fortan seine Begeisterung und Kraft für die Verkündigung des Evangeliums ein. Denn Jesus Christus hatte ihn zum Apostel bestellt. Er wurde der wichtigste Missionar, vor allem für die „Heiden". Er unternahm weite Reisen zu heidnischen Heiligtümern, für den christlichen Glauben. Er hat 13 Briefe geschrieben, die im Neuen Testament vorliegen und ist 66 n. Chr. enthauptet worden.
Sebulon	= Herrschaft, Fürst, 6. der 7 Kinder Jakobs mit Leas
Simeon	= Gott hat erhört, 2. Sohn Jakobs und Leas
Simon	= Gott hat erhört, Name des Petrus = aramäisch Kephas. Von Jesus Petrus = Fels genannt, ursprünglich hieß er Simon, er stammte aus

Betsaida und wohnte in Kafarnaum. Mit seinem Bruder Andreas war er Fischer, bis ihn und seinen Bruder, Jesus zu Aposteln bestellte. Er war aufbrausend und war Zeuge von Jesus Leben. Nach der Himmelfahrt von Jesus wurde er Haupt und Sprecher des Apostelkreises. Auch er wirkte, mit der Kraft des Heiligen Geistes, Heilungen und Erweckung von Toten. Bei der Christenverfolgung durch König Herodes Agrippa I. erlebte er eine wunderbare Befreiung aus dem Gefängnis. 2 Briefe hat Petrus geschrieben. Er hatte auch eine Auseinandersetzung mit Paulus „wegen der Heidenchristen" in Antiochia. Petrus wurde bei der Christenverfolgung durch Nero, verkehrt gekreuzigt, 65 n. Chr. in Rom.

Stephanus	= Krone, der 1. christlichen Märtyrer, er war einer der ersten Diakone = Armenpfleger, er war voller Glauben und heiligen Geistes und vollbrachte große Zeichen. Er wurde der Gotteslästerung für schuldig erklärt und nach seiner missionarischen Verteidigungsrede gesteinigt. Saulus war Zeuge der Steinigung und darüber sehr befriedigt. Mit dieser Steinigung begann die Verfolgung der Christen und zwang diese, Jerusalem zu verlassen. Damit breitete sich das Christentum aus!
Theophilus	= Freund Gottes, ihm war das Lukasevangelium und die Apostelgeschichte gewidmet.
Timotheus,	Reisegefährte von Paulus, er wurde der 1. Bischof von Ephesus und starb den Märtyrertod.
Titus,	Reisebegleiter Paulus, Nichtjude, 1. Bischof von Kreta.
Uria	= Licht ist der Herr, er ist Hethiter und in Davids Leibgarde und wohnte in Jerusalem. Nachdem seine Frau durch David schwanger wurde, setzte David ihn bei einer Schlacht so ein, dass er fiel. Besser: in Davids Auftrag geschah es! Nachdem Uria gefallen war, heiratet David die Hethiterin, die Witwe nach Uria, mit Namen Batseba. Der Prophet Nathan führte David durch eine Parabel die Schuld vor Augen. David bereute seine Schuld. Nathan verzieh ihm! David schrieb später wunderschöne Psalmen dem Herrn.
Zacharias	= der Herr hat sich erinnert, ein Priester aus der Dienstgruppe Abijas, Elisabeth seine Frau war priesterlicher Abstammung und die Cousine Marias. Zacharias und Elisabeth waren die Eltern Johannes, des Täufers.
Zebedäus	= Gott gab, Vater der Jünger Jakobus und Johannes.
Zebaoth	= Herr = Herr der Heerscharen, göttlicher Titel der Macht und Kraft bei kriegerischen oder endzeitlichen Auseinandersetzungen. Auch als Gottestitel gebraucht.
Zion	= Tempelberg, Stadt Jerusalem, Volk Israel.

Literatur

Die Heilige Schrift des Alten und Neuen Testaments. Aus der Vulgata mit Bezug auf den Grundtext, übersetzt von Dr. Joseph Franz von Allioli (1830-1837) weiland katholischer Domprobst in Augsburg, Wien 1955

Die Bibel. Nach der Übersetzung Martin Luthers (1521-1534), Stuttgart 1985

Die Bibel. Bilder von Ernst Fuchs. Von Prof. Hamp, Stenzel und Kürzinger nach den Grundtexten, Augsburg 1997

Das Alte und das Neue Testament ausgewählt, übertragen und in geschichtlicher Folge angeordnet von Jörg Zink. Kreuz-Verlag, Stuttgart-Berlin 1966

Die „Jerusalem Bibel": The Holy Bible übersetzt aus der Originalsprache angepasst an vorhergehende Übersetzungen in Englisch. Im Auftrag des Königshauses von England (1881-1885). Original: Revised authorised King James Version (1611) Jerusalem. Einband aus Holz von Ölbäumen aus dem Garten Gethsemane.

Der große Boss. Das Alte Testament. Unverschämt fromm (frech!) erzählt von Fred Denger, Frankfurt 1984.

Und die Bibel hat doch recht. Werner Keller, Düsseldorf, Wien, New York 1989

Die letzte Versuchung. Nikos Kazantzakis 1955

Das Evangelium nach Jesus Christus. José Saramago, Lissabon 1991.

Die Bibel. Einheitsübersetzung. Stuttgart 2004

Die Heilige Schrift. Hamp, Stenzel, Kürzinger, München 2006

Gott und die Welt. Benedikt XVI, München 2000

Der Menschensohn. Alexander Men, Herder 2006

Einleitung in das Alte Testament. Studienbücher Theologie. E. Zenger, 2008 Kohlhammer Stuttgart

Die fünf Weltreligionen. H. Von Glaseapp, 2005 Hugendubel, München

Gott finden. Büchele. Pustet 2009 München

Der Mönch in mir. Nußbaumer, Styria 2006 Wien

Jesus von Nazareth. Benedikt XVI., Herder Wien 2006

Unser Leben ein Fest. Zur Spiritualität des Alltags. W. Heiß, E. Ifsits, 1977 Herold Wien

Katechismus der Katholischen Kirche. 2003 Oldenburg München

Gotteslob. Gebet- u. Gesangbuch der Diözese St. Pölten. 1975 Kath. Bibelanstalt, Stuttgart und österr. Verlage

Kirche zum Schmunzeln … und zum Nachdenken. D. Kindermann, 2007 Kremayr u. Scheriau Wien

Mythen und Mysterien. Legenden, Weissagungen, Visionen. 2009 Lingen Köln

Die Heilige Schrift. Auszüge aus dem Alten und Neuen Testament. Illustrationen von G. Dorè, Text der Einheitsübersetzung, 2006 OTUS Schweiz

Die Bibel mit Bildern von S. Dali. 2001 OTUS Schweiz

Monumente der Ewigkeit. Grabschätze vergangener Kulturen. A. Siliotti, Weltbild

Franz König. Der Jahrhundert Kardinal. H. Feichtelbauer, 2003 Holzhausen Wien

Eine Spur von Jesus. I. Wilson, 1980 Herder Freiburg

The Teaching of Buddha. B. D. Kyokai, 1979 Kosaiko Vlg. Tokyo, Japan

Vom Islam zum Christentum – ein Todesurteil. Sabatina James, 2007 A und M. Salzburg

Verschluss-Sache Jesus. Die Qumranrollen und die Wahrheit über das frühe Christentum. M. Baigent, Richard Leigh, 1991 Knaur München

Japanese Religion. A Survey by the Agency for Cultural Affairs. 1984 Kodansha Int. Tokyo und New York

Das Haus Gottes. Die Geschichte der christlichen Kirchen. E. Norman, 2005 Bassermann München

Der neue Bildatlas der Hochkulturen. Geschichte der Menschheit – Versunkene Kulturen, Archäologie. P. G. Bahn, 2003 Andromeda Oxford

Die Bibel. Tausend Jahre christlicher Kunst in den Werken Alter Meister. 2000 Naumann u. Göbel, Köln

Johannes Paul II. in Österreich. 1983 Donauland Wien

Lexikon zur Bibel. Rienecker, G. Maier, 1994 Brockhaus Wuppertal

Propyläen Kunstgeschichte. Das Mittelalter II, Das Hohe Mittelalter. O. Simson, 1972 Propyläen Berlin

100 Wunder der Welt. Hoffmann u. Krings, Parragon Books, Bath UK

Im Anfang war das Wort. Legende und Wahrheit in der Bibel. R. L. Fox, 1995 Kremayr u. Scheriau Wien

Aus meinem Leben. Kardinal J. Ratzinger, 1997 Edizioni San Paolo Mailand

Gedanken für ein erfülltes Leben. Kardinal F. König, Styria Wien 2004

Der Glaube der Kirche. J. Neuner, H. Roos, neu bearbeitet v. K. Rahner, K. - H. Weger, 1971 Pusel Regensburg

Die geschenkte Zeit. Von der Kunst älter zu werden. H. Krätzl, 2007 Tyrolia Innsbruck

Wege am Athos. R. Zwerger, 2005 Zwerger

Der Ruf des Athos. Erfahrungen und Begegnungen auf dem Heiligen Berg. H. Starrach, 2002 Herder Freiburg

Der nahe und der ferne Gott. Nichttheologische Texte zur Gottesfrage im 20. Jhd. H. Rössner, L. Kolakowski. 1981 Quadriga Berlin

Vatikan. F. Papafava, 1990 Terrazzi Florenz

Die Kunstschätze des Vatikans. Architektur Malerei Plastik. R. De Campas, 1974 Herder Freiburg

Illustrierte Geschichte des Christentums. 2000 Jahre Kirchengeschichte in Text und Bild. G. Stemberger, 1983 Andreas Salzburg

Neue-Welt-Übersetzung der Heiligen Schrift mit Studienverweisen. Übersetzt nach der revidierten engl. Ausg. 1984 unter getreuer Berücksichtigung der hebräischen, aramäischen und griechischen Ursprache, revidiert 1986, Wachturm Selters Taunus

Das illustrierte Bibelhandbuch. J. Bowker, 2000 Kindersly München

Jerusalemer Bibel-Lexikon. K. Henning, 1990 Neuhaussen Stuttgart

Die verworfenen Schriften. Was nicht in der Bibel steht. J. R. Porter, Kath. Bibelwerk Wien

Der große Bibel-Atlas. Team Media, 1998 London

Auf den Spuren des Jesus von Nazareth. W. E. Pax, Walter Vlg 1973 Berlin Olten

Die Katholische Kirche in Österreich. Eine kurze Geschichte. Thomas Chorherr, 2006 Überreuter Wien

Das Leben Jesu. Eine Biographie. J. C. Barreau, 1993 Heyne München

Jesus Menschensohn. Khalil Gibran, 2006 Patmos Düsseldorf

Mein Jesus. Gedanken zum Evangelium. Chr. Kardinal Schönborn, 2002 Molden Wien

Mystische Weisheiten. M. Pawlitzki, 2008 Weltbild Augsburg

Via Imperialis. Die schönsten Schlösser, Stifte und Burgen Österreichs. G. Sitar, A. Hoffmann, 2000 Kremayr u. Scheriau Wien

Die Heilige Schrift des Alten und Neuen Testaments. Hamp, M. Stenzel, J. Kürzinger, 1994, Pattloch München

Der Menschensohn. Die Geschichte vom Leiden Jesu. M. Köhlmeier, 2001 Piper München

Das Judentum. O. Zierer, Oldenburg München 1983

Die Welt der Religionen. P. N. Perspektive, 1995 Neckersulm

Wendezeit im Christentum. F. Capra, D. Steindl-Rast, 1991 Scherz Wien

Atlas der Heiligen. A. N. Sicari, 2007 Bassermann München

Die Bibel in Bildern. J. S. Von Carolsfeld, 1906 Wigand Leipzig

Das große Hausbuch der Heiligen. D. H. Klein, 2000 Pattloch München

Der große Religionsführer. G. J. Bellinger, 1986 Knaur München

Knaurs Lexikon der Mythologie. G. J. Bellinger, 2001 Knaur München

Hoch und heilig. Berge in den Religionen und Mythen der Welt. L. Maurer, M. Raich, 2008 Styria Wien

1000 Heilige Orte. Die Lebensliste für eine spirituelle Weltreise. Ch. Engels, 2009 Ullmann

Jesus Christus. Die Biographie. P. Seewald, 2010 Pattloch München

Die Hl. Schrift des Neuen Bundes. A. Zwettler, 1961 Veritas Wien

Große Weltreligionen: Buddhismus. O. Zierer, 1983 Kiesel Oldenbourg München

Sagen, Mythen, Menschenrätsel. Ein Atlas der heiligen Orte, geheimnisvollen Kultstätten und versunkenen Kulturen. J. Westwood, 1987 Kremayr u. Scheriau Wien

1000 Jahre. Meilensteine der Weltgeschichte. F. Bedürftig, P. Gödeke, Naumann u. Göbel Köln

Macht des Wissens. Die Entstehung der modernen Wissensgesellschaft. R. Van Dülmen, S. Rauschenbach, 2004 Böhlau Wien

Das größere Österreich. Geistiges und soziales Leben von 1880 bis zur Gegenwart. K. Sotritter, 1982 Tusch Wien

Weltreligionen. 2008 Urban u. Vogel München

Meyers neues Lexikon. 1984 Bibliogr. Institut Wien

Der große Brockhaus. 1958 Brockhaus Wiesbaden

Mystica. Die großen Rätsel d. Menschheit. Fiebag, Gruber, Holbe 2004 Weltbild Augsburg

Wesentliches für wache Christen. Cascales ADC 1986

Kulturgut des Abendlandes. F. Heer, 1974 Kindler Wien

Buber: Das Problem des Menschen. 1982 Lambert Heidelberg

Buber Nachlese. 1965 Lambert Heidelberg

Religionen. Holl, 1984 Ullstein Wien

Und dann der Tod... (Sterbe Bilder). Kapellari, Styria Wien 2009

Schnackenburg: Die Person Jesus Christi im Spiegel der vier Evangelien. 1993 Herder Freiburg

Jesus. Hans-Joachim Petsch, 2005 Diederichs Kompakt

Christentum. Gerhard Wehr, 2003 Diederichs Kompakt

Katholisch. Gänswein und Lohmann, 2010 Rheinbach

Bibel Geschichten. Gertrud-Fussenegger, 1972. Ueberreuter Wien

Licht der Welt. Benedikt XVI., 2010 Herder Freiburg

Der tibetische Buddhismus als Religion und Psychologie. Walt Anderson, 1983 Scherz Vlg. Bern und München

Kulturgeschichte des Abendlandes. Friedrich Heer, 1980 Kindler München

Christ sein. Hans Küng, 1974 dtv München

Der Gottesdienst der Kirche. J.A. Jungmann S.J., 1955 Tyrolia Innsbruck. Wien. München

Das Neue Testament. J.Zink, 1965 Kreuz Vlg. Stuttgart

Altägyptische Lebensweisheit. V. Bissing, 1955 Artemis Zürich

Laotse Tao King. R. Wilhelm, Diederichs Düsseldorf

History of Japanese Religion. Masaharu Anesaki, 1990 Rutland Vermont u. Tokyo Japan

Silence. Shusabu Endo, 1982 Kodanoha Int. Tokyo, New York und San Francisco

Paulus der Völkerapostel. Schillebeckx u. Lessing, 1982 Herder Freiburg im Breisgau

Das gelobte Land. Ebba Eban, 1981 Massada Vlg.

Christentum. Zierer, 1983 Kiesel Vlg. Oldenburg und München

Religion und Philosophie. J. Huxley, 1972 Aletus Books London

Islam. Zierer, 1983 Kiesel Vlg. Oldenburg und München

Hinduismus. Zierer, 1983 Kiesel Vlg. Oldenburg und München

Shinto, Japans Spiritual Roots. Picken, 1980 Kodansha Int. Tokyo, New York

Die Welt Indiens. Stierling, 1978 Gondrom Bayreuth

Die Welt der Tempel und Pagoden (Südostasiens). Stierling, 1979 Gondrom Bayreuth

Der Mensch und seine Symbole. C.G. Jung, 1985 Walter Vlg. Freiburg im Breisgau

Der Koran, 1999 Orbis Vlg. München

Mythologie und Kulte Griechenlands. M. Mavromataki, 1990 Vlg. Haitalis Athen

Sagen des klassischen Altertum. Schwab, 1940 DBG Berlin

Katechismus der Katholischen Kirche. 2003 Oldenburg Vlg. München

Maria von Nazareth. M. Hesemann, 2011 Sankt Ulrich Vlg. Augsburg

Licht der Welt. Der Papst, die Kirche und die Zeichen der Zeit. Ein Gespräch mit Peter Seewald. Benedikt XVI., 2010 Herder Freiburg im Breigau

Das Thomas Evangelium. 1998 Genius Vlg. Aach

Gott und die Welt. Gespräch mit Peter Seewald. Benedikt XVI., 2005 Knaur München

Das Buch der Symbole, R. Oberthür, 2010 Kösel München

Der Autor

1926 in Wien geboren. Nach der HTL, Ingenieur, 1944 Einberufung zum Militär, Verwundung und Kriegsgefangenschaft in England bis 1946.

Abgeschlossenes Technikstudium mit Dipl.-Ing. und Doktor.

Langjährig leitend in der Großindustrie tätig. Parallel dazu Lehrer an der HTL Wien I.

Veröffentlichungen, Patente etc.

Verheiratet, zwei erwachsene Töchter.

International und national anerkannt und ausgezeichnet auf dem Gebiet der Qualitätssicherung. Studium der Psychologie und Philosophie.

Eingehende Recherchen und Beschäftigung mit religiösen Fragen und Bibelstudium.

BILDTEIL

2006: 80. Geburtstag mit den Enkelsöhnen. Für sie wurde „Meine Bibel" geschrieben

Abfall

Der Berg Ararat = Büyük Ağri Daği 5.197 m bei Aralik (Türkei)

Advocata = Fürsprecherin
Die älteste Marien-Ikone im Rosenkranz-Kloster auf dem Monte Mario in Rom.
Gemalt von Lukas, unserem Evangelisten

Akropolis von Lindos, Rhodos (1976)
„Mit den letzten Stufen läßt man das Irdische
hinter sich und schreitet dem Himmel entgegen"

Kardinal König und Papst Johannes Paul II.
bei der Europa Friedensvesper auf dem Heldenplatz in Wien (1983)

165/200 Dipl. Ing. Dr. Karl F. Wieda
begleitet wird mich
Ernst Fuchs 14. XI. 198?

Bild „Verlorene Spur" mit Widmung (1984)

Der große Buddha in Leshan, China (1985)

Verbotene Stadt, Kaiserpalast, Peking, China (1985)

Die große Mauer, China (1985)

„Kormoran" Fischer am Fluß Lijiang, China (1985)

Tibet (1985)

Jokhang Tempel in Lhasa, im Hintergrund der Potala. Jokhang ist der heiligste Tempel des tibetischen Buddhismus' (1985)

Eine Pilgerin (1985)

Buddha (1985)

Potala (1985)

Aufstieg zum Potala, Lhasa, Tibet (1985)

19.04.85: Am Ziel: „in den Potala hinein" (1985)

Kauf einer Gebetsmühle in Schigatse, Tibet (1985).
Als ich hohes Fieber und schweren Durchfall hatte, betete ich: Om mani padme hum!

Drepung war früher eine der größten Klosterstädte in Tibet mit 10.000 Mönchen.
Nachdem 1979 die Religionsausübung wieder erlaubt wurde,
waren 1985 660 Mönche im Kloster.

Meditation mit den Mönchen in Drepung, Tibet (1985)

Japan (1985)

Vor einem Tempel, Japan (1985)

Wir zeichnen den Tempel! Japan (1985)

Der Tempel, Japan (1985)

Karl R. Popper

Objektive Erkenntnis

Ein evolutionärer Entwurf

Für Karl F. Woda,
zur Erinnerung.

K. R. Popper

31 – 5 – 86

Widmung im Buch (1986)

Christus am Corcovadoberg bei Rio de Janeiro

Corcovadoberg in Brasilien
Christusstatue 38 m hoch, 1.150 t schwer, 700 m über dem Meer (1990)

Brasilia (1990)

Amazonas (1990)

*Icuaçu Falls: Die größten Wasserfälle der Welt im
Dreiländereck Brasilien – Argentinien – Paraguay (1990)*

In diesem Zimmer auf der Wartburg übersetzte
Martin Luther von 1521-1534 die Bibel ins Deutsche (1991)

Petersplatz und Vatikanstadt (1992)

Niagara Fälle, Canada/USA (1994/1999)

Sonnenuntergang auf Kassandra, Griechenland (1995)

Im Meteora Kloster St. Stephanos (12. Jhd.), Griechenland (1997)

Athoskloster Dionysiou (14. Jhd.), Griechenland (1997)

Bad Heviz, Ungarn (1997)

Jesus Christus (bei uns zu Hause)

New York (1999)
Am 11.09.01 wurden die Türme durch einen Terror-Luftangriff der Al-Kaida zerstört.

Für „Freiheit und Demokratie", die Wirklichkeit: zerfetzt am Schlachtfeld!
Das „Korean War Memorial" steht im Potomac-Park in Washington.
Das Motto ist „Freedom Is Not Free". Im Korea-Krieg (1950-1953) kämpften in den
UNO-Truppen 1,5 Mio. Soldaten, Krankenschwestern, zivile Helfer aus den USA. Sie
kämpften für die Demokratie, die Hälfte der Amerikaner, 750.000, bezahlten mit dem
Leben. Die größte Katastrophe der USA! Im Bürgerkrieg (1861-1865) waren 628.000
umgekommen. Ihrer gedenkt man im Arlington National Friedhof (Virginia) und im
Heldenfriedhof zu Gettysburg (Pennsylvania). USA (1999)

Das Denkmal für die Vietnam-Soldaten ist im Potomac-Park in Washington.
Der Vietnamkrieg dauerte von 1964 bis 1975. Das Denkmal stellt 3 brüderliche Soldaten
dar: ein Indianer, ein Weißer und ein Schwarzer. Der Künstler sagte: „Sie waren jung,
trugen schon Waffen und kämpften gemeinsam gegen Feinde, die sie nicht kannten, in
einem unbekannten Land". Sie mußten kämpfen im Sumpf oder im Urwald – nicht
freiwillig, sondern durch Wehrpflicht gezwungen. Viele konnten sich drücken!
Daher auch die Abschaffung der Wehrpflicht in den USA 1975. (USA 1999)

Für „Demokratie", die Wirklichkeit: im Dreck abgesoffen!
Das Vietnam Memorial ist für die 50.000 gefallenen US-Soldaten im Vietnam-Krieg
(1964-1975). Ihre Namen sind auf schwarzen Marmortafeln verewigt – im Spiegel sieht
man das Leben. Das Memorial ist im Potomac-Park und wurde 1982/83 errichtet. Der
Krieg endet mit dem Abzug der Amerikaner, das Leid blieb! (USA 1999)

Im August 2004 besuchten wir die Nordstaaten Litauen, Lettland und Estland. Wir waren über die Religiosität, vor allem in Litauen, überrascht. In Vilnius kamen wir zum Tor der Morgenröte a. d. 16. Jhd, dort ist ein Gnadenbild der Muttergottes. Die Führerin sagte: Wie groß war das Leid von Müttern getöteter Söhne und von Frauen, deren Männer verschleppt wurden, das auf den Knien die vielen Stufen zu Maria hinaufgetragen wurde, unmessbar!

Berg der Kreuze in Siauliai = Schaulen in Litauen, wo seit dem 14. Jhd. ein Wallfahrtsort ist. 1.000-te Kreuze waren ein Symbol gegen die Unterdrückung durch den russischen Kommunismus, trotz Niederwalzens durch Panzer waren sie in Kürze wieder auf dem Hügel (2004)

Arbeit an meiner Bibel im Reha-Zentrum, Weyer (2006)

Arbeit an meiner Bibel in Kirchberg, 1. Auflage 2006: 10 Exemplare

Meine kleinste und meine größte Bibel. Von mir stammt
die „schwarze" Bibel, die handgeschrieben ist (2006)

Papst Benedikt XVI.

Pfarrkirche St. Stephan und Wallfahrtskirche Maria Trost in Kirchberg am Wagram.
An Stelle der romanischen Kirche a. d. 12. Jhd. wurde im 14. Jhd. eine gotische Kirche
gebaut, die im 18. Jhd. barockisiert und 1726 geweiht wurde

Das Innere der Kirche
Vis-à-vis vom Hochaltar und den Kanzeln ist noch
die barocke Orgel von Gatto sehenswert

Der Hochaltar der Barockkirche mit dem Bild der Steinigung
des Hl. Stephanus von Carlo Innocenzo Carlone und der Gnadenstatue Maria Trost

Die Gnadenstatue

Fr 06.06.08: Maria Trost mit Jesukindlein im Festgewand. Mich freut, dass zunehmend mehr Wallfahrer kommen. Die Wallfahrt ist gut, sie gibt Trost und Zuversicht!

Apokalypse 2011: Erdbeben (Stärke 9) und
Tsunami an der Ostküste Japans, die Stadt Namie am 11.03.11